9/ 03

LES PASSIONS INTELLECTUELLES

L'Amour en plus : histoire de l'amour maternel (XVIIᵉ-XXᵉ siècle),
Flammarion.

Les Goncourt : « Romanciers et historiens des femmes », préface
à *La Femme au XVIIIᵉ siècle* d'Edmond et Jules de Goncourt,
collection « Champs », Flammarion.

Emilie, Emilie ; l'ambition féminine au XVIIIᵉ siècle, Flammarion.

Les Remontrances de Malesherbes (1771-1775), collection
« Champs », Flammarion.

L'Un est l'autre ; des relations entre hommes et femmes, Odile
Jacob.

*Correspondance inédite de Condorcet et Madame Suard (1771-
1791)*, éditée, présentée et annotée par Elisabeth Badinter,
Fayard.

Madame d'Epinay, *Histoire de Madame de Montbrillant ou les
Contre-confessions*, préface d'Elisabeth Badinter, Mercure de
France.

Thomas, Diderot, Madame d'Epinay : Qu'est-ce qu'une femme ?,
débat préfacé par Elisabeth Badinter, P.O.L.

*Condorcet, Prudhomme, Guyomar : Paroles d'hommes (1790-
1793)*, présentées par Elisabeth Badinter, P.O.L.

X Y, de l'identité masculine, Odile Jacob.

Madame du Châtelet, *Discours sur le bonheur*, préface d'Elisabeth Badinter, Rivages poche.

En collaboration avec Robert BADINTER :

Condorcet. Un intellectuel en politique, Fayard.

Elisabeth Badinter

LES PASSIONS INTELLECTUELLES

I

Désirs de gloire

1735-1751

Fayard

Pour Robert

« Quand Leibniz s'enferme à l'âge de vingt ans et passe trente ans sous sa robe de chambre, enfoncé dans les profondeurs de la géométrie, ou perdu dans les ténèbres de la métaphysique, il ne pense non plus à obtenir un poste, à coucher avec une femme, à remplir d'or un vieux bahut que s'il touchait à son dernier moment. C'est une machine à réflexion, comme le métier à bas est une machine à ourdissage. C'est un être qui se plaît à méditer ; c'est un sage ou un fou, comme il vous plaira, qui fait un cas infini de la louange de ses semblables, qui aime le son de l'éloge comme l'avare le son d'un écu ; qui a aussi sa pierre de touche et son trébuchet pour la louange comme l'autre a le sien pour l'or, et qui tente une grande découverte pour se faire un grand nom, et éclipser par son éclat celui de ses rivaux, l'unique et le dernier terme de son désir. Vous, c'est la Gaussin, lui, c'est Newton qu'il a sur le nez. »

Diderot, *Réfutation d'Helvétius*, 1773-1774

INTRODUCTION

Libido sciendi. Le désir extrême de savoir est de tous les temps. Condamnée par l'Eglise, cette passion défie les lois divines et recèle les tentations les plus dangereuses pour l'âme humaine : orgueil et vanité, volonté d'imposer ses vues. La *libido dominandi* n'est jamais très loin.

Jusqu'à la fin du Moyen Age, le savoir appartient aux clercs, ancêtres des intellectuels, dont l'environnement et la morale sont peu propices à l'explosion des passions humaines. Dans le monde clos des couvents et des universités, la plupart interprètent inlassablement les textes sacrés et le corpus aristotélicien. Ce qui laisse peu de place aux découvertes qui sont l'orgueil du savant. Le clerc travaille dans un quasi-anonymat : isolé du reste de la société, le monde extérieur l'ignore. L'ordre clérical impose silence, modestie et amitié dans ses rangs. L'Eglise n'autorise la dispute scolastique qu'au sens premier d'examen et de discussion d'une question. Mais elle condamne les rivalités personnelles qui peuvent en résulter. Dans la société des clercs, les passions existent, bien sûr, mais leurs échos sont rares, car elles n'ont guère l'occasion de s'exprimer publiquement. *Quid* du désir de gloire quand il n'y a de public qu'une audience restreinte ? Qu'en est-il de la passion de dominer ses pairs et de leur imposer sa suprématie lorsque l'orgueil est un péché mortel ?

Il faut attendre l'humanisme et la révolution intellectuelle de la Renaissance pour que le savoir ne soit plus l'apanage exclusif des théologiens. Le renouveau scientifique est essentiellement l'œuvre

9

de laïcs qui font éclater en même temps le cosmos de l'Antiquité et le carcan de la scolastique. Au XVIIe siècle, Descartes, Newton, Huygens, Fermat ou Roberval posent les principes de la science moderne qui n'a que faire de la théologie. Ils permettent ainsi nombre de découvertes scientifiques et techniques qui suscitent l'intérêt du pouvoir politique. Le roi et ses ministres perçoivent les avantages qui peuvent être tirés du développement des sciences, ne serait-ce que les progrès de l'astronomie, qui facilitent la navigation, ou ceux de l'optique, dont les instruments changent la vue humaine. Le savoir devient source de richesses et de gloire. L'Etat entend désormais en faire sa propriété.

En France, l'acte de naissance des intellectuels date de la création des Académies. La plus ancienne, l'Académie française, fondée par Richelieu en 1634, a pour objet de rédiger le Dictionnaire de la langue française. L'Académie des inscriptions et belles-lettres, fondée par Colbert en 1663, s'occupe des travaux historiques et archéologiques. La plus récente, née en 1666, également sous l'impulsion de Colbert, est l'Académie royale des sciences, qui se consacre au développement de celles-ci et conseille le pouvoir royal sur les problèmes techniques. Ces hauts lieux du savoir laïque, qui réunissent l'élite intellectuelle du pays, vont devenir des objets de convoitise pour tous ceux qui font profession de penser et le premier théâtre de leurs ambitions. En pensionnant ceux qu'on appelle alors les « gens de lettres » pour éclairer et inventer au profit de l'Etat, la monarchie absolue pose les fondements d'une République de l'intelligence qui va peu à peu prendre conscience de ses spécificités, de ses intérêts et de son pouvoir. Nul ne peut soupçonner alors que ces zélés fonctionnaires du roi vont constituer une nouvelle classe sociale, indépendante des ordres institués, qui va déborder le cadre des Académies pour devenir le ferment de l'opposition.

Bien que le mot ne soit guère utilisé à l'époque, on peut parler d'« intellectuels[1] » au XVIIIe siècle, et même, malgré l'anachro-

---

1. Daniel Roche, *Les Républicains des lettres : Gens de culture et Lumières au XVIIIe siècle*, Fayard, 1988, p. 225.

nisme, d'une véritable « intelligentsia[1] ». Au demeurant, quelques précisions de vocabulaire s'imposent. Jusqu'au milieu du XVIIIe siècle, on ne distingue pas entre l'homme de science et l'homme de lettres. En 1725, Montesquieu s'en explique ainsi : « Les sciences se touchent les unes les autres ; les plus abstraites aboutissent à celles qui le sont le moins, et *le corps des sciences tient tout entier aux belles-lettres*[2]. » Il n'y a donc pas, comme aujourd'hui, deux cultures différentes, scientifique et littéraire[3], mais une seule qui constitue la « République des lettres ». Par ailleurs, le terme de « savant », synonyme de « philosophe », conserve jusqu'aux années 1750 son ancienne signification d'homme de savoir plutôt que celle de spécialiste dans une discipline. Descartes ou Newton, Leibniz ou Malebranche sont nommés indifféremment savants ou philosophes. Ce sont des hommes qui font œuvre de raison et tiennent la plume. On pourrait déjà les appeler des intellectuels. Un peu plus tard encore, les philosophes des Lumières commenceront tous leur carrière par un travail savant. Sans parler même de D'Alembert, les Montesquieu, Voltaire, Diderot, Rousseau, d'Holbach et autres moins connus, sont familiers des problèmes scientifiques de leur époque dont traite parfois une partie notable de leurs productions philosophiques. Tous ces hommes qui ont participé à l'*Encyclopédie* sont paradoxalement les derniers représentants de l'unité du savoir. Peu à peu s'opère en effet la scission entre les deux cultures, et la génération suivante voit naître la spécialisation du savoir scientifique. Le philosophe va se distinguer du savant pour se rapprocher de l'homme de lettres. A quelques exceptions près, comme celle de Condorcet, son lieu d'élection ne sera plus l'Académie des sciences, mais l'Académie française. Puis, très vite, il

---

1. Eric Walter, « Sur l'intelligentsia des Lumières », in *Dix-huitième siècle*, 5, 1973, pp. 173-201. Voir surtout la remarquable contribution de Paul Vernière, « Naissance et statut de l'intelligentsia en France », in *Le Siècle de Voltaire. Hommage à René Pomeau*, édité par Christiane Mervaud et Sylvain Menant, The Voltaire Foundation, Oxford, 1987, vol. II, pp. 933-941.

2. *Discours sur les motifs qui doivent nous encourager aux sciences*, lu à la séance d'ouverture de l'académie de Bordeaux, le 15 novembre 1725. Souligné par nous.

3. Charles-Percy Snow, *Les Deux Cultures*, Jean-Jacques Pauvert, 1968.

se passera de l'onction académique pour s'adresser directement à l'opinion publique.

L'histoire commence à l'Académie des sciences, qui est sans conteste le lieu d'origine de l'ambition intellectuelle. Supérieure à l'Académie française par la rigueur de son recrutement – le postulant est coopté avant tout sur ses qualités professionnelles, non sur l'étendue et la qualité de ses relations –, l'Académie des sciences surpasse par son objet celle des inscriptions, consacrée à l'érudition et à la conservation. Source de découvertes et de richesses pour le royaume, elle est le symbole du progrès des sciences et des arts, donc de ce qui contribue au bonheur de l'humanité. Chargé de déchiffrer les mystères de la nature, le savant-philosophe peut se croire un démiurge. Bien qu'il lui ait fallu plusieurs décennies pour démontrer son importance et imposer sa prééminence, l'Académie des sciences, davantage que ses aînées, a suscité la convoitise des intellectuels et l'admiration d'un public naissant qui s'élargit considérablement au XVIIIᵉ siècle. Les Lumières fascinent, et cette Académie en est la première dépositaire.

Au départ, l'Académie des sciences fut conçue selon l'idéal baconien de la Cité savante : *tous pour un, un pour tous*. L'activité collective et les publications anonymes devaient préserver l'institution des conflits individuels. Comme le souligne Roger Hahn[1], les fondateurs de l'Académie croyaient qu'une telle société savante se consacrerait avec discrétion à la recherche de la vérité plutôt qu'au retentissement des débats publics. Bref, que le consensus et l'anonymat seraient les meilleures conditions du progrès scientifique. Las ! La sagesse collective et l'harmonie espérée ne furent pas au rendez-vous. Disputes et controverses n'ont jamais cessé, même sous couvert de l'anonymat. *A fortiori* quand les nouveaux règlements de 1699 autorisèrent les contributions individuelles à être publiées sous le nom de leurs auteurs. Les ambitions personnelles pouvaient enfin se donner libre cours.

---

1. *L'Anatomie d'une institution scientifique : l'Académie des sciences de Paris, 1666-1803,* traduit de l'américain, Editions des Archives Contemporaines, 1993, p. 42.

Il fallait toute la naïveté du père Le Seur, mathématicien d'une rare modestie, pour s'étonner des disputes qui s'élevaient entre les géomètres : « Des hommes occupés des mêmes vérités devraient tous être amis », disait-il. « Il ignorait, note Condorcet, que pour la plupart, la gloire est le premier objet ; la découverte de la vérité n'est que le second[1]. » Fin connaisseur de ses collègues pour avoir rédigé durant vingt ans leur éloge *post mortem*, Condorcet savait bien, lui, que la neutralité et l'absence de passions sont rarement l'apanage des hommes, fussent-ils philosophes ou savants. Et que c'était le plus souvent à leurs faiblesses qu'on devait « tout ce qui avait été fait d'utile aux hommes[2] ».

Si les rivalités entre intellectuels sont inéluctables, c'est que la volonté d'imposer ses propres idées, son interprétation ou sa vérité est inhérente à leur démarche. Comme le dit encore Condorcet, « il n'y a point d'hommes de génie qui n'éprouvent le besoin de faire partager aux autres le sentiment qu'ils ont de leur propre force[3] ». Nous dirions même : de leur propre existence. Dès lors que chacun aspire à la reconnaissance, il devient presque inévitable que la dispute au sens scolastique dégénère en polémique, dont on sait la signification guerrière[4]. Quand le débat tourne au combat sans merci, c'est peut-être moins par désir de gloire que parce que chacun tend à s'identifier à son opinion. Que l'on s'avise de la rejeter, et son auteur se sent attaqué, blessé, parfois anéanti. « Il crie au meurtre : on veut égorger son enfant[5]. » Les querelles de priorité ne sont pas moins

---

1. Eloge du père Le Seur (1777), in *Œuvres de Condorcet*, t. II, p. 136. Nouvelle impression en facsimilé de l'édition Paris, 1847-1849. Friedrich Frommann Verlag. Stuttgart-Bad Cannstatt, 1968.

2. Eloge de M. Fontaine (1773), *ibid.*, p. 148.

3. *Ibid.*

4. *A contrario*, Fontenelle s'étonnait que sa longue dispute avec l'Anglais James Jurin sur les nombres finis ait pu faire naître une amitié. Il soulignait que c'était « un exemple rare dans les Lettres ». Lettre à J. Jurin de 1733, dont un extrait fut publié dans le catalogue de vente des 28 et 29 avril 1997 à Drouot (expert Thierry Bodin).

5. Lettre du comte de Lynar à la comtesse de Bentinck, du 8 février 1753, in *Une femme des Lumières ; écrits et lettres de la comtesse de Bentinck (1715-1800)*, textes présentés par Anne Soprani et André Magnan, C.N.R.S., 1997, pp. 67-70.

âpres, pour les mêmes raisons : *sa* découverte, *son* analyse, *sa* démonstration sont indissociables de celui qui les a faites et doivent être mises à son actif, reconnues comme siennes par la communauté de ses pairs. De celle-ci, il attend un certificat de paternité, sous peine d'un douloureux sentiment d'expropriation, voire de négation de sa propre personne. « Rendre à César » : telle est la première exigence de l'intellectuel. S'approprier son idée ou sa découverte est pour lui assimilable à un vol, à un crime.

C'est sur cette revendication existentielle que viennent se greffer les grandes passions qui tourmentent tant d'intellectuels. Gagner la reconnaissance de ses pairs, être sacré par eux *primus inter pares*, tel est le mobile secret de la plupart de ceux que nous avons rencontrés. C'est aussi la récompense la plus rare qui soit accordée, tant il est difficile de faire admettre aux autres qu'ils viennent en seconds. A défaut de l'*imperium* intellectuel, certains se contentent d'exercer du pouvoir sur les institutions... Autre moyen de faire danser ses pairs !

Au XVIIIᵉ siècle, les rivalités intellectuelles se trouvent modifiées par l'émergence d'une nouvelle puissance, inconnue des siècles précédents : l'opinion publique. D'abord limité aux cercles restreints des salons, des lecteurs de périodiques, des professeurs, le nombre des amateurs éclairés ne cesse de grandir au fil des décennies, tant le savoir est synonyme de prestige et de libération aux yeux de la bourgeoisie montante. Peu à peu, les intellectuels comprennent la nécessité de convaincre cet autre juge, l'opinion, du bien-fondé de leur travail. Dorénavant, la partie se jouera à trois : l'intellectuel, ses pairs et le public, lequel sera de plus en plus souvent appelé à trancher entre le premier et les seconds. La démocratisation du savoir a tous les avantages que l'on sait, y compris celui d'empêcher une communauté scientifique de fonctionner comme une secte. Mais l'opinion, même éclairée, reste ce qu'elle est : une opinion *(doxa)*, non un savoir *(epistèmè)*. Et les savants n'aiment pas que les amateurs viennent leur dicter leur jugement.

Source de gloire, de pouvoir et d'argent, l'opinion publique complique le jeu de l'intellectuel ambitieux en exacerbant rivalités et conflits. Il est difficile de convaincre ses pairs et l'opinion d'une même voix. Les premiers exigent qu'on respecte leur code et qu'on leur soumette au préalable thèses et idées pour les passer au filtre de leurs critiques. Faute de quoi, ils les ignorent superbement. C'est ainsi que fonctionne l'Académie des sciences au XVIIIe siècle, comme aujourd'hui encore les spécialistes d'une discipline. Bien que l'accusation de démagogie et de simplification guette l'intellectuel qui méconnaît les règles du jeu, la tentation n'en est pas moins forte de se passer de l'*imprimatur* de ses égaux pour s'adresser directement à l'opinion et gagner son adhésion, gage d'une célébrité qu'elle peut seule conférer.

A l'heure du pouvoir exorbitant des médias et de la tyrannie de l'opinion publique qu'ils fabriquent, on pourrait croire que l'intellectuel n'a que faire aujourd'hui de la reconnaissance de ses pairs. Or il n'en est rien. Les règles du jeu triangulaire inaugurées au XVIIIe siècle restent les nôtres, même si les deux juges de l'intellectuel ne semblent plus peser d'un même poids. En vérité, il ne peut se passer longtemps ni de l'un ni de l'autre. Ignoré par ses pairs, la reconnaissance publique ne peut se substituer à celle de ses égaux, seuls habilités à lui délivrer le label de qualité qu'il recherche. Méconnu du public, il se voit assigné un espace déterminé dans un club fermé qui fonctionne en autarcie ; la modestie l'emporte alors certes sur la détestable vanité, mais le désir de reconnaissance s'en trouve durement frustré. Sans même parler de cette « avidité sans cesse renaissante qui jouit chaque jour du succès de la veille en préparant celui du lendemain[1] », que Condorcet observait déjà chez nombre de ses collègues !

Depuis deux siècles, les intellectuels français courent après cette double reconnaissance si difficile à concilier. L'enjeu est considérable, puisqu'il est à la fois, dans notre pays, narcissique et politique. Au désir de gloire, par nature égocentrique, se mêle en France, depuis le siècle des Lumières, une volonté de pouvoir idéologique qui suppose des alliances et des clans. La solitude

---

1. Eloge de M. Fontaine, *op. cit.*, p. 148.

affichée d'un Rousseau est une exception que ses pairs, d'ailleurs, ne lui pardonnèrent pas. En revanche, le soin systématique mis par Voltaire à créer des réseaux et des solidarités, même conjoncturelles, a servi de modèle aux intellectuels des siècles suivants. C'est ainsi qu'est née avant la Révolution française une « intelligentsia » qui ignore son nom, véritable puissance avec laquelle le pouvoir politique devra dès lors compter. Mais, par delà la gloire et le pouvoir immédiats, l'ultime désir de l'intellectuel ambitieux est de laisser son nom à la postérité. Incarner un progrès de la pensée, en convaincre ses pairs, rallier l'opinion à son drapeau ne sont que des étapes vers cette folle espérance. Là est la cause première du déchaînement des passions qui ne connaît plus ni liens familiaux, ni relations amicales et peut aller, on le verra, jusqu'à la paranoïa et la mégalomanie.

On l'aura compris, l'histoire qui suit est moins celle des œuvres que celle de leurs auteurs. Plus précisément, celle de leurs stratégies, conscientes ou non, pour parvenir à leur but. Cette recherche des éléments les plus subjectifs de leurs parcours ne se confond pas avec celle de la vérité. C'est l'histoire des ambitions personnelles à décrypter derrière les polémiques et les propos convenus. Histoire qui met en jeu toutes les passions humaines que l'on cherche à dissimuler de crainte de ternir sa réputation. Histoire qui se révèle pourtant au détour des conversations privées que restituent les correspondances des protagonistes, de leurs amis et de leurs ennemis. Précieuse époque pour l'historien que ce XVIIIᵉ siècle où le monde policé n'hésite pas à coucher sur le papier confidences et potins, comme on en échangeait dans l'intimité ou les salons. Même les plus retenus laissent parfois échapper de leur plume des sentiments révélateurs...

Des années 1730 à l'apothéose voltairienne, en 1778, tout est dit des passions intellectuelles à la française. En moins d'un demi-siècle, on voit se dessiner le portrait de l'intellectuel contemporain avec ses vices et ses vertus. L'histoire se déroule en trois temps sur des scènes de plus en plus larges.

Le premier acte met en lumière la passion de la gloire qui va de pair avec l'émergence d'un public passionné par les sciences. C'est le savant Maupertuis qui inaugure la saga des ambitieux au sens actuel du terme. « Tourmenté du désir de célébrité », aux dires de Condorcet, il est le premier à briser le tabou hérité du passé qui commandait discrétion et modestie. Protagoniste d'une grande dispute scientifique qu'il transforme avec talent en événement public, il ne se cache pas de vouloir « la gloire, les honneurs et l'argent ». Toutes choses qui ont le don d'exaspérer ses pairs. Insolent, peu soucieux de ménager leurs susceptibilités et leurs jalousies, il les verra se dresser contre lui comme un seul homme. A cette époque, le public éclairé n'est pas encore assez nombreux pour contraindre l'Académie des sciences à rendre les armes, fût-ce au nom de la vérité scientifique.

Maupertuis est un précurseur. Ils seront nombreux, après lui, ceux qui vont chercher à briller au-delà de l'enceinte académique à l'occasion d'une découverte ou d'une polémique. Malgré son prestige incomparable, l'Académie des sciences – de plus en plus savante et de moins en moins philosophique – fait figure de théâtre trop étroit pour l'*hubris* des plus ambitieux. Jusqu'au milieu du siècle, tous rêvent d'en être et d'y rayonner. Mais déjà se fait jour le désir d'une consécration plus large. Buffon en est une bonne illustration, qui choisit d'adresser sa grande œuvre au public sans se soucier de l'avis de ses pairs. Pourtant, en 1751, date à laquelle s'achève le présent volume, c'est d'Alembert qui incarne le mieux la gloire intellectuelle. Figure de proue des mathématiques à l'Académie, il vient d'acquérir la célébrité en publiant le texte fondateur de la nouvelle philosophie. L'auteur du *Discours préliminaire*, l'un des pères de l'*Encyclopédie*, a réussi à rassembler sur son nom le prestige du savant et la gloire du philosophe.

Reste que la société de l'époque n'a guère changé. La hiérarchie entre les ordres est la même que jadis, et l'arrogance de la noblesse continue de s'exercer envers tous ceux qui ne viennent pas de ses rangs. Or, la plupart des intellectuels sont d'extraction modeste. Pour un Montesquieu, un Réaumur, un d'Holbach, combien d'enfants issus de la petite bourgeoisie, que l'on traite toujours avec condescendance ! Nul n'a oublié la bastonnade de Voltaire en 1726 par le chevalier de Rohan, l'invitation faite à Rousseau de dîner à l'office dans les années 1740, ou l'enfermement de Diderot à Vincennes en 1749. Et l'anecdote suivante, rapportée par Chamfort, en dit long sur le statut social de l'intellectuel, fût-il académicien : « D'Alembert, jouissant déjà de la plus grande réputation, se trouvait chez Mme du Deffand, où étaient M. le président Hénault et M. de Pont-de-Veyle. Arrive un médecin, nommé Fournier, qui, en entrant dit à Mme du Deffand : "Madame, j'ai l'honneur de vous présenter mon très humble respect " ; à M. le président Hénault : "Monsieur, j'ai bien l'honneur de vous saluer " ; à M. de Pont-de-Veyle : "Monsieur, je suis votre très humble serviteur " ; et à d'Alembert : "Bonjour, monsieur[1]." »

Le prestige de l'intellectuel ne dépasse pas le cercle de la bourgeoisie cultivée. Dans nombre de salons de l'aristocratie, il n'est encore là que pour divertir par ses talents et ses bons mots. Situation qui se révèle insupportable à cette nouvelle génération d'hommes qui forme l'aristocratie de l'intelligence et se juge bien supérieure à l'autre.

L'étape suivante marquera la volonté des intellectuels d'acquérir leur dignité et leur indépendance. Susceptible et ombrageux, c'est d'Alembert qui prend l'initiative d'une rupture officielle avec ceux qu'on appelait alors les « Grands ». Rupture qui ne convient pas à tous, mais qui sera suivie de la constitution, par Voltaire et lui-même, d'un véritable « parti philosophique ». Doté d'un programme et de militants, celui-ci place les siens à l'Académie française tout en gardant la haute main sur celle des sciences. Cette volonté de pouvoir affichée en heurte d'autres. On assiste à une explosion idéologique qui n'épargne pas le parti dont Voltaire est le chef. Rivalités et désirs de gloire ne sont pas éteints, mais ils se dissimulent à présent derrière la revendication du bien public. En faisant de leur cause celle de la société entière, et réciproquement, les intellectuels du XVIIIe siècle achèvent de s'ériger une statue et d'acquérir un pouvoir qui ont subsisté jusqu'à nos jours.

---

1. « Caractères et anecdotes », in *Œuvres complètes*, Paris, 1808, II, p. 128.

PREMIÈRE PARTIE

L'homme qui défia ses pairs

1735-1741

Vendredi 27 mai 1735, l'Académie des sciences tient séance. M. de Maupertuis lit son énième mémoire sur la figure de la Terre devant une assistance clairsemée[1]. Le sujet est d'actualité, puisque onze jours plus tôt un bâtiment de la Royale, le *Portefaix*, a quitté La Rochelle pour transporter trois académiciens et leur suite[2] à la hauteur de l'équateur, où ils doivent mesurer un axe de méridien terrestre. Cette prestigieuse expédition scientifique[3] est censée mettre un terme à une vieille polémique entre Français et Anglais, ou plus exactement entre la majorité de l'Académie des sciences et tous les tenants du monde newtonien. A Paris, on

---

1. Le procès-verbal de la séance indique la présence d'un honoraire (Pajot d'Onsembray), de treize pensionnaires (Couplet, Réaumur, Geoffroy, Cassini, les deux Petit, Mairan, Du Fay, A. de Jussieu, Nicole, Lémery, Chevallier, Fontenelle), de deux associés (Clairaut et Camus) et de cinq adjoints (Hellot, Buache, B. de Jussieu, Maheu et Grandjean de Fouchy).

2. Les trois académiciens étaient dans l'ordre hiérarchique l'astronome Louis Godin (1704-1760), le mathématicien-astronome Pierre Bouguer (1698-1758) et Charles-Marie de La Condamine (1701-1774). Ils étaient accompagnés d'un médecin-naturaliste, Joseph de Jussieu, d'un aide-géographe, Couplet, d'un horloger, Hugot, d'un technicien, Morainville, d'un chirurgien, Séniergue, d'un ingénieur, Verguin, et du neveu du chef de l'expédition, Godin des Odonnais, auxquels il faut ajouter quatorze domestiques.

3. Pour en savoir plus sur cette tragique et rocambolesque expédition, on lira le beau livre de Florence Trystram, *Le Procès des étoiles (1735-1771)*, Seghers, 1979.

regarde la Terre allongée aux pôles. A Londres, on la voit aplatie des deux côtés. Citron ou mandarine[1] ? L'enjeu est considérable.

Après avoir égrené nombre de formules mathématiques et cité longuement les mesures de Picard, Cassini et Newton, Maupertuis en vient au véritable objet de son intervention : la nécessité d'une seconde expédition, cette fois vers le Grand Nord, pour comparer et confirmer les mesures prises par la première. La seconde expédition aura bien lieu et Maupertuis, le newtonien, sera son chef. Même si le vieux Cassini est quelque peu sceptique, l'ensemble de l'Académie applaudit à l'initiative. En attendant les résultats de ces lointains voyages, les polémiques internes à l'Académie se taisent. De toute façon, aussi rudes soient-elles, elles n'ont jamais outrepassé les limites de la bienséance. L'Académie est un corps uni et solidaire, comme le veulent le roi et Fontenelle, son secrétaire perpétuel. Nul ne peut alors imaginer que l'expédition conduite par Maupertuis mettra fin à cette belle unanimité de façade, que les académiciens s'opposeront avec une violence inconnue jusque-là, et que l'orgueil des uns et la susceptibilité des autres, exacerbés par le regard du public, transformeront un débat scientifique en véritable guerre civile.

En vérité, dès 1735, l'Académie des sciences recèle deux camps irréconciliables, les cartésiens et les newtoniens, incarnés par deux générations aux valeurs, aux ambitions et aux modes de vie bien différents.

---

1. Fruit ou légume, c'est toujours la métaphore végétale qui sert à décrire la forme de la Terre : datte ou oignon ; concombre ou melon ; orange, citron, mandarine, etc.

CHAPITRE PREMIER

Les forces en présence

En 1735, bien que réformée par l'abbé Bignon[1] depuis 1699, l'Académie des sciences est encore telle que l'avait voulue Colbert : une institution monarchique, centralisée et disciplinée. Les objectifs sont clairs : bannir les préjugés et le dogmatisme pour travailler collectivement au progrès des sciences pures et appliquées. Même s'il ne reste plus grand-chose de l'idéal collectif des fondateurs[2], il demeure, à titre d'idéologie officielle, une volonté de candeur et de modestie devant les faits, sorte de « positivisme phénoménologique[3] » qui interdit en principe les conflits de personnes. Fontenelle, son porte-parole, a souvent l'occasion de rappeler à ses collègues, lors de controverses, qu'ils doivent s'interdire de prendre parti tant que la matière n'est pas éclaircie, sous peine de sombrer dans l'esprit de système. Autre

---

1. L'abbé Jean-Paul Bignon (1662-1743) – administrateur au pouvoir considérable, mais non un savant – fut chargé de réformer l'Académie par son oncle, le chancelier de Pontchartrain, pour achever l'œuvre de Colbert (1666). *Cf.* Françoise Bléchet, « Un précurseur de l'*Encyclopédie* au service de l'Etat : l'abbé Bignon », in *L'Encyclopédisme*. Actes du Colloque de Caen, 12-16 janvier 1987.

2. *Cf.* Roger Hahn, *L'Anatomie d'une institution scientifique : l'Académie des sciences de Paris, 1666-1803*, pp. 42-43 : « Ces utopistes s'imaginaient que les sociétés scientifiques professionnelles se dévoueraient avec discrétion à la recherche de la vérité plutôt qu'à la gloire des débats publics... que l'action collective neutraliserait les préjugés individuels et apporterait un consensus provenant de l'évidence de la nature... Ils se rendirent compte que l'harmonie n'était pas garantie par les structures académiques. »

3. *Ibid.*, p. 44.

façon de dire que passions et ambitions n'ont pas leur place à l'Académie, ou plus simplement que l'académicien doit être une sorte de saint laïque. C'est d'ailleurs ce qui ressort des nombreux éloges que Fontenelle consacre à ses collègues décédés et qui sont autant d'occasions d'inculquer à tous la morale du savant : patriote et désintéressé. « Pour l'amour de sa vocation, on attendait de lui qu'il fasse peu de cas de sa santé, de sa fortune, des titres, des charmes de la société et du confort physique... A la place de la vanité et de l'ostentation, le scientifique possédait des traits personnels inhérents à la nature de la science... du sérieux, de la simplicité, de la droiture[1]. »

Même si l'académicien est rarement conforme à cet idéal[2], les plus anciens gardent la nostalgie du modèle. Et, en 1735, c'est encore eux qui incarnent l'institution et détiennent tous les pouvoirs.

La vieille garde

Tous ceux qui comptent sont avant tout des hommes du XVIIe siècle. Ils ont eu trente ans et plus sous Louis XIV et conservent l'éducation, les usages et l'ascendant des maîtres de leur jeunesse. Le trio de tête est constitué de l'abbé Bignon, de son ami Fontenelle[3] et de son complice Réaumur[4]. Ce sont des

1. *Ibid.*, pp. 77-78 ; voir aussi Volker Kapp, « Les qualités du scientifique et le prestige social des sciences dans les éloges académiques de Fontenelle », in *Actes du colloque Fontenelle*, tenu à Rouen du 6 au 10 octobre 1987, publiés par Alain Niderst, P.U.F., 1989, pp. 441-450.

2. A l'inverse de Fontenelle, Condorcet, secrétaire perpétuel de l'Académie de 1775 à 1793, n'hésitait pas à mentionner dans ses éloges que l'amour de la célébrité pouvait l'emporter sur l'exigence de vérité chez tel ou tel, et il soulignait avec admiration le cas de ceux qui échappaient à cette faiblesse bien humaine.

3. Né en 1657 à Rouen. Mathématicien, nommé secrétaire perpétuel le 9 janvier 1697. Dernier titulaire nommé par Louis XIV, le 28 janvier 1699.

4. René-Antoine Ferchault de Réaumur, né à La Rochelle en 1683, fut reçu à l'Académie élève géomètre le 12 mars 1708.

enfants de Descartes, admirateurs inconditionnels de sa méthode, mais aussi de sa physique, sinon de sa métaphysique. Ils sont convaincus que l'univers cartésien est au plus près de la vérité. A côté d'eux siègent des savants de qualité qui partagent les mêmes convictions : le mathématicien Joseph Saurin[1], l'astronome Jacques Cassini[2], le physicien Jean-Jacques Dortous de Mairan[3]. Peu ou prou, tous ont connu et apprécié le père Malebranche[4], le premier et le plus enthousiaste disciple de Descartes. Fontenelle lui rendait visite chez les pères de l'Oratoire, rue Saint-Honoré[5], pour parler philosophie. Réaumur l'admirait et Mairan avait eu la chance d'être son élève entre 1698 et 1702[6]. C'est le révérend père qui l'avait initié aux mathématiques et qui lui avait expliqué toutes les difficultés du livre majeur du marquis de L'Hospital[7] sur les *infiniment petits*.

_____

1. Né en 1655 dans le Vaucluse, il est reçu à l'Académie élève géomètre le 10 mars 1707.

2. Dit Cassini II. Fils de l'astronome académicien Jean-Dominique Cassini, il est né à Paris en 1677, et reçu élève astronome le 12 juin 1694.

3. Né à Béziers en 1678, il est reçu directement associé géomètre le 23 décembre 1718.

4. 1638-1715. Académicien honoraire, premier titulaire nommé par Louis XIV le 28 janvier 1699.

5. L'abbé Trublet, mémorialiste de Fontenelle, rapporte cette anecdote : lors d'une de ses visites, « une grosse chienne qui était pleine entra dans la salle où ils se promenaient. Elle vint caresser le père Malebranche et se rouler à ses pieds. Après quelques mouvements inutiles pour la chasser, le philosophe lui donna un grand coup de pied, qui fit jeter à la chienne un cri de douleur et à M. de Fontenelle un cri de compassion. "Eh ! quoi, lui dit froidement le père Malebranche, ne savez-vous pas bien que cela ne sent point ?" ». *In* Jean Jacquart, *L'Abbé Trublet, critique et moraliste*, Paris, 1926, p. 91.

6. Lorsque, beaucoup plus tard, Mairan reprit contact avec Malebranche pour que celui-ci le délivre de ses tentations spinozistes, il se rappela ainsi à son souvenir : « Ce jeune homme qui faisait ses exercices dans l'académie de Longpré et que M. de Romainval, votre parent, menait quelquefois chez vous, à qui vous aviez la bonté d'expliquer le livre de M. de L'Hospital, est celui-là même aujourd'hui qui a l'honneur de vous adresser cette lettre » (Béziers, 17 septembre 1713). *In Correspondance de Malebranche avec Dortous de Mairan*, introduction sur Malebranche et le spinozisme par Joseph Moreau, Paris, 1947, p. 101.

7. Guillaume de L'Hospital (1661-1704) est l'auteur du premier traité de calcul infinitésimal, *Analyse des infiniment petits pour l'intelligence des courbes*, 1696.

Lorsque Newton publia en 1687 le grand ouvrage[1] qui s'attaquait aux « tourbillons » de Descartes, la physique cartésienne venait à peine de s'installer solidement en France. L'action de Fontenelle avait été prépondérante. L'année précédente, en 1686, il avait donné un exposé des thèses cartésiennes à l'usage d'une marquise imaginaire, qui était un petit chef-d'œuvre de vulgarisation scientifique. Son succès, immédiat et considérable, avait grandement contribué à répandre les idées de Descartes bien au-delà du cercle des savants et des frontières de la France. Quand les académiciens apprirent qu'un Anglais avait le front de rétablir l'existence du vide contre le « plein » cartésien, et de substituer l'attraction mutuelle des corps à l'impulsion comme explication du mouvement, ils se crurent revenus cinquante ans en arrière, lorsque régnait encore la physique d'Aristote. A l'incompréhension se mêlèrent l'esprit de corps et un nationalisme scientifique qui n'était pas rare à l'époque. Tous se mobilisèrent pour l'honneur de la France, de Descartes et de la science qui, à leurs yeux, ne faisaient qu'un. Chacun selon son tempérament : élégant chez Fontenelle, doux chez Mairan, têtu chez Cassini ou sévère chez Réaumur. Ce commun combat, qui dura des décennies, les unit plus sûrement que tous les sentiments personnels. Ils applaudirent ceux qui pensaient bien et protégèrent les Gamaches[2] ou les Privat de Molières[3] qui répandaient l'orthodoxie.

Ces quelques géomètres, physiciens, astronomes, tous dotés d'une solide formation mathématique[4], la discipline phare de l'époque, régnaient sur l'Académie. Ils jouissaient d'un prestige sans rapport avec celui de leurs collègues médecins, botanistes ou

---

1. Les *Principia mathematica philosophiae naturalis* (1687) exposent la théorie de l'attraction universelle.

2. 1672-1756, astronome. Elu associé libre le 23 mai 1732.

3. 1676-1742, physicien. Elu adjoint mécanicien le 11 août 1721.

4. A plusieurs reprises, Dortous de Mairan rappelle à son ami Bouillet, qui rêve de fonder une académie à Béziers, qu'il faut d'abord trouver de solides mathématiciens, sans lesquels ne peut exister de véritable académie des sciences. *Cf.* lettres des 24 avril 1724, 5 novembre 1724 et 14 mars 1726 in *Bulletin de la Société archéologique de Béziers*, 2e série, t. 2, 1860.

chimistes. Tous pensionnaires[1], c'est-à-dire au sommet de la hiérarchie active, ils avaient la haute main sur les élections et la remise des prix fort recherchés que distribuait l'Académie. De plus, avec Cassini à la tête de l'Observatoire et le jeune Du Fay à celle du Jardin du roi, ils tenaient les lieux névralgiques du savoir français.

Outre leurs croyances scientifiques et le pouvoir académique, ces hommes partagent les mêmes valeurs et la même sensibilité. Ils se veulent tout à la fois « hommes du monde » et conformes au modèle du « sage antique »[2]. D'une politesse exquise, ils répugnent aux injures ou aux querelles trop bruyantes qui sont la marque des petits esprits[3]. Quelles que soient les controverses, légitimes entre savants, elles doivent rester internes à l'institution et garder le ton de la bienséance, en particulier à l'égard des anciens. Sur ce point, Fontenelle est un modèle incontournable. Nul ne sait mieux que lui critiquer ses collègues tout en ayant l'air de les complimenter. Même son successeur au secrétariat, Dortous de Mairan, si charmant et courtois, n'approchera pas l'art fontenellien du consensus. Le doux Mairan, qui ne s'en prit jamais ouvertement à un collègue, évitant soigneusement de polémiquer avec Jacques Cassini[4] ou Jean Ier Bernoulli[5], ou gardant

1. Selon les statuts édités en 1699, l'Académie des sciences comptait quatre sortes d'académiciens : les *honoraires*, choisis parmi le haut clergé, la noblesse ou les membres les plus importants du gouvernement, assistaient rarement aux séances ; les *pensionnaires*, le groupe le plus puissant, étaient de vrais « professionnels » qui assistaient aux deux séances hebdomadaires, bénéficiaient d'une pension et votaient à toutes les élections ; les *associés* ne votaient que sur les questions concernant la science et non sur celles se rapportant à l'administration de l'Académie ; les *élèves* ou *adjoints* n'avaient pas le droit de vote, et se tenaient silencieusement derrière les associés. Au total, le nombre des académiciens était fixé par la loi à cinquante-six. *Cf.* R. Hahn, *op. cit.*, p. 119.
2. *Cf.* V. Kapp, *op. cit.*, p. 450.
3. L'article XXVI du règlement de l'Académie prescrivait : « L'Académie veillera exactement à ce que, dans les occasions où quelques académiciens seront d'opinions différentes, ils n'emploient aucun terme de mépris ni d'aigreur l'un contre l'autre, soit dans leurs discours, soit dans leurs écrits ; et lors même qu'ils combattront les sentiments de quelques savants que ce puisse être, l'Académie les exhortera à n'en parler qu'avec ménagement. »
4. Sur la libration de la Lune (lettre de Mairan à Bourget, 18 août 1728, Bibliothèque de Neuchâtel, Ms. 1275/3).
5. Sur les forces vives (lettre de Mairan à Bouillet, 13 août 1734 et 11 septembre 1737).

secrète la cause de sa brouille avec Réaumur, ne pourra donc qu'être anéanti lorsque, les mœurs ayant changé, son collègue Deslandes fera imprimer une espèce de libelle qui le traînera dans la boue[1].

Ces hommes n'étaient pas préparés aux batailles furieuses qui les attendaient. Et ce n'est pas dans le salon de la marquise de Lambert, où ils se retrouvaient tous les mardis, qu'ils pouvaient apprendre des mœurs aussi vulgaires. Initiatrice des prestigieux salons parisiens, Mme de Lambert[2] fut la première de ces femmes remarquables à donner le *la* du bon goût et de l'esprit. Dotée d'une grande culture, auteur de traités de morale et de pédagogie, la marquise avait imprégné tous ses invités – Fénelon, Fontenelle, Houdar de La Motte, Marivaux, Montesquieu, Mairan et bien d'autres – de son savoir-vivre et penser. Retenue, discrétion et un soupçon de jansénisme étaient de mise[3]. Rendez-vous des hommes célèbres, son salon était aussi l'antichambre de l'Académie française. On venait y lire les ouvrages à paraître et quêter l'avis de la marquise. Fontenelle, qui l'aimait tendrement, ne dérogeait pas à la règle. Ponctuel à ses dîners du mardi, il ne ratait jamais l'occasion de lui soumettre ses célèbres *Eloges* qui faisaient sa gloire *urbi et orbi*. On mesure l'influence de la dame à la lecture d'une lettre qu'il lui adressa alors qu'elle séjournait à la campagne : « Je sens que vous ne reviendrez point à la Saint-Martin ni à la fin de novembre... Votre retour est bien souhaité... Chaque mardi me coûte un soupir, après quoi il faut bien dîner quelque part. J'ai fait un *Leibniz* qui aurait eu bien besoin d'un Mardi où il eût été ressassé, mais faute de cela il n'ira [*sic*] peut-être rien qui vaille ; s'il ne réussit pas, je m'en prendrai à vous, pourquoi alliez-vous en Bourgogne[4] ? »

---

1. Lettre de Mairan à Cramer, 2 octobre 1748. Bibliothèque publique universitaire de Genève, Ms. Suppl. 384, f. 305-306.

2. 1647-1733.

3. Mme de Lambert était un « modèle pour l'aristocratie, qui, s'ouvrant à la vie intellectuelle, tente de préserver ses valeurs propres ». A. Niderst, *op. cit.*, p. 337

4. Lettre du 7 octobre [1717] publiée par Jean Sareil in *Dix-huitième siècle*, 5, 1973, p. 206. Lorsque Mme de Lambert mourut le 12 juillet 1733, Fontenelle paya sa dette amicale et intellectuelle en faisant l'éloge de son amie, qu'il publia dans le *Mercure*.

Ces savants, qui ne méprisaient ni les femmes ni les mondanités – Fontenelle et Mairan soupaient tous les soirs dehors –, prétendaient néanmoins à un certain ascétisme. Le mariage était mal vu, comme un ridicule impardonnable. Si l'on pouvait admettre quelques liaisons convenables, ce dont Fontenelle ne se priva pas, le « philosophe marié[1] » était une contradiction dans les termes, et à coup sûr une faute de goût. Il y avait là un côté « petit-bourgeois » qui convenait mal à l'image du savant détaché des contingences. Nombre d'entre eux n'ayant que des revenus modestes, les embarras d'un ménage et d'une famille auraient été un frein à l'exercice de leur vocation. En témoigne cet académicien de Montpellier, médecin naturaliste de renom, François Boissier de La Croix de Sauvages, qui, en réponse aux félicitations d'un collègue genevois sur sa nouvelle condition de père, lui répond avec franchise : « Je me trouverais plus heureux si je n'avais point de progéniture, car ce n'est qu'embarras[2]... » Dans la capitale, le mariage avait mauvaise presse : un mal nécessaire pour assurer sa descendance. Dès lors qu'on pouvait s'en abstenir, comme les savants et les philosophes, il paraissait fou d'y céder. Mme Geoffrin n'a pas de mots assez durs pour cette institution qui peut transformer une vie en enfer. Elle a choqué Jallabert par ses sarcasmes, comme elle le raconte à un autre savant genevois, Gabriel Cramer :

« J'ai donné à dîner à Fontenelle et M. Jallabert. J'ai voulu lui faire une mauvaise plaisanterie qui lui aura donné une mauvaise opinion de moi. Vous savez que *nos savants ne se marient point*, et comme vous ne l'êtes pas non plus, j'ai cru qu'ils ne se

---

1. Titre de la pièce de Destouches (1727). D'Alembert, dans l'éloge qu'il consacra à celui-ci, parle d'un succès presque sans exemple. Il précise : « Il en avait pris le sujet dans sa propre maison. Il s'était marié en Angleterre avec une personne aimable, mais ce mariage exigeait alors le secret, et le secret fut violé. » *Œuvres* de D'Alembert, t. III, Slatkine Reprints, Genève, 1967, p. 411.

2. Lettre de Sauvages à Jean Jallabert, 10 août 1749. B.P.U., Ms. Jallabert n° 82, f. 55. Le savant genevois Jallabert avait lui-même essuyé l'aimable ironie de ses amis parisiens, Mairan et l'abbé Nollet, lorsqu'il leur avait annoncé son mariage en février 1740. *Cf.* lettre de Nollet à Jallabert, 4 février 1740, in *Correspondance entre l'abbé Nollet et le physicien genevois Jean Jallabert*, éd. Isaac Benguigui, Genève, Georg, 1983, p. 93. Lettre de Mairan à Jallabert, 29 février 1740, B.P.U., SH 242, f. 95.

mariaient pas non plus chez vous. Ayant appris que M. Jallabert l'était, je lui dis que cela avait bien diminué la bonne opinion que j'avais de lui. Il m'a répondu à cela très sérieusement en me prouvant que cela était nécessaire à Genève par la façon dont on y vivait... Vous n'entendez pas raillerie sur le mariage, vous autres. Nous le traitons plus cavalièrement ici... Si c'est un bonheur d'aimer son mari, sa femme et ses enfants quand on en a, c'est encore un bonheur plus sûr que de n'en point avoir. Je serais très fâchée, si vous vous mariiez[1]. »

Au-delà du mariage, c'est bien la sexualité qui semble incompatible avec l'activité intellectuelle de haut niveau. Sans même compter les nombreux abbés[2] qui firent carrière, on ne peut manquer d'être frappé par l'ascétisme réel qui définit la vie de la plupart des savants. On ne connaît aucune relation d'ordre sexuel aux Réaumur, Mairan, Guettard, Bernard de Jussieu, parmi bien d'autres. Même si le silence ne fait pas preuve, l'extrême discrétion qui entoura leur vie intime témoigne soit d'une volonté de dissimuler une activité peu recommandable, soit du peu d'importance qu'ils y attachaient. En 1734, Voltaire n'hésite pas, dans sa comparaison entre Newton et Descartes[3], à mettre à l'avantage du premier un ascétisme qui le hissait au-dessus de la condition moyenne. Avoir aimé, été père, puis pleuré la mort d'une enfant adorée : autant de passions humaines qui disqualifiaient Descartes en tant que philosophe. On notera que ces *faiblesses*[4] définissent la condition ordinaire des femmes, leur interdisant du même coup toute prétention au titre de philosophe. Il faudra à la marquise du Châtelet

---

1. Lettre de Mme Geoffrin à Cramer, 18 août [1748]. B.P.U., autographe. Souligné par nous.

2. On sait qu'au XVIIIᵉ siècle certains d'entre eux prenaient des libertés avec les interdits.

3. Voltaire, *Lettres philosophiques*, 1734, éd. Garnier-Flammarion, 1964, 14ᵉ lettre, p. 91 : « [Descartes] ne crut pas indigne de lui de faire l'amour. Il eut de sa maîtresse une fille nommée Francine, qui mourut jeune et dont il regretta beaucoup la perte. Ainsi, il éprouva tout ce qui appartient à l'humanité. »

4. « Une opposition singulière dans laquelle [Newton] se trouve avec Descartes, c'est que dans le cours d'une si longue vie il n'a eu ni passion, ni *faiblesse* ; il n'a jamais approché d'aucune femme. » Tolérant, Voltaire conclut ainsi : « On peut admirer en cela Newton, mais il ne faut pas blâmer Descartes. » *Ibid.*, p. 93. Souligné par nous.

beaucoup de talents, d'énergie et de non-conformisme pour rompre ce tabou. Mais au prix de quels sarcasmes et de quelle boue !

Les trois savants qui dominent l'Académie en 1735, Fontenelle, Réaumur et Mairan, doivent certes leur prééminence à leur travail scientifique, mais aussi à leur statut social, à leur personnalité et à leur capacité de former autour d'eux des groupes d'admirateurs et de fidèles. La puissance des intellectuels se mesure aussi à l'importance des clans dont ils sont les chefs. Chef d'école comme le Réaumur naturaliste ou protecteur des nouveaux talents comme Dortous de Mairan, dans les deux cas, on est incontournable.

Le roi Fontenelle

A tout seigneur, tout honneur : le roi Fontenelle est au-delà du chef de clan. En 1735, il a près de quatre-vingts ans et règne sans partage sur la scène intellectuelle française. Même si l'aura du « Moderne » qui a combattu les « Anciens »[1] s'est bien estompée, il réunit en sa personne tous les ingrédients du succès. Homme de lettres avant d'être savant, il a réussi le doublé si désiré par les ambitieux : être des deux Académies (française[2] et des sciences) et peser de tout son poids dans l'une et l'autre.

Paradoxalement, cet homme si brillant et si intelligent[3] n'a pas été à la hauteur de ses espérances littéraires et scientifiques. Neveu du grand Corneille, Fontenelle fut d'abord un poète et un auteur de théâtre décevant. Lucide, après l'échec retentissant de sa pièce *Aspar*[4], il retourne chez lui à Rouen, détruit la pièce et travaille à des essais philosophiques, parmi lesquels les fameux *Entretiens sur la pluralité des mondes* (1686) et l'*Histoire des*

---

1. Polémique littéraire qui opposa à la fin du XVIIe siècle et au début du XVIIIe les tenants de la supériorité des auteurs modernes aux partisans des auteurs de l'Antiquité. Déclenchée en 1687 par Charles Perrault. Fontenelle fut avec lui le champion des Modernes.

2. Fontenelle y fut reçu en 1691 après quatre tentatives malheureuses.

3. *Cf.* Paul Hazard, *La Crise de la conscience européenne (1680-1715)*, 1934, p. 217 : « L'intelligence de Fontenelle, l'admirable intelligence qui comprend vite et qui comprend tout, qu'aucune image ne déforme qu'aucun sentiment ne séduit ; on pense en la voyant opérer à un outil de dissection, acéré, et qui brille. »

4. En 1680.

oracles (1687) qui le révèlent au public. Fontenelle y démontre un talent exceptionnel pour « mettre à la portée de tous et égayer les matières les plus arides et épineuses[1] ». Il comprend avant tout le monde l'intérêt de la diffusion de la science dans les couches les plus larges de la société, y compris auprès des femmes, dont il fait ses interlocutrices privilégiées.

Mais, lorsque Fontenelle décidera de s'adonner aux sciences elles-mêmes, et non plus seulement à leur vulgarisation, la déception sera cruelle. Dès 1696, il rédige la préface à l'*Analyse des infiniment petits* du marquis de L'Hospital. Le calcul infinitésimal le passionne et il entend y consacrer lui-même un ouvrage. Durant vingt-cinq ans, il travaille silencieusement[2] à ce qu'il espère être sa grande œuvre, les *Eléments de la géométrie de l'infini*. Lorsqu'il la publie en 1727, et malgré les multiples lettres destinées à convaincre ses collègues – notamment ceux qui devaient en rendre compte dans les périodiques – de l'originalité de sa découverte[3], la réaction de ses pairs est une claque. Le père Castel l'attaque durement dans les *Mémoires de Trévoux*[4] ; Jacob S'Gravesande à La Haye, Jean-Pierre de Crousaz à Lausanne et surtout Jean Ier Bernoulli à Bâle, à l'avis duquel il tenait tant, émettent tous objections et critiques qui l'atteignent au cœur. « Loin d'être acclamés comme une contribution importante au progrès des mathématiques, les *Eléments* tombèrent rapidement dans l'oubli[5]. » A la suite ou non de cet échec, Fontenelle propose – en vain – en 1730 de démissionner du secrétariat de

---

1. Alain Niderst, *Fontenelle à la recherche de lui-même*, Paris, Nizet, 1972, p. 285.

2. Ce silence est entrecoupé de quelques brèves confidences à Leibniz en 1702 : « J'ai commencé la téméraire entreprise des infiniment petits » ; à l'abbé Bignon en 1717 : « Mes petits me tiennent à la gorge » ; à Jean Ier Bernoulli en 1725. *Cf.* Michaël Freyne, « Fontenelle et sa correspondance », *Colloque Fontenelle, op. cit.*, pp. 29-30.

3. Il croyait, dit M. Freyne, avoir fait dans le « Paradoxe des finis indéterminables » une découverte féconde. *Op. cit.*, p. 30.

4. 1727-1730.

5. M. Freyne, *op. cit.*, p. 33. Cet auteur fait observer que si, jusqu'en 1730, Fontenelle défend avec acharnement ses théories mathématiques contre ses critiques, à partir de 1731 les *Eléments* n'occupent plus la même place dans sa correspondance.

l'Académie des sciences[1]. L'homme qui a laissé le souvenir d'un indifférent, d'un égoïste sans passion, bref d'un être « qui a une cervelle à la place du cœur[2] », cet homme-là souffre du jugement de ses pairs. Et peut-être pas seulement par vanité blessée, mais parce que la mésestime de ses égaux le déprécie mortellement à ses propres yeux.

Pourtant, ces échecs personnels n'ont pas empêché Fontenelle de briller comme un soleil pendant plus de cinquante ans, ni son nom d'être répandu dans toute l'Europe comme celui d'un maître de l'esprit. La raison en est double : il a imposé son style à ses contemporains et, mieux encore, il a su jouer comme personne le rôle de « médiateur » entre des mondes qui s'ignoraient.

Avant tout, Fontenelle est l'incarnation du « bel esprit » qui triomphe de la fin du XVIIe siècle jusque vers les années 1740. Si l'expression devient nettement péjorative sous la plume des « philosophes »[3], sa pratique par Fontenelle a joué un rôle considérable dans la société de son temps. Le « bel esprit » englobe l'art majeur de la conversation – qui règne dans les salons jusqu'à la Révolution – et implique un savant dosage de badinage, de bons mots, de légèreté du propos. C'est aussi l'art de rendre faciles et amusantes les idées les plus complexes et ardues. C'est la préciosité du XVIIe siècle adaptée à l'esprit du XVIIIe. Comme le dit son ami Montesquieu, « M. de Fontenelle, presque contemporain de ces gens-là, mêla la finesse de Voiture, un peu de son affectation, avec plus de connaissance, de lumière, et plus de philosophie[4] ». Il sait s'adresser aux femmes et leur ouvrir des domaines de réflexion qui, jusque-là, leur étaient interdits. Ce

1. Lettre de Mairan à Bouillet, 3 août 1730 : « M. de Fontenelle ayant demandé à se retirer, le roi m'a nommé pour remplir sa place de secrétaire perpétuel de l'Académie des sciences. Je profiterai de la gloire d'avoir été choisi, sans encourir les risques, car nous avons engagé M. de Fontenelle à rester. »
2. Selon le mot célèbre de Mme de Tencin. Alain Niderst a raison de souligner que tous les portraits qui décrivent un Fontenelle froid et indifférent aux autres datent de sa vieillesse, alors qu'il était déjà octogénaire, voire presque centenaire.
3. Le « bel esprit » est synonyme de superficiel et désigne celui qui, ignorant la véritable réflexion, ne cherche à briller que par vanité mondaine et à peu de frais intellectuels.
4. *Fragments inédits*, II, 49.

« bel esprit » pédagogique, qui excelle dans l'analyse délicate des sentiments[1], a tout pour séduire la première génération de femmes savantes dont il est symboliquement le père. Et, à travers elles, toute une société qui l'écoute avec ravissement et rêve de l'imiter. Ce savant « bel esprit » donne le ton. Le marquis d'Argenson, qui ne l'aime guère, constate : « Ce ton est devenu celui de la société, où Fontenelle a mille imitateurs[2]. » Il est le grand homme des salons où son succès ne s'est pas démenti, chez Mme de Lambert comme chez Mme de Tencin, chez Mmes Geoffrin ou du Boccage comme chez la duchesse du Maine. De cet homme de quatre-vingt-quatorze ans, Raynal dit sans tendresse excessive : « Nos dames s'arrachent plus que jamais cet illustre vieillard ; elles le trouvent gai, galant, aimable, et comme il est fort sourd, elles aiment mieux crier à pleine tête que de ne pas l'avoir, que de le laisser échapper ou de ne le pas arracher à d'autres[3]. » Fêté à la cour comme à la ville, il laisse sa marque partout où il passe.

A ces grâces, qui sembleront un peu mièvres aux générations montantes, Fontenelle ajoute les qualités profondes du philosophe et la curiosité inlassable du savant. Il s'intéresse à tout et digère vite. Il montre une égale aisance dans l'histoire des oracles ou en physique. Et, par ses *Eloges* des académiciens, il contribue plus que personne à cette mode de la science qui est le propre de la société du XVIIIe siècle[4]. Génial vulgarisateur, il sait rendre accessibles aux non-initiés aussi bien la physique de Newton que la botanique de Tournefort ou la chimie de Lémery. En témoigne Grimm, qui par ailleurs le juge sévèrement : « M. de Fontenelle est un de ces hommes rares qui, témoin pendant un siècle de toutes les révolutions de l'esprit humain, en a lui-même opéré quelques-unes et préparé les causes de plusieurs autres... Ce qui

---

1. Fontenelle fut le protecteur et le père spirituel de Marivaux, son cadet de trente et un ans ; on dit volontiers que c'est dans le commerce assidu du premier que le second apprit à marivauder. *Cf. Dictionnaire des lettres françaises* du cardinal Georges Grente, mis à jour par F. Moureau, Fayard, 1995, p. 494.

2. *Mémoires et Journal inédit du marquis d'Argenson*, 1858, t. V, p. 95.

3. *Nouvelles littéraires*, 4 octobre 1751, t. II, p. 101, in *Correspondance littéraire, philosophique et critique par Grimm, Diderot, Raynal, Meister,* etc., éd. M. Tourneux, 1877.

4. *Cf.* R. Hahn, *op. cit.*, chap. IV, « Le développement de la science ».

pourra sauver M. de Fontenelle de l'oubli, c'est le mérite réel d'avoir rendu le premier la philosophie populaire en France... L'esprit philosophique, aujourd'hui si généralement répandu, doit ses progrès à Fontenelle[1]. »

Mieux que tout autre, Fontenelle a compris la nécessité pour l'Académie des sciences d'une large diffusion de ses travaux, non seulement dans le milieu scientifique, mais aussi dans la bonne société. Pour ce faire, il a l'art d'abattre les barrières linguistiques entre les spécialistes et les ignorants. Il est l'« homme bilingue », ou, selon sa formule, « un amphibie propre à vivre dans l'un et l'autre monde[2] », qui fait pénétrer l'Académie dans le milieu mondain. Ce qui n'est pas une mince victoire, lorsqu'on sait le mépris dans lequel la noblesse et la bourgeoisie[3] tenaient les sciences au début du siècle des Lumières. Ses *Eloges* connaissent un succès tel que tout le beau monde européen « les applaudit avant de les avoir lus[4] ». Mais Fontenelle ne brille pas qu'aux yeux des non-initiés. Un homme aussi savant que le mathématicien bâlois Jean Ier Bernoulli écrit à Dortous de Mairan : « Vous ne sauriez croire combien je suis mortifié d'impatience de voir l'ouvrage de M. de Fontenelle et les *Eloges* du Tsar et de M. Newton[5]. »

Là est le triomphe de Fontenelle, qui sut à la fois éveiller l'intérêt de ses contemporains pour des disciplines jusque-là ignorées, et susciter l'admiration de ses pairs pour ses talents. Cet « entremetteur[6] » de génie a rendu le service le plus signalé aux

---

1. *Correspondance littéraire*, t. III, 1er février 1757, pp. 337-340.

2. Volker Kapp, « Les éloges académiques de Fontenelle », *Colloque Fontenelle, op. cit.*, p. 443.

3. V. Kapp rappelle que le marquis de L'Hospital, capitaine de cavalerie, « est obligé de se retirer dans sa tente... pour cacher son application à l'étude, étant donné qu'un noble doit être ignorant par bienséance... La science n'est pas mieux accueillie par la noblesse de robe, pourtant plus favorable à l'étude... Les sciences ne passent pas pour utiles au même titre que la théologie ou la jurisprudence... ». Citant Fontenelle, Kapp ajoute : « Ces sciences ont eu jusqu'à présent si peu de réputation d'utilité, que la plupart de ceux qui s'y sont appliqués ont été des rebelles à l'autorité de leurs parents » (pp. 443-444).

4. Montesquieu, *Œuvres complètes*, éd. Masson, Paris, Nagel, 1955, t. III, p. 892 : lettre à Mme de Lambert, 1728.

5. Lettre du 25 janvier 1728. BEB, LIa. 661, f. 27.

6. Titre du livre de François Bott sur Fontenelle, P.U.F., 1991.

sciences en mettant son style si personnel à leur service. Grâce à lui, elles ont acquis des titres de noblesse qu'elles n'avaient pas auparavant. En établissant des passerelles entre le monde savant et le beau monde, entre les sciences et la littérature, Fontenelle a suscité des vocations et élargi le cercle restreint des amateurs. Ses collègues académiciens et ses contemporains lui en gardent reconnaissance. Mieux, certains savants, comme l'Italien Algarotti ou Maupertuis, tenteront de l'imiter. En vain, car le maître Fontenelle avait un secret de fabrication qui n'appartenait qu'à lui...

Le prince Réaumur

A côté de Fontenelle, Réaumur est un « prince de la science[1] ». Encyclopédiste avant la lettre, il commence sa carrière de savant comme mathématicien. Venu à Paris en 1703, ce jeune noble du Poitou assiste aux leçons de Guisnée[2] et devient l'élève du célèbre Varignon, qui le fait entrer à l'Académie comme géomètre le 14 mars 1708. Après avoir soumis à l'Académie trois mémoires de géométrie analytique et infinitésimale, Réaumur laisse là les sciences abstraites pour se consacrer à l'histoire naturelle et aux « sciences les plus utiles à un Etat[3] ». Ingénieur[4],

---

1. Selon l'expression de son biographe, le Dr Jean Torlais, *Réaumur*, Paris, Albert Blanchard, 1961, p. 221.
2. Le fait est rapporté par son cousin Hénault avec lequel il suivait les cours de Guisnée. *Cf. Mémoires du président Hénault*, nouvelle édition complétée par Fr. Rousseau, Librairie Hachette, 1911, pp. 28-29. Réaumur, né en 1683 à La Rochelle, avait alors vingt ans.
3. *Cf. Réflexions sur l'utilité dont l'Académie des sciences pourrait être au Royaume, si le Royaume donnait les secours dont elle a besoin.* Ce texte ni signé ni daté, attribué à Réaumur, se trouve dans son dossier aux Archives de l'Académie des sciences. Ecrit du vivant de Newton, Eric Brian le date des années 1726-1727 dans *Histoire et Mémoire de l'Académie des sciences*, guide de recherche, sous la direction d'E. Brian et Ch. Demeulenaere-Douyère, Lavoisier Tex. & Doc., 1996, p. 21.
4. Il découvrit, entre autres, le procédé de fabrication de l'acier et retrouva le secret du fer-blanc ; il perfectionna les ancres marines, l'art de la porcelaine et des perles artificielles ; il s'intéressa à la soie des araignées, à l'emploi de pigments de mollusques pour les teintures, et améliora l'art de conserver les œufs.

minéralogiste[1], biologiste[2], physiologiste[3], il est surtout le plus grand entomologiste de son temps, un savant exceptionnel.

Si, aujourd'hui, son nom demeure lié au thermomètre qu'il inventa[4], le prestige et la gloire dont il jouit de son vivant sont dus à un travail sans précédent sur les insectes[5]. Les six volumes qu'il publie entre 1734 et 1742 portent le titre modeste[6] de *Mémoires pour servir à l'histoire des insectes*. Ils font de lui le maître incontesté du sujet et lui attirent nombre d'élèves et de disciples de toute la France et même de différents pays européens. Réaumur est le premier à s'intéresser à ces créatures dont le nom générique est alors synonyme de « vil ». Il en montre la diversité, la complexité et la beauté grâce aux magnifiques dessins de sa fidèle collaboratrice, Mlle Moutier de Marsigli. Des pucerons aux mouches, des cigales aux abeilles, des chenilles aux araignées, rien n'échappe au savant de leurs caractères distinctifs, de leurs manières de vivre ou de leur mode de reproduction. Sous sa loupe, les animaux les plus méprisés de la création deviennent autant de preuves de l'existence de Dieu et de sa grandeur. Même ceux qui s'impatientent de la longueur de ses descriptions[7] conviennent que « jamais homme ne porta à un plus haut point

1. Il étudia les alluvions aurifères, la turquoise et les faluns de Touraine.

2. Il étudia la reproduction des écrevisses, des homards et des crabes, sélectionna les oiseaux et créa les fours à poulets comme des sortes de couveuses avant la lettre. Pour certains, il est un précurseur de la génétique.

3. Il vulgarisa les procédés propres à ranimer les noyés en insufflant de l'air dans la trachée, et démontra que la digestion est avant tout un phénomène chimique.

4. En 1730-1731.

5. Le mot « insecte » avait un sens plus large au XVIIIe siècle qu'aujourd'hui : « employé pour désigner un petit animal invertébré dont le corps est divisé par étranglements ou par anneaux ; au XVIIe siècle, on appelait "insectes" les animaux qui, pensait-on, vivent encore après qu'on les a coupés (par ex. le serpent) et ceux dont le corps était ou bien divisé en anneaux (vers, arthropodes), ou bien apparemment inorganisé (huîtres, mollusques en général) ». Le terme « désigne aujourd'hui un petit animal invertébré à six pattes, souvent ailé et subissant des métamorphoses ». *Dictionnaire historique de la langue française*, sous la direction d'Alain Rey, Dictionnaire Le Robert, 1992, t. I, p. 1031.

6. Au grand regret de son ami l'abbé Bignon qui lui écrit, après lecture du manuscrit du premier volume : « Le principal défaut que j'y trouve est l'excès de modestie du titre » (30 décembre 1732. B.N., Ms. Fr. 22235, f. 200).

7. Chaque volume des *Mémoires* compte près de 600 pages ou plus.

l'esprit d'observation[1] ». On le considère volontiers comme l'héritier du grand Pline[2].

Savant prestigieux, Réaumur est aussi « l'âme de l'Académie[3] ». De 1713 à 1752, il a été à neuf reprises son directeur, à dix reprises son sous-directeur. Son attachement à l'institution est total, et rares sont les séances qu'il a manquées durant près d'un demi-siècle de carrière. Présenté à l'abbé Bignon par son cousin Hénault, Réaumur est vite devenu son intime. Les papiers de l'abbé prouvent que, pendant près de vingt ans, les deux hommes ont été de vrais amis. Ils se rencontrent souvent, vont se chercher mutuellement, s'écrivent deux à trois fois par semaine[4], font le voyage à Versailles ensemble, parfois accompagnés de leur ami commun de Boze[5], le président de l'Académie des inscriptions. Une grande confiance réciproque unit les deux hommes, pour lesquels l'activité de l'Académie est une préoccupation constante. D'autant que Fontenelle est un secrétaire qui ne s'intéresse guère aux questions administratives[6]. Bignon transmet à Réaumur les dossiers que lui adressent les inventeurs en quête de brevet ou d'approbation de l'Académie, pour avoir son avis. Il l'envoie à Versailles quand les fonds ne rentrent pas bien. Ils délibèrent en tête-à-tête sur les futurs candidats à l'Aca-

---

1. Le propos est du naturaliste genevois Charles Bonnet (1720-1793), disciple de Réaumur, qui poursuit ainsi : « Ses ouvrages seront toujours un modèle en ce genre, et s'il y règne de la diffusion, elle est bien compensée par l'intérêt que l'auteur a su mettre dans les détails. Il est celui de tous les naturalistes qui a traité l'insectologie avec le plus d'étendue. » Cf. *Correspondance littéraire de Grimm*, vol. IV, 15 décembre 1759, p. 166.

2. Pline l'Ancien, naturaliste romain (23-79), connu pour son *Histoire naturelle*, véritable monument des connaissances de son temps.

3. L'expression est du Dr Torlais *in* « Réaumur et ses médecins », *Médecine générale française*, décembre 1934.

4. Les papiers de l'abbé Bignon sont à la Bibliothèque nationale. Les lettres de l'abbé à Réaumur figurent sous la cote Ms. Fr. 22234, et celles de Réaumur à l'abbé sous la cote Ms. Fr. 22232.

5. Claude Gros de Boze (1680-1753), numismate et antiquaire de grand talent, élu secrétaire perpétuel de l'Académie des inscriptions à vingt-six ans et membre de l'Académie française en 1715. En 1719, il est nommé garde du Cabinet des antiques et des médailles à la Bibliothèque royale.

6. Sujet de récrimination dans les lettres de Bignon à Réaumur. *Cf.* lettre du 14 juin [1727], B.N., Ms. Fr. 22234, f. 101.

démie[1] et préparent minutieusement le déroulement des assemblées publiques. Bref, « ils ont vécu vraiment pour elle et pour sa plus grande gloire[2] ».

Protégé par le Régent, proche des ducs d'Orléans, Réaumur est amené à fréquenter la cour. Il présente chaque volume de son *Histoire des insectes* au roi et à la reine avant de le rendre public. Mais, contrairement à son collègue Fontenelle, il ne peut passer pour un savant mondain. Il ignora toujours la gloire littéraire, même si l'entomologie et l'histoire naturelle suscitent, grâce à lui, un réel engouement à la cour comme à la ville[3]. Cet homme discret se rend bien parfois chez la comtesse de Verteillac et plus souvent chez Mme de Tencin, mais il préfère les promenades dans la nature à celles des Parisiens sur le Pont-Neuf ou dans la grande allée des Tuileries. C'est un homme aimable et accueillant qui n'a rien d'un misanthrope, mais qui donne la prééminence à l'amitié sur la mondanité. Les soirs d'Académie, le mercredi et le samedi, il va dîner chez son vieux complice de Boze[4], ou bien prolonge les discussions avec Winslow[5], cet autre « intime ami » qu'il aime fraternellement et dont il adopte la querelle contre son confrère Lémery[6] sur l'origine des monstres.

---

1. Mairan recommande à son ami Bouillet de ménager Réaumur s'il veut entrer à l'Académie (lettre du 30 octobre 1734, *op. cit.*, pp. 146-148).

2. Dr Torlais, *Réaumur*, *op. cit.*, p. 209.

3. Rien qu'à Paris, Yves Laissus a identifié plus de deux cents noms de propriétaires de cabinets d'histoire naturelle. *Cf.* « Les cabinets d'histoire naturelle », in *Enseignement et diffusion des sciences en France au XVIIIe siècle*, Paris, Hermann, 1964, pp. 659-712.

4. Après la mort de De Boze, Réaumur, accablé, écrit le 10 décembre 1754 à Jean-François Séguier : « Ç'a été un terrible coup pour moi qui avais été lié avec lui d'une amitié qui ne s'était jamais démentie pendant plus de quarante ans. » *Lettres inédites de Réaumur*, éd. G. Musset, La Rochelle, 1886, p. 103.

5. Jacques-Bénigne Winslow (1669-1760), élu élève anatomiste en mars 1707, associé anatomiste en janvier 1716 et pensionnaire en février 1722. Docteur en médecine et professeur d'anatomie au Jardin du roi, il était, selon Jacques Roger, janséniste et le meilleur anatomiste de son temps. *Cf. Buffon*, Fayard, 1989, p. 94. Voir aussi la lettre de Réaumur à Ch. Bonnet du 10 novembre 1743 (copie aux Archives de l'Académie des sciences).

6. Louis Lémery (1677-1743), fils de l'académicien-médecin Nicolas Lémery, élu élève botaniste en mars 1700, associé chimiste en août 1712 et pensionnaire chimiste en mars 1715. Docteur en médecine et professeur de chimie au Jardin du roi. Pour la

Menant une vie sage et régulière, il rentre tous les ans (aux vacances académiques qui s'étendent de septembre à la Toussaint) dans ses terres de Réaumur en Poitou. Là, il travaille dans la nature tout à loisir et connaît le bonheur absolu de la recherche, entouré de quelques collaborateurs amis. D'un tempérament austère, il déteste la publicité faite autour de son nom. Son biographe, le docteur Torlais, raconte sa colère lorsqu'une gazette allemande eut la mauvaise idée de mentionner à son sujet un problème de santé : « Le public a bien besoin de connaître mes misères[1] ! » En revanche, il ne cache pas son plaisir quand son collègue de Montpellier, Sauvages, donne son nom à une nouvelle plante, lui conférant ainsi l'immortalité. Orgueilleux mais non vaniteux, il ne prétend qu'à la reconnaissance de ses pairs.

Outre Winslow, Réaumur s'entend bien avec la plupart de ses collègues : il entretient d'étroites et agréables relations avec Fontenelle et Cassini ; il a de réelles affinités avec les frères Jussieu[2], Du Fay mort trop tôt[3], Duhamel du Monceau[4], et même Maupertuis[5] et Buffon[6] à leurs débuts. Pédagogue, Réaumur aime

---

polémique sur l'origine des monstres, voir Patrick Tort, *L'Ordre et les monstres*, Le Sycomore, 1980.

1. *Réaumur, op. cit.*, pp. 244-245.

2. Antoine de Jussieu (1686-1758), élève botaniste depuis le 1er août 1712, docteur en médecine et professeur au Jardin du roi ; Bernard de Jussieu (1699-1777), adjoint botaniste depuis le 31 juillet 1725, docteur en médecine et sous-démonstrateur au Jardin du roi.

3. Ch. Fr. de Cisternay Du Fay (1698-1739), adjoint chimiste le 14 mai 1723, associé chimiste le 26 août 1724 et pensionnaire le 6 février 1731. Chimiste et physicien, capitaine au régiment de Picardie, intendant au Jardin du roi en 1732. Cet homme charmant fut unanimement regretté à sa mort, car il se dépensait sans compter pour rendre service à ses collègues. Nollet fut d'abord son élève avant de s'occuper du laboratoire de Réaumur.

4. H.L. Duhamel du Monceau (1700-1782), adjoint botaniste le 22 janvier 1728, associé botaniste le 4 septembre 1730 et pensionnaire le 5 décembre 1738. Botaniste, physiologiste, agronome et physicien. Inspecteur général de la Marine.

5. Longtemps après leur brouille, Réaumur confie à Formey, le 26 août 1751 : « Il y a eu un temps où personne ne m'a montré plus d'attachement que lui. » In *Souvenirs de Formey*, II, p. 162.

6. Lettre du président Bouhier au marquis de Caumont, 13 août 1735 : « M. de Buffon est grand ami de M. de Réaumur. » *Correspondance littéraire du président Bouhier*, éd. H. Duranton, Université de Saint-Etienne, n° 6, 1979, p. 100.

à former de jeunes élèves qu'il introduit ensuite, à un titre ou à un autre, à l'Académie : Guettard[1], Bazin[2], Brisson[3], Lignac[4] et son disciple préféré, l'abbé Nollet[5], qu'il chargera par testament du tri de ses papiers. Enfin, il est l'« oracle » de toute une nouvelle génération de naturalistes qui s'est révélée à la suite de ses travaux sur les insectes : le Genevois Charles Bonnet et son cousin Abraham Trembley[6], le Hollandais Lyonet, et Charles de Geer qu'on surnommera le « Réaumur suédois », pour ne parler que des plus importants.

En 1735, la mauvaise santé de Bignon et l'activité mondaine de Fontenelle laissent à Réaumur la première place à l'Académie. Il est devenu l'homme fort de l'institution.

Le doux Mairan

Dortous de Mairan est le troisième pilier de l'Académie. De cinq ans l'aîné de Réaumur, il n'entre que dix ans plus tard à l'académie et n'y jouit pas de la même autorité que son cadet. Cet homme du Languedoc au fort accent gascon est le fils d'un avocat de Béziers, aux confins de la bourgeoisie et de la petite noblesse. Il fait une brillante carrière et monte rapidement les échelons de la hiérarchie académique. Mathématicien et surtout physicien, il se fait remarquer du monde savant en gagnant successivement les prix mis au concours par l'académie de

---

1. J.-Et. Guettard (1715-1786), adjoint botaniste le 3 juillet 1743, associé le 16 mai 1758 et pensionnaire le 20 juillet 1758. Docteur en médecine, géologue et botaniste.

2. G. Aug. Bazin (1681-1754), naturaliste, docteur à Strasbourg, nommé correspondant de Réaumur le 11 décembre 1737.

3. J. Brisson (1723-1800), neveu de Réaumur, adjoint botaniste le 15 août 1759, associé le 29 janvier 1779, pensionnaire le 6 décembre 1782. Naturaliste et physicien.

4. Le père J.-A. Lelarge de Lignac (1710-1762), de l'Oratoire. Théologien.

5. J.-Ant. Nollet (1700-1770), adjoint mécanicien le 27 avril 1739, associé le 21 juin 1742, pensionnaire le 10 décembre 1757. Professeur de physique expérimentale au collège de Navarre. Il travailla dans le laboratoire de Réaumur et construisit des thermomètres.

6. Réaumur a entretenu avec les deux cousins une correspondance scientifique et amicale de la plus haute importance.

Bordeaux en 1715[1], 1716[2] et 1717[3]. Ces trois triomphes, dit Fouchy[4], déterminèrent cette académie à le prier de ne plus concourir et à l'intégrer dans ses rangs. S'étant fait connaître simultanément à Paris par plusieurs mémoires envoyés à l'Académie des sciences, celle-ci lui fit le rare honneur de l'élire directement associé géomètre dès le 23 décembre 1718, sans passer par l'étape obligée d'élève. Sept mois plus tard, le 7 juillet 1719, il est pensionnaire géomètre. Quatre fois directeur et cinq fois sous- directeur, Mairan sera le successeur naturel de Fontenelle au secrétariat perpétuel lorsque celui-ci demandera à se retirer, en 1740.

Comme le note Daniel Roche, « l'oubli à peu près total qui le frappe aujourd'hui contraste avec la célébrité qu'il eut de son temps[5] ». Mairan est un bon professionnel, mais son nom n'est associé à aucune découverte d'importance. Sa fidélité excessive à Descartes l'a empêché d'évoluer et de se rallier à l'univers newtonien. Au demeurant, moins dogmatique qu'on ne l'a parfois décrit, il adhère pleinement à l'*Optique* du savant anglais[6] et ne cache pas son admiration pour lui. Il tente même une conciliation entre les deux savants[7], au risque d'un grand écart qui ne convainc personne.

L'importance de Mairan tient moins à ses travaux[8], qui suscitent surtout l'intérêt de ses collègues, qu'à un ensemble de

---

1. Sur l'explication des variations du baromètre.
2. Sur la glace.
3. Sur les phosphores et les noctiluques.
4. Dans son *Eloge de Mairan, H.A.R.S.*, année 1771, pp. 89-103.
5. « Un savant et sa bibliothèque au XVIIIᵉ siècle », *Dix-huitième siècle*, 1, 1969, p. 51.
6. Henry Guerlac, « The Newtonianism of Dortous de Mairan », in *Essays on the Age of Enlightenment in Honor of Ira O. Wade*, Genève, Droz, 1997, pp. 131-141.
7. Voir les travaux d'Ellen McNiven Hine, et notamment : « Dortous de Mairan, the "Cartonian" » [on ne peut mieux signifier la tentative de conciliation entre cartésien et newtonien], *Studies on Voltaire & the Eighteenth Century*, 266, 1989, pp. 63-179. Voir aussi : J.-J. Dortous de Mairan and the Geneva Connection : Scientific Networking in the Eighteenth Century, *Studies on Voltaire*, n° 340, 1996.
8. Son traité sur l'aurore boréale connut un grand succès en 1731 et fut plusieurs fois réédité avec des augmentations en 1733, 1749, 1754 et 1761. De même ses travaux sur les forces vives ainsi que sur la réflexion et la réfraction des corps. Ce succès est

réseaux qu'il a su tisser dès son arrivée à Paris. Protégé par le Régent dont il est le secrétaire et par le prince de Conti, il fréquente Versailles, dîne à la table du cardinal de Fleury et séduit le chancelier d'Aguesseau qui lui ouvrira les portes du très puissant *Journal des savants*. Très tôt, le roi lui offre un logement au Louvre[1]. Dès 1721, on le charge avec Varignon d'une mission officielle : il doit visiter les ports de l'Ouest pour déterminer une méthode de jaugeage des navires qui élimine la fraude. Cette mission accomplie, il obtient du Premier ministre que se tienne la première assemblée[2] de la future académie de Béziers, qu'il fonde avec son ami le médecin Bouillet. Privilège accordé avec parcimonie !

Serviable de nature, Mairan tisse un autre réseau, tout aussi important pour sa carrière, avec les académies de province et les savants étrangers. Il entretient une correspondance suivie – notamment avec les Bernoulli père et fils, les Genevois Abauzit[3], Cramer[4], Jallabert[5], Bonnet, le Neuchâtelois Louis Bourguet – et sait se rendre indispensable. Outre les échanges scientifiques et les nouvelles littéraires de Paris qui intéressent tous ses correspondants, il procure un mémoire de l'Académie à l'un, un livre nouvellement paru à l'autre, *La Connaissance des temps* à tous[6].

---

largement redevable à la forme littéraire de ses écrits, et à la clarté avec laquelle il expose les problèmes les plus compliqués – clarté qui faisait l'admiration de Voltaire (*cf.* lettre de Voltaire à H. Pitot du 31 août 1736. Best. D 1137 : « M. de Mairan, qui est un des esprits les plus justes, des plus fins, des plus exacts... » ; voir aussi les lettres de Voltaire à Mairan des 9 novembre 1736 et 24 mars 1741 – Best. D 1195 et 2448). Ses qualités littéraires lui valurent d'être souvent comparé à Fontenelle.

1. On ne connaît pas la date exacte d'installation de Mairan dans l'appartement du Louvre, mais il l'évoque dans une lettre à Bouillet des 13/15 août 1734.

2. Le 19 août 1723. Mais ce n'est qu'en 1766 que Mairan peut lui procurer les lettres patentes.

3. Firmin Abauzit, né en 1679 à Uzès, dans le Languedoc, trouva refuge à Genève après la révocation de l'édit de Nantes. Il fut un savant de grande qualité. *Cf.* J. Senebier, *Histoire littéraire de Genève*, 1786, t. III, pp. 63-81.

4. 1704-1752. Ce mathématicien genevois fit deux séjours à Paris, en 1729 et de 1747 à 1748, et conserva des amitiés solides avec nombre de savants français. Il publia en 1750 la grande œuvre de sa vie : *Introduction à l'analyse des lignes courbes*.

5. Jean Jallabert (1712-1768), professeur de mathématiques et de philosophie à Genève, se fit connaître par ses expériences sur l'électricité.

6. Almanach publié par l'Académie des sciences au début de chaque année.

Sa correspondance est si importante qu'il répond presque toujours avec des semaines, voire des mois de retard. Lorsqu'il publie un livre ou une brochure, il se fait un devoir de l'envoyer à tout son réseau, accompagné d'une lettre personnelle : deux ou trois cents personnes[1] ! confie-t-il en gémissant à l'ami Bouillet. Pas étonnant qu'à l'instar de tous ses collègues il maudisse l'agitation parisienne et avoue ne pouvoir travailler sérieusement que hors de la capitale.

La complaisance de Mairan n'obéit pas qu'à son propre intérêt. C'est un brave homme qui aime aider les jeunes savants à faire carrière. Il utilise volontiers ses relations pour les promouvoir. Quand le père Reyneau attire son attention sur un mathématicien breton, hydrographe de grand talent, Bouguer[2], Mairan s'intéresse à ses travaux sur la mâture des vaisseaux et s'arrange pour proposer ce sujet au prix de 1727, sûr que son protégé l'emportera. La chose faite, Mairan n'oublie pas d'en rendre le compte le plus avantageux à l'abbé Bignon et de publier sa lettre dans le *Journal des savants* de 1728. Comme lui-même jadis à Bordeaux, le brillant Bouguer remporte successivement le prix de 1729[3] et celui de 1731[4]. Il est ensuite facile de le faire élire triomphalement à l'Académie comme associé géomètre[5]. Vers la même époque, Mairan recommande l'abbé de Gua[6], à peine vingt

---

1. Voir les lettres de Mairan à Bouillet du 15 mars 1741 et à Cramer du 4 avril 1741, à l'occasion de sa réponse à Mme du Châtelet sur les forces vives. La correspondance de Mairan avec Cramer (août 1739-décembre 1751) se trouve à la B.P.U., Mss. Suppl. 384.

2. Pierre Bouguer (1698-1758) sera de l'expédition au Pérou, où son apport se révélera considérable.

3. Le sujet du prix était « La manière d'observer en mer la hauteur des astres ».

4. Le sujet était « Sur la méthode la plus avantageuse d'observer en mer la déclinaison de l'aiguille aimantée ».

5. Bouguer connut, comme Mairan, la faveur exceptionnelle d'être reçu directement associé. Il fut promu pensionnaire géomètre le 24 janvier 1735. Egalement professeur royal d'hydrographie au Havre, il appartint à l'Académie de marine.

6. L'abbé Jean-Paul Gua de Malves, que nous aurons souvent l'occasion d'évoquer, est un curieux personnage, à la carrière mouvementée. Originaire du Bas-Languedoc, on le suppose né vers 1712. Mathématicien talentueux, il est admis à l'Académie des sciences – là aussi, avec la bénédiction de Mairan – comme adjoint géomètre, le 18 mars 1741. Géomètre vétéran le 3 juin 1745, il enseigne au Collège royal.

ans, à l'attention du secrétaire perpétuel de l'académie de Bordeaux : « Ce jeune homme de grande espérance, et déjà grand géomètre, se propose d'entrer dans notre Académie... Si vous voulez bien lui accorder votre suffrage, il a celui de tous nos confrères qui sont à Paris ; je lui donne le mien de tout cœur et j'ose vous demander le vôtre pour lui. C'est une très bonne acquisition pour la Compagnie[1]. » Il participe aussi à la promotion de la nouvelle génération d'astronomes. Il s'intéresse très tôt au jeune Lemonnier[2], protège Godin[3] en dépit de ses folies au Pérou et n'aura de cesse d'obtenir sa réintégration après que l'Académie l'aura exclu en 1745. Il pousse son protégé Fouchy à sa succession au secrétariat de l'Académie[4], et montre les meilleures dispositions envers Maupertuis lorsque celui-ci séjourne à Bâle chez Jean Ier Bernoulli, en 1730[5].

Avec Réaumur, Mairan finit par faire la pluie et le beau temps à l'Académie des sciences et, au-delà, dans les académies de province. Celles-ci, en effet, leur demandent souvent un avis sur la qualité de tel ou tel postulant. Parfois, l'avis est bien légèrement donné, ce qui fait dire à un Montesquieu en colère : « Les Réaumur et les Mairan regardent à peu près les sciences comme un sous-fermier sa place[6]. »

---

1. Lettre n° 10, du 28 avril 1732. La correspondance de Mairan avec l'académie de Bordeaux, ici M. Sarrau de Boynet, est à la Bibliothèque municipale de Bordeaux, cote Mss. 828, XX.

2. Lettre de Mairan à Bouillet du 13 au 15 août 1734.

3. Lettres de Mairan à Bouillet des 1er mars 1730, 24 septembre 1733, 28 décembre 1733, 11 mars 1734, 20 avril 1735, 11 août 1735.

4. En 1743.

5. La correspondance de Mairan avec Jean Ier Bernoulli durant l'année 1730 prouve un attachement et une véritable admiration pour le jeune Maupertuis.

6. De Montesquieu au président Barbot (secrétaire perpétuel de l'académie de Bordeaux), datée 1742 par Nagel, *Œuvres*, t. III, 1955, pp. 1030-1031, au sujet d'un abbé de Grave recommandé à l'académie de Bordeaux par Mairan : « Je vous avoue que je suis piqué de voir un homme qui a de la réputation à perdre [Mairan] venir donner froidement une attestation comme quoi un homme sait la géométrie lorsqu'il est notoire à Bordeaux qu'il n'en sait pas un mot... Si M. de Mairan m'en parle, je vous assure que je lui dirai bien que, quoiqu'on eût d'abord cru aveuglément son suffrage sur la géométrie de l'abbé, on avait trouvé dans un moment qu'il n'en savait pas un mot, ce qui avait fait penser à l'Académie que lui, Mairan, l'avait légèrement examiné. »

Enfin, Mairan gagne une place éminente dans la société du fait de sa participation active au réseau mondain. Il y réussit grâce à un caractère exquis que nul, jamais, ne lui a contesté. Pour une fois, le portrait tracé par Fouchy n'est pas convenu : « M. de Mairan n'était pas d'une grande taille, mais il était d'une figure agréable ; ses yeux annonçaient la vivacité de son esprit et la douceur de son caractère... Personne n'avait des manières plus aisées et plus polies que lui : il faisait les délices de toutes les compagnies où il se trouvait, et son égalité d'âme était à toute épreuve[1]. »

Mairan le sage, comme l'appelle Bernis[2], est un homme gai, charmant, totalement dénué de vanité. Il sait donner l'impression à son interlocuteur qu'il (ou elle) est une personne qui lui importe, et ce, avec un naturel qui ne manque pas de toucher. Voltaire lui porte une réelle affection, qui ne se démentira pas en dépit de tout, et l'appelle toujours, avec une chaleur non feinte, « le plus aimable philosophe d'Europe[3] ». Il séduit dès la première rencontre. Mme de Graffigny et le marquis d'Argens, plutôt mauvaises langues, en témoignent. L'une salue sa modestie et sa légèreté[4], l'autre son aisance et sa conversation[5]. Mais le plus touchant chez lui reste son sens de l'amitié. C'est un fidèle qui se démène pour ses amis, comme le prouvent ses correspondances avec le compagnon de jeunesse Bouillet[6] ou le savant suisse Cramer[7]. Le mot de la fin revient à sa vieille complice,

---

1. *Eloge de M. de Mairan*, *H.A.R.S.*, 1771, p. 104.
2. *Mémoires du cardinal de Bernis*, Mercure de France, 1980, p. 79 : « Mairan a beaucoup de lumières et de sagesse dans l'esprit. »
3. Lettre de Voltaire à Berger, 24 octobre 1736. Best. D 1181.
4. Lettre de Mme de Graffigny à Devaux, 4 septembre 1739 (*Correspondance*, vol. II, p. 139).
5. Lettre du marquis d'Argens à Frédéric II, 15 août 1747 : « C'est un petit homme fort doux, d'une grande politesse, qui parle avec beaucoup d'aisance, qui dit de fort bonnes choses et n'a rien de l'encolure du géomètre. Il y a autant de différence de sa conversation à celle de M. Euler qu'il y a entre les écrits d'Horace et ceux du *savantissime et pédantissime* Wolffius », Œuvres de Frédéric II, éd. Preuss, 1854, t. 19, p. 19.
6. Médecin à Béziers, cofondateur avec Mairan de l'académie de Béziers. Leur correspondance s'étend de juillet 1717 à juillet 1765.
7. Mairan avait connu Cramer lors de son premier voyage à Paris en janvier-mars 1729. Leur correspondance, conservée à la B.P.U., ne commence que le 22 août 1739,

Mme Geoffrin[1], fine connaisseuse de l'âme humaine qui confie à Martin Folkes : « J'aime et j'estime M. de Mairan[2]. »

Les salons intellectuels

A la mort de la marquise de Lambert, en 1733, tous ses habitués se transportèrent comme un seul homme chez celle qui était désignée pour lui succéder, Mme de Tencin. Celle-ci avait appris l'art de tenir salon chez la première, et tout naturellement les mardis de l'une devinrent les mardis de l'autre. Mais le ton des réunions s'y révéla vite différent : plus libre, plus intellectuel, plus ouvert à tous les courants de pensée[3]. Il est vrai que Mme de Tencin ne ressemble guère à sa devancière. Cette ancienne religieuse de Grenoble, vite défroquée, fut la maîtresse du Régent, la mère par accident de D'Alembert, et connut la prison après le suicide chez elle, pour d'obscures raisons financières, de son amant La Fresnaye[4]. Malgré ces nuages sur sa réputation, Mme de Tencin est parvenue à recouvrer une respectabilité qui vaut une grande affluence à son salon. Il faut dire qu'elle est passée maître dans l'art de l'intrigue et de la conversation, et qu'elle déploie tous ses talents au service de ses amis[5]. Fonte-

---

mais il est clair que cette première lettre fait suite à beaucoup d'autres. Elle s'achève en décembre 1751, deux semaines avant la mort de Cramer.

1. Mairan l'a rencontrée chez Mme de Tencin, car les deux femmes s'étaient liées vers les années 1730. Il y avait entre eux une telle amitié réciproque que Mairan nomma Mme Geoffrin sa légatrice universelle. Selon la *Correspondance littéraire*, IX, 1ᵉʳ mars 1771 : « Mme Geoffrin l'assista dans ses derniers moments, lui fit recevoir les sacrements et présida à tout... Elle distribua tout l'héritage aux parents et amis de M. de Mairan » (pp. 253-256).

2. Lettre du 15 mars [1743], archives de la Société royale de Londres, Fo. III.39.

3. *Cf.* Jean Sareil, *Les Tencins*, Genève, Droz, 1969.

4. Charles de La Fresnaye s'est suicidé chez sa maîtresse le 6 avril 1726. Mme de Tencin est arrêtée le 12 et conduite à la Bastille où elle restera jusqu'au 3 juillet, date à laquelle elle est innocentée. *Cf.* Jean Sareil, *op. cit.*, pp. 137-156.

5. C'est elle qui, par des intrigues multiples, réussit à faire entrer « son ami de trente ans », Marivaux, à l'Académie française en 1742. *Cf.* lettre à Richelieu, 6 janvier 1743. *Correspondance du cardinal de Tencin, ministre d'Etat et de Mme de Tencin, sa sœur, avec le duc de Richelieu sur les intrigues de la Cour de France depuis 1742 jusqu'en 1757*, Paris, 1790.

nelle, qui fut son amant, joue le rôle d'attraction principale de la société. Il est le premier des sept « ours », ainsi qu'elle les appelait (avec Mairan, Marivaux, de Boze, Mirabaud, Astruc[1] et Duclos), auxquels s'ajoutent, parmi les fidèles, Montesquieu, Réaumur et Piron. Tous sont académiciens[2] – sauf le dernier, à cause d'une malheureuse erreur de jeunesse, une *Ode à Priape* que ses ennemis ressortirent de l'oubli au moment de l'élection.

Parmi tous les intellectuels qui fréquentèrent son salon, nombreux sont ceux qui laissèrent un témoignage sur celui-ci ou sur leur hôtesse. Trois sont à retenir, parce qu'ils disent l'évolution des esprits sur trois générations.

Le premier est de son ami Marivaux[3], qui la peint avec tendresse sous les traits de Mme Dorsin dans *La Vie de Marianne*. Il insiste sur ses deux qualités essentielles : son sens de l'amitié et son intelligence qui sait si bien mettre les autres en valeur. « Tout ce que vous n'osiez lui dire, son esprit le pénétrait, il en instruisait son cœur... et lui donnait pour vous les degrés de bonté qui vous étaient nécessaires... Mme Dorsin, qui avait bien plus d'esprit que ceux qui en ont beaucoup... n'en désirait jamais plus que vous n'en aviez... Mme Dorsin ne faisait pas réflexion qu'elle descendait jusqu'à vous ; vous ne vous en doutiez pas non plus ; vous lui trouviez pourtant beaucoup d'esprit[4]... »

Quand la génération suivante s'exprime par la voix de l'insolent Duclos[5], le plus jeune de ses « ours », une certaine distance

---

1. Jean Astruc (1684-1766), docteur en médecine de Montpellier, grand spécialiste des maladies vénériennes. Premier médecin du roi de Pologne, médecin consultant de Louis XV. Probablement l'amant de Mme de Tencin.

2. Et notamment les secrétaires des trois Académies : Mirabaud, traducteur de l'italien et érudit, à l'Académie française ; Fontenelle à l'Académie des sciences, et de Boze à l'Académie des inscriptions.

3. Marivaux et Mme de Tencin appartiennent à la même génération. Il était né en 1688, elle en 1682.

4. Garnier-Flammarion, 5ᵉ partie, pp. 212-214.

5. Charles Pinot Duclos (1707-1772), secrétaire perpétuel de l'Académie française après le retrait de Mirabaud en 1755, historien et mémorialiste, est un bon écrivain qui annonce l'ère des philosophes. Il se vante de la brutalité de sa franchise, et n'a plus rien à voir avec l'honnête homme à la Fontenelle. Son amie, Mme de Rochefort, disait de lui : « Votre paradis à vous, Duclos, je le connais, c'est du pain, du vin, du

est prise à l'égard de l'hôtesse : « Elle était très serviable, quand elle n'avait point d'intérêts contraires. Elle ambitionnait la réputation d'être amie vive, ou ennemie déclarée. » De même vis-à-vis de son salon : « Beaucoup d'esprit, de facilité à s'exprimer, du brillant et de la légèreté... », mais : « Il n'était, pour ainsi dire, permis de parler que par bons mots... Un torrent de pointes, de quolibets, de rires excessifs. » Il conclut : « Tous ces bureaux d'esprit ne servent qu'à dégoûter le génie, rétrécir l'esprit, encourager les médiocres, donner de l'orgueil aux sots[1]... »

Enfin, le jeune Marmontel[2], invité à y lire sa pièce *Aristomène* en 1749, a laissé dans ses *Mémoires* cette description peu aimable du salon et de ses habitués : « Je m'aperçus bientôt qu'on y arrivait préparé à jouer son rôle, et que l'envie d'entrer en scène n'y laissait pas toujours à la conversation la liberté de suivre son cours naturel. C'était à qui saisirait le plus vite et comme à la volée le moment de placer un mot, son conte, son anecdote... Dans Marivaux, l'impatience de faire preuve de finesse et de sagacité perçait visiblement. Montesquieu, avec plus de calme, attendait que la balle vînt à lui, mais il l'attendait. Mairan guettait l'occasion. Astruc ne daignait pas attendre. Fontenelle, seul, la laissait venir sans la chercher... Helvétius, attentif et discret, recueillait pour semer un jour. C'était un exemple pour moi que je n'aurais pas eu la constance de suivre : aussi cette société eut-elle pour moi peu d'attraits[3]. »

Ce dernier témoignage, quelques mois avant la mort de Mme de Tencin, montre à quel point le bel esprit était devenu démodé aux yeux d'un jeune homme qui fréquente les philosophes. L'heure était venue du salon de Mme Geoffrin qui, elle-même,

---

fromage et la première venue. » *La Comtesse de Rochefort et ses amis* par Louis de Loménie, 1870, p. 39, note 1.

1. *Confessions du comte de**** (1742), qui évoquent le salon de Mme de Tencin sous le nom de Mme de Tonins, *Œuvres*, t. I, 1821, pp. 261-264.

2. 1723-1799.

3. *Mémoires de Marmontel*, t. I, éd. J. Renwick, Clermont-Ferrand, 1972, pp. 100 et 101.

avait fait ses armes chez Mme de Tencin. Marivaux[1] et Réaumur[2] pleurèrent sincèrement cette dernière. Les autres changèrent de salon.

La jeune génération

Maupertuis, l'original

La nouvelle génération a pour chef de file un mathématicien breton, Pierre-Louis Moreau de Maupertuis[3], qui incarne à lui tout seul la cassure avec l'ancien monde, ascétique, nationaliste et cartésien. C'est une personnalité dominante et originale, tant sur le plan physique que psychologique. Le tableau de Tournière, lors de l'expédition de Laponie, montre un homme plutôt massif, aux yeux ardents dans un visage carré. Son contemporain et ami La Beaumelle a laissé un portrait flatteur, mais assez conforme au modèle : « Peu d'hommes avaient la conversation plus amusante. Nulle femme ne l'eût soupçonné d'être un savant. L'esprit juste se cachait et ne laissait paraître que l'esprit aimable... Le feu de ses yeux, le ton de la persuasion donnaient à son visage une physionomie animée qui permettait à peine d'en

---

1. Lettre à Mme de Verteillac du 14 décembre 1749 : « Mme de Tencin n'est plus. La longue habitude de la voir qui m'avait lié à elle n'a pu se rompre sans beaucoup de sensibilité de ma part. » Marivaux, *Journaux et Œuvres diverses*, éd. F. Deloffre et M. Gilot, Garnier, 1980, p. 494.

2. Lettres de Réaumur à Bonnet du 18 décembre 1749 et à Trembley du 10 janvier 1750. A ce dernier, il écrit : « C'est une des plus grandes et des plus cruelles pertes que je pusse faire, et de celles qui sont irréparables. Où trouver une autre amie qui ait tout ce qu'on peut désirer soit par rapport aux qualités de cœur, soit par rapport à celles de l'esprit !... Quelle douceur ne trouvait-on pas dans sa société ! » *Correspondance inédite entre Réaumur et Abraham Trembley*, Genève, Georg, 1943, p. 333.

3. Né à Saint-Malo en 1698. Adjoint géomètre le 14 décembre 1723, associé géomètre le 31 juillet 1725, pensionnaire géomètre le 20 juillet 1731. Directeur et sous-directeur deux fois. Il était le fils d'un marin corsaire devenu propriétaire de pêcheries et député au Conseil du commerce de Paris, qui jouissait d'une belle aisance.

remarquer les irrégularités[1]. Simple dans son extérieur, il outrait la négligence et paraissait tendre à la singularité[2]. »

Singulier, Maupertuis ne l'est pas que dans son extérieur. Cet homme au charme irrésistible surprend par son mode de vie, ses manières et son caractère. Logé dans un quatrième étage inaccessible aux visites, il vit entouré d'une véritable ménagerie[3], servi par le nègre Orion[4]. Mais on a peu de chances de le trouver chez lui, tant il a la bougeotte. Il passe d'un salon à l'autre, multiplie les visites et les rendez-vous dans les cafés. Comme s'il n'était bien nulle part, ou craignait de rater une occasion. Son charme, sa gaieté et sa formidable énergie séduisent les femmes auprès desquelles il fait le joli cœur[5], mais aussi les hommes qu'il sait galvaniser. Comme l'a bien vu Mme du Châtelet, qui a été sa maîtresse, c'est un éternel insatisfait[6] qui ignore le repos. Est-ce parce qu'il brûle d'une ambition qu'il ne dissimule pas ? A Mme de Graffigny, il confie qu'il lui faut « l'honneur, la gloire et l'argent[7] », toutes choses qu'un savant n'aurait jamais osé exprimer vingt ans plus tôt.

Son caractère lui vaut une carrière originale. A vingt ans, attiré par les armes, il entre aux Mousquetaires gris. Mais à peine son père lui a-t-il acheté une compagnie de cavalerie dans le régiment de La Roche-Guyon qu'il vient s'établir à Paris pour se consacrer aux sciences qui le passionnent : les mathématiques, la physique

---

1. Léon Veluz, *Maupertuis*, 1969, p. 47, parle d'« un visage assez lourd et secoué de grimaces ».

2. L. Angliviel de La Beaumelle, *Vie de Maupertuis*, Paris, 1856, p. 92. Cet ouvrage posthume fut complété et publié par le neveu de l'auteur. Mais le portrait cité recoupe celui de Fouchy dans son *Eloge* de Maupertuis, *H.A.R.S.*, 1759, p. 102, ainsi que les nombreuses références de Mme de Graffigny à Maupertuis dans les vol. I, II, III et IV de sa *Correspondance*.

3. *Correspondance de Mme de Graffigny*, I, p. 508. Lettre à Devaux, 24 mai [1739]. Maupertuis vivra toute sa vie entouré de chiens irlandais, de perroquets, de chats, de mésanges et de poules rares en liberté, de hamsters...

4. Veluz, *op. cit.*, p. 81.

5. Lettre de Mme du Châtelet à Maupertuis, 18 juillet [1736], *Les Lettres de la marquise du Châtelet*, éd. Th. Besterman, Genève, 1958, vol. I, p. 121. Mme de Graffigny à Devaux, *op. cit.*, p. 497, 19 mai [1739].

6. Mme du Châtelet au duc de Richelieu (15 juin 1735), *op. cit.*, p. 75.

7. Mme de Graffigny à Devaux, *op. cit.*, t. II, p. 139 (29 novembre 1739).

et l'histoire naturelle[1]. Il se répand dans les cafés à la mode où il fréquente des savants (les mathématiciens Saurin[2], Nicole[3] et l'abbé Terrasson[4]) et des hommes de lettres en vue, tels Fréret[5] et Houdar de La Motte[6]. Séduits par le jeune homme et mesurant ses talents intellectuels, ils l'introduisent auprès de l'abbé Bignon[7] et le présentent à l'Académie des sciences avant même qu'il lui ait soumis le moindre mémoire. Il se rattrape par la suite en donnant de nombreux travaux sur les courbes[8], entrecoupés de deux essais de physique[9] et d'observations sur une espèce de salamandre[10].

Peut-être lassé de sa vie à Paris, et inaugurant de nouvelles habitudes intellectuelles, il part pour Londres compléter sa formation en juin 1728[11]. Chaudement recommandé par Bernard de Jussieu[12] au président de la Royal Society, Maupertuis en devient

---

1. *Cf.* Archives Académie des sciences, Fonds Maupertuis, dossier n° 1 : Principaux points historiques du temps de l'enfance de feu Maupertuis par Moreau de La Primerais.

2. *Cf. supra* note 1 p. 25.

3. François Nicole (1683-1758), élève mécanicien le 10 mars 1707, associé le 17 mai 1718 et pensionnaire le 8 avril 1724. Ce très bon mathématicien fut le professeur de Maupertuis et lui resta attaché toute sa vie.

4. L'abbé Jean-Baptiste Terrasson (1670-1750), adjoint mécanicien le 3 janvier 1716, associé géomètre le 4 décembre 1719, membre de l'Académie française en 1732. Il a joué un rôle important dans l'élection de Maupertuis à l'Académie des sciences.

5. Nicolas Fréret (1688-1749), remarquable érudit, membre de l'Académie des inscriptions dont il devint le secrétaire perpétuel. C'est lui, le premier, qui aurait détecté les talents mathématiques de Maupertuis.

6. Antoine Houdar de La Motte (1672-1731), auteur de théâtre, ami de Fontenelle et comme lui à la tête des « Modernes », reçu à l'Académie française le 8 février 1710, était devenu aveugle à quarante-trois ans.

7. La B.N. possède une lettre de Maupertuis [à Deshauterayes] datée de l'Isle-Belle (demeure de l'abbé Bignon), 4 novembre 1724, où il paraît s'exprimer comme le porte-parole de l'abbé. N.a.f. 2491, f. 3-4. Papier Leroux.

8. Dans les mémoires de l'Académie des sciences de 1726 à 1730, on n'en relève pas moins de onze sur ce sujet.

9. « Sur la forme des instruments de musique », M.A.R.S. 1724, 1726. Maupertuis était excellent musicien.

10. M.A.R.S. 1727, 1729.

11. Newton était mort le 31 mars 1727.

12. Bernard de Jussieu est l'un des rares savants français, avec son frère Antoine, à avoir fait le voyage à Londres avant Maupertuis, probablement pour y visiter les célèbres collections de Sir Hans Sloane, naturaliste et président de la Royal Society.

membre à peine débarqué[1]. Après avoir fréquenté le gratin scientifique[2] d'outre-Manche pendant trois mois, il rentre à Paris[3], séduit par Newton et la physique expérimentale chère aux Anglais. En attendant, il est malade... des Anglaises. Il file se faire soigner à Montpellier d'une chaude-pisse opiniâtre dont il croit mourir[4].

A peine guéri, il demande au plus grand mathématicien d'Europe, le leibnizien Jean Ier Bernoulli, professeur à Bâle, de le prendre comme élève pour lui enseigner toutes les finesses du calcul intégral et son application à la physique. Lui, l'académicien, associé depuis quatre ans, accepte d'être simple étudiant à l'université de Bâle – formalité presque humiliante – pour bénéficier des leçons du Maître. Il prend pension chez celui-ci durant

---

De retour à Paris, il le remercie de son hospitalité et de lui avoir permis d'examiner des trésors de l'histoire naturelle, par lettre du 18 août 1727 (B.L., Add. 4049, f. 17). Huit mois plus tard, le 14 mai 1728, B. de Jussieu lui recommande Maupertuis en ces termes : « Vous trouverez dans la personne de M. de Maupertuis un académicien qui nous fait honneur et qui pourra mériter votre amitié par les talents qu'il a pour la géométrie, pour la physique et pour les parties de l'histoire naturelle par lesquelles vous vous êtes rendu recommandable... » (*ibid.*, f. 161-162). Il réitère ses recommandations huit jours plus tard, le 22 mai (f. 168).

1. Il est admis à la Royal Society le 27 juin 1728.

2. Les lettres de Maupertuis et de Saint-Hyacinthe à P. Desmaizeaux entre 1731 et 1733 montrent que Maupertuis connaissait, outre Sloane, Cromwell Mortimer, John Machin, Abraham de Moivre, Desaguliers, qui avait bien connu Newton, ainsi que Pemberton, son collaborateur direct. Et probablement aussi Martin Folkes et Bradley. *Cf.* B.L., Add. 4285, f. 211-217 et Add. 4284, f. 142-162. Par Desmaizeaux, Maupertuis se procurait tous les livres anglais nécessaires.

3. Lettre de Maupertuis à Sloane du 4 septembre 1728 pour le remercier de ses bontés durant son voyage à Londres. B.L., Add. 4049, f. 227.

4. La confidence de son ami La Condamine à Jean II Bernoulli, après la mort de Maupertuis, vaut d'être rapportée dans son entier : « Voici une anecdote qui ne sera pas dans sa vie [= biographie] : il avait une chaude-pisse opiniâtre, dont M. Fizes, médecin de Montpellier, m'a dit qu'il l'avait guérie. Les dames lui demandaient ce qu'il était venu faire à Montpellier ; il leur répondait qu'il avait la goutte et qu'il ne partirait pas que cette goutte ne fût passée. Fizes lui disait qu'il était guéri ; je ne croirai pas l'être, disait-il, que je n'aie le vit sec. Enfin, il se guérit avec de la coloquinte, remède dont il pensa crever, que son maréchal des logis lui avait enseigné... » Lettre du 3 août 1761. BEB, LIa. 685.415. Dans la lettre suivante à Jean II Bernoulli, du 16 août 1761, La Condamine précise : « Il est très vraisemblable qu'il ait rapporté sa deuxième ou troisième chaude-pisse de Londres » (*ibid.*, 417).

neuf mois[1], se lie d'amitié avec les fils de la maison, Daniel et Jean II Bernoulli, tous deux déjà mathématiciens chevronnés, et tombe amoureux d'une jeune personne[2]... Mais, sous la férule rigoureuse du père, les talents de Maupertuis éclatent au grand jour. Au point que le sévère Bernoulli, au caractère difficile, si jaloux de sa prééminence qu'il ne supporte la concurrence ni de son frère ni de ses fils, confie, non sans modestie, à Mairan : « Il faut que je vous avoue que je trouve [M. de Maupertuis] très riche de toute sorte de sciences ; outre les belles qualités d'âme qu'il possède, je suis charmé de sa conversation ; je ne sais s'il en profite autant que moi, au moins je puis dire sincèrement qu'à son occasion j'ai fait de nouvelles découvertes en matière de mathématiques que je n'aurais peut-être jamais faites sans cela. Il semble être venu ici plutôt pour m'instruire que d'être instruit par moi. Quand il reviendra chez vous, vous m'apprendrez s'il est aussi satisfait de moi que je le suis de lui[3]. »

De retour à Paris, Maupertuis met à profit ses nouvelles connaissances en calcul intégral et poursuit ses études sur les courbes algébriques. Mais l'influence du Bernoulli hostile à Newton s'arrête là. Maupertuis, lui, décide de faire reconnaître par ses pairs la légitimité de l'attraction et du vide newtonien, bannis de la physique de Descartes. Il publie un texte, *Sur les lois de l'attraction*[4], dans les Mémoires de l'Académie de 1732, et surtout un *Discours sur la figure des astres*, imprimé séparément au Louvre cette même année. Après un parallèle entre l'im-

---

1. Maupertuis arriva à Bâle à la fin septembre 1729 et y demeura jusqu'au 1er juillet 1730.

2. Peut-être s'agit-il de cette Mlle Valéria évoquée par Maupertuis dans la lettre à Jean II Bernoulli du 10 janvier 1735. BEB, LIa. 708, f. 12.

3. Jean Ier Bernoulli informe Mairan : « Il a eu raison de partir, car il voyait bien qu'il m'avait tout puisé ; et ce tout, quoique peut-être peu de chose en lui-même, aurait pu fournir pour quelques années à entretenir une personne moins capable que M. de Maupertuis qui, étant déjà très habile et d'une vivacité d'esprit extraordinaire, comprenait les choses à demi-mot, et presque en autant de minutes que j'avais employé d'heures pour les trouver. J'espère qu'en peu de temps il deviendra mon maître, et qu'il me rendra à son tour avec usure ce qu'il peut avoir appris de moi. » Lettre du 6 juillet 1730. BEB, LIa. 661, f. 35.

4. C'est un commentaire des sections XII et XIII du premier livre des *Principia*.

pulsion et l'attraction, il démontre notamment que cette dernière n'est ni absurde ni contradictoire[1]. Fontenelle essaie de répliquer que la théorie de l'attraction est difficilement applicable à la matière[2], mais la brèche est ouverte. Les savants français ne sont plus unanimes.

En octobre 1732, Voltaire rédige les *Lettres philosophiques* et s'interroge encore sur le principe de l'attraction. Il écrit à Maupertuis, dont le *Discours* n'est pas encore paru, pour qu'il lève ses propres doutes : « J'attends votre réponse pour savoir si je dois croire ou non l'attraction. Ma foi dépendra de vous[3]... » Flatté, Maupertuis lui envoie sur-le-champ deux démonstrations du principe newtonien. Voltaire remercie en ces termes : « Vous avez éclairci mes doutes avec la netteté la plus lumineuse. Me voici newtonien de votre façon. Je suis votre prosélyte[4]. » L'admiration de Voltaire est un renfort de poids. Moins à titre de caution scientifique que comme héraut du génie de Newton... et de Maupertuis. Dès lors, une amitié se noue qui ressemble à une alliance entre un maître (Maupertuis) et son disciple (Voltaire). Le second demande au premier conseils et explications, et soumet à son jugement toute la partie des *Lettres* qui concerne Newton et Descartes[5].

L'amitié de Voltaire est d'autant plus précieuse que sa dernière pièce, *Zaïre,* vient d'obtenir un triomphe inouï[6] qui assoit sa popularité. Il est en outre fort répandu dans les meilleures maisons, et très probablement y est-il l'introducteur de Maupertuis qui, jusque-là, n'a guère eu accès à la haute aristocratie. Lorsque se noue la liaison entre Voltaire et la marquise du

---

1. Après l'apologie du principe newtonien, Maupertuis démontre l'impossibilité des tourbillons cartésiens par leur incompatibilité avec les deux lois de Kepler, vérifiées par toutes les observations astronomiques.
2. *H.A.R.S.*, 1732, p. 164.
3. Lettre du 30 octobre 1732 (Best. D 533). Le livre de Maupertuis était sur le point de paraître, puisque Voltaire lui écrit vers le 20 novembre : « J'ai lu ce matin, Monsieur, les trois quarts de votre livre... » (Best. D 538).
4. Lettre du 3 novembre 1732 (Best. D 534).
5. Lettre [15 décembre 1732] (Best. D 546).
6. La première représentation de *Zaïre* au Théâtre-Français eut lieu le 13 août 1732.

Châtelet, au printemps 1733, c'est le couple qui l'emmène chez le duc de Richelieu ou à l'opéra dans la loge de la duchesse de Saint-Pierre. Mais aussi chez les duchesses d'Aiguillon et de Brancas, ou encore chez Mme de Lauraguais. Il les séduit toutes au propre ou au figuré, y compris Emilie du Châtelet qui lui fait une cour assidue pour bénéficier de ses faveurs et de ses leçons de mathématiques. Grand seigneur, Voltaire encaisse le coup et reste l'ami de son rival. Bientôt, rien ne sera plus chic que d'avoir eu Maupertuis pour professeur – au grand dépit d'Emilie, d'une jalousie féroce[1]. Les lettres de toutes ces dames découvrent un aspect particulier de son caractère : s'il est ami fidèle, il est amant volage, voire grossier. Il laisse des lettres sans réponse, ne se rend pas aux invitations pressantes de ses amoureuses, et les traite avec une désinvolture stupéfiante[2]. Don Juan ou Casanova, cet homme au tempérament puissant aime par-dessus tout séduire pour mesurer son pouvoir. Partout où il passe, il laisse des femmes d'autant plus malheureuses qu'elles perdent apparemment un bon amant[3].

En 1735, Maupertuis est au faîte de la hiérarchie académique[4]. Auréolé du titre de premier newtonien français, il rallie à son panache toute la jeune garde anglophile. Grâce à lui et à Voltaire, une nouvelle génération – hommes et femmes confondus – se réclame de Locke et de Newton[5], qu'elle n'a d'ailleurs le plus souvent pas lus. Façon comme une autre de donner congé aux

1. Sa correspondance révèle sa jalousie pour Mme de Lauraguais, Mlle de Lagny et surtout la duchesse de Richelieu. *Cf.* lettres du 28 avril [1734], du 24 décembre 1734 et du 18 juillet 1736. *Cf.* les *Lettres de la Marquise du Châtelet*, éd. Besterman, 1958, vol. I.

2. Outre la correspondance de Mme du Châtelet pour les années 1734 et 1735, il faut lire les lettres non datées de la duchesse de Chaulnes conservées à la B.N. n.a.f. 10398, f. 104-133. Mais dans ce même recueil de lettres féminines adressées à Maupertuis, on constate aussi l'amitié fidèle que lui portent Mmes d'Aiguillon, de Brancas, de Saint-Pierre, de Graffigny et la comtesse Bentinck.

3. Impossible de recenser les innombrables maîtresses de Maupertuis.

4. Il est pensionnaire depuis le 20 juillet 1731.

5. Best. D 728, Voltaire écrit à Maupertuis le 29 avril 1734 : « Il faut, s'il vous plaît, que vous deveniez chef de secte. Vous êtes l'apôtre de Locke et de Newton, et un apôtre de votre trempe avec une disciple comme Mme du Châtelet rendraient la vue aux aveugles. »

cartésiens qui dominent la scène. Fort de ses réseaux mondains[1] et intellectuels[2] déjà considérables, Maupertuis est un homme qui compte et que l'on écoute. En outre, il est le chef d'un petit clan très actif à l'Académie et hors d'elle. Au premier rang : deux amis intimes, également académiciens, le jeune génie Clairaut et La Condamine, au tempérament aventureux.

Clairaut, le prodige

De quinze ans son cadet, Alexis Clairaut[3] est un mathématicien hors pair. Ce petit prodige se signale à l'attention de l'Académie dès l'âge de douze ans. C'est son père, professeur de mathématiques, qui est venu présenter son premier mémoire sur l'*Octaèdre*, le 13 février 1726. Un mois plus tard, c'est le fils « âgé de douze ans et huit mois [qui] est entré et a lu un écrit de lui sur de nouvelles courbes dont il donne l'analyse par le calcul différentiel[4] ». Le vieux père Reynau en pleure d'émotion[5], et les commissaires Pitot et Nicole se disent stupéfaits[6]. Certains annoncent déjà un nouveau Pascal. Après avoir soumis plusieurs travaux, tous remarquables, à l'Académie[7], Clairaut, protégé par l'abbé Bignon, y est reçu dans des conditions exceptionnelles. Il

---

1. Le comte de Caylus, ami de M. de Maurepas, ministre de la Marine, l'avait déjà introduit familièrement chez ce dernier, pendant sa convalescence (La Beaumelle, *op. cit.*, p. 40). De plus, il fréquentait le salon de la très intelligente et cultivée Mme de Verteillac où il retrouvait Rémond de Saint-Mard, Lèvesque de Burigny, Saint-Hyacinthe, le savant de Vérone, le marquis Maffei, Réaumur, Marivaux.

2. A ceux déjà cités, il faut ajouter Mairan avec lequel il était fort lié (cf. lettre de Maupertuis à Mairan du 20 octobre 1730, *R.H.L.F.*, 1908, 15, pp. 111-112), et le musicien Rameau (lettre de Mme du Châtelet, 23 octobre 1734).

3. 1713-1765. Adjoint mécanicien le 11 juillet 1731, associé le 30 mars 1733, pensionnaire le 12 mai 1738.

4. Procès-verbaux de l'Académie des sciences, 13 avril 1726.

5. *Eloge de Clairaut* par Fouchy.

6. Procès-verbal du 18 mai 1726 : « Ces productions, qui auraient autrefois fait honneur aux plus habiles géomètres, deviennent encore aujourd'hui surprenantes lorsqu'on sait qu'elles sont l'ouvrage d'un jeune homme de douze ans... »

7. C'est son ouvrage sur les courbes à double courbure qui achève de lui concilier l'estime générale de l'Académie. Privat de Molières va jusqu'à dire que le mémoire « ne mérite pas seulement d'être imprimé, mais d'être admiré comme un prodige d'imagination, de conception et de capacité ».

n'a que dix-huit ans et le roi a dû lui accorder une dispense d'âge[1].

Contrairement au jeune Maupertuis, habitué très tôt à n'en faire qu'à sa tête, Clairaut, deuxième enfant d'une fratrie de vingt et un, a été élevé dans l'ordre et la discipline[2]. Leurs carrières respectives s'en ressentiront. Clairaut n'est pas homme à défier les autorités ni à prendre la tête d'une révolution. Il en laissera les blessures et la gloire à son aîné. Son ambition est autre : être reconnu par ses pairs comme l'un des grands mathématiciens de son temps. Mais à aucun prix ne rompre avec l'institution dont tout son prestige dépend. Pour ce savant issu d'un milieu bourgeois et modeste, l'Académie est l'aboutissement des espérances paternelles.

« De taille médiocre, bien fait et d'un maintien agréable, sa douceur et sa modestie étaient peintes sur son visage[3]. » D'emblée, il attire la sympathie. A peine entré à l'Académie, Clairaut s'y sent chez lui. Maupertuis se prend d'une profonde amitié pour ce jeune surdoué qui est aussi d'une grande gaieté. Très vite, ils travaillent ensemble, partagent leurs idées et leurs délassements. Le petit génie est également un bon vivant. Maupertuis le présente à Voltaire et à Emilie en 1733[4], et l'emmène faire un stage de mathématiques chez le vieux Bernoulli à la fin de 1734[5].

---

1. Les statuts de l'Académie précisaient que l'âge requis pour être admis était de vingt ans.

2. Dans son *Eloge de Clairaut*, p. 214, Fouchy rapporte une anecdote éloquente : quand Destouches vint loger avec sa femme enceinte au-dessous de l'appartement de la famille Clairaut, il demanda en grâce qu'on ne fît aucun bruit au-dessus de sa tête, tant pour Mme Destouches que pour lui qui travaillait à sa comédie, *Le Philosophe marié* : « On le lui promit et on lui tint parole, et lorsque, après le rétablissement de son épouse, il voulut en remercier le principal locataire, celui-ci dit qu'il serait bien surpris en apprenant qu'il avait au-dessus de lui onze enfants, le père et la mère ; M. Destouches voulut voir par lui-même cette espèce de phénomène. »

3. *Ibid*, p. 230.

4. Mme du Châtelet le mentionne pour la première fois dans une lettre à Maupertuis vers avril 1734 (*op. cit.*, p. 36), d'une façon familière qui prouve qu'elle le connaissait déjà depuis quelque temps.

5. Maupertuis et Clairaut quittent Paris le 22 septembre pour Bâle et sont de retour la première semaine de décembre. Ils sont tous deux invités par Emilie du Châtelet à « célébrer la naissance d'Eloïm... voyez si vous voulez venir boire ce soir à sa santé

Les deux hommes ne se quittent plus, y compris chez les femmes qu'ils aiment tant l'un et l'autre[1]. Clairaut père recommande Maupertuis à l'Académie de Berlin[2] ; Maupertuis père reçoit le gourmand Clairaut à ses dîners[3]. Mais, en dépit de sa gaieté et de son charme, Clairaut ne connaît pas les mêmes succès mondains que son ami. La raison en est donnée par Mme de Graffigny : « Le petit Clairaut est bien aimable, bien doux, une fine et jolie plaisanterie, mais pas d'usage du monde[4]. » Un peu plus tard, elle précise à Devaux que Clairaut « ne l'amuse guère. Hors la géométrie, il est presque sot. Il a si peu de monde, il parle si platement qu'il est impossible de s'en amuser. C'est un bon enfant, un bon caractère à ce qu'on dit, et puis c'est tout[5] ».

Ignorant tout du bel esprit, Clairaut n'est admis dans les salons qu'à titre d'ami de Maupertuis. Excepté chez Mme du Châtelet qui l'aime comme il est : gai, charmant[6], et si bon professeur de

---

avec Clairaut et moi... nous irons à la messe de minuit ensemble ». Maupertuis [24 décembre 1734], *op. cit.*, lettre 26.

1. La *Correspondance littéraire*, VI, 1er juin 1765, affirme dans la nécrologie de Clairaut que celui-ci aimait éperdument le plaisir et les femmes. « Il avait le cœur très inflammable... » (p. 287-290). Propos confirmé par l'abbé Trublet qui écrit à Formey, après la mort de Clairaut : « Ce grand géomètre était un fort honnête homme... mais il aimait les femmes et avait toujours eu des maîtresses entretenues ; en un mot, c'était un célibataire libertin » (lettre du 9 juin 1765, in *Correspondance passive de Formey*, VI, 1, p. 381. Collection éditée par Duranton, Moureau, Schlobach, Champion, Slatkine, 1996).

2. Le père de Clairaut écrit à l'Académie de Berlin le 16 juin 1735 : « J'espère qu'elle [l'Académie] me saura gré de la bonne acquisition que je souhaiterais fort qu'elle fît présentement. C'est M. de Maupertuis à qui j'ai fait naître l'envie d'être de votre Académie. » *Cf. Académie de Berlin*, Ms. I, V, 5a, f. 164r°. Le 23 juin suivant, Maupertuis est élu associé étranger.

3. Les témoignages abondent sur la gourmandise de Clairaut et ses continuelles indigestions (cf. *Correspondance littéraire, op. cit.*, p. 287 ; lettre de Chamfort à Mme de Créqui, collection d'autographes d'Alfred Bovet, 1887). Par ailleurs, la *Correspondance littéraire*, VII, p. 179, 1er décembre 1766, rapporte que Maupertuis père était excessivement radin et appréciait peu que son fils lui amenât tous les jours une flopée d'amis à dîner.

4. *Correspondance*, t. II, p. 188, 8 octobre 1739.

5. *Ibid.*, p. 272, 13 décembre 1739. Témoignage confirmé par Trublet dans une lettre à Formey, *op. cit.*, p. 381.

6. Maupertuis [2 janvier 1735] : Clairaut est venu chez elle « fort paré et fort doré », lettre 27.

mathématiques. Il faut bien un substitut à Maupertuis, qui rate une leçon sur deux et disparaît de la circulation alors qu'elle a tant de questions de géométrie à résoudre. Clairaut est plus assidu et moins désinvolte. Elle sait qu'elle peut compter sur lui. Et, de fait, c'est à lui qu'elle devra une bonne part de sa gloire posthume.

La Condamine, l'académicien hors normes

Le troisième membre du clan Maupertuis est un autre original qui tranche sur ses collègues académiciens. Curieux de tout, mais spécialisé en rien, on a bien du mal à définir le savant Charles-Marie de La Condamine[1]. Reçu adjoint chimiste en 1730[2], il est promu associé géomètre cinq ans plus tard[3] sans avoir vraiment brillé dans l'une ou l'autre des deux disciplines. Comme Maupertuis, il a débuté dans la carrière militaire[4] avant de se consacrer aux sciences. Mais c'est un aventurier qui aime les voyages lointains où il peut déployer ses facultés d'observation. En mai 1731, il embarque, par ordre du roi, sur l'escadre commandée par Duguay-Trouin pour visiter les Echelles du Levant. Il a pour mission de faire toutes les observations utiles au progrès de la

---

1. Né le 17 janvier 1701, mort le 4 février 1774. L'index biographique de l'Académie des sciences (1954) le dit mathématicien et naturaliste, mais il s'intéressait au moins autant à l'astronomie, à la géographie et à la médecine.
2. Le 12 décembre 1730.
3. Le 4 février 1735.
4. *Eloge de La Condamine* par Condorcet, *Œuvres*, t. II, pp. 159 et 160. Pour écrire cet *Eloge*, Condorcet avait pu consulter une sorte de journal de sa jeunesse que La Condamine avait rédigé uniquement pour son épouse. C'est de ce journal que Condorcet tire l'anecdote suivante : « En revenant du siège de Roses, M. de La Condamine (dix-neuf ans) avait encore la plus grande innocence de mœurs, malgré les efforts de ses camarades de collège et de garnison. Il devait une partie de cette innocence aux ravages de la petite vérole : le changement qu'elle avait fait sur sa figure le frappa tellement qu'il n'osait se flatter de plaire » (p. 160). Anecdote ô combien révélatrice, quand on sait que le combat pour l'inoculation de la petite vérole sera plus tard la grande affaire de sa vie.

géographie, de l'histoire naturelle et de la navigation[1]. De retour neuf mois plus tard, riche d'expériences diverses, notamment sur les variations de la boussole, La Condamine s'intéresse à l'astronomie et à la forme de la Terre. Il n'attend qu'une occasion pour repartir explorer de nouveaux cieux, car, comme le dit Condorcet : « Agir était son premier besoin[2]. »

Tout naturellement, lorsque la décision fut prise en 1734 d'envoyer une mission au Pérou mesurer un degré de méridien, le nom de La Condamine s'imposa aux autorités. Si Godin, astronome, et Bouguer, mathématicien, étaient les chefs scientifiques de l'expédition, « cette entreprise avait des difficultés étrangères aux sciences ; elle demandait... d'autres ressources que celles qu'on pouvait attendre de M. Bouguer[3] ». En effet, il fallait opérer dans un pays peu habité, où les communications étaient très malaisées, où la corruption régnait et dont la population, espagnole et indienne, était hostile. Pour vaincre toutes les difficultés susceptibles de naître à chaque pas, il fallait, dit Condorcet, « un homme dont l'activité crût avec les obstacles, qui fût également prêt à sacrifier au succès de son entreprise sa fortune, sa santé et sa vie ; qui, tirant sa force de la vigueur naturelle de son âme, réunît toutes les espèces de courage... Il fallait encore que cet homme joignît à ces grandes qualités cette universalité de connaissances qui seule peut attirer à un savant l'estime de l'ignorance ; qu'il eût dans l'esprit un naturel piquant, une singularité même propre à frapper les hommes de tous les pays et de tous les états ; qu'il mît dans ses discours cette chaleur qui

---

1. Le mémoire concernant son voyage fut lu à l'assemblée publique du 12 novembre 1732 et publié vingt ans plus tard dans le *Mercure* d'octobre 1752 (pp. 5-35). Il y raconte toutes ses escales, Alger, Tunis, Alexandrie, Saint-Jean-d'Acre d'où il part à pied pour Jérusalem, Larnaka, Smyrne, Rhodes, avant de s'installer cinq mois à Constantinople. Il rapporta nombre de graines et de plantes nouvelles, ainsi que des observations sur l'inoculation de la petite vérole (pratiquée couramment par les Turcs), sur la navigation, les pilotes et la boussole.

2. *Eloge de La Condamine, op. cit.*, p. 202.

3. *Ibid.*, p. 168.

entraîne, qui force l'opinion et la volonté : il fallait donc M. de La Condamine[1]. »

Malgré les multiples dangers qu'il affronta, La Condamine revint à Paris neuf ans plus tard, ayant contracté une terrible surdité et un début de paralysie des jambes, mais délesté de quarante mille écus qu'il avait mis à la disposition de l'expédition[2]. Car voilà une autre particularité de notre homme : il est l'un des rares savants à s'être fait une fortune personnelle indépendamment des pensions que le pouvoir distribuait à quelques privilégiés. En 1728, il eut l'idée avec Voltaire de monter une juteuse affaire financière : ils transformèrent des bons de la municipalité de Paris en billets de loterie et s'arrangèrent pour « tripler leur or[3] ». Cette opération, qui provoqua la démission du Contrôleur général, eut toutefois le mérite de faire naître une réelle complicité entre les deux hommes.

La Condamine connaît Maupertuis depuis au moins la même époque[4]. Il a noué avec lui des relations d'amitié très étroites qui survivront à la mort de celui-ci en 1759, puisqu'il consacrera beaucoup d'énergie à entretenir son souvenir. Il est moins proche de Clairaut, qu'il rencontre dans le même temps aux séances bihebdomadaires de la Société des arts[5]. Cette « compagnie

---

1. *Ibid.*, p. 169.

2. *Ibid.*, p. 179.

3. Lettre de Voltaire à Hénault [12 août 1729], Best. D 366. *Cf.* le commentaire de Besterman, p. 367, qui raconte tout le détail de cette ténébreuse affaire.

4. « Je me souviens l'avoir vu à la campagne l'automne d'après son retour de Londres, apparemment en 1728. » A Jean II Bernoulli, 16 août 1761, BEB, LIa. 685, 417. Mais La Condamine a pu le connaître avant cette date.

5. Dans l'*Eloge de Clairaut*, p. 217, Fouchy donne des précisions sur cette Société des arts dont il fut lui-même membre, quelque temps après son établissement qui date de 1726 : « Compagnie destinée à l'avancement des arts [techniques], les sciences y devaient aussi être admises, mais elles n'y jouaient pas le principal rôle, elles n'y paraissaient que pour aider les artistes [artisans], ou pour répondre à leurs questions ; M. Clairaut père et ses deux fils, les deux MM. Le Roy, ces coryphées de l'horlogerie française, M. Sully, célèbre horloger anglais, M. Chevotet, de l'Académie royale d'architecture, feu M. Rameau, MM. l'abbé Nollet, de La Condamine et l'abbé de Gua, tous trois aujourd'hui de cette Académie, en furent les premiers membres. » Selon les archives de l'abbé Bignon, cette société avait vu le jour dès 1723 sous le nom de Société académique des beaux-arts, puis avait été refondée en 1728 sous celui de société des arts, grâce à l'Anglais Henri Sully et au curé de Saint-Sulpice qui

destinée à l'avancement des arts », sous la protection du comte de Clermont, réunit nombre de jeunes savants qui sont le futur vivier de l'Académie des sciences. En attendant, ils regardent avec sympathie les efforts de Maupertuis pour y introduire la théorie de l'attraction. Dès 1732, après la publication de son *Discours*, Maupertuis est sérieusement épaulé par ses amis Clairaut et La Condamine. La Beaumelle a raconté comment, les jours d'assemblée, il « donnait à dîner[1] à quelques jeunes newtoniens qu'il menait au Louvre pleins de gaieté, de présomption et de bons arguments. Il les lâchait contre la vieille Académie qui, désormais, ne pouvait ouvrir la bouche sans être assaillie par ces enfants perdus, ardents défenseurs de l'attraction. L'un accablait les cartésiens d'épigrammes, l'autre de démonstrations. Celui-ci, prompt à saisir les ridicules, copiant d'après nature les gestes, les mimes, les tons, répondait aux raisonnements des adversaires en les répétant. Celui-là, n'opposant qu'un rire moqueur aux changements qu'on faisait au système ancien, soutenait que le fond du système était atteint et convaincu d'être vicieux. Cette petite troupe était animée de l'enjouement quelquefois caustique de son chef[2] ».

Le trait est bien sûr outré. L'Académie n'aurait jamais permis de telles insolences. Mais il y a sûrement quelque chose de vrai dans cette description où l'on reconnaît aisément La Condamine, virtuose du mime et de l'épigramme, ainsi que Clairaut, le faiseur de démonstrations. Le plus insolent des trois était Maupertuis, qui savait déployer une ironie mordante contre ses adversaires.

---

s'assurèrent le concours financier et la protection du comte de Clermont. On trouve à la nouvelle Bibliothèque de Berlin, II, cote J. 1750 (2), f. 5-10, un petit cahier relié par un ruban vert, qui est une sorte de registre des procès-verbaux de la Société des arts du 1er mai 1729 au 15 janvier 1730. Ce document est riche de renseignements sur le fonctionnement de la Société, son règlement (mai 1729), ses séances du jeudi et du dimanche, et ses participants. A lire ce petit journal, on voit bien que la Société fonctionnait comme une petite académie, ce qui ne pouvait qu'irriter la grande — laquelle fera tout pour la vider de sa substance, notamment en préemptant ses meilleurs membres. Finalement, la Société des arts disparaîtra en décembre 1733.

1. Il s'agit plutôt des dîners (déjeuners) donnés par Maupertuis père à son fils et à ses amis.

2. *Vie de Maupertuis, op. cit.*, p. 33.

Les alliés

Ce trio très actif jouissait du soutien discret de Buffon, qu'il avait contribué à faire entrer à l'Académie. Lors de son installation à Paris en 1732, Georges-Louis Leclerc de Buffon, qui aimait les femmes et les mathématiques, avait rencontré Clairaut[1], lequel dut le présenter à Maupertuis. Ces deux hommes furent les rapporteurs élogieux du premier mémoire qu'il soumit à l'Académie[2], et grâce auquel il fut élu adjoint mécanicien quelques mois plus tard[3]. Comme Réaumur jadis, Buffon abandonne alors les mathématiques pour les sciences de la vie. A Montbard, il crée une pépinière, fait des recherches sur les arbres et se passionne pour tout ce qui touche à la physiologie végétale. Anglophile et anglophone, Buffon conjugue ses intérêts et publie en 1735 la traduction française d'une œuvre importante, *La Statique des végétaux,* de Stephen Hales[4]. Ce livre, qui introduit la physique newtonienne dans la physiologie, influence profondément toute l'œuvre de Buffon. Newtonien convaincu, il sera même amené à défendre les théories de l'Anglais contre Clairaut,

---

1. Avant de se rencontrer, Buffon et Clairaut avaient entendu parler l'un de l'autre par deux amis communs, le Bourguignon Loppin de Gémeaux et le mathématicien genevois Cramer, qui avait séjourné à Paris en 1729. *Cf.* lettres de Clairaut à Cramer du 28 mars 1730 et du 28 janvier 1731, *in* « Correspondance inédite entre Clairaut et Cramer », éd. P. Speziali, *Revue d'histoire des sciences*, t. VIII, n° 3, juillet/septembre 1955, pp. 193-237. *Cf.* également la lettre de Buffon à Cramer du 24 juillet 1731, *in* « La correspondance Buffon-Cramer », éd. F. Weil, *Revue d'histoire des sciences*, t. XIV n° 2, avril/juin 1961, pp. 97-136.

2. Ce premier mémoire présenté début 1733, *Sur le jeu de franc-carreau*, portait sur le calcul des probabilités. Clairaut et Maupertuis présentèrent leur rapport le 25 avril 1733 ; ils y concluaient que l'auteur avait beaucoup de savoir en géométrie et beaucoup d'invention. Ce premier essai était un succès.

3. Le 27 décembre 1733. Adjoint botaniste le 16 mars 1739, associé botaniste le 8 juin 1739, et trésorier le 24 janvier 1744.

4. L'original anglais avait paru en 1727. Stephen Hales (1677-1761) était un mécaniste newtonien qui expliquait les phénomènes de la physiologie végétale (la circulation de la sève) par les forces qui s'exercent sur les liquides en mouvement dans les corps vivants. Il a insisté sur le rôle de la chaleur, de l'attraction et de la fermentation comme forces fondamentales de la vie. Surtout, avant Buffon, il se souciait peu de la classification botanique et de la structure des plantes, qui préoccupaient tant les contemporains.

lors d'une violente polémique qui fera date, douze ans plus tard[1]. En revanche, Buffon restera l'ami fidèle de La Condamine et surtout de Maupertuis, avec lequel il partage nombre d'idées. Mais, pour l'heure, il n'est encore qu'un modeste adjoint mécanicien qui n'a guère voix au chapitre à l'Académie. Dans la bataille qui s'engage, son influence est de peu de poids.

Les alliés les plus efficaces du clan Maupertuis ne siègent pas à l'Académie. Ce sont d'abord deux savants étrangers arrivés ensemble à Paris en juillet 1734. L'un, Francesco Algarotti[2], italien, a fait toutes ses études à Bologne sous la direction de deux grands maîtres : l'astronome Eustachio Manfredi[3] et Francesco Zanotti[4], qui enseigne les mathématiques et la physique expérimentale. Les deux hommes lui révèlent la philosophie de Newton. Algarotti est si enthousiaste qu'il apprend l'anglais pour mieux comprendre et vérifier les découvertes de celui-ci sur la lumière. Lors d'un séjour à Rome, au printemps 1734, il rencontre Martin Folkes[5], qui a été vice-président de la Société royale de Londres pendant la présidence de Newton, et il retrouve l'astronome suédois Anders Celsius[6], qu'il avait connu à Bologne à l'observatoire de Manfredi. Ses conversations avec Folkes lui donnent une folle envie d'aller travailler en Angleterre ; quant à Celsius, il désire aller à Paris. Les deux hommes décident de faire

---

1. *Cf.* la 3ᵉ partie de ce livre.

2. 1712-1764. Ce Vénitien était resté de 1724 à 1732 à Bologne pour y faire ses études. Grand voyageur devant l'Eternel, il séjournera en France, en Angleterre, en Russie et en Prusse avant de finir sa vie en Italie, à Venise, à Bologne, puis à Pise. *Cf.* la thèse d'Ida Frances Treat, *Un cosmopolite italien du XVIIIᵉ siècle, Francesco Algarotti*, Université de Paris, 1913.

3. 1674-1739. Manfredi était professeur de mathématiques à l'université de Bologne et astronome à l'observatoire de cette ville. Associé étranger à l'Académie des sciences depuis le 24 août 1726. Fontenelle lui a consacré un *Eloge* particulièrement chaleureux le 14 novembre 1739.

4. 1692-1777.

5. 1690-1754. Savant et antiquaire anglais qui succéda à Sir Hans Sloane en 1741 à la présidence de la Société royale de Londres. Elu associé étranger à l'Académie des sciences le 30 août 1742.

6. Né à Uppsala en 1701, il y est mort en 1744. Astronome et physicien, il est resté célèbre par l'échelle thermométrique centésimale qu'il créa en 1742. Avant cela, il participa à l'expédition en Laponie.

le voyage ensemble et s'installent dans la capitale française pour un séjour plus long que prévu. Plus mondain que le Suédois, l'Italien court les spectacles, les promenades, les salons. Il est présenté à la cour et à la ville par Zéno, l'ambassadeur de Venise, lui-même fort lié à Voltaire et à Mme du Châtelet. Un peu lassé du tourbillon de la vie parisienne, et surtout à court d'argent, Algarotti se réfugie dans le cénacle de Maupertuis avec lequel il a été mis en relation par ses amis de Bologne dès son arrivée à Paris. Il s'installe dans la retraite rustique du Mont-Valérien où Maupertuis a l'habitude de s'isoler pour travailler avec Clairaut[1]. Algarotti se remet à son projet de vulgarisation de Newton[2] et introduit l'astronome suédois dans leur petit groupe. C'est au cours de leurs discussions à quatre que prend corps l'idée de Maupertuis d'aller en Laponie[3] pour y déterminer le degré d'aplatissement de la Terre et apporter ainsi à la communauté scientifique une éclatante démonstration des thèses de Newton.

Le petit groupe de newtoniens bénéficie aussi de l'appui de jeunes savants. Notamment ceux qui ont peuplé la défunte Société des arts : les de Gua, Nollet, Fouchy, etc. Ils sont séduits par l'empirisme anglais et par la physique expérimentale, et ne peuvent qu'éprouver de la sympathie pour l'idée de Maupertuis d'aller sur place *mesurer* et *vérifier* ce qu'il en est vraiment d'une polémique théorique, pour ne pas dire idéologique. De plus, tous ces hommes se connaissent bien. Pour s'amuser, ils se lancent mutuellement des défis mathématiques et en appellent ensuite aux plus savants qu'eux pour les départager. Ainsi l'abbé de Gua – à peine vingt et un ans – a-t-il osé interpeller le vieux Bernoulli

---

1. Parfois, Mme du Châtelet va les y surprendre pour prendre une leçon de mathématiques avec Clairaut ou y retrouver son amant Maupertuis. Un rapport du policier Dubuisson signale au marquis de Caumont les expéditions nocturnes au Mont-Valérien d'Emilie, qui y vient seule et à cheval (Best. D 884).

2. *Il Newtonianismo per le dame* (Naples, 1737) ; traduit par Duperron de Castera (Paris, 1738).

3. Selon Claude J. Nordmann, Maupertuis hésitait entre l'Islande, le nord de la Norvège et la Laponie suédo-finlandaise. L'astronome suédois Celsius lui fit choisir la Laponie comme lieu d'observation à la suite des informations qu'il lui communiqua. *Cahiers d'histoire mondiale*, X, 1, 1966, p. 79.

pour qu'il tranche d'un pari qu'il a fait avec Fontaine[1] à propos de l'équation de Riccati. Bernoulli, ulcéré, a écrit à Maupertuis[2] pour s'en plaindre et lui demander s'il connaissait ce malappris. Bien sûr, Maupertuis les connaissait tous deux et avait même été témoin, avec beaucoup d'autres, de la gageure[3]... Bientôt, tous ces jeunes gens seront de respectables académiciens.

Les colloques du Mont-Valérien, commencés au retour de Bâle, fin décembre 1734, ont dû cesser à l'été 1735, quand l'expédition vers le pôle Nord, complétant celle de l'Equateur, est devenue évidente pour tous. L'Académie en a admis la nécessité, le 8 juin, avec l'accord de Maurepas et du cardinal de Fleury. L'heure n'est plus aux conciliabules, mais à la préparation matérielle, technique et scientifique de cette grande aventure. Celsius part pour l'Angleterre[4] ; Maupertuis s'affaire aux mille tâches qui incombent au chef d'une telle expédition ; Cassini et Clairaut rivalisent de mémoires[5] à l'Académie sur la meilleure méthode

---

1. Alexis Fontaine (1704-1771) fut un mathématicien de grande envergure qui brilla par ses travaux sur le calcul intégral. Il fut, selon Condorcet, « le premier à s'occuper de la théorie générale des équations différentielles, et à l'embrasser dans toute son étendue » (*Eloge de Fontaine, op. cit.*, p. 143). Adjoint mécanicien le 11 mai 1733, associé géomètre le 15 décembre 1739, pensionnaire le 2 mai 1742.

2. Cette sombre histoire de pari est longuement évoquée dans la correspondance de Jean Ier Bernoulli. Au total, sept lettres, de janvier à octobre 1733, mentionnent cette affaire : la première est de Bernoulli à de Gua, 27 janvier 1733 ; les six autres se partagent entre Bernoulli et Maupertuis (BEB, LIa. 674, 63).

3. *Cf.* Maupertuis à Jean Ier Bernoulli, 31 mars 1733, p. 214 : « Je connais sans doute l'abbé de Gua et avais été témoin de la gageure qu'il avait faite avec beaucoup de hauteur contre un M. Fontaine, fort habile en géométrie et fort de mes amis. J'ai été charmé de voir que vous ayez jugé l'abbé [de Gua] comme nous le jugions ici ; c'est un homme fort présomptueux qui a dit qu'il fallait qu'on vous eût prévenu contre lui... Il brigue actuellement une place d'adjoint dans l'Académie et est le concurrent de M. Fontaine... » C'est Fontaine qui est élu. De Gua devra attendre 1741 pour être reçu.

4. Nordmann, *op. cit.*, p. 81, précise que Celsius débarqua à Londres fin juillet pour faire fabriquer les instruments nécessaires aux observations.

5. *Cf.* les procès-verbaux de l'Académie des sciences, t. 54, pour l'année 1735. Les 11 et 15 juin, Cassini expose une *Nouvelle méthode* pour connaître la figure de la Terre. Le 18 juin, Clairaut lui répond par des réflexions mathématiques. Le 23 juillet, Cassini lit un mémoire *Sur les révolutions des corps célestes autour de leur axe*, dans le système des tourbillons. Le 6 août, Cassini propose une *Seconde méthode* pour déterminer la figure de la Terre. Les 13 et 27 août, c'est au tour de Clairaut d'exposer

pour connaître la figure de la Terre. Et, pendant ce temps, Mme du Châtelet, qui n'a point encore quitté la cour et la ville pour s'installer à Cirey avec Voltaire[1], gémit sur le prochain départ des « Argonautes[2] ». Non qu'elle désapprouve l'expédition, mais celle-ci lui enlève des relations précieuses. Pendant un long moment, elle n'aura plus ni professeurs de mathématiques, ni joyeux compagnons à retrouver dans les cafés ou au Mont-Valérien.

Les cafés philosophiques

Contrairement à la vieille Académie, la nouvelle génération préfère se retrouver dans les cafés. L'atmosphère y est plus gaie, la conversation plus libre que chez Mmes de Verteillac ou de Tencin. Non pas que les hommes de la génération précédente – les Fontenelle, Fréret, Jean-Baptiste Rousseau, Marivaux ou La Motte – aient ignoré ces lieux dits « philosophiques », comme le *Procope*[3], mais ils préféraient la sélection des hôtes d'un salon qui les mettait à l'écart de « ces glorieux insuffisants dont les

---

ses thèses. Durant ce temps, Algarotti est resté au Mont-Valérien avec Maupertuis et l'abbé Franchini, chargé d'affaires de Toscane à Paris. *Cf.* lettre 40 de Mme du Châtelet à Maupertuis [août 1735].

1. Mme du Châtelet prend cette décision fin mai-début juin 1735. *Cf.* ses lettres n°s 37 et 38 au duc de Richelieu des [30 mai] et [15 juin] 1735, dans lesquelles elle dit ses craintes du tête-à-tête avec Voltaire dans la solitude de Cirey. Par ailleurs, Mme du Châtelet est encore attachée à Maupertuis, bien qu'elle se proclame amoureuse de Voltaire. Finalement, elle part pour Cirey début juillet 1735. C'est seulement alors que sa passion pour Voltaire pourra se développer.

2. Nom donné par Voltaire et Mme du Châtelet aux voyageurs du Pôle. *Cf.* Algarotti, [10 octobre 1735], lettre n° 44.

3. Le plus célèbre des cafés du XVIIIe siècle, situé dès 1689 rue des Fossés-Saint-Germain, en face de la Comédie-Française, appartenait au docteur Procope qui n'aimait que les bons mots et les plaisanteries. Contrairement aux cabarets d'antan, le *Procope* n'était pas plongé dans la pénombre pour que les clients n'y soient pas reconnus. On y voyait clair, avec des lustres et des glaces. « On y composait sur le vif des vers comiques, raillant les pièces du jour sifflées par le public. » *Cf.* P. Dupont, *Houdar de La Motte, 1672-1731*, Thèse de lettres, Paris, 1898, et Pascale Vereb, *Alexis Piron, poète, ou la difficile condition d'auteur sous Louis XV (1689-1773)*, Thèse, 1993, p. 113 [Sorbonne, I4.17.116 (1)].

cafés sont pleins[1] ». A l'inverse, Mme du Châtelet, Voltaire et, plus tard, Maupertuis, qui étaient reçus partout, n'ont jamais été les hôtes assidus d'aucun « bureau d'esprit ». « Jeune, Voltaire préfère les châteaux de ses amis aristocrates où on lui fait fête, mais où il peut toujours se retirer pour travailler[2]. » Pour d'infatigables travailleurs comme Voltaire et Emilie, la vie de salon est un gaspillage de temps. Maupertuis, pour sa part, est trop papillonnant pour être le pilier d'aucun cercle. Lorsqu'il a fini de travailler dans la solitude du Mont-Valérien, il préfère l'atmosphère bruyante et chaleureuse des cafés. Il fréquente le *Procope*, comme tous les hommes de lettres, mais préfère le *Gradot*, quai du Louvre. Moins en vogue que son concurrent, surtout depuis que le joyeux Houdar de La Motte n'est plus là pour l'animer de ses éclats et de ses reparties, le café *Gradot* reçoit les vieux savants amis de Maupertuis – Saurin, Nicole, Terrasson –, qu'il a toujours plaisir à retrouver. Mme du Châtelet est elle aussi une habituée de ce café. Conduite peu ordinaire pour une femme de son rang ! En cette année 1735, elle y donne encore des rendez-vous à Maupertuis[3], qui oublie souvent de l'y rejoindre. Bientôt, elle n'en aura cure, car en cette fin du mois de juin elle s'envole pour sa demeure de Cirey[4] où l'attend déjà Voltaire. Pour elle commence une nouvelle vie[5], aussi studieuse que voluptueuse.

---

1. Le mot de Piron est cité par P. Vereb, *op. cit.*, p. 114.
2. J. Sareil, *op. cit.*, p. 222.
3. Lettres de Mme du Châtelet, *op. cit.*, n°s 29, 30, 32 et 41.
4. Château de la famille du Châtelet, près de Bar-sur-Aube, à la frontière de la Lorraine. C'est dans ce château qui tombe en ruine que Voltaire trouve refuge en mai 1734, lorsqu'une lettre de cachet est lancée contre lui après la publication des *Lettres philosophiques*. Il dépensera une fortune pour remettre la demeure en état.
5. Le 8 septembre 1735, Maupertuis écrit à son ami La Condamine, parti depuis quatre mois avec l'expédition du Pérou, pour lui donner des nouvelles de la capitale : « Mme du Châtelet a enfin quitté la cour et la ville, et est allée à Cirey passer, dit-elle, trois ou quatre ans. On est bien heureux de ne l'en pas croire capable... » *In* Catalogue de la vente d'autographes à Louviers, le 7 juillet 1991.

CHAPITRE II

Quand le savant devient un héros
(1735-1737)

Les expéditions du Pérou et de Laponie furent décidées pour mettre fin à une incertitude de géodésie[1] lourde de conséquences théoriques et pratiques : la Terre est-elle aplatie aux pôles et renflée à l'équateur, comme l'avaient établi par des voies différentes Newton et Huygens en 1690[2], ou, au contraire, est-elle renflée aux pôles et aplatie à l'équateur, comme les Cassini père, fils et petit-fils pensaient l'avoir démontré par leurs mesures répétées (en 1700, 1718 et 1733) de plusieurs degrés du méridien du nord au sud et de l'est à l'ouest de la France[3] ? D'un côté, une

---

1. Science qui a pour objet la détermination de la forme de la Terre, la mesure de ses dimensions, l'établissement des cartes. Pour plus de détails sur cette question, voir Henri Lacombe et Pierre Costabel (éd.), *La Figure de la Terre du XVIIIᵉ siècle à l'ère spatiale*, Paris, Gauthier-Villars, 1988 ; Mary Terrall, « Representing the Earth's Shape », *Isis*, 1992, 83, pp. 218-237.

2. C'est un voyage de Jean Richer à Cayenne en 1672 (et de l'Anglais Edmond Halley à Sainte-Hélène en 1676) qui renversa tout le système géographique. Il avait trouvé que son horloge à pendule, réglée à Paris, retardait chaque jour de 2 minutes 28 secondes dans ce lieu éloigné de l'équateur de 5 degrés. Newton et Huygens en conclurent que la pesanteur était moindre vers l'équateur, et déterminèrent ensuite la figure de la Terre par les lois de l'hydrostatique. Tous deux la déclarèrent aplatie aux pôles.

3. Après avoir demandé à l'astronome Picard de mesurer la circonférence de la Terre (1668-1670), Louis XIV chargea Jean-Dominique Cassini et son fils Jacques de poursuivre ses travaux géodésiques pour fournir les éléments nécessaires à l'établissement d'une carte de la France et pour déterminer la longitude et la latitude des villes principales. En 1700-1701, Cassini I et Cassini II mesurèrent un arc du méridien entre Paris et Collioure, et achevèrent leurs travaux en 1718 par les mêmes mesures entre Paris et Dunkerque, avec toujours le même résultat. La Terre avait une forme allongée

théorie astronomique d'une grande rigueur mathématique ; de l'autre, des mesures qui, loin de la confirmer, l'infirment. La réponse à la question de la forme exacte de la Terre engage toute une conception de l'Univers : Newton et l'attraction, ou Descartes et sa théorie des tourbillons à laquelle les travaux des Cassini sont censés avoir apporté un fondement expérimental ?

La nécessité des expéditions

En 1732, les travaux de Maupertuis sur Newton relancent le débat à l'Académie. Si les calculs de Newton sont exacts, c'est toute l'astronomie française qui se trompe, et en particulier la tribu des Cassini et des Maraldi, leurs cousins. Commence alors la guerre des calculs et des méthodes employées. On remet en cause les opérations géographiques et les observations astronomiques des Cassini ; on évoque l'imperfection de leurs instruments, et leur ignorance de la découverte (en 1727) de l'aberration des étoiles fixes par l'Anglais Bradley. A quoi les Cassini, soutenus par la majorité de l'Académie, répondent par de nouvelles observations qui s'appuient sur des méthodes affinées. Avec toujours les mêmes résultats. La confusion est à son comble chez les newtoniens quand le vieux Bernoulli gagne le prix de l'Académie en 1734[1] avec un important *Essai d'une nouvelle physique céleste* qui confirme la thèse des Cassini sur l'allongement de l'axe terrestre en se référant à la théorie cartésienne des tourbillons. C'est alors que naît l'idée d'aller mesurer deux degrés très éloignés afin que les résultats ne puissent être

comme une courge – et non aplatie, comme le croyait Newton. En juin 1733, Cassini II réitéra ses expériences en fonction des remarques du marquis de Poleni. Ses mesures de Paris à Saint-Malo, et de Paris à Strasbourg (1734), confirmèrent une fois encore la théorie de l'allongement de la Terre vers les pôles.

1. Il est vrai qu'il partagea ce prix avec son fils, Daniel, qui avait envoyé à l'Académie un mémoire, *Recherches physiques et astronomiques*, d'inspiration newtonienne.

faussés par une erreur d'observation. L'Académie convient que le plus sûr moyen de trancher la question est d'envoyer des savants près de l'équateur. L'accord sur cette expédition se fait d'autant plus aisément que les deux camps opposés sont sûrs et certains de voir leur hypothèse confirmée.

Selon La Beaumelle, c'est La Condamine qui eut le premier, en 1733, l'idée d'entreprendre un tel voyage[1]. Il proposa de faire de nouvelles mesures à Cayenne. Mais la proposition du modeste adjoint chimiste ne fut pas acceptée. L'astronome Louis Godin[2], déjà associé, en profita pour présenter un mémoire sur les avantages de cette sorte d'expédition, et s'offrit de l'entreprendre avec son élève Fouchy. Cette fois, la proposition fut retenue et l'on décida que la province de Quito, au Pérou, était le lieu idoine pour effectuer les mesures. La Condamine serait du voyage...

Il est probable que, dès 1734, Maupertuis et Clairaut eurent l'idée d'un deuxième voyage, cette fois au pôle Nord, pour rendre encore plus significative la vérification sur l'équateur[3]. Malgré la franche opposition de son maître Bernoulli, Maupertuis s'applique, par deux mémoires successifs[4], à convaincre l'Académie et le ministre de la Marine de la nécessité de cette seconde expédition. Pour ce faire, il n'évoque pas seulement l'honneur de la science et la gloire que tirerait la France de voyages aussi grandioses, mais rappelle également l'utilité majeure, pour les marins, d'avoir des cartes exactes : « Il est important pour les navigateurs

---

1. *Op. cit.*, p. 38. Dans une lettre de La Condamine à M. de Poleni [mi-1734], on constate la part importante qu'il a prise à l'organisation du voyage. *Cf.* Bibliothèque de Berlin, Ms. Amerika (2).

2. 1704-1760. Elève de l'astronome Delisle avant qu'il ne parte pour Pétersbourg, Godin avait été nommé adjoint astronome le 11 août 1727 et associé le 4 juillet 1730. Il fut promu pensionnaire le 24 août 1733, ce qui lui donnait de droit la direction de la future expédition.

3. Probablement est-ce aussi pour discuter de ces problèmes avec Jean Bernoulli que les deux hommes firent un séjour à Bâle à la fin de l'année 1734. Mais ils trouvèrent le vieil homme très intransigeant dans son soutien à la théorie de l'allongement de la Terre, et résolu à ne tenir aucun compte des résultats de ces voyages, comme il le dit clairement à Maupertuis dans sa lettre du 8 mai 1735.

4. Son premier mémoire est lu aux séances des 25 et 27 mai 1735 ; le deuxième, le 8 juin 1735. Clairaut évoqua à son tour le même projet dans un mémoire présenté à l'Académie les 13 et 27 août 1735.

de ne pas croire naviguer sur la sphéroïde allongée des Cassini s'ils sont sur celui de Newton... Combien de vaisseaux ont péri pour des erreurs moins considérables[1] ? » Le ministre de la Marine, le comte de Maurepas, est sensible à l'argument, d'autant que les intérêts commerciaux de la France commandent des voyages de plus en plus lointains.

L'affaire est entendue[2]. Le roi donne son accord pour débloquer une seconde fois d'énormes crédits. Maupertuis est le chef de l'expédition. Il ne reste plus qu'à la mettre sur pied. Ce qui n'est pas facile. Ni Maupertuis ni Clairaut ne sont des observateurs chevronnés. Plus préoccupés jusque-là de théorie que de pratique, ils connaissent moins bien les instruments géodésiques (secteur, quart de cercle, etc.) que les théorèmes de géométrie. En outre, les meilleurs observateurs sont partis pour le Pérou : Godin, La Condamine et Bouguer[3] (qui a finalement remplacé Fouchy[4] presque au pied levé) ont une formation plus appropriée à cette tâche. Quant aux Cassini, qui en bonne logique auraient dû participer aux deux expéditions, leurs travaux de cartographie les retiennent en France. De plus, les méthodes, les observations et les instruments anglais prônés par Godin et Maupertuis ne sont pas les leurs. Bons princes, pourtant, ils proposent aimablement à Clairaut et Maupertuis de venir s'exercer dans leur maison de campagne, à Thury, dans l'Oise, où ils ont un observatoire. Les deux hommes acceptent – ce qui prouve les bons rapports qu'ils entretenaient encore avec la famille Cassini – et profitent des

---

1. Maupertuis, *La Figure de la Terre...*, 1738, préface, pp. XI et XII.

2. Selon René Taton, Maurepas vint à l'Académie le 3 septembre 1735 pour annoncer que le roi avait ordonné le voyage. « L'expédition géodésique de Laponie (avril 1736-août 1737) », Lacombe et Costabel, *op. cit.*, pp. 118 et 119.

3. Deux lettres de Bouguer à Couplet, envoyées du Havre les 12 septembre 1734 et 19 février 1735, prouvent qu'il eut moins de six mois pour se préparer. *Cf.* Bibliothèque municipale et interuniversitaire de Clermont-Ferrand, Ms. 337, f. 94 et 95.

4. Fouchy se désista pour d'obscures raisons de santé. En fait, il était amoureux et ne voulait pas quitter sa belle. Ce que l'on comprend à la lecture d'une lettre que Godin lui adressa de Quito, le 9 mai 1737, après avoir appris son mariage : « Vous avez en vérité bien agréablement permuté le voyage au Pérou avec un établissement qui vous convenait, et un voyage en un autre pays où la gloire à opérer vous est réservée à vous seul... » *In* Pochette de l'Académie des sciences, février 1738.

vacances académiques de septembre et octobre pour faire leur apprentissage. On a une idée de l'atmosphère aimable qui règne à Thury par une lettre du 6 septembre 1735 de Clairaut à Algarotti, resté à Paris :

« Il m'est absolument nécessaire de rester encore quelque temps ici pour m'exercer aux opérations que nous devons faire au Pôle. Comme vous êtes un des plus zélés compagnons de ce voyage..., je dois vous faire ressouvenir de la promesse que vous aviez donnée à M. de Maupertuis et à moi de nous venir voir ici. Vous feriez le plus grand plaisir du monde à M. Cassini, qui m'a chargé de vous en prier, et nous aurions la satisfaction de partager avec vous une vie charmante qu'on mène dans ce pays-ci. Curieux comme vous êtes des sciences, il ne vous serait pas inutile de prendre une teinture des opérations que nous avons à faire, car il ne faut pas qu'un homme comme vous s'en rapporte aux autres[1]. »

Mais l'enthousiasme de l'Italien retombait. A l'invitation de Clairaut, il préfère celle de Mme du Châtelet à Cirey, trop contente d'avoir chez elle un des « Argonautes ». Le 3 novembre, Voltaire, ravi, confie à son ami Thieriot : « Nous avons ici le marquis [?] Algarotti, jeune homme qui sait les langues et les mœurs de tous les pays, qui fait des vers comme l'Arioste, et qui sait son Locke et son Newton[2]. » Durant son séjour de six semaines[3], il achève son *Newtonianismo per le dame,* et écoute complaisamment Emilie lui expliquer que c'est folie d'aller au Pôle. D'un côté, Voltaire écrit des épîtres pour célébrer les voya-

---

1. Cette lettre de Clairaut, datée de « Thury, 6 septembre 1735 » et adressée à Algarotti, rue de Seine, faubourg Saint-Germain, se trouve à la Biblioteca Del Museo Correr à Venise, sous la cote Episteme Moschini. Voir également la lettre de Maupertuis, « de Thury, le 8 septembre 1735 » à La Condamine lui annonçant la décision du second voyage et ses vacances studieuses chez les Cassini (*Dossier Maupertuis* à l'Académie des sciences). Et la lettre de Maupertuis à Jean Ier Bernoulli du 12 septembre 1735, BEB, LIa 662.46.

2. Best. D 935.

3. Mme du Châtelet à Maupertuis, Cirey, 10 décembre 1735. Lettre 49 : « Je vous renvoie le cygne de Padoue. »

geurs[1] ; de l'autre, Mme du Châtelet fait tout ce qu'elle peut pour dissuader ce frêle jeune homme trop souvent enrhumé. Apparemment, il la quitta convaincu[2] : quand ses amis du Mont-Valérien partiront pour le fin fond de la Botnie suédoise, lui s'embarquera à Calais pour se rendre sagement en Angleterre[3]. Défection qui déplut beaucoup à Maupertuis et le fâcha quelque temps avec Mme du Châtelet[4].

Heureusement, Maupertuis peut compter sur l'ami Celsius. Le Suédois est plus sérieux et plus solide que l'Italien. Astronome compétent, membre de la Société royale des sciences de Suède, il est le mieux placé pour se fournir en instruments astronomiques chez le meilleur artisan de l'époque : l'Anglais George Graham. A Londres depuis juillet, Celsius lui commande un secteur gradué dont vont dépendre toutes les observations, et s'informe des meilleures techniques d'observation et de calcul[5]. Nul doute qu'il est « l'agent de Maupertuis à Londres[6] », un élément essentiel de l'expédition. Non seulement parce qu'il connaît la Suède et sa langue, mais parce qu'on peut se fier à son habileté technique. Ce qui manque encore singulièrement à Maupertuis et à Clairaut, en apprentissage chez ceux-là mêmes dont ils combattent les thèses, contraints de demander des conseils à un Bernoulli qui

---

1. [1er octobre 1735] Best. D 920 ; la note 2 de Besterman signale une épître à Algarotti mentionnant La Condamine qui s'en va griller sous l'équateur pendant que Clairaut et Maupertuis vont geler au pôle...

2. Le 3 janvier 1736, Mme du Châtelet écrit à un correspondant inconnu : « Le marquis Algarotti, qui voulait être du voyage au pôle, uniquement par soif insatiable de voir et de connaître qui caractérise les gens de mérite... » Le 7 janvier, elle écrit à Algarotti : « Souvenez-vous de votre parole... pour vous défendre de Maupertuis et du pôle. » Lettres nos 52 et 53.

3. Algarotti y resta d'avril à juillet 1736, si l'on en croit les lettres de Mme du Châtelet et les archives de la Royal Society qui font état d'une recommandation du 8 avril 1736, signée de Stanhope, Folkes, Celsius et Mitchell, et de son élection le 8 juillet suivant. Cf. Ida Frances Treat, op. cit., pp. 68-69.

4. Lettre de Mme du Châtelet à Algarotti, 20 avril 1736 : « Je crois que Maupertuis ne me pardonne point de vous avoir conseillé de ne point aller au pôle ; mais il n'avait qu'à dire, je lui aurais conseillé aussi de n'y point aller. Je craignais toujours que vous ne vous laissiez tenter... »

5. Godin lui-même avait fait un séjour à Londres en 1734 pour les mêmes raisons.

6. D. Beeson, Maupertuis : An Intellectual Biography, Studies on Voltaire, n° 299, 1992, p. 115.

ironise plaisamment sur leur impréparation et sur la myopie de Clairaut qui le rend inapte à l'art de faire des observations[1].

Pour pallier ces inconvénients, Maupertuis choisit, outre Clairaut et Celsius, trois hommes dont il apprécie les compétences et le caractère : Charles-Etienne Camus[2], académicien réputé pour ses recherches sur les roues dentées, sa pratique de l'horlogerie et son adresse manuelle ; Pierre-Charles Lemonnier, à peine vingt ans, qui travaille depuis plus de quatre ans avec Godin et Fouchy, et qui s'est déjà fait connaître par ses observations sur Saturne et par un mémoire sur la figure de la Lune (Maupertuis s'arrangera pour qu'il soit admis à l'Académie au lendemain de leur départ pour le Pôle[3]) ; enfin, outre un secrétaire, Sommereux, et un dessinateur, Herbelot, Maupertuis fait appel à l'abbé Réginald Outhier[4] : correspondant de l'Académie des sciences, astronome, bon observateur, aimant construire des machines, c'est lui qui tiendra le journal quotidien de l'expédition[5].

Durant la fin de 1735 et le début de 1736, nos savants s'affairent aux préparatifs du voyage. Ils doivent se renseigner sur les terres si mal connues que sont la Suède et la Laponie, continuer leur travail à l'Académie pour tenter de vaincre les réticences à l'égard de leur entreprise[6], et veiller aux mille et un

---

1. Lettre de Jean Bernoulli à Maupertuis du 13 octobre 1735. BEB, LIa 662.36.

2. 1699-1768. Adjoint mécanicien le 5 août 1727, associé le 30 mars 1733, pensionnaire géomètre le 15 janvier 1741.

3. 1715-1799. Adjoint géomètre le 21 avril 1735 (grâce à son père qui accepte d'être vétéran associé), associé le 8 mars 1741 et pensionnaire astronome le 8 mars 1741.

4. 1694-1774. Nommé correspondant de Jacques Cassini le 1er décembre 1731, puis de Cassini de Thury le 15 décembre 1756. Secrétaire du cardinal de Luynes, évêque de Bayeux et membre de l'académie de Caen, l'abbé Outhier était candidat, en même temps que le jeune Lemonnier, au poste d'adjoint géomètre le 21 avril 1736. C'est par une lettre de Maurepas datée du 23 avril que l'Académie apprit que le roi avait choisi Lemonnier, premier sur la liste. Après cet échec, le pauvre abbé ne se représenta plus.

5. *Journal d'un voyage au Nord pour déterminer la figure de la Terre*, 1744, republié par André Balland sous le titre *La Terre mandarine*, avec une excellente introduction, Seuil, 1994.

6. Les 8 et 11 février 1736, Maupertuis lit un écrit sur la *Figure de la Terre*. Le 24 février ainsi que les 3 et 21 mars, il lit un mémoire *Sur la manière d'observer les déclinaisons des étoiles sans quart de cercle*. De son côté, Clairaut présente un travail

détails de l'expédition. En janvier, Maurepas n'a toujours pas trouvé de navire capable de transporter les Français en Suède[1]. L'impatience gagne Maupertuis et ses amis, si l'on en croit Mme du Châtelet qui confie à Algarotti : « On me mande qu'ils commencent à se dégoûter de leur voyage[2]. » Et cela, au moment même où la *Gazette d'Utrecht* annonce leur départ imminent[3] ! Enfin, le vendredi 20 avril 1736, après un ultime déjeuner au Louvre avec deux amis académiciens, Nicole et Hellot, la troupe prend la route de Dunkerque. Là, ils retrouvent Celsius arrivé de Londres le 29 avril et embarquent à cinq heures et demie du matin, le 2 mai, sur un petit bâtiment de quatre-vingts tonneaux, le *Prudent*. A cet instant, il est probable que l'« inquiétude[4] » caractérielle de Maupertuis a laissé place à une excitation et à un bonheur extrêmes. Il participe à « l'entreprise la plus grande que les sciences eussent jamais tentée[5] ». Mieux, il l'a initiée et en est le chef.

L'art de faire rêver

Depuis que l'idée du deuxième voyage a germé dans sa tête, Maupertuis sait que de son succès ou de son échec dépend sa

---

Sur les oscillations d'un corps suspendu le 18 janvier, les 22 et 29 février, et l'abbé Outhier *Sur la construction d'un pendule en mouvement* le 24 février. Enfin, à l'assemblée publique du 11 avril 1736, Maupertuis fait une ultime intervention sur le voyage de l'Equateur et sur celui qu'on va faire au Nord.

1. *Cf.* Nordmann, *op. cit.*, p. 83 : « Le ministre Maurepas avait écrit, le 8 janvier 1736, au commissaire de la Marine de Dunkerque... pour lui demander s'il y avait dans le port un navire capable de cingler prochainement vers la Suède... il n'y en avait point à cette date... »

2. Mme du Châtelet à Algarotti, Cirey, 7 janvier [1736]. Lettre 53.

3. Le 23 janvier 1736. *Cf.* A.-M. Chouillet, « Rôle de la presse périodique de langue française dans la diffusion des informations concernant les missions en Laponie ou sous l'équateur », in *La Figure de la Terre, op. cit.*, p. 173.

4. Mme du Châtelet au duc de Richelieu [15 juin 1735]. Lettre 38 : « Maupertuis va au pôle mesurer la Terre... Il a une inquiétude dans l'esprit qui le rend bien malheureux... »

5. Condorcet, *Eloge de La Condamine, op. cit.*, p. 164.

réputation. L'occasion est trop belle d'inscrire son nom dans l'histoire des sciences, et peut-être même dans l'Histoire tout court. Remède sans pareil à l'inquiétude psychologique et métaphysique qui le tenaille sans cesse. Il est bien décidé à faire tout ce qui est en son pouvoir pour revenir triomphant. Ce qui signifie qu'il faut faire vite et bien.

Il est indispensable de regagner la France avant l'expédition du Pérou et avec des résultats scientifiques incontestables. Car ce sont les premiers rentrés qui, mettant fin à une controverse aussi aiguë, emporteront l'essentiel de la gloire. Maupertuis sait déjà, comme toute l'Académie d'ailleurs, que l'expédition du Pérou ne va pas comme elle devrait. Dès sa première étape à la Martinique, Godin, son chef, a suscité un mécontentement général. Le 4 juillet 1735, le chirurgien Séniergue s'en est plaint à Antoine de Jussieu[1] : « Presque tous [sont] mécontents du sieur Godin, et tous affirment que s'il ne change pas de batterie, il ne sera pas possible de vivre avec lui. M. Couplet (aide-géographe)... et Hugot (horloger) ont été sur le point de le quitter par son mauvais traitement[2]. » Peut-être même Maupertuis a-t-il pu lire avant d'embarquer cette lettre plus explicite de Joseph de Jussieu à son frère :

« M. Godin, notre chef et trésorier, laisse depuis quelque temps dormir l'astronomie pour vaquer à une affaire plus pressante. C'est l'amour qui l'occupe tout entier. Je souhaite que son épouse n'apprenne pas l'infidélité de son Adonis... Rien de plus ridicule que la conduite de ce jeune homme, et il est bien fâcheux que d'honnêtes gens soient à la discrétion d'une jeune barbe... Il se fait mépriser et haïr ici, excepté à l'Intendance où on semble approuver ses brusqueries et suffisances... Il est encore bien cruel que l'argent destiné aux besoins communs de la compagnie s'em-

---

1. Antoine de Jussieu (1686-1758), botaniste, était le frère aîné de Joseph de Jussieu, et considérait ce dernier comme son fils. De dix-huit ans son aîné, il l'avait formé à la botanique, comme son autre cadet, Bernard de Jussieu. Conscient de la fragilité psychologique de Joseph, qui souffre de graves accès de mélancolie, il avait confié à Séniergue le soin de veiller sur lui.

2. Bibliothèque du Muséum d'histoire naturelle, Ms. 179, f. 5.

ploie pour la vanité, le luxe et la fantaisie... d'un homme qui, à sa place, devrait montrer l'exemple par la sagesse, la prudence, son zèle et l'économie. Enfin, on ne peut rien ajouter au mépris et à la façon indigne dont il traite les personnes que la cour a associées à son travail... Le dessinateur est occupé à peindre la demoiselle dite Guzan, la maquerelle négresse nommée Bastienne. Beaucoup d'argent s'emploie à contenter l'appétit de la demoiselle et la galanterie ne refuse rien des habits..., tabatières, etc. Et nous autres, nous voyons cela, et nous le souffrons[1]. »

Même si les échos ne nous en sont pas parvenus, on a dû se gausser, voire s'indigner à Paris de pareilles nouvelles. Et Maupertuis a bien compris que son expédition devait être tout le contraire de celle de Godin : rigoureuse, rapide, économe des deniers publics, et amicale. Seul point commun entre les deux chefs d'expédition : leur faible pour les femmes. Sauf qu'il n'y aura pas plus éloignée de la maquerelle négresse Bastienne que la brave Lapone Christine. A la lecture des lettres de l'Equateur, Maupertuis comprend aussi que celles-ci peuvent tenir lieu de support publicitaire pour son voyage. Apparemment, les voyageurs du Sud n'avaient pas saisi cet aspect des choses, puisque leurs dissensions, qui ne feront qu'embellir au cours des années, ne cessent de s'étaler sur la place publique. A l'inverse, Maupertuis va utiliser sa correspondance et celle de ses amis pour faire rêver Paris et les grandes capitales sur son expédition qu'il veut exemplaire et héroïque.

Dès le départ, Maupertuis met tout en œuvre pour charmer ses compagnons, lesquels, bien sûr, ne manqueront pas d'en faire état dans leurs lettres, tout comme Outhier dans son *Journal*. A peine embarqués, les voyageurs, malgré un mal de mer général, se mettent à travailler : « M. de Maupertuis nous soutenait par sa gaieté et par les charmes qu'il mettait dans notre société[2]. » De même quand le navire vient à traverser une tempête effrayante.

1. Au petit Goave, 21 octobre 1735, *ibid.*, f. 15.
2. *Journal* de l'abbé Outhier, *op. cit.*, pp. 44 et 46.

Pendant tout le temps de l'expédition – seize mois –, Maupertuis s'affirme comme son vrai chef, et un chef apprécié de tous. Il en assume toutes les charges avec efficacité[1] et prend soin de chacun avec beaucoup de chaleur. En bon patron, il est partout en première ligne face aux dangers[2], mais instaure un régime de parfaite égalité entre ses amis et lui pour tout ce qui regarde les commodités, le travail et les délassements. Dès octobre 1736, Maupertuis et son équipe ont déjà effectué l'essentiel des observations requises par leur mission. Par celle sur le pendule simple et sur le secteur de Graham, ils savent que leur hypothèse est la bonne. Mais, soucieux de présenter des résultats indiscutables, Maupertuis ordonne le silence à son équipe et décide qu'on attendra la fin de l'hiver pour répéter ces observations au printemps[3]. Car il ne s'agit de rien de moins que de « mesurer le degré le plus septentrional que vraisemblablement il soit permis aux hommes de mesurer[4] ». En attendant, et malgré un froid plus dur pour les Français que ne l'avait été chez eux l'horrible hiver de 1709, restait à mesurer la longueur de la base, nécessaire aux triangulations, ce qui fut fait entre les 21 et 28 décembre. La longueur de l'arc de méridien se révéla supérieure de 378 toises à celle de Picard entre Amiens et Paris, et de 950 toises à celle résultant de l'hypothèse de Cassini. Ce qui confirmait amplement le parti des newtoniens.

1. *Ibid.*, p. 50 : dès l'arrivée à Stockholm, « M. de Maupertuis se trouvait presque partout ; il s'arrangeait avec les banquiers pour avoir l'argent nécessaire pendant le voyage ; il cherchait des connaissances pour le pays où nous devions aller, et des moyens pour nous y transporter avec nos ballots ; enfin, il pourvoyait en vrai père de famille aux besoins d'une nombreuse troupe qu'il allait établir dans un pays inconnu, sans savoir pour combien de temps ».
2. L'expédition connaîtra de multiples incidents et dangers : nuées d'insectes, incendie, cataractes affrontées sur des bateaux extrêmement légers, chute d'une montagne la nuit par le froid le plus dur... Maupertuis fait face à tout avec gaieté et un grand courage. « Il se chargeait volontiers, raconte Outhier, de ce qu'il y avait de plus pénible et voulait que tous les autres fussent mieux, ou plutôt moins mal que lui. » *Ibid.*, pp. 119-120.
3. *Ibid.*, p. 156 : « Tout autre que M. de Maupertuis se serait bien contenté de celles qu'on avait faites, tant avec le secteur qu'avec les pendules simples. »
4. Maupertuis, cité par Nordmann, *op. cit.*, p. 88.

Pour que l'expédition soit le triomphe espéré, il ne suffit pas que le travail soit vite et bien fait ; il faut encore que Paris se meure d'impatience en attendant le retour des voyageurs[1]. Pour cela, il faut entretenir l'intérêt des académiciens par des comptes rendus scientifiques qui laissent planer le suspense[2], nourrir la curiosité des salons par des détails croustillants, et ne rien omettre des dangers et étrangetés auxquels ils sont confrontés. A cette fin, Maupertuis entretient une correspondance abondante et détaillée[3] avec toutes ses amies qui courent d'un salon à l'autre, fières de pouvoir lire et relire les dernières nouvelles, si pittoresques, des héros du Nord. La première lettre de Mme du Châtelet lui reproche d'avoir écrit d'abord à la duchesse de Richelieu : « Vous [lui] avez écrit de Stockholm. Elle ne désire vos lettres que pour s'en vanter ; moi, je vous en demande pour savoir de vos nouvelles[4]... » Dès l'été 1736, deux Lapones – pudiquement mentionnées par l'abbé Outhier dans son *Journal* à la date du 8 juillet[5] – font leur apparition dans la vie des « Argonautes ». Le temps que les lettres du Pôle arrivent jusqu'en France[6], et tout Paris ne parle plus que de cela. En revanche, Maupertuis n'est guère pressé d'en aviser son ancienne maîtresse. Dans la lettre que Mme du Châtelet dut recevoir début octobre, il a insisté sur les difficultés quotidiennes que rencontre l'expé-

---

1. Le *Glaneur français* décrit l'état d'esprit ambiant : « L'Europe savante attend leur retour comme on attendrait l'arrêt de plusieurs juges qui doivent se prononcer sur les sentiments divers qui partagent les astronomes. » *Cf.* A.-M. Chouillet, *op. cit.*, p. 174.

2. Voir les lettres dans les pochettes de l'Académie des sciences... René Taton précise que Clairaut, le 27 février 1737, adressa à la Royal Society, sur les conseils de Celsius, un mémoire tendant à montrer que leurs observations confirmaient déjà le principe de Newton, tout en gardant les conclusions définitives pour l'Académie des sciences à leur retour. *Op. cit.*, p. 127.

3. Malheureusement, beaucoup de ces lettres se sont perdues. Mais, par celles que l'on a retrouvées et qui en indiquent d'autres, à différentes destinataires, on devine qu'elles furent nombreuses.

4. De Cirey le 18 juillet 1736, lettre 69.

5. *Op. cit.*, pp. 88 et 124, ou encore le 2 décembre 1736, p. 179.

6. Plusieurs semaines, alors que les lettres de l'Equateur mettaient au mieux plusieurs mois, voire plusieurs années, en fonction des bateaux et des temps de paix ou de guerre.

dition[1], autre moyen d'entretenir l'intérêt. Les journaux rapportent que les malheureux ont subi durant l'été des attaques répétées de nuées de moustiques, en si grand nombre qu'ils ne pouvaient plus ni manger ni dormir[2].

Mais, très vite, Mme du Châtelet a eu vent de l'existence des Lapones. Le 1er décembre 1736, elle lui écrit : « On dit que toutes les lettres que vous écrivez à Paris sont pleines des éloges de ces dernières. C'est apparemment pour quelqu'une d'elles que votre compagnon [Clairaut] m'a quittée. Vous pouvez me le mander sans indiscrétion[3]... »

On ignore la réponse de Maupertuis, mais on sait qu'il utilisa tous ses talents littéraires pour décrire de la façon la plus pittoresque et piquante une entreprise sans précédent dans un monde totalement inconnu. De ce point de vue, la longue lettre qu'il envoie à son amie Mme de Verteillac, datée de Pello, le 6 avril 1737[4], est un véritable chef-d'œuvre publicitaire pour l'expédition :

> *« Il faut bien, quelque aversion qu'on ait, Madame, répondre à une lettre où il y a autant d'esprit que dans la vôtre, et tâcher de faire les petites commissions que vous me faites l'honneur de me donner, quoique je ne sache pas bien encore si ce n'est pas pour vous moquer de moi que*

---

1. La lettre de Maupertuis est perdue, mais nous en connaissons l'existence et une partie du contenu par celle de Mme du Châtelet à Algarotti du 18 octobre 1736, lettre 71 : « J'ai reçu une lettre du pôle ; Maupertuis me mande que vous mériteriez d'y être, pour n'avoir pas voulu y aller : cela vous fait voir que vous êtes fort heureux de n'y être pas. »

2. L'abbé Outhier note dans son *Journal* au mois de juillet 1736 : « Nous avions sur Niwa beaucoup à souffrir des cousins et de quantité d'autres différentes mouches ; pour nous en garantir, nous nous couvrions d'un voile de gaze ; si ce voile approchait un peu trop de notre visage, ou s'il n'était pas fermé bien exactement, les cousins nous mettaient dans l'instant le visage en sang. Dans le temps du repas, où il fallait nécessairement découvrir notre visage pour manger, nous nous tenions le plus que nous pouvions dans la fumée, c'était le meilleur moyen pour se garantir des mouches et des cousins. » *Op. cit.*, pp. 88-89. Voir aussi pp. 61, 74, 86, 90, 95 et 106.

3. Mme du Châtelet à Maupertuis, 1er décembre 1736. Lettre 73.

4. *Mélanges* publiés par la Société des bibliophiles français, t. VI, 1829, réédités par Slatkine, 1970, pp. 3-10.

vous me demandez des cartes à jouer des pays du Nord, un volume in-12 de poésies danoises, et de jolies choses de Laponie... Il n'y a que deux ou trois jeux de cartes [à Tornéa], avec lesquels toute la ville joue et qu'on se prête les uns aux autres pendant toute l'année... Un volume in-12 de poésies danoises : en vérité, Madame, vous vous moquez de moi ; il n'y en a jamais eu, il n'y en aura peut-être jamais ; et s'il y en a, Dieu vous garde de les lire ! Passons aux curiosités de Laponie ; il y a peut-être de très belles choses, dans le genre que vous me demandez, de pétrifications, de coquilles[1], etc. ; mais comme elles sont couvertes de quelques aunes de neige, il n'est pas plus aisé de les trouver que si elles étaient au fond de la mer. Je vous dirai, comme le doge de Gênes, ce qu'il y a de plus curieux dans ce pays-ci, c'est de m'y voir. Les habillements, et tout ce qui sert aux Lapons, est trop vilain pour vous en porter, et serait capable d'infecter votre cabinet. Je pourrai cependant l'enrichir, à mon retour, d'une paire de souliers de huit pieds de long, pour vous apprendre à douter que les culottes des Finnois descendent jusque dans leurs souliers. Quand on n'a voyagé, Madame, que de chez soi aux Tuileries et à l'Opéra, on a des idées bien bornées sur toutes les belles choses que nous voyons ; mais il ne faut pas, parce qu'on n'a rien vu, douter de la bonne foi d'aussi honnêtes voyageurs que nous ; l'imagination, sûrement, n'a rien à produire ici pour y trouver d'étranges choses ; si je vous avais dit, Madame, que

---

1. La comtesse de Verteillac (1689-1751) fut, bien avant que se répandît à Paris dans les années 1740 la mode de la *lithologie* (étude des pierres) et de la *conchyliologie* (étude des coquillages), grande collectionneuse de pétrifications (transformations de structures organiques en minéraux) et de fossiles en tous genres. Sa collection renfermait des pièces exceptionnelles, comme ce poisson pétrifié, « plus grand, mieux conservé et plus parfait en tout qu'aucun de ceux du Cabinet du Jardin du roi et du mien », qui suscitait la jalousie de Réaumur (lettre à Séguier, 25 mai 1748, in *Lettres inédites de Réaumur*, La Rochelle, 1886, p. 71) ; ou une gigantesque dent pétrifiée trouvée en Amérique du Nord, ayant appartenu à une espèce d'animal disparue, et qui faisait l'admiration de La Condamine (lettre à Séguier, 23 mars 1748. La copie de cette lettre de La Condamine se trouve à la bibliothèque Carré d'Art à Nîmes, *Correspondance de Séguier*, Ms. 141, f. 111v°).

l'été passé, ma tente fut dressée sur une paire de souliers, vous ne l'auriez pas cru ; vous le croirez lorsque vous les verrez.

« *Si vous n'étiez pas si incrédule, je vous aurais raconté bien des choses sur les Lapons, que vous ne saurez point ; car, Dieu merci, nous vivons à présent avec eux. Nous sommes venus, depuis quelque temps, passer les fêtes de Pâques à notre maison de campagne de Pello ; et c'est, dans cette saison, le rendez-vous de tous les Lapons. Pello, comme vous le savez, Madame, est un des derniers villages du monde, du côté du Nord, à une trentaine de lieues de Tornéa... une ville qui consiste en cinquante ou soixante maisons, ou cabanes de bois. Le printemps y est un peu froid, puisque les thermomètres sont tous les jours beaucoup plus bas qu'ils n'étaient à Paris dans le plus grand froid du grand hiver ; sans cela, je n'en saurais presque rien, et je ne sens maintenant non plus le froid qu'un Lapon. Tout ce que je crains, c'est de ne pouvoir supporter les chaleurs de l'hiver prochain à Paris. Pendant ces froids, qui durent encore ici, quoique nos jours commencent à être de vingt heures, nos Lapons ne daignent pas dresser leurs tentes, et couchent à terre, dans la cour de la maison d'où je vous écris, sans autre matelas que la neige. Vous ne le croirez pas encore, Madame, mais il me semble que j'en ferais bien autant : les corps sont bien plus dociles que les esprits. Si je pouvais chasser du mien les chimères des pays méridionaux, je pourrais être le plus heureux Lapon du monde... [Les Lapons] ont été aussi surpris de voir nos figures, que nous les leurs*[1]. *Ils ont bien de la peine à deviner ce que*

---

1. Le propos de Maupertuis recoupe la description du Lapon par Lemonnier dans une lettre datée de Pello, 11 octobre 1736 et publiée dans le *Mercure de France*, décembre 1736, 1er vol., p. 2731 : « La figure du Lapon est fort grotesque. Représentez-vous un homme tout couvert de peaux depuis les pieds jusqu'à la tête, qui n'a que trois ou quatre pieds de haut, de petites jambes, un gros ventre, une fort grosse tête, un visage qui diffère assez de la forme humaine, enfin c'est à peu près le portrait d'Esope ou, si vous voulez, de Sancho Pansa [*sic*]. » Il est intéressant de noter que cette lettre adressée à M. de Pont-Charost s'est retrouvée aussi vite dans le *Mercure*,

c'est qu'un grand instrument[1] que nous allons toujours portant avec nous, auquel nous bâtissons des temples sur les montagnes, où quelqu'un veille toujours auprès de lui chaque nuit, auquel nous n'osons presque toucher, et duquel nous n'approchons qu'en tremblant et souvent à genoux... Les plus sensés [pensent] que c'est quelque divinité que nous adorons ; mais pour les esprits forts, ils nous croient des fous...

« Ils ne font guère plus de cas de notre musique que de notre astronomie, et ma guitare n'a point du tout réussi avec eux. Il est vrai que leur musique m'a paru aussi bien étrange ; ceux qui couchent dans notre cour, quand ils sont en joie, ou qu'ils font quelque rêve agréable, se mettent à chanter, à quelque heure de la nuit que ce soit, tous, la même chanson... Ils nous viennent souvent rendre visite ; ils entrent sans se faire annoncer ; et tout à coup nous voyons, sans nous être aperçus, un Lapon ou une Lapone dans notre chambre... Si vous n'aviez pas attaqué ma sincérité... je vous eusse dit que dans la zone glacée, il y a des personnes fort bien faites et fort aimables ; qu'on y chante, qu'on y danse et qu'on y fait tout ce qu'on fait à Paris ; qu'on y fait jusqu'à des chansons et des vers ; je vous aurais envoyé ceux-ci :

J'avais perdu Christine dans la neige ;
Amour, voulais-tu m'éprouver ?
Christine dans la neige, hélas ! Comment pouvais-je
Espérer de la retrouver ?
En vain de tous côtés j'avais cherché ses charmes,
J'étais transi de douleur et de froid,
Quand mes yeux à travers mes larmes
Aperçurent certain endroit

compte tenu que les lettres entre la Laponie et Paris mettaient au minimum cinq à six semaines.

1. Le fameux secteur de Graham.

Où la neige semblait et plus blanche et plus fine.
J'y courus ; c'était ma Christine[1]. »

Ce tableau idyllique, qui semblait démentir le discours alarmant du roi de Suède[2], avait tout pour émoustiller la société parisienne. Maupertuis, amoureux d'une sauvage, dansant et chantant au voisinage du Cercle polaire, soignait son image de séducteur. Mais il n'oubliait pas celle du héros affrontant les obstacles naturels avec un courage frisant la désinvolture. Dans leur correspondance, les « Argonautes » ne manquent pas de souligner leurs terribles conditions de vie et de travail : le froid atroce[3], la « nuit continuelle[4] », les dangereuses escalades de montagne avec tout leur lourd attirail astronomique, les moustiques et les maladies[5]. Enfin, les lettres à l'Académie attestent le sérieux de leur travail scientifique.

A la mi-mai 1737, toutes les observations ayant été vérifiées[6], l'expédition se prépara au retour. Après un grand repas offert aux hôtes de Tornéa, on se mit en route le 9 juin, pour gagner Stock-

1. Il s'agit de Christine Plaiscom ou Planström, finnoise, fille d'un marchand de Tornéa, qui n'hésitera pas à faire le voyage à Paris en 1738 pour y retrouver Maupertuis.

2. Trois jours après leur arrivée à Stockholm, le 23 mai 1736, Maupertuis et ses compagnons furent présentés au roi de Suède, qui leur annonça qu'ils allaient faire « un terrible voyage ; que, quoiqu'il eût été dans de sanglantes batailles, il aimerait mieux aller encore à la plus cruelle de toutes que de faire le voyage que nous entreprenions ». *Journal* de l'abbé Outhier, *op. cit.*, p. 51.

3. En janvier 1737, le thermomètre était descendu jusqu'à − 37°, et l'abbé Outhier note qu'il était impossible de se réchauffer avec l'eau-de-vie apportée de France, car elle était gelée.

4. Entrefilet des *Mémoires historiques* d'Argens, en février 1737, cité par A.-M. Chouillet, *op. cit.*, p. 174.

5. Lemonnier et Camus furent respectivement malades en juillet 1736 et avril 1737. *Cf. Journal* de l'abbé Outhier, *op. cit.*, pp. 106, 112, 116, 125, 204 et 209. Maupertuis fit une chute entre deux rochers en septembre 1736, mais ne souffrit que de contusions.

6. Entre autres, la mire du fameux secteur de Graham qui fut mesurée deux fois, et qui sera l'objet de la polémique future avec J. Cassini. *Journal* de l'abbé Outhier, *op. cit.*, p. 210.

holm le 11 juillet[1]. Une dernière fois, Maupertuis eut l'occasion de montrer ses qualités d'organisateur en arrangeant au mieux le voyage de chacun[2]. Sur le bateau qui le conduit à Amsterdam, lieu de rendez-vous de toute la troupe pour rejoindre ensemble Paris en calèches et, avant de faire naufrage, Maupertuis écrit à Celsius, rentré à Uppsala. Il lui commande des livres suédois (bible, dictionnaires, etc.) « qui lui deviennent plus nécessaires à mesure qu'il s'éloigne de la Suède » ; le prie de lui envoyer copie de toutes ses observations et de tous ses calculs ; l'exhorte au plus grand secret jusqu'à ce que l'Académie ait rendu publics leurs résultats, « parce qu'il faut que ce soit dans ses fastes que toutes les autres nations d'Europe apprennent ce que nous avons trouvé » ; espère enfin que « notre éloignement ne change rien aux sentiments que je me flatte que vous avez pour moi, comme je sens que les miens ne changeront pas[3] ».

Peut-être Maupertuis subodore-t-il déjà que le solide Celsius sera son plus sûr appui dans la bataille que les résultats du Nord risquent de déclencher...

---

1. Une partie de la troupe se sépara pour gagner par mer Pithéa, et fit naufrage. Il s'agissait de Maupertuis, Clairaut, Sommereux et Herbelot. Ils rejoignirent les autres qui avaient voyagé par terre pour visiter les mines de cuivre de Fahlun. L'épisode du naufrage ajoutait encore au pittoresque...

2. « M. de Maupertuis a tout arrangé pour notre départ. Il avait retenu une place pour lui et pour M. Sommereux dans un vaisseau qui allait à Amsterdam ; M. Herbelot et quelques domestiques demeuraient à Stockholm jusqu'au départ de quelque vaisseau pour Rouen, sur lequel ils pourraient embarquer tous les ballots et les instruments. On laissa un carrosse à M. Celsius et l'autre était destiné à nous porter, MM. Clairaut, Camus, Lemonnier et moi, jusqu'à Amsterdam où M. de Maupertuis se rendait par mer. » *Journal* de l'abbé Outhier, *op. cit.*, pp. 239-240.

3. Archives de l'Académie des sciences, dossier *A. Celsius*. Ce dernier avait reçu du roi de France, dès le 12 avril 1737, une pension royale annuelle et viagère de 1 000 livres. Le roi lui témoignait « toute sa reconnaissance des peines et des travaux qu'il avait endurés auprès de ses compagnons français dans des opérations qui faisaient d'autant plus d'honneur à ceux qui s'étaient donnés à cette entreprise que toute l'Europe allait en partager les avantages ». *Cf.* Nordmann, *op. cit.*, p. 93. Voir aussi le *Journal* de l'abbé Outhier qui mentionne que la nouvelle de cette pension était parvenue le 22 mai 1737 à Maupertuis par une lettre de Maurepas. *Op. cit.*, p. 213.

Les honneurs et la gloire

De retour à Paris le 20 août 1737 dans la soirée, trop tard pour aller à Versailles rendre compte du voyage au roi, la troupe décida de souper ensemble avant de se séparer. On imagine aisément la gaieté du repas et la joie de chacun. Mais rien ne pouvait approcher le bonheur que dut éprouver Maupertuis. Tous ses objectifs étaient atteints : l'hypothèse newtonienne de la « Terre mandarine », qu'il avait été le premier à soutenir en France, était démontrée. L'expédition qu'il avait suscitée, organisée et dirigée était un complet succès. Ses compagnons pourraient témoigner qu'il avait été, contrairement à Godin, un chef responsable et sociable, qui avait bien payé de sa personne. En outre, il savait que nul académicien vivant ne pouvait se targuer d'avoir réussi une telle entreprise au service de la science, ni prétendre rivaliser avec lui. Sa gloire était encore rehaussée par le cafouillage de l'expédition de l'Equateur, engluée dans les difficultés matérielles, financières et les conflits de personnes[1]. Bref, il sentait bien que son prestige de savant sortait renforcé de celui du héros dont il avait soigneusement construit l'image durant son absence. L'heure éblouissante sonnait ; il allait pouvoir briller comme un soleil, non seulement à l'Académie, mais aussi à la cour, à la ville, et auprès de toute l'Europe pensante.

Le lendemain, 21 août, ils se rendirent tous ensemble à Versailles : « Nous allâmes d'abord chez M. le comte de Maurepas, qui nous reçut avec toutes sortes de marques de bonté. Il nous présenta à M. le Cardinal-Ministre, et ensuite au roi. M. le Cardinal nous témoigna qu'il était surtout charmé de la parfaite union qui avait toujours été entre nous pendant le cours de notre voyage. M. le comte de Maurepas nous mena ensuite à dîner

---

1. Les archives de l'Observatoire, A-B 5-7, contiennent des lettres de Godin à Maurepas, du 17 février 1737, et de La Condamine à Bouguer, des 4 février et 21 février 1737, qui le confirment. De plus, une lettre du chirurgien Séniergue à A. de Jussieu datée de Panama, 18 février 1736, précise qu'en désaccord sur le travail à accomplir, La Condamine et Bouguer n'adressent plus la parole à Godin depuis un certain temps. Chacun travaille de son côté. Bibliothèque du Muséum, Ms. 179, n° 21.

avec lui[1]. » En dépit du silence qu'ils s'étaient juré de garder sur leurs résultats jusqu'au compte rendu à l'Académie, des bruits filtrèrent et la *Gazette d'Utrecht* datée de Paris, le 23 août 1737, annonçait à ses lecteurs : « M. de Maupertuis et les autres membres de l'Académie [qu'on ne songe pas à nommer]... sont de retour ici. Ils ont trouvé que le globe de la Terre est parfaitement rond [?], suivant le système du chevalier Newton[2]... »

Après une semaine de repos et de retrouvailles avec les amis, Maupertuis et Clairaut sont présents à l'Académie le mercredi 28 août. Mais, curieusement, les procès-verbaux ne mentionnent aucune intervention de l'un ou de l'autre[3]. On peut seulement lire à la fin du compte rendu le nom de Maupertuis, sans autre indication, comme si le secrétaire s'était arrêté soudainement, ayant décidé qu'il valait mieux taire les propos échangés. Fidèle à sa tradition, l'Académie ne laisse rien savoir au public des débats qui ont lieu derrière ses portes closes.

En revanche, deux académiciens réputés pour leur fidélité à Descartes ne cachent pas leur admiration dans leur correspondance. Dès le 2 septembre 1737, Réaumur confie au marquis de Caumont : « Il n'y a rien de plus pressé pour nous que d'entendre le récit de très belles opérations faites avec la plus grande exactitude, et qui ont coûté tant de fatigues, et qui ont exposé à tant de périls ceux qui les ont faites[4]. » Le lendemain, c'est Mairan qui écrit à Jean Ier Bernoulli : « Savez-vous que nos Messieurs du Nord sont de retour et que par la mesure d'environ un degré terrestre du méridien qu'ils ont prise au-delà de Tornéa, ils ont trouvé la Terre aplatie vers les pôles ? Ils ont trouvé ce degré

---

1. *Journal* de l'abbé Outhier, *op. cit.*, p. 253. Voir aussi la lettre de Maupertuis à Celsius du 6 septembre 1737 : « Le lendemain de notre arrivée, nous avions été présentés au roi, et avions eu tous les honneurs que peuvent attendre des gens qui viennent de loin et dont on est content. » Archives de l'Académie des sciences, dossier Celsius.
2. A.-M. Chouillet, *op. cit.*, p. 175.
3. Selon le *Journal* de l'abbé Outhier, *op. cit.*, p. 253, c'est bien huit jours après leur arrivée que « Maupertuis rendit compte à l'Académie de nos opérations trigonométriques et qu'il fit voir sur de grandes figures la suite de nos triangles ».
4. B.P.U. de Genève, fonds Trembley 5, f. 96.

plus grand que celui mesuré de Paris par MM. Cassini et Picard, de près de 400 toises. M. de Cassini, comme vous jugez, ne se rend pas, vu la délicatesse des observations... Mais tout ce qu'il y a à dire auparavant de ces observations et du rapport que M. de Maupertuis nous en a fait dans les deux premières assemblées, c'est qu'elles ont été très bien faites, et avec des précautions infinies[1]. »

Même si les résultats ne doivent être officiellement rendus publics qu'à l'assemblée du 13 novembre, la nouvelle que la Terre est aplatie aux pôles s'est répandue comme une traînée de poudre dans toute l'Europe[2]. Les savants anglais exultent ; à Pétersbourg, Delisle se propose d'organiser une expédition semblable, en Russie, sur le golfe de Finlande[3]. Le mathématicien allemand Samuel Koenig, très complimenteur, écrit à Maupertuis dès le 20 septembre 1737 : « Assurément, Monsieur, vous venez de faire une expédition dont Alexandre se serait fait grand honneur... Et, en effet, s'il est glorieux, comme on dit, de faire ce que personne avant vous n'a fait, on doit convenir que personne n'a acquis une plus juste gloire que vous, Monsieur, et Messieurs vos compagnons, puisque personne depuis la fondation du monde n'a entrepris de faire ce que vous venez de faire ni l'entreprendra apparemment dans la suite[4]. » Même si le trait est

---

1. Paris, le 3 septembre 1737, BEB, LIa. 661, n° 59. Le 11 septembre 1737, alors que l'Académie est en vacances, Mairan précise à Bouillet : « Je dois vous dire en passant que ces Messieurs ayant mesuré avec beaucoup d'exactitude, et d'après une base de plus de 7 000 toises prises sur la glace, un arc de méridien d'environ un degré au-dessus de Tornéa, il résulte de la détermination du zénith à l'une et l'autre extrémité de cet axe que le degré de latitude est plus long à cette partie du globe terrestre de plus de 360 toises qu'il ne l'est à Paris, selon la mesure de MM. Picard et Cassini. Par conséquent, la Terre serait aplatie et non oblongue par les pôles, comme il fallait conclure des opérations de la méridienne en France. » Ed. Camps, op. cit., pp. 175-176.
2. Maupertuis en a averti discrètement Jean Ier Bernoulli avant même d'être rentré en France, le 11 août 1737, et Daniel Bernoulli, son fils, le 8 septembre 1737. BEB, LIa 662, n° 86 et LIa 710, n° 1.
3. Delisle à Celsius, 8 octobre 1737.
4. Publié par l'abbé Le Seur, *Maupertuis et ses correspondants*, 1896, p. 107. Maupertuis avait connu Koenig à Bâle chez les Bernoulli. C'est lui qui le recomman-

complaisant, le ton donne une idée du retentissement considérable de l'entreprise auprès du public. Mme du Châtelet s'en fait l'écho dès le 4 septembre : « Enfin, Monsieur, vous voilà donc revenu de l'autre monde (car la Laponie ne doit pas être comptée de celui-ci)... Je vous crois si fêté, si désiré, vous avez tant de gens qui vous font des questions que je ne vous en ferai aucune... J'ai été comme Saint Louis [?] lorsqu'on m'a mandé que vous aviez trouvé la Terre aplatie et non allongée[1]. »

Nul doute que, durant les deux mois de vacances de l'Académie, Maupertuis dut connaître tous les bonheurs de l'orgueil et de la vanité. Mais sa tâche n'était pas terminée. Il devait encore préparer son discours pour l'assemblée publique du 13 novembre où culminerait son triomphe. Il lui fallait à la fois convaincre ses pairs du sérieux de ses opérations et séduire le public qui viendrait en nombre l'écouter, en dépit d'une complète ignorance des calculs astronomiques. Véritable casse-tête chinois dont Maupertuis s'ouvrit à son vieux protecteur, l'abbé Bignon, qui savait mieux que personne comment « réussir » une telle assemblée. Ce dernier pensait depuis longtemps qu'il fallait, en ce cas, s'adresser en priorité à l'oreille du public, lequel se répandait ensuite en louanges pour l'Académie. Ce qui renforçait d'autant son aura, donc son pouvoir. Maupertuis entendit le message et rédigea un discours qui mettait davantage l'accent sur les circonstances croustillantes de l'expédition que sur les calculs effectués, même s'il ne négligeait pas d'en donner l'essentiel dans un grand souci de clarté.

Le jour venu, ce fut le triomphe absolu de Maupertuis. L'Académie au grand complet était présidée par le comte d'Argenson[2] – fait rarissime marquant l'importance de la séance. Le reste nous est connu par la correspondance de Réaumur et de Bignon.

---

dera en 1739 à Mme du Châtelet qui cherchait un professeur de mathématiques pour l'aider à terminer un livre.
  1. Cirey, 4 septembre 1737. Lettre 105.
  2. Marc-Pierre (1696-1764), frère cadet du marquis d'Argenson (1694-1757), est à l'époque lieutenant général, ministre de la Guerre.

Dès le lendemain, le premier rend compte au second : « La relation de M. de Maupertuis dura plus d'une heure et demie, et elle fut trouvée courte par toute l'assemblée. Aussi est-elle écrite aussi sobrement qu'agréablement ; les faits que le public aime à entendre y sont distribués d'une manière propre à soutenir l'attention de ceux qui seront ennuyés par les récits des opérations plus techniques, mais dont l'importance n'est connue que par des savants, et des savants d'une certaine espèce. *Le concours des auditeurs fut prodigieux ; il ne fallut pas parler de fermer les portes ; une partie de la galerie* [du Louvre] *était remplie par ceux qui n'avaient pu parvenir à entrer dans la salle.* Si cette relation eût été imprimée, comme vous aviez pensé qu'elle devait l'être, dès l'arrivée de ces messieurs, il y a eu tant de mauvais discours tenus dans les cafés pendant ces vacances qui ne l'auraient pas été. Elle eût appris que tout a été fait avec la plus scrupuleuse exactitude[1]. »

Le 15 novembre, Bignon dit sa joie à Réaumur : « Vous savez la part que je ne saurais m'empêcher de prendre toute ma vie au succès de ma [chère] Académie, et je n'ai donc pu apprendre sans une joie très sensible celui de la dernière assemblée... Je comprends que M. de Maupertuis aura eu la prudence d'éviter dans sa relation les discussions trop profondes, auxquelles il aura substitué des faits plus à la portée de tout le monde. Je vous prie de lui en faire mille compliments en mon nom[2]. » L'abbé, qui connaît bien les académiciens, recommande que pour l'impression de la relation Maupertuis ajoute « ce qu'il a jugé sagement ne pas convenir à une assemblée publique. Je veux dire le détail des opérations, des calculs, des observations..., parce que sans cela, les vrais savants ne seraient pas contents, et qu'il faut tâcher de justifier aux yeux de tout l'univers l'utilité de la grande

---

1. Lettres de Réaumur à Bignon du 14 novembre 1737, Muséum d'Histoire naturelle, Ms. 1998, n° 245 (souligné par nous). Réaumur ne cache pas son amitié et son admiration pour Maupertuis, qui le lui rendait alors bien. D'ailleurs, ce dernier avait pensé à lui rapporter une mouche *Ichneumon* de Laponie, comme nous l'apprend une lettre du baron suédois de Geer à Réaumur datée de Stockholm, 6 décembre 1744. *Cf.* Dossier De Geer, Archives de l'Académie des sciences.

2. Papiers Bignon. B.N., Ms. fr. 22236, f. 65.

dépense que le roi a bien voulu faire[1] ». Enfin, il ne dissimule pas son impatience de lire le discours de Maupertuis, et se propose même pour les corrections. Il lui faut pourtant attendre, car l'impression n'est pas pour demain[2]. Elle sera même retardée de plusieurs mois[3], à son grand regret[4].

Mais ce n'est pas tout d'enthousiasmer une audience, il faut aussi le faire savoir et recueillir l'admiration des absents. Or les journaux qui comptent à cette époque, susceptibles de rapporter l'événement, sont le *Journal des savants* et le *Mercure de France*, tous deux fort lents[5], peu enclins au sensationnel et moins encore à exprimer leurs sentiments[6]. Il est donc tout à fait exceptionnel que le *Mercure* consacre un article aussi enthousiaste, dès sa livraison de novembre 1737, à l'assemblée du 13 du même mois. Le journaliste s'appesantit sur toutes les difficultés et souffrances éprouvées par les héros du Nord et proclame son admiration pour « le courage de ceux qui s'y sont livrés et les ont surmontées ». Il ratifie la gloire de Maupertuis pour sa vaillance dans l'action, la rigueur de son travail scientifique et ses talents rhétoriques : « L'attention singulière et l'intérêt marqué de la plus nombreuse assemblée qu'il y ait eu jusqu'à présent dans aucune assemblée publique font assez l'éloge du travail de ces illustres voyageurs,

---

1. *Ibid.*

2. La coutume voulait que les discours des assemblées publiques fussent ensuite relus et corrigés lors des séances fermées.

3. Le discours de Maupertuis sera publié sous la forme d'un livre, la *Figure de la Terre*, fin avril-début mai 1738, avant qu'il ne paraisse dans le recueil des *Mémoires de l'Académie* en 1740.

4. Lettre de Bignon à Réaumur du 22 novembre 1737. Papiers Bignon, Ms. fr. 22236, f. 69 : « Vous savez qu'en fait de découvertes importantes, ou du moins par rapport à celles sur lesquelles il est glorieux de ne pas se laisser prévenir, j'ai toujours désiré de prévenir le public tout le plus tôt possible... Cependant..., je prends le parti de laisser faire comme on le jugera à propos. Je pense même que si je voulais presser, mes instances seraient un nouveau motif de différer. J'ai trop d'expérience des mauvais effets que peut produire la jalousie... »

5. Ces deux journaux, mensuels, rendaient compte des assemblées publiques des Académies, mais souvent avec un ou deux mois de retard, voire parfois davantage.

6. Les articles concernant l'Académie des sciences se présentaient comme des « extraits », c'est-à-dire des résumés d'interventions, pouvant être assortis – mais très rarement – de quelques remarques du journaliste, qui restait anonyme.

de la finesse et de l'exactitude de leurs opérations, et de la manière aussi claire qu'élégante avec laquelle M. de Maupertuis a su mettre tout le monde à portée d'en juger. » Enfin, après avoir résumé les opérations des astronomes et loué mille fois le travail accompli, le journaliste conclut à « la Terre aplatie, conformément aux théories de Huygens et de Newton[1] ».

Comme le veut l'usage, l'article n'est pas signé. Mais son auteur devait être proche de Maupertuis. Deux passages de son compte rendu laissent même penser qu'il l'a rencontré avant de le rédiger. L'un mentionne : « Nous avons prié l'auteur de nous communiquer le résultat de ses observations afin que le public puisse être instruit avec certitude de la décision d'une question aussi curieuse... et juger de la solidité des preuves sur lesquelles cette décision est fondée[2]. » On peut certes imaginer que Maupertuis lui ait envoyé une copie de son discours – ce qui n'était pas l'usage –, mais il lui était plus simple de répondre oralement aux questions du journaliste, qui n'est manifestement pas un astronome professionnel. Avec l'avantage, pour Maupertuis, de pouvoir ainsi tester ce qui serait ou non à la portée du public. D'autre part, le journaliste insiste à deux reprises sur la rigueur des observations faites avec le fameux secteur anglais. Or, celles-ci étaient déjà l'objet d'une polémique naissante de la part de Cassini que le public ignorait. En faisant un éloge dithyrambique de la précision du secteur de Graham[3] et en affirmant : « Ne se lassant jamais de faire les vérifications dans les cas même où il en était le moins besoin, ils en firent une de leur secteur, qui est la plus singulière et la plus exacte qui probablement ait jamais été faite[4] », le journaliste répondait par anticipation aux critiques des cassiniens.

Mais la question se pose : qui pouvait l'avoir mis au courant de ce qui se passait dans le secret des assemblées fermées et, surtout, qui lui avait soufflé les arguments précis dont se servait

---

1. *Mercure de France*, novembre 1737, pp. 2461-2473.
2. *Ibid.*, p. 2461.
3. *Ibid.*, pp. 2465-2466.
4. *Ibid.*, p. 2471.

Maupertuis, sinon Maupertuis lui-même ? Il est donc probable que ce dernier avait préalablement rencontré le journaliste et préparé avec lui l'article qui le célébrait et le défendait par avance contre ses critiques. C'était, si l'on ose l'expression, une « opération médiatique » avant l'heure. Opération grandement réussie, si l'on en juge par le propos de Mme du Châtelet : « Tout le monde me parle de vos succès et de la façon dont vous en avez instruit l'Académie et le public... mais, quelque doux qu'il soit pour moi d'entendre tout le monde chanter vos louanges, et vous rendre le tribut d'admiration que je vous ai payé depuis que je vous connais, j'avoue qu'il le serait encore davantage d'apprendre vos succès par vous-même[1]. »

L'homme qui rêvait d'honneurs et de gloire pouvait s'estimer comblé. Tout le succès de l'expédition lui revenait : le public n'entendait et ne connaissait que lui. Aucun de ses compagnons ne chercha d'ailleurs à lui disputer une parcelle de cette gloire. Même le génial Clairaut était rentré dans l'anonymat, reprenant silencieusement ses travaux académiques. Une seule ombre au tableau : son troisième vœu, l'argent, n'avait pas été réalisé à la hauteur de ses espérances. Le 1er novembre 1737, le roi lui avait accordé une pension de 1 200 livres, soit seulement 200 livres de plus qu'à Clairaut et à Celsius[2]. Outré qu'on s'acquittât si chichement de la reconnaissance de l'Univers, Maupertuis écrivit une lettre insolente au cardinal de Fleury. « Il le remercia de ses bontés, l'assura que le plaisir et la gloire d'avoir bien fait étaient la seule récompense qu'il eût ambitionnée, et le pria de répartir entre ses collègues la pension qu'il lui destinait. » Selon La Beaumelle, le comte de Maurepas, son protecteur à la cour, lui demanda instamment d'accepter la pension et d'écrire une lettre d'excuses au Premier ministre. Maupertuis refusa et dit même à M. de Maurepas, dans un moment de vivacité, que le Cardinal

---

1. Mme du Châtelet à Maupertuis, Cirey, 11 décembre 1737. Lettre 108.
2. Nordmann, *op. cit.*, p. 93, précise que Camus et Lemonnier furent gratifiés d'une pension de 600 livres chacun.

pouvait donner cette pension à son propre valet de chambre, « qui avait aussi fait le voyage du Pôle et en était revenu malade[1] ».

A l'exception de la sage duchesse d'Aiguillon qui lui conseilla d'accepter humblement cette pension, tout Paris l'applaudit pour ce qui paraissait être une marque de son désintéressement. Cette gloire supplémentaire venait d'un malentendu que Maupertuis n'osa dissiper. En vérité, comme l'avait bien compris Mme du Châtelet[2], c'est à cause de la médiocrité de son montant que Maupertuis se donnait des airs de hauteur, et certainement pas par désintérêt[3].

Pour réelle que fût cette déception, c'était encore peu de chose, comparé à ce qui l'attendait. En cette fin de décembre 1737, Maupertuis savoure les derniers jours de son triomphe public. Il sait bien que ses ennemis n'ont pas désarmé et travaillent dans l'ombre à le faire tomber de son piédestal.

---

1. La Beaumelle, *op. cit.*, pp. 53 et 54.

2. Mme du Châtelet à Algarotti, Cirey, 10 janvier 1738. Lettre 113, dans laquelle elle approuve chaudement Maupertuis de refuser une telle misère.

3. Si, cependant, Emilie du Châtelet et Voltaire applaudirent avec d'autres, au « désintéressement » de Maupertuis dans leurs lettres respectives du 10 janvier 1738 à ce dernier, c'est parce qu'il avait déclaré haut et fort qu'il préférait abandonner cette pension à ses compagnons de voyage...

CHAPITRE III

La victoire volée
(1738-1740)

Depuis son retour à Paris, Maupertuis vit une double histoire. Une histoire d'amour avec le public et une histoire de haine avec les Cassini, celle-ci ne se jouant que dans l'enceinte fermée de l'Académie. Jamais « polémique » n'a mieux dit son nom, car la dispute entre les deux hommes va peu à peu devenir une guerre entre deux clans. L'enjeu va bien au-delà des controverses scientifiques habituelles : dans le cas présent, ce ne sont pas seulement deux théories qui s'opposent avec force du fait de la passion qu'y mettent leurs auteurs, mais deux destins dont l'un doit annuler nécessairement l'autre. D'un côté, les Cassini refusent de voir leur monde s'écrouler ; de l'autre, Maupertuis devient fou qu'on lui conteste sa victoire.

La haine l'emporte dans les deux camps, car chacun semble jouer là sa raison d'être. Reconnaître son erreur serait pour Jacques Cassini une sorte d'arrêt de mort qui aux yeux de toute l'Europe savante réduirait à néant quarante ans de travail et d'autorité sur ses pairs, sans compter l'œuvre accomplie par son père et les espoirs de son fils. Ce seraient trois générations qui auraient associé leur nom à une illusion, engageant avec elles l'honneur de l'Observatoire et de toute l'astronomie française. Mais Maupertuis, sûr de ses résultats, n'entend pas qu'on lui dénie la gloire d'une découverte dont il espère l'immortalité. Résultat : tous les coups seront permis. Mais la mauvaise foi d'un côté, l'arrogance et la hargne de l'autre, laisseront aux deux adversaires une blessure profonde et irréparable. D'autant plus que c'est la première fois qu'une polémique scientifique a lieu sous le regard du public.

Guerre civile à l'Académie

Les rumeurs insidieuses

Cette guerre ne devient publique que fin décembre 1737[1]. Mais elle commence à l'Académie dès la première séance qui suit le retour de Maupertuis et de Clairaut, le 28 août[2], en présence de Maurepas, du chancelier d'Aguesseau et de tous les « honoraires ». Maupertuis vient de résumer les résultats de l'expédition. Tous ont paru très satisfaits, selon ses propres dires, « excepté cependant M. Cassini... S'il a contenu un peu dans le commencement sa mauvaise humeur, il a sur la fin cessé d'en être le maître, et nous a fait des chicanes qui ont duré jusqu'à l'assemblée d'hier dans laquelle, enfin, il se tut[3] ».

Avec habileté, Cassini concentre son attaque sur le point faible de l'adversaire, qui est aussi son point fort à lui : le savoir-faire expérimental qui manquait cruellement à Maupertuis et à Clairaut avant leur départ. Cassini conteste l'ensemble de leurs résultats, arguant que le secteur pouvait s'être dérangé durant le voyage et qu'ils avaient omis de s'en assurer par l'expérience classique, bien connue des astronomes : refaire les observations en retournant le secteur dans la direction diamétralement opposée. A défaut de cette vérification, on ne peut rien conclure sur la forme

---

1. Deux lettres de Mme du Châtelet à Maupertuis permettent cette datation. Dans sa lettre du 11 décembre 1737, elle se félicite que tout le monde chante ses louanges, mais, dans la suivante, du 10 janvier 1738, le propos a complètement changé : elle le plaint de toutes les contradictions qu'il essuie.

2. Séance mentionnée *supra*, p. 90, où l'on ne trouve évoqué que le nom de Maupertuis.

3. Lettre de Maupertuis à Celsius du 6 septembre 1737 (dossier Celsius). En fait, l'assemblée qui précède cette lettre n'est pas du 5, mais du 4 septembre.

de la Terre. Telle est la position de Cassini, qui n'en démordra plus pendant deux ans.

Maupertuis réplique immédiatement en décrivant les précautions prises pendant le voyage et la robustesse du secteur de Graham, mais il sent que le poison du doute se répand sur l'assemblée, et qu'il doit être dissipé le plus vite possible. A la séance suivante, le samedi 31 août[1], Maupertuis et Clairaut montent au créneau. Le premier lit un écrit sur « la bonté des instruments dont il s'est servi dans les opérations du Nord » ; le second proteste contre le soupçon ridicule qu'on veut faire peser sur eux : qui peut croire que six astronomes et géomètres de leur niveau soient incapables de procéder correctement aux opérations les plus simples, à savoir tracer une méridienne, placer l'instrument dans la bonne direction et calculer avec la précision nécessaire ? Et si même il y avait une erreur dans la position du secteur, elle serait négligeable. En revanche, poursuit Clairaut qui s'adresse directement à Cassini, « il y a des cas où la position de l'instrument peut être très dangereuse : ceux où les étoiles observées sont plus loin du zénith, comme celles choisies par MM. Picard et Cassini pour leurs observations[2] ».

« Cette remarque et quelques autres déplurent à M. de Cassini et lui donnèrent un peu d'humeur, mais la Terre n'en sera pas moins ce qu'elle est[3] », conclut Maupertuis qui veut croire que l'affaire est close. D'autant plus que l'Académie se sépare quelques jours plus tard pour ses vacances annuelles, qui durent deux mois. Reste que Cassini ne s'est pas incliné, donnant ainsi des armes à la vieille garde cartésienne pour ne pas entériner les résultats du Nord. Ou du moins pour suspendre leur jugement. Position adoptée à cette heure par les modérés, comme Dortous de Mairan qui salue volontiers les observations de ces messieurs tout en ajoutant que « M. de Cassini ne se rend pas, vu la déli-

1. Le procès-verbal de la séance indique la présence de Lemonnier, qui était absent le 28 août.
2. Pochette de séance, août 1737. Le mercredi 4 septembre, Clairaut lut un nouvel écrit sur le même sujet que Maupertuis lors de la séance précédente.
3. Lettre à Celsius du 6 septembre 1737.

catesse de ces observations », et qu'on attendra les résultats des mesures faites au Pérou pour conclure. « Ce qui est fâcheux, note Mairan, c'est que nous n'avons eu aucunes nouvelles de ces messieurs [de l'Equateur] depuis quatorze ou quinze mois[1]. » Mais, ce qui le chiffonne plus que toutes ces polémiques techniques qui ne sont pas de son ressort, et dont il ne peut s'ouvrir qu'à un autre vieil ennemi de la science anglaise, c'est le triomphe annoncé de la Royal Society sur l'Académie des sciences : « Les newtoniens croient, par le résultat du Nord, avoir remporté une grande victoire. Mais après tout, ce sont les astronomes de France et de l'Académie qui ont les premiers découvert le raccourcissement du pendule près de l'équateur ; c'est Huygens, de cette Académie, qui a conclu le premier l'aplatissement de la Terre vers les pôles ; ce sont les astronomes de France qui en traçant le méridien du Royaume ont conclu la Terre oblongue, et ce seront encore les astronomes de France et de l'Académie qui rectifieront tout ce qui a été fait là-dessus. Il n'y a pas, ce me semble, de quoi faire bien du bruit pour Messieurs les Anglais[2]. »

Trop content, Bernoulli acquiesce : « Je pense comme vous que la vanité des newtoniens est ridicule lorsqu'ils croient... avoir remporté une grande victoire, car... il est certain que c'est toujours l'Académie de France qui en a tout l'honneur. M. Newton n'est que l'écho de M. Huygens, digne membre de cette Académie, qui, le premier, a conclu l'aplatissement des pôles ; ainsi, je ne vois pas quelle raison ont les Anglais d'en faire un sujet de triomphe[3]... »

En vérité, le vieux Bernoulli est tout aussi l'ennemi de Maupertuis, son ancien élève, que Cassini. Même si l'éloignement et les liens anciens atténuent l'agressivité, Bernoulli, comme Cassini, a tout à perdre avec les expériences du Nord. Il

---

1. Lettre de Mairan à Jean Ier Bernoulli, 3 septembre 1737, BEB, LIa. 661, f. 59. Voir aussi la lettre qu'il adresse à Bouillet le 11 septembre 1737, et qui reprend à peu près les mêmes termes.

2. *Ibid.*

3. Jean Ier Bernoulli à Mairan, Bâle, 7 novembre 1737. BEB, LIa. 661, n° 47.

est bien décidé à ne pas se laisser faire et à profiter de toutes les failles. Avant même son retour à Paris, Maupertuis avait jugé bon de lui écrire[1]. Non pour lui donner les résultats de l'expédition, qu'il réservait à l'Académie, mais pour le faire juge d'un léger différend avec Clairaut concernant leurs pendules. Bernoulli a d'emblée compris qu'ils ont trouvé la Terre aplatie[2], et oppose sans attendre à Maupertuis[3] doutes et objections. Il aurait été souhaitable, lui écrit-il, « que Cassini lui-même eût été du voyage, pour être présent à toutes les opérations, ce qui aurait ajouté plus de foi à leur exactitude... et le public [le] verrait... convaincu de son erreur et obligé de la reconnaître publiquement ». Sous-entendu : en l'absence du témoignage et de l'aval de Cassini, leur adversaire, nul n'est obligé d'accorder foi aux travaux de Maupertuis et de Clairaut, qui peuvent être entachés par leur médiocre savoir-faire astronomique ou par leurs préjugés[4] !

Maupertuis est ulcéré et le fait savoir[5] à Bernoulli. Il s'en plaint aussi à son fils Daniel, newtonien comme lui : « J'ai déjà reçu une lettre de M. votre père... Il semble prévoir cet aplatissement, et faire même des objections qui ne sont venues à l'esprit

---

1. Sur le Zuiderzee, le 11 août 1737.

2. A Mairan, Bâle, 7 novembre 1737 : « Maupertuis a lâché quelques petites paroles, par où j'ai pu reconnaître que leurs observations et opérations ont démontré la Terre aplatie ; entre autres, il me mandait qu'ils avaient observé le pendule à secondes plus long à Paris, ce qui achevait de me confirmer dans ma conjecture », BEB, LIa. 661, n° 47.

3. Cette lettre de Bernoulli à Maupertuis est perdue, mais nous en connaissons le contenu par la lettre à Mairan du 7 novembre 1737, dans laquelle il en rapporte longuement la substance.

4. Dès le voyage sur l'équateur, Bernoulli avait confié à Maupertuis ses plus grandes réticences : « Les observateurs ont-ils quelque prédilection pour l'un ou l'autre des deux sentiments ? Car s'ils sont portés pour la Terre aplatie, ils la trouveront aplatie ; si, au contraire, ils sont imbus de l'idée pour la Terre allongée, leurs observations ne manqueront pas de confirmer son allongement. » Lettre du 8 mai 1735. BEB, LIa. 662, n° 35.

5. « Ayant fait... cette remontrance dans ma réponse à M. de Maupertuis, elle doit l'avoir mis en fort mauvaise humeur contre moi, puisqu'il m'a fait une réplique pleine d'aigreur et de reproche, comme si mon dessein avait été de mettre en doute la sincérité et la probité de sa conduite... pour rendre suspectes leurs observations. » A Mairan, 7 novembre 1737.

de personne à l'Académie, et qui en effet sont assez extraordinaires... Je ne crois pas... qu'il fût permis de faire aucun soupçon de cette espèce, qui attaque l'honneur des gens, et si quelqu'un s'en avisait, on n'y pourrait opposer que le mépris[1]. » C'est à peu près l'attitude qu'adopte Maupertuis à l'égard de son vieux maître, refusant de polémiquer pour ne pas se brouiller ostensiblement avec lui[2]. Pourtant, en matière de préjugés, Maupertuis aurait eu beaucoup à dire s'il avait pu lire ces propos de Bernoulli adressés à Mairan dans la même lettre du 7 novembre : « Vous savez, Monsieur, que suivant le système expliqué dans ma *Physique céleste*, qui a eu le bonheur de remporter le prix de 1734, la Terre doit avoir la figure d'un sphéroïde allongé, conformément aux observations de M. Cassini... Quelques-uns croiront peut-être que mon système va être détruit de fond en comble par les nouvelles observations de Messieurs les Observateurs de Laponie. Mais rien moins que cela, quand même j'accorde que ces observations sont très exactes et faites avec la dernière précision... car je serai toujours en droit de soutenir que la Terre intérieure... doit avoir, en vertu de mes principes bien établis, une figure oblongue. »

On ne pouvait mieux dire son mépris de la vérité expérimentale[3].

En dépit des applaudissements de ses pairs lors des premières séances de l'Académie, Maupertuis avait bien senti toutes les réticences des cartésiens. Fontenelle ne cachait pas son horreur du triomphe de l'attraction, et ce qu'il confiait aussi franchement au prince héréditaire de Prusse[4] devait courir les salons qu'il

---

1. Maupertuis à Daniel Bernoulli, Paris, 8 septembre 1737. BEB, LIa. 662, n° 51.
2. Lettres de Maupertuis à Jean Ier Bernoulli des 8 septembre et 31 décembre 1737, BEB, LIa. 662, n°s 87 et 88.
3. La position de Bernoulli dans cette affaire lui attira des mots très durs de Condorcet dans son *Eloge de La Condamine, op. cit.*, p. 166.
4. Le 29 septembre 1737, Fontenelle écrit à Frédéric : « Si un devin m'eût dit dans ma jeunesse, où je voyais l'attraction coulée à fond honteusement, que je devais la voir revenir sur l'eau pompeuse et triomphante, j'aurais cru qu'il m'annonçait... une nouvelle inondation de barbares. Le retour de cette attraction-là sera quelque jour un morceau bien curieux et, à ce que je crois, peu honorable dans l'histoire de la philo-

fréquentait. Heureusement, la jeune génération est toute prête à adhérer aux idées nouvelles. En attendant l'assemblée publique du 13 novembre, le Genevois Cramer, curieux d'en savoir plus que de vagues rumeurs, prie son ami Jallabert, demeurant alors à Bâle chez Daniel Bernoulli : « Si vous apprenez quelque chose de plus détaillé sur les observations de Maupertuis, faites-moi la grâce de m'en informer[1]. » Celui-ci dut lui raconter le détail des disputes entre le père Bernoulli et Maupertuis, car Cramer lui répond trois semaines plus tard : « Je vois bien qu'il faudra attendre le retour des académiciens du Pérou pour convaincre M. Cassini. Si le moindre défaut dans les instruments rend les observations du Nord [disputées ?], pourquoi la même objection n'infirmerait-elle pas les siennes qui sont beaucoup plus délicates ? Si la Terre est plate, c'est peut-être la première fois qu'on a vu l'expérience se rendre au parti de la raison. On a vu jusqu'ici la raison se rendre plus volontiers à l'expérience... » Et Cramer de conclure : « Je me fie bien à ces messieurs[2]. »

En vérité, toute l'Europe savante se prépare à applaudir les conclusions de l'expédition de Laponie. D'autant plus que Maupertuis et Clairaut n'ont pas perdu de temps pour en informer leurs correspondants étrangers et les tenir au courant des réactions parisiennes. Dès le 15 septembre, Clairaut s'en ouvre à Cromwell Mortimer, secrétaire de la Royal Society : « Nous avons trouvé [la Terre] aplatie vers les pôles, comme le prétendait M. Newton : et cela, par des opérations auxquelles il est impossible de porter atteinte. M. Cassini, qui perd extrêmement par ces opérations, a voulu y faire des objections ; mais nous y avons répondu sur-le-champ de manière qu'il s'est entièrement tu là-dessus, et que notre Académie est entièrement convaincue de la vérité de l'aplatissement des pôles[3]. »

---

sophie. » *Œuvres de Frédéric le Grand*, éd. J.D.E. Preuss, t. XVI, Berlin, 1850, pp. 195-196.

1. De Pregny, 9 septembre 1737. B.P.U., Ms. S.H. 242, f. 21. Nous ignorons la réponse de Jallabert.

2. A Mont-sur-Rolle, 1er octobre 1737, *Ibid.*, f. 22.

3. Lettre du 15 septembre 1737 publiée par R. Taton, *op. cit.*, p. 130, extraite des Archives de la Royal Society, LBC 24.23.24. Dans cette même lettre, précise R. Taton,

Feint ou non, l'optimisme de Clairaut est peu conforme à la vérité. De son côté, Maupertuis rend compte à James Bradley[1] d'observations qui, pour la première fois, appliquent sa théorie de l'aberration des étoiles fixes[2]. Son soutien est essentiel et Maupertuis s'impatiente de rester sans réponse[3]. En attendant, il continue sa campagne d'information en direction de l'étranger. Quelques jours avant l'assemblée publique, le 9 novembre, il écrit une longue lettre à Cramer qu'il connut jadis à Bâle chez les Bernoulli : « Monsieur, ce que vous êtes dans les sciences, et l'amitié dont vous m'honorez, demandent également que je vous informe du succès de l'entreprise que nous venons d'exécuter... » Suit un rapport précis de toutes les opérations effectuées, des théories appliquées, des calculs et des instruments utilisés. Au passage, il fait remarquer : « Nous voilà bien éloignés du compte de M. Cassini », et demande à Cramer de communiquer sa lettre à Calandrini, cet autre savant genevois qui a lui-même toujours nourri des soupçons contre l'allongement de la Terre[4].

Clairaut remerciait Mortimer de le proposer comme membre de la Royal Society et lui annonçait l'envoi d'un second mémoire.

1. Astronome anglais (1693-1762), James Bradley fut le directeur de l'Observatoire de Greenwich. Membre de la Royal Society, il est reçu associé étranger à l'Académie des sciences le 24 juillet 1748.

2. Lettre du 27 septembre 1737 citée par D. Beeson, *op. cit.*, p. 116, qui souligne que cette théorie avait valu à l'astronome anglais une réputation internationale. La lettre de Maupertuis avait été traduite en anglais et lue à la Royal Society le 27 octobre (V.S.). Archives de la Royal Society, LB 24, p. 8.

3. Le 18 novembre 1737, Maupertuis, qui ignore l'adresse de Bradley, écrit à Mortimer pour le presser de lui répondre : « Il y a deux mois que j'ai eu l'honneur de vous écrire et de vous envoyer une lettre pour M. Bradley qui contenait un assez long détail de l'ouvrage que nous venions de faire au Cercle polaire. Et comme je n'ai point encore reçu de réponse ni de vous ni de lui, j'ai lieu de croire que vous n'avez pas reçu mes lettres... Si elles sont parvenues entre vos mains... je vous prie de presser M. Bradley de me faire l'honneur de répondre à une demande que je lui faisais sur l'aberration de deux étoiles dont nous nous étions servis. » Archives de la Royal Society, M.M.20.26. Maupertuis attendra encore la réponse plusieurs mois : c'est seulement le 15 février 1738 qu'il pourra en faire lecture à l'Académie.

4. Lettre de Maupertuis à Cramer, 9 novembre 1737, publiée par Pierre Speziali dans les *Archives des sciences*, éditées par la Société de physique et d'histoire naturelle de Genève, vol. 6, fasc. 2, 1953, pp. 89-93.

L'immense succès de l'assemblée publique et le silence apparent de Cassini n'empêchent pas que se développe une campagne de dénigrement, d'autant plus efficace et redoutable qu'elle relève d'une rumeur incontrôlable. Les amis de Cassini, soutenus par le vieux chancelier d'Aguesseau, l'âme du *Journal des savants*, s'emploient insidieusement à déconsidérer l'expédition et réussissent à jeter le doute sur ses résultats. Fin décembre, toute la ville en parle. Les échos parviennent jusqu'à Cirey, où l'on est particulièrement intéressé par cette affaire puisque Voltaire, qui vient de terminer son livre de vulgarisation sur Newton[1], se voit refuser la permission dc le publier. Le 10 janvier 1738, Mme du Châtelet, tenue au courant par Maupertuis, fait longuement le point de la situation à l'intention d'Algarotti qui a regagné son pays natal[2] :

« On ne veut pas que les *Eléments de Newton* de votre ami paraissent en France ; je vous avoue que j'en suis bien fâchée. On regarde dans ce pays-ci les newtoniens comme des hérétiques. Vous savez sans doute le retour de M. de Maupertuis ; l'exactitude et la beauté de ses opérations passent tout ce qu'il disait en espérer lui-même. Les fatigues sont dignes de Charles XII. Je vous assure que votre petite poitrine italienne s'en serait bien mal trouvée. La récompense de tant d'*exactitude* et de tant de fatigues a été la persécution. La vieille Académie s'est soulevée contre lui, M. de Cassini et les jésuites [en particulier le père Castel] qui, comme vous savez, ont trouvé à la Chine la Terre allongée, se sont réunis ; ils ont persuadé aux sots que M. de Maupertuis ne savait ce qu'il disait ; la moitié de Paris, et même les trois quarts, le croient. Il a essuyé mille difficultés pour l'impression de la relation de son voyage et de ses opérations, je ne sais s'il y parviendra... Enfin, on ne veut pas que M. Newton ait raison en France. Il est cependant bien décidé et géométriquement

---

1. *Les Eléments de Newton.*
2. Il y filait le parfait amour avec un jeune homme du nom de Firmaçon...

107

démontré par leurs opérations que la Terre est aussi plate que leurs opérations[1]. »

Le même jour, elle s'emploie à consoler Maupertuis : « Je vous aurais écrit bien plus tôt, Monsieur, si je vous avais cru malheureux, car quelque philosophie qu'on ait, et quelque supériorité que vous vous sentiez sur ceux qui ne sont pas dignes de vous admirer, il est dur de voir triompher l'erreur, et de ne retirer des travaux que vous avez entrepris et consommés avec tant de constance que des contradictions ; enfin, on ne veut pas en France que M. Newton ait raison. Il me semble pourtant que, grâce à vos soins, une partie de sa gloire rejaillissait sur votre pays. Je ne désespère pas de voir rendre un arrêt du Parlement contre la philosophie de M. Newton et surtout contre vous. Je crois que c'est à ces circonstances que l'on doit attribuer le refus que l'on fait de laisser paraître les *Eléments de la philosophie de Newton* en France. Nous sommes des hérétiques en philosophie. » Après l'avoir invité une fois de plus à venir à Cirey avec Clairaut et son vieil ami Vernick[2], elle jette le seul baume susceptible de l'apaiser : « Vous voilà un grand homme tout à fait, car il ne vous manquait depuis longtemps que des ennemis et une cabale[3]. »

Voltaire réitère le compliment avec cet art inimitable de la flatterie. Il accuse la persécution dont Maupertuis est l'objet pour mieux mettre en valeur son héroïsme. Après avoir salué son génie exceptionnel qui aurait dû lui valoir « les plus belles récompenses et les éloges les plus unanimes », il lui rappelle que tous les grands génies suscitent la jalousie des misérables[4], et l'admira-

---

1. Lettre 113. Un peu plus loin, Mme du Châtelet propose à Algarotti de lui envoyer copie d'une lettre que Maupertuis lui a écrite [aujourd'hui perdue] : « ...vous y verrez ses sentiments, et la façon dont on le traite. »
2. Vernick (ou Wernick), 1700-1755. Diplomate allemand, longtemps en poste à Paris. Ce luthérien, peu aimable en société, était déjà fort lié à Maupertuis au début des années 1730, comme le prouvent deux lettres de Mme du Châtelet à ce dernier [janvier 1734]. Lettres 3 et 4.
3. Lettre 114.
4. Il lui apprend que, durant son voyage au Pôle, certains « s'avisaient à Paris de vous chansonner... Je reçus à Amsterdam, l'hiver dernier, une chanson plate et misérable contre plusieurs de vos amis et contre vous... du petit Lélio, comédien italien...

tion des plus grands[1]. « Tôt ou tard, ajoute-t-il, il faut bien que vous et la vérité, vous l'emportiez. Souvenez-vous qu'on a soutenu des thèses contre la circulation du sang [de Harvey]. Songez à Galilée, et consolez-vous. » Tout naturellement, Voltaire se glisse à côté de Maupertuis sur le bateau des héros persécutés au service de la vérité. Il souligne que le chancelier d'Aguesseau s'oppose toujours à la parution de son *Newton*, pourtant approuvé par Pitot[2] depuis huit mois[3]. Il lie son sort au sien et se prépare à livrer bataille avec lui.

L'appui de Voltaire, on va le voir, est de la plus haute importance pour Maupertuis. En ce début de l'année 1738, ce dernier a décidé de changer de stratégie. Rien n'est pire que les rumeurs et les ennemis masqués. Il va rendre public le conflit qui l'oppose à Cassini, forcer celui-ci à se découvrir et prendre à témoin une opinion peu avertie, mais qui ne demande qu'à jouer l'arbitre. Or, pour l'heure, Maupertuis est bien seul à Paris, et même à l'Académie. Les jeunes newtoniens, pour la plupart encore adjoints, n'ont pas droit à la parole. Ce silence obligé arrange bien ceux qui pensent à leur carrière, et les protège du risque de prendre le mauvais parti dans une affaire politiquement aussi périlleuse. Se rallier ouvertement à Maupertuis, c'est attaquer le puissant clan des cassiniens et se fermer les portes de l'Observatoire. Défendre les théories de Newton, c'est se mettre à dos les plus hautes autorités de l'Académie et de l'Etat, incarné ici

---

Le couplet était très outrageant... C'est ainsi qu'un misérable bouffon traitait et votre personne et votre excellent livre [sur la *Figure des astres*] ».

1. En Hollande, Voltaire avait rencontré les deux grands savants Musschenbroek et S'Gravesande, qui lui avaient tous deux fait grands éloges de la *Figure des astres*, « le meilleur ouvrage que la France eût produit en fait de physique..., et s'étonnaient fort que Cassini et Fontenelle assurassent si hardiment le prétendu ovale de la Terre... ».

2. Henri Pitot (1695-1771) était un bon physicien discret qui partageait les idées de Voltaire et de Maupertuis sur Newton. Adjoint mécanicien en juin 1724, associé en juillet 1727 et pensionnaire depuis le 18 mars 1733. Aux yeux de Voltaire, l'approbation qu'il avait apportée à son livre était la garantie de son sérieux scientifique et le hissait au niveau des savants.

3. Lettre de Voltaire à Maupertuis [10 janvier 1738]. Best. D 1423.

par le chancelier d'Aguesseau. Sans parler du Collège royal et de l'Université, où l'on ne veut pas entendre parler de Newton.

Quant à ses compagnons d'expédition, ils font ce qu'ils peuvent, dans la mesure de leurs modestes moyens. Le seul à avoir la stature intellectuelle pour mener un tel combat aux côtés de Maupertuis n'entend pas se battre avec les armes de son vieux complice : Clairaut est bien monté au créneau dès le premier jour contre Cassini, mais il n'a pas envie que la polémique sorte du cadre de l'Académie. Question de caractère : plus souple et modeste que Maupertuis. Raisons d'intérêt, aussi : Clairaut tenant plus que tout à sa carrière académique, il lui faut conserver le respect et l'amitié de ses pairs.

En outre, ses relations avec Maupertuis ne sont plus ce qu'elles étaient avant l'expédition. Quelques échos nous en sont parvenus par les lettres de Maupertuis aux Bernoulli. A peine rentré, nous l'avons vu, Maupertuis demande à leur maître commun de les départager à propos d'un calcul sur leurs pendules. Le ton se veut léger et amical, mais au milieu de deux compliments se glisse une note d'amertume : « M. Clairaut nous a été aussi d'une grande utilité, *et quoiqu'il puisse avoir eu quelquefois avec moi quelques petits mystères géométriques*, cela n'empêche pas que je ne l'aime et l'estime infiniment[1]... » Presque quatre mois plus tard, l'amertume se confirme et devient plus nette : « La petite plainte que je vous faisais il y a quelques mois des mystères de M. Clairaut subsiste, mais cela est bien éloigné de me brouiller avec un homme que j'aime et que j'estime. M. Clairaut, comme bien d'autres, aura peut-être le défaut de sacrifier quelquefois de petits devoirs d'amitié à l'envie de passer pour grand géomètre. C'est un penchant que je blâmerai en lui, mais qui ne m'empêche pas, d'ailleurs, de lui rendre justice... Cependant, je ne regarderai jamais M. Clairaut comme mon oracle, pour me servir de votre terme[2]... »

---

1. Lettre du 8 septembre 1737. Souligné par nous.
2. Lettre de Maupertuis à Jean Ier Bernoulli, Paris, 31 décembre 1737. BEB, LIa. 662, f. 52.

Jalousie de Clairaut qui se savait un génie supérieur à celui de ses collègues et qui n'eut jamais le premier rôle aux yeux du public ? Maupertuis avait déployé tous ses talents pour capter l'attention générale et accaparer toute la gloire de l'expédition. Il avait voulu être seul à cueillir les lauriers ; maintenant, il restait seul[1] au milieu des épines...

La guerre ouverte

Courageux et têtu, Maupertuis ne baisse pas les bras. Il espère beaucoup de la publication de ses travaux au Pôle, sous la forme d'un livre édité par l'Imprimerie royale, pour faire taire ses ennemis. Bien que l'atmosphère devienne de plus en plus lourde à l'Académie, il ne manque quasiment aucune séance jusqu'à l'assemblée publique d'avril 1738. Il attend avec impatience les précisions demandées à Bradley qui mettront, pense-t-il, un point final aux persécutions de Cassini.

Pour mieux écraser son adversaire, il charge Celsius de l'attaquer bille en tête, ce que lui-même ne peut pas faire à Paris « pour quelque raison de compagnie[2] ». Toujours cette apparence d'union qu'il convient de respecter... Tandis qu'à Uppsala, on est libre de dire ce que l'on pense et sur le ton qu'on veut. « Vous ferez très bien, écrit-il à son ami suédois, de faire connaître au public les négligences et les fautes de M. Cassini dans une affaire où il veut faire croire que c'est nous qui sommes les sots. Je ne doute pas que vous n'ayez trouvé dans son livre bien de quoi le rendre ridicule. Rien de plus misérable que les instruments qu'il a employés, rien de plus grossier que ses observations... : des étoiles observées pendant un mois entier sans qu'il y ait aperçu aucune aberration ; tout cela prouve bien que son retournement [de secteur] ne lui a pas servi de grand-chose... » Maupertuis continue, sur le même ton de la colère, de dresser le

---

1. Exception faite pour le jeune Lemonnier, qui lui fut toujours très fidèle. Mais, en 1737, il n'était encore qu'un modeste adjoint dont l'appui ne pesait pas lourd, pas plus que celui de Buffon.
2. Lettre de Maupertuis à Celsius, 31 janvier 1738. Dossier Celsius.

catalogue complet des erreurs cassiniennes et d'évoquer la mauvaise foi de toute la famille, fournissant ainsi à Celsius tous les arguments qu'il souhaite voir développer sous sa plume. On sent sous la sienne une haine et un dépit dont il ne dissimule pas la cause : « A peine étions-nous arrivés qu'on a vu dans toutes les gazettes que nous n'avions rien fait ni de sûr, ni de bien. Et quoique je ne soupçonne pas Cassini d'avoir personnellement pris ce soin, on ne peut guère douter que ce ne soit quelqu'un de ses émissaires. Je vous avoue que, quoi que vous en disiez[1], je n'ai pas laissé d'être sensible à tout ce qui s'est passé depuis notre retour, et il a été fort désagréable pour moi. »

Maupertuis lui raconte son combat personnel, sans pouvoir se convaincre qu'il parviendra à ses fins : « J'imprime actuellement le mémoire que je lus à notre assemblée publique [du 13 novembre], où je joindrai les observations de nos deux triangles et de nos deux étoiles. J'ai fait sentir tant que j'ai pu la solidité de notre secteur et les soins que nous avons pris en le transportant. Je lus un petit mémoire dans une de nos assemblées particulières, qui fit jouer à M. Cassini un bien mauvais personnage... » En dépit de ses efforts, l'influence des Cassini ne cesse de s'étendre, en France[2] et jusqu'en Italie, leur pays d'origine. D'où cette recommandation à Celsius : « Vous ferez très bien d'adresser votre lettre à Manfredi[3], il en a besoin ; il me semble entre nous que c'est un [?][4], épris d'admiration pour M. de Cassini. Il m'a écrit sur tout cela une très sotte lettre à laquelle je n'ai pas envie de répondre. Vous ferez fort bien de publier

----

1. Probablement dans la lettre de Celsius à Maupertuis du 27 décembre 1737, évoquée par ce dernier dans la présente réponse.

2. D'Avignon, le marquis de Caumont écrit au président Bouhier, à Dijon, le 24 janvier 1738, qu'on lui « avait mandé de Paris... que les observateurs du Nord essuyaient des contradictions de la part de M. Cassini qui tendait à leur contester l'exactitude de leurs opérations... ». Il lui tarde de voir les observateurs du Pérou arriver en France. *Correspondance littéraire du président Bouhier*, n° 7, Université de Saint-Etienne, 1797, éd. H. Duranton, n° 95, p. 176.

3. On a vu que Celsius l'avait connu à Bologne lors de son séjour en Italie en 1733 et 1734.

4. Mot illisible, qui ne devait pas être aimable. On peut s'étonner de la réaction de Manfredi, un newtonien convaincu.

votre lettre au plus tôt et de traiter nos adversaires comme ils le méritent... »

Mais, à la fin de cette longue lettre, le savant hargneux s'efface devant l'homme à femmes : « M. Lemonnier[1] ne pense pas plus à Mlle Forsström que s'il ne l'avait jamais vue. Il n'en est pas de même de moi. J'ai laissé à Stockholm deux pauvres demoiselles qui ne veulent pas retourner à Tornéa et à qui je voudrais bien rendre service et être bon à quelque chose[2]. »

Celsius s'exécute avec une rapidité remarquable[3], puisque son livre est disponible à Paris dès avril. Avant même cette attaque en règle de ses travaux, Cassini a dû subir une autre avanie. Maupertuis, qui a enfin reçu la réponse de Bradley, en lit la traduction à l'assemblée du 15 février. Il s'agit d'une mise au point « sur l'instrument à pendule de M. Graham », qui doit mettre un terme aux objections de Cassini. Une semaine plus tard, Clairaut enfonce le clou en faisant un éloge vibrant de la découverte de l'aberration par Bradley[4], totalement ignorée du même Cassini... Les coups pleuvent contre la forteresse cartésienne, mais, le 24 mars, Mairan s'en tient à ce commentaire laconique : « Les observations de Tornéa font la Terre aplatie. On les imprime actuellement. Nous attendons Messieurs du Pérou vers la fin de l'année, mais nous ignorons encore leur dernier résultat[5]. »

Tous n'affichent pas le même sang-froid, et le mois d'avril voit se développer la polémique dans les deux camps. Le texte de Celsius est dans toutes les mains et Cassini enrage, comme le

---

1. Que Maupertuis écrit « Monnier ».
2. Lettre du 31 janvier 1738.
3. D. Beeson s'étonne à juste titre que la réponse de Celsius ait pu être achevée le 10 février suivant (date qui figure à la fin du texte imprimé). *Op. cit.*, p. 121. On peut supposer que Maupertuis lui en avait déjà parlé dans une lettre antérieure. Par ailleurs, le texte de Celsius ne compte que 20 pages, comme le précise Mairan à Jean Ier Bernoulli.
4. Le procès-verbal du 22 février mentionne que Clairaut finit les 12 et 15 février sa lecture, *De l'aberration apparente des étoiles causée par le mouvement progressif de la lumière*, où il affirme avoir démontré les méthodes de Bradley.
5. Lettre de Mairan à Séguier, 24 mars 1738. Correspondance de Séguier aux archives de la Bibliothèque Carré d'Art de Nîmes, Ms. 417, f. 4.

rapporte Mairan à son complice Bernoulli[1] : « M. Celsius a fait imprimer à Upsal, en date du 10 février, *De observationibus pro figura telluris...* brochure in-4° de vingt pages, où il attaque fortement, quoique avec politesse, le livre de la *Mesure de la Terre* de M. Cassini, et l'y accuse de plusieurs fautes grossières ; feu M. Cassini son père, ni M. de La Hire n'y sont pas épargnés. M. Cassini m'en a paru outré et m'a assuré avoir à lui répondre solidement, comme il va le faire sans délai. M. Celsius m'a envoyé son ouvrage et à quelques autres personnes de l'Académie[2]... »

En fait, Cassini n'est pas le seul à être exaspéré. De son côté, Fontenelle trouve une occasion de montrer les dents... et sa lassitude au cours de la même assemblée publique qui entend Maupertuis lire la préface de son livre sur la *Figure de la Terre*, prêt à être publié. Cette occasion lui est fournie par la mort de son vieil ami Joseph Saurin, le 29 décembre précédent. Dans l'*Eloge* qu'il lui consacre, non seulement il loue le vaillant défenseur du système des tourbillons, le vainqueur de Huygens et l'adversaire de Newton, mais il ne dissimule pas son hostilité : « Eût-on cru qu'il fallût jamais prier le Ciel de préserver les Français d'une prévention trop favorable pour un système incompréhensible, eux qui aiment tant la clarté, et pour un système né en pays étranger, eux qu'on accuse tant de ne goûter que ce qui leur appartient[3] ? »

Maupertuis comprend que rien ne fera plier les cartésiens. Dès le 30 avril, Cassini a commencé de lire à l'Académie une réponse aux objections de Celsius qui frise la malhonnêteté intellectuelle. Découragé, il rentre vers le début de juin chez lui en Bretagne, d'où il confie son amertume à Celsius : « J'ai quitté Paris depuis quelque temps... Je vous avoue que les injustices que j'ai éprouvées en sont un peu la cause ; et dès que mon livre a été hors de

---

1. Mairan, comme Bernoulli, faisait sien tout argument qui contestait l'aplatissement de la Terre. Réaction commune aux cartésiens.

2. Mairan à Jean Bernoulli, 18 avril 1738. BEB, LIa. 661, f. 60.

3. *Eloge de Saurin*, prononcé à l'assemblée publique du 16 avril 1738, *H.A.R.S.*, 1737, p. 119.

la presse, je suis parti et l'ai abandonné à tout ce que les sots ou les malintentionnés en voudront lire[1]... Je ne vous ai pas dit tout ce que j'ai eu à souffrir depuis mon retour ; je ne suis pas plus content de l'Académie que du reste, et quelques-uns de nos compagnons[2], après s'être vu payer par une pension fort modique, ne se sont pas plus embarrassés de notre mesure que le sont les ouvriers d'un ouvrage qu'ils ont fait après qu'ils ont été payés. Il n'y a pas eu une circonstance depuis mon retour qui n'ait été fâcheuse pour moi[3]. »

Néanmoins, Celsius lui a fait dans sa dernière lettre[4] une proposition pour tenter de mettre fin à cette dispute stérile, qui lui redonne courage. Il a suggéré qu'ils recommencent tous deux les mesures contestées, l'hiver suivant, sur le lac Wetter (?), non loin de Göteborg[5]. Opération simple et rapide, qui ne demande que des gens peu intelligents, et bien sûr que le lac soit gelé. Maupertuis prierait au printemps Maurepas de lui prêter le secteur de Graham, qui ne le lui refuserait pas. Après quoi, la détermination de l'amplitude ne serait plus qu'un jeu d'enfant. Maupertuis, dans sa réponse, recommande le plus grand secret sur ce projet : « Je voudrais que nous n'eussions à rendre de compte à personne. Quand le lac sera mesuré, il sera assez temps d'en parler... Et, malgré tout ce qu'il m'en a déjà coûté dans l'autre voyage, je ferai toute la dépense nécessaire pour cette entreprise... [pour ne dépendre de personne] et n'avoir du chagrin

---

1. Non sans avoir préalablement pris la peine de l'envoyer à Voltaire, qui lui répond par une lettre dithyrambique dès le 22 mai, accompagnée d'un long poème à sa gloire (Best. D 1508) ; à Euler et Delisle, à Pétersbourg, le 20 mai, ce qui lui vaut d'être reçu à l'Académie de Pétersbourg la même année ; à Hans Gram, le bibliothécaire du roi de Danemark, le 26 avril ; à Bradley, le 25 mai, et bien sûr à ses amis Bernoulli, etc.

2. C'est l'un des rares témoignages connus où Maupertuis se plaint de plusieurs de ses compagnons, et de sa solitude. Il peut faire allusion à Camus, qui ne s'est guère manifesté depuis leur retour. Mais, même si les relations avec Clairaut se sont détériorées, il ne peut guère lui reprocher son silence à l'Académie. En outre, il doit bien savoir que Lemonnier prépare une riposte à Cassini, qu'il lira le 14 juin suivant : *Recherches sur la hauteur du Pôle, de Paris.*

3. Lettre à Celsius, Saint-Etienne [de Mouillac], 8 juin 1738, *in* dossier Celsius.

4. Lettre perdue.

5. Orthographié Gothenbourg par Maupertuis.

au retour... Je ne crois pas qu'on puisse rien voir de plus beau que ce projet, s'il peut réussir ; il nous mettra en état de déterminer par nous-mêmes la figure de la Terre indépendamment de la mesure de Picard et de Godin[1]. » Car Maupertuis a toujours l'esprit tourné vers l'Equateur, mû par une triple crainte : qu'ils ne reviennent jamais[2] (adieu la confirmation de ses propres résultats !), qu'ils reviennent trop tôt (et lui volent l'exclusivité de la victoire), ou enfin qu'ils reviennent trop tard (on aura alors oublié qu'il est allé au Cercle polaire[3]...).

On ne sait pourquoi, Celsius revint sur sa proposition, et la seconde expédition projetée n'eut pas lieu, au grand dam de Maupertuis.

Fin juin 1738, la *Réponse* de Cassini à Celsius est publiée sans le moindre argument nouveau. Cassini affirme en conclusion qu'il ne condamne pas l'expédition lapone, mais qu'il attendra la confirmation du Pérou. Même son de cloche chez Mairan, qui fait grand éloge des observations du Nord à Cramer[4] tout en continuant d'espérer qu'elles ne condamnent pas la thèse de l'allongement, et qui suspend son jugement jusqu'au retour de l'autre expédition. Même attitude dans le *Journal de Trévoux* de juin 1738[5]... Ce refus de conclure à partir des seuls travaux du Nord,

---

1. *Ibid.*, 8 juin 1738.

2. Le bruit courut à plusieurs reprises à Paris qu'ils étaient morts. En fait, seul Séniergue fut tué au cours d'une émeute.

3. Lettre de Maupertuis à Celsius du 2 décembre 1738 (dossier Celsius) qui fait état d'une quatrième crainte, à savoir que l'expédition du Sud ne réussisse pas ses opérations : « Après quatre ans, ils avaient fait quatre ou cinq triangles, et dans les principes où est M. Godin, qu'il faut mesurer plusieurs degrés, il leur faudrait encore bien des années. » Maupertuis évoque aussi leurs dissensions, qui font redouter qu'ils ne s'entre-tuent... ou reviennent sans avoir rien fait.

4. Cramer, toujours arrangeant avec chacun de ses interlocuteurs, avait suggéré une hypothèse médiane qui conciliait tout le monde. Le 31 août 1738, Mairan lui répond : « Ce que nos astronomes du Nord ont fait... paraît si exact, et exécuté avec un si bon instrument, qu'il est difficile d'espérer une autre décision... à moins que le sphéroïde terrestre ne fût tel que vous imaginez qu'il pourrait être... à quoi je ne vois rien que de possible. » B.P.U., Suppl. 384, f. 266.

5. Dans sa livraison de juin 1738, 2ᵉ partie, pp. 1282-1307, le journal des jésuites (les *Mémoires de Trévoux*) fait un compte rendu très élogieux de la *Figure de la Terre* de Maupertuis, mais refuse de prendre parti...

ce parti pris de ne les apprécier qu'au regard de ceux du Sud rendent fou Maupertuis. Il y voit avec raison l'injuste dépréciation d'une entreprise exceptionnelle qui se suffit parfaitement à elle-même. Face à ce refus insupportable de lui rendre les honneurs, il développe un sentiment de persécution qui ne va aller qu'empirant.

Loin de l'Académie, à Saint-Malo, il ressasse ses griefs auprès de son ami Jean II Bernoulli, lequel, comme son frère Daniel, a pris ses distances avec les idées du père. Maupertuis a été sensible à son adhésion aux idées de la *Figure de la Terre*, mais ce plaisir est emporté par le reste : « M. votre père n'a pas daigné faire réponse à une lettre que je lui ai écrite en lui envoyant mon livre ; ce sera la dernière fois que je l'importunerai... M. votre père, tout prévenu qu'il est pour M. Cassini, n'a pas pu faire cas de sa réponse à Celsius... Les erreurs que M. Celsius lui reproche ne sont pas des erreurs présumées ; ce sont des erreurs trouvées dans l'inconsistance de ses observations... M. Cassini a été avec nous fort injuste et de mauvaise foi, mais je crois qu'il ne se relèvera jamais de cela ; car il sera toujours facile aux gens de métier de voir qu'il faut qu'il ait commis des erreurs trop grandes pour un bon observateur[1]. »

Après Bernoulli père et Cassini, Maupertuis s'en prend à l'astronome Delisle[2], installé à l'Académie de Pétersbourg depuis plus de vingt ans. Sous prétexte qu'il fut jadis l'élève de Cassini, il le soupçonne de ne pas l'aimer – alors qu'il ne le connaît même pas – et de lui porter tort[3]...

C'est dans ces dispositions légèrement paranoïaques que Maupertuis dut concocter, durant ses longues vacances

---

1. Saint-Malo, 23 août 1738. BEB, LIa. 708, f. 29a.

2. Joseph-Nicolas Delisle (1688-1761) s'était installé à Pétersbourg en 1726, à l'invitation du tsar Pierre le Grand, pour y mettre sur pied un observatoire. Parti avec son jeune frère, de La Croyère, en 1725, il ne revint à Paris qu'en 1747, seul avec son épouse, car son frère était mort en 1741 au cours d'une expédition au Kamtchatka.

3. *Ibid.* Est-ce pour désarmer cette antipathie supposée de Delisle que Maupertuis a sollicité auprès de lui sa correspondance par lettre du 20 mai 1738 ? Quoi qu'il en soit, Delisle lui répond le 30 décembre 1738 qu'il accepte avec joie et que l'Académie de Pétersbourg a nommé Maupertuis membre honoraire...

malouines, la véritable bombe que sera l'*Examen désintéressé*. David Beeson a raison de souligner que, dès cette époque, « Maupertuis ne veut qu'une chose : l'entière démolition de la réputation de Cassini en tant que praticien de l'astronomie et cartographe[1] ». Bombe à retardement, puisque l'*Examen* ne paraîtra qu'au début de l'année 1740, sous le voile de l'anonymat. Mais bombe à plusieurs effets qui pèsera lourd dans la carrière de Maupertuis. Pour autant, si l'on s'en tient à la période présente, le bilan reste largement positif pour le savant.

Le bilan de Maupertuis

Les atouts

Outre la vérité, Maupertuis a beaucoup d'atouts dans son camp. Deux livres sortent conjointement au sien qui défendent les théories newtoniennes auprès de l'opinion publique. Début mai 1738 paraissent l'édition hollandaise du *Newton*[2] de Voltaire et le *Newtonianismo*[3] d'Algarotti. Ce dernier avait terminé son livre à Cirey, fin 1735, grâce aux critiques et aux conseils de Voltaire et d'Emilie. Admirateur éperdu des *Entretiens* de Fontenelle, il espérait réussir avec l'*Optique* de Newton ce que ce dernier avait fait avec la *Physique* de Descartes : une vulgarisation talentueuse, aux multiples rééditions. Ayant noté maintes conversations entre Voltaire et la dame de Cirey, il avait tâché de les reproduire comme celles qu'il aurait eues lui-même avec une marquise imaginaire. Mme du Châtelet, flattée qu'on pût la prendre pour l'original, lui avait offert son portrait[4] afin qu'il le reproduisît en tête de son ouvrage. Elle avait même espéré qu'il

---

1. *Op. cit.*, p. 124. Traduit par nous.
2. *Les Eléments de la philosophie de Newton*, chez l'éditeur hollandais Ledet.
3. *Il Newtonianismo per le dame*, ou *Dialoghi sopra l'Ottica de Newton*.
4. A peine Algarotti a-t-il quitté Cirey qu'elle lui écrit, le 7 janvier 1736 : « Pourvu que vous ne négligiez pas *my picture*, je serais très contente... » Lettre 53.

le lui dédierait[1], mais Algarotti l'avait adressé à Fontenelle, celui qu'il pastichait pour mieux le combattre... C'était maladroit de froisser Mme du Châtelet, et Voltaire avec elle ; c'était surtout une faute de jugement de dédier des dialogues newtoniens au fameux cartésien.

Résultat : quand l'ouvrage parut en mai 1738 dans sa version italienne, Fontenelle était furieux et la marquise vexée. « Son livre est frivole, écrit-elle à Maupertuis. C'est un singe de Fontenelle qui a des grâces[2]. » Voltaire n'est guère plus charitable : « C'est presque en italien ce que les *Mondes* [de Fontenelle] sont en français. L'air de copie domine trop ; et le grand mal, c'est qu'il y a beaucoup d'esprit inutile[3]. » A ses yeux, un tel travail ne peut être pris au sérieux : « L'esprit et les agréments sont bons pour les vérités qu'on effleure... mais si M. Algarotti est entré, depuis notre dernière entrevue à Cirey, dans un plus grand examen des principes de Newton, son titre *per le dame* ne convient point du tout, et sa marquise imaginaire devient assez déplacée. C'est ce que je lui ai dit[4]... »

Voltaire ne cache pas son agacement devant la sortie simultanée de son *Newton* et de celui de l'Italien. Il redoute l'amalgame, d'autant plus qu'il a dédié le sien à Mme du Châtelet[5], laquelle le mérite bien. Voltaire se targue d'avoir rédigé un travail sérieux, qui dédaigne les afféteries[6]. Il est furieux que son éditeur hollandais ait prévenu l'édition française, corrigée et terminée selon ses désirs, en ajoutant de sa propre initiative au

---

1. Le 20 avril 1736, elle lui en souffle l'idée : « J'espère qu'en mettant mon portrait à la tête [de cet ouvrage], vous laisserez sous-entendre que je suis votre marquise. Vous savez que l'ambition est une passion insatiable ; je devrais bien me contenter d'être dans l'estampe, je voudrais à présent être dans l'ouvrage, et qu'il me fût adressé. » Lettre 63.

2. 1er septembre 1738. Lettre 139.

3. A Thieriot, 18 mai 1738 (Best. D 1505).

4. A Berger, 14 mai 1738 (Best. D 1502).

5. Epître dédicatoire à l'édition de 1738.

6. Voltaire écrit à Thieriot le 23 juin 1738 : « Je suis après tout le premier en France qui ai débrouillé ces matières, et j'ose dire le premier en Europe, car S'Gravesande n'a parlé qu'aux mathématiciens et Pemberton a obscurci souvent Newton » (Best. D 1531).

titre de Voltaire : « mis à la portée de tout le monde ». Il envoie une lettre de protestation à tous les journaux : « Ce n'est point ici une marquise, ni une philosophie imaginaire[1]. » Façon de se démarquer du même coup de Fontenelle et d'Algarotti. En privé, Voltaire dénonce ce titre « charlatan[2] », car un solide travail d'explication de Newton n'est évidemment pas à la portée de tout le monde[3]. Ce qui n'est d'ailleurs pas non plus sans inquiéter l'auteur : « Je crois qu'il y a plus de vérités dans dix pages de mon ouvrage que dans tout son livre, et voilà peut-être ce qui me coulera à fond, et ce qui fera sa fortune. Il a pris les fleurs pour lui, et m'a laissé les épines[4]. »

En fait, le livre de Voltaire commence à bien se vendre. Une seconde édition est en cours qui appelle ses corrections. Il s'adresse à son maître Maupertuis pour l'aider, ce que ce dernier fait immédiatement avant son départ pour Saint-Malo[5]. Des trois livres newtoniens publiés en même temps, c'est celui de Maupertuis dont on parle le moins dans le « monde »... Ce qui n'empêche pas Voltaire, inquiet d'une telle concurrence, de demander hypocritement à Thieriot : « Lit-on le livre de Maupertuis ? C'est un chef-d'œuvre[6]. » Officiellement, il s'en tient à la position de disciple soumis et à la complémentarité de leurs ouvrages : « Je serai content si j'apprends à la raison humaine à bégayer les vérités que Maupertuis n'enseigne qu'aux sages. Il sera le précepteur des hommes, et moi des enfants ; Algarotti le sera des dames,

---

1. *Journal des savants*, juin 1738, p. 382.

2. A Thieriot, 5 mai 1738 (Best. D 1492).

3. A Berger, 14 mai 1738 : « Il faut être un vendeur d'orviétan pour y ajouter "à la portée de tout le monde", et un imbécile pour penser que la philosophie de Newton puisse être à la portée de tout le monde. Je crois que quiconque aura fait des études passables... comprendra aisément mon livre ; mais si l'on s'imagine que cela peut se lire entre l'opéra et le souper, comme un conte de La Fontaine, on se trompe assez lourdement » (Best. D 1502).

4. A Thieriot, 18 mai 1738 (Best. D 1505).

5. Le 15 juin 1738, Voltaire remercie Maupertuis de l'envoi de ses corrections (Best. D 1519).

6. Le 5 juin 1738 (Best. D 1514). Vers le 20 juillet, il réitère avec Berger : « Mandez-moi si l'excellent livre de M. de Maupertuis fait le fracas qu'il doit faire » (Best. D 1562).

mais non pas de Mme du Châtelet qui en sait au moins autant que lui, et qui a corrigé bien des choses dans son livre[1]. »

Même si le livre de Maupertuis se vend mal[2] et si ceux de Voltaire et d'Algarotti n'échappent pas aux critiques d'horizons différents[3], on n'a jamais autant glosé sur Newton hors des cercles de l'Académie. Il faut dire que Voltaire possède comme nul autre l'art de faire parler de lui dans la presse et de susciter des articles à sa gloire, quitte à les écrire lui-même[4]. Il envoie au *Mercure* l'ode élogieuse que Cideville a rédigée en l'honneur de son livre[5]. Mieux, le *Journal des savants* publie en septembre 1738[6] un long et excellent article, non signé, sur ses *Eléments*. C'est Mme du Châtelet qui en est l'auteur. Loin de s'en tenir au résumé de l'œuvre, comme c'est souvent le cas, elle argumente brillamment la critique et l'éloge. Comparé à celui-ci, l'article très favorable consacré au livre de Maupertuis, le mois suivant[7], paraît bien plat. En août, le *Journal de Trévoux*, pourtant hostile à Newton, constate l'incroyable succès de Voltaire : « Rien ne prouve mieux l'efficacité tranchante de la parole et la supériorité d'un homme qui sait la manier. Newton, le grand Newton fut, dit-on, vingt-sept ans enterré dans l'*abîme*, dans la boutique du premier libraire qui avait osé l'imprimer... M. de Voltaire parut enfin, et aussitôt Newton est entendu ou en voie de l'être ; tout

---

1. A Thieriot, 5 mai 1738.

2. Le 27 août 1739, Mme de Graffigny confie à Devaux : « Prault n'arrive pas à vendre 100 exemplaires de *La Figure de la Terre*. » *Correspondance*, vol. II, p. 122.

3. Voltaire subit les foudres insultantes de Desfontaines dans ses *Observations sur les écrits modernes* du 10 mai 1738 (XIII, 141). Le père Regnault écrit anonymement une *Lettre d'un physicien sur la philosophie de Newton, mise à la portée de tout le monde, par M. de Voltaire*, s.d. [1738]. L'abbé Privat de Molières publie ses critiques de Voltaire dans les *Observations* de Desfontaines, et le père Castel s'en donne à cœur joie dans les *Mémoires* de Trévoux (août 1738).

4. Lettre de Voltaire à la *Bibliothèque française* (Amsterdam, juillet 1738). Voltaire y publie également la lettre aimable que Montcarville, du *Journal du savant*, lui a envoyée.

5. *Mercure* de juillet 1738.

6. Pp. 534-541.

7. *Mercure*, octobre 1738, pp. 588-601, sur la *Figure de la Terre...* de Maupertuis (1738).

Paris retentit de Newton, tout Paris bégaie Newton, tout Paris étudie et apprend Newton[1]. »

Maupertuis eut peut-être un serrement de cœur en lisant cet éloge dithyrambique de son élève, mais il pouvait se consoler par les odes à sa gloire que celui-ci publiait généreusement. Dans *Le Pour et contre* de l'abbé Prévost[2], ou dans le quatrième *Discours sur l'homme*[3], Voltaire n'était pas avare de compliments. Maupertuis ne pouvait que se réjouir du bruit fait autour de son nom, et de l'intérêt suscité pour Newton. Mais l'influence de Voltaire sur les académiciens[4] était nulle, tout comme celle d'Algarotti. Il faut se rappeler qu'en 1738, Voltaire ne bénéficie pas du prestige du savant. Ce n'est pas un « intellectuel », mais un poète et un homme de théâtre qu'accompagne l'image du saltimbanque. Pour ses contemporains, c'est d'abord un homme qui s'adresse au cœur et suscite des émotions, non un philosophe qui use de raison. De plus, personne n'a oublié sa bastonnade par le chevalier de Rohan[5], ses séjours à la Bastille et le récent décret d'arrestation[6] dont il a fait l'objet pour ses *Lettres philosophiques*. Rien là de bien reluisant pour les honorables académiciens. En fait, Voltaire jouit de beaucoup moins de prestige que Maupertuis aux yeux des gens sérieux et son livre n'est pas d'un savant, mais d'un amateur[7]. Et que dire de l'influence d'Algarotti, ce charmant

---

1. *Journal de Trévoux*, août 1738, pp. 1673-1674.

2. « Ode pour Messieurs de l'Académie des sciences, qui ont été au Cercle polaire et sous l'équateur déterminer la figure de la Terre », *Pour et contre*, septembre 1738, XVI, pp. 46-48. Par ailleurs, l'abbé Prévost avait déjà annoncé très aimablement la publication du livre de Maupertuis (XV, p. 240).

3.   « Revole, Maupertuis, de ces déserts glacés
             Où les rayons du jour sont six mois éclipsés.
             Apôtre de Newton, digne appui d'un tel maître,
             Né pour la vérité, viens la faire connaître. »

4. Même si le courtois Dortous de Mairan lui envoie une lettre très aimable à la réception de son livre. Le 20 août 1738, Voltaire, flatté, écrit à Thieriot : « Mairan m'a écrit sur mon livre une lettre qui vaut mieux que mon livre » (Best. D 1594).

5. En janvier 1726.

6. En juin 1734.

7. Cramer ne cache pas son agacement à l'égard des prétentions scientifiques de Voltaire, quand il écrit à Jallabert, en août 1738 : « La philosophie de Newton par Voltaire n'est point ce que j'attendais. Je n'espérais pas y trouver un grand philosophe,

jeune homme, dont la traduction française a été massacrée par un ami de Fontenelle au point de rendre l'ouvrage ridicule[1] !

Si l'Académie reste de marbre devant ces assauts, il n'en va pas de même des salons que fréquente Maupertuis. Ses amies le lisent et le portent au pinacle. Outre Mme du Châtelet, qui est une authentique savante, les duchesses d'Aiguillon[2] et de Saint-Pierre[3] se répandent en sa faveur. Mme du Deffand poussa même le zèle amical jusqu'à prendre la plume pour soutenir son livre sur la *Figure de la Terre*[4]. C'est dire l'effervescence qui régnait ; elle ne pouvait qu'agacer le parti cartésien, à l'Académie et hors d'elle. Maupertuis s'était lourdement trompé lorsqu'il avait annoncé à Daniel Bernoulli que « Cassini commençait à battre en retraite[5] ». Le fils de Jacques Cassini, le cartographe Cassini de Thury, a pris la relève. Lassé des doutes que fait peser l'expédition de Laponie sur ses propres travaux, il obtient de Maurepas, en 1739, d'aller mesurer une fois encore un degré de méridien en Provence. Mission nécessaire, mais délicate pour cet

mais je croyais du moins qu'il se montrerait homme d'esprit et de goût. Ses hauteurs avec les cartésiens, sa mauvaise humeur contre les philosophes français, son affectation déplacée de science, ne m'ont pas agréé. La philosophie de Newton, souvent défigurée et presque jamais à la portée du beau monde... » B.P.U., Ms. SH 242, f. 38-39.

1. La traduction française du *Newtonianismo* parut en septembre 1738. Son auteur, l'abbé Duperron de Castera, fut soupçonné d'avoir volontairement défiguré l'œuvre pour faire plaisir à Fontenelle.

2. Selon Montesquieu dont elle était l'intime, Mme d'Aiguillon passait pour l'une des femmes les plus douées intellectuellement de sa génération. A l'époque qui nous occupe, l'abbé de Saint-Pierre peut écrire à Mme Dupin, le 27 décembre 1738 : « J'ai fait connaissance et amitié avec Mme la duchesse d'Aiguillon, parce qu'elle a pris goût pour la philosophie » (*Le Portefeuille de Mme Dupin*, 1884, p. 186).

3. Mme de Saint-Pierre avait demandé à Mme du Châtelet de se joindre aux amis de Maupertuis pour prier celui-ci d'accepter la fameuse pension, afin de ne pas se faire trop d'ennemis. Mme du Châtelet à Maupertuis [10 février 1738]. Lettre 120.

4. Dans une lettre du 13 août 1747, Mme du Deffand rappelle à Maupertuis : « Vous n'avez pas eu plus de zèle à soutenir votre cause sur l'examen de la figure de la Terre que j'en eus alors. Vous pouvez vous rappeler que je fis un très mauvais écrit qui ne faisait pas honneur, il est vrai, à mon esprit, mais qui en devait faire à mes sentiments, auprès de vous. » Cf. Georges Hervé, « Les correspondantes de Maupertuis », *Revue de Paris*, 15 octobre 1911, p. 24.

5. Propos rapporté par Daniel Bernoulli le 25 juin 1738 dans une lettre à Jallabert. *Société d'histoire*, n° 243, Genève. Retranscrite par l'édition Bernoulli.

homme pacifique et diplomate qui risquait de mettre en cause les travaux de son père (et de son grand-père).

Sitôt le projet connu, Maupertuis demande à Maurepas l'autorisation d'aller avec son équipe du Pôle – Camus, Clairaut et Lemonnier – à Amiens remesurer l'arc céleste qui détermine le degré de Picard, point de départ de tous les calculs de Cassini père. Mme de Graffigny, qui côtoie souvent Maupertuis, raconte l'histoire à sa façon : « Maupertuis a demandé à en mesurer un [degré] à Amiens, parce que si M. de Cassini [de Thury] se trompe encore, la dispute sera éternelle... Il offrait de le faire à ses dépens. Non seulement M. de Maurepas lui a refusé les instruments, mais il lui a défendu d'y aller. Il est furieux. L'Académie est dans une guerre civile pire que tout ce qu'on peut dire[1]. »

Quoi qu'il en soit, les choses durent s'arranger puisque, le 11 août 1739[2], Maupertuis et ses amis quittèrent Paris pour Amiens, munis du secteur de Graham qu'ils avaient utilisé en Laponie. En moins d'un mois, ils furent de retour, ayant corrigé les mesures de Picard, modifié leurs procédures de vérification pour répondre aux objections de Cassini, et recalculé un degré de méridien (Amiens-Paris) qui confirmait pleinement l'hypothèse de l'aplatissement de la Terre. Le samedi 5 décembre 1739[3], Maupertuis lut à l'Académie le détail des opérations d'Amiens[4], qui le conforte dans son triomphe. Mais l'Académie, fidèle à sa conduite, choisit d'enregistrer sans commentaires. Elle attendait encore les résultats de Cassini de Thury pour donner son approbation.

---

1. A Devaux, 22 juin 1739. *Correspondance*, II, p. 7.

2. J.-E. Gastelier, *Lettres sur les affaires du temps*, 20 août 1739, Champion-Slatkine, 1993, p. 276.

3. Procès-verbal de l'Académie des sciences : « Maupertuis lit un écrit sur les observations faites à Amiens sur le secteur qui a servi à celles de Laponie. »

4. « Pour vérifier la mesure astronomique de Picard... on prit, sur l'arc mesuré du méridien de Paris, la partie terminée par les deux églises de Notre-Dame d'Amiens et de Notre-Dame de Paris, magnifiques monuments, quoique gothiques, que le hasard semblait avoir placés si exactement sous le même méridien, à la distance de près d'un degré, qu'ils semblaient destinés à être le terme d'une telle mesure. On reconnut des erreurs dans l'observation astronomique de Picard... Le résultat des nouvelles observations fut alors que le degré du méridien entre Amiens et Paris était de 57 183 toises au lieu de 57 060 toises. » La Beaumelle, *op. cit.*, pp. 62-63.

Ses faiblesses

La principale faiblesse de Maupertuis gît en lui-même. D'un caractère difficile, il ne supporte ni la contradiction, ni la frustration. Depuis son retour du Pôle, son orgueil s'est mué en arrogance. Bien que « chéri des grands et couru des belles[1] », il développe envers ses pairs une amertume qui l'isole et lui aliène les indécis qu'il pourrait encore rallier à sa cause. Mairan et Réaumur, qui ne cachaient pas leur admiration à son retour, sont agacés par son comportement vis-à-vis du respectable Cassini. S'ils prennent leurs distances, c'est moins parce qu'ils sont tous deux cartésiens que parce que l'homme affiche un mépris universel pour tout ce qui lui résiste. Il y a maintenant chez lui une avidité de puissance et de possession qui ne peut que choquer la vieille Académie.

Lorsque Du Fay, intendant du Jardin du roi, meurt de la petite vérole le 16 juillet 1739, les candidats sont nombreux à guigner cette place prestigieuse et bien dotée[2]. Buffon se met immédiatement sur les rangs et fait agir tous ses amis parisiens auprès de Maurepas. Mais d'autres, peut-être plus compétents, étaient aussi tentés. Duhamel du Monceau et Réaumur pouvaient y prétendre honorablement. Or, dans une lettre très spontanée envoyée à son ami l'abbé Le Blanc, Buffon n'évoque que Maupertuis comme concurrent éventuel : « Je prierai mes amis de parler pour moi, de dire hautement que je conviens à cette place... Quand bien même il [M. de Maurepas] n'aurait pas pris en guignon Maupertuis[3], je ne crois pas qu'il lui donnât cette place[4]. » Maupertuis l'avait-il demandée, lui qui n'avait pour toute référence qu'un mémoire sur la salamandre et un autre sur les scorpions ? Nous ne le savons pas. Mais on a l'impression que Maurepas a voulu le dédommager

---

1. Brochure de Clément parue en 1744, citée par Jacques Tuffet, *Histoire du docteur Akakia et du natif de Saint-Malo*, Nizet, 1967, p. XVIII.
2. L'intendant du Jardin du roi percevait des appointements de 3 000 livres.
3. Peut-être était-ce une suite du refus de la pension par Maupertuis, ressenti comme un outrage par le ministre ?
4. Th. Delarue, *Isographie des hommes célèbres*, vol. I, Paris, 1843. A la surprise générale, c'est Buffon qui fut nommé intendant du Jardin du roi le 26 juillet 1739.

en créant pour lui, quatre mois plus tard[1], une nouvelle place aux appointements de mille écus[2]. Il s'agit, selon ses dires, « de travailler à perfectionner la navigation[3] ». Une sinécure, confie l'abbé Le Blanc, qui déteste Maupertuis, « un emploi sans fonction qu'on a créé pour lui donner mille écus de plus qu'il n'avait. Ici, on obtient tout quand on est préconisé par les femmes[4] ».

Lorsque, en cette fin novembre 1739, Maupertuis confie à Mme de Graffigny « qu'il lui fallait de l'honneur, de la gloire et de l'argent[5] », on pouvait penser, comme elle : « Il a tout cela, car il a été fêté à Fontainebleau par le roi, par Mme de Mailly[6] et toute la cour, comme de raison. Cet emploi lui peut donner beaucoup de gloire, et mille écus de plus sont fort honnêtes[7]. » Mais ce sentiment n'est pas celui du savant, qui se montre de plus en plus avide de gloire et que rien ne semble pouvoir contenter. Faute d'être adulé selon ses désirs, il entreprend une campagne d'auto-célébration qui révèle sa mégalomanie.

Le premier signe tangible de cette maladie est l'affaire du portrait. Dès octobre 1739[8], il se fait peindre habillé en Lapon, tenant entre ses mains un monde qu'il presse et qu'il aplatit vers les pôles. Son objectif est d'en faire une estampe et de la diffuser le plus largement possible. Dès janvier 1740, tout Paris est au courant[9]. Ses amis sont gênés ; ses ennemis jubilent. Il vient lui-même de donner prise aux critiques les plus dures qui nourriront sa paranoïa et détruiront sa réputation. Collé, qui l'a connu jeune, au café *Gradot*, et qui le hait, trace de lui ce portrait d'autant

---

1. Mme de Graffigny est la première à annoncer la bonne nouvelle à Devaux, le 29 novembre 1739.
2. 1 000 écus = 3 000 livres, comme les appointements de l'intendant du Jardin du roi.
3. Lettre de Maupertuis à Jean II Bernoulli, 28 décembre 1739. BEB, LIa. 708, f. 39.
4. Lettre de l'abbé Le Blanc au président Bouhier, 13 janvier 1740, *in* Hélène Monod-Cassidy, *Un voyageur-philosophe au XVIIIe siècle. L'abbé J.-B. Le Blanc*, Harvard University Press, 1941, p. 374.
5. 29 novembre 1739.
6. La comtesse de Mailly (1710-1751) était alors la favorite de Louis XV.
7. 29 novembre 1739.
8. En [octobre] 1739, il écrit à Jean II Bernoulli : « On travaille à mon portrait et, dès qu'il sera fait, M. votre père l'aura. » BEB, LIa. 708, f. 38.
9. La *Correspondance* de Gastelier en fait état dans une lettre du 28 janvier 1740.

plus cruel qu'il n'est pas totalement dénué de vérité : « Dévoré d'envie et de la soif de réputation... au retour de son voyage de Laponie, il s'attribua seul toute la gloire des calculs et des opérations de Clairaut, qui avait tout fait ; il se fit graver avec le globe de la Terre qu'il aplatissait. Plein d'intrigue et d'audace, il se louait lui-même et se faisait louer par un tas de grimauds, par un nombre prodigieux de sots, par des femmes de qualité auxquelles il persuada d'apprendre la géométrie, mode qui a duré deux ou trois ans... Il fut bientôt en horreur à tous les gens de lettres de ce pays, et un objet de pitié pour les honnêtes gens et les gens sensés auxquels un extérieur singulier, des distractions affectées et un ton de maître n'en imposent point[1]. »

Sa fragilité psychologique le pousse à des comportements suicidaires qui vont à l'encontre de ses objectifs. Depuis le retour de Laponie et les déceptions qui ont suivi, Maupertuis est pris d'une frénésie sexuelle et mondaine peu propre à lui attirer le respect de ses pairs. En l'absence de Mme du Châtelet, toujours à Cirey, il s'est d'abord partagé entre ses travaux académiques et les salons de Mmes de Saint-Pierre[2], d'Aiguillon, de Richelieu et de Rochefort[3]. Mais après l'échec relatif de sa lecture[4] à l'assemblée publique du 16 avril 1738, Maupertuis fuit les séances bihebdomadaires du Louvre. Il y retourne encore les 10, 17 et 21 mai, puis n'y remet plus les pieds jusqu'à son retour de Saint-Malo, pour l'assemblée publique du 12 novembre. Fin

---

1. *Journal et Mémoires sur les hommes de lettres les plus mémorables du règne de Louis XV (1748-1772)*, éd. H. Bonhomme, 1868, réédition Slatkine, 1967, vol. II, pp. 296-299. Ce portrait, rédigé par Collé à la mort de Maupertuis en août 1759, a laissé des traces chez ses contemporains, puisque Condorcet, qui n'avait pas connu Maupertuis, parlait de celui-ci comme d'un homme « tourmenté de ce désir de célébrité qui fait choisir les petits moyens quand les grands manquent... ».

2. Bien informée, et peut-être encore un peu jalouse, Mme du Châtelet, le 2 février 1738, le félicite de fréquenter Mmes de Richelieu et de Saint-Pierre. Il n'est pas exclu que la liaison de cette dernière avec Maupertuis ait commencé à cette époque.

3. Mme de Rochefort, née de Brancas, et son frère le comte de Forcalquier tenaient salon au château de Meudon. Là se retrouvaient le président Hénault et Mme du Deffand, Montesquieu, Maurepas et Maupertuis après son retour du Pôle. *Cf.* L. de Loménie, *La Comtesse de Rochefort et ses amis*, 1870, pp. 14-16.

4. Maupertuis avait lu la préface à son livre, *La Figure de la Terre*, sur le point d'être publié.

décembre 1738, il se met en route pour Bâle parce que, dit-il, « comme je n'ai pas d'agrément dans l'Académie, je vais profiter de ce temps pour me promener et me dissiper[1] ». Cirey étant sur le chemin, il décide de s'y arrêter quelques jours pour retrouver Emilie et Voltaire. Arrivé le 12 janvier, il en repart le 16. Il y fait la connaissance de Mme de Graffigny, qui le trouve « fort aimable et très gai[2] ». Deux mois plus tard, il y est de retour accompagné de son ami Jean II Bernoulli, que Mme du Châtelet rêve de s'attacher pour la guider dans ses travaux. En attendant, elle devra se contenter du Bernois Koenig que Maupertuis et Jean II ont convaincu de s'installer chez elle. Toujours pressé, Maupertuis repart pour Paris à la mi-mars, et ne refait sa première apparition à l'Académie qu'à l'assemblée publique du 8 avril 1739.

Dès son retour dans la capitale, il mène une vie extrêmement agitée que l'on peut suivre presque jour par jour grâce à la correspondance de Mme de Graffigny, installée auprès de la duchesse de Richelieu. C'est chez cette dernière qu'elle fait plus ample connaissance avec celui qu'elle surnomme *la Puce*, parce qu'il ne tient pas en place. Au mois de mai 1739, il s'attarde à Arcueil chez les Richelieu, entre deux sauts à Paris où il fait la cour à tous les jupons qui passent.

Mme de Graffigny, qui n'est pourtant pas une beauté, est sa première victime. Le 19 mai, elle raconte leurs retrouvailles : « Nous ne nous sommes pas quittés. Qu'il est fou, mais qu'il a de l'esprit ! Il se mit à côté de moi à sa table... faisait le jaloux dès que je parlais au prince [de Guise]. Enfin, avant la fin du repas, il en était à me donner des coups de pied. » Après le repas, il flirte avec elle dans un bosquet, avant d'aller badiner dans sa chambre... Mme de Graffigny note quand même : « Il commence à m'impatienter. Il est trop fou. » Mais le lendemain, c'est elle qui va dans sa chambre où, dit-elle, il l'a fait « mourir de rire »... Les jours suivants, elle confie à Devaux que « Maupertuis vient

---

1. A Jean II Bernoulli, 21 décembre 1738. BEB, LIa. 708, f. 31.
2. Lettre du 15 janvier 1739. *Correspondance*, t. I, p. 278.

polissonner en chemise dans sa chambre... qu'il lui fait une cour assidue... bref, qu'il est amoureux d'elle[1] ». Il en fait tant que la duchesse de Richelieu en est elle aussi convaincue. C'est mal connaître cet homme. Quand il quitte Arcueil quelques heures, c'est pour retrouver la duchesse de Saint-Pierre qui en est folle et ne le cache pas[2], ou visiter la duchesse d'Aiguillon chez laquelle il entretient une liaison avec la femme de chambre[3]. Tout Paris sait bien qu'avant d'accéder au salon, il descend d'abord à l'entresol...

Ainsi se passent juin et une grande partie de juillet. Maupertuis snobe l'Académie où, à l'exception du vieux Nicole et du jeune Lemonnier[4], ses amis se font rares. Les bruits de sa dissipation parviennent jusqu'à Cirey, d'où Mme du Châtelet lui écrit : « Je suis bien fâchée que vos chagrins continuent... Si j'avais votre mérite..., je ne me soucierais guère des Cassini. Vous ne me parlez ni de vos occupations ni de vos projets. Il me semble que vous perdez un peu votre temps, si cependant c'est le perdre que de le passer avec des gens aimables[5]. »

Est-ce à cause de ses dissipations sexuelles excessives, ou pour soigner ses relations avec la Royal Society, que Maupertuis prend soin de Martin Folkes ? Le vice-président fait un séjour à Paris et Maupertuis l'emmène dîner à Arcueil[6]. Ce balourd, selon le

---

1. *Correspondance*, I, pp. 497-512 et II, pp. 5, 7, 19, 68.

2. Les lettres qu'elle lui écrit durant le voyage à Amiens et à son retour sont sans équivoque. *Cf.* lettres de la duchesse de Saint-Pierre des 18 août, 13 et 29 octobre 1739. B.N., n.a.f. 10 398, f. 1, 2, 3, 7 et 8.

3. *Correspondance littéraire* de Grimm..., t. VII, p. 179.

4. L'amitié qui unit Maupertuis et Lemonnier ne varia jamais jusqu'à la mort de celui-ci. Maupertuis aida à sa carrière et Lemonnier le lui rendit par une fidélité sans faille. Le 20 avril 1739, Maupertuis remercie le docteur anglais James Jurin d'avoir bien voulu faire entrer Lemonnier à la Royal Society, à sa demande. Best. 1896a, *Studies on Voltaire*, vol. IV, 1957, pp. 197-198.

5. 20 juin 1739. Lettre 216.

6. Mme de Graffigny, 27 mai 1739 : « Hier, le Maupertuis vint dîner avec M. de Meslé [?]. Ils amenaient un M. Folkes, anglais... Ce fut précisément montrer l'ours. C'est un homme gros comme un bœuf, court, vilain et qui ne parle pas plus que Rosbif. On le tirailla pendant le dîner. Mot... Me voilà à pousser mon homme de questions. Je n'en tirai que des ouis et des nons, quelquefois rien... La duchesse vint me relever et n'en tira guère davantage. » Vol. I, pp. 512-513.

témoignage surprenant[1] de Mme de Graffigny, a deux vertus essentielles : son influence à la Royal Society, dont il sera bientôt le président[2], et sa largesse d'esprit à l'égard de ses amis français. En effet, on découvre grâce aux correspondances croisées[3] de Maupertuis, Montesquieu et Folkes que ce dernier fournissait généreusement les deux Français en préservatifs anglais[4] ! Entre deux livres scientifiques, Folkes glissait les précieux cadeaux, interdits en France, que l'on répartissait équitablement[5] ensuite...

A son retour d'Amiens, début septembre, Maupertuis reprend ses habitudes mondaines. Il passe une bonne partie de son temps chez Mme de Richelieu[6], alitée dans son hôtel parisien par une menace de fausse couche. C'est là que demeure Mme du Châtelet, qui va séjourner à Paris durant trois mois. Aux dires de Mme de Graffigny qui la hait au-delà de tout, Emilie a repris sa liaison avec le duc de Richelieu et n'a pas renoncé à Maupertuis : « C'est elle qui tiraille, agace, fait des trains à la Puce devant tout le monde... Il faudrait un volume pour conter toutes leurs indécences[7]. » Propos moins malveillants qu'il n'y paraît,

---

1. Montesquieu et Mme Geoffrin, très liés avec Folkes, ont laissé une tout autre image de cet honnête homme. De plus, Folkes avait fait dans sa jeunesse des études à l'université de Saumur et écrivait un français parfait, comme le montrent ses lettres à Réaumur (dossier Folkes aux archives de l'Académie des sciences) ou à Mme Geoffrin.

2. Il succède à Sir Hans Sloane en 1741.

3. Lettres de Montesquieu à Folkes des 29 septembre, 10 novembre 1742 et 21 janvier 1743. Lettre de Folkes à Montesquieu du 23 novembre 1742. In *Correspondance* de Montesquieu, éd. Nagel, III, pp. 1023-1027 et 1033-1034. Lettre de Maupertuis à Folkes, 6 janvier 1743. Archives de la Royal Society, Fo. III. 21.

4. Interdites en France, les « capotes anglaises » étaient vendues publiquement en Angleterre « sous des enseignes grossièrement suggestives ». René Pomeau, *L'Europe des Lumières*, Slatkine, 1981, p. 75.

5. Lettre de Montesquieu à Folkes, Paris, 10 novembre 1742 : « J'ai reçu, Monsieur, votre lettre avec le petit paquet qui était dedans. M. de Maupertuis a reçu de moi son contingent avec fidélité, car je connais aussi bien que personne l'importance de la chose, et j'ai cru devoir par déférence lui envoyer la superbe et grande machine... », éd. Nagel, III, pp. 1024-1025.

6. *Correspondance* de Mme de Graffigny, vol. II. Le 8 septembre 1739, « Maupertuis a été deux jours ici. Je l'ai plus vu que Voltaire depuis quinze jours » (p. 146). Le 18 septembre, Voltaire et Maupertuis ne quittent pas la chambre de la duchesse (p. 160). Le 29 septembre, « le Maupertuis vient presque tous les jours » (p. 173).

7. *Ibid.*, II, p. 242, 9 novembre 1739.

puisque quelques billets conservés de Mme du Châtelet montrent qu'elle bombardait Maupertuis de rendez-vous, à l'Opéra ou ailleurs, sur le ton comminatoire d'une femme qui se croit des droits. Et des droits supérieurs à ceux de Mmes de Saint-Pierre et de Richelieu, ou même de Mme de La Ferté-Imbault[1]...

Tiraillé entre ces dames, Maupertuis s'échappe à nouveau de Paris pour suivre la cour à Fontainebleau. Parti pour dix jours[2], il y restera deux mois. Là, il déploie tous ses charmes et brille de mille feux. Il joue de la guitare à la toilette des dames et dîne avec Maurepas et le cardinal de Fleury. Les échos de ses succès parviennent jusqu'à Paris[3], et même à Cheverny où réside la duchesse de Saint-Pierre : « Je vous croyais en effet un peu mort, n'entendant point parler de vous depuis un temps infini que vous êtes à Fontainebleau... C'est une vie nouvelle pour vous, dans le tumulte du grand monde à la cour, devenu joueur, quasi chasseur. Quelle vie pour un géomètre ! » Après lui avoir dit combien elle se languit de lui, comme Mmes de La Ferté-Imbault, de Croissey et du Châtelet, elle lui rappelle ses devoirs de courtisan : « Pensez à vos affaires et à tirer quelque profit de votre long séjour... Vous aurez l'avantage d'être de mieux en mieux avec le ministre parce que vous aurez de plus fréquentes occasions de le voir. Je sais que vous avez fait encore de nouvelles connaissances à la cour

---

1. Un dimanche de septembre 1739, lettre 222, elle lui écrit : « Vous êtes engagé depuis huit jours chez Mme de Saint-Pierre pour souper demain, mais je veux vous voir toute la journée et si vous ne le voulez pas, vous êtes un ingrat. » Et le 27 septembre, lettre 223 : « Mme de Richelieu est plus malade que Mme de la Ferté-Imbault, et moi je vous aime davantage... Je pourrais vous aller prendre vers les huit heures, si vous voulez me donner rendez-vous. »

2. A Jean II Bernoulli, s.d. [début octobre] : « Je pars pour Fontainebleau, où je passerai environ dix jours... » BEB, LIa. 708, f. 37. Tous les ans à la même époque, la cour se transportait à Fontainebleau pour des vacances de près de deux mois. Cette année-là, le roi s'y installa du 30 septembre au 23 novembre. *Mémoires du duc de Luynes*, 1860, vol. III, pp. 53 et 76.

3. L'abbé Le Blanc au président Bouhier, 13 janvier 1740, *op. cit.*, p. 347 : « M. de Maupertuis... a passé à Fontainebleau tout le temps que la cour y a séjourné. Il a joué de la guitare à la toilette des duchesses et aux soupers des ministres. Ce dont on l'a récompensé par un emploi sans fonction... Ici, on obtient tout quand on est préconisé par les femmes, et partout il vaut mieux amuser les hommes que leur être utile. »

[des dames !]... Je sais aussi que vous y avez très bien réussi. Vous êtes extrêmement à la mode[1]... »

Mme de Saint-Pierre ne se trompait pas : c'est en grande partie grâce à son charme, à son esprit et à sa gaieté que Maupertuis revient à Paris, fin novembre, doté de sa nouvelle charge. Un des rares moments où il se dit satisfait : « Je suis chargé par le roi de travailler à la perfection de la navigation avec trois mille livres d'appointements. C'est une place que M. de Maurepas a fait créer exprès pour moi, et la plus agréable que je puisse jamais avoir par l'honneur et la grandeur de l'objet et parce qu'elle pourra me rendre utile dans une partie de science que M. de Maurepas a fort à cœur. Tout cela s'est fait encore de la manière la plus gracieuse pour moi. Cela me rend très content et assez à mon aise[2]. »

Contentement de courte durée, car les académiciens n'apprécient ni les avantages octroyés à l'un d'eux, ni les grâces du géomètre à la guitare ! Aux yeux des anciens, de tels comportements méconnaissent la dignité du savant. Et, pour les plus jeunes, ignorés de la cour, les succès de Maupertuis ne peuvent que susciter la jalousie.

Plus ennuyeuse pour la réputation de Maupertuis est l'histoire des Lapones. Obscure affaire, car plusieurs versions ont circulé. Lorsque Maupertuis en parle à Celsius en janvier 1738, on comprend mal s'il est amoureux de l'une ou des deux sœurs, et s'il a en vue de les faire venir à Paris[3]. Toujours est-il qu'elles débarquent dans la capitale dix mois plus tard, à la confusion

---

1. Lettre du 29 octobre 1739, B.N., n.a.f. 10 398, f. 7 et 8.
2. Lettre à Jean II Bernoulli du 28 décembre 1739 (BEB, LIa. 708, f. 39) et à sa sœur du 28 novembre 1739 : « J'ai maintenant 6 600 livres de bienfaits du roi. J'ai eu dans mon voyage à la cour tous les agréments et au-delà de ce qu'on peut avoir. J'ai été fêté et gracieusé et ai dîné plusieurs fois chez M. le Cardinal. » Archives de l'Académie des sciences, fonds Maupertuis, J. 43, dossier 68.
3. Lettre du 31 janvier 1738 : « J'ai laissé à Stockholm deux pauvres demoiselles qui ne veulent pas retourner à Tornéa et à qui je voudrais bien rendre service et être bon à quelque chose. » Veluz, *op. cit.*, p. 58, pense que le service était de les faire venir à Paris, parce qu'il se sentait leur obligé. Selon Mme de Saint-Pierre (lettre à Maupertuis du 18 août 1739), les deux sœurs Plaiscom, prénommées Christine et Ingueborde, avaient été toutes deux ses maîtresses.

générale, et suscitant l'intérêt qu'on imagine sans peine. Comme elles ne savent pas un mot de français, on se demande même comment elles parviennent, début décembre 1738, jusque chez Clairaut dont les parents acceptent de les héberger. La première à s'en faire l'écho est Mme de Graffigny, qui réside alors à Cirey. C'est Voltaire et Mme du Châtelet qui ont reçu la nouvelle de Clairaut[1], qu'elle rapporte telle quelle à Devaux : « Le secrétaire de M. Clairaut... a fait l'amour à une des Lapones ; il lui a promis le mariage, et est parti sans tenir parole. La demoiselle vient d'arriver à Paris avec une sœur à elle, pour suivre son amant. Elles sont débarquées chez M. Clairaut, qui les héberge, quoique très médiocrement riche. L'épouseur ne veut point épouser, et la demoiselle ne veut point s'en retourner... Tout Paris va chez [Clairaut] pour voir ces Lapones. Ah ! mon Dieu, comment peut-on être Lapon[2] ? »

Le premier coupable désigné est Sommereux, le secrétaire de la mission lapone (Clairaut n'ayant pas de secrétaire particulier). Mais quelques semaines plus tard, Maupertuis, de passage à Cirey, donne une tout autre version à sa sœur : « Notre dessinateur [Herbelot] avait fait à l'une des promesses de mariage si sacrées et tant de mensonges sur sa fortune... que cette pauvre fille l'est venue trouver et que sa sœur, comptant partager cette fortune imaginaire, l'a accompagnée. Non seulement ce dessinateur est gueux comme un rat, mais il était infidèle et en a épousé une autre[3]. » Maupertuis joue d'autant plus les pères-la-pudeur qu'il ne veut pas que sa sœur, honnête bourgeoise bretonne, puisse le soupçonner d'être la cause d'un scandale qui ne manquera pas de parvenir jusqu'à Saint-Elier. Il continue sa lettre en donnant de leurs nouvelles : « La pauvre fille a été si sensible à ce malheur qu'elle en est tombée malade, et n'était pas encore hors de péril quand je suis parti de Paris. Tout le monde a été touché de son infortune, et on nous a fait espérer que si elles changeaient de religion, la cour pourrait faire quelque

1. Lettre mentionnée par Mme de Graffigny et perdue.
2. 18 décembre 1738. Vol. I, p. 231.
3. Archives de l'Académie des sciences, fonds Maupertuis, J. 47, dossier 68.

chose pour elles. Toute la compagnie du Cercle polaire, en attendant, s'est cotisée, et nous les avons mises dans une communauté de Paris pour apprendre le français et prendre du goût, s'il est possible, pour notre religion[1]. »

L'idée de se cotiser vient de Voltaire qui, au reçu de la lettre de Clairaut, et probablement pas dupe, écrit aussitôt à Maupertuis : « Nous regardons votre Lapone trompée comme notre compatriote. Nous proposerions bien qu'on mît en faveur de cette tendre Hyperboréenne une taxe sur tous ceux qui ne croient pas la Terre aplatie ; mais nous n'osons exiger de contributions de nos ennemis. Demandons seulement des secours à nos frères. Faisons une petite quête[2]. » Emilie envoie cinquante livres, et Voltaire deux cents. Trouvant l'affaire du plus haut comique, il y joint un petit poème « pour encourager les âmes dévotes à réparer les torts de l'amour »...

Voltaire s'égaie aux dépens de Maupertuis et contribue à faire mousser l'événement qui le ridiculise. Il faut admettre que Maupertuis a manqué de discrétion. Paniqué d'avoir ces deux Lapones sur les bras, il a alerté Mme de Saint-Pierre, et l'affaire est remontée jusqu'au Contrôleur général et à Maurepas qui a promis d'en prendre soin. Promesse tenue, puisque Maupertuis peut écrire à sa sœur deux mois plus tard : « On dit qu'on est fort content d'elles au couvent où elles sont. Elles seraient bien toutes deux à votre service... mais cela ferait parler dans une petite ville[3]... » A défaut, on en parle beaucoup dans la capitale ; et à son détriment à l'Académie, où l'on n'est pas loin de penser que si peu de sérieux jette le doute sur les mesures de l'astronome. Inconscience ou provocation, ce dernier distribue généreusement ses vers à Christine, comme le confirme Mme de Graffigny : « Le Maupertuis m'a donné par force des couplets

---

1. *Ibid.*

2. 20 décembre 1738 (Best. D 1698). De son côté, Mme du Châtelet lui propose de les placer dans un couvent près de Cirey, meilleur marché qu'à Paris, et de contribuer à leur pension. Lettre 159 à Maupertuis du 28 décembre 1738.

3. Bâle, 10 février 1739. Fonds Maupertuis, dossier 68.

qu'il a faits à Tornéa pour une Finnoise dont il était amoureux[1]. » Décidément, le savant ne jouait pas le jeu !...

Un beau gâchis

Exaspéré par l'obstination des Cassini, blessé par le silence complice de l'Académie, Maupertuis imagine une vengeance digne de Voltaire : un texte qui ridiculise cruellement ses adversaires. C'est probablement durant l'été 1738 qu'il rédige dans le plus grand secret l'*Examen désintéressé*[2]. Ce petit essai de 160 pages, d'une courtoisie digne de l'ancienne Académie, se présente comme l'exposé le plus objectif des deux thèses en présence. On y décrit les opérations des Cassini avec la conviction de ces derniers, et celles du Pôle avec la précision de Maupertuis. La malignité du projet réside dans le fait que l'auteur semble donner raison aux Cassini au nom d'arguments irrecevables : l'argument d'autorité, qui n'a plus cours depuis Descartes (comment les plus illustres membres de l'Académie pourraient-ils s'être trompés en prenant le parti de l'allongement de la Terre ?) ; le raisonnement par l'absurde, le plus cruel (si la Terre est aplatie, il faudrait que les astronomes les plus habiles et les plus illustres de toute l'Europe, qui ont refait cinq fois leurs opérations avec toujours les mêmes résultats, aient commis des erreurs grossières que les observateurs les moins expérimentés ne pourraient commettre[3] – hypothèse si saugrenue que nul ne saurait l'envisager...).

---

1. A Devaux, 21 juillet 1739, vol. II, p. 68.
2. *Examen désintéressé des différents ouvrages qui ont été faits pour déterminer la figure de la Terre*, Oldenbourg, 1738. Le lieu et la date de parution ne semblent pas conformes à la réalité. Le livre fut imprimé à Paris et publié au plus tôt à la fin de l'année 1739 et probablement en janvier 1740, sans nom d'auteur.
3. « Histoire du livre » publiée en introduction à la seconde édition de l'*Examen désintéressé* en 1741 (pages non numérotées).

Le piège prêt, restait à choisir le moment opportun pour le poser. Il est probable que Maupertuis prit sa décision après l'échec de son compte rendu des opérations d'Amiens à l'assemblée publique du 14 novembre 1739. Cassini de Thury n'avait pas terminé ses travaux en Provence, et il n'en pouvait plus d'attendre la reconnaissance toujours différée de ses pairs. La première mention du livre apparaît dans une lettre du 17 février 1740 de Montesquieu à Folkes : « Il paraît ici un livre très bien fait [suit le titre exact]. L'auteur paraît être un homme sage et réservé, qui ne dit pas de sottises... Il semble plus fort que son ouvrage[1]. » L'essai anonyme connut immédiatement un grand succès, tant chez les savants qu'auprès des gens du monde. Tous s'interrogeaient sur son origine : venait-il du cercle des Cassini ou de celui du Pôle ? Après une première lecture, une majorité l'attribua aux cassiniens, qui en firent mille éloges. Les noms de Fontenelle, Mairan, Cassini et même Jean Bernoulli circulaient comme ceux d'auteurs possibles ; on citait plus rarement celui de Maupertuis, dont le ton habituel tranchait avec celui de l'écrit.

Dortous de Mairan confie naïvement à Jallabert : « Le soupçon... est tombé sur Fontenelle, sur Maupertuis, par un raffinement de politique fort mal entendu qu'on lui attribuait, et enfin sur moi. Mais, comme il ne faut que lire... pour se débarrasser de ces idées, je vois qu'on en est quasi revenu. N'y ayant point de savant et de galant homme qui ne puisse avouer cet ouvrage, je me suis donné aussi la liberté de soupçonner. Il me semble qu'il pourrait fort bien être de M. Bernoulli. Je pense quelquefois à M. Cramer et M. Abauzit... Quoi qu'il en soit, ce livre fait honneur à celui qui l'a fait et est entre les mains de tout le monde à Paris, sans en excepter les dames qui se mêlent aussi de vouloir savoir la figure de la planète sur laquelle elles marchent[2]. » Jallabert, qui bien sûr a déjà lu le livre, fait une autre analyse : « L'auteur doit être français, bon ami de MM. Cassini, et il est

---

1. Nagel, t. III, p. 999. Par ailleurs, le *Journal des savants* en offre le compte rendu à ses lecteurs dès mars 1740, pp. 153-158, sans y voir malice.

2. Lettre du 29 février 1740, B.P.U., Ms. S.H. 242, f. 95-96. Cramer et Abauzit étaient deux savants genevois, amis de Jallabert.

surprenant que l'on n'ait pas soupçonné ces messieurs d'être les auteurs... C'est assez [leurs] coutumes... de rappeler les sentiments des philosophes qui les ont précédés, et j'ai cru découvrir quelques expressions qui leur sont familières. Quoi qu'il en soit, cet ouvrage sort d'une très bonne plume, d'un bon géomètre et physicien[1]... » Réponse immédiate de Mairan, qui a dû se renseigner à bonne source : « Cela ne vient ni de Cassini, ni de son fils[2]. »

Moins les auteurs désignés s'avouent, plus les hypothèses circulent en faveur du clan cassinien, à la plus grande joie de Maupertuis qui s'emploie à brouiller les cartes, même auprès de ses amis. Il écrit ainsi à Daniel Bernoulli[3] et à son frère : « Le petit livre dont vous parlez fait grand bruit à Paris et exerce depuis trois mois le talent que chacun a à deviner. On l'a attribué successivement à M. votre père, Fontenelle, Cassini, Mairan, enfin jusqu'à moi, et personne n'a pu s'assurer encore s'il est pour ou contre les Cassini. Mairan, qui est fort loué, s'en défend beaucoup de l'avoir fait et je crois qu'il dit vrai. Il était persuadé au commencement que ce livre était de M. votre père, et sûrement c'est lui qui a écrit à Jallabert. Il m'est important que Mairan ne croie pas qu'il est de moi et on a voulu le lui persuader. Ainsi, j'aimerais beaucoup mieux qu'il crût toujours que ce livre est de M. votre père... Je ne demande pas que vous l'avouiez à Jallabert si cela n'est pas vrai, mais je serais bien aise que vous lui fassiez une réponse qui puisse persuader Mairan dans sa première opinion, car il ne peut être bien désabusé sur mon compte que par là[4]. »

Jean II Bernoulli qui a déjà lu l'*Examen* en secret de son père et de son frère, ne s'en laisse pas tant conter : « Ce petit livre me paraît bien écrit et avec beaucoup d'impartialité... Il est vrai

---

1. De Jallabert à Mairan, 14 mars 1740, B.P.U., Fonds Trembley 12/2, f. 140-142.
2. De Mairan à Jallabert, 21 mars 1740, B.P.U., Ms. S.H. 242, f. 93.
3. Daniel Bernoulli à Jallabert, 23 mars 1740 : « M. de Maupertuis me parle d'un livre intitulé *Examen*... L'auteur doit cependant, malgré le titre *désintéressé*, être porté pour la Terre allongée. » BEB, LIa, lettre 9.
4. Lettre de Maupertuis à Jean II Bernoulli, 3 avril 1740. BEB, LIa. 708, f. 44.

qu'il paraît pencher du côté de M. Cassini, mais on remarque à travers tout cela tant de ménagements pour M. de Maupertuis qu'on dirait qu'il ne demandait pas mieux que de pouvoir se déterminer en sa faveur... Je ne vois pas même de raison pour croire que l'auteur soit plutôt des amis de M. Cassini que de M. de Maupertuis... Je sais au reste que bien des gens en France [comme M. de Mairan] ont attribué ce livre à mon père[1]. » Mais Jallabert, moins subtil, continue d'affirmer que « l'auteur ne peut être qu'un bon ami de M. Cassini[2] ».

En revanche, Voltaire est le premier à flairer la supercherie. De Bruxelles où il vit à présent avec Mme du Châtelet[3], il écrit dès le 29 mars au physicien S'Gravesande : « Je ne sais point qui est l'auteur de l'*Examen*... C'est un livre où il y a beaucoup d'art pour disculper les Cassini, mais de raison en leur faveur je n'en vois guère. Ce livre prouve seulement qu'il faut qu'ils se soient fort trompés[4]. » Emilie, aux réflexes moins prompts, s'interroge encore un mois plus tard[5]. Mais, dès le début de l'été, sa religion est faite : « Il n'est plus douteux à présent que c'est M. de Maupertuis qui a fait le livre... Je ne sais si ce n'est pas là une plaisanterie un peu trop poussée[6]. » Aux dires de La Condamine, le mathématicien Fontaine « l'avait deviné à la première lecture et avait soupçonné la malice de l'auteur et son but[7] ».

Imperturbable, Maupertuis n'avoue rien du tout. Le canular a pourtant perdu sa raison d'être lors de l'assemblée publique du

---

1. Lettre de Jean II Bernoulli à Jallabert, 9 avril 1740. Bâle, copie de la Société d'histoire, n° 243.

2. Lettre de Jallabert à Louis Bourguet, 12 avril 1740. Bibliothèque de Neuchâtel, Ms. 1273/6.

3. Le couple s'y était installé depuis mai 1739 pour y suivre un interminable procès de famille de Mme du Châtelet.

4. Best. D 2174.

5. A Jean II Bernoulli, 27 avril 1740 : « Tout le monde vous a donné l'*Examen* [confusion avec le père]. Pour moi, je le croirais à la modération qui règne dans ce livre, quoiqu'il y ait d'autres circonstances qui me portent à douter. Je vous prie de me mander ce que vous voulez que je croie sur cela, et ce que vous pensez du livre en cas qu'il ne soit pas de vous. » Lettre 238.

6. A Jean II Bernoulli, Bruxelles, 30 juin 1740. Lettre 241.

7. A Jean II Bernoulli, 25 octobre 1761. BEB, LIa. 685. S 427.

27 avril 1740. Thury, de retour de Provence, met en effet genou à terre. Au cours d'un long exposé technique sur toutes les observations qu'il vient d'effectuer[1], il glisse au détour d'une phrase qu'il « a trouvé le degré de latitude favorable à l'aplatissement de la Terre[2] ». Même si Thury a tout fait pour minimiser l'effet d'annonce, on imagine sans peine ce que dut lui coûter un tel aveu. Cet honnête homme, dont tout le monde loue l'extrême gentillesse, met ainsi fin à quatre décennies de règne familial. En faisant son travail de savant, l'homme s'est peut-être senti parricide[3]. A tout le moins, en assurant le triomphe de Maupertuis et des siens, il reconnaît la déconfiture de sa famille – et, avec elle, celle d'une grande partie de l'Académie, pour ne pas dire de toute la vieille Académie détentrice du pouvoir.

Pourtant, si d'un côté c'est bien l'accablement et parfois la colère qui l'emportent, de l'autre on ne perçoit pas l'exultation attendue. Mme du Châtelet, en froid avec Maupertuis[4] et plus préoccupée de son procès, se contente de noter : « On dit que Cassini a rendu les armes[5]. »

Plus explicite, mais presque laconique, Maupertuis confie à Jean II Bernoulli : « Les Cassini se sont rétractés publiquement sur l'allongement de la Terre et ont confessé l'avoir trouvée

1. Procès-verbal de l'Académie des sciences, le 27 avril 1740 : « M. de Thury lit : Observations astronomiques, géographiques, physiques faites en diverses provinces de la France en 1739 et 1740, pour vérifier la longueur et la direction de la méridienne de Paris aux frontières méridionales et déterminer la grandeur des degrés de longitude. »
2. *Ibid.*, p. 89.
3. Bien que les procès-verbaux de l'Académie ne mentionnent pas la présence des académiciens aux assemblées publiques, il est probable que Jacques Cassini assistait à celle-ci. S'il faut en croire le pamphlet de Maupertuis, *L'Horloger anglais*, il l'était : « Il [Thury] soutint l'aplatissement de la Terre en présence de son père, sans dire un mot de tout ce que ce grand astronome avait fait. » David Beeson, *op. cit.*, p. 220.
4. Parce que, quand elle avait congédié S. Koenig à la fin de l'année 1739, Maupertuis avait pris fait et cause pour celui-ci et découragea Jean II Bernoulli de lui succéder auprès de Mme du Châtelet.
5. A Jean II Bernoulli, Bruxelles, le 27 avril 1740, lettre 238. Si la nouvelle était déjà connue de Mme du Châtelet, c'est que Thury s'en était ouvert dans une séance fermée précédant l'assemblée publique, comme le signale la lettre de l'abbé Nollet à Jallabert du 9 juin 1740.

aplatie dans la sixième opération qu'ils viennent de faire. Ils sont un peu la fable de la ville et le méritent bien[1]. » Nulle trace de joie ni de véritable satisfaction. Comme si cette reconnaissance arrachée au forceps venait trop tard pour pouvoir apaiser la haine qu'il nourrissait depuis son retour du Nord.

Du côté des vaincus, c'est le silence. Une lettre de l'abbé Nollet à son ami Jallabert donne une idée de l'atmosphère ambiante. En racontant sa version des événements, Nollet révèle aussi la position de son maître Réaumur et celle de ses amis. Une fois de plus, c'est un déni de vérité : « Il est absolument faux que M. de Cassini se soit rendu en pleine Académie au sentiment de M. de Maupertuis. » Certes, il reconnaît qu'il existe des observations favorables à la thèse de la Terre aplatie, mais « dans le reste du mémoire... il déclare qu'il n'embrasse sur cette matière aucun parti ; il en allègue pour raison tous les motifs d'incertitude ». Suit une longue énumération de raisons de douter. « Tout cela, dit Nollet, n'a pas l'air d'un homme qui se rend. » Vient ensuite l'essentiel, les conflits de personnes : « Mais ce qu'il y a de plus certain, c'est que M. de Maupertuis a pris cela si fort à cœur qu'il déclare une guerre ouverte à quiconque ne dit pas à haute voix *la Terre est aplatie*. Jamais Don Quichotte n'a tant fait de fracas pour sa Dulcinée ; il vient de se faire peindre en Lapon, la main sur le globe qu'il aplatit avec un air bien assuré ; il en donne des copies et j'espère qu'il le fera graver ; j'aurais voulu qu'on eût mis dans le lointain ses cinq coadjuteurs, ces bons croisés et en admiration, car ils prennent si peu part à la dispute, pour ce qui est des procédés, qu'il semble qu'ils soient pour rien dans ce qui l'a fait naître. » Et Nollet de conclure superbement cette diatribe en contredisant le propos initial : « *J'incline autant que personne au monde à croire la Terre aplatie* ; mais je le veux penser librement que je ne veux point qu'on en fasse un article de foi[2]. »

---

1. A Jean II Bernoulli, le 2 mai 1740, puis à nouveau le 20 juillet 1740 (BEB, LIa. 708, f. 45).
2. Lettre du 9 juin 1740, Isaac Benguigui, *Théories électriques du XVIIIe siècle*.

Une partie des cartésiens fait comme si de rien n'était. Témoin le compte rendu de l'*Examen désintéressé* par le *Journal de Trévoux* qui paraît trois mois après l'assemblée publique[1], et qui ne cache pas sa préférence pour la thèse du vieux Cassini. Ou le conciliant Dortous de Mairan qui continue d'affirmer tranquillement : « Le résultat [de M. de Thury] n'est pas contraire aux observations du Nord, il les modifie seulement à certains égards[2]. » Seul Fontenelle ne dissimule pas son accablement. Il comprend que le monde cartésien, c'est-à-dire le sien, vient de s'écrouler. Sans attendre, il demande à Maurepas la permission de se démettre de son poste de secrétaire. Le ministre accepte le 3 mai. Chacun sait déjà que lui succédera aux élections du mois de juin suivant un homme aussi hostile que lui au newtonianisme, son ami Mairan.

En ce printemps de 1740, l'amertume l'emporte dans les deux camps. Rien d'étonnant de la part des vaincus. Mais c'est moins compréhensible de la part du vainqueur. Lorsque Voltaire lui écrit de La Haye : « Au bout du compte, vous avez conquis la Terre sur les Cassini et vous êtes sur vos lauriers[3] », il méconnaît totalement l'état d'esprit de son interlocuteur. Maupertuis est plus seul que jamais. Son égocentrisme l'a éloigné de ses compagnons du Pôle, son amitié pour Clairaut appartient au passé. Seul Lemonnier, au caractère peu commode, lui reste fidèle. Au lieu de jouir de sa victoire et de panser les plaies de ses adversaires, Maupertuis ne songe qu'à régler des comptes. Pour un homme qui a toutes les cartes en main, on ne peut imaginer plus beau gâchis !

Correspondance entre l'abbé Nollet et Jean Jallabert, Genève, Georg, 1983, pp. 97-99. Souligné par nous.

1. *Journal de Trévoux*, août 1740, pp. 1536-1552.
2. Lettre de Mairan à Cramer, 18 novembre 1741, B.P.U., Ms. Suppl. 384, f. 291-292.
3. Lettre du 21 juillet 1740 (Best. D 2271).

CHAPITRE IV

L'Académie humiliée
(1740-1741)

Tandis que l'Académie se prépare à choisir le successeur de Fontenelle au secrétariat, Dortous de Mairan multiplie les démarches secrètes pour échapper à cet honneur. La charge est aussi lourde que dangereuse pour celui qui l'exerce. Mairan est un mondain qui aime aussi à se retirer à la campagne pour de longs mois, et la soixantaine venue lui ôte de son courage. D'ailleurs, il se dit volontiers submergé par sa correspondance, par le travail éditorial du *Journal des savants* et par ses recherches personnelles. Or le secrétariat n'est pas une sinécure. Outre le travail considérable et souvent fastidieux qu'exigent les éloges des collègues décédés, Mairan sait qu'il sera jugé à l'aune de son prédécesseur qui brillait comme personne dans ce genre d'exercice. Et le second de Fontenelle devine qu'il ne pourra égaler son modèle. Plus ennuyeux encore est l'aspect politique de la charge. L'Académie est un lieu de susceptibilités et de conflits divers que le secrétaire doit savoir apaiser. Si Mairan ne manque pas de diplomatie, il mesure fort bien tout le temps qu'il lui faudra trouver pour accomplir cette tâche. Et, pour l'heure, il s'agit moins de régler les problèmes quotidiens que de ressouder l'institution dont l'unité a éclaté publiquement. Besogne délicate lorsqu'une partie des membres adresse à peine la parole à l'autre !

D'un caractère un peu faible et désireux de ne pas déplaire, Mairan ne résiste cependant pas longtemps aux pressions diverses dont il est l'objet. Il confie à Cramer : « Mes recherches... vont être suspendues pour bien du temps. On m'a fait l'honneur de jeter les yeux sur moi pour succéder à M. de Fontenelle... Honneur aussi dangereux que la fonction à laquelle il est attaché était peu de mon goût. *Je me suis défendu trois mois...* Mais je n'ai pu résister davantage aux sollicitations redoublées de personnes à qui je dois respect et reconnaissance. De sorte que si l'élection de l'Académie [à la rentrée de novembre] ratifie leurs désirs, me voilà secrétaire au début 1741. Je n'ai accepté que pour trois ans. L'emploi libre de mon loisir me paraît un bien au-dessus de tous les autres[1]. »

Déjà accablé par ces perspectives, le pauvre Mairan allait connaître d'autres sujets de mécontentement aussi imprévisibles que déroutants. Pour cet homme consensuel attaché à l'ordre et aux traditions, l'année qui s'écoulera entre mai 1740 et juin 1741 ressemblera à un cauchemar.

La folie de Maupertuis

Emporté par une haine inextinguible, Maupertuis ne rêve que d'écraser publiquement des adversaires déjà à terre. En humiliant l'un et en ridiculisant l'autre, il fait preuve d'une cruauté qui relève du sadisme. Il répond, pense-t-il, à la terrible persécution dont il a été l'objet et qui appelle une vengeance exemplaire de

---

1. Paris, le 12 septembre 1740, B.P.U., Ms. Suppl. 384, f. 277-280. Souligné par nous. Il est probable que, parmi ceux qui firent pression sur lui pour qu'il accepte le secrétariat, figurent – outre Maurepas – le chancelier d'Aguesseau, peut-être le cardinal de Fleury, et à coup sûr le clan cassinien dans son entier.
On peut remarquer que Mairan s'est d'abord épanché sur cette affaire auprès de ses amis suisses. A part Cramer, il raconte ses soucis à Louis Bourguet (lettre du 23 septembre 1740, Bibliothèque de Neuchâtel, Ms. 1275/3) et à Jallabert (lettre du 21 novembre 1740, B.P.U., Ms. SH 242, f. 97-98). Ce n'est que le 10 août 1741 qu'il se plaint à son ami de Béziers, le médecin Bouillet : « La place de secrétaire m'arrive lorsque j'étais surchargé de lettres avec plusieurs savants de l'Europe... Je ne puis aussi renoncer à tous les engagements précédents d'ouvrages et de recherches, sans couper tout court le fil de ma vie. » *Op. cit.*, pp. 251-252.

sa part. Hors de lui, il ne mesure pas l'évidence : à se comporter de la sorte, il met définitivement un terme à sa carrière académique. En traitant ainsi ses pairs, il s'interdit à tout jamais d'être reconnu par eux et sacré *primus inter pares*. Mais, à cette époque de sa vie, cet homme si intelligent semble envahi par une pulsion paranoïaque qu'il ne contrôle plus. Elle fait pendant à cette mégalomanie dont on a déjà perçu les signes et qui lui vaut de manquer par deux fois la chance de passer à la postérité.

La haine des Cassini

Elle transparaît dans deux textes différents. Publiquement dans un petit pamphlet ravageur à la Voltaire, et dans sa correspondance avec Jean II Bernoulli. Comme l'*Examen désintéressé*, la *Lettre d'un horloger anglais à un astronome de Pékin* est publiée sans nom d'auteur et ne porte que la date, 1740, sur sa couverture[1]. Son attribution à Maupertuis n'est plus discutable et il est fort probable qu'il l'ait écrite tout de suite après la rétractation publique de Cassini de Thury, le 27 avril[2]. Ce qui montre à coup sûr une volonté de remuer le couteau dans la plaie. A l'opposé de l'*Examen* quant au ton, à la forme et au fond, la *Lettre*, loin de prétendre à l'objectivité, se présente comme le réquisitoire le plus cruel. L'accusé est nommé sous le terme générique « MM. Cassini », sauf quand Maupertuis veut souligner une stupidité propre à l'un ou à l'autre. Ce sont trois générations

---

1. Pour toute l'histoire curieuse de ce petit livre de 63 pages, lire la remarquable étude de David Beeson qui accompagne la republication de ce texte devenu introuvable : *Studies on Voltaire*, n° 230, 1985, pp. 189-222.

2. Deux lettres de Maupertuis à Jean II Bernoulli le laissent penser. La première, du 2 mai 1740, soit cinq jours après l'assemblée publique, raconte la rétractation de Thury, et se poursuit ainsi : « Dites-moi, mon cher ami, si les libraires de Bâle impriment sans permission et si je pourrais vous prier de faire imprimer quelque chose qui demanderait que vous révisiez les épreuves. » La seconde, du 21 mai, semble dire que le travail est fait : « Je suis au Mont-Valérien à respirer pour quelques jours. Dès que je serai à Paris, je vous enverrai les papiers dont il est question et vous verrez avec vos libraires ce qu'ils en voudront faire. » Et c'est seulement deux mois plus tard, le 1er août, qu'il lui envoie le manuscrit de l'*Origine des langues* pour être publié à son tour à Bâle.

d'une même famille qu'il accuse d'ignorance, d'entêtement et de malhonnêteté intellectuelle.

Ignorance de l'utilité et de l'usage du plus simple et du plus économe des instruments astronomiques : le pendule[1]. C'est grâce à lui, et sans sortir de son cabinet, que Newton avait trouvé la vraie figure de la Terre. Au lieu de quoi, les Cassini avaient entrepris d'onéreuses expéditions qui avaient toujours donné les mêmes résultats erronés. Au passage, Maupertuis ridiculise Fontenelle qui, dans un premier temps, conclut à la Terre aplatie à partir des travaux des Cassini qui montraient tout le contraire : « Il est étonnant qu'un homme qui a quelque teinture de géométrie fût dans une telle ignorance », et Maupertuis d'ironiser : Fontenelle aurait dû s'en remettre au pendule « au lieu de se laisser conduire par sa géométrie[2] ». Outre le ridicule que le pendule eût évité aux astronomes, il aurait épargné beaucoup de dépenses au roi de France. Par six fois, les Cassini s'étaient trompés sous prétexte, selon l'auteur de la *Lettre*, de respecter les premières opérations de l'ancêtre, et ce avec la complicité et les éloges de l'Académie. « MM. Cassini avaient triomphé pendant trente-cinq ans. Ils avaient joui pendant tout ce temps de l'honneur et des louanges qui étaient dus à une si grande découverte. Il faut lire l'histoire de l'Académie pour voir comment eux et leurs ouvrages étaient célébrés... Ces ouvrages, dont la dépense faisait connaître l'utilité, avaient reçu le dernier sceau de l'approbation par les honneurs et les récompenses dont le roi avait comblé ceux qui les avaient exécutés[3]. »

Quand les voyageurs du Nord revinrent avec les résultats que l'on sait, « peu s'en fallut qu'on ne prît M. de Maupertuis et ses compagnons pour des imbéciles... [Les Cassini] avaient assez de bons amis à la cour et à l'Académie pour faire maintenir la Terre

---

1. « MM. Cassini et M. de Mairan ne soutiendront plus, comme ils l'ont toujours fait, que les pendules ne servent de rien pour la question de la figure de la Terre. » *Lettre...*, in *Studies on Voltaire, op. cit.*, p. 210. Dans un mémoire de 1720, Mairan avait montré que l'expérience du pendule qui retarde à l'équateur ne prouvait pas la forme de la Terre.

2. *Ibid.*, p. 214.

3. *Ibid.*, p. 217.

dans son allongement... Tous les cafés étaient pleins de gens qui auraient soutenu la Terre allongée comme un concombre, s'il l'avait fallu[1] ». Mais les Cassini avaient pris peur lorsque se répandit la rumeur que Godin, au Pérou, avait déjà trouvé la Terre aplatie : « Ils perdirent la tête et crurent tout perdu... Tout ce que purent faire MM. Cassini, ce fut de tâcher de se ménager une retraite, c'est-à-dire une rétractation la moins honteuse qu'il fût possible. Ils demandèrent en grâce au ministre de faire encore une septième opération... Pour cette fois, Cassini le fils partit modestement, suivi seulement de quelques domestiques[2]. » Il trouva la Terre aplatie, mais, pour sauver l'honneur de ses parents, il fit tout ce qu'il put pour jeter des doutes sur ses opérations. Ce qui est vraiment « le comble du désordre et de la misère[3] ». Avec cruauté, Maupertuis enfonce le clou : « Si les gens du Pérou allaient trouver la Terre allongée, il y aurait pour MM. Cassini de quoi se pendre pour avoir été si promptement se rétracter au bout de quarante ans, au lieu d'avoir attendu au moins jusqu'à ce qu'il y eût le demi-siècle[4]. »

Alternant l'attaque brutale (quand il leur oppose la probité et le savoir de Bradley) et l'ironie cinglante (quand il constate qu'ils ont ridiculisé l'astronomie au point qu'il vaudrait mieux « faire de l'Observatoire une salle d'opéra[5] »), Maupertuis procède à une véritable exécution des Cassini, sans exemple jusque-là dans l'histoire de l'Académie. Mais le trait est si outré qu'il finit par se retourner contre son auteur. D'autant que les Cassini jouissent d'une meilleure réputation que leur accusateur. Ce dernier a beau

---

1. *Ibid.*, p. 218.
2. *Ibid.*, pp. 218-219.
3. *Ibid.*, p. 220.
4. *Ibid.*, p. 219. Dans sa lettre à Jean II Bernoulli du 20 juillet 1740 (BEB, LIa. 708, f. 48-49), Maupertuis précise : « Il est vrai que sur les mauvaises nouvelles qui sont venues du Pérou [Godin assassiné], ces messieurs ont été bien fâchés de s'être tant pressés de se rétracter, et ne voulaient point me donner de copie authentique de ce mémoire. Le vieux parti dans l'Académie avait assez d'envie de les en dispenser, mais j'ai tant bataillé que je me la suis fait donner en bonne forme et elle me servira du moins à faire voir que ces messieurs trouvent tout ce qu'ils veulent suivant les temps et les convenances. »
5. *Ibid.*, p. 220.

se poser en « persécuté », après tout, comme il le remarque : « Il vit avec les cardinaux et les ministres ; et le roi même l'a honoré de ses bienfaits[1]. » Rien là qui lui permette de se camper en Galilée !

Si Maupertuis n'est pas un martyr de la science, il est à coup sûr la victime d'une cabale qui persiste après l'assemblée publique. Au lieu d'assumer clairement leur erreur, les Cassini, avec la complicité de Mairan, en rejettent toute la responsabilité sur feu l'abbé Picard[2]. Avant de partir pour Berlin, Maupertuis propose à Maurepas que son équipe – Clairaut, Lemonnier et Camus – et Cassini remesurent ensemble la distance de Paris à Amiens qui a servi de base aux calculs de Picard et aux conclusions des Cassini. Après plusieurs dérobades, Cassini refait avec eux une partie des mesures, mais remet à plus tard celles des angles, pourtant indispensables à toute conclusion. N'est-ce pas l'ultime preuve de la mauvaise foi cassinienne ? De Berlin, Maupertuis en informe Jean II Bernoulli. Pour mieux le convaincre de son objectivité, il lui envoie copie d'une lettre de Clairaut qui le tient au courant des dernières péripéties. Or Clairaut est d'autant moins suspect qu'il a pris depuis longtemps ses distances avec Maupertuis, lequel confie : « Je n'ai jamais été content de son courage et de sa franchise pour nos intérêts, qu'il aurait sacrifiés volontiers à l'envie, dont il a toujours été possédé. » Cette fois, Clairaut est catégorique : en l'état actuel des vérifications faites de concert avec Cassini, il est impossible de condamner Picard[3]. Maupertuis aurait pu citer d'autres lettres de Lemonnier tirant la même conclusion, mais Lemonnier est un ami et « le témoignage de Clairaut qui a une tendresse ou une crainte cachée pour Cassini est plus convaincant[4] ». Qu'importent finalement les ultimes reculades de Cassini : « C'est un homme

---

1. *Ibid.*, p. 222. Ce sont les derniers mots de la *Lettre d'un horloger*.
2. 1620-1682. Astronome qui avait mesuré un degré de méridien de Paris à Amiens.
3. De Maupertuis à Jean II Bernoulli, Berlin, 17 décembre 1740. BEB, LIa. 708, f. 61-62.
4. *Ibid.*

qui se noie et qui ne sait à quoi se prendre, mais j'arracherai jusqu'au moindre roseau auquel il voudrait s'accrocher[1]. »

L'erreur de Picard fut confirmée et Cassini de Thury reconnut ses torts. Il en fit l'aveu dans un livre[2] publié quatre ans plus tard, qui apaisa la hargne de Maupertuis. Les deux hommes firent taire leur rancune et devinrent amis. Pour sceller cette réconciliation, Maupertuis fit supprimer le petit nombre d'exemplaires qu'il avait fait tirer de la *Lettre d'un horloger anglais*[3]. Mais le mal était fait et le vieux Cassini, le cousin Maraldi et tout l'ancien parti ne devaient jamais lui pardonner. D'autant moins qu'au moment même où il traînait les Cassini dans la boue, Maupertuis raffinait sa mystification de l'*Examen désintéressé* en direction du futur secrétaire.

Mairan ridiculisé

Il ne suffit pas à Maupertuis que Mairan se répande en vantant l'*Examen* qui ridiculisait son camp, en particulier après l'assemblée du printemps. Il voulait que la chose fût publique et que l'Europe savante sût que le futur secrétaire eût pu l'écrire lui-même. Tenant plus que tout à garder l'anonymat, Maupertuis manipula les Bernoulli père et fils pour parvenir à ses fins. Ayant su que Mairan avait écrit à Jean Ier Bernoulli tout le bien qu'il pensait de l'*Examen*, il demanda à ce dernier de lui envoyer copie de sa lettre et à son fils de la faire insérer dans le *Mercure suisse*[4]. Jean Ier envoya la lettre de Mairan, mais omit d'y joindre sa propre réponse. Maupertuis pria alors Jean II d'intervenir auprès

---

1. *Ibid.*
2. *La Méridienne de Paris vérifiée dans toute l'étendue du Royaume,* 1744.
3. Aux dires de deux hommes qui ont bien connu Maupertuis : Lalande et La Beaumelle, son biographe, dont le livre fut revu par La Condamine. Dans la *Bibliographie astronomique* (1803), Lalande raconte que Maupertuis lui montra la *Lettre d'un horloger anglais* lorsqu'il était à Berlin, « mais elle fut supprimée lors de sa réconciliation avec Cassini ». Cité par D. Beeson, *Studies..., op. cit.*, p. 205.
4. Lettre à Jean II Bernoulli, 21 mai 1740. BEB, LIa. 708, f. 46. Le *Mercure suisse*, dirigé par Louis Bourguet depuis 1732, était publié depuis 1738 et jumelé avec le *Journal helvétique*, si bien qu'on le désignait indifféremment par l'un ou l'autre titre.

de son père pour que celui-ci rendît publics tous ces éloges de l'*Examen*.

En attendant, il lui demanda de faire publier dans le *Mercure suisse* un compte rendu très favorable du livre, soi-disant écrit par un de ses amis, qui se présentait sous la forme d'une lettre anonyme adressée à Jean II Bernoulli[1]. Cette lettre datée de Paris, 1er juillet 1740, sortie tout droit de la plume de Maupertuis, finit par attribuer l'ouvrage à Jean Ier, comme pour le forcer à en démentir la paternité tout en en disant le plus grand bien. Dupe ou non, Jean II s'exécute et le *Mercure suisse* de juillet 1740 publie la lettre anonyme. Entre-temps, il a appris par Mme du Châtelet qu'on attribue l'*Examen* à Maupertuis, qui ne s'en défend pas[2], et son père lui a fait part du même sentiment. Jean II dut protester[3] auprès de Maupertuis, qui lui répondit sur-le-champ un tissu de mensonges : Mme du Châtelet se trompe ; comment peut-on lui attribuer un livre visiblement fait contre lui ? « La remarque qu'a faite M. votre père que le nom de M. de *Meyran* est écrit comme je l'écris n'a pas plus de force... Tout le monde ici écrit ainsi le nom de *Meyran*... Il est vrai que ce livre paraît l'ouvrage de quelqu'un qui a trop bonne opinion de MM. de Cassini et qu'à présent qu'ils trouvent la Terre aplatie, ce livre devient bien ridicule... Vous êtes, je crois, bien sûr, mon cher ami, que je n'avoue à personne les choses dont je vous ferais mystère[4]... »

Jean II dut être convaincu par ses protestations, car il lui soumet par retour de courrier sa réponse à l'anonyme, qu'il compte publier dans le prochain *Mercure suisse*. Maupertuis s'en dit fort content, mais lui demande d'y insérer toute la partie de la lettre de Mairan à son père concernant l'*Examen*[5]. Ainsi fut

---

1. A Jean II Bernoulli, 29 juin 1740. BEB, LIa. 708, f. 47.
2. Mme du Châtelet à Jean II Bernoulli, Bruxelles, 30 juin 1740, lettre 241.
3. Lettre perdue dont on connaît le contenu par la réponse de Maupertuis, le 20 juillet 1740.
4. 20 juillet 1740. BEB, LIa. 708, f. 48-49.
5. Lettre à Jean II Bernoulli, 9 août 1740. BEB, LIa. 708, f. 52.

fait selon ses désirs dans le *Mercure* de septembre[1]. Et même au-delà : non seulement Jean II s'étendait longuement sur les opinions de Mairan, mais il y attaquait durement les Cassini et démontrait avec talent que Maupertuis ne pouvait être l'auteur de l'*Examen*.

Difficile de savoir si Jean II a été manœuvré ou complice ; mais, peu de temps après la publication de sa *Réponse*, il la regrette manifestement[2]. A part Mairan qui continue imperturbablement à nier que l'*Examen* soit de Maupertuis[3], une majorité de plus en plus grande pense le contraire.

Jean II a toutes les raisons d'être mécontent. Si la rumeur est vraie, il s'est ridiculisé en tombant dans le panneau ; il aura indirectement mêlé son père à une supercherie de mauvais goût ; surtout, à peine sa *Réponse* publiée, l'élection de Mairan au secrétariat est devenue certaine. Or, il est mal venu pour un savant qui prétend aux prix de l'Académie d'avoir ridiculisé son secrétaire... Maupertuis tente de le rassurer : « Je suis fâché, mon cher ami, de l'inquiétude extrême que cela vous donne et de la terreur panique de ridicule que vous prenez. Il n'est point vrai que je sois convenu avec personne d'avoir fait le livre... Vous devez le croire. Mais quand il serait vrai que quelques personnes me soupçonneraient, ces mêmes personnes ne soupçonneraient-elles pas que vous êtes dans le secret avec moi, et où serait ce ridicule que vous craignez, et où serait-il encore quand, dans une matière que vous n'avez aucun intérêt de débrouiller, vous penseriez comme ont pensé tous ceux qui y avaient le plus grand intérêt[4] ? »

---

1. *Réponse de M. Jean Bernoulli fils à la lettre anonyme sur la figure de la Terre, insérée dans le Journal de juillet 1740*, Bâle, 24 août 1740, *Journal helvétique*, septembre 1740.

2. Lettre perdue dont on connaît le contenu par la réponse de Maupertuis, le 20 octobre 1740. BEB, LIa. 708, f. 57-58.

3. Lettre de Mairan à Jean Ier Bernoulli, 1er septembre 1740. BEB, LIa. 661, f. 64*.

4. Berlin, 20 octobre 1740. Dans ses deux lettres suivantes, des 15 novembre et 17 décembre, Maupertuis y fait encore quelques allusions.

Apparemment, Jean II n'en tint pas rigueur à Maupertuis, qui continua longtemps à nier la paternité de son *Examen*[1]. En revanche, Mairan lui en voulut mortellement. D'autant plus que Maupertuis n'avait pas fini d'exercer sa vengeance. En 1741, alors que Mairan a pris ses fonctions de secrétaire[2], il publie une seconde édition de l'*Examen,* précédée d'une préface et de l'« Histoire du livre ». La préface s'ouvre sur ces mots : « Pour rendre ce livre recommandable, il suffit de faire connaître au lecteur le jugement qu'en a porté l'illustre M. de Mairan dont tout le monde connaît la science, l'esprit, le discernement. Voici comme il en parle dans l'extrait d'une lettre inséré dans le *Journal helvétique* du mois de septembre 1740... » Suivent les éloges dithyrambiques de Mairan. Et l'on comprend à présent l'intérêt du coup monté avec Jean II : Maupertuis avait absolument besoin que les propos de Mairan soient publiés pour pouvoir les citer dans sa préface[3]. Un an après la rétractation de Cassini de Thury, et alors que les nouvelles du Pérou confirment les résultats du Pôle, il y a une grande cruauté à republier un texte qui ne trompe plus personne, mais jette le discrédit sur trois des plus hautes autorités de l'Académie : Cassini, Fontenelle et Mairan. Avec délectation, Maupertuis conclut ainsi l'« Histoire du livre » : « Que les hommes du Royaume les plus éclairés se trompent et prennent pour des louanges ce qui ne serait que des ironies... »

---

1. Selon La Condamine, Maupertuis ne s'avoua l'auteur de l'*Examen* que « dans les derniers temps [de sa vie] ». (à Jean II Bernoulli, 26 juillet 1761. BEB, LIa. 685, S. 411). En fait, Maupertuis semble avoir livré son secret à Algarotti lorsqu'ils étaient ensemble à Berlin en janvier 1741. Le 18 février, il lui écrit : « Je suis fâché que vous ayez empêché mon traducteur Koenig de réfuter l'*Examen désintéressé* ; c'eût été une comédie que je pouvais me donner. » Le 26 février, Maupertuis est encore plus clair : « Pourquoi avez-vous été dire à Koenig que j'étais l'auteur de l'*Examen* ? Je lui nic tout ouvertement. » *In* Algarotti, *Opere*, vol. XVI, 1794, pp. 181-182.

2. Depuis le 7 janvier 1741.

3. Dans sa lettre à Jean II du 21 mai 1740, Maupertuis ne peut être plus clair quand il affirme : « Quand il [votre père] m'aura envoyé l'extrait de la lettre de Mairan, je n'en saurais faire l'usage que je voudrais que quand cet extrait aura paru dans le public d'une autre manière que la mienne. »

Tout était dit pour tuer sous le ridicule deux secrétaires perpétuels et la vieille gloire de l'astronomie française. En agissant ainsi, Maupertuis n'avait peut-être pas mesuré qu'il portait atteinte au prestige de toute l'institution, et donc à celui de chaque académicien. Peu d'entre eux le lui pardonneront, notamment parmi la vieille garde. Réaumur, qui avait tant travaillé à la grandeur de l'Académie, en éprouva un ressentiment violent que rien, jamais, n'apaisa. Il mit un terme à leurs anciennes relations personnelles et fut suivi par ses fidèles, dont l'abbé Nollet[1]. La rupture était si publique que Maupertuis n'hésita pas à demander à l'Académie qu'elle le dispense à l'avenir d'être commissaire pour l'examen de ses volumes sur les *Insectes*[2]. De son côté, Mairan, fidèle à lui-même, tenta de faire bonne figure en paraissant oublier l'affront. Mais tous savaient que « la méprise où il était tombé en applaudissant à l'auteur de l'*Examen désintéressé* lui tenait au cœur[3] », et qu'il n'avait jamais pardonné ce piège à Maupertuis. Quant à ce dernier, il s'était lui-même exclu de cette Académie qu'il rêvait de dominer. Pis, il était devenu un objet de satire, ridiculisé sur une scène de théâtre dans une mauvaise pièce de Louis de Boissy[4]. Ce qui, à travers lui, blessait la dignité de l'Académie tout entière. Décidément, il n'était plus *persona grata* dans ce lieu qu'il avait grandement contribué à rabaisser.

Bonheurs et chagrins en Prusse

L'atmosphère étant devenue irrespirable à l'Académie, Maupertuis dut accueillir avec joie les marques d'attention de

---

1. On peut dire que l'abbé Nollet retarda son adhésion publique au newtonianisme par solidarité avec Réaumur et antipathie envers Maupertuis.
2. Procès-verbal de l'Académie, samedi 12 janvier 1743.
3. La Beaumelle, *op. cit.*, p. 64.
4. L'abbé Le Blanc au président Bouhier, 8 mars 1741 : « Boissy vient de donner une cruelle pièce [*La Comédie sans titre*, jouée le 3 mars 1741]... Le ton de la halle et de la farce y était mêlé au ton le plus haut... C'est le portrait d'un géomètre ou plutôt de Maupertuis lui-même qu'indécemment Boissy a mis sur le théâtre... Sa pièce a été huée d'un bout à l'autre et n'a été jouée qu'une fois. » *Op. cit.*, pp. 357-358.

souverains étrangers. Attentive à la culture française et aux progrès des sciences, l'impératrice de Russie, Elisabeth Petrovna[1], offre au découvreur de la forme de la Terre une pension de 200 roubles. Le 21 mai 1740, Maupertuis annonce la nouvelle à Jean II Bernoulli avec ce commentaire : « Comme j'ai actuellement environ 7 000 livres de pension du roi et que j'ai cru voir qu'on trouverait mauvais que j'acceptasse des pensions d'autres souverains, j'ai pris le parti de remercier, mais de la manière que j'ai crue plus capable de faire connaître à l'impératrice mon respect et ma reconnaissance. » En revanche, les approches du tout nouveau roi de Prusse[2] le séduisent. S'était-il proposé, comme la lettre de Frédéric pourrait le laisser entendre ? Ce qui est sûr, c'est que Voltaire l'avait conseillé au prince dès juillet 1738 : « Un homme tel que lui [Maupertuis] fonderait à Berlin... une Académie des sciences qui serait au-dessus de celle de Paris[3]. » Le 14 juillet 1740, Frédéric II lance cette invitation flatteuse, publiée un mois plus tard dans la *Gazette d'Utrecht*[4] : « M. de Maupertuis, vous ne sauriez me prévenir. Ma voix vous a appelé dès le moment que je suis arrivé à la régence et avant même que vous eussiez écrit. Je travaille à inoculer les arts sur une tige étrangère et sauvage ; votre secours m'est nécessaire. C'est à vous de savoir si l'emploi d'étendre et d'enraciner les sciences dans ces climats ne vous sera pas tout aussi glorieux que celui d'apprendre au genre humain de quelle forme était le continent qu'il cultive. Je me flatte que la profession d'apôtre de la vérité ne vous sera pas désagréable et que vous vous déciderez en faveur de Berlin[5]. »

---

1. 1709-1762. Fille de Pierre le Grand et de Catherine Ire, elle régna sur la Russie, à la suite d'un coup d'Etat, de 1741 à sa mort.

2. Frédéric II était roi depuis le 31 mai 1740. A peine entré dans ses nouvelles fonctions, il se préoccupe de fonder une nouvelle Académie et de contacter une demi-douzaine de savants étrangers pour la constituer. Le 27 juin, il écrit – un peu vite – à Voltaire : « J'ai fait l'acquisition de Wolf, de Maupertuis, de Vaucanson, d'Algarotti. J'attends la réponse de S'Gravesande et d'Euler » (Best. D 2250). Wolf, Vaucanson et S'Gravesande ne feront en réalité jamais partie de l'Académie de Berlin.

3. [1er juillet 1738] (Best. D 1537).

4. 26 août 1740 (Best. D 2303, note 2).

5. Archives municipales de Saint-Malo, ii 24, f. 1. Copie.

Curieusement, après avoir recommandé Maupertuis à Frédéric, Voltaire fait marche arrière. De La Haye, il écrit deux lettres au Français pour le décourager d'accepter l'offre du roi. La raison invoquée est le patriotisme : « Vous êtes français, vous n'abandonnerez point Paris pour Berlin. Si vous aviez à vous plaindre de votre patrie, vous feriez bien d'en accepter une autre..., mais c'est à vous à voir dans quelle position vous êtes. Au bout du compte, vous avez conquis la Terre sur les Cassini et vous êtes sur vos lauriers. Si vous y trouvez quelque épine, vous en émousserez bientôt la pointe[1]. » Trois jours plus tard, Voltaire revient sur le sujet dans un court billet lui signalant que les deux grands savants hollandais S'Gravesande et Musschenbroeck « ont préféré leur patrie à Berlin[2] ». Façon de dire au Français qu'il ferait bien de les imiter. D'autant plus que la fidélité à la couronne est une vertu traditionnelle des académiciens, que Fontenelle ne manque pas de mettre en lumière dans ses *Eloges*. Il est toujours bien vu de décliner les offres avantageuses de princes étrangers. Et pour un Delisle qui accepte la proposition de Pierre le Grand de s'établir à Pétersbourg afin d'y fonder l'Académie des sciences et d'y construire un Observatoire – ce que Paris lui fera chèrement payer –, les autres académiciens sollicités se font un devoir de refuser[3].

Sachant tout cela, Maupertuis s'arrange pour partir avec la bénédiction de Paris. Après une semaine passée, début août, en mondanités chez la duchesse d'Aumont[4], dans sa maison de Guiscard, il s'arrête à Compiègne deux ou trois jours « pour faire sa cour aux ministres[5] ». Démarches pleinement réussies puisque,

---

1. La Haye, 21 juillet [1740] (Best. D 2271). En outre, comme le lui rappelle Voltaire, Maupertuis jouit de 7 000 livres de pension versées par la France.

2. La Haye, 24 juillet [1740] (Best. D 2274).

3. Les *Eloges* de Fontenelle nous apprennent que le grand botaniste Tournefort (1656-1708) déclina l'invitation à une chaire bien dotée de l'université de Leyde par « amour de son pays », et que même Homberg (1652-1715), Français naturalisé, refusa la proposition intéressante de l'électeur palatin pour les mêmes raisons. *Cf.* V. Kapp, « Les éloges académiques de Fontenelle », *op. cit.*, p. 447.

4. Née de Durfort, la duchesse d'Aumont était la femme du premier gentilhomme de la Chambre. Comme telle, elle faisait partie du premier cercle du roi.

5. Lettre à Jean II Bernoulli, Compiègne, 9 août 1740. BEB, LIa. 708, f. 52.

le 13 août, il prévient l'ami Bernoulli : « A peine ai-je le temps de vous dire, mon cher ami, que je pars pour aller trouver le roi de Prusse à Wesel. Sa Majesté m'a fait demander par ses ministres ; et les nôtres m'ont accordé pour aller passer quelque temps auprès d'elle... Je n'ai pu vous parler plus tôt de ce départ parce que je ne le sais que d'avant-hier à Compiègne, où j'ai reçu de M. le Cardinal et de M. de Maurepas un congé bien flatteur. L'un et l'autre me disant qu'ils ne me laissaient partir que pour l'honneur que cela me faisait et faisait à l'Académie, et sur la parole que je leur donnais de revenir, et mille choses fort obligeantes[1]. »

La bénédiction des ministres n'était pas celle des académiciens, et l'autorisation d'aller voir le roi de Prusse n'était pas un blanc-seing pour s'installer à Berlin. Mais Maupertuis a dû laisser planer une certaine ambiguïté, car, pour Frédéric, la chose est faite : « Maupertuis est autant qu'engagé chez nous[2]. » Et Mme de Graffigny, toujours bien renseignée, peut dire à Devaux, dès le 16 août : « Maupertuis est allé en Prusse dresser une Académie[3]. » En tout cas, à peine revenu de Compiègne, il s'est littéralement envolé pour rencontrer « Frédéric Marc Aurèle » à Wesel[4]. Il est si pressé qu'il ne s'arrête que vingt-quatre heures à Bruxelles, le 16 août[5], le temps de se réconcilier avec Mme du Châtelet. Lui pour la forme, elle pour le cœur[6].

Arrivé dans le « bouge fortifié[7] », il attend le roi qui vient de Strasbourg, accompagné de son frère, le prince Auguste-Guil-

---

1. Lettre à Jean II Bernoulli, Paris, 13 août 1740 (BEB, LIa. 708, f. 53).
2. Lettre de Frédéric II à Voltaire, Remusberg, 8 août 1740 (Best. D 2285). Cette lettre tend à prouver que le roi de Prusse aurait eu l'accord de Maupertuis avant même que celui-ci ait demandé quelque autorisation que ce soit à la cour.
3. *Correspondance*, vol. II, p. 434.
4. En Rhénanie du Nord. « Frédéric Marc Aurèle » est une expression de Mme du Châtelet dans une lettre qu'elle adresse à Maupertuis le 21 août 1740 (246).
5. Voltaire à Thieriot, Bruxelles, 16 août 1740 (Best. D 2289).
6. Mme du Châtelet à Maupertuis : « Je ne sais point aimer ni me réconcilier à demi, je vous ai rendu tout mon cœur et je compte sur la sincérité du vôtre. » Lettre 246, 21 août 1740.
7. L'expression est de Voltaire pour désigner Wesel. Lettre à Maupertuis, 29 août 1740 (Best. D 2302).

laume, de Keyserlingk, le favori, et d'Algarotti[1]. Le 2 septembre, Maupertuis rend compte de ses premières impressions : « Il est enfin arrivé. C'est un prince fort aimable qui a de grands projets pour toutes choses et qui veut rétablir ou établir l'Académie de Berlin... Je ne sais point encore ce qu'il fera de moi. Il me comble de bontés, me fait souvent l'honneur de me faire souper avec lui, tant avec toute la cour qu'à son petit couvert ; cependant, on ne m'a prêté à lui que pour un temps et j'ai donné ma parole de retourner en France[2]. »

Au lieu d'aller à Anvers où il devait rencontrer Voltaire et Mme du Châtelet, Frédéric, fiévreux, préfère donner rendez-vous à Voltaire, sans Mme du Châtelet, au château de Meuse, près de Clèves. Du 12 au 14 septembre, le roi de Prusse enchante la compagnie, comme en témoigne Voltaire : « Nous avons passé ici, MM. Algarotti, Maupertuis et moi, indigne, trois jours charmants avec un roi qui pense en homme, qui vit comme un particulier et qui oublie entièrement la majesté pour les douceurs de l'amitié... Il ne lui manque qu'une chose pour être parfait[3]. » Le 14, le groupe se sépare. Maupertuis et Algarotti suivent le roi qui doit regagner Berlin, et Voltaire repart tristement pour la Hollande[4].

---

1. Algarotti avait fait la connaissance de Frédéric, lorsqu'il était encore prince, fin septembre 1739. Accompagnant Lord Baltimore à Remusberg, il avait séduit le prince qui lui écrit, après son départ : « Je n'oublierai jamais les huit jours que vous avez passés chez moi. » *Œuvres de Frédéric*, t. 18, p. 4. A peine devenu roi, Frédéric écrit le 3 juin à Algarotti alors à Londres : « Mon sort a changé. Je vous attends avec impatience ; ne me faites point languir. » Fin juin, Algarotti est déjà auprès de lui.

2. A Jean II Bernoulli, Wesel, 2 septembre 1740. BEB, LIa. 708, f. 54-55.

3. A d'Argental, Clèves, 14 septembre [1740] (Best. D 2311). Les derniers mots sont probablement une allusion à l'homosexualité de Frédéric. Bien que Voltaire et Frédéric correspondissent régulièrement depuis 1736, c'était la première rencontre entre les deux hommes.

4. Voltaire à Maupertuis, La Haye, 18 septembre [1740] : « Quand nous partîmes tous deux de Clèves, et que vous prîtes à droite et moi à gauche, je crus être au Jugement dernier où le bon Dieu sépare les élus des damnés. Divus Fredericus vous dit : Asseyez-vous à ma droite dans le paradis de Berlin, et à moi il me dit : Allez, maudit, en Hollande » (Best. D 2314). Voir également la narration de cette rencontre par Voltaire dans ses *Mémoires*, Seuil, 1993, pp. 29-30.

157

Sur le chemin du retour, Frédéric et sa suite font une courte halte le 17 septembre à Bückeburg, où demeure la délicieuse Charlotte-Sophie, comtesse de Bentinck, auprès de son amant le comte de Schaumburg-Lippe. « Le temps de boire une tasse de chocolat », dira-t-elle. Mais le temps pour elle et Maupertuis de se remarquer. Elle lui écrit la première en faisant la coquette[1]. Il lui répond par des galanteries et promet de venir la voir à son retour, au printemps[2]. La pauvre comtesse prend les choses un peu trop au sérieux, écrit à nouveau sans qu'on daigne lui répondre, une fois, deux fois[3]. Enfin arrive une lettre de Maupertuis qui ne tromperait personne à Paris : « Vous me reprochez de vous avoir oubliée... Je vais vous parler à cœur ouvert, Madame : jamais les charmes de votre esprit et de votre personne n'ont fait de plus vive impression que sur moi ; mais ce serait une grande folie à moi que de me livrer à cette impression... [et de] devenir l'homme le plus malheureux... Laissez-moi en paix, Madame, laissez-moi du moins m'occuper de mes absurdités sans vous les dire[4]... »

Arrivé à Berlin le 22 septembre 1740, Maupertuis mesure l'ampleur de sa tâche. Tout est à faire, car il ne reste rien de la Société royale[5] mise en sommeil par l'ancien roi. Berlin est un désert culturel qui ne possède ni philosophes ni savants de qualité. L'ancien Observatoire est un taudis inutilisable, vide de tout instrument. Pour constituer une Académie digne de ce nom, il faut débaucher des hommes de valeur tentés par l'aventure. Frédéric II jouit bien de la réputation d'homme d'esprit, mais Berlin n'a rien de très attrayant. Au contraire ! Seules de consistantes pensions pourraient lever les réticences. Mais, sur ce point,

---

1. Lettre du 13 octobre 1740, *in* A. Magnan, « Dossier Voltaire en Prusse », *Studies on Voltaire*, n° 284, 1986, pp. 258-259. Voir aussi : *Une femme des Lumières. Écrits et lettres de la comtesse de Bentinck, 1715-1800*, présentés par A. Soprani et A. Magnan, C.N.R.S. Editions, 1997.

2. Lettre du 27 octobre 1740, *ibid.*, pp. 259-260.

3. Lettres des 1er décembre 1740, 11 janvier 1741 et 16 février 1741, *ibid.*, pp. 260-264.

4. De Berlin, 3 mars 1741, *ibid.*, pp. 265-266.

5. Fondée en 1700.

le roi reste vague. A ce jour, il n'a convaincu que le grand Euler d'abandonner son poste à Pétersbourg pour venir prendre la tête de la classe de mathématiques dans la nouvelle Académie. Il est vrai que la condition d'académicien en Russie n'est guère enviable, car il règne sur l'institution une autocratie digne du pays. Et les pensions y sont modestes. A Pétersbourg, les collègues d'Euler lorgnent vers Berlin : « Tous les amis que j'ai ici, écrit-il à Maupertuis, me proclament suprêmement heureux d'être invité à une telle Académie qui sera le suprême ornement de toute l'Allemagne ; parmi eux se trouvent des hommes distingués par des mérites remarquables, qui brûlent de se consacrer aussi à l'Académie de Berlin et d'y être introduits[1]. » Il recommande sans les nommer un botaniste et un anatomiste. Mais Maupertuis fait la sourde oreille. Il ne pense qu'à convaincre ses amis Daniel et Jean II Bernoulli d'abandonner leur chaire de Bâle pour venir s'installer à Berlin. Apparemment sans succès : « Je ne sais ce que je dois tenter pour vous voir ici. Je ne sais si c'est votre maladie qui vous inspire du dégoût pour mes projets, mais il me semble que vous n'avez pas grande envie de quitter Bâle[2]. »

Maupertuis, lui, paraît très heureux à Berlin. Le roi sait flatter l'orgueil des ambitieux. Il met tout en œuvre pour le séduire. Début novembre, il lui offre une pension de 12 000 livres – presque le double de ce qu'il a en France. La nouvelle se répand

---

1. Pétersbourg, 13 janvier 1741 (vieux style). *In* Léonard Euler, *Opera omnia*, série Quarta A, vol. VI, Bâle, Birkhauser Verlag, 1986, lettre 6, pp. 48-49. Euler arrivera à Berlin le 25 juillet 1741, alors que Maupertuis était déjà rentré en France.

2. A Jean II Bernoulli, Berlin, 20 octobre 1740. Maupertuis revient à la charge le 15 novembre suivant : « Malgré la manière équivoque dont vous m'avez parlé sur l'établissement que j'envisageais pour vous à Berlin, je n'ai pas laissé de vous proposer au roi, et je crois que vous pourrez avoir une condition très agréable... Dites-moi expressément quel est votre désir et quelle pension il vous faudrait ici pour y être heureux. » On ignore la réponse de Jean II, mais en dépit d'une troisième proposition les 17 décembre et 31 décembre, il ne vint pas à Berlin. *Cf.* aussi la lettre de Maupertuis à Frédéric, 7 janvier 1741. Fonds Maupertuis, dossier 70.

immédiatement[1], qui ne manque pas de faire des envieux. Avec habileté, Maupertuis la refuse pour ne pas blesser la cour de France ni se faire trop d'ennemis en Prusse. D'ailleurs, il préfère la considération à l'argent : « L'honneur que m'a fait Votre Majesté de m'approcher de sa personne et de me croire capable d'être un des instruments dont elle peut se servir pour exécuter quelques-unes des grandes choses qu'elle entreprend est pour moi d'un si grand prix que je n'ai plus qu'à lui demander de n'y point joindre d'autre récompense[2]... » Le style est pompeux, mais la pensée est vraie. Maupertuis est si fier de la façon dont le monarque le traite que cela vaut bien à ses yeux toutes les pensions. « Je ne saurais vous dire jusqu'où vont les bontés du roi pour moi, ni combien l'accueil de ce prince est charmant[3]. » Maupertuis est enfin heureux parce qu'un souverain le considère en familier, presque comme un égal. Littéralement grisé, il écrit à sa sœur : « Les bontés du roi pour moi, et de toute la famille royale, augmentent tous les jours, et la manière dont ils me traitent serait capable de satisfaire l'homme le plus ambitieux d'honneurs. J'ai souvent l'honneur de dîner avec les reines, qui sont des princesses charmantes et pleines de bontés[4]... »

Si l'on y ajoute les joies de l'amitié retrouvée avec Algarotti, dont la gaieté et l'esprit sont inimitables, et avec Voltaire qui fait un court séjour en leur compagnie[5], on comprend mieux cette description un peu surprenante de Berlin à l'ami Bernoulli : « C'est une ville où vous trouverez de la société [et] des plaisirs[6],

---

1. Elie Gastelier rapporte la nouvelle le 5 novembre 1740 (*op. cit.*, p. 472). Voltaire, de passage en Prusse, écrit la même chose à Thieriot, le 24 novembre, et ajoute que chaque académicien recevra une pension de 8 000 livres (Best. D 2366).

2. Lettre du 7 novembre 1740, publiée partiellement par La Beaumelle, *op. cit.*, pp. 228-230, et dont il existe une copie plus complète aux Archives de l'Académie des sciences, fonds Maupertuis, dossier 70.

3. A Jean II Bernoulli, de Rhinsberg, 15 novembre 1740. BEB, LIa. 708, f. 39-40.

4. A sa sœur, Berlin, 14 janvier 1741. Archives de l'Académie des sciences, fonds Maupertuis, n° 68. Et l'abbé Nollet d'ironiser : « Maupertuis en Prusse rêve entre les deux reines » (à Jallabert, 4 décembre 1740, *op. cit.*, p. 101).

5. Entre le 20 novembre et le 2 ou 3 décembre 1740 (dates approximatives).

6. Algarotti souffrant d'une chaude-pisse à Berlin, Frédéric lui envoie, de Remusberg, le 24 octobre 1740 [ou 24 novembre], ce poème éloquent :

et la cour la plus aimable et la plus brillante d'Europe... Pour moi, je me plais fort ici, j'y demeurerai le plus longtemps que je pourrai, quoique je ne voulusse pas renoncer pour toujours à la France[1]. » Oui, Maupertuis est heureux et ne se prive pas de le raconter à ses amis restés en France. C'est à l'une de ses lettres – aujourd'hui perdue – que Mme du Châtelet répond : « Il ne peut jamais, Monsieur, vous arriver tant de biens que je vous en souhaite. Je ne sais cependant plus ce qu'on peut vous souhaiter si vous joignez à votre mérite le contentement d'esprit qui est, ce me semble, la seule chose qui vous ait jamais manqué. Il était réservé à Frédéric de faire ce miracle[2]... »

Malheureusement, le miracle ne dure pas. La mort de l'empereur d'Autriche[3] a ouvert l'appétit de Frédéric. Celui-ci déclenche une guerre européenne en envahissant, le 16 décembre, la Silésie qu'il rêve de rattacher à la Prusse. Après le départ du roi, Algarotti, qui a reçu le titre de comte héréditaire[4], quitte à son tour Berlin. Il est chargé d'une mission très politique à Turin[5] ; il lui faut pénétrer les intentions de cette cour tout en

---

« Ami, le sexe de Berlin
Est ou bien prude, ou bien catin,
Et le sort de toutes nos belles
Est de passer par maintes mains.

....
De Naples un certain Dieu Mutin
....

Dit-on, s'assujettit la France,
Et ravagea comme un lutin
Tout c... friand, tout v... enclin
Au plaisir de l'intempérance.
Bientôt du Dieu la véhémence
Le transporta chez le Germain... »
   « Je suis fâché, dit Frédéric, car je paie ma quote-part du malheur qui vient de vous arriver... Ne venez ici que quand vous le pourrez sans risque... » Plus laconique, Voltaire écrit le 24 novembre à Thieriot : « M. Algarotti n'est point venu au Marly de Rhinsberg, il fait l'amour à Berlin » (Best. D 2366)
   1. A Jean II Bernoulli, 17 décembre 1740. BEB, LIa. 708, f. 61-62.
   2. A Fontainebleau, 22 octobre [1740]. Lettre 252.
   3. L'empereur Charles VI mourut le 2 octobre 1740.
   4. Algarotti est fait comte le 20 décembre 1740.
   5. Lettre de Frédéric à Algarotti, Milkou, 20 décembre 1740 : « Voyagez en paix,

cachant celles de Berlin, et tâcher de l'exciter contre l'Autriche. Cette mission, ratée, est censée le retenir hors de Prusse jusqu'à la fin du mois de juin. Maupertuis se retrouve un peu seul à Berlin, qui perd alors beaucoup de son charme. Reste la compagnie des Allemands qui n'ont ni la conversation, ni la vivacité de ses relations habituelles.

Ce n'est pas l'ancien pasteur Samuel Formey[1], qui porte encore collet et manteau, avec son innombrable marmaille et son esprit convenu, qui peut remplacer Algarotti ou Voltaire... Pourtant, l'homme a voyagé en Suisse, en France, en Angleterre et en Hollande. Déchargé de ses fonctions pastorales depuis 1739, il se consacre à de lourdes compilations littéraires et publie des comptes rendus dans une multitude de revues. Il se pique de philosophie : c'est un partisan de Wolf[2], qui n'a que mépris pour la légèreté et le bel esprit français. Sentiment assez partagé chez les hommes de lettres allemands d'origine protestante. Voltaire est le prototype de tout ce qu'ils détestent, et celui-ci se fait une joie d'en rajouter. Formey raconte que, la première fois qu'il le rencontra, « il lui avait lâché quelques traits sur son habillement ecclésiastique[3] », ce qui fit scandale dans le milieu des pasteurs[4]. Mais Frédéric vient de nommer Formey curateur de son

---

et négociez avec succès... » Pour le détail de cette mission, *cf.* Ida Frances Treat, *op. cit.*, chap. 7.

1. Formey rapporte que Maupertuis lui rendit visite chez lui pour une première rencontre le 26 janvier 1741. *Souvenirs d'un citoyen*, Berlin, 1789, t. I, pp. 210-211. Il logeait alors au fond de la cour du Collège français.

2. En 1741, Formey publia le 1er volume de ce qu'il appelait son roman philosophique, *La Belle Wolfienne, ou Abrégé de la philosophie wolfienne*, La Haye, 1741-1753, 6 vol. Il en offrit un exemplaire à Maupertuis lors de sa première visite.

3. Formey l'avait rencontré chez Jordan le 27 novembre 1740. *Souvenirs, op. cit.*, p. 227.

4. Le pasteur Jacques de Pérard écrit à Formey, de Dresde, le 30 janvier 1741 : « J'ai entendu parler de votre entrevue avec Monseigneur Voltaire, dont ce que vous me dites ne me surprend point... On avait ajouté qu'il vous avait dit qu'à votre collet et à votre manteau, il vous avait pris pour un de ces hommes payés pour tromper le genre humain. Que ce compliment hétéroclite (qui sent Voltaire à pleine gorge) vous avait tellement surpris que vous n'avez pas jugé à propos d'y répliquer. » Archives de la Bibliothèque de Berlin, Fonds Formey, Kasten 31, f. 54.

Académie, et mieux vaut donc être courtois avec lui, pense Maupertuis.

Ces politesses faites, Maupertuis, qui se dit las des beautés locales[1], préfère se consacrer à ses travaux. Il a terminé le plan de l'Académie de Berlin que lui a commandé le roi[2]. Mais ce dernier, qui soutient le siège de la Silésie, a d'autres chats à fouetter. Alors il retourne à ses propres recherches : la comète[3], et un « ouvrage sur le monde et sur ses aventures ». Le 18 février, il annonce à Algarotti que celui-ci « est achevé et serait déjà sous presse si la vie incertaine que je mène me l'avait permis ». Livre dont il craint l'insuccès, car propre à scandaliser les faibles et les wolfiens, à cause de ses idées sur l'espace et la matière. « Si ces messieurs font contre moi des in-folio, vous me défendrez en épigrammes[4] », plaisante-t-il.

Mais Maupertuis s'ennuie et l'agitation le reprend. Depuis longtemps, il meurt d'envie d'aller en Islande[5]. Pour le plaisir et l'utilité. Il demande à Frédéric de l'autoriser à faire le voyage : « Pour satisfaire cette passion que j'ai de voir l'Islande et d'y faire quelques observations assez importantes... je supplie Votre Majesté de trouver bon que j'y emploie un temps auquel je ne vois pas que je puisse lui être utile. Ce voyage ne sera que de trois ou quatre mois, après lequel je reviendrai me mettre aux pieds de Votre Majesté... » Mais Frédéric ne l'entend pas de cette oreille. Lui aussi s'ennuie au siège de Silésie où il ne se passe pas grand-chose, en attendant la bataille finale. Il invite Mauper-

---

1. A Algarotti, 21 janvier 1741 : « Je suis blasé par les beautés d'ici, qui sont en trop grand nombre pour me faire impression. » *Opere, op. cit.*, pp. 177-181.
2. Maupertuis à Frédéric, 13 février 1741. Fonds Maupertuis, n° 70.
3. Lettre à Algarotti, 21 janvier 1741. *Opere, op. cit.*, Il s'agit probablement de la *Lettre sur la comète* publiée en 1742 à Paris.
4. Lettre à Algarotti, 18 février 1741, *op. cit.*, p. 183. Il peut s'agir de la *Lettre sur le progrès des sciences*, qui ne sera publiée qu'en 1752.
5. Lettre à Frédéric II des 13 et 25 février 1741. Fonds Maupertuis, n° 70. Le 26 février, il écrit à Algarotti : « Le roi est reparti pour la Silésie... Voilà le temps du voyage d'Islande ou jamais. Il me semble bien différent de le faire, ou de l'avoir fait avec vous, comme nous l'avions projeté. Mais vous voilà ministre d'Etat, et moi un aventurier... » *Op. cit.*, pp. 184-186.

tuis à le rejoindre. A défaut d'aventures scientifiques, va donc pour celles de la guerre !

En se mettant en route début mars, Maupertuis n'est pas mécontent de rappeler qu'il a commencé sa carrière dans l'armée. Hélas ! le 10 avril, la bataille de Mollwitz, en Basse-Silésie, le plonge dans le ridicule. La bataille est certes gagnée par le roi, mais Maupertuis a été fait prisonnier et dépouillé de tous ses biens par les Autrichiens. A la fin du mois, le bruit court à Paris qu'il est mort[1]. Mais, sitôt qu'on le sait vivant, les récits les plus humiliants circulent à Paris sur son compte. Aux dires de l'ambassadeur à Berlin, Valory, il s'était fait faire un habit bleu d'officier prussien qui avait attiré l'attention des soldats autrichiens alors qu'il errait comme une âme en peine, monté sur un mauvais bidet[2]... Le 2 mai, Voltaire raconte l'histoire à sa façon : « Il fut dépouillé par les paysans dans cette maudite Forêt Noire où il était comme Don Quichotte faisant pénitence. On le mit tout nu ; quelques housards, dont un parlait français, eurent pitié de lui... On lui donna une chemise sale et on le mena au comte Neipperg ; tout cela se passa deux jours avant la bataille. Le comte Neipperg lui prêta cinquante louis, après quoi il prit sur-le-champ le chemin de Vienne, comme prisonnier sur sa parole... On le fête comme on faisait à Berlin. Voilà un homme né pour les aventures[3]. »

La version de Voltaire est cruelle pour la dignité du savant, mais celle que Frédéric narre à Voltaire est pire encore : « Pour vous amuser, je veux vous informer d'une aventure dont il vous est permis de rire, mais que Maupertuis ne trouvait pas du tout plaisante :

---

1. Mme du Châtelet à Jean II Bernoulli, 28 avril 1741, lettre 268 : « M. de Maupertuis s'est perdu à la bataille de Neuss, on n'a point de nouvelles, et j'en suis fort en peine. » Le 2 mai, elle écrit à d'Argental : « Il reste peu d'espérance... c'est une vraie perte pour la France et pour l'Académie, et j'en suis bien affligée ainsi que votre ami. » A la fin de la même lettre, elle ajoute un *P.S.*, car elle vient d'apprendre que Maupertuis est sauf.
2. Mme du Châtelet à d'Argental, 2 mai 1741. Lettre 269.
3. Lettre de Voltaire au marquis de Valory, 2 mai 1741 (Best. D 2472).

Vous ignorez que Maupertuis,
Cet aplatisseur de Terre,
De Berlin nous avait suivis
Pour voir et pour faire la guerre,
Mais hélas ! les hussards l'ont pris.
Il crut qu'aux champs de Silésie
Comme aux glaçons de Laponie
On ne courait aucun danger.
Toute une cohorte ennemie
En tapinois vint le charger.
L'algèbre ni l'astronomie
Lors ne purent le dégager.
Quoi ! des larrons devrait pendre,
Avec audace viennent prendre
Un bien qui n'est pas fait pour eux !
Ah ! quels brutaux que ces gueux[1] ! »

Inutile de préciser que les vers du roi de Prusse courent les salons parisiens, au grand désespoir de Maupertuis. De retour à Berlin vers la mi-mai, il écrit au roi pour demander son congé et rentrer en France. Le 18, il se contente de ce commentaire à Algarotti : « Le voyage de Laponie et d'Islande auraient été des roses auprès de celui que j'ai fait à l'armée[2]. » Mais, sur le chemin du retour, à Francfort, il ne lui dissimule plus ni son amertume, ni sa colère : « Je ne vous parlerai point de la manière humiliante dont j'ai suivi pendant trois semaines une armée où le roi m'avait fait venir, ni du chagrin que j'ai eu d'être pris faute de cheval et de secours, ni de la misère que j'ai éprouvée pendant le temps que j'étais prisonnier. Tout cela est trop mortifiant pour moi pour que je le puisse redire... J'écrivis au roi pour le prier de trouver bon que je retournasse en France, d'où je serais toujours prêt à revenir à ses ordres... A peine avais-je écrit au roi, que j'appris avec la dernière surprise qu'on m'avait voulu faire un crime auprès de lui de ce que j'avais demandé d'aller à

---

1. Frédéric à Voltaire, au camp de Mollwitz, 14 mai 1741 (Best. D 2481).
2. Maupertuis à Algarotti, Berlin, 18 mai 1741, *Op. cit.*, p. 186.

Vienne plutôt que dans quelque forteresse de Hongrie où l'on me conduisait déjà depuis plusieurs jours... Il me semble qu'il eût fallu que j'eusse été fou pour vouloir m'exposer à demeurer plusieurs mois dans la dernière misère[1]. »

Maupertuis se sait ridiculisé à Paris[2] et presque traître à Berlin. Il finit ses confidences par cette conclusion empreinte de lucidité : « J'avais été appelé par le roi pour fonder une Académie. J'ai demeuré dans sa cour pendant près d'un an, pendant lequel j'ai toujours tâché de ne pas mériter qu'on m'avilît ; cela finit par être prostitué dans son armée, et pris par les housards. *Et après l'espérance d'un grand honneur, je m'en retourne chargé de ridicule et d'avilissement...* Je vous avoue que je tremble déjà pour mon arrivée en France, où mes ennemis vont avoir bien de quoi triompher. Je crois que je leur abandonnerai le champ de bataille et me retirerai dans le fond de ma province[3]. »

Maupertuis se trompait. Ses ennemis n'avaient pas été seuls à ricaner de lui, ses amis aussi avaient ri sous cape. Les démonstrations d'amitié qui avaient suivi la nouvelle de sa survie ne lui laissaient guère d'illusions. En particulier celles de Voltaire. De là date le premier refroidissement de leur relation, qui en connaîtra bien d'autres. Le cardinal de Fleury lui fit l'honneur de l'embrasser en guise de bienvenue, mais il ajouta qu'il était « comme le pigeon de la fable qui ayant eu la curiosité de voyager revint si dégoûté de voyages qu'il ne voulut plus s'en éloigner[4] ». Façon ironique de rappeler qu'on a toujours tort de quitter le royaume de France... En revanche, Maupertuis eut le courage d'affronter ses ennemis. Dès son retour à Paris, il siège

---

1. Maupertuis à Algarotti, Francfort, 10 juin 1741. *Op. cit.*, pp. 188-190.
2. Dès le 6 mai, la *Gazette de France* s'est fait l'écho de ses mésaventures, et l'information a été reprise par le *Mercure* de mai 1741, p. 1023.
3. *Ibid.* Souligné par nous. Le 15 juin, Frédéric écrit à Algarotti, encore à Lyon, pour qu'il vienne le retrouver au camp de Hermsdorf, et ajoute ces mots : « Ne craignez point le sort de Maupertuis. Il se l'est attiré en quelque façon. » *Œuvres*, *op. cit.*, p. 29.
4. J.-E. Gastelier, 29 juin 1741, lettre 26, *op. cit.*, p. 579. Maupertuis était de retour à Paris depuis le 20 juin.

à l'Académie[1] et découvre avec bonheur qu'il n'est pas le seul dont on s'égaie à Paris. Mairan, le nouveau secrétaire, affronte un ridicule sans précédent : ses théories physiques sont attaquées par une femme qui n'est autre que Mme du Châtelet, son ancienne écolière[2] !

Quand la marquise défie le secrétaire perpétuel

Entre l'élève modeste que Maupertuis avait laissée partir en 1735 et la femme qui suscite une polémique avec Dortous de Mairan en 1740-1741, il y a cinq ans d'un travail acharné[3] qui a changé le statut de Mme du Châtelet. L'écolière, douée comme nulle autre à son époque pour la physique et la métaphysique, est devenue une authentique savante qui peut prétendre intervenir dans le concert de ses pairs. Farouchement indépendante sur le plan intellectuel, et ambitieuse de caractère[4], la belle Emilie s'est fait une vraie joie d'interpeller le secrétaire de l'Académie et de le contraindre à lui répondre, à elle, une femme, quitte à gêner les secrètes ambitions de Voltaire.

Lorsque Maupertuis est de retour à Paris, la polémique bat son plein. Elle ne date pas d'hier ; elle remonte à 1738, avec la première publication de Mme du Châtelet : un mémoire sur la nature du feu.

---

1. Les procès-verbaux de l'Académie indiquent sa présence presque continue du 28 juin jusqu'à la fin de l'année, sauf au mois d'août où il fait un séjour chez la duchesse d'Aiguillon à 80 lieues de Paris.
2. C'est le terme même qu'utilisait Mme du Châtelet pour se désigner jadis à Maupertuis.
3. Ira O. Wade, *Voltaire and Madame du Châtelet : An Essay on the Intellectual Activity at Cirey*, Princeton, 1941. Voir aussi du même auteur, *With Some Unpublished Papers of Mme du Châtelet*, Princeton, 1947.
4. Pour l'histoire de cette ambitieuse, *cf.* E. Badinter, *Emilie, Emilie. L'ambition féminine au XVIIIᵉ siècle*, Flammarion, 1983.

La polémique[1]

A l'origine : une audace inouïe de Mme du Châtelet. L'Académie ayant choisi pour sujet du prix de 1738 « La nature et la propagation du feu », Emilie, en désaccord avec la thèse de Voltaire qui avait décidé de concourir, envoya secrètement son propre mémoire à l'Académie[2]. En fait, leurs opinions respectives étaient diamétralement opposées. Pour le dire très brièvement[3], Voltaire pensait que le feu était une matière que l'on pouvait peser ; empiriste depuis sa conversion à Locke et surtout à Newton, il avait passé trois mois à faire des expériences dans une forge de Cirey sur la calcination des métaux. Plus cartésienne et métaphysicienne, Emilie voyait dans le feu une matière subtile échappant à la détection des sens, et donc impondérable. Ce désaccord aurait été sans conséquence si l'Académie – à la demande de Voltaire[4] – n'avait accepté de publier dans ses recueils leurs deux mémoires avec ceux des trois gagnants[5].

1. Cette partie reprend la substance de quelques passages d'*Emilie, Emilie, op. cit.*, pp. 303-343.

2. Une des règles absolues de ces prix était l'anonymat des concurrents. Mme du Châtelet pouvait donc concourir dans le secret. Mais elle fit plus : elle dissimula son projet à tous ses proches, sauf à son mari, de crainte d'encourir les reproches de Voltaire. Celui-ci n'apprit la vérité que lorsqu'ils surent que ni lui ni elle ne l'avaient emporté, et, contrairement à ses craintes, il en éprouva une immense fierté. A Maupertuis, elle confiera : « J'ai voulu essayer mes forces à l'abri de l'incognito. » 21 juin 1738. Lettre 129.

3. Sur l'opposition entre les deux mémoires, *cf.* Robert L. Walters, « Chemistry at Cirey », *Studies on Voltaire*, n° 58, 1967, pp. 1807-1827 ; Mary Terrall, « Emilie du Châtelet and the Gendering of Science », *History of Sciences*, XXXIII (1995), pp. 284-310.

4. Le 25 mai 1738 (Best. D 1510), Voltaire demande à Maupertuis : « Ne serait-il point de l'honneur de l'Académie autant que de celui d'un sexe à qui nous devons tous nos hommages d'imprimer le mémoire, en avertissant qu'il est d'une dame ? » Voltaire écrivit aussi à Réaumur, président de la commission des prix, lequel répondit favorablement.

5. Le prix fut partagé entre le grand Euler et deux cartésiens orthodoxes, le père Lozeran du Fesc et J.-A. de Créquy, bien qu'aucun de ces trois mémoires ne fût jugé satisfaisant. On notera au passage que le père du Fesc était un grand ami de Mairan, lequel faisait partie du jury avec Maupertuis, Réaumur, Camus et l'abbé de Bragelongne. Une note du père Lassale au père Tolomas, qui devait faire l'éloge du père du Fesc à sa mort en 1755, mentionne cette amitié comme un fait bien connu de tous.

L'événement est considérable, puisque c'est la première fois que figure dans les publications de l'Académie l'essai d'une femme. On peut imaginer la fierté de Mme du Châtelet à se voir officiellement décerner le brevet de savant.

Hélas ! sa joie est légèrement gâchée par quelques lignes élogieuses qu'elle a écrites un peu trop vite sur le mémoire de Mairan concernant la mesure des forces[1]. A peine a-t-elle envoyé son essai à l'Académie qu'elle prend conscience de son erreur[2]. Non seulement Mairan n'a pas, comme elle l'a écrit, « réfuté les forces vives sans ressources », mais il s'est radicalement trompé, et c'est bien Leibniz, *via* Bernoulli, qui a raison : la force d'un corps est le produit de sa masse par le carré de sa vitesse. Tout au long de 1738, elle approfondit ses connaissances sur les forces vives, notamment grâce aux nombreuses explications écrites de Maupertuis, lequel, bien que peu leibnizien, lui donne raison contre Mairan. Quand elle apprend, à l'été 1738, que l'Académie va imprimer son mémoire, elle remue ciel et terre pour obtenir la suppression des lignes litigieuses. Elle écrit lettre sur lettre à Réaumur, qui refuse toute entorse au règlement : tous les mémoires sont publiés tels quels ; il est interdit d'en changer une virgule. Elle se tourne alors vers Maupertuis, qui était au jury, pour qu'il intervienne : « Je dis une petite fadeur à M. de Mairan sur son mémoire... J'avoue que je [l']avais lu en l'air et seulement pour l'admirer, car je n'étais pas du tout en état de le juger... Cependant je suis très fâchée de voir imprimer dans mon ouvrage une chose contraire à mes sentiments présents, et que je serai

---

Cette note est conservée dans les Archives de l'Académie de Lyon, Ms. 268, II, f. 180-181.

1. *Dissertation sur l'estimation et la mesure des forces motrices des corps*, présentée à l'Académie le 14 avril 1728. En bon cartésien, Mairan conclut que la formule du calcul des forces est mv, et non mv^2 comme le croyait Bernoulli, fidèle à Leibniz. Pour toute cette polémique qui n'intéresse que les historiens des sciences, on peut consulter Pierre Costabel, « La question des forces vives », *Cahiers d'histoire et de philosophie des sciences*, nouvelle série, n° 8, 1983, et notamment le chap. 7, pp. 34-61. Voir aussi l'article de Keiko Kawashima, « La participation de Mme du Châtelet à la querelle des forces vives », *Historia Scientiarum*, n° 40, 1990, pp. 9-28.

2. Tous les mémoires devaient être parvenus à l'Académie le 1er septembre 1737, et Mme du Châtelet fait part de son revirement au physicien Pitot en décembre 1737.

obligée de réformer dans l'*errata* qui est la seule ressource qui me reste[1]. » Mais Maupertuis ne peut rien pour elle, et elle devra se contenter d'un *erratum*.

Du point de vue diplomatique, l'*erratum* est mal venu. Une chose est le silence, autre chose est de faire un compliment que l'on dément ensuite, même dans les termes les plus choisis. Jusque-là, Mme du Châtelet a conservé de bons rapports avec Mairan. Elle correspond avec lui par l'intermédiaire de Du Fay. A ses questions, il répond avec courtoisie. Comme il n'arrive pas à la convaincre, elle espère qu'il cédera à ses raisons et abandonnera le système des tourbillons « qu'il protège encore. C'est une maison qui tombe en ruine[2] ». Mais Mairan n'est pas prêt de concéder à Emilie ce qu'il refuse aux plus grands savants de l'époque. D'autant plus qu'il est convaincu d'avoir mis un point final à cette polémique qui ne date pas d'hier[3]. Quand l'*erratum* paraît en avril 1739, Mairan se fâche[4]. Il doit bien savoir qu'E-milie se répand partout, l'accusant d'avoir commis « un grand paralogisme[5] » dans le mémoire de 1728. L'hommage public que Voltaire rendit à la marquise en rédigeant un article élogieux sur son essai sur le feu dans le *Mercure* de juin[6] dut ajouter à l'exas-pération de Mairan. En août, il est toujours furieux[7]. Mais l'heure

---

1. 24 octobre 1738. Lettre 148.

2. A Du Fay, 18 septembre 1738. Lettre 143. La lettre commence ainsi : « J'ai reçu votre lettre, mon aimable philosophe, et la réponse de M. de Mairan qui y était jointe. Puisque vous l'aurez cet automne chez vous, je vous supplie de le remercier de ma part de ses instructions. Je ne veux pas... abuser de son temps et de sa patience, je vous supplie seulement de lui dire... » Suit une batterie de questions qui appellent autant de réponses.

3. Le 15 septembre 1730, Mairan confie à Sarrau de Boynet, secrétaire de l'aca-démie de Bordeaux : « Si vous vouliez bien lire avec attention ce que j'ai donné sur la fameuse question des forces vives et mortes... Je n'ai rien travaillé avec plus de soin et de circonspection que ce mémoire, et quelques personnes me flattent qu'il doit terminer la dispute. » B.M. de Bordeaux, Ms. 828, XX.

4. Mme du Châtelet à Jean II Bernoulli, 28 avril 1739 : « *L'errata* nouveau est imprimé... Le dernier article m'a fait une terrible querelle avec M. de Mairan. » Lettre 211.

5. A Maupertuis, le 1er septembre 1738. Lettre 139.

6. Pp. 1320-1328.

7. Mme du Châtelet à Jean II Bernoulli, 3 août 1739. Lettre 220 : « J'ai une querelle

de la grande brouille n'a pas encore sonné. Mairan déteste les conflits et, après tout, son adversaire n'est qu'une femme... Galant, il accepte de la rencontrer début septembre. « J'ai vu M. de Mairan, raconte-t-elle, et je vous avoue que je craignais beaucoup sa première vue ; cependant cela s'est passé à merveille. Nous avons dîné ensemble et il n'a été question d'aucune force[1]. »

La querelle, qui semble terminée, va pourtant renaître un an plus tard lorsque Mme du Châtelet publiera ses *Institutions de physique*, dont les premiers exemplaires sortiront des presses au début septembre 1740[2]. Entre-temps, elle sera devenue authentiquement leibnizienne, grâce au mathématicien bernois Koenig avec lequel elle travaille sans relâche depuis la fin avril 1739[3]. Son livre reprend, de manière fort détaillée, les reproches qu'elle a déjà adressés à Mairan. Elle expose ses thèses contre les forces vives pour mieux les réfuter, sans craindre de mettre en évidence le vice de son raisonnement : « *Quelque estime que j'aie pour ce*

---

furieuse avec M. de Mairan et même avec M. de Réaumur pour le dernier article de mon *errata*. »

1. A Jean II Bernoulli, 15 septembre 1739. Lettre 221. Mme de Graffigny assista à ce dîner du 3 septembre en présence de Réaumur et de Buffon. Elle le raconte le lendemain à Devaux. *Correspondance*, II, pp. 138-139.

2. Les *Institutions de physique* furent imprimées début septembre, mais Mme du Châtelet avait défendu à son libraire de les mettre en vente pendant qu'elle était encore à Paris (de la fin septembre au 11 décembre). *Cf.* lettre de Nollet à Jallabert, 4 décembre 1740. *Op. cit.*, pp. 100-101.

Pour l'histoire et la chronologie des *Institutions*, voir : W.H. Barber, « Mme du Châtelet and Leibnizianism : the genesis of the *Institutions de physique* », in *The Age of the Enlightenment*, Edimbourg-Londres, 1967, pp. 200-222 ; Carolyn Iltis, « Madame du Châtelet's Metaphysics and Mechanics », *Studies in History of Science*, VIII, 1977, pp. 29-48 ; Linda Gardiner Janik, « Searching for the Metaphysics of Science : The Structure and Composition of Madame du Châtelet's *Institutions de physique*, 1737-1740 », *Studies on Voltaire*, n° 201, 1982, pp. 84-113 ; les deux articles de Keiko Kawashima : « Les idées scientifiques de Mme du Châtelet dans ses *Institutions de physique* », *Historia Scientiarum*, Tokyo, vol. 3-1, 1993, pp. 63-82 et vol. 3-2, 1993, pp. 138-155.

3. C'est Maupertuis et Jean II Bernoulli qui lui recommandèrent ce partisan de Leibniz et de Wolf. Koenig arriva à Cirey le 27 avril et suivit la marquise à Bruxelles et à Paris. Fin 1739, ils étaient brouillés pour raisons d'argent et incompatibilité d'humeur. Koenig se répandit dans tout Paris sur son compte et proclama qu'il était le véritable auteur du livre d'Emilie, ce qui est contraire à la vérité.

philosophe, j'ose assurer que lorsqu'il dit qu'un corps [suit une interminable phrase sur le mouvement et la force]... *il dit*, je ne crains point de l'avancer, *une chose entièrement impossible*[1]... » Elle conclut, non sans insolence, sa longue démonstration contre lui par ces mots : « Je me flatte que M. de Mairan regardera les remarques que je viens de faire sur son mémoire comme une preuve du cas que je fais de cet ouvrage ; j'avoue qu'il a dit tout ce que l'on pouvait dire en faveur d'une mauvaise cause. Ainsi, plus les raisonnements sont séduisants, plus je me crois obligée de vous faire sentir qu'ils ne portent aucune atteinte à la doctrine des forces vives[2]. »

Le coup est dur pour Mairan. Avant même sa publication, tout le monde parle du livre d'Emilie. Trop heureux de diffuser le fiel de Koenig, l'abbé Le Blanc annonce au président Bouhier dès le 13 janvier 1740 : « Le géomètre m'a juré à moi et à tous ceux qu'il a vus ici que cet ouvrage n'était autre chose que les leçons qu'il lui avait données, et que, dès qu'elle fera paraître, il revendiquerait tout ce qu'il y avait de bon et ne laisserait à Mme la Marquise que les folies et les extravagances qu'elle y avait ajoutées[3]. » Mais que pèse un petit abbé Le Blanc face à la duchesse d'Aiguillon qui jouit d'une réelle autorité et sait comme personne mitonner un succès littéraire ? Une profonde amitié la lie à Mme du Châtelet depuis plusieurs années[4], et celle-ci lui a donné à lire son livre dès qu'il a été imprimé. La duchesse fait part de son enthousiasme à Maupertuis, alors à Berlin : « Mme du Châtelet m'a confié son livre qui ne paraît pas encore. J'en ai lu douze chapitres, mais j'en suis enchantée à un point que je ne vous puis dire, surtout de ce qui est de la métaphysique. Rien n'est si clair, si bien écrit. A ne considérer le livre que par le style, c'est un chef-d'œuvre. Quand je cesse de le lire et que je trouve cette tête

---

1. *Institutions*, chap. 21, pp. 430-431. Souligné par nous.
2. *Ibid.*, p. 433.
3. *Op. cit.*, pp. 346-347.
4. A lire une lettre de Mme du Châtelet à l'abbé de Sade, datée du 15 juillet 1734, les deux femmes étaient déjà fort amies à cette époque. Lettre 18.

chargée de pompons[1], et que je pense à ce qui en est sorti, je ne sais où j'en suis. Je vous assure que c'est une personne rare ; d'autant qu'avec tout son esprit, ce pourrait bien être la meilleure femme du monde[2]. »

Bien qu'il ne soit **pas** encore en librairie, Mairan s'en procure un exemplaire. Après avoir lu le chapitre contre son mémoire des forces vives, il s'en ouvre à l'ami Cramer : « Ce ne sont que des arguments et des difficultés que j'avais devant les yeux lorsque j'écrivis ce mémoire. J'ai su cependant que cette dame n'a guère fait que tenir la plume en cet endroit de son livre[3]. Elle a saisi vers la fin de mon ouvrage une proposition qui a l'air d'un para-doxe, mais qui, à mon avis, n'en est pas moins démontrée, et elle a dédaigné presque tout le reste. » Mais il a beau faire mine de mépriser l'adversaire, il est atteint. Il éprouve le besoin de se justifier longuement dans sa lettre, qui se termine par cette inter-rogation : « A propos de ce livre où toutes les opinions de Leibniz sont adoptées et surtout ses monades, dites-moi si vous avez jamais rien compris à ce genre d'êtres non étendus dont l'assem-blage forme l'étendue, et une étendue d'autant plus grande qu'il y a plus de ces riens d'étendue ? »

Jusque-là, Mairan n'avait eu à combattre que les newtoniens comme Maupertuis et consorts. Mais Mme du Châtelet faisait surgir un nouvel adversaire mal connu en France, Leibniz, qui le prenait au dépourvu alors qu'il était « accablé d'une infinité d'autres occupations et sur le point d'entrer en fonction du secré-tariat de l'Académie[4] ». Il se rendait bien compte que Mme du Châtelet avait fait un remarquable travail de vulgarisation et de

---

1. Mme du Châtelet, fort coquette, adorait se parer de rubans, bijoux et pompons. Voltaire l'avait surnommée gentiment « Emilie Newton-Pompon ».

2. Fontainebleau, 22 [octobre] 1740. B.N., n.a.f. 10 398, f. 30-31. La duchesse d'Aiguillon avait, elle aussi, pris des leçons de mathématique avec Maupertuis et pouvait juger du livre de Mme du Châtelet.

3. Mairan veut dire que Mme du Châtelet s'est contentée d'écrire sous la dictée de Koenig.

4. Lettre à Cramer du 24 octobre 1740, B.P.U., Ms. Suppl. 384, f. 282-284v°. Mairan annonce l'envoi de deux exemplaires du livre pour Cramer et Jallabert.

clarification de la pensée du philosophe allemand[1]. Ce livre, soi-disant écrit pour son fils de douze ans, interpellait en fait tous les savants de l'époque, et en premier lieu Mairan. L'abbé Nollet, ami de Mme du Châtelet, a beau ironiser avant la sortie du livre – « Quelle gloire... pour la physique d'avoir conquis le beau sexe, que de quenouilles désolées, que de fuseaux abandonnés... La physique a des grâces quand elle est bien coiffée[2] ! » –, il change de ton quelques semaines plus tard : « Les monades ne sont point de notre goût... Je pense comme vous que le meilleur endroit du livre est le chapitre des forces vives ; et qu'en général, c'est beaucoup faire pour une femme de condition, jeune encore, et jolie, car ce sont autant d'obstacles qu'elle a à vaincre pour être philosophe[3]. »

Mme du Châtelet n'a rien épargné pour le succès de son livre. La veille de son départ pour Bruxelles, le 11 décembre, elle en fait présenter un exemplaire à l'Académie des sciences[4]. Elle l'envoie à tous ses amis, aux savants étrangers, et bien sûr à Mairan qui en accuse réception avec un mot aimable, comme s'il en ignorait le contenu[5]. Clairaut est le premier à en faire une lecture sérieuse. Le livre est intéressant, dit-il, mais difficile pour les débutants, et surtout pour les gens du monde. « Malheureusement, ce sont eux qui vous jugeront le plus et s'en prendront à vous et non à eux... Deux choses rendent l'accès de votre ouvrage difficile : 1° vous débutez par la métaphysique la plus

---

1. A Frédéric II, Mme du Châtelet résume ainsi son travail, le 11 août 1740 : « Mon dessein est de donner aux Français une philosophie entière dans le goût de Wolf, mais avec une sauce française... ayant soin de ne pas les effrayer par les mots de lemmes, théorèmes, démonstrations. » Lettre 244.

2. Nollet à Jallabert, 4 décembre 1740, *op. cit.*, pp. 100-101.

3. Nollet à Jallabert, 10 février 1741, *op. cit.*, pp. 102-103.

4. Mme d'Aiguillon à Maupertuis, le 11 [décembre 1740] : « Mme du Châtelet est partie ce matin pour Bruxelles. Elle fit présenter hier un livre à l'Académie. On en dit beaucoup de bien. » B.N., n.a.f. 10398, f. 70.

5. « On vient, Madame, de me remettre de votre part les *Institutions de physique*, si attendues, et à si juste titre, et je vous en fais mes humbles remerciements. Je les lirai avec toutes les dispositions favorables que votre nom doit leur concilier, et dont je ne doute pas cependant qu'elles n'aient de quoi se passer » (20 décembre 1740). *Isographie des hommes célèbres*, Th. Delarue, 1843, vol. I.

abstraite ; 2° votre physique est peut-être un peu trop mathématique (beau défaut, à la vérité) pour les commençants... Il n'en
est pas de même pour moi. Le premier livre m'a fait un grand
plaisir en ce qu'il m'apprenait la métaphysique de Leibniz au fait
de laquelle je n'étais pas du tout. Je suis charmé de la connaître
et je ne crois pas que personne me l'eût fait aussi bien entendre
que vous... Quant à la partie physique de votre ouvrage, elle m'a
fait beaucoup de plaisir aussi, non pas comme la première en
m'ouvrant un champ nouveau, mais en me mettant sous les yeux
dans un bel ordre et d'une façon agréable les vérités les plus
satisfaisantes de la physique[1]. » Il la remercie de la façon
modérée et éclairée dont elle a parlé de l'attraction, et, comme
tout bon lecteur qui lit la plume à la main, il lui signale les
maladresses et les erreurs à corriger pour la prochaine édition.

Venant du grand Clairaut, un de ses premiers maîtres, les
compliments sont d'or. A côté, les commentaires de cet ignorant
de Le Blanc ne valent pas tripette : « C'est une bien piètre
besogne. My Lady Newton ou Mme la baronne de Leibniz, tout
comme vous voudrez l'appeler, n'en sait pas assez pour régenter
la métaphysique. Selon elle et selon Leibniz, rien n'existe dans
la nature sans une raison suffisante. A cela, je lui dirai volontiers :
Mme la Marquise, votre livre existe. *Ergo*[2]... » Bientôt, les
compliments arrivent de toutes parts. L'ami d'Argental admire
son style à défaut d'en saisir le fond[3]. Buffon en dit du bien :
« Il le trouve écrit avec clarté, ordre, netteté, précision dans les
mots et les idées, enfin il trouve admirable tout ce qui est à vous
dans votre ouvrage. Vous vous doutiez bien qu'il ne serait pas
de votre avis en tout et qu'il ne deviendrait pas leibnizien, mais
il dit qu'il fallait toute votre pénétration pour entreprendre

---

1. Lettre du 4 janvier 1741, publiée par B. Boncampagni in *Accademia de Nuovi Lincei*, n° 45-46, 1891-1893, pp. 233-234. Dans cette lettre, Clairaut ne dit pas un mot sur le chapitre concernant les forces vives, ce qui inquiétera Mme du Châtelet.
2. Lettre du 4 janvier 1741 au président Bouhier, *op. cit.*, p. 356.
3. Voir la réponse de Mme du Châtelet à d'Argental, 7 janvier 1741. Lettre 259.

d'éclaircir cette métaphysique. Enfin, vous avez tout lieu d'être contente de la façon dont il parle de votre ouvrage[1]. »

S'il est difficile d'ajouter foi aux compliments des amis et relations, l'opinion de savants étrangers pouvait enchanter Emilie. Jallabert, qui avait commencé par faire la fine bouche[2], ne tarit plus d'éloges quand il s'adresse à Louis Bourguet : « Vous serez, j'espère, content de ce livre. La première partie traite de la métaphysique de MM. Leibniz et Wolf ; elle est présentée aussi clairement que le permet la matière. La seconde roule sur divers chapitres de la mécanique... Mme du Châtelet expose ses idées là-dessus avec beaucoup de netteté et d'ordre[3]. » Par ailleurs, on sait par des lettres plus tardives à quel point Cramer admirait le livre d'Emilie[4], comme aussi nombre de savants allemands. Il faut avouer qu'ils étaient bien contents qu'on remette à l'honneur leur cher Leibniz, injustement oublié dans l'éternel débat opposant les cartésiens aux newtoniens. Mais cela n'empêche pas un savant anglais comme Ramsay de faire mille compliments à la marquise, et de reconnaître qu'il n'a jamais rien lu d'aussi éclairant sur Leibniz[5].

Dortous de Mairan ne manque pas d'en entendre les échos, y compris chez ses amis du *Journal des savants* qui ont décidé de ne consacrer pas moins de deux comptes rendus au livre de son adversaire, et ô combien élogieux[6] ! Cet homme si amène ne cache pas sa colère. Il est déterminé à remettre la marquise à

1. D'Helvétius à Mme du Châtelet [janvier 1741]. *Correspondance générale d'Helvétius*, t. I, p. 32.

2. De Jallabert à Bourguet, Genève, 14 avril 1741. Bibliothèque de Neuchâtel, Ms. 1273/6. Lettre 9.

3. De Jallabert à Bourguet, Genève, 23 mai 1741. Lettre 10.

4. Brouillons de lettres de Cramer à Mme du Châtelet d'août 1744 et juin 1745. B.P.U., Ms. Fr. 657b, f. 11-12 et 21-22. Voir aussi une lettre de Cramer à Clairaut, août 1744 : « Elle a raison sur tous les points et elle le prouve avec beaucoup de force, de netteté et d'élégance. »

5. Lettre d'Andrew Michael Ramsay à Mme du Châtelet, 1er février 1741 (Best. D 2420).

6. Le premier article avait paru dès décembre 1740, pp. 737-755. Ce qui prouve que Mme du Châtelet avait donné un exemplaire de son livre avant publication. Le second article paraîtra en mars 1741, pp. 135-153. Au total, le *Journal* consacra 38 pages à son livre, montrant ainsi le cas qu'il faisait d'une œuvre sérieuse.

sa place. Il faut toute l'influence de Mme Geoffrin pour qu'il se calme et garde le ton convenable. Elle lui aurait dit : « Ne voyez-vous pas qu'on se moquera de vous si vous tirez votre épée contre un éventail[1] ? » Mais rien n'y fait. Sa courtoisie légendaire cède le pas à la misogynie la plus flagrante. Sa réponse prend la forme d'une lettre de 37 pages adressée à Mme du Châtelet et datée du 18 février 1741. Le 4 mars, il reçoit l'*imprimatur* de l'Académie. Réaumur et Cassini l'ont jugée digne d'impression.

Mairan accuse d'abord Mme du Châtelet de l'avoir mal lu et l'engage à une relecture plus appliquée : « Il n'y avait qu'à bien lire la proposition dont il s'agit... pour se garantir du faux aspect sous lequel vous l'avez considérée[2]... » Il met ensuite en lumière l'inconséquence de sa pensée : « Madame a jugé mon mémoire excellent... lorsqu'elle a lu, pensé et modelé toute seule... elle n'a porté un jugement contraire que depuis qu'elle a lu et pensé avec d'autres[3]... Serait-il impossible que Madame, se livrant de nouveau à son excellent génie et à la seule évidence, relisant ma dissertation dans cet esprit d'équilibre, s'y rappelât les traits de lumière qui l'avaient frappée... Comment pourrais-je penser en effet que ce soit dans une lecture attentive et désintéressée que vous ayez découvert cette prétendue faute de calcul, ou plutôt cette bévue grossière que vous m'attribuez[4]... »

Propos humiliants où perce la passion excessive du nouveau secrétaire perpétuel. Et piètre défense que d'accuser Mme du Châtelet de malhonnêteté intellectuelle, ou de tenter de la ridiculiser avec des arguments d'autorité du style : « Souffrez que je vous dise que le temps est tout et que la vitesse n'est rien[5]. » Sa conclusion ne le cède pas à l'insolence d'Emilie : « Il y a certai-

---

1. Propos rapporté par la *Correspondance littéraire* de Grimm, 1er mars 1771, t. IX, p. 255.

2. *Lettre de M. de Mairan à Mme *** sur la question des forces vives*, 1741, p. 5.

3. En accusant Mme du Châtelet de n'être que la plume du leibnizien Koenig, Mairan est insultant ; mais il est aussi de mauvaise foi, car il sait mieux que personne avec quelle obstination elle a tenté de modifier les lignes le concernant dans son mémoire sur le feu, depuis l'été 1738, c'est-à-dire bien avant qu'elle connût Koenig.

4. *Ibid.*, pp. 7-8.

5. *Ibid.*, p. 28

nement ici quelqu'un qui a tort... Je me flatte, Madame, que vous regarderez toutes ces réflexions comme une preuve du cas que je fais de vos lumières, et de ce bon esprit qui ne saurait vous permettre de résister au vrai quand il se présentera à vous sans nuage[1]. »

La réponse était faible, et Mairan dut s'en rendre compte. Il fait doubler sa *Lettre* par le factum[2] d'un de ses affidés, l'abbé Deidier, un honnête professeur de mathématiques, qui le publie au même moment[3]. Nouvelle preuve de faiblesse aux yeux d'Emilie et du monde : « Il ne s'est pas cru assez fort tout seul pour défendre [sa] jolie découverte. Il s'est aidé d'un Monsieur Deidier[4]. »

Bien médiocre début pour un secrétaire perpétuel qui vient de prendre ses fonctions à l'Académie ! Il a voulu humilier une femme – car il est certain qu'il n'aurait jamais pris ce ton avec un homme – et c'est sur lui que retombe le ridicule ! Ridicule public, puisque selon son habitude il a envoyé sa *Lettre* à des centaines d'amis et de collègues. Parmi eux, Cramer, avec ce mot d'accompagnement : « Mes amis, gens du monde et gens de lettres, ont jugé que je misse la main à la plume et sur ce ton. C'est plutôt la célébrité du nom contre laquelle j'ai eu à me munir que contre la force des objections, sans compter que ce nom sert peut-être, ou pourrait servir à l'avenir de couverture à d'autres. Le plus fâcheux de tout cela, c'est le temps qu'il en coûte. Ma lettre à Mme du Châtelet est l'affaire de trois ou quatre matinées, mais les accessoires de l'impression, envois..., emportent des mois. » Mairan affiche une désinvolture démentie par le propos suivant : « Quelqu'un m'a dit que vous alliez écrire [sur la philo-

---

1. *Ibid.*, p. 37.
2. *Nouvelle réfutation de l'hypothèse des forces vives.* La moitié était employée à réfuter le mémoire de Jean Bernoulli sur lequel s'appuyait Mme du Châtelet, l'autre à critiquer les *Institutions de physique* et à louer l'ouvrage de Mairan qu'on y attaquait.
3. Le 20 mars 1741, Mairan envoie sa *Lettre* à Mme du Châtelet et un autre exemplaire à Voltaire, accompagné pour lui du livre de l'abbé Deidier (Best. D 2448 et D 2449).
4. Lettre à Maupertuis, 29 mai 1741. Lettre 272.

sophie de Leibniz] en confirmation du livre de Mme du Châtelet[1]... » Il lui recommande la lecture de l'abbé Deidier.

Les gens du monde sont partagés. La duchesse d'Aiguillon n'a pas de mots pour qualifier la réponse de Mairan : « Ma main me refuse le service pour vous parler de la lettre de M. de Mairan à Mme du Châtelet sur les forces vives, dit-elle à Maupertuis qui est toujours en Prusse. Il lui dit son fait ; cet homme est pétri d'orgueil et d'amour-propre. Je ne sais à quelle sauce on [le] mangera à Bruxelles... Sans doute, vous avez cette pièce qui est dans toutes les maisons[2]. » Mais Maupertuis constate : « Mme du Châtelet a éprouvé ce qu'on éprouvera toujours lorsque, sans une réputation égale, on aura affaire à quelqu'un qui en a une plus grande. Ceux qui ne décident que par des preuves de vraisemblance ne croiront jamais qu'une femme de la cour ait raison contre le secrétaire de l'Académie[3]. »

Pour l'heure, Mme du Châtelet exulte, et laisse éclater sa fierté : « M. de Mairan m'a fait l'honneur de m'écrire une lettre... Je voudrais bien savoir ce qu'on en dit dans le monde. Je ne sais encore si je lui répondrai ; mais je sais bien que je suis très honorée d'avoir un tel adversaire. Il est beau même d'en tomber, et cependant j'espère que je ne tomberai pas[4]. »

La réponse de Mairan ne l'a pas affectée le moins du monde. Tant de passion contre elle et son argumentation révèle la faiblesse de l'adversaire. Elle décide de répondre, et très vite, pour montrer à tous les Le Blanc et Mairan qu'elle n'a besoin de personne pour lui souffler son texte. Une semaine plus tard, sa réponse à la *Lettre* est achevée[5] : elle est cinglante. Mme du Châtelet se paie la tête du secrétaire avec un bonheur évident : « J'avais pris la liberté, dit-elle, de prouver dans les *Institutions* que vous avez fait un mauvais raisonnement dans votre mémoire

---

1. A Cramer, 4 avril 1741. B.P.U., *op. cit.*, f. 289-290v°.
2. Paris, 18 [avril 1741]. B.N., n.a.f. 10398, f. 44-46.
3. Maupertuis à Jean II Bernoulli, Paris, 5 février 1742. BEB, LIa. 708, f. 69.
4. A d'Argental, 22 mars 1741. Lettre 264.
5. A d'Argental, 2 mai 1741. Lettre 269. Mme du Châtelet, toujours à Bruxelles, a chargé son mari de remettre en premier à Mairan sa réponse avant de la diffuser auprès de toute l'Académie.

de 1728, et vous me répondez que j'ai fait un *errata*... Le conseil que vous voulez bien me donner de lire et de relire votre mémoire me paraît clair, mais je puis vous assurer que plus je lis et relis, et plus je me confirme dans l'idée où je suis[1]... »

Dans sa correspondance privée, Emilie a des accents qui rappellent ceux de Maupertuis contre les Cassini : « *J'ai voulu le percer jusqu'au fond de l'âme, et je crois y avoir réussi.* Il [Mairan] a de la honte à avoir mis de la mauvaise foi dans le fait, de l'impolitesse dans la forme et des paralogismes dans le fond. Il est dans une situation cruelle... Je ne suis pas secrétaire de l'Académie, mais *j'ai raison et cela vaut tous les titres*... Qu'il réponde avec précision au dilemme que je lui ai fait aux pages 17 et 21 de ma lettre, ou bien [qu']il se confesse convaincu d'avoir fait un paralogisme indigne d'un philosophe. Il n'y a pas un troisième parti[2]. »

La réplique de la marquise ne modifie pas l'opinion des savants et chacun reste sur ses positions. Les tenants des forces vives approuvent Emilie, l'autre camp la critique[3]. Mais elle a tout lieu d'être satisfaite. Sa *Réponse* est un succès littéraire et mondain considérable. A Maupertuis, encore en Prusse, elle raconte son triomphe et l'échec de Mairan : la *Lettre* de ce dernier « a si mal réussi qu'elle n'a pas fait les trois quarts du succès de la mienne ». Mais comme l'honneur de l'Académie est en jeu, on n'a pas voulu laisser Mairan continuer la dispute. Qu'importe ! Mme du Châtelet a réussi à « se faire lire des gens du

---

1. *Réponse de Mme *** à la lettre de M. de Mairan sur la question des forces vives*, Bruxelles, 1741, p. 6. Elle est datée du 26 mars 1741, et l'envoi à Mairan du 7 avril.

2. A d'Argental, 2 mai 1741. Lettre 269.

3. Clairaut, en connaisseur, déclara que la querelle n'était qu'une simple question de mots. Mme du Châtelet dut lui reprocher de vouloir ménager Mairan, car il s'en défend dans une lettre qu'il lui adresse en mai 1741 (Best. D 2485) et explique sa position.

Par ailleurs, le *Journal de Trévoux*, qui avait consacré un long et bel article aux *Institutions de physique* en mai 1741 (pp. 894-927), change radicalement de ton en rendant compte de la réponse de Mairan et conjointement de la réponse à la réponse. Ce n'est qu'ironie cinglante contre Mme du Châtelet et éloges de Mairan. *Cf.* août 1741, pp. 1388-1401.

monde[1] », grâce notamment à la duchesse d'Aiguillon qui a répandu sa *Réponse* dans tous les salons. « Les dames se sont déclarées pour Leibniz[2] », observe Voltaire, et les savants, en accord ou non avec les thèses de Mme du Châtelet, ont été contraints de reconnaître ce phénomène si rare : une authentique femme savante.

De retour à Paris fin juin, Maupertuis peut constater avec ravissement que son ancienne élève tient la dragée haute à son ennemi personnel : « Voilà Mme du Châtelet au comble de ses vœux : M. de Mairan, secrétaire de l'Académie, a fait un ouvrage contre elle, auquel elle a répondu par un autre dans lequel elle a raison pour le fond et pour la forme, et où elle traite Mairan avec tous les genres de supériorité. Il n'y a rien de si ridicule que cette aventure pour un secrétaire de l'Académie[3]. »

Voltaire au secours de Mairan

Les deux hommes se connaissent depuis longtemps[4] et Voltaire n'a jamais dissimulé son admiration pour le savant[5]. Lorsqu'il lit enfin son mémoire de 1728 sur les forces, Voltaire est conquis : « C'est un chef-d'œuvre de raison... M. de Mairan, qui est des esprits des plus justes, des plus fins et des plus exacts, a très bien démontré en plus d'une façon que la quantité de mouvement n'est jamais au fond que le produit de la vitesse par la masse[6]. » Même quand il passe dans le camp opposé – celui de Newton et

---

1. A Maupertuis, Bruxelles, 29 mai 1741. Lettre 272.
2. Voltaire à Mairan, 1er avril 1741 (Best. D 2454). Il ajoute : « Madame la princesse de Columbrano a écrit aussi en faveur des forces vives. »
3. Lettre de Maupertuis à Algarotti, Paris, 28 juin 1741, *in* Algarotti, *Opere, op. cit.*, vol. XVI, p. 191.
4. La première lettre de Voltaire à Mairan remonte à octobre 1724 (Best. D 218) ; ils font connaissance peu de temps après.
5. De nombreuses lettres de Voltaire en témoignent : à Berger, juillet 1756 (Best. D 1113) ; à Pitot, 31 août 1736 (Best. D 1137) ; à Mairan, 9 novembre 1736 (Best. D 1195) ; à Thieriot, 24 novembre 1736 (Best. D 1207) ; à Pitot, 17 mai 1737 (Best. D 1327), etc.
6. A Pitot, 31 août 1736 (Best. D 1137).

Maupertuis –, il continue à proclamer son « estime infinie[1] » pour le mémoire de Mairan, et d'entretenir des relations aimables avec celui-ci. Le combat de Maupertuis contre Mairan n'est pas le sien, pas plus que celui de Mme du Châtelet. En 1741, Voltaire donne toujours raison au savant, y compris contre « sa femme[2] ».

Pourtant, quelles que soient l'indépendance d'esprit et la tolérance réciproque du couple de Cirey, on ne peut manquer d'être surpris de l'offensive tous azimuts de Voltaire contre sa compagne. Certes, les arguties d'Emilie en faveur de Leibniz l'exaspèrent, et il en veut à Koenig d'avoir apporté à Cirey la religion des monades[3]. Mais, pris entre deux feux, Voltaire aurait pu se taire. Au lieu de quoi, il monte par trois fois au créneau pour défendre le secrétaire de l'Académie. Avant même de connaître la réaction de Mairan aux *Institutions* d'Emilie, il lui fait parvenir un petit opuscule sur les forces[4] qui réaffirme son accord avec lui, et demande avec insistance qu'il soit lu à l'Académie. Le 15 avril, Mairan nomme Pitot et Clairaut commissaires de son mémoire. Entre-temps, Voltaire a pris connaissance de la *Lettre* de Mairan à Mme du Châtelet[5], et ne cache pas son embarras. Le ton du secrétaire est insultant et Voltaire se voit contraint de réagir. Il écrit à Mairan pour lui redire son désaccord avec Emilie, tout en la défendant énergiquement de l'accusation de plagiat et d'incohérence[6]. Il approuve Mairan sur le fond et regrette la forme. Mais Voltaire ne s'en tient pas là. Au même moment, il décide de faire réimprimer son introduction métaphy-

---

1. A Pitot, 17 mai 1737 (Best. D 1327).

2. Voltaire à Mairan, 5 mai 1741 (Best. D. 2479).

3. *Ibid.*

4. *Doutes sur la mesure des forces motrices et sur leur nature*. Le 25 février 1741, Voltaire en envoie, de Bruxelles, un exemplaire à d'Argental pour qu'il le remette à Mairan (Best. D 2433). Il est d'abord publié dans la *Nouvelle Bibliothèque*, La Haye, juin 1741, et porte la date du 27 mars.

5. Mairan a envoyé sa *Lettre* à Bruxelles le 20 mars. Le 22, Mme du Châtelet l'a déjà lue et, le 24, Voltaire répond à Mairan.

6. Voltaire à Mairan, 24 mars 1741 : « Vous dites... qu'elle n'a commencé sa rébellion qu'après avoir hanté les malintentionnés leibniziens. Non, mon cher maître, pas un mot de cela. J'ai la preuve par écrit... Elle a commencé à chanceler dans la foi un an avant de connaître l'apôtre des monades [Koenig]. » (Best. D 2452).

sique aux *Eléments de Newton,* qui attaque la pensée de Leibniz. Bien qu'il dédie à Mme du Châtelet cet ouvrage « dans lequel je prends la liberté de la combattre[1] », c'est une nouvelle pierre dans son jardin, et un second acte d'allégeance à Mairan.

En dépit de tout cela, le secrétaire ne cache pas sa mauvaise humeur envers le couple. Tout en remerciant Voltaire de ses écrits en sa faveur, il l'associe à Mme du Châtelet dans un propos peu aimable : « Les combats littéraires que vous projetez avec Mme la marquise du Châtelet... ne me tentent pas. Vous êtes tous les deux trop difficiles à imiter. *Vous pouvez faire ensemble tel accord que vous jugerez à propos là-dessus* ; il tournera à l'avantage du public. Mais je n'ai ni le loisir, ni les talents nécessaires pour me jouer avec ce public. Ma plume n'est point assez légère pour voltiger agréablement autour des savants dont j'intéresserais la réputation. Je tâche d'aller droit à mon fait, sans les compromettre, et je suis bien obligé à ceux qui en usent de même à mon égard[2]. »

A demi-mot, il les met tous les deux dans le même sac et les accuse de complicité pour faire leur gloire sur son dos. Pour achever de contrarier Voltaire, les deux commissaires de son mémoire – Clairaut, proche d'Emilie, et Pitot, son vieux complice – en font un rapport très décevant, le 26 avril, à l'Académie. Ils se contentent d'un court résumé et se gardent bien de conclure. Le ton flatteur ne cache pas l'inconsistance du fond : Voltaire n'apporte rien à la « Jérusalem des sciences ». Vexé, il s'en ouvre une dernière fois à Mairan : « Je vois que l'Académie est neutre, et n'ose pas juger un procès qui me paraît pourtant assez éclairci par vous. Je crois que la Société royale serait plus hardie[3]... »

Toutefois, Voltaire réservait une ultime surprise à Mairan, sinon à Mme du Châtelet. En juin, il fait paraître dans le

---

1. A Mairan, 1er avril 1741 (Best. D 2454). Dans la même lettre, il rappelle au secrétaire : « Vous me ferez plaisir en montrant à l'Académie de quelle façon je pense, si on peut voir par mon mémoire que je ne suis pas absolument étranger dans Jérusalem... »

2. Mairan à Voltaire, 8 avril 1741 (Best. D 2461). Souligné par nous.

3. Voltaire à Mairan, 5 mai 1741 (Best. D 2479).

Mercure[1] un long article qui discute point par point les *Institutions de physique* d'Emilie. Après des brassées de fleurs sur le génie de l'auteur féminin, il argumente durement contre chaque chapitre. Rien de la métaphysique allemande ne trouve grâce à ses yeux de newtonien. L'opposition aux idées d'Emilie est totale. Or cette dernière, toujours prête à maudire ses critiques, ne dit mot de l'article de Voltaire[2]. Le fait est suffisamment troublant pour être relevé. Le soupçon de Mairan sur leur complicité n'était peut-être pas totalement dénué de fondement. Non que Voltaire et Mme du Châtelet feignissent leur opposition philosophique ; celle-ci était réelle et remontait à 1738. Mais, tout bien considéré, cette polémique les arrangeait tous deux, du moins au commencement.

Même si, en 1740, Voltaire est un peu las de la tyrannie amoureuse d'Emilie, ils forment un couple d'une solidarité exemplaire. Elle est prête à tout pour lui, et lui pour elle. Ils éprouvent l'un pour l'autre une admiration et un respect qui ne se démentiront jamais. Contrairement à beaucoup d'hommes, Voltaire, même s'il ne partage pas ses idées, tire une grande fierté des succès de sa compagne. Avant la publication des *Institutions*, il se moque certes gentiment d'elle[3], mais ne cache pas son émerveillement[4].

---

1. Juin 1741, t. II, pp. 1274-1310. L'article avait dû être rédigé avant que ne paraisse la *Lettre* de Mairan à Mme du Châtelet, car il se termine ainsi : « Je n'ai point touché aux objections que fait l'illustre auteur à M. de Mairan dans le chapitre de la force des corps. C'est à ce philosophe de répondre, et on attend avec impatience les solutions qu'il doit donner des difficultés qu'on lui fait » (p. 1309).

2. Mme du Châtelet ne fait aucune allusion dans sa correspondance à un antagonisme avec Voltaire. Contrairement à lui qui évoque constamment leur différend entre février et juin 1741, elle est muette sur le mémoire de Voltaire en faveur de Mairan ou sur l'article du *Mercure*.

3. A Maupertuis, le 29 août 1740 (Best. D 2302) : « Je ne désespère pas que Mme du Châtelet ne se trouve quelque part sur votre chemin... Elle arrivera avec raison suffisante, entourée de monades. »

4. Au président Hénault, 20 août 1740 (Best. D 2291) : « Pour le livre de Mme du Châtelet... je crois que c'est ce qu'on a jamais écrit de mieux sur la philosophie de Leibniz. » Le 7 janvier 1741 encore, il écrit à Helvétius (Best. D 2397) : « Si Leibniz vivait encore, il mourrait de joie de se voir ainsi expliqué ou de honte de se voir surpassé en clarté, en méthode et en élégance... Après avoir lu presque tout ce qu'on a fait en Allemagne sur sa philosophie, je n'ai rien vu qui approche à beaucoup près du livre de Mme du Châtelet. »

Tout bascule avec la *Lettre* de Mairan et la violence de ton, inattendue sous sa plume. Voltaire et Mme du Châtelet durent alors constater que leurs intérêts respectifs ne coïncidaient plus : Emilie avait tout à gagner à cette polémique publique avec le secrétaire perpétuel. En ne se contentant pas de lui faire répondre par l'abbé Deidier et en prenant personnellement la plume, il lui offrait le statut d'égale et la faisait entrer dans le cercle fermé de ses pairs. Elle n'avait rien à concéder à Mairan, puisque de toute façon les portes de l'Académie n'étaient pas ouvertes aux femmes. C'était sa plus belle heure de gloire, et elle savait qu'elle ne pourrait jamais espérer mieux. Voltaire le savait aussi, et n'aurait jamais rien fait pour l'empêcher d'en profiter.

En revanche, lui-même a beaucoup à perdre dans ce débat furieux qui oppose « sa femme » et le secrétaire perpétuel, car tout donne à penser qu'il rêve de siéger à l'Académie des sciences. Depuis longtemps, le poète en exil cherche à gagner la respectabilité qui entoure le philosophe et le savant. Seule l'Académie des sciences peut lui décerner le brevet d'« intellectuel ». Son mémoire sur le feu a constitué un premier travail d'approche ; son *Essai sur les forces* en est un second. De son côté, Mme du Châtelet, dans la confidence, peut-être même à l'origine du projet, n'épargne aucune peine pour le faire réussir. A l'automne 1740, elle va plaider elle-même la cause de Voltaire à la cour, alors à Fontainebleau. C'est un succès : « J'ai ramené à bien l'affaire du monde la plus difficile, je procure à M. de Voltaire un retour honorable dans sa patrie, je lui rends la bienveillance du ministère, *je lui rouvre le chemin des académies*[1]... » Mais voici que, quelques mois plus tard, elle le lui ferme en ridiculisant l'homme le plus puissant de l'Académie. Pour la gloire de Mme du Châtelet, Voltaire doit faire son deuil de la sienne. En juin, il en a pris son parti et retourne à la littérature, non sans marquer quelque regret à Pitot : « J'ai un peu abandonné cette physique pour d'autres occupations... [La] lettre [de Mme du Châtelet] à

---

1. Au duc de Richelieu, Paris, 23 novembre 1740. Lettre 253. Souligné par nous.

M. de Mairan a été fort bien reçue, mais *j'aurais mieux aimé que cette dispute n'eût pas été publique*[1]. »

Si l'on fait le bilan de ces douze derniers mois (juin 1740-juin 1741), seule Mme du Châtelet tire les marrons du feu. Maupertuis, ridiculisé en Prusse, est plus seul que jamais au sein d'une Académie qu'il a beaucoup contribué à affaiblir. Le prestige du nouveau secrétaire perpétuel est au plus bas grâce à l'offensive d'Emilie. Enfin, toute la vieille garde de l'Académie se sent dévalorisée et réduite au silence. Etrangement, Maupertuis, qui les a combattus avec succès, semble emporté avec eux. L'heure est venue d'une nouvelle génération de savants et, avec eux, d'autres sujets de débat. Mais les anciens n'ont pas dit leur dernier mot. Même diminués, ils peuvent encore sortir leurs griffes.

---

1. Bruxelles, 19 juin 1741 (Best. D 2500). Souligné par nous.

DEUXIÈME PARTIE

La revanche des pairs

1741-1746

CHAPITRE V

La résistance de l'Académie
(1741-1742)

L'union sacrée de l'Académie et l'autorité de son secrétaire ont été mises à rude épreuve. Soucieux avant tout du prestige de l'institution, les académiciens serrent les rangs autour de Mairan. Ceux qui regrettent son altercation publique avec Mme du Châtelet font silence, et la grande majorité s'accorde sur le dos de Maupertuis, absent. C'est lui, l'origine de la discorde qui a gravement nui à tous, et l'on saura s'en souvenir.

Pour sortir de ce mauvais pas, l'Académie dispose de deux atouts : l'un est sa faculté de renouvellement interne, l'autre est le nouvel intérêt passionné que le public porte aux sciences. A partir des années 1740, les amateurs se multiplient à une vitesse considérable à Paris et en province. Les mathématiques, l'histoire naturelle, la physique expérimentale sont à la mode. Même si, pour beaucoup, l'activité scientifique s'apparente au ludique, le prestige intellectuel et social qui s'y attache n'a jamais été aussi grand. Et l'Académie est l'objet de toutes les convoitises.

Le renouveau de l'Académie

Tel un organisme vivant, l'Académie renaît au fil des décès et des promotions. Les plus anciens, respectueusement mis à la retraite, prennent le statut de vétérans, entraînant comme au jeu des chaises musicales promotions et élections. Quand Maupertuis retrouve son siège, le 28 juin 1741, dans la salle du Louvre réservée à l'Académie, certains ont changé de place et de nouveaux visages ont fait leur apparition. La figure de la Terre n'intéresse plus, comme tout problème résolu. C'est le vivant minuscule qui passionne désormais. La loupe remplace le téléscope pour dévoiler les secrets des insectes, et d'un nouvel être mal identifié : le polype.

Les derniers arrivés

Il avait suffi que Fontenelle[1], l'astronome Delisle[2], l'anatomiste Senac[3] et le mathématicien Terrasson[4] passent à la vétérance pour enclencher un large mouvement. Deux des compagnons du Pôle avaient été promus : l'abbé Camus[5] et Lemonnier[6], respectivement pensionnaire et associé. Deux astronomes du clan adverse, Cassini de Thury[7] et Fouchy[8], avaient également pris du galon. Plus intéressants pour Maupertuis sont les nouveaux adjoints nommés durant son séjour en Prusse : l'anatomiste Ferrein[9], l'abbé de Gua de Malves, l'abbé de Lacaille et Jean Le Rond d'Alembert. En particulier les trois derniers.

L'abbé de Gua est élu adjoint géomètre le 18 mars 1741 contre d'Alembert qui se présentait aussi. On l'a déjà rencontré auprès de Dortous de Mairan, qui l'avait chaudement recommandé à l'académie de Bordeaux dès 1732[10]. Les deux hommes sont du

1. Pensionnaire vétéran le 9 décembre 1740.
2. Associé vétéran le 28 janvier 1741 – « pour cause de trop longue absence » à Pétersbourg, *dixit* Nollet à Jallabert le 10 février 1741, *op. cit*, p. 103.
3. Associé vétéran le 5 février 1741.
4. Associé vétéran le 22 février 1741.
5. Pensionnaire géomètre le 15 janvier 1741.
6. Associé géomètre le 8 mars 1741.
7. Associé mécanicien le 22 février 1741.
8. Associé astronome le 5 février 1741.
9. Adjoint anatomiste le 22 février 1741.
10. Gua est fait membre correspondant de l'académie de Bordeaux le 3 juin 1732.

pays d'oc[1] et les solidarités provinciales ne sont pas un vain mot[2]. Il est fort probable qu'une fois encore, Mairan a pesé de tout son poids pour le faire élire. Maupertuis le connaît depuis la Société des arts et son pari de 1733 avec Fontaine, qui avait tant exaspéré le vieux Bernoulli[3]. C'est un personnage étrange et pittoresque au physique comme au moral. Sa fiche de signalement à la police le décrit « grand, maigre et fort sec. Et l'air et la contenance d'un fou[4] » – rejoignant ainsi le célèbre portrait qu'en a laissé Diderot dans les *Salons de 1767* : « Ce vieil abbé qu'on voit dans nos promenades, vêtu de noir, tête hérissée de cheveux blancs, l'œil hagard, la main appuyée sur une petite canne, rêvant, allant, clopinant... c'est un profond géomètre... Cet homme, placé devant sa table, enfermé dans son cabinet, peut combiner une infinité de quantités ; il n'a pas le sens commun dans la rue[5]. »

Toute sa vie, l'abbé de Gua a fait preuve d'entêtement, d'originalité et de piquant avec les autres. Maupertuis parle de lui comme d'« un des esprits les plus âcres que je connaisse, des plus capables de poursuivre désagréablement une vérité ou une erreur... Quant à ses dérangements, je les connais aussi, et c'est grand dommage[6] ». Il ajoutait d'ailleurs qu'il n'avait jamais été de ses amis[7]. Condorcet, chargé d'en faire l'éloge à sa mort, en a laissé un portrait plus fouillé et plus chaleureux. Issu d'une famille noble et riche, ruinée par John Law en 1720, l'abbé regardait la médiocrité financière comme un malheur, ce qui expliquait

1. Mairan était né à Béziers et de Gua à Carcassonne.
2. A Paris, les provinciaux se serrent les coudes. Le clan des Bourguignons (Buffon, Le Blanc, le président de Brosses, Crébillon, Piron et le musicien Rameau) et celui des Bretons (Maupertuis, La Mettrie, Fréron, l'abbé Trublet) sont les plus actifs.
3. *Cf. supra*, note 3 p. 56. De Gua s'était déjà présenté à l'Académie contre le mathématicien Fontaine en mai 1733, mais il avait été battu.
4. *Journal* de l'inspecteur J. d'Hémery. B.N., n.a.f. 10 782, f. 41 (en 1749).
5. Diderot, *Œuvres*, t. IV, Esthétique-Théâtre, éd. Laurent Versini, collection « Bouquins », Robert Laffont, 1996, p. 615.
6. Lettre à La Condamine, Berlin, 15 septembre 1750. Archives municipales de Saint-Malo, ii, 24, f. 93v°-95v°.
7. Au même, Berlin, 24 août 1750. *Ibid.*, f. 123v°.

« comment un homme désintéressé, qui savait supporter les privations, et à qui un esprit profond et subtil, capable des plus grands efforts et de la patience la plus infatigable, offrait tant d'occupations attachantes et glorieuses, put cependant consommer une partie de sa vie à faire des projets pour s'enrichir[1] », lesquels achevèrent de le ruiner. Condorcet, qui l'a bien connu à l'Académie, ne cache pas sa personnalité étrange : « Dominé par son imagination, un peu porté vers les opinions extraordinaires, il avait besoin que les conseils de ses confrères empêchassent son talent de s'égarer[2]. » Il ne dissimule pas non plus l'abord abrupt du personnage : « Sa conversation était plus piquante qu'agréable ; il aimait mieux discuter que causer, et il ne pouvait plaire qu'à ceux dont l'esprit n'était ni fatigué par des raisonnements subtils, ni rebuté par des idées extraordinaires. Son caractère était franc, incapable de plier ou de souffrir l'ombre d'une injure ; aisé à blesser, et difficile peut-être dans le commerce de la vie, il était capable d'une amitié vraie, courageuse, inébranlable[3]. » Moins amical, le jugement de Raynal se résume en ces mots : « De l'étendue et de l'obscurité dans l'esprit, de la fierté et de l'aigreur dans le caractère[4]. »

Lorsque l'abbé de Gua fait son entrée à l'Académie, il est précédé d'une réputation flatteuse. Un an auparavant, il a publié un traité sur l'analyse de Descartes[5] qui fait l'admiration des spécialistes. Buffon recommande le livre à peine sorti à Jalla-

---

1. Condorcet, *Eloge de l'abbé de Gua*, in *Œuvres*, t. III, p. 241.
2. *Ibid.*, p. 247.
3. *Ibid.*, p. 257.
4. *Nouvelles littéraires*, I, p. 375, novembre 1749.
5. *Usage de l'analyse de Descartes pour découvrir sans le secours du calcul différentiel les propriétés ou affections principales des lignes géométriques de tous ordres*, 1740. Il y examine la règle d'après laquelle Descartes détermine le nombre des racines positives ou négatives des équations où elles sont toutes réelles. Selon Condorcet, de Gua fut le premier à donner de cette règle « une démonstration aussi générale et rigoureuse qui justifiât Descartes » (*ibid.*, p. 244). C'est aussi dans ce livre que l'abbé développe une théorie des points de rebroussement qui séduira Euler, d'Alembert et Cramer, avant qu'ils en fassent la critique dix ans plus tard.

bert[1]. A l'étranger, Euler et Cramer le lisent et adoptent sa théorie des « points de rebroussement ». Le plus enthousiaste est sans conteste le jeune d'Alembert, qui en fait le compte rendu dans le *Journal des savants*[2] : « Les bons livres, dit-il, sont aussi rares en matière de science qu'en tout autre genre, mais les ouvrages véritablement nouveaux le sont encore davantage. Dans la géométrie en particulier, il serait facile de compter combien il a paru depuis Descartes de ces livres originaux qu'on peut regarder comme la source et le modèle de tous les autres[3]. » Aux yeux de D'Alembert, le livre de l'abbé de Gua est de ceux-là, qui étend considérablement la précieuse méthode des indéterminés de Descartes et la porte « à un point de perfection dont on ne l'aurait peut-être pas crue capable[4] ».

Pour un coup d'essai, c'est donc un coup de maître qui lui vaut d'entrer à l'Académie. Les années qui suivent confortent sa gloire. Le 30 juin 1742, le roi le nomme professeur de philosophie et de mathématiques au Collège royal à la place de feu l'abbé Privat de Molières[5], et lui octroie le prieuré de Capdenac avec une pension sur l'abbaye de Mérigoute[6]. L'aura de l'abbé est telle qu'on ne peut que se féliciter de sa promotion[7]. Le Collège royal rouvre chaque année ses portes à la mi-novembre

---

1. « Il paraît un livre de géométrie sur les affections des courbes, par M. l'abbé de Gat [*sic*], dont on dit quelque bien : si vous en étiez curieux, j'aurais l'honneur de vous l'envoyer. » 11 janvier 1740, B.P.U., SH 242, f. 144-145. Publiée par E. Ritter dans la *Revue d'histoire littéraire de la France*, t. 8, 1901, p. 652.

2. Mai 1740, pp. 286-296. C'est Gilles Maheu qui a découvert que d'Alembert était l'auteur de l'article. Voir sa thèse non publiée, *La Vie et l'œuvre de D'Alembert* (1967, 3 vol.), Sorbonne, 685 (1-3), in-4°, vol. I, p. 11.

3. *Ibid.*, p. 286.

4. *Ibid.*, p. 287.

5. Décédé le 12 mai 1742.

6. Edgar Mass, « Les envers du succès. L'infortune du premier éditeur de l'*Encyclopédie*, Gua de Malves », in *L'Encyclopédie et Diderot*, éd. E. Mass et P.E. Knabe, Dme-Verlag, Cologne, 1985, p. 161.

7. Lettre de l'abbé Goujet au président Bouhier, 14 juin 1742 : « La chaire de professeur au Collège royal où l'abbé de Molières ennuyait souvent ses auditeurs a été donnée à l'abbé de Gua... qui passe pour un excellent mathématicien. » *Correspondance littéraire du président Bouhier*, n° 2, présentée par H. Duranton, Université de Saint-Etienne, 1976, p. 58.

et, dès ses premiers cours, de Gua impressionne ses auditeurs, Maupertuis en particulier le 3 décembre. Ce dernier s'en ouvre à Martin Folkes, secrétaire de la Société royale depuis un an : « On vient de faire la chose du monde la plus courageuse dans ce pays-ci. L'abbé de Gua, professeur de philosophie au Collège royal, enseigne la philosophie de M. Newton dans cette même chaire où l'on n'a parlé que de tourbillons depuis cent ans, et il a commencé par une harangue telle que l'aurait pu faire M. Cotes[1]. C'est un homme fort savant en géométrie et qui mériterait bien une place dans la Société royale, si vous vouliez l'y faire entrer[2]. » L'abbé pouvait y prétendre à plusieurs titres. Outre sa familiarité avec les théories de Newton, il était un fin connaisseur de la langue anglaise[3]. On le donnait comme le successeur de Brémond pour traduire les *Transactions philosophiques*[4]. Finalement, deux autres anglophiles, Buffon et Montesquieu, amis de Maupertuis, se joignent à ce dernier pour le proposer à la Royal Society qui l'élit membre étranger en 1743.

---

1. Roger Cotes (1682-1716) publia la seconde édition des *Principia* de Newton en anglais.

2. Cette lettre du 3 décembre 1742 figure dans les Archives de la Société royale, Fo. III. 95.

3. « Gua était très capable de rendre des textes anglais compliqués en bon français. Sa traduction de Mathew Decker, *Essay on the Causes of the Decline of Foreign Trade* (London, 1740), parut en 1757. Quand on compare la traduction avec son original, on voit bien que Gua est quelquefois même plus exact que son modèle. » E. Mass, *op. cit.*, pp. 162-163. En 1750, de Gua publia la traduction des *Dialogues de Hylas et Philonous* de Berkeley.

4. Revue scientifique qui publiait les mémoires de la Société royale. L'académicien F. de Brémond avait commencé de les traduire en français depuis 1736, avant de mourir prématurément le 21 mars 1742. Quelques semaines plus tard, le naturaliste allemand J.-Th. Klein écrit à un correspondant français : « On m'assure que M. l'abbé de Gua... aidé de M. Demours continueront cette traduction. » Lettre envoyée de Dantzig, 19 mai 1742, B.M. de Bordeaux, Ms. 828, n° 47. Réaumur donne la même information à Séguier le 25 avril 1743, en précisant : « L'abbé de Gua... se charge de la partie mathématique et M. Demours... de la partie physique. » *Lettres inédites de Réaumur*, éd. G. Musset, La Rochelle, 1886, pp. 16-17. Peu de temps après, l'abbé de Gua demandera à être dispensé de ce travail.

En attendant, l'Académie des sciences peut se féliciter de cette brillante recrue. Dès l'été 1741, l'abbé lit un mémoire d'algèbre[1] remarqué par l'élite des mathématiciens. C'est la suite et l'approfondissement de son livre précédent, qui lui valent d'occuper une place honorable dans l'histoire des mathématiques[2].

L'abbé de Lacaille[3], élu adjoint astronome le 28 avril 1741 (également contre d'Alembert), avait quelques points communs avec l'abbé de Gua. Issu d'une vieille famille de la région de Reims, la mort de son père l'avait laissé sans ressource. Ayant été ordonné diacre, il portait la soutane ; mais, comme de Gua, il avait renoncé à toute carrière ecclésiastique pour se consacrer aux sciences. En dépit de leur état, ni l'un ni l'autre ne menèrent « la vie d'une austérité ascétique[4] » qu'on leur a parfois prêtée[5]. Mais Lacaille fit une très belle carrière grâce à un travail acharné. Observateur passionné d'exactitude, il « a été le plus laborieux de tous les astronomes de ce siècle-ci, dit Lalande, et le plus utile à l'astronomie. Ses éphémérides, ses tables du soleil, ses catalogues d'étoiles, ses travaux sur la parallaxe, les réfractions et

---

1. Les 5, 8 juillet et 5 août 1741, l'abbé de Gua lit un mémoire sur les racines positives et négatives des équations qui n'ont pas de racines imaginaires.

2. Niels Nielsen, *Géomètres français du XVIIIe siècle*, Copenhague-Paris, Levin-Gauthier-Villars, 1935, pp. 198-199.

3. 1713-1762.

4. L'expression est d'André Danjon pour décrire le mode de vie de Lacaille dans son allocution à l'occasion du bicentenaire de sa mort, 30 juin 1962. Institut-24, p. 2.

5. Grâce aux recherches de Larry L. Bongie dans les archives de la Bastille, on a appris que l'abbé de Gua fut arrêté le 2 novembre 1756 en pleine débauche avec une certaine Rosette. Le lendemain, il déclarait à l'inspecteur de police qu'il était resté une heure et demie chez elle et l'avait « vue trois fois charnellement dans l'espace de temps qu'il est resté avec elle ». Bien entendu, il l'avait payée pour s'amuser. *Cf.* « La chasse aux abbés », *Recherches sur Diderot et l'Encyclopédie*, n° 14, avril 1993, pp. 13-16.

Quant à l'abbé de Lacaille, il suffit de lire le journal du comte Teleki, à la date du 15 novembre 1760, pour être édifié : venu lui faire une visite à l'improviste, « je l'ai trouvé chez lui, hélas ! Le portier m'ayant dit qu'il était chez lui, je suis monté. Je sonne à sa porte, il vient m'ouvrir et, me voyant devant lui, ne peut s'empêcher, le malheureux, de me faire entrer chez lui où je surprends une dame vulgaire. Toutefois, je n'aurais pas été scandalisé si le visage de l'abbé n'avait montré tant de confusion ». *La Cour de Louis XV. Journal de voyage du comte Joseph Teleki*, éd. Gabriel Tolnai, P.U.F., 1943, pp. 55-56.

sur la figure de la Terre en France et au Cap, sur les comètes, sur les éclipses, etc., sont tels qu'il me paraît avoir fait lui seul plus d'observations et de calculs que tous les astronomes de l'Europe qui ont vécu de son temps, pris ensemble[1] ».

À vingt-trois ans, d'un caractère plus aimable que l'abbé de Gua, Lacaille réussit à intéresser Fouchy à son sort[2]. Ce dernier, adjoint astronome depuis 1731, travaillait à l'Observatoire de Paris sous la direction de Jacques Cassini. En 1736, il lui présente Lacaille[3]. Cassini loge et initie le jeune homme aux observations astronomiques et à la géodésie. L'élève, doué, fait sa première observation en mai 1737. Un an plus tard, il quitte Paris avec Maraldi pour une mission sur le terrain : tracer la carte du bord de mer de Nantes à Bayonne. Ayant fait la preuve de ses compétences, il repart peu après avec Cassini de Thury pour vérifier à nouveau la fameuse méridienne française, si discutée. Il joue un rôle déterminant auprès de Thury dans cette affaire. Après avoir établi les positions astronomiques de Bourges, Rodez et Perpignan, il passe le glacial hiver de 1740 à prendre des mesures dans les montagnes d'Auvergne. Il corrige les calculs de Picard et rentre enfin à Paris avec des résultats conformes aux théories de Newton. En son absence, il a été nommé à la chaire de mathématiques du collège Mazarin, jadis occupée par le grand Varignon. Rien donc de plus légitime que son élection à l'Académie. Il la doit davantage à son travail et à ses talents qu'à ses puissants protecteurs[4].

Le dernier arrivé à l'Académie est d'Alembert[5]. Après trois tentatives ratées contre Lemonnier, de Gua et Lacaille, il est élu

---

1. Lalande, *Bibliographie astronomique*, 1803, p. 482.

2. Voir l'excellent article d'Owen Gingerich consacré à Lacaille dans le *Dictionary of Scientific Biography*, Coulston Gillispie, vol. VII, N.Y., 1981, pp. 542-545.

3. *Eloge de l'abbé de Lacaille*, par Fouchy, 1762. *H.A.R.S.*, pp. 197-212. *Cf.* p. 198.

4. En 1740, il quitta son logement de l'Observatoire pour s'installer au collège Mazarin, dont les bâtiments sont devenus l'Institut de France. Il monta un petit observatoire sur les toits du collège, où il passa une partie de ses nuits à observer les étoiles jusqu'à sa mort en 1762.

5. 1717-1783.

adjoint astronome le 10 mai 1741 et, le 17, la lettre de Maurepas entérine son élection. Contrairement à la plupart de ses pairs, cet homme de vingt-quatre ans n'a ni protecteur, ni professeur, ni même une famille. C'est le bâtard de Mme de Tencin, qui l'a abandonné le jour de sa naissance, le 16 novembre 1717, dans une boîte de bois sur les marches de l'église Saint-Jean-le-Rond. Grâce à son père, « le beau Destouches », lieutenant général d'artillerie, l'enfant fut recueilli par une bonne et tendre nourrice, Mme Rousseau, femme d'un vitrier. Hormis le temps de ses études, il habitera chez elle une chambre minuscule, mal aérée, jusqu'en 1765. Il n'a pour vivre que la pension de 1 200 livres que son père, le chevalier Destouches, lui a laissée à sa mort en 1726[1]. Grâce à la famille de son père, il fait de brillantes études au collège des Quatre-Nations[2] (ou collège Mazarin), obtient sa licence en droit en juillet 1738, s'essaie à la médecine quelques mois, puis choisit définitivement les mathématiques au printemps 1739. Il n'aime qu'elles et n'a qu'une ambition : devenir un grand géomètre.

A l'Académie, on ne compte plus les familles de savants qui se cooptent de père en fils[3], de frère en frère[4], ou d'oncle en neveu[5]. Moins par népotisme que parce que les aînés forment les cadets à une époque où les professeurs de sciences manquent encore cruellement. D'Alembert, lui, se forma tout seul. A la sortie du collège où il n'avait reçu que quelques leçons de mathématiques élémentaires d'un Monsieur Caron, il se consacre à sa passion comme un autodidacte de génie : « Sans maître, presque sans livres, et sans même avoir un ami qu'il pût consulter dans les difficultés qui l'arrêtaient, il allait aux bibliothèques publiques, il tirait quelques lumières générales des lectures

---

1. Joseph Bertrand, *D'Alembert*, 1889, p. 14.
2. Collège d'orientation janséniste. D'Alembert le quitta aussi hostile aux jésuites qu'aux jansénistes, qui se haïssaient mutuellement.
3. Les Cassini, astronomes ; les Morand, anatomistes et médecins ; les Lémery, chimistes.
4. Les Delisle, astronomes ; les Jussieu, botanistes ; les Geoffroy, chimistes et médecins.
5. Les Maraldi, astronomes ; les Geoffroy et les Jussieu.

rapides qu'il y faisait ; et, de retour chez lui, il cherchait tout seul les démonstrations et les solutions. Il y réussissait pour l'ordinaire ; il trouvait même souvent des propositions importantes, qu'il croyait nouvelles ; et il avait ensuite une espèce de chagrin, mêlé pourtant de satisfaction, lorsqu'il les retrouvait dans des livres qu'il n'avait pas connus[1]. »

Très tôt, il lit Newton[2], s'initie à l'application de l'algèbre à la géométrie, ainsi qu'au calcul différentiel. Au jeune Lalande fraîchement débarqué à Paris en 1751 pour faire une carrière scientifique, d'Alembert donnera ce conseil : il ne faut pas de maître en géométrie ; on apprend bien ce que l'on apprend soi-même[3]. En attendant, le jeune amateur, timide et sans relation, présente son premier mémoire à l'Académie en 1739 : c'est une critique d'un livre de mathématiques alors en vogue, l'*Analyse démontrée*, du père Reyneau[4]. Bien que d'Alembert n'ait pas la précocité de Clairaut, ce dernier et l'abbé de Bragelongne, ses commissaires, concluent avec indulgence[5]. Sans doute encouragé par leur bienveillance, d'Alembert redouble de travail et présente quatre nouveaux mémoires à l'appréciation de l'Académie entre janvier 1740 et février 1741. C'est durant cette période extrêmement productive que l'amateur encore maladroit de 1739 se mue en vrai professionnel, audacieux et créateur. Ces mémoires[6] sont peu ou prou les ébauches des grands traités qui feront sa gloire.

---

1. Portrait de D'Alembert fait par lui-même, in *Œuvres* de D'Alembert, t. I, p. 2 (nouvelle édition augmentée, 1821-1822), réédition Slatkine, 1967.

2. Michel Paty, « Rapport des mathématiques et de la physique chez d'Alembert », *Dix-huitième siècle*, n° 16, 1984, p. 71.

3. *Journal de Lalande*, samedi 29 mai 1751, B.N., Ms. Fr. 12275, f. 443.

4. Irène Passeron fait remarquer dans sa thèse sur Clairaut, *op. cit.*, p. 68, que celui-ci avait déjà commencé sa carrière par une critique du même livre, et elle renvoie aux *Mémoires de Trévoux* de novembre 1728.

5. Procès-verbal de l'Académie des sciences, mercredi 29 juillet 1739. Le rapport conclut à « sa capacité, son exactitude, et le zèle qu'il a pour la recherche de la vérité ».

6. Pour l'analyse de ces mémoires, *cf.* les procès-verbaux de l'Académie et la thèse de G. Maheu, *op. cit.*, pp. 10-12.

Le premier, présenté en janvier 1740, est l'esquisse de son futur *Traité des fluides*[1]. Mairan et Clairaut en font un rapport élogieux le 6 février, saluant « la science et l'invention de l'auteur ». Quelques mois plus tard, d'Alembert donne les suites de ces premières recherches. Le 20 juillet, les mêmes commissaires réitèrent leur bonne opinion. En décembre 1740, il soumet un troisième mémoire sur une autre discipline qui le rendra célèbre : le calcul intégral[2]. Encore une fois, ses commissaires sont Clairaut et Mairan ; le 18 janvier 1741, ils jugent « que ce mémoire supposait beaucoup de connaissances et d'invention dans l'auteur et qu'il répondait parfaitement à l'idée que M. Le Rond avait déjà donnée de sa capacité par les mémoires précédents[3] ».

C'est probablement ce troisième travail qui lui tient lieu de passeport pour prétendre se faire élire. En effet, il n'attend pas le rapport de Clairaut et de Buffon sur son quatrième mémoire, présenté le 22 février, pour se mettre sur les rangs, dès le 1er mars[4], à l'élection d'associé géomètre. Lemonnier, astronome reconnu et déjà adjoint, l'emporte évidemment, mais d'Alembert fait dorénavant partie des candidats sérieux. Pourtant, en dépit des rapports élogieux qui sanctionnent chacun de ses travaux, ce jeune homme sans protecteur, qui n'appartient à aucun clan, connaît deux autres échecs (contre de Gua et Lacaille) avant d'être élu, le 10 mai[5], à la place d'adjoint astronome, et bien qu'il ignore tout de la pratique de cette science... Qu'importent la cuisine académique et ses mystères : l'élection de D'Alembert marque la reconnaissance de ses compétences. Dès juillet 1741, il prouve à l'Académie qu'elle ne s'est pas trompée en lui

---

1. 1744.
2. Il s'agit de *Recherches sur l'intégration des fractions rationnelles*.
3. Procès-verbal de l'Académie, 1741, pp. 23-25.
4. L'élection de Lemonnier sera officielle le 8 mars 1741 et c'est le 11 que Clairaut et Buffon lisent leur rapport sur son mémoire : *L'Intégration des équations différentielles à deux variables* ; ils concluent aux grandes connaissances en géométrie et en calcul de son auteur.
5. Le 17 mai 1741, la lettre de Maurepas entérine son élection.

soumettant un cinquième mémoire sur la réfraction dans les fluides[1], suivi aussitôt après d'un sixième sur le même sujet[2].

Des nouveaux académiciens qu'il trouve à son retour en France, c'est d'Alembert qui attire le plus l'attention et la sympathie de Maupertuis. Non seulement parce qu'il est le plus drôle, le plus charmant et le plus spontané, qu'il témoigne d'un talent d'imitateur sans pareil[3], mais parce qu'il recèle un génie inconnu des autres, qui impressionne. Remarquons aussi que Maupertuis avait l'âge d'être son père et que d'Alembert en manquait cruellement ; que les deux hommes n'avaient nulles attaches ni obligations au sein de l'Académie, et l'on comprendra la nature de leurs liens : ceux qui unissent le mentor et son élève, d'un point de vue non pas intellectuel, mais social et amical. C'est Maupertuis qui ouvre à d'Alembert les portes de la haute société et proclame *urbi et orbi* la naissance d'un nouveau génie. Mais lui-même n'est pas assez bon mathématicien pour suivre les progrès fulgurants du jeune prodige. Très vite, le niveau atteint par d'Alembert et sa capacité créatrice outrepassent les compétences de son aîné. Il en sait assez pour admirer son travail, pas pour en être le critique. En vérité, d'Alembert n'aura bientôt qu'un seul égal à l'Académie : Clairaut, son premier juge et probablement son introducteur. En moins de deux ans, ce dernier a été cinq fois rapporteur de ses travaux et a pu évaluer mieux que tout autre la richesse intellectuelle et l'inventivité du nouveau venu. D'autant plus qu'ils travaillent sur les mêmes sujets. En 1741, les deux hommes sont en bons termes, sans plus. Bientôt, une concurrence acharnée va les opposer, jusqu'à la détestation.

---

1. Les 12, 15, 19, 22, 26, 29 juillet et 2 août 1741, il lit à ses collègues un mémoire sur *Le Mouvement d'un corps qui s'enfonce dans un fluide*.

2. Les 9 et 16 août, d'Alembert commence la lecture de *Quelques problèmes sur les corps qui se meuvent dans les liquides*.

3. D'Alembert imitait à la perfection ministres, acteurs et autres personnages connus. Cousin d'Avalon évoque un dîner chez le marquis de Lomellini, ambassadeur de Gênes, où les convives se tordaient de rire aux imitations par d'Alembert de Mlles Gaussin et Dumesnil. In *D'Alembertiana*, 1813, pp. 36-37.

Les maîtres de l'Académie

Avec le retrait des anciens, l'isolement de Maupertuis et les maladresses de Mairan, Clairaut est devenu l'un des éléments clés de l'Académie. Cet homme discret et affable est le modèle des académiciens. En bons termes avec tous, il est « bien éloigné des tracasseries dont les académiciens de Paris se déchirent mutuellement[1] ». Ses polémiques avec Fontaine sur une courbe, en 1735, et sur le calcul intégral[2], entre 1738 et 1741, sont restées dans les limites de la bienséance. Travailleur acharné, extrêmement présent à l'Académie, il assume toutes les tâches de sa fonction de pensionnaire[3] avec beaucoup d'assiduité. Cet homme puissant dans l'institution fait partie de toutes les commissions, en particulier de celle des prix dont l'importance est évidente, tant en France qu'à l'étranger. Il y figure dès 1736, avant même d'être pensionnaire. Sauf en période de voyage, il sera constamment, jusqu'à sa mort, un des cinq juges du prix le plus convoité par l'élite scientifique européenne.

Mais Clairaut n'est pas seulement un bon fonctionnaire de l'Académie, c'est un mathématicien prestigieux et prolifique qui présente ses communications à une cadence soutenue : près d'une quarantaine en tout, publiées presque en totalité dans les *Mémoires* de l'Académie. En outre, il jouit d'une reconnaissance internationale exceptionnelle dans les milieux scientifiques. Dès décembre 1734, Daniel Bernoulli[4] recommande à Euler[5] de

---

1. D'Euler à Wettstein, 6 juillet 1754. Cité par R. Taton dans l'introduction à la *Correspondance* entre Euler et Clairaut. *Opera omnia*, vol. V, éd. Juskevic et Taton, Bâle, 1980, p. 2.

2. Dans son *Eloge de Fontaine*, Condorcet écrit : « M. Fontaine osa le premier s'occuper de la théorie générale des équations différentielles, et l'embrasser dans toute son étendue. » *Op. cit.*, t. II, p. 143.

3. Depuis le 12 mai 1738. Irène Passeron fait remarquer qu'il a été nommé pensionnaire à vingt-cinq ans, alors que la moyenne d'âge est de cinquante-cinq ans. *Op. cit.*, p. 73.

4. Daniel Bernoulli l'avait connu à Paris en automne 1733 et l'avait revu à Bâle en septembre 1734, lors de son voyage avec Maupertuis. Les deux hommes étaient restés en relation amicale.

5. Euler et Daniel Bernoulli étaient liés depuis leur jeunesse. Euler, né à Bâle en

l'engager à l'Académie de Pétersbourg. Cinq ans plus tard, il les met en relations épistolaires. Euler et Bernoulli s'intéressent à son travail sur le calcul intégral et le considèrent comme un des leurs. Lorsque débute leur correspondance en septembre 1740[1], Euler, encore à Pétersbourg, a déjà la réputation d'un génie hors pair et Clairaut s'adresse à lui avec le respect dû à un maître. Mais, rapidement, le ton évolue pour laisser place à un dialogue entre deux *alter ego*. Ils échangent librement leurs idées « sans arrière-pensée, sans crainte de perdre une priorité quelconque..., avec le désir de stimuler les recherches de l'autre[2] ».

Par ailleurs, en publiant dans les *Transactions philoso-phiques*[3], Clairaut s'est fait connaître des savants anglais. Contrairement à la plupart de ses collègues académiciens, il comprend assez l'anglais pour correspondre avec le grand mathé-maticien écossais Colin Mac Laurin[4]. La première lettre de Clai-raut date du 10 février 1741 et porte elle aussi la marque d'une soumission qui s'envolera dans les suivantes[5]. Comme Lemon-nier, il fera plusieurs fois le voyage outre-Manche, car c'est un anglophile convaincu[6] qui possédera bientôt de nombreux amis, savants ou romanciers, à Londres et hors de Londres.

1707, avait appris les mathématiques sous la férule de Bernoulli père et rejoignit Daniel, son aîné de sept ans, à l'Académie de Pétersbourg en 1727.

1. Lettre de Clairaut à Euler, Paris, 17 septembre 1740, *op. cit.*, pp. 68-69.

2. R. Taton, *ibid.*, p. 2.

3. Il a publié un mémoire sur la figure de la Terre dans la revue anglaise dès son retour du Pôle.

4. 1698-1746. Disciple de Newton, il a publié d'éminents travaux en géométrie, en algèbre et sur le calcul infinitésimal. Il est un des gagnants du prix de 1740 sur le flux et le reflux de la mer, dont Clairaut fut l'un des juges. Mac Laurin était membre de la Société royale de Londres et secrétaire de celle d'Edimbourg.

5. Nous ne connaissons que cinq lettres de Clairaut à Mac Laurin, entre février 1741 et novembre 1742, retranscrites par I. Passeron, d'après les archives de l'uni-versité d'Aberdeen, *op. cit.*, pp. 388-393. On apprend par la lettre du 21 août 1742 que c'est Mac Laurin qui a mis en relation Clairaut avec le grand romancier anglais Samuel Richardson, l'auteur de *Clarissa Harlowe* (1748) et de l'*Histoire de Sir Charles Grandisson* (1754). C'est le début d'une longue et étroite amitié entre les deux hommes.

6. I. Passeron, qui a travaillé sur l'inventaire de la bibliothèque de Clairaut, a noté la présence de nombreux livres anglais. *Op. cit.*, pp. 32-33.

Pendant que Maupertuis faisait bruyamment parler de lui en Prusse, Clairaut tissait silencieusement un réseau scientifique de premier ordre. De retour à Paris, Maupertuis ne pouvait pas ne pas avoir remarqué l'autorité grandissante de son ancien complice qui allait de pair avec la perte de son propre prestige. Entre les deux compagnons du Pôle, le rapport de pouvoir s'était inversé, à ceci près que le domaine dans lequel excellait Clairaut était trop sophistiqué pour être connu du public. La gloire du mathématicien ne devait jamais dépasser le cadre des Académies.

Tel n'est pas le cas de Réaumur, qui allie au pouvoir de l'académicien une renommée exceptionnelle dans et hors de sa discipline. Au XVIIIe siècle, le prestige scientifique appartient sans conteste aux « astronomes géomètres ». Les sciences de la vie, plus empiriques et plus récentes, doivent se contenter de la seconde place. Ce qui rend le parcours et le statut de Réaumur encore plus remarquables. De l'ancienne génération, c'est lui qui tire le mieux son épingle du jeu. Au début des années 1740, cet homme qui approche la soixantaine est au faîte de sa gloire. Il a réussi à donner ses lettres de noblesse à l'histoire naturelle et ses travaux suscitent un intérêt considérable dans le public.

La publication des six volumes de ses *Mémoires* sur les insectes, entre 1734 et 1742[1], constitue un événement scientifique et un succès sans précédent dans sa discipline. Comme le souligne E. Guyénot[2], cette œuvre monumentale apporte des principes nouveaux dans l'étude de l'histoire naturelle. Il ne suffit plus de classer, de décrire, de nommer des espèces qui se trouvent à l'état d'objets morts dans les collections, il faut les observer vivantes et procéder à des expérimentations. Selon Réaumur, l'essentiel est de savoir ce qui est propre à chacune, comment elles se nourrissent, se perpétuent et se transforment au cours de leur vie. Pour étudier les insectes, il faut faire des élevages. Ce qui est à la portée du premier amateur venu. De simples poudriers,

---

1. 1734, 1736, 1738, 1740, 1742. Chaque volume compte entre 500 et 730 pages.
2. Introduction à la *Correspondance inédite entre Réaumur et Abraham Trembley*, Genève, 1943, pp. XXIII-XXV. Cette correspondance de cent quinze lettres commence le 26 septembre 1740 et s'achève le 25 juillet 1757.

quelques cloches de verre et une bonne loupe suffisent. Réaumur a des ménageries d'insectes de toutes sortes et observe, fasciné, le génie, les mœurs et l'industrie de ces animaux[1]. Cette conception si nouvelle et féconde de l'histoire naturelle soulève un véritable enthousiasme, et la lecture des *Mémoires* engendre nombre de vocations, notamment celles de deux des plus grands naturalistes de l'époque : Charles Bonnet[2] et son cousin Abraham Trembley – l'un à Genève, l'autre en Hollande.

C'est justement entre l'été 1740 et l'été 1742 que Réaumur et ses deux émules font le plus parler des « prodiges » de l'histoire naturelle. En juillet 1740, en même temps qu'il publie son cinquième volume[3], le plus considérable, Réaumur lit à l'Académie des observations de Bonnet sur la parthénogenèse des pucerons, qui bouleverse la loi de l'accouplement[4]. La découverte est de taille et passionne bien au-delà du cercle des spécialistes. Un mois plus tard, sur proposition de Réaumur, on accorde avec applaudissements[5] au Genevois, âgé de vingt ans, les lettres de correspondant étranger. Le *Journal des savants*, qui perçoit ce nouvel engouement pour les merveilles de la vie, ne consacre pas moins de trois longs articles au cinquième volume de Réaumur[6].

---

1. Réaumur examine tour à tour les chenilles et leur métamorphose en papillons, les insectes nuisibles comme les teignes, les insectes rongeurs, les pucerons, les charançons, dont la connaissance exacte permettra de trouver les moyens de les détruire. Il retrace aussi magnifiquement la vie des abeilles, des cigales, des éphémères, de la fourmi-lion, etc.

2. La correspondance entre Réaumur et Bonnet est considérable ; malheureusement, on n'a jamais publié *in extenso* les quelque cent vingt-huit lettres parvenues jusqu'à nous (trente-cinq de Bonnet et quatre-vingt-treize de Réaumur), qui vont de juillet 1738 à juillet 1757. Les originaux de Réaumur sont à la B.P.U. de Genève (Ms. Bonnet 42). Les lettres de Bonnet se répartissent entre la B.P.U. (Ms. Bonnet 85) et les Archives de l'Académie des sciences. Pour plus de détails, voir le *Catalogue de la correspondance de Charles Bonnet* établi par Jean-Daniel Candaux, Genève, B.P.U., 1993.

3. Le 5e mémoire a pour titre : *Suite de l'Histoire des mouches à deux ailes et l'Histoire des mouches à scie, des cigales et des abeilles*, Imprimerie royale, 1740, 728 p.

4. Le samedi 23 juillet 1740.

5. Le 31 août 1740. Voir la lettre de Réaumur à Bonnet du 5 septembre 1740, Ms. Bonnet 42, n° 9.

6. En août 1740, pp. 471-482 ; en septembre 1740, pp. 564-577 ; en novembre 1740, pp. 663-677.

Le 15 décembre 1740, Réaumur reçoit une lettre de Trembley qui annonce une découverte dont on n'a pas fini de parler. Il s'agit d'un minuscule animal aquatique[1] vert, qu'on prend d'abord pour une plante et qui, lorsqu'on le coupe en deux, se reconstitue au bout de quelques jours sous la forme de deux animaux entiers. Trembley ne sait pas quel nom lui donner. Réaumur, passionné, demande qu'on lui envoie plusieurs de ces « petits corps organisés » ; il refait les expériences de Trembley, conclut que ce sont des animaux et les baptise du nom de polypes[2]. Les 1er, 8 et 22 mars 1741, il lit les observations détaillées de Trembley à l'Académie qui ne cache pas son émerveillement[3]. Il exhorte son disciple à les publier au plus vite et lui propose d'être correspondant de l'Académie. Trembley refuse cet honneur et prendra amplement son temps pour rendre publiques ses découvertes[4]. En attendant, ses résultats suscitent un intérêt universel. Le vieux Fontenelle lui-même est enthousiaste devant cette « Nature qui va plus loin que nos chimères[5] ». Réaumur charge Bernard de Jussieu et Guettard[6] d'aller observer des polypes en Normandie et sur les côtes du Poitou. Les polypes deviennent aussi à la mode que le seront plus tard l'électricité et le magnétisme.

Le retentissement des découvertes dc Trembley n'est pas moindre à Londres qu'à Paris. La première rumeur en est apportée à la Société royale par une lettre que Buffon adresse de

---

1. Trembley en avait trouvé en grand nombre parmi les fossés garnis de lentilles et de renoncules aquatiques dans les bois autour de La Haye. Il s'interrogea plusieurs mois pour savoir si c'était un animal-plante ou une plante-animal.

2. Lettre de Réaumur à Trembley du 25 mars 1741. *Op. cit.*, p. 63.

3. *Ibid.*, p. 65 : « C'est une chose si étrange qu'un animal coupé en deux devienne deux animaux... On a de la peine à le croire... La manière dont se reproduisent ces polypes est encore un autre prodige et qui n'a rien d'analogue à la manière dont les animaux se perpétuent. »

4. Il ne publie ses *Mémoires sur les polypes* qu'en 1744.

5. Cité par E. Guyénot, *op. cit.*, p. XXXVI.

6. En 1741, Guettard est devenu le conservateur de la collection d'histoire naturelle de Réaumur. Le 27 septembre 1741, il écrit à ce dernier des côtes du Poitou pour lui faire part de ses observations sur les polypes de mer (Archives de l'Académie des sciences, dossier Guettard). Le 3 décembre 1741, Réaumur évoque, dans une lettre à Trembley, le voyage de Jussieu sur les côtes normandes ; *op. cit.*, p. 115.

Versailles, le 18 juillet 1741, à son président Martin Folkes, et que lui-même communique à la Société le 20 octobre de la même année[1]. D'après le comte de Bentinck[2], membre de la Société, la nouvelle suscite l'incrédulité générale, et il faudra attendre plusieurs mois avant que la découverte de Trembley ne soit reconnue. Partout, on ne parle qu'en termes « de merveilles et de prodiges ». Clairaut évoque longuement le sujet avec Mac Laurin, le 21 août 1742[3], pour le convaincre de la véracité de ces découvertes. Jusqu'à Mme Geoffrin qui en parle avec beaucoup de précision à Martin Folkes. C'est Réaumur en personne qui lui a montré le prodige :

« Vous me demandez, Monsieur, quelques éclaircissements[4] sur les vers qu'on coupe par morceaux et ce qu'il devient de la partie coupée... On a commencé à parler de cela ici, il y a près de deux ans. Ce fut un M. Bonnet, de Genève, qui prétendit en avoir fait la découverte, mais on dit qu'elle a été faite par un M. Trembley, de Hollande. Cela a fort occupé Paris pendant un temps, et surtout les ignorants... car M. de Réaumur prétend qu'il savait cela il y a longtemps [sic]... J'ai été chez M. de Réaumur cet été [1742] ; il me montra de quoi il était question. Je vis dans un gobelet de verre de l'eau et de la terre mêlées ensemble. Avec une grande équille, il sépara cette terre et me fit voir quelque chose qui était de la longueur d'une épingle et de la grosseur d'un fil à coudre, et qui avait bien peu de mouvement. Je ne pus distinguer la tête d'avec la queue, les deux extrémités me parurent finies en pointe, un peu verdâtre. M. de Réaumur me fit compliment sur la bonté de mes yeux, d'avoir pu apercevoir cette nuance. Il m'a dit qu'il était très vrai qu'en les coupant en

---

1. *Cf.* E. Guyénot, *op. cit.*, p. XXXVII.
2. Trembley était le précepteur des enfants du comte de Bentinck à La Haye depuis 1739.
3. I. Passeron, *op. cit.*, p. 390.
4. Réaumur n'avait pas caché son agacement que Folkes demandât des éclaircissements à Mme Geoffrin. Il lui écrivit le 2 février 1743 : « N'ai-je pas à me plaindre de la circonspection qui vous a empêché de vous adresser à moi pour avoir des éclaircissements que j'étais plus en état de vous donner que qui que ce soit... ? » Archives de la Royal Society, Fo. III. 18.

plusieurs morceaux, non seulement ils ne cessaient pas de vivre, mais que ces extrémités que j'avais vues revenaient à chaque partie, mais que ce n'était qu'au bout d'un certain temps – quinze jours, trois semaines[1]. »

Mme Geoffrin ajoutait qu'elle avait parlé de tout cela avec M. de Maupertuis, lequel ne lui avait pas paru fort enthousiasmé par cette découverte[2] ; il lui avait dit que ces vers n'étaient qu'une espèce mitoyenne entre les plantes et les animaux. Mais Maupertuis peut toujours faire la fine bouche, les découvertes des élèves de Réaumur rejaillissent sur leur maître[3]. Celui-ci n'a jamais été aussi puissant. Outre son pouvoir administratif qui ne date pas d'hier, c'est le patron incontesté des sciences de la vie. Grâce à son impressionnant réseau de correspondants en France et à l'étranger, tous les travaux convergent vers lui et sa renommée est immense. Il bénéficie en outre de l'intérêt grandissant du public non averti pour toutes les collections d'histoire naturelle et pour l'entomologie. Comme le note R. Hahn, ces disciplines procurent « un plaisir direct et immédiat même à ceux dont la compréhension de la science est superficielle. La facilité avec laquelle l'histoire naturelle était compréhensible pour le profane est à l'origine de la manie pour les collections qui s'empara du

---

1. Lettre du 16 janvier [1743], Archives de la royal Society, Fo. III. 13.
2. Folkes a dû lui-même demander son avis à Maupertuis, car celui-ci lui écrit le 6 janvier 1743 : « Je crois le fait incontestable, après les expériences qu'en ont fait MM. de Réaumur et de Jussieu pour vérifier ce que M. Trembley avait envoyé sur cela à l'Académie. Cette propriété merveilleuse s'est trouvée ensuite moins restreinte qu'elle ne paraissait. Elle est commune à un grand nombre, et vraisemblablement à des peuples entiers d'animaux ; et peut-être ce serait à tous, si on savait quand et où il faut les couper. Enfin, le fait est devenu si commun qu'il se trouve dans Pline et dans Aristote. Au reste, sans la force de l'expérimentation et de l'induction, cette manière de multiplier les animaux paraîtrait plus naturelle que celle de la génération. Il n'y a de merveilleux dans la nature que ce que nous ne sommes pas accoutumés à y voir. » Archives de la royal Society, Fo. III. 21.
3. A l'assemblée publique du 14 novembre 1742, Réaumur avait lu la préface au 6e volume de son *Mémoire sur les insectes* qui contenait l'Histoire de la découverte des polypes. Il rendait un hommage appuyé aux découvertes de Trembley et de Bonnet. Le livre parut en décembre 1742, et le *Journal des savants* de 1743 n'y consacra pas moins de cinq comptes rendus : en janvier (pp. 25-34), en février (pp. 67-80), en mars (pp. 148-161), en avril (pp. 206-217), en mai (pp. 285-299).

public. Toute personne fortunée pouvait devenir du jour au lendemain un scientifique amateur en acquérant un "cabinet" et en montrant ses spécimens à son cercle d'amis[1] ». Y. Laissus[2] a dénombré plus de deux cents propriétaires de cabinets. Outre les scientifiques, il y a de nombreux amateurs issus de la noblesse (le duc d'Orléans), de l'administration, de l'armée, du clergé, des professions médicales, et jusqu'au chef de cuisine du duc d'Orléans ! Les femmes de la bonne société n'étaient pas les dernières à faire des collections. Réaumur ne cachait pas sa jalousie à l'égard de celle de la comtesse de Verteillac[3]. Et la comtesse de Praslin-Rochechouart pouvait se vanter à Guettard d'une collection exceptionnelle de pierres de son pays, la Bourgogne[4].

D'aucuns, comme Gaston Bachelard, se sont injustement gaussés de l'intérêt naïf et ludique que tous ces amateurs autodidactes portaient aux sciences nouvelles. En fait, ce fut une grande chance à la fois pour le développement intellectuel de la nation et pour le prestige de l'Académie.

---

1. R. Hahn, *L'Anatomie d'une institution scientifique, op. cit.*, p. 121.

2. Y. Laissus, *Enseignement et diffusion des sciences en France au XVIIIe siècle, op. cit.*, pp. 659-670.

3. Réaumur à Séguier, 25 mai 1748 : « Elle est bien fière de posséder un poisson pétrifié qu'elle doit à M. le marquis Maffei, plus grand, mieux conservé et plus parfait en tout qu'aucun de ceux du Cabinet du Jardin du Roi et du mien. Elle s'en vante partout. Ne pourriez-vous point rabattre un peu de sa fierté ! Si le hasard vous en procurait un pareil ou plus beau, je suis persuadé que vous me le sacrifieriez volontiers... et que vous ne seriez pas fâché que je fusse en état de me venger de ses plaisanteries. » *Op. cit.*, p. 71.

4. « Personne avant moi, que je sache, n'avait fait emploi des carrières de son pays à former une collection utile, agréable aux yeux, et qui présente les trésors des provinces dont j'ai paré le cabinet destiné aux pierres. » Lettre à Guettard, 8 septembre 1759, archives de la B.M. de Clermont-Ferrand, Ms. 339, f. 74-75. Voir aussi la correspondance de Dezallier d'Argenville avec la comtesse mentionnée par Madeleine Pinault-Sørensen in *Recherches sur Diderot et l'Encyclopédie*, n° 24, avril 1998, p. 125

Fascination du public pour les sciences

L'engouement pour les sciences, et plus généralement le désir de savoir et de comprendre, est un des phénomènes marquants du XVIIIᵉ siècle. Il va de pair avec la multiplication par trois ou quatre du nombre des journaux[1], le développement des bibliothèques publiques et cabinets de lecture à Paris et en province[2], celui des académies de province[3], l'accroissement de la publication des livres et de la place réservée aux sciences dans les grandes revues telles que le *Journal des savants*, le *Mercure* ou le *Journal de Trévoux*[4].

Contrairement à ce qu'on a parfois laissé entendre, cet intérêt nouveau ne s'est pas focalisé sur les seules sciences de la vie ou les expérimentations amusantes. Il a embrassé *toutes* les sciences, y compris les plus abstraites. Or la France de 1740 a peu à offrir en matière de formation scientifique. Les collèges et universités dispensent un enseignement encore marqué par la scolastique et la culture latine. Même au Collège royal, l'abbé de Molières se contente toujours d'exposer la physique cartésienne et les tourbillons. Voltaire fait ce constat en 1737 : « A l'égard de nos universités, elles n'ont guère d'autre mérite que celui de leur antiquité. Les Français n'ont point de Wolf, point de Mac Laurin, point de Manfredi, point de S'Gravesande ni de Musschembroëck. Nos professeurs de physique, pour la plupart, ne sont pas

---

1. Jean Sgard, « La multiplication des périodiques », in *Histoire de l'édition française*, Fayard, 1990, t. II, pp. 246-255. Notamment p. 248 : « On peut estimer à 800 ou 900 titres le total des journaux publiés entre 1700 et 1789, pour un peu moins de 200 au XVIIᵉ siècle. » Voir aussi le *Dictionnaire des journaux, 1600-1789*, 2 vol., sous la direction de J. Sgard, Paris, Universitas, 1991.

2. Roger Chartier, *Lectures et lecteurs dans la France de l'Ancien Régime*, Seuil, 1987, pp. 186-194.

3. Daniel Roche, *Le Siècle des Lumières en province*, 2 t., 1978. Réed. 1989, Editions de l'Ecole des hautes études en sciences sociales.

4. *Livre et société dans la France du XVIIIᵉ siècle*, éd. G. Bollème, J. Ehrard, D. Roche, J. Roger, 2 t., Paris-La Haye, Mouton. Voir en particulier l'article de J. Erhrard et J. Roger, « Deux périodiques français du XVIIIᵉ siècle : le *Journal des savants* et les *Mémoires de Trévoux* », t. I, pp. 33-59.

dignes d'étudier sous ceux que je viens de citer... Nous n'avons ni bonne physique, ni bons principes d'astronomie pour instruire la jeunesse[1]. »

La France manque de bons professeurs, et tout le monde ne peut bénéficier des leçons d'un Maupertuis ou d'un Clairaut, comme la marquise du Châtelet. Elle manque aussi de manuels de qualité, ce qu'on appelle alors des « Eléments », pour apprendre les mathématiques dont on mesure de mieux en mieux l'importance dans la formation intellectuelle. A la forte demande de connaissances qui caractérise l'époque répond néanmoins un effort pédagogique sans précédent.

L'élévation du niveau intellectuel de la bourgeoisie et la plus large diffusion des sciences rendent l'accès à l'Académie de plus en plus difficile. Devant l'abondance de candidats, celle-ci se fait plus sélective, et son prestige n'en est que plus grand.

Manuels et professeurs

En décembre 1739, le *Mercure* fait le constat suivant : « L'utilité de la géométrie est très grande pour la société et la plupart des jeunes gens veulent l'apprendre, mais presque personne ne la sait, principalement dans les provinces... On a cependant... plus de vingt Eléments à choisir..., mais il y en a peu qui ne dégoûtent, parce qu'on n'y aperçoit pas toujours le véritable sens de ce qu'on enseigne... Les vérités sont démontrées d'une manière sèche, longue et difficile à retenir. Il y faut une application qui gêne infiniment[2]... » A peine deux ans plus tard paraissent de nouveaux types d'« Eléments », des ouvrages élémentaires plus propres à éveiller l'intérêt de ceux qu'on appelle les « commençants ».

L'un des premiers et à coup sûr le plus réussi est les *Eléments de géométrie* de Clairaut, qui paraissent fin août ou tout début

---

1. Voltaire à Frédéric, 27 mai 1737 (Best. D 1331). Il aurait pu citer aussi les Bernoulli à Bâle, et notamment Jean Ier Bernoulli qui forma Euler, Maupertuis, Clairaut, Cramer, Koenig et bien d'autres.
2. Décembre, I, pp. 2788-2791.

septembre 1741[1]. Ce manuel est une vraie révolution pédagogique, qui suscite l'admiration générale. Clairaut n'a jamais été à proprement parler professeur, mais il a « sans doute gardé, de voir son père exercer sa fonction, le goût de l'enseignement[2] ». L'homme le plus doué pour les hautes mathématiques sait comme nul autre se mettre à la portée des débutants. Il a conservé un pénible souvenir des *Eléments* d'Euclide de sa jeunesse et il modifie du tout au tout la méthode d'exposition. Non seulement il a recours aux exemples et à l'intuition sensible, mais surtout il choisit de suivre la marche analytique qui est celle de l'invention[3] plutôt que la voie synthétique, bien plus ardue pour le « commençant ». On a souvent dit que ce livre à l'usage des néophytes n'était que la rédaction des leçons qu'il avait dispensées à la marquise du Châtelet. Pierre Brunet, le biographe de Clairaut, eut bien raison de protester que la marquise en savait déjà beaucoup plus long lorsqu'elle lui confia la direction de ses études mathématiques[4]. De plus, lorsque Clairaut lui en envoie un exemplaire en octobre, il lui demande le service d'avoir « autant de sévérité pour mon livre que j'en ai eu pour le vôtre [les *Institutions de physique*]. Je compte avec mon libraire qu'il pourra bien y en avoir une seconde édition. Et alors je profiterai pareillement de vos notes. Mandez-moi surtout comment votre écolier s'en trouvera[5] ». Clairaut traite Emilie d'égal à égal, et la dernière phrase suggère que ses *Eléments* s'adressent à son fils, âgé de quatorze ans[6], et non à elle.

---

1. Le *Journal des savants* de septembre 1741 annonce la sortie du livre, p. 561. Et Clairaut peut écrire le 5 septembre à Mme du Châtelet : « Mon livre est imprimé » (*Accademia de Nuovi Lincei*, *op. cit.*, p. 236). Clairaut présente son livre imprimé à l'Académie le 22 novembre suivant.

2. P. Brunet, *op. cit.*, p. 63.

3. « On ne saurait disconvenir, ce me semble, que cette méthode ne soit au moins propre à encourager ceux qui pourraient être rebutés par la sécheresse des vérités géométriques dénuées d'applications... Elle accoutumera l'esprit à chercher et à découvrir... » Introduction aux *Eléments de géométrie*.

4. P. Brunet, *ibid.*

5. [Octobre 1741] ; *Accademia de Nuovo Lincei*, *op. cit.*, p. 238.

6. Son fils était né le 20 novembre 1727.

Le succès du manuel est immédiat. Le *Journal des savants* le porte aux nues : « Il fallait un homme consommé dans la plus sublime géométrie, qui en eût saisi tout l'esprit, et qui fût assez supérieur à sa matière pour la traiter comme s'il n'avait jamais existé d'éléments de géométrie... Cet académicien versé dans les plus sublimes spéculations fait prendre aujourd'hui à la géométrie la plus simple une nouvelle route, et pour ainsi dire un nouvel essor en la faisant lire aux personnes qui... ont pour elle une espèce de répugnance[1]. » Le *Journal de Trévoux* n'est pas moins enthousiaste : il fait grand éloge de Clairaut et de son livre, y compris de son épître dédicatoire « qui n'a ni les fadeurs, ni les longueurs du panégyrique ». Il conclut : « Le succès avec lequel il a débarrassé la géométrie des épines qui en rendaient l'accès pénible et dégoûtant fait souhaiter avec impatience aux amateurs des mathématiques que les soins de M. Clairaut s'étendent également à aplanir les difficultés de l'algèbre[2]. »

Ces revues voyaient juste : l'un des plus grands mathématiciens français était aussi l'un des meilleurs pédagogues. Son entreprise originale fut unanimement saluée et beaucoup imitée. Le livre fut réédité en 1753 et traduit en plusieurs langues[3]. Le vœu du *Journal de Trévoux* est exaucé : Clairaut publie cinq ans plus tard des *Eléments d'algèbre*[4]. Cette fois, c'est le *Mercure* qui donne le coup d'envoi des éloges. Comme on l'a parfois suggéré, c'est probablement Diderot qui tient la plume : « Le nom de M. Clairaut est si illustre parmi les savants que son nom étant à la tête d'un ouvrage en fait par cela seul un grand éloge... On doit lui savoir d'autant plus de gré de ce travail qu'il l'entreprend aujourd'hui pour faciliter l'étude de la science dans laquelle il

---

1. Octobre 1741, pp. 574-581.
2. Avril 1742, pp. 661-669.
3. En suédois en 1744 et 1760, en latin en 1749, en italien en 1751 et en allemand en 1753. *Cf.* I. Passeron, *op. cit.*, p. 27. Quand, trente ans plus tard, Diderot tracera le *Plan d'une université* pour Catherine II, il lui recommandera les *Eléments de géométrie*, qu'il qualifie d'« excellents ». *Œuvres*, III, éd. Versini, p. 438.
4. Le 20 juillet 1746, Nicole et Bouguer en font un rapport particulièrement élogieux et, le 14 décembre suivant, Clairaut présente un exemplaire de son livre imprimé à l'Académie.

excelle. Ce serait aux grands maîtres de toutes les sciences et tous les arts qu'il devrait appartenir de les enseigner[1], mais souvent ils dédaignent ces travaux, plus touchés des succès que leurs talents leur procurent que de l'avantage moins brillant d'être utile... Clairaut fait servir dans cet ouvrage la supériorité de ses connaissances à faciliter aux commençants l'étude de l'algèbre ; il y suit une méthode dont la sûreté lui a été prouvée par le grand succès de ses *Eléments de géométrie*[2]... » Diderot parle en connaisseur, puisqu'il commença à gagner sa vie en donnant des leçons particulières de mathématiques à des enfants plus ou moins doués[3]... Le *Journal des savants*[4] fut aussi louangeur, tout comme Mme du Châtelet à laquelle Clairaut avait soumis son livre bien avant sa publication[5].

A l'époque où Clairaut entreprend ce travail pédagogique, rares sont les académiciens de son niveau qui jugent digne de s'adresser aux débutants[6]. Un seul fait exception : l'abbé de Lacaille. Il est vrai qu'il enseigne déjà au collège Mazarin lorsqu'il soumet ses *Eléments d'algèbre et de géométrie* à l'Académie. Clairaut, son commissaire, en fait un rapport élogieux le 29 juillet 1741, au moment même où son propre livre est sous presse. Ce premier ouvrage pédagogique ne connaîtra pas le succès de celui de Clairaut. En revanche, le deuxième, *Leçons élémentaires de mécanique,* en 1743, a les honneurs du *Journal des savants*[7], et les

---

1. Leitmotiv sous la plume de Diderot.

2. *Mercure*, décembre 1746, I, pp. 132-136. Dans le *Plan d'une université*, Diderot leur préfère les *Eléments* de Rivard, jugeant « ceux de Clairaut un peu trop forts », *op. cit.*, p. 438.

3. Mme de Vandeul, *Diderot, mon père*, Circé, 1992, pp. 13-14 : « L'écolier était-il vif, d'un esprit profond et d'une conception prompte, il lui donnait leçon toute la journée ; trouvait-il un sot, il n'y retournait plus. »

4. Février 1747, pp. 94-103.

5. Mme du Châtelet au père Jacquier, 12 novembre 1745 : « C'est à mon gré un des livres les plus utiles et où le génie supérieur à sa matière se fait le plus sentir. » Lettre 347.

6. Les *Eléments d'astronomie* de Cassini, 2 vol., 1740, ne s'adressent pas à des débutants.

7. Juin 1743, II, pp. 363-366. L'article conclut : « Toutes les questions sont traitées ici avec beaucoup de netteté et d'une manière courte et précise ; un bon esprit est mis sur la voie pour saisir et entendre une infinité de choses qu'il convient beau-

213

Leçons d'astronomie (1746) de l'abbé seront encore évoquées par Diderot deux ans avant sa mort[1].

Mais les manuels de sciences ne suffisent pas à la demande des débutants. Les précepteurs auxquels fait appel la bonne société pour éduquer ses enfants sont mal préparés, et la nécessité de bons pédagogues devient une évidence. L'heure est aux professeurs et aux cours publics ouverts à tous et à toutes, le plus souvent gratuits. Les premiers et les plus célèbres enseignent de nouvelles disciplines : la physique expérimentale et la chimie. L'abbé Nollet et Rouelle sont deux hommes d'origine modeste qui, tous deux, feront leurs preuves comme professeurs avant d'être admis à l'Académie.

L'abbé Nollet[2] vient d'une famille pauvre de l'Oise. D'une dextérité manuelle exceptionnelle, il construit de ses mains les instruments dont il a besoin. Remarqué par le comte de Clermont, il entre à la Société des arts en 1728. Il a alors à peine dix-huit ans. Grâce à ses talents de constructeur, il devient l'élève et le collaborateur de deux membres éminents de l'Académie : Du Fay et Réaumur. Il participe aux recherches du premier sur l'électricité dès 1731 et devient le chef de laboratoire du second dès 1733[3]. Avec Réaumur, il apprend à construire des thermomètres, ce qu'il fera très vite mieux que son maître. En 1734, Du Fay, envoyé par le roi en mission en Angleterre pour enrichir le Jardin des plantes, emmène avec lui Nollet. A Londres, celui-ci s'initie à la physique expérimentale avec son meilleur représentant, Desaguliers. Sitôt rentré à Paris, il propose un cours public dans cette discipline, qui a lieu dans son petit appartement de la rue

---

coup plus de chercher par soi-même, que de les trouver noyées dans un long discours. »

1. *Additions à la Lettre sur les aveugles*, écrites en mars-avril 1782, *Œuvres*, t. I, p. 193.

2. 1700-1770. Comme nombre de jeunes gens pauvres, il commença sa carrière en tant que précepteur. Ce fut chez M. Taibbout, greffier de l'Hôtel de Ville. Selon Fouchy, Nollet trouva déjà le moyen d'établir un laboratoire à l'Hôtel de Ville. *Cf. Eloge de l'abbé Nollet*, 1770, p. 122.

3. D'après son biographe, Jean Torlais, c'est Jacques Cassini qui présenta Nollet à Réaumur. *Cf. L'Abbé Nollet, un physicien des Lumières*, SIPUCO, 1954, p. 36. Voir aussi le *Journal des savants* d'octobre 1738, pp. 624-629.

Mouton. C'est un succès immédiat : les femmes, paraît-il, courent chez lui assister à des expériences. En 1736, il part quelques mois en Hollande pour se perfectionner auprès des deux grands maîtres que sont S'Gravesande et Musschembroek. Dès son retour, son cours est le plus célèbre de Paris.

Mme du Châtelet, qui commande à l'abbé des instruments pour son laboratoire de Cirey, rapporte à Algarotti en avril 1736 : « Il me mande qu'on ne voit à sa porte que des carrosses de duchesses, de pairs et de jolies femmes. Voilà donc la bonne philosophie qui va faire fortune à Paris[1]. » Son secret : instruire sans ennuyer. « Les hommes, les dames, les élèves qui n'ont pas encore fait leur philosophie peuvent y assister très utilement, souligne le *Journal des savants*... car il évite de donner dans les erreurs populaires, craintes ridicules, faux merveilleux[2]. » L'abbé faisait de la physique expérimentale un divertissement à la mode. Aussi bon professeur qu'expérimentateur, il suscitait la curiosité du public en sachant adapter ses cours aux connaissances (élémentaires) de ses auditeurs. Agréable à entendre, il explicitait ses expériences en même temps qu'il les effectuait, et au bout de quinze leçons nombre de ses élèves ne rêvaient plus que d'avoir leur propre laboratoire.

Bien que le succès de ses cours semble assuré, l'abbé fait passer une « publicité » tout à fait alléchante dans le *Mercure* de septembre 1737 : « L'abbé Nollet nous a prié d'avertir qu'immédiatement après la Saint-Martin [11 novembre], il recommencera ses leçons de physique expérimentale. L'accueil favorable que le public fait à ce nouvel établissement, la présence et les applaudissements d'un grand nombre de personnes de la première distinction qui ont assisté à ses cours, ont excité son émulation et soutenu son zèle... Il a construit depuis peu une grande quantité de nouveaux instruments par le moyen desquels la théorie la plus difficile devient sensiblement intelligible aux personnes les moins capables d'une application sérieuse. » Suivent les dates et heures

1. 20 avril 1736. Lettre 63.
2. *Journal des savants, op. cit.*, p. 626.

215

des cours, les livres à lire et cette indication : vu le nombre de seigneurs étrangers qui suivent son cours de physique, les dames ne pourront y assister, car « on sera obligé de s'expliquer en latin pour les personnes qui n'entendront pas suffisamment le fran-çais[1] ». Cette insertion remporte un grand succès, et d'autres professeurs se serviront du *Mercure de France* pour y annoncer leur propre cours.

En 1738, le duc de Penthièvre assiste aux leçons de Nollet, ce qui achève de le mettre à la mode. L'année suivante[2], le roi de Sardaigne l'invite à la cour de Turin pour y donner ses leçons au duc de Savoie. C'est un triomphe pour cet homme modeste, qui s'en ouvre à Jallabert : « Je fais actuellement au prince une récapitulation qui finira dans huit jours, de même qu'un cours public de physique... à l'université où, malgré le temps des vacances et des vendanges, il se trouve tous les jours au moins deux cents personnes de tout âge, de tout sexe et toutes condi-tions[3]. » Deux ans plus tard, en 1741, il connaît le même succès à Bordeaux où l'académie l'a invité à installer un cabinet de physique et à donner des leçons publiques[4]. Les cours de l'abbé sont devenus si incontournables qu'aucune personnalité, aucun étranger de passage à Paris n'omet de visiter son laboratoire. En témoigne cet article mondain du *Mercure* d'août 1742, qui est une autre sorte de réclame faite à Nollet :

« L'ambassadeur du Grand Seigneur [Turc], ayant pris jour avec l'abbé Nollet pour aller visiter son école de physique expé-rimentale, s'y rendit un dimanche[5] vers dix heures du matin et

---

1. *Mercure*, septembre 1737, pp. 2032-2033. L'instruction élémentaire dispensée à cette époque aux filles ne comportait pas le latin.
2. De juin à novembre 1739. Avant de quitter Paris, Nollet avait succédé à Buffon à la place d'adjoint mécanicien, le 27 avril 1739.
3. Lettre du 2 octobre 1739, *op. cit.*, p. 87. Nollet avait connu Jallabert lors de son premier voyage à Paris, de retour de Londres, en janvier 1739, et ils avaient beaucoup sympathisé. En rentrant à Paris, Nollet s'arrêta à Genève à la mi-novembre pour demeurer une dizaine de jours chez Jallabert.
4. Il publie ses expériences physiques faites à Bordeaux en 1741.
5. Ce pourrait être le dimanche 18 février 1742, date à laquelle l'ambassadeur de Turquie dîne avec Montesquieu, présent chez l'abbé Nollet le même matin. *Cf. Pensées*, n° 1.455.

s'y rencontra avec plusieurs personnes d'un mérite distingué qui avaient été invitées : le président de Montesquieu, de La Fautrière, le chevalier de Castellane, de Maupertuis, de Voltaire, etc. L'abbé prouva par une machine fort élégante le grand principe hydrostatique, que les liqueurs pèsent sur le fond et contre les parois de leurs vaisseaux..., fit ensuite des expériences curieuses et délicates sur le mouvement composé et le choc des corps... L'ambassadeur demanda ensuite les instruments qui servent aux expériences de l'air (les machines pneumatiques)... et aux expériences de l'électricité. On fit choix des plus délicates et des plus surprenantes ; en effet, les globes lumineux et les étincelles de feu qui parurent sortir du visage et des mains d'un homme suspendu sur des cordes de soie, et d'une dame qui se tint debout sur un gâteau de résine, causèrent beaucoup de surprise à l'ambassadeur et à ceux de sa compagnie, qui n'avaient point encore vu ces phénomènes. On demanda des explications à M. l'abbé Nollet et on le questionna sur l'utilité de cette découverte... Mais l'abbé dit ne pas en connaître l'explication... ni l'utilité... Après quatre heures de séance, la compagnie n'eut pas le temps de voir... les fameuses expériences sur la lumière et les couleurs de Newton... L'ambassadeur, très satisfait, proposa à l'abbé de donner des leçons à son fils... Il y alla quelques jours après, mais la difficulté de se faire entendre sur des matières étrangères aux interprètes rendit la chose impraticable[1]. »

Bien différentes étaient la personnalité et les leçons de l'autre grand professeur de l'époque, le chimiste Guillaume-François Rouelle[2]. Si, à l'exemple de Nollet, il fait appel au *Mercure*[3]

---

1. *Mercure*, août 1742, pp. 1744-1756.

2. 1703-1770. Né près de Caen, il manifesta très tôt sa vocation scientifique : à quatorze ans, il avait loué l'atelier d'un chaudronnier pour y faire des expériences. Il abandonna ses études de médecine à l'université de Caen pour se consacrer à celles de chimie et de pharmacie. *Cf.* l'article de Jean Mayer, « Portrait d'un chimiste : G.-F. Rouelle (1703-1770) », *Revue d'histoire des sciences*, t. XXIII, n° 4, octobre-décembre 1970, pp. 305-332.

3. *Mercure*, décembre (II) 1738, pp. 2912-2914 : « La satisfaction que le public a témoignée à voir des expériences physiques de l'abbé Nollet, et le goût général que l'on a pour les sciences, ayant fait souhaiter que quelqu'un, à l'exemple de Lémery père et fils, qui ont fait avec le succès le plus éclatant des expériences chimiques,

pour annoncer ses cours en 1738, son public n'a rien de mondain. Rouelle enseigne à tout le Gotha intellectuel avec une rigueur qui ne laisse rien à désirer. Tous les chimistes de la seconde partie du XVIIIe siècle se diront de son école : Venel, Cadet, Macquer, d'Arcet (son gendre), Roux et Lavoisier. Mais bien d'autres assistèrent à ses cours : outre des médecins, des curieux comme Diderot, Malesherbes ou Condorcet y venaient régulièrement pour s'initier à cette discipline balbutiante qu'était la chimie. C'est d'ailleurs grâce à Diderot, présenté à Rouelle par leur ami commun le baron d'Holbach, qu'on connaît le contenu détaillé de ses cours. Durant trois ans, entre 1754 et 1757, alors que l'*Encyclopédie* absorbe l'essentiel de son temps, Diderot suit les cours du chimiste[1] et prend en notes chaque leçon.

Avant de dispenser ses premiers cours place Maubert en 1737, Rouelle passe sept ans en apprentissage à Paris chez un pharmacien allemand[2]. C'est un praticien, un manipulateur davantage qu'un théoricien, même s'il donne cinq mémoires à l'Académie[3]. Ses premières leçons remportent un grand succès et, en 1742, à la mort de Boulduc, il devient démonstrateur en chimie au Jardin du roi. Il y est nommé comme l'assistant de Bourdelin, mais avec le statut de professeur. En théorie, les leçons de chimie du Jardin du roi étaient faites de concert par un professeur qui exposait les principes (Bourdelin) et par un démonstrateur qui réalisait les

---

entreprît de les continuer, M. Rouelle, apothicaire, entra l'année passée [1737] dans cette carrière ; l'approbation dont ses auditeurs l'ont flatté l'ayant déterminé à reprendre cet exercice encore cette année, nous avertissons qu'il en recommencera un cours lundi 2 mars prochain [1739] chez lui, place Maubert. Plantes, animaux, minéraux sont l'objet de ces expériences et en sont les trois parties. »

1. Jean Mayer, *Diderot, homme de science*, Rennes, 1959, pp. 41-43. A la p. 42, Mayer cite cette phrase d'une lettre de Diderot à Rousseau du 22 ou 23 mars 1757 : « Vous savez que je n'ai que les mercredi et les samedi, et que les autres jours sont à la chimie. » Il existe trois exemplaires de la rédaction du cours de Rouelle par Diderot, dont le plus soigné est à la Bibliothèque municipale de Bordeaux, Ms. 564-565, 9 t., 1 258 p.

2. De 1725 à 1732, chez J.G. Spitzley qui avait repris le laboratoire de Nicolas Lémery.

3. Entre 1744, date de son élection, et 1755. Il est associé en 1752, mais refusera, pour raison de santé, d'être nommé pensionnaire en 1766. Il rentra à l'Académie à la suite de son étude sur les sels neutres.

expériences pour confirmer les leçons. Mais Rouelle faisait tout tout seul et l'on n'avait d'yeux et d'oreilles que pour lui. Usant d'une rhétorique très particulière, il savait comme personne capter l'attention de son auditoire et parler avec chaleur du moindre procédé. Dans le portrait qu'en donne Grimm[1] après sa mort, Rouelle apparaît comme un personnage fantasque, sans culture ni style, à la parole désordonnée mais plaisante, agité, distrait et maladroit dans ses expériences[2], incapable de dominer ses colères et ses rancunes. Dans le cours rédigé par Diderot, ce qui frappe, « c'est la causticité et parfois la dureté de ses jugements contre ses confrères[3] » français ou étrangers. Il était brouillé avec nombre de ses élèves qui reprenaient ses découvertes sans le nommer. Obsédé par les plagiaires, il les dénonçait avec fureur dans ses cours publics, et finit par cultiver le secret jusqu'à la manie.

Malgré ces travers, Rouelle est d'abord un vrai savant doté d'une probité scrupuleuse. « Il défend avec vigueur une certaine conception de la chimie, tournant le dos aux "zélés cartésiens" et aux "absurdités enfantées par le besoin d'expliquer". Il rejoint Buffon et Diderot, partisans de l'expérience et des faits ; il s'oppose à l'esprit de système des physiciens[4]. » Même si le savoir très empirique de Rouelle s'apparente plus à l'art des préparations qu'à la chimie[5] proprement dite, ses travaux de cristallo-

---

1. *Correspondance littéraire*, t. IX, pp. 106-109, 15 août 1770. Portrait jugé trop caricatural par J. Mayer, *op. cit.*, p. 305.

2. « Dans ses cours, il avait ordinairement pour aides son frère et son neveu pour faire les expériences sous les yeux de ses auditeurs... Un jour, faisant seul l'expérience dont il avait besoin pour sa leçon, il dit à ses auditeurs : "Vous voyez bien, Messieurs, ce chaudron sur ce brasier ? Eh bien, si je cessais de remuer un seul instant, il s'ensuivrait une explosion qui nous ferait tous sauter en l'air !" En disant ces paroles, il ne manqua pas d'oublier de remuer et sa prédiction fut accomplie : l'explosion se fit avec un fracas épouvantable, cassa toutes les vitres du laboratoire et, en un instant, deux cents auditeurs se trouvèrent éparpillés dans le jardin : heureusement, personne ne fut blessé... C'est un vrai miracle que Rouelle... ne se soit pas fait sauter en l'air par ses inadvertances continuelles. » *Correspondance littéraire, op. cit.*, p. 108.

3. J. Mayer, « Portrait d'un chimiste », *op. cit.*, p. 310.

4. *Ibid.*, p. 313. Les mots entre guillemets sont empruntés aux notes de cours de Diderot.

5. C'est Lavoisier qui fonde la chimie moderne.

graphie, son souci des expériences rigoureuses, la mise en garde de ses élèves contre les friponneries (alchimistes), en ont fait un professeur exceptionnel de son époque.

Moins brillant, mais non moins révélateur, est le succès du cours de mathématiques de Le Guay de Prémontval[1]. A court d'argent et n'aimant que les mathématiques – comme, à la même époque, Diderot dont il était l'ami[2] –, il ouvre en décembre 1738 un cours public et gratuit qui connaît vite un réel succès. A l'imitation des deux précédents, lui aussi fait de la publicité dans le *Mercure de France*[3], insistant sur la gratuité de ses leçons et sur le fait qu'aucune connaissance préalable n'est nécessaire pour y assister[4]. Il loue une salle rue de la Montagne-Sainte-Geneviève, fait répandre des billets imprimés avec les horaires de ses cours trois fois par semaine, et un public de tout état et de toute profession s'y précipite : « J'avais le plaisir de voir chez moi le riche et le pauvre, et souvent même le savant et l'ignorant mêlés ensemble... Quoiqu'en général les matières ne fussent pas à la portée du premier venu, j'avais soin que tout le monde pût en rapporter quelque chose d'utile, tantôt par des digressions intéressantes... tantôt par des lectures dont j'entrecoupais à propos des séances de deux grandes heures[5]. » Parmi le public, un grand nombre de femmes pour lesquelles ces cours publics sont le seul moyen d'accéder à une formation scientifique.

Bientôt, Prémontval plaça ses leçons les dimanches et jours de fête afin que ceux qui travaillaient durant la semaine pussent en profiter[6]. Ces cours durèrent jusqu'en 1744 et, les deux dernières années, il enseignait à plus de quatre cents élèves les éléments

---

1. 1716-1764.

2. Diderot évoque à plusieurs reprises leur jeunesse commune dans *Jacques Le Fataliste*.

3. Mai 1740, pp. 968-969 ; septembre 1741, pp. 2044-2047 ; décembre 1742, p. 2912 ; janvier 1743, p. 119.

4. *Mercure*, mai 1740, p. 969 : « On ne demande que l'attention et l'assiduité nécessaire pour y assister. »

5. *Cf.* Maurice Pélisson, « Les Mémoires d'un professeur du XVIIIe siècle », *Revue pédagogique*, janvier-juin 1904, p. 234.

6. Prémontval était attentif à satisfaire un public populaire qui, comme les femmes, n'avait guère accès au savoir.

de géométrie et de mécanique. Bien entendu, ces leçons gratuites étaient pour le professeur un moyen de se faire connaître et de se procurer des élèves payants. Le calcul se révéla fructueux, mais Prémontval, entraîné par le succès, loua des salles de plus en plus grandes et onéreuses[1] qui mirent en péril ses finances. Criblé de dettes et fou amoureux d'une de ses brillantes élèves, Mlle Pigeon[2], il s'enfuit avec elle hors de France[3]. Ce fut le début de longues pérégrinations en Suisse, en Hollande et finalement en Prusse, grâce à Maupertuis. Toujours est-il que la mode des cours publics, bien lancée au début des années 1740[4], ne s'arrêtera plus jusqu'à la Révolution.

---

1. Il n'avait pas hésité à louer une grande salle qui lui coûtait 800 livres. M. Pélisson, *op. cit.*, p. 236.

2. Elle était la fille de Jean Pigeon (1654-1739), spécialiste connu du mécanisme des pendules. Elle-même, admirée par Diderot, était bonne mathématicienne. Les deux amants fuirent en Suisse durant l'hiver 1744, s'installèrent à Bâle et se convertirent au protestantisme pour se marier le 30 juin 1746. D'un caractère difficile et vaniteux, Prémontval dut quitter la Suisse avec sa femme en 1749. Ils s'établirent en Hollande, où ils vécurent très pauvrement jusqu'à ce que Maupertuis leur trouve à tous deux une position à Berlin en 1752.

3. Diderot a raconté à sa façon leur aventure et leur fuite en Suisse dans *Jacques le Fataliste*. Les archives de Formey, qui sont à Cracovie, nous révèlent des détails fort intéressants sur la fuite du couple. Après le décès de Prémontval à Berlin le 2 septembre 1764, Formey, qui doit faire son éloge à l'Académie, demande à sa veuve des précisions sur leur vie. Le 9 janvier 1765, Mme de Prémontval lui répond : « Pour ce qui est de mes premières liaisons avec M. de Prémontval et notre sortie de France, vous me permettrez de ne vous en rien dire. Cela arrêterait trop les yeux sur un tableau que votre amitié rend si intéressant. » Collection Varnhagen [143].

Manifestement, la curiosité de Formey n'avait pas désarmé. Ayant entendu parler d'un enfant abandonné par les Prémontval, il écrit le 14 février 1766 à son correspondant habituel, La Condamine, pour qu'il se renseigne sur ce sujet. Le 1er mai suivant, La Condamine, après recherches à l'hôpital des Enfants-Trouvés, révèle l'existence d'une petite Victoire-Athénaïs reçue à l'hôpital le 25 juillet 1744 et dont il lui envoie l'extrait mortuaire. Voir les deux lettres de La Condamine à Formey du 20 mars et 1er mai 1766, collection Varnhagen [49].

4. L'abbé Deidier ouvre son cours de mathématiques en 1741 (*Mercure*, juin, II, pp. 1399-1406). M. de La Chapelle gagne sa vie en donnant des leçons de mathématiques aux enfants et en publiant des *Eléments* (*Mercure*, juillet 1743, pp. 1546-1549). L'abbé Garnier donne des conférences publiques et gratuites en géométrie et chronologie à partir de mai 1746 (*Mercure*, mai 1746, pp. 127-128), etc.

Le label de qualité intellectuelle

L'élection à l'Académie n'est pas seulement convoitée par le savant au sens étroit du terme. Elle l'est aussi par nombre de ceux qui aspirent à trouver place dans cette « République des Lettres » qu'on appellerait aujourd'hui l'intelligentsia. L'Académie confère un statut social, et surtout une autorité sans pareille. Du plus humble au plus connu, du musicien au philosophe, chacun en rêve secrètement. En reconnaissant très tôt l'intérêt des découvertes utiles à la société[1], en s'instituant seul expert légitime de tous les procédés inédits, de toutes les inventions ou théories nouvelles, l'Académie a ouvert ses portes à un nombre considérable d'hommes de tous ordres, en quête de reconnaissance. Les uns viennent chercher une approbation officielle en vue de l'octroi de primes ou de privilèges ; ce sont pour la plupart des inventeurs. D'autres soumettent leurs travaux dans l'espoir de se faire connaître et apprécier des académiciens, première étape incontournable dans l'optique d'une future élection. Comme les années 1740 sonnent l'apothéose des mathématiques, il n'est guère de débutants dans la carrière des « lettres » qui ne se targuent d'en avoir quelque teinture. Même Voltaire, écrivain consacré, n'a pu se dispenser d'une bonne initiation. Du prolétariat intellectuel, professeurs, éditeurs, copistes, traducteurs, au gratin des salons qui se pique d'être philosophe ou savant[2], tous n'ont qu'un désir : appartenir à la grande Académie, celle des sciences, la seule qui puisse susciter l'apostrophe de Mme de Graffigny : « A genoux, chétives créatures, à genoux pour lire la lettre d'une femme qui a eu hier l'honneur de dîner en personne avec l'Académie royale des sciences[3] ! »

---

1. Voir les *Réflexions* de Réaumur sur ce sujet. Archives de l'Académie des sciences, dossier Réaumur [années 1720].

2. Le comte de Tressan, élu associé libre de l'Académie le 8 décembre 1749, illustre bien cette catégorie.

3. Lettre à Devaux, 4 septembre 1739. *Op. cit.*, vol. II, p. 138. La même Mme de Graffigny n'était qu'ironie et sarcasmes envers l'Académie française.

Rameau et Rousseau

En présentant leurs travaux de théorie musicale à l'Académie des sciences, les deux hommes ont montré leur désir d'être reconnus pour des savants. En particulier Rameau[1], l'un des grands compositeurs de son temps et l'auteur de plus d'une trentaine d'opéras, dont *Les Indes galantes* (1735), *Castor et Pollux* (1737) et *Dardanus* (1739). Après avoir publié un *Traité de l'harmonie*[2] qui explique la pratique harmonique par une théorie dérivée de la nature du son, il s'oriente vers une conception de plus en plus physique et mathématique de la musique[3]. L'année de *Castor et Pollux*, il soumet au jugement de l'Académie un ouvrage savant, *La Génération harmonique*. Il énonce douze propositions acoustiques fondées sur sept expériences de résonance et de frémissement des corps, et explique l'harmonie par une hypothèse de Mairan sur l'élasticité de l'air qui rend possible la production et la perception de plusieurs sons simultanés. Le 12 janvier 1737, Réaumur, Mairan et l'abbé de Gamaches émettent un avis élogieux sur ce traité de musique « qui veut montrer la liaison des lois de l'harmonie et des mathématiques ». Ils concluent : « Les vues appuyées du grand savoir qu'il montre dans son art et de ce qu'il avait déjà donné dans ses écrits sur l'harmonie nous ont paru nouvelles et dignes de l'attention des savants. »

Nous ignorons si Rameau fit quelques démarches à l'Académie, mais, à coup sûr, l'artiste prétendra de plus en plus au titre de savant[4]. A chaque nouveau livre, l'Académie lui rend

---

1. Jean-Philippe Rameau est né à Dijon en 1683 et mort à Paris en 1764. Il se fait connaître du grand public par *Hippolyte et Aricie* en 1733.

2. *Traité de l'harmonie, réduite à ses principes naturels*, 1722.

3. Catherine Kintzler, *Poétique de l'Opéra français de Corneille à Rousseau*, Minerve, 1991. Voir aussi Cuthbert Girdlestone, *Jean-Philippe Rameau, sa vie, son œuvre,* 2e éd., Desclée de Brouwer, 1983, chap. 13, pp. 488-524. Rameau soutient des thèses physico-mathématiques sur la musique qui sont dans le droit fil du cartésianisme scientifique. D'où l'enthousiasme de ses juges à l'Académie...

4. Il envoie ses œuvres à Euler, Cramer et Jean II Bernoulli. A ce dernier, il joint à sa *Démonstration du principe de l'harmonie* cette lettre : « Je ne doute pas, Monsieur, que la découverte d'un principe dont la recherche paraît avoir été le but d'une infinité de philosophes qui ont écrit sur la musique ne puisse mériter votre attention ; tout

un hommage appuyé, et Diderot[1] puis d'Alembert[2] n'hésitent pas à mettre leur plume au service de son œuvre. D'un caractère irascible, jaloux de sa priorité, il proteste avec véhémence auprès du secrétaire de l'académie de Lyon parce qu'un académicien a osé publier un mémoire qui ne rend pas à ses théories l'hommage qui leur est dû. Il demande réparation : « Il vaut mieux que l'académie [de Lyon] s'en justifie que de m'obliger à lui répondre... Jamais je n'ai tant présumé de mes faibles découvertes que depuis qu'on les attaque[3]. » Rameau le savant paraît encore plus chatouilleux sur le respect de ses œuvres que Rameau le musicien, ce qui montre clairement quelle était à ses yeux – et à ceux de ses contemporains – la hiérarchie des valeurs...

Plus modeste, mais tout aussi sensible à cette hiérarchie, Rousseau[4], de Genève, se tourne vers l'Académie des sciences dès son installation à Paris en 1742. Comme beaucoup d'autres, il a été quelque temps précepteur[5] pour gagner sa vie ; il s'intéresse aux sciences et à la musique. Lorsqu'il quitte définitivement Mme de Warens, il vend sa bibliothèque qui contient nombre de livres de mathématiques, une grande sphère céleste de Copernic, et des compas[6]. Il possède également des livres sur la théorie de la musique. A Lyon, durant son préceptorat, Rousseau a

---

ignorant que je suis dans la géométrie, la nature m'a si bien conduit que d'un simple musicien elle a fait enfin un géomètre, du moins dans son art. Tout glorieux que je doive être du suffrage de l'une des plus célèbres Académies de l'Europe, je sens tout le poids qu'y ajouterait le sceau de votre approbation. » 18 février 1750. BEB, LIa. 717, 19.

1. Rameau écrit la *Démonstration du principe de l'harmonie* (1750) en collaboration avec Diderot, raison pour laquelle c'est son livre le plus avenant et le plus lisible.

2. D'Alembert publie en 1752 les *Eléments de musique théorique et pratique suivant les principes de M. Rameau*, ouvrage de vulgarisation des théories du musicien.

3. Lettre à M. Christin, secrétaire de l'académie de Lyon, 3 novembre 1741. Archives de l'académie de Lyon, Ms. 268, f. 159-160. Rameau était ulcéré par le sort fait à sa *Génération harmonique*.

4. 1712-1778.

5. En 1740 et 1741 à Lyon, chez les Mably.

6. Rousseau à [destinataire inconnu] [juin 1742]. *Correspondance complète de J.-J. Rousseau*, éd. R.A. Leigh, 1967, t. I, n° 48. Cette lettre fait état de son admiration pour la *Géométrie de l'infini* de Fontenelle.

fréquenté l'Académie des beaux-arts et assisté à ses conférences[1], qui ne dédaignaient pas les sciences ni même les arts mécaniques. Passionné par la musique, Jean-Jacques a mis au point une nouvelle notation qui consiste essentiellement à remplacer les notes par des chiffres et à indiquer les valeurs par un système de ponctuation (virgules, points et lignes). Son but : « établir une méthode plus simple et plus commode qui puisse servir pour ainsi dire d'aide et de supplément à l'ancienne[2] ».

Le 22 août 1742, « Rousseau (Suisse de nation) vient lire à l'Académie un projet concernant de nouveaux signes pour la musique, dont il remettra un mémoire plus détaillé aux commissaires qui lui ont été donnés. Ces commissaires sont M. Hellot, M. de Fouchy et moi [D. de Mairan][3] ». Trois semaines plus tard, ces derniers rendent un long rapport, bienveillant mais critique. Utilisable dans la musique vocale, la notation de Rousseau ne l'est pas pour la musique instrumentale : « Du moins ne croyons-nous pas qu'elle mérite la préférence sur celle qui est actuellement en usage, sans compter qu'il faudrait qu'elle eût des avantages presque infinis pour déterminer le public à faire renouveler par impression toute la musique qu'il a entre les mains. Du reste, il nous paraît que cet ouvrage est fait avec art, et énoncé avec beaucoup de clarté ; que l'auteur paraît être au fait de la matière qu'il y traite ; et qu'il est à souhaiter qu'il continue ses recherches pour la facilité de la musique[4]. »

Il semble que les commissaires lui aient courtoisement communiqué leurs objections avant de lire leur rapport. Sentant ses espoirs de fortune s'envoler, Rousseau avait tenté une dernière démarche pour sauver son projet, et rédigé au plus vite des réponses à leurs critiques[5]. Mais les commissaires n'en tinrent pas compte. Faute de la reconnaissance tant désirée de l'Aca-

---

1. Rousseau à Mme de Warens [19 avril 1741]. *Ibid.*, n° 41.
2. Rousseau à [destinataire inconnu] [6 janvier 1743]. *Ibid.*, n° 50.
3. Procès-verbal du mercredi 22 août 1742, *Registre de l'Académie des sciences*, t. 61.
4. Procès-verbal du mercredi 5 septembre 1742.
5. Rousseau à Mairan, Hellot et Fouchy [début septembre 1742]. *Ibid.*, n° 49.

démie, Rousseau publia immédiatement son mémoire et en fit lui-même la publicité dans le *Mercure*[1]. Déçu de cet échec académique, il n'en continue pas moins de s'intéresser de très près aux sciences. De retour à Paris après son expérience malheureuse à Venise, il se met à la chimie au point d'avoir un petit laboratoire à Chenonceaux chez les Dupin. Il enseigne même à Paris, comme le montre une lettre d'un de ses anciens élèves qui lui demande aide et conseils pour résoudre un problème de chimie mis au concours par l'académie de Dijon[2].

Rousseau abandonnera vite la chimie pour se consacrer à la musique et à la philosophie, mais son parcours est révélateur des intérêts qui dominent sa génération. Aux yeux de celle-ci, les sciences (et la philosophie) jouissent du plus grand prestige, et l'Académie est l'objet de toutes les convoitises.

Le cas Voltaire

Si Diderot se présenta à deux reprises à l'Académie des sciences[3] et fut deux fois battu à l'élection, Voltaire, plus prudent, ne s'y risqua jamais. Mais, bien que fort discret sur le sujet, il est certain qu'il y pensa sérieusement une fois, sinon deux, voire trois fois. Voltaire, on l'a vu, n'a pas adressé deux mémoires[4] de physique à l'Académie pour son seul plaisir. Il devait rêver de cette consécration depuis la rédaction des *Lettres philosophiques*, en 1734. Il y faisait un éloge appuyé de l'Aca-

---

1. Par une lettre du 6 janvier 1743, publiée dans le *Mercure* de février 1743, pp. 321-333. De plus, le même *Mercure* annonce la publication du livre de Rousseau dans sa rubrique des « Nouvelles littéraires ».

2. De Claude Varenne, baron de Béost, à Rousseau, Bourg-en-Bresse, 10 février 1746, *Correspondance, op. cit.*, t. II, n° 141. Le sujet mis au concours en 1745, sur lequel il demandait l'aide de Rousseau, était : « Déterminer les moyens de connaître la nature et le caractère des différents sels. »

3. Contrairement à ce qui est souvent écrit, Diderot tenta non pas une, mais deux fois sa chance à l'Académie des sciences : en 1749 et en 1757. Voir *infra*, pp. 388-390.

4. *Essai sur la nature du feu* en 1738 et *Doutes sur la mesure des forces motrices* en 1741.

démie des sciences[1], qu'il jugeait supérieure à la Royal Society pour sa rigoureuse sélection des candidats, sa spécialisation scientifique et la qualité de ses mémoires. Même si, par la suite, il modifia son jugement[2], l'appartenance à une telle institution était une distinction enviable, en particulier pour lui au début des années 1740. A cette époque, notre homme était en quête de respectabilité et de reconnaissance institutionnelle pour effacer ses déboires avec la justice. On a vu que la polémique de Mme du Châtelet avec Dortous de Mairan mit un terme à ses espérances en 1741. Il semble cependant que la question se soit reposée un an ou dix-huit mois plus tard, à la suite du scandale causé par la première représentation à Paris de sa pièce *Mahomet* le 9 août 1742, la même qui avait remporté un vif succès à Lille[3] un an plus tôt sans susciter la moindre critique du clergé local. Cette fois, les magistrats poussèrent les hauts cris et le procureur général Joly de Fleury força Voltaire à retirer sa pièce[4]. Furieux, il obtempéra ; mais des éditions pirates de l'œuvre circulaient et Voltaire vivait dans l'inquiétude. Sa fureur se changea en peine : humilié, il supplia le lieutenant de police « d'ordonner que l'abbé Desfontaines ne verse point ses poisons sur cette blessure[5] ». Il semble que ce soit à cette époque qu'il ait songé de nouveau à l'Académie.

---

1. *Lettres philosophiques*, 24ᵉ lettre : sur les académies, *op. cit.*, p. 154 : « Quiconque dit en Angleterre : "J'aime les arts", et veut être de la Société, en est dans l'instant. Mais, en France, pour être membre et pensionnaire de l'Académie, ce n'est pas assez d'être amateur ; il faut être savant et disputer la place contre des concurrents d'autant plus redoutables qu'ils sont animés par la gloire, par l'intérêt, par la difficulté même, et par cette inflexibilité d'esprit que donne d'ordinaire l'étude opiniâtre des sciences de calcul. »

2. P.M. Conlon, « Voltaire's litterary career from 1728 to 1750 », *Studies on Voltaire*, n° 14, 1961, pp. 231-240.

3. La première eut lieu le 25 avril 1741. Les deux premières représentations remportèrent un tel succès qu'on en joua une troisième et une quatrième, cette fois à l'hôtel de l'intendant de La Grandville.

4. En pleine nuit du 14 août, le lieutenant de police Marville convoque Voltaire pour lui demander de retirer de lui-même sa pièce de la scène, tout en lui rappelant qu'il reste sous le coup d'un décret d'arrestation pour ses *Lettres philosophiques*. In *Lettres de Marville à Maurepas*, 1896, t. II.

5. A Claude-Henri Feydeau de Marville [septembre 1742] (Best. D. 2657).

Dans deux textes très postérieurs aux événements, Voltaire le laisse clairement entendre. Dans l'un, il raconte qu'à la suite de toutes les tracasseries liées à sa pièce *Mahomet*, « MM. de Réaumur et de Mairan lui conseillèrent de renoncer à la poésie qui n'attirait que de l'envie et des chagrins, de se donner tout entier à la physique et de demander une place à l'Académie des sciences[1] ». Par ailleurs, dans une lettre à son ami le duc de Richelieu où il évoque les raisons de son installation en Prusse en 1750, Voltaire fait état des sujets d'insatisfaction éprouvés en France qui l'ont décidé à s'expatrier. Parmi ceux-ci, le refus des ministres, par deux fois, de lui ouvrir les portes de l'Académie : « Le roi ne me témoignait jamais la moindre bonté. Je songeais alors *à me faire une espèce de rempart des Académies contre les persécutions* qu'un homme qui a écrit avec liberté doit toujours craindre en France. Je m'adressai à M. d'Argenson lorsqu'il eut ce département [en avril 1749]. Je demandais qu'il fît pour son ancien camarade de collège ce que M. de Maurepas m'avait promis avant qu'il lui plût de me persécuter : c'était de me faire entrer dans l'Académie des sciences et dans celle des belles-lettres, comme associé libre ou surnuméraire. La grâce était petite, je devais l'attendre de lui [d'Argenson], et je ne l'obtins pas[2]. »

Comme Voltaire s'est brouillé avec Maurepas en février 1743 lorsque celui-ci s'est opposé à sa candidature à l'Académie fran-

---

1. Voltaire avait quitté Paris fin août 1742 pour rentrer à Bruxelles. Mais il est de retour à la mi-novembre, jusqu'en juin 1743. Son retour à Paris coïncide avec l'élection à l'Académie française destinée à pourvoir le fauteuil de l'abbé d'Houteville, qui aura lieu le 29 décembre.

2. Cette lettre datée par Besterman du 31 août 1750 (D 4206) a été redatée avec de bonnes raisons par André Magnan de fin septembre ou octobre 1751 : « Dossier Voltaire en Prusse, 1750-1753 », *Studies on Voltaire*, n° 244, 1986, pp. 154-155 (souligné par nous). On remarque que Voltaire voulait être de toutes les Académies : l'Académie française, celle des sciences et celle des inscriptions et belles-lettres, mais aussi de toutes les académies de province et de l'étranger. A partir de 1743, date à laquelle il est élu à la royal Society (le 3 novembre), il mène une campagne tous azimuts visant à se faire élire dans toutes les sociétés savantes existantes. *Cf.* Conlon, *op. cit.*, pp. 231-255.

çaise au siège de feu le cardinal de Fleury[1], on peut en déduire que c'est à la fin de l'année 1742 qu'il a songé à se présenter à l'Académie des sciences, avec les encouragements de Réaumur et de Mairan. La date semble d'autant plus probable que Voltaire, rentré à Paris pour tenter sa chance à l'Académie française contre Marivaux, comprend très vite qu'elle est minime[2]. Par ailleurs, les grandes manœuvres ont commencé à l'Académie des sciences en vue de la succession de Mairan[3]. Plusieurs versions circulent sur l'intérêt de Voltaire pour la place, qui toutes associent Maupertuis au projet. Selon l'un de ses biographes[4], le premier aurait en effet tenté de se faire élire à l'Académie des sciences grâce au second. Dans un mémoire de 1752-1753[5], Voltaire rapporte au contraire que c'est Maupertuis qui voulait à tout prix le secrétariat et que, pour l'obtenir, il avait pensé le partager avec lui, en lui délivrant le travail d'apparat. Enfin, La Beaumelle, plus favorable à Maupertuis qu'à Voltaire, donne une troisième version : pour remercier Voltaire des vers flatteurs[6] écrits au bas de son célèbre portrait où il est habillé à la lapone et aplatit la

---

1. Le cardinal de Fleury mourut le 29 janvier 1743. Dans ses *Mémoires*, Voltaire raconte ainsi la raison de sa brouille avec Maurepas : « Plusieurs personnes voulurent que j'eusse sa place [de Fleury] à l'Académie française... La maîtresse [du roi], la duchesse de Châteauroux, le voulait ; mais le comte de Maurepas, secrétaire d'Etat, ne le voulut point. Il avait la manie de se brouiller avec toutes les maîtresses de son maître... Un vieil imbécile, précepteur du Dauphin... et depuis évêque de Mirepoix, nommé Boyer, se chargea, par principe de conscience, de seconder le caprice de M. de Maurepas. J'allai trouver ce ministre... : "Je vous conjure de me répondre franchement : en cas que Mme de Châteauroux l'emporte sur M. l'évêque de Mirepoix, vous y opposerez-vous ?" Il se recueillit un moment et me dit : *"Oui, et je vous écraserai."* ». Seuil, 1993, pp. 47-48.
2. J. Sareil, *op. cit.*, p. 320 : « Le 23 novembre 1742, un nouvelliste peut écrire : "On dit que Mme de Tencin se donne de grands mouvements pour faire obtenir une place à l'Académie à M. de Marivaux, et l'on assure qu'il est décidé qu'elle y est parvenue." »
3. Mairan n'avait accepté le secrétariat en 1740 que pour trois ans. Sa succession était donc ouverte fin 1742.
4. Desnoiresterres.
5. Voltaire, *Œuvres complètes*, nouvelle édition Beuchot, 1879, vol. 24, t. III, p. 1. Sous le titre : *Mémoire*.
6. Voltaire les rédigea en juillet 1741, à la demande du marquis Locmaria, ami et compatriote de Maupertuis. *Cf.* lettre de Voltaire à Locmaria, 17 juillet 1741 (Best. D 2513).

Terre d'une main, Maupertuis, fin 1742 ou début 1743, « crut rendre service à son ami en lui donnant un état qui tournât ses occupations vers d'utiles objets, et qui contînt cette imagination impétueuse qu'il fallait enrayer. Dans cette vue, il disposa tout pour lui ouvrir les portes de l'Académie des sciences et pour l'en faire nommer secrétaire perpétuel, ce que M. de Voltaire désirait avec passion. Il ne doutait point qu'aidé de quelque mathématicien, M. de Voltaire ne consolât le public de la vieillesse de M. de Fontenelle. Ce projet ne réussit point ». La Beaumelle conclut par ce coup de griffe : « Cet emploi convenait singulièrement à M. de Voltaire, qui est le premier homme du monde pour écrire ce que les autres ont pensé[1]. »

En dépit d'une troisième tentative auprès de son vieil ami le comte d'Argenson, successeur de Maurepas au département de Paris, en charge des Académies depuis avril 1749, Voltaire n'eut jamais l'honneur d'être de l'Académie des sciences[2]. On doit compter cet échec au nombre de ses regrets, sinon de ses chagrins. Ce qui montre en tout cas l'incomparable prestige intellectuel et social dont jouissait alors l'institution.

---

1. La Beaumelle, *op. cit.*, pp. 76-77.
2. Il ne fut jamais non plus de l'Académie des inscriptions et belles-lettres.

CHAPITRE VI

Le rebelle marginalisé
(1742-1744)

De retour à Paris après ses aventures prussiennes, Maupertuis n'a rien abandonné de ses ambitions. Il recherche plus que jamais les honneurs et la gloire. A l'Académie, il a vite jaugé les nouveaux rapports de force. En l'absence de ses collègues Godin, La Condamine et Bouguer, toujours en proie aux pires difficultés à l'Equateur, et devant l'échec patent du secrétaire perpétuel, Maupertuis est en droit de rêver à de plus hautes destinées. Pour succéder à Mairan qui ne s'est engagé que pour trois ans, il est l'un des rares à disposer du talent, du prestige et de l'autorité nécessaires à une telle fonction. De plus, il possède un réseau social et mondain incomparable, qu'il ne cesse d'étendre. Pas un salon où il n'ait sa place, pas une femme d'influence qui ne l'apprécie. Il a encore l'oreille de Maurepas et la bienveillance de la cour. Il jouit donc de beaucoup d'atouts, s'il n'y avait ces haines tenaces qu'il s'est lui-même créées et cet excès de singularité qui en agace plus d'un.

Une impardonnable originalité

Personnalité déconcertante et fantasque, Maupertuis donne l'impression de jouer l'original pour être remarqué. Son apparence, sa façon de vivre et ses provocations prêtent davantage à l'ironie qu'à l'admiration qu'il voudrait susciter. Même Mme de Graffigny, qui avoue : « Il me fait toujours plaisir : j'ai un faible pour lui[1] », le prend pour un fou charmant, mais incontrôlable. Cet homme si répandu dans les salons est profondément misanthrope. Il vit seul et chichement dans des soupentes de la rue Sainte-Anne, servi par son nègre[2]. Celui-ci, fort spirituel aux dires de Formey[3], est pour Maupertuis bien plus qu'un simple valet : il le considère comme son fils et l'emmènera avec lui à Berlin. A la mort d'Orion, son maître, pourtant peu sentimental, ressentira le chagrin d'un père – ce qui ne manque pas de surprendre. Il est vrai qu'ils partagent tous deux un amour inhabituel des animaux. Maupertuis, comme Condillac, pense qu'ils ont une âme et sont capables de sentiments et de pensées. Quand on veut lui faire plaisir, on lui offre un chat angora, comme Mmes d'Aiguillon et de Boufflers[4], ou un hamster blanc, comme le général Still[5]. Il possède une véritable ménagerie, composée de chiens, chats, oiseaux, volailles et même de singes, dont il s'occupe personnellement. Quand il s'absente, c'est Orion qui prend le relais.

Cet amour des bêtes poussé jusqu'à la passion lui vaut de passer pour un original. Comme il laisse ses animaux évoluer en toute liberté chez lui, on peut assister à des scènes pour le moins surprenantes. Samuel Formey décrit un dîner chez Maupertuis qui ne manque pas de piquant. Invité avec Algarotti, le comte de Redern et M. et Mme Euler en l'honneur du passage de Delisle et de son épouse à Berlin, il raconte : « Une petite perruche se promenait librement sur la table ; elle prit une cerise et, s'envolant, se posa sur la tête de Mme Delisle où elle dépeça et mangea sa cerise de la meilleure grâce du monde. Mme Delisle croyait

---

1. 5 mars 1743. *Correspondance*, t. 4, p. 174.

2. *Ibid.*, p. 293, 24 mai 1743.

3. *Souvenirs*, I, *op. cit.*, p. 217.

4. Lettre de Mme d'Aiguillon à Maupertuis du 28 [décembre 1747] (B.N., n.a.f. 10398, f. 34-35) ou celle de Mme du Deffand du 18 juin [1742] (*Revue de Paris, op. cit.*, p. 16).

5. Lettre du général Still à Maupertuis du 11 septembre 1750. Fonds Maupertuis, dossier 132.

simplement que la perruche était posée sur la tête où elle ne faisait pas un fardeau incommode, et les spectateurs ne crurent pas devoir l'avertir de ce qu'elle y faisait, tout le mal pouvant se réparer dans la suite, en lavant sa coiffure[1]. »

Ce genre de scène ne pouvait que faire jaser, de même que ce propos désabusé tenu beaucoup plus tard : « Quinze perroquets de toutes les couleurs, deux singes, cinq noirs [*sic*] des trois parties du monde me font une cour et une académie[2]. » Mais Maupertuis aime à faire parler de lui. En bien ou en mal. Il y a chez lui une avidité de célébrité qui le pousse aux enfantillages les plus ridicules. Il n'hésite pas à revêtir son habit de Lapon pour se promener en ville, coiffé de perruques grotesques. Mme de Graffigny n'en croit pas ses yeux : « Il a trouvé celles d'Arnaud, tout usées qu'elles sont, encore beaucoup trop longues, et depuis sept ou huit mois elles ne couvrent que la pointe de l'oreille. Le trou est tout à découvert. Il faut le voir pour le croire, je le sais bien, mais cela n'est pas moins vrai. Il la porte assez communément sur sa tête, mais très souvent le devant derrière, parce que cela est égal et ne fait apercevoir aucun changement. C'est depuis qu'il porte des beaux habits (brodés de fin or de quatre doigts de largeur) qu'il a recoupé la perruque pour ne ressembler à personne, et depuis qu'il a un carrosse à lui[3]. »

Il continue à distribuer généreusement son portrait gravé (habillé en Lapon), agrémenté maintenant des vers de Voltaire à sa gloire[4]. Par dérision ou amitié, on se l'arrache. Mme de Graffigny se dit vexée de ne l'avoir pas encore reçu en novembre 1742[5], ni de lui ni de son mécène, le marquis de Locmaria. Elle

----

1. Formey, *Souvenirs*, I, *op. cit.*, pp. 219-220.
2. A Mme du Deffand, 12 novembre 1753. Archives municipales de Saint-Malo, ii. 24, f. 129.
3. *Correspondance*, t. V, p. 304, lettre du 12 juin 1744.
4.   « Ce globe mal connu, qu'il a su mesurer,
       Devient un monument où sa gloire se fonde ;
       Son sort est de fixer la figure du monde,
       De lui plaire et de l'éclairer. »
C'est le marquis de Locmaria qui avait fait graver le portrait, accompagné des vers, par Jean Daullé.
5. *Correspondance*, t. III, p. 465, lettre du 27 novembre 1742.

l'attend encore deux mois plus tard, malgré la promesse formelle de Maupertuis[1] de le lui envoyer... C'est aussi le moment choisi par lui pour répandre ses chansons d'amour sur le Pôle et la belle Christine[2].

Si tout cela amuse ses nombreuses amies, on imagine l'air pincé de ses collègues académiciens. D'autant plus que la frénésie sexuelle, qui l'avait quelque peu abandonné à Berlin, l'a repris de plus belle à Paris. Comme il le laisse entendre à son ami La Condamine, il ne peut pas résister à la tentation : « Je veux vivre et mourir bon catholique, si même actuellement j'y manque souvent... Je ne fais pas encore à la religion les grands sacrifices[3]. » Il ne peut s'empêcher ni de boire ni d'aimer les femmes. C'est plus fort que lui, comme le rapporte Mme de Graffigny : « La Puce sort d'ici. Il y a été deux heures, plus fou, plus remuant, plus convulsif qu'il ne l'a jamais été. La cousine y était ; quoiqu'il ne l'ait jamais vue, ils sont bras dessus, bras dessous. Il n'y a sorte de folie qu'il ne lui ait dit. Ils en sont aux embrassades, il a voulu la ramener chez elle. Je ne sais pas ce qui se passe à présent[4]. » On comprend mieux les remerciements pressants de Maupertuis à Folkes pour ses précieux envois d'outre-Manche : « Nous [Montesquieu et lui] avons partagé également, quoiqu'en bonne conscience je crusse que j'en eusse pu prendre les trois quarts. Il est bien à la honte de notre nation que pendant qu'elle s'applique avec tant de succès à tout ce qu'il y a de frivole dans la galanterie, elle n'ait pas songé à ce qu'il y a de plus réel ; et qu'il vous faut avoir recours aux étrangers

---

1. *Ibid.*, t. IV, p. 120, lettre du 3 février 1743.
2. *Correspondance*, t. IV, p. 206, lettre du 24 mars 1743.

Pour fuir l'amour	Le soleil luit
En vain l'on court	Des jours sans nuit,
Jusqu'au Cercle polaire.	Bientôt il nous destine.
Qui le croirait	Mais ces longs jours
Qu'en cet endroit	Seront trop courts
On trouverait Cythère ?	Passés près de Christine.

3. Lettre à La Condamine du 5 novembre 1750. Archives municipales de Saint-Malo, *op. cit.*, f. 96v°.
4. *Correspondance*, t. IV, p. 191, 15 mars 1743.

pour nous défendre des périls auxquels nous exposent nos belles[1]. »

On aurait volontiers pardonné à Maupertuis ses excès libertins s'il n'avait mis une telle ostentation dans l'étalage de ses succès. On le trouve ridicule de ne se montrer aux Tuileries qu'entouré d'un essaim de femmes de qualité au milieu desquelles il fait le coq. Plus sérieusement, on lui reproche de s'être arrogé toute la gloire des opérations du Nord, et certains n'hésitent pas à murmurer que c'est Clairaut qui a tout fait.... On le dit envieux de la réputation des autres, « tourmenté de ce désir de célébrité qui fait choisir les petits moyens lorsque les grands nous manquent[2] », « d'un orgueil insoutenable et incommode, d'une singularité affectée et déplaisante[3] ». Bref, conclut le journaliste Collé qui ne craint pas l'outrance, il est « en horreur à tous les gens de lettres de ce pays, et un objet de pitié pour les honnêtes gens et les gens sensés auxquels un extérieur singulier, des distractions affectées et un ton de maître n'en imposent point ».

Adoré des femmes et jalousé des hommes, il est, selon Mme de Graffigny, « détesté à l'Académie et à bien d'autres endroits[4] ». Tel est le bilan contrasté de la personnalité d'un homme qui rêve de la double onction académique : le secrétariat aux Sciences et sa reconnaissance officielle d'homme de lettres. Autrement dit : l'orgueil et la vanité.

---

1. Lettre du 6 janvier 1743, Royal Society, Fo. III 21. Maupertuis devait penser aux maladies sexuelles dont il avait déjà souffert. Mais ses aventures sexuelles lui avaient également valu d'être le père d'un fils naturel qu'il avait eu d'une dame Anne-Magdeleine Mouton, de son pays breton. On sait peu de chose de ce fils qui se faisait appeler Philippe Moreau de Maupertuis, sinon qu'on l'avait expédié aux Indes en 1750 et qu'il en était revenu seize ans plus tard, bien après la mort de son père (en 1759) qui ne le mentionna même pas dans son testament. Voir sa correspondance avec Jean II Bernoulli en juillet et août 1766. BEB, LIa. 708. 283-284 et LIa. 676. 203-204.

2. Propos attribué à Condorcet, qui ne l'a pas connu personnellement mais se faisait l'écho des on-dit. Bibliothèque de l'Institut, Ms. 2714.

3. *Journal* de Collé, II, pp. 296-299. Collé l'avait connu très jeune au café *Gradot*, lorsque La Motte vivait encore. Il haïssait Maupertuis au-delà de tout. Mais son témoignage en recoupe d'autres, comme on peut le voir dans la *Correspondance littéraire* de Grimm, VII, 1er décembre 1766, p. 179.

4. *Correspondance*, t. III, p. 465, lettre du 27 novembre 1742.

La vengeance de l'Académie

L'année 1743 marque un tournant dans la vie de Maupertuis. L'heure est venue pour lui de mesurer l'étendue de son influence et de son pouvoir dans la République des Lettres. Mme Geoffrin, intime de Mairan, très au courant des rumeurs parisiennes, annonce le 17 mai à Martin Folkes : « Nous venons de perdre un de nos philosophes [l'abbé de Saint-Pierre]... C'est Maupertuis qui le remplacera à l'Académie française. M. de Mairan quitte le secrétariat de celle des sciences à la fin de l'année... Cette place *pourra* regarder Maupertuis. C'est un savant homme et de beaucoup d'esprit, et qui en est bien digne[1]. »

A ses yeux, l'Académie française est déjà conquise. Pour le secrétariat, la candidature et le succès de Maupertuis ne sont encore que des suppositions. La chronologie des élections fait que c'est le premier galop au royaume des lettres qui décidera de sa candidature au poste le plus prestigieux de l'Académie des sciences.

Le test de l'Académie française

Pourquoi vouloir être de l'Académie française lorsqu'on est un savant reconnu et que l'on n'a guère écrit que des mémoires et des traités relatifs aux sciences ? Pourquoi risquer une réputation de sérieux pour celle de mondain ? L'aînée des Académies a toujours eu mauvaise presse auprès de ceux qui en rêvent secrètement sans parvenir à en être. Et les laissés-pour-compte, en grand nombre, répandent volontiers les railleries les plus insultantes sur l'institution. Il est de bon ton, chez les gens de lettres, d'ironiser méchamment sur l'âge ou l'absence de talent des

---

1. Royal Society, Fo. III 83. Souligné par nous.

heureux élus. Baptisée « les Invalides[1] » par les jaloux, l'Académie française souffre surtout du manque de critères objectifs présidant à ses choix. On ne se lasse pas de répertorier les génies qui n'en font pas partie et, parmi ses membres, la proportion ahurissante de ceux qui n'ont pas laissé le moindre souvenir de leurs écrits. Le seul critère revendiqué officiellement est le brin de plume, le style. Mais chacun sait aussi que les fauteuils s'y gagnent à coups de cabales et de batailles de salon. Le soutien d'une femme influente est toujours plus décisif qu'une œuvre originale, alors qu'il ne pèse de rien pour accéder à l'Académie des sciences. On voit parfois des savants élus à l'Académie française, mais jamais des académiciens français adoptés par l'Académie des sciences. Ce qui nous vaut cette réflexion de Fréron à propos de la réception de Buffon à la première : « Dans le choix de ses membres, elle ne croit pas apparemment devoir consulter l'objet des études. Elle exige seulement que l'on sache bien écrire. Ainsi, un géomètre, un naturaliste de l'Académie des sciences qui ne sait pas écrire, comme cela arrive souvent, ne peut aspirer à l'Académie française. Un académicien français qui n'est ni astronome, ni physicien, etc., ne peut prétendre à l'Académie des sciences... Or personne ne dispute le don d'écrire à Buffon avec autant de force que de grâce[2]. »

Dix ans plus tôt, Fréron était plus mordant contre les nouveaux élus à l'Académie française. Il est vrai qu'il prêtait sa plume aux *Observations* de l'abbé Desfontaines, lequel menait une campagne sans merci contre l'institution...

Pourquoi Maupertuis désire-t-il tant être de cette académie où il n'a pas grand-chose à faire ? Par goût des honneurs, tout simplement. Mais il ne peut l'avouer à Mme de Graffigny, qui

---

1. Voir les *Mémoires du cardinal de Bernis*, Mercure de France, 1980, p. 17 : « M. Piron dit un fort bon mot sur mon entrée à l'Académie [il a été élu le 26 novembre 1744] : "C'est, dit-il, avoir bien jeune les Invalides." » Le mot fit florès. Raynal le reprend à son compte dans les *Nouvelles littéraires* (janvier 1748, p. 129) et ajoute : « Nous donnons ce nom à l'Académie parce que les illustres qui la composent se reposent ordinairement après y avoir été reçus. »
2. *Lettres sur quelques écrits de ce temps*, lettre XI, 1753, p. 109.

lui fait « une vergogne terrible[1] » de cette vanité qu'elle juge indigne de lui. A défaut d'aveu, il invoque, sans la convaincre, l'exemple tout récent de Dortous de Mairan qui vient de s'y faire élire[2]. Il eût mieux fait de s'abriter derrière celui de l'illustre Fontenelle, maître incontestable de l'écriture, ou de convenir qu'il en rêvait depuis longtemps.

A peine connue la mort de l'abbé de Saint-Pierre[3], Maupertuis se met sur les rangs. Selon La Beaumelle, Maurepas l'y encourage : « Maupertuis représentait qu'un algébriste serait déplacé parmi des esprits sans cesse occupés de choses de goût, d'imagination et de sentiment. Le ministre insista. M. de Montesquieu se joignit à lui. Ils se chargèrent même des sollicitations alors en usage[4]. » On connaît les liens intimes de Montesquieu et de Maupertuis. Depuis leur première rencontre chez la duchesse d'Aiguillon[5], ils n'ont jamais cessé de s'estimer et de se soutenir. Montesquieu va jouer un rôle décisif dans l'élection de son ami. Il faut en effet tout son poids et son réseau d'amitiés pour triompher des cabales. Maupertuis affronte deux sortes d'oppositions aussi déterminées l'une que l'autre, sans parler même de ceux qui soutiennent son adversaire, l'abbé Girard[6] – auteur d'un livre admiré de Voltaire, les *Synonymes français* –, parce que celui-ci

---

1. L'expression signifie « faire honte », *Correspondance*, t. IV, p. 301, lettre du 30 mai 1743.

2. Mairan avait été élu le 7 février 1743 à la place du marquis de Sainte-Aulaire et prononça son discours de réception le 7 mars suivant.

3. Né en 1658, il était mort le 29 avril 1743, en état de disgrâce à la cour. Entré à l'Académie en 1695, il en avait été exclu en 1718 à la suite d'une violente critique qu'il avait faite du gouvernement de Louis XIV dans la *Polysynodie*. On ne le remplaça pas, mais il fut interdit à son successeur d'évoquer son nom. L'abbé de Saint-Pierre, philosophe apprécié de nombreux salons, était très lié à Mme de Lambert, à la duchesse d'Aiguillon et surtout à Mmes Dupin et Geoffrin. Cette dernière annonça sa mort à Folkes avec beaucoup d'émotion et de chaleur (Royal Society. Fo. III 83, lettre du 17 mai 1743).

4. La Beaumelle, *op. cit.*, p. 77.

5. *Eloge de Montesquieu* par Maupertuis à l'assemblée publique de l'Académie de Berlin, le 5 juin 1755, qui figure en tête de l'édition des *Œuvres complètes* de Montesquieu, édition de 1875, p. 24.

6. L'abbé Gabriel Girard (1677-1748) était un grammairien discret et unanimement respecté. Il sera élu à l'Académie le 29 décembre 1744.

leur semble plus à sa place à l'Académie qu'un savant sans grandes références littéraires.

Le premier ennemi de Maupertuis, et non des moindres, est Mgr Boyer, évêque de Mirepoix, qui vient déjà de fermer la porte de l'Académie à Voltaire. Cet homme à l'esprit étroit et à la religion dogmatique a été le précepteur du dauphin. A ce titre, son veto est redoutable. « Maupertuis alla faire sa visite au prélat et lui demanda son suffrage. Mais un pieux ennemi l'avait devancé et dépeint à Mgr Boyer comme un déiste décidé, auteur d'une certaine *Cosmologie*[1] manuscrite où il s'avisait de démontrer algébriquement l'existence de Dieu. L'évêque lui répondit franchement que non seulement il lui refusait sa voix, mais encore qu'il lui donnerait l'exclusion auprès de Sa Majesté, attendu qu'un homme suspect d'irréligion ne pouvait décemment être admis dans la Compagnie... M. de Maupertuis voulut se justifier, l'évêque ne voulut pas l'entendre : l'adroit délateur le lui avait sans doute représenté comme un orateur séduisant. M. de Maupertuis court chez le ministre, et lui porte ses plaintes de la persécution dont il est menacé. M. de Maurepas rit beaucoup de cette scène, du ridicule de l'accusation, de l'embarras de l'accusé et des reproches respectueux qui échappent à son chagrin. Il lui dit de retourner chez le prélat et de lui parler avec la fermeté concevable. Il lui permet même de le citer[2]. » Lors de sa seconde visite, Maupertuis plaida à nouveau sa cause et exigea qu'on lui livrât le nom de son calomniateur pour le confondre et demander justice. L'évêque fit d'abord la sourde oreille. Le ton monta, et Maupertuis le menaça de raconter au roi comment il protégeait

---

1. Le livre fut publié en 1750 à Berlin [Bâle]. Mais, aux dires de La Beaumelle, il l'avait écrit dix ans plus tôt et certaines copies manuscrites avaient circulé. Dans cet *Essai de cosmologie*, Maupertuis s'emploie à prouver l'existence de Dieu par les lois naturelles au terme desquelles le mouvement se conserve, se distingue ou se détruit. A ses yeux, les merveilles de la nature prouvent la nécessité d'un créateur. Les théologiens traitèrent d'impiété cet examen des preuves populaires et la hardiesse de leur en substituer une qui n'était à la portée que du petit nombre (La Beaumelle, *op. cit.*, pp. 127-132).

2. La Beaumelle *op. cit.*, pp. 77-80.

un abominable délateur. Apeuré, Boyer fit marche arrière et finit par lui promettre sa voix.

Ses opposants les plus tenaces étaient ses deux collègues des Sciences : Fontenelle ainsi que Mairan, à peine élu depuis quatre mois. Fort bien vus l'un et l'autre des académiciens français, ils menèrent une campagne acharnée contre lui : « La source du mal venait de l'*Examen désintéressé* où, effectivement, quelques-uns de ces messieurs avaient été persiflés. Ils inventèrent ce beau prétexte de la religion qui les a couverts de honte. Il est assez plaisant de voir Mairan se plaindre d'un livre dont il a fait autrefois les honneurs[1]. » Pour une fois, Maupertuis n'exagérait pas l'hostilité de ses ennemis. Fontenelle, doyen des deux Académies, ne lui avait jamais pardonné les sarcasmes de l'*Examen*. Il s'opposa donc « de toutes ses vieilles forces[2] » à son élection en essayant de rallier contre lui les plus conservateurs sur le thème de l'irréligion du postulant. Mme de Graffigny et l'abbé Le Blanc évoquent même des lettres anonymes qu'on n'a jamais retrouvées. Il est probable que Maurepas mit le holà à cette cabale. Fontenelle et Mairan n'étaient pas hommes à tenir tête au ministre. Et c'est sans doute à celui-ci que le duc de Luynes fait allusion lorsqu'il rapporte dans ses *Mémoires* : « *On* a engagé M. de Fontenelle à une réconciliation, qui s'est faite avant l'assemblée[3]. »

Maupertuis fut élu grâce à l'appui de Maurepas, à la campagne insistante de Montesquieu et à son réseau d'amis personnels. Outre sa vieille amie la duchesse d'Aiguillon et la duchesse de Chaulnes qui était alors sa maîtresse[4], il pouvait compter sur le salon de la comtesse de Rochefort. C'est là qu'il s'était lié

---

1. Lettre de Maupertuis à Jean II Bernoulli, 22 août 1743. BEB, LIa. 708, f. 77.
2. Lettre de Mme de Graffigny à Devaux, 24 mai 1743. *Correspondance*, t. 4, p. 293.
3. *Mémoires du duc de Luynes sur la cour de Louis XV (1735-1758)*, Paris, 1861, t. V, juin 1743, p. 29.
4. Selon Veluz, *op. cit.*, p. 82, Maupertuis entretient une liaison avec elle entre 1743 et 1745. Les lettres de la duchesse à son amant, hélas rarement datées, ne laissent aucun doute sur leur relation. B.N., n. a. f. 10398, f. 104-126.

d'amitié avec le président Hénault et la marquise du Deffand[1] qui, aux dires mêmes de celle-ci, mirent tout leur poids dans la balance : « Votre place à l'Académie me passionna si fort que tout ce qui serait à désirer serait qu'on eût pour la paix autant de désir, de volonté et de vivacité que j'en marquai. Vous pouvez vous souvenir des services que le président Hénault vous rendit[2]. »

Le jour de l'élection, jeudi 30 mai 1743, ses ennemis ont déserté, sauf Mairan. Alors qu'il faut au moins la présence de vingt académiciens pour qu'une élection soit décisive – sans quoi l'on peut réclamer contre elle –, Maupertuis n'en compta que dix-neuf. Il fut néanmoins élu et nul ne réclama. Le 8 juin, après l'agrément du roi, le voici officiellement académicien français. Il ne lui reste plus qu'à s'enfermer dans sa maison de campagne pour rédiger son discours de réception[3]. Il lui faut prouver ses talents littéraires et rhétoriques.

Le 27 juin, son discours déçoit. Voulant montrer l'unité de l'esprit humain, il fait un parallèle entre le géomètre, le philosophe et le poète, avant de conclure sur la question d'une langue universelle[4]. Trop métaphysique pour les oreilles du public et de l'Académie, la harangue de Maupertuis produit une impression parfaitement résumée par Mme Geoffrin : « Son discours n'a point réussi, quoiqu'il y eût bien de l'esprit. Il a trop parlé de géométrie dans une assemblée qui n'est consacrée qu'aux belles-lettres et aux notes d'agrément. On ne sait où on en est, ni ce qu'on veut pour ces discours. S'il y a un peu de sublime, on dit

---

1. *Correspondance complète de la marquise du Deffand*, 1865, t. I, p. 50. Le président Hénault mentionne la présence de Maupertuis à Meudon chez la comtesse de Rochefort l'été 1742 [à la marquise, 14 juillet (1742)]. Au ton du président, on devine qu'ils sont déjà en relations étroites. Cette impression est confirmée par la première lettre parvenue jusqu'à nous de Mme du Deffand à Maupertuis, datée du 18 juin [1742]. *Cf.* Dr Georges Hervé, « Les correspondantes de Maupertuis », *Revue de Paris*, 15 octobre 1911, pp. 15-16.

2. « Les correspondantes de Maupertuis », *op. cit.*, p. 24. Lettre du 13 août [1747].

3. Lettre de Mme de Graffigny à Devaux, 4 juin 1743, *op. cit.*, p. 311. Maupertuis lui avait rendu visite la veille et lui avait annoncé sa retraite pour les trois semaines à venir. Ce soir-là, elle ne l'avait pas trouvé « si fol qu'à l'ordinaire ».

4. *Œuvres*, t. III, pp. 259-270.

qu'on ne les entend pas, et s'ils sont simples, on les trouve plats et communs[1]. » Les plus prudents, comme l'abbé d'Olivet, s'abstiennent de juger[2], mais les mauvais esprits s'en donnent à cœur joie : « L'un compara son discours à sa perruque, un autre l'accusa dans une brochure de transformer les beaux esprits en géomètres et de ressembler à Circé, qui métamorphosait les hommes en animaux[3]. » Helvétius se montre plus indulgent : « Si ce n'est pas un discours des mieux écrits, c'est un des mieux pensés qu'on ait prononcé depuis longtemps à l'Académie[4]. »

Qu'importent finalement les critiques de son discours ! La majorité de ses collègues connaissent la même épreuve. En revanche, les difficultés de son élection sont la preuve bien réelle de la détestation qu'il inspire à un grand nombre de gens. Il faut maintenant en tirer les conséquences.

Le renoncement au secrétariat

Le hochet de l'Académie française ne valait pas le sceptre de l'Académie des sciences[5]. Et il ne fait aucun doute que Maupertuis a espéré succéder à Mairan. Les grandes manœuvres durent commencer au dernier trimestre de l'année 1742, puisque Mairan lui-même n'aspirait qu'à quitter son poste. Pour expliquer un long silence épistolaire, Maupertuis invoque pêle-mêle à l'ami Jean II Bernoulli « un mauvais train de vie, une dissipation terrible, et quelques affaires auxquelles s'est joint le *directorat de l'Académie*[6] ».

---

1. Lettre de Mme Geoffrin à Martin Folkes, 17 juillet [1743]. Royal Society, Fo. II. 70.

2. Lettre au président Bouhier, 30 juin 1743, *op. cit.*, p. 326 : « Je m'en rapporte à ce que vous jugerez. »

3. La Beaumelle, *op. cit.*, p. 80.

4. Lettre à ?, 21 juillet 1743. *Correspondance générale* d'Helvétius, éd. P. Allan, A. Dainard, J. Orsini, D. Smith, The Voltaire Foundation, Oxford, 1981, vol. I, p. 60.

5. Même si Maupertuis reconnaissait que « l'Académie française [est] assurément celle de toutes où il est le plus agréable d'être par les gens qui la composent, par l'égalité et la liberté qui y règnent ». A Jean II Bernoulli, 13 juillet 1743. BEB, LIa. 708, f. 75.

6. A Jean II Bernoulli, 24 décembre 1742. BEB, LIa. 708, f. 71a. Souligné par nous.

Le prestige de la place et les revenus qui s'y attachaient avaient tout pour le séduire ; encore fallait-il se faire élire par ses pairs. A l'Académie des sciences, Maupertuis n'a aucun ami du poids de Montesquieu pour faire campagne en sa faveur et ramener à lui les réticents. En outre, seuls les honoraires et les pensionnaires ont voix délibérative lorsqu'il s'agit d'élection[1]. Ce qui exclut d'emblée les jeunes académiciens, tels Buffon, Lemonnier, de Gua ou d'Alembert, qui auraient sûrement voté pour lui. A part son vieil ami le mathématicien Nicole, sur qui pourrait-il compter ? Il entretient des relations détestables avec la vieille garde cartésienne ; il est au plus mal avec Réaumur et ses amis ; et son amitié pour Clairaut est définitivement morte[2]. Hormis quelques honoraires[3], il risque d'être très à court de voix s'il se porte candidat. C'est probablement ce constat qui l'amène à penser à une sorte de candidature en duo avec Voltaire. Maupertuis n'en a jamais dit mot, mais Voltaire raconte l'histoire à sa façon dans un mémoire contre Maupertuis rédigé en décembre 1752, au pic de leur brouille à Berlin : « Il avait voulu, avant de quitter l'Académie de Paris, faire dépouiller M. de Mairan [*sic*] de la place de secrétaire perpétuel pour la partager avec moi. Il me la fit proposer par M. de Maurepas. Il prenait pour lui, comme de raison, toutes les parties de mathématiques, et il m'abandonnait la physique et les éloges. On sent bien que c'eût été le partage du lion, qu'il aurait bientôt tout pris pour lui et que je n'aurais été que son sous-secrétaire. M. de Maurepas et ses amis savent que je ne donnai pas dans ce piège[4]. »

Le texte de Voltaire est à prendre avec précaution. Mais on n'a aucune de raison de douter que la proposition lui ait été faite

---

1. Article 33 du Règlement de l'Académie des sciences ordonné par le roi en 1699.

2. A Jean II Bernoulli, s.d. [début 1743] : « Je ne prendrai jamais pour modestie ce que vous me dites de Clairaut, ni rien de ce qu'il pourra faire ; je le connais trop bien pour cela. » BEB, LIa. 708, f. 72.

3. Le duc de Chaulnes, nommé le 21 février 1743 à la place du cardinal de Fleury, ainsi que le duc de Richelieu et Maurepas auraient pu voter pour lui.

4. Mémoire, in *Œuvres complètes* de Voltaire, nouvelle édition Beuchot, 1879, vol. 24, pp. 1 et 2.

par le ministre. Ce qui confirme les bonnes relations qu'entretenait alors Maupertuis avec Maurepas, et ce dernier avec Voltaire. Comme on sait que celui-ci se brouilla définitivement avec Maurepas en février 1743, on peut dater cette tractation de la fin 1742.

Après le refus de Voltaire, les chances de Maupertuis d'accéder au secrétariat sont bien minces. Pourtant, son nom continue de circuler, comme le montre la lettre du 17 mai de Mme Geoffrin. L'Académie ayant peu de candidats aussi brillants et célèbres à lui opposer, la rumeur va bon train. Dans le même temps, toute la vieille garde cherche à Mairan un successeur qui ne soit pas Maupertuis. On demande un homme dont « la douceur de caractère, l'impartialité et la prudence[1] » conviendraient à un poste si sensible. Condorcet, qui parle en connaisseur[2], rappelle dans son *Eloge de Fouchy* les qualités indispensables d'un secrétaire perpétuel : « Le confident nécessaire de toutes les petites passions que peuvent exciter entre ses membres l'amour de la gloire ou de la considération, les différences d'opinions, et même la rivalité des divers genres de sciences. Il est le témoin de ces secrètes faiblesses d'amour-propre... Son indiscrétion pourrait souvent faire dégénérer en querelles ces semences de divisions que le silence étouffe pour jamais. Obligé à l'impartialité sans l'être cependant de dissimuler ses opinions, de tenir une balance égale sans abjurer ses affections personnelles, d'éviter jusqu'au scrupule le soupçon de vouloir exercer une influence pour laquelle la perpétuité de sa place lui donne tant de moyens, si la modération de son âme, si la facilité et le calme de son caractère, si même un esprit supérieur au petit et dangereux honneur de paraître gouverner ceux dont il ne doit être que l'organe, ne lui rendaient ces devoirs faciles[3]. »

---

1. *Eloge de Mairan* par Fouchy, *H.A.R.S.*, 1771, p. 102.
2. Condorcet fut le secrétaire perpétuel de l'Académie des sciences de 1776 jusqu'à sa dissolution, en 1793.
3. Condorcet, *Eloge de Fouchy*, in *Œuvres*, t. III, *op. cit.*, pp. 320-321.

Fontenelle et Mairan trouvèrent ce phénix en la personne de Jean-Paul Grandjean de Fouchy[1], astronome qui n'avait guère eu l'occasion de faire parler de lui. A l'opposé de Maupertuis pour le caractère et l'originalité de la pensée, Fouchy avait l'immense avantage de n'être détesté de personne et d'être apprécié du clan cartésien. Membre de la Société des arts jusqu'à son élection à l'Académie en 1731, il connaît bien Clairaut, l'abbé de Gua et l'abbé Nollet. Il a été l'élève de Delisle et a travaillé avec Godin à l'Observatoire de Paris sous la direction de Cassini et de Maraldi. Enfin, Mairan, qui l'estime, le protège depuis longtemps : « Son amitié pour moi me peignit à ses yeux comme propre à lui succéder, raconte Fouchy. Il fut le premier à me le proposer et à m'engager à me charger d'une place à laquelle je pensais d'autant moins que je connaissais toute l'étendue de ses devoirs[2]. »

Le 31 août 1743, Fouchy, quasiment inconnu, est élu par ses pairs[3]. Selon toutes les apparences, il fut le seul candidat. Dès le lendemain, Mairan annonça la nouvelle à Martin Folkes en ces termes : « Toutes les voix furent pour M. Grandjean de Fouchy, dont vous trouverez les qualités sur la liste qui est à la fin du livre ci-joint. C'est un jeune homme d'esprit et de savoir, de mœurs douces et sociables, et que j'espère qui remplira fort bien cette place[4]. » Réaumur est tout aussi enthousiaste dans une lettre à Charles Bonnet[5].

---

1. 1717-1788. Adjoint astronome le 24 avril 1731 ; associé astronome le 5 février 1741. Il est élu membre de la Société royale en février 1741. Désigné pour faire partie de l'expédition du Pérou, il s'était désisté sous prétexte d'ennuis de santé et avait été remplacé par Bouguer. En vérité, Fouchy était amoureux et voulait se marier, comme nous l'apprend une lettre de Godin, de Quito, du 9 mai 1737 : « Vous avez en vérité bien agréablement permuté le voyage au Pérou avec un établissement qui vous convenait, et un voyage en un autre pays où la gloire à opérer vous est réservée à vous seul... » Pochette de l'Académie des sciences, 1738.

2. *Eloge de Mairan* par Fouchy, *op. cit.*, pp. 102-103.

3. Le procès-verbal de l'Académie du samedi 31 août 1743 indique les votants : le comte de Saint-Florentin, Trudaine, Pitot, Couplet, Winslow, Geoffroy, Camus, Morand, Petit, Hellot, Clairaut, Nicole, Cassini, Duhamel, Jussieu l'aîné, B. de Jussieu, Maupertuis, Réaumur, Fontaine, Mairan.

4. Royal Society, Fo. I. 41.

5. Lettre du 18 décembre 1743 : « M. de Fouchy... est un jeune homme qui a

Mais, une fois élu, il reste à faire ses preuves. Fouchy a six mois pour se préparer à ses nouvelles fonctions. Sans talent ni génie d'aucune sorte, il s'en remet à ses prédécesseurs, Fontenelle et Mairan. Trente ans plus tard, il le confessera devant ses collègues : « J'ai été assez heureux pour conserver longtemps les deux grands hommes qui m'avaient précédé dans cette carrière. Leur amitié pour moi les avait engagés à trouver bon que je leur lusse mes ouvrages avant que de les lire au public, et leur prudence me rassurait sur le danger de faire parler l'Académie autrement qu'il ne lui convient de parler[1]. » Mais les mentors disparaissent (Fontenelle en 1757, Mairan en 1771) et Fouchy, désemparé, avoue ne pouvoir assumer seul ses tâches de secrétaire : « Privé de mes guides, je n'ai eu d'autres moyens de me rassurer que de communiquer mes extraits à ceux qui y étaient intéressés, mais je suis demeuré absolument à découvert sur les éloges... La crainte de m'égarer dans les fonctions de ce ministère m'engage à recourir à l'Académie, et à la prier de bien vouloir nommer un comité de personnes auxquelles je pusse communiquer l'*Histoire de l'Académie* avant l'impression et les *Eloges* avant la prononciation[2]. »

L'Académie approuva par acclamation la proposition de créer cette « commission de censure » réclamée par son secrétaire. Cet aveu d'impuissance, doublé d'une poignante incertitude sur soi-même, n'aurait jamais pu sortir de la bouche d'un Maupertuis. Mais les académiciens avaient préféré un doux médiocre à un caractériel de talent. Une sage décision pour la tranquillité de l'institution ; une belle revanche contre un homme trop brillant qui l'avait déstabilisée.

Après l'élection de Fouchy, Maupertuis voit ses ambitions académiques barrées. Alors qu'il est de plus en plus marginalisé, l'année 1743-1744 se révèle pour lui une sorte de purgatoire.

---

beaucoup de talents. Ce n'est pas l'amitié que j'ai pour lui qui me fait croire qu'il remplira bien cette place. » B.P.U., Ms. Bonnet, 42, n° 25.

1. Ecrit lu par Fouchy à l'Académie des sciences le 14 janvier 1775. Extrait des registres de l'Académie.

2. *Ibid.*

Le sentiment de ne plus compter (1743-1744)

Ce sentiment se développe chez lui sous l'effet d'un double constat : ses travaux ne suscitent plus le même intérêt que jadis ; d'autres savants mobilisent l'attention sur des sujets qui ne sont pas les siens. Maupertuis n'est plus un centre d'attraction à l'Académie des sciences. Blessure narcissique toujours plus cruelle à l'ambitieux qu'au modeste...

Ses travaux ignorés

Entre 1742 et 1744, Maupertuis travaille beaucoup et dans des domaines bien différents. Il donne des contributions intéressantes, voire novatrices, ayant trait à l'astronomie, à l'histoire naturelle et à la métaphysique. Utilisant chaque fois un ton et un style différents, il surprend et brouille son image. En voulant être lu à la fois par le public et par ses collègues, le savant cède le pas au vulgarisateur et perd de sa crédibilité. En 1742, il publie la seconde édition de l'austère *Figure des astres*, et la *Lettre sur la comète* adressée à une femme de la haute société, laquelle n'est pas sans rappeler la « marquise » imaginaire des *Entretiens* de Fontenelle. Pour expliquer aux non-avertis l'apparition de la comète, le 2 mars 1742, au regard de la théorie newtonienne, Maupertuis accumule les traits de galanterie et évite soigneusement les explications par trop techniques. Les savants, n'y trouvant pas leur compte, regardent de haut ce genre d'ouvrage.

En revanche, dans le cadre de la mission qui lui a été confiée en vue de perfectionner la navigation[1], il présente à l'assemblée publique de l'Académie, en avril 1743[2], un remarquable *Traité d'astronomie nautique* qui a pour seul défaut d'être hors de portée du navigateur. Il a voulu donner au pilote d'un bateau les moyens astronomiques de connaître à chaque instant sa position

---

1. Voir *supra*, p. 132.
2. Maupertuis lit la préface de son *Traité d'astronomie nautique* à l'assemblée publique du 24 avril 1743.

par rapport au pôle et à l'équateur[1]. Selon La Beaumelle, « ce vaste plan fut concentré dans quelques lignes d'algèbre. Cinq formules suffirent pour résoudre quarante problèmes, dont chacun en suppose plusieurs autres[2] ». Maupertuis avait cru fournir aux usagers de la navigation des procédés de calcul n'exigeant que des connaissances mathématiques élémentaires, mais il fallait être Euler pour en comprendre les arcanes[3]. Le livre, publié en janvier 1744[4], et l'auteur sont portés aux nues dans le journal de l'abbé Desfontaines et de Fréron[5]. On le qualifie de « Galilée de son siècle » et l'on salue ses talents pédagogiques : « Il enseigne à découvrir les degrés de latitude sur la terre et sur la mer d'une manière simple, sûre et commode... La longue et docte préface est si à portée de tout le monde... » Malheureusement, le navigateur auquel s'adressait Maupertuis n'était pas l'« astronome ordinaire » qu'il supposait exister, et son traité resta lettre morte dans la pratique.

A l'Académie des sciences, on fait la fine bouche devant cet ouvrage d'astronomie pratique qui a raté son but. L'abbé Nollet résume fort bien l'opinion de ses collègues lorsqu'il écrit à Jallabert : « Il y a bien peu de lecture pour celui qui en aura besoin, mais je suis bien trompé, s'il ne faudra pas suppléer par de longues et sérieuses méditations au temps qu'il épargne par la brièveté du discours. Cela me paraît un élixir bien concentré[6]. » Résultat : l'Académie ignore le livre et en refuse obstinément l'impression dans ses publications de l'année 1743. Quand Maupertuis s'en aperçoit, il charge le dévoué Nicole d'en demander raison à Mairan que cette affaire concerne à l'époque :

---

1. Il ne s'attachait dans cet ouvrage qu'à la latitude, ayant déjà traité de la longitude dans son *Discours sur la parallaxe de la Lune*, publié en 1741.

2. *Op. cit.*, p. 82.

3. Le 4 juillet 1744, Euler accuse réception de l'*Astronomie nautique* et fait à Maupertuis de fines observations sur « sa méthode analytique qui conduit à des équations contenant des racines factices, c'est-à-dire qui ne correspondent pas aux conditions du problème ». *Correspondance* entre Euler et Maupertuis, *op. cit.*, p. 12.

4. L'abbé Sallier présente l'ouvrage à l'Académie française le samedi 18 janvier 1744.

5. *Jugements sur quelques ouvrages nouveaux*, vol. I, 1744, pp. 97-107.

6. Lettre du 23 janvier 1744. *Op. cit.*, p. 114.

« M. de Mairan... dit pour sa justification qu'il n'avait rien trouvé dans les registres de 1743 qui vous regardasse [*sic*] ; qu'il savait très bien que vous aviez fait imprimer cette année-là votre *Astronomie nautique*, et qu'il en avait commencé l'extrait. Mais, s'étant aperçu que vous n'aviez point pris le titre d'académicien dans cet ouvrage, il avait fait consulter le Comité sans vous nommer, pour savoir s'il devait faire usage d'un ouvrage dans le cas du vôtre, et qu'il avait décidé que non[1]... »

Maupertuis n'eut guère plus de succès avec un mémoire, autrement plus important à ses yeux, sur le principe de moindre action. Dès 1739, comme d'autres avant lui, il méditait sur la formation de l'Univers et cherchait un principe unique d'où il pût tirer toutes les lois du mouvement. Cette ambition physique et métaphysique d'envergure est la grande affaire de sa vie après la figure de la Terre. Il élabora une « loi du minimum » qui devait présider à toute la mécanique, et en donna une première ébauche en 1740 à propos de la statique[2]. Quatre ans plus tard, à l'assemblée publique du 15 avril 1744, il lut un mémoire au titre ambitieux : *Accord de différentes lois de la nature qui jusqu'alors avaient paru incompatibles*. Son objet : prouver que tous les phénomènes de la réfraction (optique) s'accordent avec le grand axiome métaphysique selon lequel « la nature, dans tous ses effets, agit toujours par les voies les plus simples ». De là, il pensait pouvoir déduire toutes les lois que suit la lumière dans sa propagation, sa réflexion ou sa réfraction.

Aux confins de la science et de la métaphysique, Maupertuis était convaincu d'apporter une contribution décisive au progrès des connaissances. Euler, auquel il fait lire son mémoire, ne cache pas son admiration : « Je suis convaincu, lui écrit-il, que partout la nature agit selon quelque principe d'un maximum ou d'un minimum ; c'est à mon avis non seulement une recherche très sublime, mais aussi très utile pour éclairer notre connaissance. Il

---

1. Lettre de Nicole à Maupertuis du 3 mars 1747. Fonds Maupertuis, dossier 125.
2. Maupertuis lit un mémoire à l'Académie le 20 février 1740 qui a pour titre « La loi du repos des corps ». Il sera publié dans le volume *Histoire et Mémoires de l'Académie royale des sciences pour 1740*, Paris, 1744.

me semble aussi que c'est ici qu'il faudrait chercher les véritables principes de la métaphysique. Je crois aussi votre principe plus général que vous ne le proposez. » Très impressionné par la démarche de Maupertuis, il conclut par cette réflexion enthousiaste : « Voilà donc une grande science qui nous manque encore et qui roule sur les principes généraux qui s'observent dans la nature, et il me semble que c'est là où réside la véritable métaphysique, en tant qu'elle renferme les premiers principes de la physique et de la mathématique ; de laquelle la métaphysique de Leibniz et de Wolf est encore bien éloignée[1]. »

On imagine le bonheur de Maupertuis à la réception de cette lettre qui l'intronise précurseur de la science des sciences ! D'autant plus qu'à Paris, son mémoire n'a suscité qu'indifférence et même une certaine condescendance. Longtemps après, il se plaindra encore auprès de Nicole du peu de cas qu'on a fait de ses contributions à l'Académie, en les bannissant des volumes publiés. Passe encore pour d'autres travaux que le Comité de publication a allégrement évacués, « mais je vous avoue que j'y serai plus sensible si l'on supprime le mémoire que j'ai lu le 15 avril 1744 sur l'accord de différentes lois de la nature. Et parce que, *malgré le peu de cas qu'on parut faire du principe que j'y découvrais*, on n'en a pas porté partout le même jugement, et plusieurs grands géomètres en ont fait des applications et en ont tiré des usages qui lui font beaucoup d'honneur[2] ».

Pour achever de brouiller les pistes, Maupertuis publie un ouvrage sur les lois de la reproduction à l'occasion de la venue à Paris d'un enfant noir albinos[3]. Le 17 avril 1744, Mme de Graffigny annonce la publication de la *Dissertation physique à l'oc-*

---

1. Lettre d'Euler à Maupertuis, 10 décembre 1745. *Op. cit.*, p. 57.
2. Lettre de Maupertuis à Nicole du 27 février 1749. B.M. de Saint-Malo, ii, 24, f. 138v° (souligné par nous). Les grands géomètres évoqués qui ont fait des applications de son principe sont Euler et Daniel Bernoulli. Voir la lettre de Bernoulli à Maupertuis du 4 mars 1747. Fonds Maupertuis, dossier 76.
3. L'enfant avait été présenté à l'Académie des sciences en 1744 comme une anomalie à étudier. Il était le fils d'une Noire américaine qui assurait n'avoir jamais eu de commerce sexuel avec un Blanc.

casion du nègre blanc : « Voici le paradoxe, écrit-elle, il a la laine blanche, la peau blanche et tous les attributs du nègre[1]. » Mais Maupertuis ne dit mot de cet enfant extraordinaire, qui n'est que prétexte à l'exposé de théories nouvelles sur la reproduction et l'hérédité. Il s'oppose ainsi aux conceptions de ses contemporains en la matière, critiquant notamment la théorie de la préformation des germes – ovisme et animalculisme[2] – et de l'origine uniparentale de l'être, encore en vigueur à l'Académie des sciences.

Quelques mois plus tard, il complète son propos et republie le *Nègre blanc* sous le titre plus attrayant de *Vénus physique*, avec ici ou là quelques allusions friponnes auxquelles le sujet se prête. Mais, sous le style léger – qu'on lui reprochera –, il conduit une réflexion d'une extrême richesse. Il y rassemble, selon Buffon, « plus d'idées philosophiques qu'il y en a dans plusieurs gros volumes... Il est le premier qui ait commencé à se rapprocher de la vérité, dont on était plus loin que jamais depuis qu'on avait imaginé des œufs et des animaux spermatiques[3] ». En postulant l'existence d'une semence femelle équivalant à la semence mâle, en adoptant un point de vue génétique concernant ces fluides, et en reprenant les théories de Geoffroy sur les rapports ou affinités entre les substances, Maupertuis est le premier à rouvrir le débat sur la vie et le vivant, qui va bientôt occuper une grande partie de la scène intellectuelle. Mais à cet instant, seul Buffon, qui médite en profondeur sur le même sujet, en fait son miel.

Les deux ouvrages (le *Nègre* et la *Vénus*), publiés anonymement, hors du cadre de l'Académie, connurent un destin mitigé. Le journal de Desfontaines et de Fréron y consacra un long article élogieux[4], ainsi que les *Nouvelles littéraires* de Raynal. Lors

---

1. *Correspondance*, t. V, *op. cit.*, p. 211.
2. L'ovisme est la théorie selon laquelle la génération des individus a lieu grâce à des œufs déposés dans les ovaires. L'animalculisme est celle de la génération par des animalcules contenus dans la semence mâle. Pour tout ce débat, voir la réédition de la *Vénus physique*, Aubier-Montaigne, 1980, précédée de l'essai de Michel Tort : « L'ordre du corps ».
3. *Histoire naturelle*, II, pp. 163-164.
4. *Jugements sur quelques ouvrages nouveaux*, 1744, t. II, pp. 241-264.

d'une réédition de la *Vénus*, ce dernier jugera « le morceau écrit clairement, fortement, vivement, élégamment ; il est de main de maître, et nos dames ont quitté leurs romans pour le lire[1] ». Mais, comme la majorité des lecteurs, Raynal est incapable d'en goûter l'intérêt scientifique. Le retentissement de la *Vénus* repose sur un malentendu : l'habillage grivois occulte le sérieux du propos, comme le révèlent deux pamphlets à succès. Le premier, de Gilles Basset des Rosiers, intitulé *Anti-Vénus physique*[2], tente de répondre sur le fond tout en se laissant aller à des galéjades « souvent ingénieuses, mais communément basses[3] ». Le second, l'*Art de faire des garçons*, de Procope Couteau[4], se vautre dans le libertinage de bas étage. « Galamment obscène, dit Raynal, ses plaisanteries sont maussades, ridicules et impertinentes[5]. » Rien là qui soit à la hauteur des méditations maupertuisiennes. Au contraire, les ricanements des ignorants et les critiques à ras de terre lui portent ombrage. Seuls quelques savants mesurent l'importance et la gravité du propos. Buffon, pour s'en féliciter ; Réaumur[6], Winslow et Mairan, dans le camp opposé. Hélas ! Lémery, vers qui penche Maupertuis, vient de mourir[7] ; et Geoffroy se tait. De surcroît, les livres n'ayant pas été soumis au jugement de l'Académie, celle-ci s'abstient de tout commentaire officiel.

Finalement, le bilan de l'année 1743-1744 est décevant pour Maupertuis : un traité de navigation inutilisable par l'usager ; un principe métaphysico-physique méprisé par ses pairs ; et un ouvrage de biologie accueilli comme une œuvre coquine... De quoi conclure qu'il a fait fausse route.

---

1. *Nouvelles littéraires*, t. I., p. 114.
2. 1746.
3. *Nouvelles littéraires*, t. I, p. 114.
4. Paru sous le nom de Coltelli, Montpellier, 1748. Ouvrage fréquemment réimprimé.
5. *Nouvelles littéraires*, t. I, p. 115.
6. Le compte rendu des *Jugements*... insiste longuement sur les emprunts de Maupertuis aux *Mémoires sur les insectes* de Réaumur, et sur l'hommage qu'il rend à ses travaux (*op. cit.*, pp. 251-255).
7. Louis Lémery, chimiste et botaniste, est mort le 9 juin 1743.

Les nouvelles gloires des mathématiques

La décennie 1740-1750 marque l'apothéose des mathématiques françaises. Non seulement la discipline jouit d'un prestige sans pareil – elle est en quelque sorte la reine des sciences –, mais cette période est riche en travaux qui font date dans l'histoire des sciences avant l'apparition de Lagrange.

Deux hommes se disputent alors la gloire des découvertes : Clairaut et d'Alembert. Dès 1742, leur rivalité éclate au grand jour. Ils travaillent sur les mêmes sujets et font parfois les mêmes découvertes à quelques semaines d'intervalle. D'où les interminables querelles de priorité qui les opposent, aggravées par la situation de l'un et le caractère de l'autre. Bien que de quatre ans seulement l'aîné de D'Alembert, Clairaut, dont on loue le génie depuis l'enfance, jouit d'une situation de premier plan à l'Académie. Pensionnaire depuis 1738, il siège dans toutes les commissions et passe déjà pour un maître. En face de lui, d'Alembert, simple adjoint de vingt-cinq ans, nouvellement reçu en partie grâce à Clairaut, fait figure d'apprenti. Réserve et modestie s'imposent à lui. Mais, sous son apparente gaieté, d'Alembert cache un caractère ombrageux. Il est de ceux dont une blessure secrète appelle perpétuellement vengeance. Pour effacer la tache de sa bâtardise, il n'a d'autres armes que son travail et son génie. Ce qui le rend pointilleux à l'extrême sur les questions de priorité, et en état de défiance permanente envers ceux qui traversent son territoire.

De janvier à septembre 1742, il fait son apprentissage d'académicien. Avec un collègue, il rédige une dizaine de comptes rendus sur des sujets aussi divers que le calcul intégral de Fontaine, la montre d'un M. Volet ou les rêveries de M. Ancelot sur la quadrature du cercle. Mais 1742 est avant tout l'année de sa grande découverte : celle du principe de mécanique qui a gardé son nom. Le 24 novembre, en présence de Clairaut et de Maupertuis, il entame la lecture de ses recherches sur « un principe pour trouver le mouvement de plusieurs corps qui agissent les uns sur les autres ». Il la poursuit le 28 novembre, puis les 1er, 5 et 15 décembre, toujours devant Clairaut qui n'en perd pas une miette. A la dernière séance de l'année, le 22 décembre, celui-ci prend date pour la lecture d'un mémoire sur « quelques principes qui facilitent la solution de grand nombre de problèmes de dynamique ». D'Alembert comprend qu'ils travaillent sur le même sujet et il poursuit sa lecture au cours du mois de février 1743[1] en prenant grand soin de ne pas tout dévoiler. Malheureusement, une épidémie de grippe sévit à Paris[2] et d'Alembert est absent de l'Académie, le 2 mars, avant d'avoir pu achever sa lecture. Clairaut saute sur l'occasion pour commencer celle de son mémoire annoncé le 22 décembre. De retour à l'Académie à la séance suivante du 6 mars, d'Alembert, exaspéré, réagit immédiatement : il décide de ne pas terminer la lecture du sien, mais d'en faire signer et dater chaque page par le secrétaire afin d'officialiser sa priorité. Puis, laissant Clairaut à sa lecture[3], il se précipite chez l'éditeur David l'Aîné pour faire publier son mémoire au plus vite et devancer son rival.

Le livre imprimé sous le titre *Traité de dynamique*, il le soumet au jugement de l'Académie. Le 22 juin suivant, Maupertuis et Nicole en font un rapport très élogieux : « Cet ouvrage contient les solutions les plus élégantes des problèmes les plus difficiles sur le mouvement des corps, toutes déduites d'un seul principe par M. d'Alembert... Il suffira de dire que M. d'Alembert, ayant employé à expliquer les principes de ces sciences (dynamique et statique) la même clarté et la même profondeur qu'il avait employées à en résoudre les problèmes les plus compliqués, y a également réussi : nous avons donc jugé cet ouvrage très digne de l'impression[4]. »

---

1. Procès-verbaux des registres de l'Académie des sciences des 9, 16, 23 et 27 février 1743.

2. Le *Journal* de Barbier, 3ᵉ série, 1885, pp. 431-432, signale en mars 1743 : « Il règne cet hiver une maladie générale dans le royaume qu'on appelle *grippe*... Depuis un mois, il n'y a point de maison où il n'y ait eu des malades. » Pas une lettre ou un journal qui ne mentionne l'épidémie.

3. Procès-verbaux des 6, 13, 16, 23, 30 mars et des 3 et 6 avril 1743.

4. Procès-verbal de l'Académie du 22 juin 1743. D'Alembert l'avait dédié à Maurepas en tant que protecteur des sciences et l'avait présenté à l'Académie le 20 juillet. Le *Journal des savants* en donne un compte rendu assez neutre en septembre 1743 (pp. 522-528) ; le *Mercure* se contente de l'annoncer dans la rubrique des *Nouvelles littéraires* d'octobre 1743 (p. 2238).

En fait, d'Alembert avait eu tort de tant redouter le mémoire de Clairaut. Leur sujet était bien le même, et leurs méthodes très similaires, mais le principe de son concurrent n'était pas celui qu'il avait découvert, même s'il en était proche. La méfiance excessive de D'Alembert avait transformé une rivalité de bon aloi en hostilité ouverte, qui ne cessera plus jusqu'à la mort de Clairaut.

Pour l'heure, celui-ci n'en paraît pas encore affecté. Il est tout à la publication de son chef-d'œuvre, *Théorie de la figure de la Terre, tirée des principes de l'hydrostatique*, dont il a présenté un exemplaire à l'Académie le 25 mai. Commencé en 1740[1], dédié lui aussi à Maurepas, cet ouvrage capital a nécessité plusieurs années de travail de son auteur. Hors de portée des non-initiés[2], il est immédiatement salué comme une œuvre exceptionnelle par tous ceux qui l'entendent. Le 10 janvier 1744, son vieil ami Cramer, excellent mathématicien, lui dit son enthousiasme : « Votre théorie de la figure de la Terre m'a charmé, ravi, transporté. La première partie est tout ce que j'ai vu de plus élégant, de plus finement et de plus heureusement pensé. Et quoique la théorie de M. Mac Laurin soit réellement quelque chose de très beau, ce que vous avez bâti là-dessus dans votre seconde partie est tellement supérieur qu'il ne lui reste que la gloire d'avoir pensé le premier à ce tour-là[3]. »

L'opinion d'Euler est tout aussi favorable. Dans une lettre à Goldbach du 4 juillet 1744, il qualifie le livre de Clairaut d'œuvre « incomparable » où les problèmes profonds et difficiles sont

---

1. Clairaut a d'abord rédigé un article sur le sujet pour les *Transactions philosophiques* de 1741. Dans une lettre à Mac Laurin du 10 février 1741, il lui demande son avis sur la pièce... Dans une lettre à Euler du 29 mai 1742 (*op. cit.*, p. 127), Clairaut précise la chronologie de son travail : « Dans les vacances de l'année passée [septembre-novembre 1741]..., je composais l'ouvrage dont je vous ai parlé sur la figure de la Terre. Depuis novembre dernier, j'ai à peine trouvé le moment de le mettre en ordre. J'espère cependant qu'il sera bientôt en état de paraître. » Le 23 avril 1743, Clairaut lui annonce que son livre vient de voir le jour.
2. Ce qui explique les comptes rendus assez neutres qui en sont faits dans le *Journal des savants*, août 1743, pp. 463-469, et dans les *Mémoires de Trévoux*, janvier 1744, pp. 62-97.
3. *Correspondance inédite entre Clairaut et Cramer, op. cit.*, p. 214.

traités d'une manière agréable, facile et tout à fait claire[1]. Mais le plus grand hommage est dû à l'historien des sciences Joseph Bertrand, qui écrira cent vingt ans plus tard : « L'ouvrage de Clairaut sur la forme de la Terre vaut plus à lui seul que l'expédition tout entière. Ce chef-d'œuvre, digne de devenir classique, supérieur, comme l'a écrit d'Alembert, à tout ce qui a été fait jusque-là en cette matière, n'a pas été surpassé depuis. C'est peut-être, de tous les écrits mathématiques composés depuis deux siècles, celui qui, par la forme sévère et la profondeur ingénieuse des démonstrations, pourrait le mieux être comparé, égalé même aux plus beaux chapitres du livre des *Principes* [de Newton][2]. »

Dès l'été 1743, d'Alembert entreprend de compléter son *Traité de dynamique* qu'il vient tout juste de publier. Il se remet à un long ouvrage d'hydrodynamique commencé cinq ans plus tôt. Le 18 janvier 1744, il demande des commissaires pour examiner son ouvrage « sur le mouvement et l'équilibre des fluides ». On désigne Maupertuis et de Gua, qui lisent un rapport dithyrambique deux mois plus tard[3].

Publié en février 1744 chez David l'Aîné, le *Traité de l'équilibre et du mouvement des fluides, pour servir de suite au Traité de dynamique*[4], fait l'objet d'un compte rendu très élogieux du

---

1. Taton, *Introduction à la Correspondance d'Euler et Clairaut, op. cit.*, p. 6.
2. « Clairaut, sa vie et ses travaux », *Journal des savants*, février 1866, p. 130. L'opinion de Bertrand n'était pas tout à fait celle de Condorcet qui affirme : « On doit à M. Clairaut une théorie savante et nouvelle de la figure de la Terre... que M. d'Alembert a depuis étendue et perfectionnée. Le dernier géomètre a aussi déterminé la figure de la Terre d'une manière encore plus générale. » Bibliothèque de l'Institut, Ms. 880, f. 37.
3. Procès-verbal du samedi 28 mars 1744, pp. 183-184 : « Les propositions fondamentales qu'on avait crues jusqu'ici le mieux démontrées paraissent souvent à M. d'Alembert avoir besoin d'être encore mieux éclaircies, et il vient à bout en effet de leur donner un degré de clarté capable de les rendre absolument incontestables. Il se sert heureusement du principe qu'il avait établi dans son premier ouvrage pour en déduire la solution de différents problèmes dont plusieurs n'avaient été résolus jusqu'à présent que par des méthodes indirectes, et dont quelques-uns avaient même arrêté les plus grands géomètres... Nous jugeons en conséquence que cet ouvrage est très digne de voir le jour. »
4. 458 pages. « Nouvelles littéraires » du *Mercure*, février 1744, p. 340.

Journal des savants[1]. Après avoir rappelé les vertus du premier livre, le critique annonce que ce deuxième volume traite son sujet sous une forme nouvelle dont peu de géomètres seraient capables. Il conclut que les deux ouvrages placent d'Alembert dans la classe des tout premiers mathématiciens de son temps. A vingt-sept ans, celui-ci s'est déjà acquis une grande renommée dans la petite république des savants. Pendant qu'il savoure ses premiers succès, Clairaut s'attelle déjà à la théorie de la Lune[2] qui sera le grand sujet des années à venir et ressuscitera la rivalité à peine endormie entre les deux hommes. Pour l'heure, la nouvelle renommée de D'Alembert ne saurait menacer l'autorité de Clairaut à l'Académie. Mais le jeune homme en mal de reconnaissance ne s'en tient pas là : il fait aussi une entrée remarquée dans le monde. Grâce à ses talents de société et à la protection affectueuse de Maupertuis, il devient un personnage recherché. Dans le grand monde, d'Alembert l'a vite emporté sur Clairaut.

Maupertuis passe le flambeau à d'Alembert

Maupertuis n'est pas sans générosité. Il a toujours aimé introduire ses amis académiciens dans le monde où il a ses entrées. Jadis, c'était Clairaut ou le mathématicien Fontaine[3]. Mais ni l'un ni l'autre n'y avaient trouvé leur place. Rustre et misanthrope, Fontaine détestait « ces sociétés de gens oisifs qu'on appelle le monde » et leur avait vite tourné le dos pour la solitude de la

---

1. Octobre 1744, pp. 597-604.
2. C'est le 13 juin 1744 que Clairaut commence la lecture, à l'Académie, d'un mémoire sur *La Figure de l'orbite de la Lune dans le système de Newton*. Il la poursuit les 18 et 22 juillet, et la termine le 5 décembre 1744. Mais le mémoire avait été rédigé entre septembre et novembre 1743, comme nous l'apprend une lettre de Clairaut à Cramer du 10 février 1744 : « Hormis quelque peu de chose que j'ai fait ces vacances sur la théorie de la Lune, je n'ai presque rien fait depuis un an. » *Accademia de Nuovi Lincei, op. cit.*, p. 240.
3. Condorcet, *Eloge de Fontaine, op. cit.*, vol. II, pp. 141-151.

campagne. Plus gai et plus sociable, Clairaut n'avait ni le ton ni la manière ; ce fils d'un modeste professeur de mathématiques aimait les repas copieux et bien arrosés avec des amis, mais ignorait l'art de briller dans les salons. « Il a si peu de monde, dit Mme de Graffigny, il parle si platement, qu'il est impossible de s'en amuser[1]. » Parmi toutes les relations de Maupertuis, Clairaut ne conserva que l'amitié de Mme du Châtelet ; mais ce qui les unissait n'avait rien de mondain. Qu'ils aient été ou non amant et maîtresse ne compte guère au regard de leur profonde connivence intellectuelle.

En 1743, Maupertuis, fort isolé à l'Académie des sciences, éprouve un véritable coup de foudre paternel pour le jeune d'Alembert. Séduit par sa personnalité, admiratif de son génie, il le prend sous sa protection et chante ses louanges à tous vents. Désigné avec Nicole pour être le commissaire du *Traité de dynamique*, il ne cache pas son éblouissement devant les qualités exceptionnelles du nouveau venu : « Voilà un jeune Dalembert [*sic*] qui est véritablement un prodige, étant parvenu tout seul au point où il est en géométrie ; et joignant à cela toutes les autres sortes d'esprits qu'on peut souhaiter ; jusqu'à celui de comédien et de pantomime excellent. Avez-vous vu son livre de dynamique, qu'en pensez-vous et qu'en pensent MM. votre père et frère ? Quel que soit l'ouvrage, l'auteur est bien au-dessus, et avec l'âme la plus blanche qui ait jamais été[2]. » La nouvelle se répand comme une traînée de poudre. Daniel Bernoulli, informé par son frère Jean II, écrit aussitôt à Euler : « Je reçois de Paris un éloge extraordinaire d'un très jeune, mais très excellent mathématicien, particulièrement en mécanique. Je crois que son nom est Dalember [*sic*]. Je ne doute pas qu'il aille bientôt à Berlin, car je ne crois pas qu'il ait déjà une situation. Si vous trouvez que c'est une bonne idée, vous pouvez lui faire une offre ou demander d'abord des informations sur lui à Clairaut[3]. »

---

1. *Correspondance*, t. II, p. 272, 13 décembre 1739.
2. Lettre de Jean II Bernoulli du 2 novembre 1743. BEB, LIa. 708, f. 73.
3. Lettre du 25 décembre 1743, *in* P.H. Fuss, *Correspondance mathématique et physique du XVIIIe siècle*, Saint-Pétersbourg, 1843, vol. II, p. 541. Traduit de l'allemand.

Alors que la fine fleur du monde scientifique découvre à peine son existence, le jeune d'Alembert n'est encore à Paris qu'un obscur mathématicien sans protections ni relations. Bien que physiquement assez terne – « M. d'Alembert n'a rien dans sa figure de remarquable, soit en bien, soit en mal[1] » –, il est doté d'un pouvoir de séduction qui attire la sympathie. Personnalité contrastée, il est à la fois sociable et solitaire, modeste et fort susceptible, aimant rire et souvent déprimé. Côté face, c'est l'homme drôle et charmeur que décrit Condorcet, l'ami intime des vieux jours : « Heureux du plaisir que donne l'étude, et de sa liberté, il avait conservé sa gaieté naturelle dans toute la naïveté de sa jeunesse... Sa gaieté, des saillies piquantes, le talent de conter et même de jouer ses contes, de la malice dans le ton avec de la bonté dans le caractère, autant de finesse dans la conversation que de simplicité dans la conduite, toutes ces qualités, en le rendant, par leur réunion, à la fois estimable et amusant, le faisaient rechercher dans le monde[2]. »

D'Alembert lui-même, dans son autoportrait, donne les raisons de sa popularité : « Sa conversation est très inégale, tantôt sérieuse, tantôt gaie, suivant l'état où son âme se trouve, assez souvent décousue, mais jamais fatigante et pédantesque... La dose d'esprit qu'il met dans sa conversation n'est ni assez forte ni assez abondante pour effrayer ou choquer l'amour-propre de personne... Tout le monde est donc à l'aise avec lui sans qu'il y tâche ; et on s'aperçoit bien qu'il n'y tâche pas ; ce qui fait qu'on lui en sait bon gré. Il est d'ailleurs d'une gaieté qui va quelquefois jusqu'à l'enfance ; et le contraste de cette gaieté d'écolier avec la réputation bien ou mal fondée qu'il a acquise dans les sciences fait encore qu'il plaît assez généralement, quoiqu'il soit rarement occupé à plaire : il ne cherche qu'à s'amuser et à

---

1. Portrait de D'Alembert fait par lui-même (1760), in *Œuvres de D'Alembert*, p. 9.

2. *Eloge de D'Alembert*, *op. cit.*, t. III, pp. 65-66. Formey confirme ce témoignage dans ses *Souvenirs*, t. II, p. 237 : « M. de Maupertuis, qui avait vu son entrée dans le monde et ses premiers pas dans la carrière qu'il a fournie, m'a dit qu'il était extrêmement facétieux et qu'il amusait beaucoup les compagnies par le talent de contrefaire. »

divertir ceux qu'il aime ; les autres s'amusent à contrecoups, sans qu'il y pense et qu'il s'en soucie[1]. »

Marmontel le décrit comme l'homme le plus gai et le plus amusant qu'il ait rencontré : « Après avoir passé sa matinée à chiffrer de l'algèbre et à résoudre des problèmes de dynamique ou d'astronomie, il sortait de chez sa vitrière comme un écolier échappé du collège, ne demandant qu'à se réjouir ; et, par le tour vif et plaisant que prenait alors cet esprit si lumineux, si profond, si solide, il faisait oublier en lui le philosophe et le savant, pour n'y plus voir que l'homme aimable. La source de cet enjouement si naturel était une âme pure, libre de passions, contente d'elle-même, et tous les jours en jouissance de quelque vérité nouvelle qui venait de récompenser et couronner son travail[2]. »

Côté pile : la tache indélébile de sa naissance. Le *Fils naturel* de Diderot, qui n'est pas sans rappeler d'Alembert, avoue : « Ma naissance est abjecte aux yeux des hommes[3]. » Encore le fils naturel de la pièce n'a-t-il pas été rejeté par sa mère, morte peu de temps après sa naissance. Le cas de D'Alembert est plus cruel : sa mère, Mme de Tencin, règne sur le salon le plus huppé de Paris et a toujours refusé de le voir. Il confia à Mme Suard, qui le raconte, qu'il ne l'avait rencontrée qu'une fois vers l'âge de sept ans : son père, le chevalier Destouches, avait convaincu Mme de Tencin de l'accompagner à la pension où il l'avait placé. « Par les caresses et les questions qu'il adressa à son fils, [il] en tira beaucoup de réponses qui le divertirent et l'intéressèrent. "Avouez, Madame, dit Destouches à Mme de Tencin, qu'il eût été bien dommage que cet aimable enfant eût été abandonné." M. d'Alembert se souvenait parfaitement de cette visite et de la réponse de Mme de Tencin, qui se leva à l'instant en disant : "Partons, car je vois qu'il ne fait pas bon ici pour moi[4]." »

1. Portrait de D'Alembert fait par lui-même, *ibid.*
2. Marmontel, *Mémoires*, éd. John Renwick, Clermont-Ferrand, 1972, t. I, p. 162.
3. Diderot, *Œuvres*, t. IV, éd. L. Versini, Robert Laffont, « Bouquins », 1996, acte IV, scène 3, p. 1115.
4. Madame Suard, *Essais de mémoires sur M. Suard*, Paris, 1820, p. 149.

Bien qu'ils aient eu plus tard nombre de relations communes qui s'interdisaient toujours d'évoquer l'un devant l'autre, la mère et le fils ne se parlèrent plus jamais[1]. A la honte de la bâtardise s'ajoutait ainsi le chagrin inconsolable du déni maternel. A sa mort, Mme de Tencin ne laissa ni un mot ni un legs à son fils. Toute sa vie, elle aura fait comme s'il n'existait pas. Cette sinistre histoire est à l'évidence l'élément essentiel chez d'Alembert, qui commande le reste : son caractère, sa situation sociale, peut-être aussi une secrète homosexualité, par peur des femmes.

La clairvoyante Mme du Deffand a dressé ce portrait sur mesure de son ami : « D'Alembert est né sans parents, sans appui, sans fortune... La première chose qu'il a apprise en commençant à penser fut qu'il ne tenait à rien... Il connut les inconvénients de la situation : il chercha en lui-même des ressources contre son malheur. Il se dit qu'il était l'enfant de la nature, qu'il ne devait consulter qu'elle et n'obéir qu'à elle... que son rang, ses titres dans l'univers, étaient d'être homme ; que rien n'était au-dessus ni au-dessous de lui ; qu'il n'y a que la vertu et le vice, les talents et la sottise, qui méritent le respect ou le mépris : que la liberté était la vraie fortune du sage ; qu'on était toujours maître de l'acquérir et d'en jouir, en évitant les passions et toutes les occasions qui peuvent les faire naître. Le plus sûr préservatif qu'il crut pouvoir leur opposer fut l'étude... Enfin, son génie se développa, et ce fut en qualité de prodige qu'il parut dans le monde[2]. »

Cette réputation de prodige dans un monde qui ne peut en juger, d'Alembert la doit d'abord, on l'a vu, à Maupertuis. Ce dernier le prend sous son aile protectrice et l'invite aux dîners entre amis qui ont lieu chez son père. A en croire la *Correspondance littéraire*, « Maupertuis lui amenait tous les jours à dîner quelques beaux esprits ramassés au café ou à la promenade...

---

1. Il est cependant impensable qu'ils ne se soient plus croisés ici ou là dans des lieux publics. Mme de Tencin meurt en 1749 et, durant la dernière décennie de sa vie, d'Alembert fréquentait comme elle assidûment tous les spectacles, la promenade des Tuileries, etc.

2. *Correspondance de Mme du Deffand*, t. II, 1809, pp. 146-149.

D'Alembert, seul, fit la conquête de M. Maupertuis père : c'est un joli garçon que ce d'Alembert, disait-il à son fils ; cela ne boit pas de vin, cela ne prend pas de café, cela fait plaisir à voir à une table[1]... ». C'est à l'un de ces dîners que l'abbé Trublet, pipelette littéraire très liée à Maupertuis, fait la connaissance du nouveau venu sur la scène parisienne. Il est immédiatement séduit et l'écrit au père Jacquier, rentré à Rome : « Il y a quelque temps que je dînai avec ce grand philosophe, physicien et géomètre [sa réputation est déjà établie en 1744] chez M. de Maupertuis, et tout philosophe, tout physicien et tout géomètre qu'il est, il m'amusa infiniment. Cette réunion de talents, surtout dans une si grande jeunesse, est un prodige[2]. »

En peu de temps, Maupertuis lui fait connaître tous ses amis du monde et l'introduit dans le salon du président Hénault et chez Mme du Deffand dès 1743. Il n'est pas sûr, comme l'écrit Mme de La Ferté-Imbault dans ses *Souvenirs*, que ce soit sa mère, Mme Geoffrin, qui « eut la gloire de [sa] découverte[3] » ; l'amitié qui unit d'Alembert à Mme du Deffand semble précéder celle qu'il éprouvera pour la maîtresse du « royaume de la rue Saint-Honoré » jusqu'à la mort de cette dernière en 1777.

Dans une lettre de 1763, alors que leurs relations se sont refroidies, Mme du Deffand remercie d'Alembert en ces termes pour une charmante missive écrite de Prusse : « J'ai cru en la lisant avoir *vingt ans de moins*, que j'étais à la Sainte-Chapelle [où elle vivait chez son frère chanoine], que vous vous plaisiez autant avec moi que je me plaisais avec vous. Enfin, votre lettre m'a rappelé l'âge d'or de notre amitié, elle a réveillé ma tendresse, elle m'a rendue heureuse[4]. » Ils s'étaient plu tout de suite. La proximité du logement de D'Alembert (sa nourrice, Mme Rousseau, habitait rue Michel-le-Comte) facilitait les

---

1. *Correspondance littéraire* de Grimm, t. III, p. 179, 1er décembre 1766.
2. Lettre du 2 juillet 1744, in *Le Père François Jacquier et ses correspondants, op. cit.*, p. 150.
3. Marquis de Ségur, *Julie de Lespinasse*, 1880, p. 115.
4. Lettre du 7 juillet 1763, publiée par Pougens, *Œuvres de D'Alembert*, I, pp. 465-467.

visites : « Presque chaque jour, il passait la soirée chez elle, lui respectueux, confiant, rempli d'admiration devant cette dame d'un si grand monde et d'un si prodigieux esprit, elle maternelle, protectrice sans hauteur, plus ambitieuse pour lui qu'il ne l'était lui-même, résolue à faire sa fortune, au besoin malgré lui[1]. » Il l'a séduite par « la simplicité de ses manières, la pureté de ses mœurs, l'air de jeunesse, la franchise de son caractère, joints à tous ses talents[2] ».

Mais d'Alembert, élevé dans la famille du vitrier Rousseau, ignore les usages du monde et déplaît aux habitués des salons : « Sa simplicité et sa franchise leur parurent une ingénuité grossière. Le seul mérite qu'ils lui trouvèrent fut le talent singulier qu'il a de contrefaire tout ce qu'il voit ; ils s'en amusèrent, mais ils ne le jugèrent pas digne d'une plus grande considération[3]. » Si ce n'est pas pour un bouffon, le jeune d'Alembert passe pour un « amuseur de société[4] ». Il le sait et en souffre – non par vanité, mais par dignité blessée : « Aussi prit-il promptement le parti de la retraite. Il se livra plus que jamais à l'étude et à la philosophie[5]. »

Dans son autoportrait de 1760, d'Alembert se justifie ainsi : « Livré au travail et à la retraite jusqu'à l'âge de vingt-cinq ans, il n'est entré dans le monde que fort tard et ne s'y est jamais beaucoup plu ; jamais il n'a pu se plier à en apprendre les usages et la langue, et peut-être met-il une sorte de vanité assez petite à les mépriser : il n'est cependant jamais impoli, parce qu'il n'est ni grossier ni dur ; mais il est quelquefois incivil par inattention ou par ignorance[6]. » La vérité est plus nuancée : s'il mit toute sa vie un point d'honneur à ne jamais dépendre des « grands »

---

1. Marquis de Ségur, *op. cit.*, pp. 117-118.
2. Mme du Deffand, *Portrait de D'Alembert*, *op. cit.*
3. *Ibid.*
4. Mme de La Ferté-Imbault, qui le déteste, rapporte dans ses Souvenirs : « Voyant que cela lui réussissait, il se mit à contrefaire MM. de Mairan et de Fontenelle, et autres habitués du salon de ma mère, ce qui finit par lui valoir un renom de méchanceté. » Cité par Ségur, *op. cit.*, p. 176.
5. Mme du Deffand, *op. cit.*
6. *Op. cit.*, p. 10.

et à préserver son indépendance et sa solitude, il fit aussi l'apprentissage du monde et des salons. On le verra à Sceaux chez la duchesse du Maine et chez Mmes de Créqui et Geoffrin, qui l'adorent.

Tout en conservant la franchise qui fait son charme, d'Alembert a appris auprès de Mme du Deffand l'art d'arrondir les angles et de briller dans un salon. Durant les dix ans (1743-1753) que dure leur étroite amitié, elle est sa protectrice et son initiatrice. Non seulement elle le présente à toute sa société, mais elle lui enseigne le grand art de la conversation qu'elle maîtrise comme personne et sans lequel nul ne peut prétendre exister dans un salon du XVIIIe siècle. D'Alembert lui doit beaucoup. Grâce à elle, il s'est policé au point d'incarner le modèle de l'« intellectuel », si recherché par la haute société dans la seconde partie du siècle. Elle et Maupertuis ont joué, pour lui, les rôles de pygmalion et de mentor. Très liés entre eux, on peut même dire que Mme du Deffand et Maupertuis lui ont en quelque sorte servi de parents de substitution[1]. L'un et l'autre l'ont aimé, l'ont aidé à sortir de sa tanière de la rue Michel-le-Comte et à s'imposer dans le monde. Même après son départ pour Berlin, Maupertuis continuera de veiller sur lui quelques années. Pour Mme du Deffand qui l'adore, d'Alembert fut pendant dix ans son « intime ami » et lui tint peut-être lieu du fils qu'elle n'eut jamais. On imagine aussi qu'elle était bien contente de faire pièce à Mme de Tencin et de récupérer l'enfant génial que sa rivale avait méprisé.

Comme il en va parfois des fortes amitiés de jeunesse, les sentiments de D'Alembert pour ses deux aînés s'affaiblirent avec le temps. Mais il est incontestable que l'un et l'autre lui avaient ouvert bien des portes qui, sans eux, seraient restées fermées au fils adoptif d'une Mme Rousseau.

---

1. D'Alembert a perdu son père en 1726 à l'âge de neuf ans. Mme du Deffand (1696-1780) et Maupertuis (1698-1759) avaient tous deux près de vingt ans de plus que lui.

CHAPITRE VII

L'exil
(1744-1746)

Lors de son premier séjour en Prusse, en 1740-1741, Maupertuis s'était engagé à remplir les fonctions de président de l'Académie rénovée. Il en avait lui-même tracé le plan, destiné à
Frédéric. Mais ce dernier avait d'autres soucis. La guerre de
Succession d'Autriche perdurait et la vieille Académie sommeil-
lait toujours, au grand désespoir d'Euler. Enfin, le 23 janvier
1744, à la veille de son anniversaire, Frédéric avait procédé au
renouvellement de l'Académie au cours d'une séance officielle
et publique entourée de toute la pompe possible. En l'absence du
président, le roi avait nommé un vice-président, en la personne
de son ami intime Jordan, et quatre curateurs qui se partageaient
le pouvoir. A Paris, Maupertuis voyait non sans inquiétude les
choses se faire sans lui. Il lui fallait maintenant se décider : rester
à Paris pour reconquérir son prestige perdu, ou larguer les
amarres pour installer à Berlin une académie concurrente ou
même supérieure à celle qui l'avait rejeté. Le choix était difficile :
outre le risque d'échouer, qui était grand, la perspective de quitter
la capitale la plus brillante du monde pour une petite ville provin-
ciale ne pouvait guère l'enthousiasmer. Sans parler du chagrin
d'être séparé de ce père dont il était si proche et de ces nombreux
amis qui le conjuraient de rester à Paris.

La décision

Depuis plusieurs années, Maupertuis accumule déceptions et amertumes. Même son élection à l'Académie française lui a laissé un sentiment de rancœur. Il n'a pas oublié les « indignités[1] » suscitées contre lui, en particulier l'accusation d'irréligion, si grave à ses yeux. L'élection de Fouchy au secrétariat de l'Académie des sciences a fait le reste. Depuis le 31 août 1743, il sait qu'il est *persona non grata* dans son propre milieu et qu'il lui faut renoncer à ses ambitions. Seule la présidence de l'Académie de Berlin pourrait laver l'affront qu'il a essuyé à Paris. C'est probablement l'époque où il prend secrètement sa décision. En novembre 1743, il annonce à Jean II Bernoulli qu'il le verra à Bâle ou à Strasbourg au printemps suivant[2] : c'est le passage obligé pour aller à Berlin négocier les conditions de son installation. En fait, plus rien ne le retient vraiment à Paris. Pas même l'une de ses maîtresses en titre, la duchesse de Chaulnes, qui l'accable de ses assiduités[3] ; elle s'offre à lui avec tant d'insistance que Maupertuis n'a plus qu'une idée : la fuir.

Mais le printemps passe sans que Maupertuis mentionne le moindre projet de voyage. Pourtant, avec le rétablissement de l'Académie de Berlin, la *Gazette*[4] croit pouvoir annoncer son retour en Prusse. Mme du Châtelet, qui rapporte la nouvelle, ajoute tout aussitôt qu'elle n'en croit rien[5]. C'est seulement le 1er juillet 1744 que Maupertuis y fait à nouveau allusion dans une lettre à Jean II : « Seriez-vous homme à venir à Cirey au-devant

---

1. Lettre de Maupertuis à Jean II Bernoulli, 13 juillet 1743. BEB, LIa. 708, f. 75.
2. Lettre du 2 novembre 1743. BEB, LIa. 708, f. 73.
3. La douzaine de lettres qu'elle lui envoie à cette époque (B.N., Ms. n.a.f. 10398, f. 104-126) témoignent d'une passion physique insatiable. Pour toute consolation, Maupertuis se contente de lui procurer, par l'intermédiaire de Jean II Bernoulli, une édition latine faite à Bâle des *Œuvres* d'Epictète (lettres à Jean II des 24 janvier, 18 février et 4 avril 1744. BEB, LIa. 708, f. 82, 83, 84).
4. *Gazette [de France]*. En 1744, c'est Rémond de Sainte-Albine qui en était le rédacteur.
5. Mme du Châtelet au comte d'Argental, 28 janvier 1744. Lettre 319.

de moi si j'allais à Bâle[1] ? » Dans cette même lettre, son mécontentement explose à l'encontre du dénigrement systématique dont il se sent l'objet : « Il pleut ici des critiques et des libelles contre tous ceux dont le nom est un peu connu. Il vient d'en paraître encore un contre notre ouvrage[2], ou plutôt contre nous, dans lequel, après avoir critiqué toutes nos observations, on finit par des chansons que j'avais faites au Cercle polaire. Nos ennemis font plus de cas de ces brochures que je ne m'en mets en peine. » Pure dénégation ! Maupertuis est manifestement ulcéré de ce libelle qui a pour titre *Anecdotes physiques et morales*. Non seulement l'auteur l'attaque sur sa vie privée et se gausse une fois encore des deux Lapones – sujet qui lui est particulièrement pénible –, mais il remet en cause de façon hargneuse les travaux de l'expédition du Pôle. Maupertuis ne supporte tout simplement plus ce qu'il ressent comme une persécution personnelle au moment même où ses travaux sont confirmés de manière éclatante, y compris par ses plus vieux ennemis : « MM. Cassini viennent de publier une nouvelle *Méridienne de la France* toute contraire à celle qu'ils avaient donnée en 1718, et où ils trouvent la Terre aplatie. J'apprends aussi que M. Bouguer est arrivé à Paris[3], qui apporte la même conclusion. Cependant, les *Anecdotes physiques et morales...* avaient déjà pris les devants, et prétendu que si ce n'était que des mesures prises sur le méridien que MM. du Pérou rapportassent, cela serait inutile et il n'y aurait rien de décidé. Or, c'est justement ce qu'on savait que le Pérou devait rapporter. Tout cela est plein d'injustice et de malignité, mais j'y suis accoutumé et si ennuyé de cette question que je n'y

---

1. BEB. LIa. 708, f. 86. Ce rendez-vous à Cirey indique la constance des relations de Maupertuis avec Voltaire et Mme du Châtelet, même si elles ne sont plus ce qu'elles étaient. Le 15 août 1744, Mme du Châtelet écrit à Jean II : « Je suis bien fâchée, Monsieur, que mon départ de Cirey me prive du plaisir de vous y voir, car je me flatte que vous n'auriez pas refusé la partie que M. de Maupertuis vous proposait. » *Ibid.*, lettre 330.
2. Il doit s'agir de la réédition de *La Figure de la Terre*.
3. Bouguer fut de retour à l'Académie le 27 juin 1744 (alors que Maupertuis séjournait à la campagne, à Orly). Parti en mai 1735, cette très pénible expédition lui avait coûté neuf ans de sa vie.

prends plus aucun intérêt... C'est à mes anciens antagonistes [les Cassini], qui ont embrassé mes sentiments, à répondre à tout cela, et à Bouguer à défendre ses mesures[1]. »

Maupertuis est las de croiser le fer contre ses ennemis parisiens. Il laisse tout cela aux autres comme si ce n'était plus son affaire. Peut-être aussi semble-t-il indigne au futur président de l'Académie de Berlin de se colleter avec un misérable pamphlétaire.

En juillet, il assiste à toutes les séances de l'Académie des sciences, jusqu'au 24 du mois, sans se douter qu'il n'y reviendra plus avant de longues années. Son dernier souvenir sera la lecture par Clairaut d'un important mémoire sur l'orbite de la Lune, qu'il n'a pas encore terminé. Maupertuis s'alite, il ne peut plus bouger : il souffre d'un « anthrax très long et très douloureux[2] » qui l'empêche d'écrire, mais pas de recevoir. L'Académie, comme c'est l'usage en pareil cas, désigne deux collègues pour prendre de ses nouvelles. Il s'agit de deux de ses vieux amis : Nicole et le médecin Bourdelin[3]. Ils s'y rendent le 6 août et trouvent sur place Mme de Graffigny, qui raconte : « Après dîner, [je] fus chez la Puce, qui a la peste, à ce qu'il dit. Je crois te l'avoir mandé. C'est un gros clou à la fesse. J'y fus bien deux heures. Je m'y amusai fort bien d'abord à le tourmenter sur son *Nègre blanc*. Après il vint deux académiciens que je ne connais pas, et La Chaussée. Nous bavardâmes[4]. » L'atmosphère joyeuse rendue par Mme de Graffigny ne dit pas tout de l'état d'esprit

---

1. Selon D. Beeson, *op. cit.*, p. 142, les *Anecdotes* parurent en 1744. Il dément, à l'appui de cette lettre à Jean II Bernoulli, qu'elles aient pu sortir de la plume de Maupertuis comme certains l'ont dit à l'époque. Deux personnes ne s'y trompèrent pas. Le 8 mai 1744, Voltaire, à Cirey, écrit à Thieriot : « Je n'ai point lu et ne veux point lire l'ouvrage contre Maupertuis. C'est un grand mathématicien et un grand génie... Laissons là ces brochures ridicules. » Le 30 mai suivant, l'abbé Bornardy mentionne au président Bouhier : « Contre lui, j'ai vu des *Anecdotes physiques et morales* où il est maltraité. » *Correspondance Bouhier*, *op. cit.*, t. V, n° 33.
2. Lettre de Maupertuis à Jean II Bernoulli du 12 septembre 1744. BEB, LIa. 708, f. 87.
3. Procès-verbal de l'Académie du 1ᵉʳ août 1744 : « L'Académie a appris la maladie de Maupertuis... Nicole et Bourdelin iront le voir. »
4. Lettre du 7 août 1744. *Correspondance*, *op. cit.*, vol. V, p. 390.

du malade. Son anthrax ressemble plutôt à une maladie psycho-somatique. Au lieu d'aller voir sa sœur qui l'attend en Bretagne, il a décidé de partir pour la Prusse dès qu'il sera guéri. Enfin, le 12 septembre, il annonce son arrivée à Bâle à l'ami Jean II, sans lui dire le but de son voyage : « Ce n'est que depuis peu de jours que je suis guéri, et l'usage que je vais faire de ma santé sera de vous aller voir... Mais n'allez pas prendre tout pour vous : l'envie que j'ai de voir Mme Bernoulli entre bien pour la moitié dans le parti que je prends[1]. »

Bâle, Fribourg, Berlin

Maupertuis ne fait qu'un court séjour à Bâle dans la seconde quinzaine de septembre 1744[2]. Le temps de faire la connaissance de Mme Bernoulli, enceinte de son premier enfant[3], et de s'entretenir longuement avec Daniel Bernoulli des dernières nouvelles scientifiques.

Mû par son affection et son admiration pour le génie de d'Alembert, il chante les louanges de l'*Hydrodynamique* de celui-ci et blesse ainsi la susceptibilité de son interlocuteur, lui-même auteur d'un célèbre essai d'hydrodynamique publié en 1738. Daniel Bernoulli est furieux contre son visiteur, qu'il accuse de manquer de jugement. Il épanche sa bile auprès d'Euler : « Il a un cœur généreux et de nobles aspirations... [Mais] il ne prend pas la peine d'examiner les choses par lui-même, ce qui fait qu'il nourrit également une estime singulière pour des gens qui n'ont aucun mérite du tout. Durant son dernier séjour à Bâle, il m'a constamment parlé d'un jeune d'Alembert qui fait imprimer une Mécanique et Hydrodynamique comme du *miracle des miracles*,

---

1. Lettre du 12 septembre 1744. BEB, LIa, 708, f. 87. Jean II Bernoulli avait épousé Susanna König le 10 février 1744.

2. On ne connaît pas les dates précises du séjour à Bâle. Mais deux lettres de Maupertuis à Jean II Bernoulli indiquent une fourchette : le 12 septembre, Maupertuis est encore à Paris et, le 4 octobre, il est arrivé à Fribourg.

3. Maupertuis avait décliné l'offre du couple d'en être le parrain (lettre du 12 septembre 1744), sous prétexte qu'il n'avait pas besoin de cela pour que le futur enfant lui soit aussi cher que le sien propre...

jusqu'à ce que je réplique finalement qu'il n'était pas possible d'avoir assimilé à vingt ans tous les principes dans ce genre de connaissances, ni même d'y faire des progrès spectaculaires[1]. »

Daniel Bernoulli est d'autant plus furibond qu'entre la visite de Maupertuis et la narration qu'il en fait à Euler, il s'est procuré les travaux de D'Alembert. Il y a découvert une critique polie mais condescendante de son essai ainsi que de son mémoire sur l'hydrodynamique de 1727. Il a pu y lire que la preuve qu'il apporte de la conservation des forces vives dans les fluides « ne doit pas être regardée comme d'une grande force... L'auteur ne l'a donnée que comme une induction... Il m'a donc paru – écrit d'Alembert – qu'il était nécessaire de prouver d'une manière plus claire et plus exacte le principe dont il s'agit, appliqué aux fluides ». Courtois mais assassin à l'égard du grand aîné[2], le jeune mathématicien poursuit : « Quoique D. Bernoulli n'ait pas démontré le principe général qui sert de fondement à son ouvrage, on n'en doit pas moins convenir que sa théorie est très élégante[3]... » Puis, cela marqué, il reprend l'exposé de toutes les insuffisances du travail de son confrère bâlois.

Après lecture de cette cruelle mise en cause, ce dernier exécute à son tour son jeune critique : « J'ai constaté avec surprise qu'à part quelques détails, il ne ressortait de son Hydrodynamique rien d'autre qu'une impertinente suffisance. Ses critères sont quelquefois bien puérils, et démontrent non seulement qu'il n'est pas un homme exceptionnel, mais même qu'il ne le deviendra jamais, car sa présomption est trop grande et ses propres vues insuffisantes pour qu'il puisse apprendre quelque chose de remarquable, soit par lui-même, soit par d'autres. » Après avoir passé en revue toutes les réfutations dont lui-même et d'autres sont l'objet, Bernoulli tente de se rassurer : « [D'Alembert] n'hésite pas à

---

1. Lettre de Daniel Bernoulli à Euler, Bâle, 7 juillet 1745, *op. cit.*, p. 576. Souligné par nous.

2. Daniel Bernoulli (1700-1783) était une gloire scientifique reconnue à l'époque où d'Alembert fait sa critique.

3. « Exposition du Traité de l'équilibre et du mouvement des fluides », *Œuvres de D'Alembert*, éd. de 1821, Berlin, t. I, pp. 412-413.

critiquer de même les hommes les plus célèbres comme s'ils étaient des petits garçons... S'il n'a pas compris mes raisonnements ou s'il n'a pas voulu les analyser, mes expériences auraient tout de même dû lui inspirer un peu de réserve... On devrait être prudent, pour le bien du vrai savoir, et prendre ses distances avec les critiques libres de tels jeunes freluquets, ou du moins éviter qu'elles fassent une quelconque impression[1]. »

Par générosité et enthousiasme à l'égard de son jeune protégé, Maupertuis avait commis sans s'en rendre compte une gaffe irréparable ; non seulement Daniel Bernoulli lui en tint rigueur durant de longues années, mais, ce faisant, il avait suscité à d'Alembert, en la personne du savant bâlois, un ennemi pour la vie. Même s'il convint peu après qu'il avait « assez bonne opinion[2] » de la *Mécanique* de D'Alembert, Bernoulli conserva pour l'homme une détestation qui ne se démentit jamais.

Le 4 octobre 1744, on retrouve Maupertuis au camp français de Fribourg en Allemagne. L'armée de Lorraine, alliée de Frédéric, fait le siège devant la ville depuis le mois d'août. Commandée par le maréchal de Coigny, elle attend le moment opportun pour prendre la cité et ses châteaux. Le séjour de Maupertuis à Fribourg, du début octobre au début décembre, tient moins à quelque curiosité militaire qu'au désir de paraître envoyé par la cour de France auprès du roi de Prusse. Il profite de sa vieille amitié avec le maréchal de Coigny[3] pour se faire charger de mission par le ministre de la Guerre, le comte d'Argenson. Après plusieurs tentatives, Fribourg capitule, le 6 décembre, et les châteaux quelques semaines plus tard. Avant cette date, Coigny a écrit au ministre de la Guerre : « L'amitié dont vous

---

1. Lettre à Euler du 7 juillet 1745, *op. cit.*, p. 576.
2. Lettre à Euler du 7 septembre 1745, *ibid.*, p. 584.
3. Le 22 août 1743, Maupertuis écrit à Jean II Bernoulli : « A propos de Strasbourg, vous avez un nouveau commandant en Alsace qui est fort de mes amis, c'est le maréchal de Coigny... Comme je lui ai souvent parlé de vous et des vôtres, vous ferez bien de l'aller voir, et sûrement vous le trouverez disposé à vous rendre tous les services qu'il pourra vous rendre... C'est un homme qui mérite beaucoup personnellement, qui est regardé comme le meilleur général que nous ayons, et qui joint à cela un très bon esprit et un très bon cœur. » BEB, LIa. 708, f. 77.

honorez M. de Maupertuis et celle que j'ai pour lui m'engagent à vous proposer les vues qu'il a lorsque les châteaux seront rendus. Il vous supplierait de trouver bon qu'il en portât la nouvelle au roi de Prusse. Cette mission lui serait d'autant plus agréable que le prince le connaît et a des bontés pour lui. Elle pourrait même n'être pas indifférente à nos propres intérêts, si vous jugiez à propos de le charger de quelque instruction particulière. Le goût de ce prince pour les gens célèbres donnera plus d'accès à celui-ci, à qui d'ailleurs cette occasion ferait un plaisir sensible[1]. » La lettre du maréchal de Coigny est accompagnée de la requête de Maupertuis au ministre, datée du même jour[2].

Maupertuis tenait tant à cette mission officielle – qui faisait de lui l'envoyé de la France en Prusse – qu'il patienta deux longs mois dans le camp français. Faute de distractions, il demanda à Jean II Bernoulli de lui envoyer des livres[3] et six bouteilles de la meilleure *Kirswasser*[4] de Bâle. Dans le même temps, certains académiciens, à Paris, se réjouissent de son absence. L'abbé Nollet, qui le croit à Genève, écrit à Jallabert : « Qu'il y reste fort longtemps pour vous récréer de sa présence et pour nous béatifier de son absence[5]. » Les mêmes académiciens joignent leurs applaudissements à ceux du public lorsque Bouguer lit sa relation du voyage au Pérou à l'assemblée du 14 novembre[6]. Il

---

1. Lettre du 12 novembre 1744 (Archives du ministère de la Guerre), citée par Veluz, *op. cit.*, pp. 90-91.

2. *Ibid.*, p. 91 : « Monseigneur, comme la reddition des châteaux de Fribourg intéresse encore plus le roi de Prusse que celle de la ville, il en attend sans doute la nouvelle avec encore plus d'impatience. La commission de la lui porter, peut-être peu importante pour tout autre, serait pour moi de la plus grande conséquence... Je vous supplie, Monseigneur, de vous rappeler dans cette occasion toute l'amitié dont vous m'honorez et de penser que cette commission me tiendra lieu de la grâce la plus importante que vous puissiez jamais m'accorder. »

3. Lettre du 4 octobre 1744. BEB, LIa. 708, f. 90. Il demande, entre autres, le livre *Des Maximis et Minimis* d'Euler.

4. Lettre du 8 octobre 1744. BEB, LIa. 708, f. 91.

5. Lettre du 26 octobre 1744. *Op. cit.*, pp. 118-119.

6. Le compte rendu élogieux qui en est fait dans le *Mercure* de novembre (t. II, pp. 45-78) est probablement de Diderot, comme le suggère J. Th. De Booy, « Denis Diderot, écrits de jeunesse, I, 1737-1744 », *Studies on Voltaire*, vol. 119, 1974, pp. 397-447.

y confirme tous les travaux de l'expédition du Nord et ne fait que répéter ce que Maupertuis clame depuis sept ans sur tous les tons : la Terre est un sphéroïde aplati vers les *pôles*... Ironie du sort !

Enfin, l'ordre de mission arrive de Paris et Maupertuis peut faire son entrée à Berlin le 6 décembre. Frédéric le reçoit à bras ouverts ; toute la cour lui fait fête. C'est un homme flatté qui raconte à l'ami Jean II : « Il y a six jours que je suis ici ; et quoique je n'y aie encore dîné ni soupé qu'avec des reines, et des reines les plus charmantes de l'Europe, cela ne me fait pas oublier les repas que j'ai faits dans la chambre de l'accouchée [Mme Bernoulli]. Vous aurez su le motif de mon voyage : c'est pour apporter à Sa Majesté prussienne la nouvelle de la prise des châteaux de Fribourg[1]. » Apparemment, il n'a confié à personne, pas même à son ami, le véritable objet de son voyage : son installation en Prusse. La lettre suivante le confirme : « Je suis véritablement un homme à aventures ; une visite que je vous faisais à Bâle m'a conduit à Fribourg, Fribourg à Berlin, et les bontés du roi m'y retiendront jusqu'à ce qu'il parte pour s'aller remettre en campagne[2]. » Très occupé par les fêtes continuelles de la cour, c'est à peine s'il a le temps de voir le grand Euler. Ce dernier, dit-il, « n'approche pas la cour, et calcule tout le temps[3] ». En fait, le mathématicien n'y est pas invité, ce qui donne aussi à Maupertuis un délicieux sentiment de supériorité.

Tout aux joies de la vanité, Maupertuis prend grand soin d'informer ses amis et relations de l'accueil qui lui est réservé. « Je ne doute pas, dit le maréchal de Coigny à d'Argenson, que M. de Maupertuis ne vous ait fait part de son arrivée et de son séjour à Berlin où le roi de Prusse veut le retenir... On ne peut être plus content qu'il le paraît de la réception qu'on lui a faite dans cette cour[4]... » D'Argenson a déjà reçu trois billets de Maupertuis quand il lui répond : « Je vous fais mon compliment sur la bonne

---

1. Lettre du 12 décembre 1744. BEB, LIa. 708, f. 92.
2. Lettre du 19 janvier 1745. BEB, LIa. 708, f. 93.
3. *Ibid.*
4. Lettre du 12 janvier 1745, citée par L. Veluz, *op. cit.*, p. 91.

réception que le roi de Prusse vous a faite et les marques qu'il vous a données de ses bontés et de l'estime qu'il a pour vous[1]. » Maupertuis ne se limite d'ailleurs pas aux officiels, il s'arrange pour que l'Académie des sciences sache aussi dans quelle estime on le tient en Prusse. Dès le 10 janvier, Clairaut s'en fait l'écho au père Jacquier[2], et Cassini de Thury lui envoie à ce sujet une lettre charmante qui prouve la réconciliation[3] des deux hommes : « Il n'a été question ici que de votre intrépidité[4], et l'on a été forcé de convenir que l'homme de lettres était bon à tout. Je ne suis pas surpris que le roi de Prusse vous retienne le plus long-temps qu'il pourra, et vous devez être persuadé que cette nouvelle affligerait extrêmement ma sœur qui ne soupire qu'après votre retour[5]... »

Dans sa missive du 21 janvier, d'Argenson précisait à Mauper-tuis : « Vous pourrez décider de votre retour quand vous le jugerez à propos. S.M. [Louis XV] vous en laisse le maître. » Cette incidente prouve qu'on ignore à la cour le vrai dessein de Maupertuis : négocier les conditions de son installation à Berlin. L'Académie qu'il doit présider a bien été inaugurée un an plus tôt avec faste, mais l'institution qu'il découvre n'est pas brillante. Il ne peut que confirmer le triste constat d'Euler : « Je me suis bien trompé, écrit ce dernier à Delisle, quand j'ai cru qu'on mettrait la nouvelle Académie sur le même pied que celle de Paris... [Elle] est sur le même pied que la Société ancienne... La plupart des membres n'ont ou nulle pension ou fort peu, car on n'a d'autres revenus... que le débit des almanachs... Je suis le seul à qui le roi donne une pension considérable de sa propre caisse... On s'était proposé de remettre l'Observatoire sur bon

---

1. Lettre du 21 janvier 1745, *ibid.*, p. 92.
2. Lettre de Clairaut au père Jacquier, 10 janvier 1745, *op. cit.*, p. 42 : « M. de Maupertuis est à Berlin, où il est fort bien accueilli du roi de Prusse et des reines ; il y avait été envoyé de Fribourg par le maréchal de Coigny pour donner part de la prise des châteaux de Fribourg. »
3. Réconciliation scellée par la reconnaissance officielle des thèses de Maupertuis dans *La Méridienne de l'Observatoire de Paris*, publiée en 1744.
4. Allusion à la présence de Maupertuis au siège de Fribourg.
5. Lettre du 15 janvier [1745]. Fonds Maupertuis, dossier 83.

pied, mais comme il faudrait faire venir des excellents instruments d'Angleterre, et qu'on ne saurait trouver de bons astronomes pour si peu de gages... Je ne sais pas encore à quel point je puisse espérer dans cette entreprise[1]. »

Maupertuis n'approuve pas la nouvelle forme de l'Académie, mais il compte sur son crédit auprès de Frédéric II pour la modifier et lui donner le lustre qui lui manque. Découragé par l'immobilisme constaté depuis son arrivée à Berlin[2], Euler met tous ses espoirs dans le nouveau venu et dans la fin de la guerre qui monopolise l'attention et les finances royales[3]. Pour s'attacher les services de Maupertuis, le roi n'a lésiné sur rien : la présidence de l'Académie s'accompagne d'une pension de 12 000 livres, de la promesse d'un pouvoir absolu et d'attentions qu'on réserve d'ordinaire aux hôtes les plus distingués. Mais tous les efforts du monarque auraient sans doute été vains sans la passion que nourrit Maupertuis pour Eléonore Katharina von Borck, la fille d'un des quatre curateurs de l'Académie[4].

Cette jeune femme de la noblesse poméranienne est elle-même fille d'honneur de la princesse Amélie, la plus jeune sœur de Frédéric. Sa famille protestante ne peut pas voir d'un bon œil son éventuelle union avec un roturier français et catholique. Maupertuis s'en remet au roi : « Sire, permettez-moi de vous proposer un problème que V.M. seule peut résoudre. Si un philosophe était amoureux, si un simple gentilhomme aspirait à la main d'une fille de la première qualité, si cent difficultés le décourageaient dans ses prétentions, comment devrait-il s'y prendre pour engager son prince à les aplanir ? » Réponse de Frédéric : « Comme vous vous y êtes pris. L'amant doit toujours s'ouvrir à son ami. Je vous remercie de votre confidence. Je demanderai pour vous Mlle de Borck à la reine, ma mère, qui, à

---

1. Lettre du 1ᵉʳ février 1744. Archives de l'Observatoire de Paris. Manuscrits Delisle. T. VIII, n° 105.
2. En juillet 1741.
3. Lettre d'Euler à Cramer, 6 juillet 1745. B.P.U., Ms. Suppl. 362, f. 1 et 2.
4. Il s'agit de Caspar Guillaume von Borck, nommé avec ses trois collègues à l'Académie en 1743, et ministre d'Etat. Nous ignorons quand et comment Maupertuis s'éprit d'Eléonore.

son tour, en fera la demande à ses parents. Je suis si charmé d'un établissement qui vous fixe auprès de moi, que je ne vous ferai point la guerre sur votre passion[1]. » La famille d'Eléonore s'incline devant la volonté du souverain et Maupertuis peut rentrer à Paris demander son congé à Louis XV, et la bénédiction de son père.

Les préparatifs de départ

De retour en France le 3 avril 1745 en compagnie du chevalier de Courten[2], Maupertuis veut régler au plus vite et au mieux les conditions de son départ. Côté cour, le roi se montre on ne peut plus bienveillant. Dès le 15 avril, il lui donne l'autorisation officielle de s'installer en Prusse et précise : « S.M. a déclaré, veut et entend que ledit sieur Moreau de Maupertuis continue de jouir des biens et revenus patrimoniaux qu'il peut posséder dans le royaume, comme aussi qu'il puisse, ainsi que les enfants qui pourraient naître de lui en légitime mariage, recueillir les biens qui lui échoiraient à l'avenir[3]. » On ne pouvait rêver mieux pour ménager l'avenir. La nouvelle est publique à Paris le 21 avril[4] et Frédéric, heureux de la bonne volonté de Versailles, lui écrit de l'armée : « La renommée... est venue de Paris ici, à Camenz,

---

1. Ces deux billets publiés par La Beaumelle, *op. cit.*, pp. 234-235, sont datés de 1744. Il est plus probable qu'ils aient été écrits vers janvier ou février 1745, s'ils ne sont pas apocryphes, comme il a été dit. La dernière phrase de Frédéric renvoie à sa misogynie bien connue : il détestait la compagnie des femmes.

2. Le chevalier de Courten, chambellan de l'empereur Charles VII, avait été désigné par Versailles pour aller à Berlin se concerter avec le roi de Prusse sur les opérations de la prochaine campagne militaire. Il avait quitté Paris en janvier 1745. *Mémoires du duc de Luynes*, *op. cit.*, vol. VI, pp. 269-270 et 387.

3. Desnoiresterres, *Voltaire à la cour*, p. 35, note 1. L'allusion à sa descendance légitime excluait du même coup de sa succession son fils naturel, et laisse penser qu'il avait confié au roi ses projets de mariage en Prusse.

4. Le *Journal historique* (à Mme de Souscarrière) annonçait dès le 10 avril 1745 que « Maupertuis a déclaré à M. le comte de Maurepas que le roi pouvait disposer des places qu'il avait en France ; qu'il allait en Prusse pour y rester, que le roi de Prusse lui donnait 12 000 livres de rente et le logeait ». Le 21 avril, il signale : « M. de Maupertuis a obtenu un brevet du roi qui lui permet de demeurer en Prusse tant qu'il voudra sans perdre les droits de naturalité. » B.N., Ms. Fr. 13 701, f. 54 et 63.

pour m'apprendre de quelle façon vous vous y êtes pris pour obtenir de votre souverain la permission de transporter votre domicile à Berlin. Le roi de France a tant d'avantages sur moi ! Mais j'aurai donc celui de vous posséder[1]. »

Du côté de M. de Maupertuis père, l'atmosphère est bien différente. Il ne cache pas la tristesse que lui cause le départ de son fils, ni son affliction à l'idée qu'il épouse une luthérienne. Il diffère son consentement au mariage et consulte divers docteurs en théologie sur ce cas de conscience. En vain : il n'y a aucune solution totalement satisfaisante. La résistance paternelle culpabilise le fils qui finira néanmoins par passer outre, non sans peine.

Enfin, du côté des amis et relations, ce ne sont que récriminations et désapprobations. Agacé, Maupertuis confie à Jean II : « Je compte partir dans cinq ou six semaines. Et ce sera le plus tôt que je pourrai, car, depuis mon retour, je n'ai eu ici que reproches et combats à essuyer. Tout le monde m'a blâmé de quitter la France, où ma situation était fort agréable, pour un pays fort différent et où, quelques avantages que je trouve, ils ne paraissent pas avoir la même sûreté ; mais j'ai calculé de mon mieux[2]... » Tous pensent qu'il commet une folie. Ceux qui l'aiment s'en désolent. Les autres en sont confortés dans leur antipathie envers lui. Voltaire, plus ou moins indifférent, se contente de cette réflexion laconique : « M. de Maupertuis quitte la France pour Berlin... M. de Maupertuis a de la santé[3]. » Clairaut feint aussi l'indifférence quand il annonce la nouvelle à Cramer : « La grande nouvelle scientifique ici, c'est le départ de M. de Maupertuis qui est revenu de Berlin pour demander son congé en France ; il s'établit en Prusse en qualité de président de l'Académie de Berlin avec 12 000 livres d'appointements[4]. » Mais on devine l'ironie et une vague condescendance sous l'apparent détachement du ton. L'abbé du Resnel dit plus franchement :

---

1. Lettre de fin avril ou début mai 1745, citée par La Beaumelle, *op. cit.*, p. 236.
2. Lettre du 28 mai 1745. BEB, LIa. 708, f. 94.
3. Lettre au marquis de Valory, ambassadeur de France à Berlin, 1er mai 1745 (Best. D 3209).
4. Lettre du 27 avril 1745. *Op. cit.*, p. 221.

« Voilà donc un géomètre aussi fou qu'un poète... Je n'avais pas besoin de cette extravagance pour penser de lui comme tout Paris en pense à présent[1]. » L'abbé Le Blanc conclut qu'il « regrettera plus la France qu'il n'y sera regretté[2] ».

Dans son ensemble, l'Académie des sciences juge sévèrement ce qu'elle considère comme une désertion, voire une trahison. Dans l'*Eloge* qu'il lui consacrera quinze ans plus tard, Fouchy reviendra sur ce départ en Prusse avec si peu d'indulgence qu'on est en droit de penser qu'il fit à l'époque scandale : « La sévérité du ministère que j'ai l'honneur d'exercer en ce moment ne me laisse pas la liberté d'applaudir cette démarche ; il eût mieux fait sans doute de continuer à rendre à son roi et à sa patrie des services qui y étaient reconnus, honorés et récompensés ; et l'Académie est trop instruite des devoirs d'un sujet envers son prince et d'un citoyen envers sa patrie pour proposer cette conduite comme un modèle à imiter[3]. » Même si Fouchy tente d'excuser la démarche de Maupertuis en invoquant sa passion pour Eléonore, on a rarement vu condamnation aussi nette dans un *Eloge*. Preuve qu'on n'avait jamais pardonné à Maupertuis d'avoir préféré un autre pays au sien.

Maurepas, qui l'aime bien, n'est pas loin de penser de même. Aux dires mêmes de l'expatrié, le ministre l'a « persécuté[4] » sur son départ. Que l'on puisse préférer la Prusse à la France, une académie vieillotte à celle de Paris, et le roi de Prusse à Louis XV, est vexatoire – donc inadmissible. L'offense ne sera pas pardonnée de sitôt. Maupertuis en est bien conscient quand il confie à Jean II Bernoulli : « Je n'ai pris aucune précaution

---

1. Lettre de Du Resnel à Cideville, ce jour de Pâques 1745. B.M. de Rouen, Papiers Le Cornier, Ms. C. 31.

2. Lettre du 3 juillet 1745 au président Bouhier, *op. cit.*, p. 387. Un correspondant inconnu écrit au comte de Sade le 30 avril, du siège d'Ypres : « Il est vrai que Maupertuis va s'établir à Berlin président de l'Académie des sciences avec 12 000 livres d'appointements. L'on me mande qu'il a arboré un habit à la prussienne et qu'il croit faire grâce de parler encore français ; il a si bien fait que personne ne le regrette et que l'on a encore plus d'impatience que lui de le voir partir. » *Bibliothèque Sade*, t. I, *Le Règne du père*, sous la direction de Maurice Lever, Fayard, 1993, p. 320.

3. *H.A.R.S.*, année 1759, p. 494.

4. Lettre à Frédéric du 10 avril 1746. La Beaumelle, *op. cit.*, p. 295.

contre les changements, et ne me suis réservé aucun retour dans ce pays-ci ; cela n'a pas été possible par le mécontentement que le ministre a eu de ma démarche, quoique faite de toutes les manières les plus respectueuses. Mais on m'a fait l'honneur de mettre beaucoup d'humeur dans cela, et j'ai vu le moment qu'on me refuserait ce que l'on n'a jamais refusé à personne. On m'a flatté, on m'a menacé, on est venu à me donner tous les dégoûts possibles[1]. »

Ses meilleurs amis aussi ont tenté de le retenir en lui répétant toutes les raisons qu'il avait de rester à Paris. Montesquieu pense qu'on s'ennuie à mourir à Berlin. Il écrit à Mme de Tencin que Maupertuis est un fou : « J'aimerais mieux être condamné à manger tous les jours avec le poète Roy, qu'à souper une seule fois avec le Roi-poète [de Prusse][2]. » Et quand Maupertuis s'embarque à Rouen pour Hambourg, il a ce mot éloquent : « Il vaudrait autant être noyé ; un homme qui s'ennuie à Paris doit s'ennuyer ailleurs[3]... » De son côté, Mme du Châtelet se dit fâchée de ce départ[4], et Buffon, qui a de l'affection pour lui, écrit à Jallabert : « M. de Maupertuis nous quitte en effet... Je suis de ses intimes amis et je le blâme beaucoup, et j'en suis très affligé[5]. » Mme du Deffand et le président ont mis tout leur poids dans la balance pour le retenir. Plus tard, quand elle voudra le convaincre de son indéfectible amitié, celle-là lui rappellera qu'elle a vivement condamné son départ[6]. Et celui-ci lui écrira : « Vous savez tout ce que ma vaine éloquence a tenté pour vous faire abandonner une entreprise si décisive. Mon cœur vous parlait alors, et en vérité c'était au nom d'un grand nombre d'amis que vous laissiez ici[7]. »

---

1. Lettre du 16 juin [1745]. BEB, LIa. 708, f. 95.
2. Anecdote rapportée par J.-B. Michault dans une lettre au président Bouhier, du 19 juin 1745. *Correspondance littéraire du président Bouhier*, vol. 5, p. 141.
3. Lettre à Mme Dupin [mi-juillet 1745]. *Le Portefeuille de Mme Dupin, op. cit.*, p. 433.
4. Lettre à Cramer, 8 mai 1745 (Best. D 3114).
5. Lettre du 2 août 1745. *Revue d'histoire littéraire de la France*, t. 8, 1901, p. 654.
6. Lettre du 13 août 1747. *Les Correspondantes de Maupertuis, op. cit.*, p. 24.
7. Lettre du 25 octobre 1750 (Best. D 4249).

Derniers échos parisiens

Pendant les trois mois que durent les préparatifs de son départ, Maupertuis ne participe plus aux séances de l'Académie des sciences[1]. Présent ou absent à l'assemblée publique du 28 avril 1745[2], il n'a pu ignorer l'importance que celle-ci a revêtue : elle a marqué le triomphe d'un ami, La Condamine, et celui d'un ennemi, l'abbé Nollet.

Rentré en France le 23 février 1745, huit mois après Bouguer, de leur périple à l'Equateur, La Condamine découvre avec chagrin que son collègue ne l'a pas attendu pour exposer leurs travaux communs. Il décide donc, pour sa première intervention publique, de relater sa descente du fleuve Amazone depuis Quito jusqu'au Para, avec ses observations en matière de géographie, de physique, d'histoire naturelle, des coutumes et mœurs des populations. Devant un public nombreux, avide de pittoresque, La Condamine trace la carte du fleuve et s'attarde longuement sur la question qui passionne : l'existence ou non des fameuses Amazones, ces femmes belliqueuses qu'Orellana[3] prétendait avoir rencontrées et combattues deux siècles plus tôt. La Condamine ne les a pas vues, mais, après enquête, il conclut qu'elles ont peut-être changé de région, ou plus vraisemblablement qu'elles ont perdu avec le temps leurs anciens usages. Après trois quarts d'heure de lecture, La Condamine demande à se reposer[4]. Il cède la place à l'abbé Nollet avant de reprendre la parole pour évoquer ses découvertes sur les flèches empoisonnées, les principales plantes de la région (dont le quinquina), les animaux locaux (en particulier le crocodile), et surtout l'inoculation de la petite vérole pratiquée avec succès au Para. Enfin, il termine sa

---

1. En revanche, il assiste aux séances de l'Académie française des 22 avril, 5 juin et 8 juillet 1745.
2. Les procès-verbaux de l'Académie ne mentionnent pas les présents comme pour les séances ordinaires.
3. Explorateur espagnol du XVIe siècle qui sillonna les régions à l'est de la cordillère des Andes et atteignit l'Amazone, dont il descendit le cours jusqu'à l'Atlantique.
4. *Journal historique* (à Mme de Souscarrière). B.N., Ms. Fr. 13 701, f. 68.

lecture par l'exposé rapide de ses expériences géodésiques à Cayenne[1].

Parmi le public enthousiaste se trouve le journaliste du *Mercure*, qui prend de nombreuses notes en vue de l'article qu'il doit rédiger. C'est Diderot[2], qui a déjà rendu compte de la lecture de Bouguer à l'assemblée publique précédente (le 14 novembre 1744) et qui doit faire de même pour celle de l'abbé Nollet. L'exposé en deux temps de La Condamine et le succès qu'il a remporté ne portent aucun ombrage à l'intervention de l'abbé sur les *Causes de l'électricité*. Bien au contraire, jamais le sujet ni l'auteur n'ont été plus à la mode. L'article du *Mercure* s'en fait l'écho : « Les phénomènes de l'électricité se multiplient de jour en jour, et deviennent de plus en plus admirables : feu M. Du Fay[3] avait rempli huit Mémoires de tout ce qui concerne cette matière [et] semblait l'avoir épuisée... Cependant, en partant de l'endroit où il est resté, on est allé plus loin, et nous voyons aujourd'hui des merveilles que ce savant et ingénieux académicien aurait bien voulu voir ; après nous aussi, on en verra d'autres qui nous auront échappé[4]. »

En concluant que les faits expliqués par Nollet étaient « les plus considérables en cette matière », le *Mercure* ajoutait sa pierre à la réputation déjà grande de l'abbé. Quelques mois plus tôt, il s'était fait l'écho du succès de son cours de physique expérimentale, suivi par plus de deux cents femmes[5]. La délicieuse

---

1. Sur le chemin du retour en Europe, La Condamine s'était arrêté six mois à Cayenne, du 25 février au 22 août 1744. Il avait voulu refaire les expériences du pendule de Richer et déterminer la longitude de Cayenne pour établir une carte plus précise. Là-bas, il s'était lié avec le médecin naturaliste Jacques-François Artur et avec l'ingénieur François Fresneau, qui découvrira l'usage du caoutchouc.

2. Selon J. Th. De Booy, c'est Diderot, collaborateur occasionnel du *Mercure*, qui rédigea les comptes rendus de Bouguer, La Condamine et Nollet. *Cf.* Diderot, *Ecrits inconnus de jeunesse*, t. I, pp. 447-465, et t. II, pp. 69-106 et 195-209. Les articles parurent respectivement dans le *Mercure* de novembre 1744 (2e vol.), pp. 45-78, août 1745, pp. 99-116, et octobre 1745, pp. 19-37.

3. L'abbé Nollet avait commencé sa carrière scientifique comme assistant de Du Fay.

4. *Mercure*, octobre 1745, p. 19.

5. *Mercure*, février 1745 (1er vol.), pp. 114-115.

heure de gloire avait sonné pour le modeste assistant de Du Fay et de Réaumur depuis qu'il avait été appelé à Versailles pour y donner des cours de physique à la famille royale. Fin 1743, il a commencé à dispenser ses leçons au Dauphin ; dès janvier 1744, il constate : « Elles lui paraissent trop courtes quand elles ne durent que deux heures ; je ne passe pourtant pas légèrement sur les principes... Je commence à m'apercevoir que ma personne ne lui déplaît pas[1]. » Six mois plus tard, Nollet a tout lieu de se féliciter : « J'ai été extrêmement content des caresses et des considérations que j'ai reçues à la cour ; M. le Dauphin a très bien pris ses leçons de physique pendant six mois. La reine et Mesdames ont vu mes expériences avec plaisir et grand nombre de fois ; toute cette besogne m'a valu une assez belle boîte d'or, quelques livres[2]..., 4 000 livres de gratification et une pension annuelle de 1 000 livres sur la cassette du Dauphin ; on me flatte d'un bénéfice, mais quand viendra-t-il[3]... ? »

L'abbé a laissé un si bon souvenir à Versailles qu'il doit y retourner au début de l'été 1745, pour y donner cette fois des cours de physique à la Dauphine[4]. Retenu à la cour jusqu'à la fin de l'année[5], il gémit qu'il ne peut plus travailler et terminer son quatrième volume des *Leçons de physique*. Mais ce séjour est une aubaine pour lui. Il a à sa disposition les soldats de Sa Majesté, sur lesquels il peut refaire les expériences de Leyde : il électrise ainsi vingt à trente individus d'un coup[6], à la plus grande joie des spectateurs, et acquiert une célébrité rarement

---

1. Lettres à Jallabert des 1er et 23 janvier 1744, *op. cit.*, pp. 112 et 114.
2. Il s'agissait du *Recueil des mémoires de l'Académie des sciences*, soit plus de 80 volumes reliés, et de l'*Histoire ecclésiastique* de l'abbé Fleury.
3. Lettre à Jallabert de juin 1744, *op. cit.*, pp. 115 et 117.
4. Lettre de Réaumur à Bonnet, 27 juin 1745, qui évoque les leçons de Nollet à la Dauphine. B.P.U., Ms. Bonnet 42 (n° 33). Le 19 juillet, Nollet précise à Jallabert (pp. 120-121) qu'il lui donne trois leçons par semaine, qui le tiennent à Versailles avec tous ses instruments.
5. Lettre de Nollet à Jallabert du 24 décembre 1745, *op. cit.*, p. 135.
6. Lettre de Nollet à Jallabert du 19 juillet 1745, *ibid.*, p. 131. Nollet disposait sur des chaises plusieurs dizaines de personnes qui se tenaient la main. En administrant une décharge d'électricité au premier, chacun à son tour ressentait une secousse, jusqu'au dernier.

atteinte. Simultanément, l'Académie discute ses démonstrations avancées en assemblée publique, et il peut afficher sa satisfaction : « Les esprits se rendent et je demeure en possession de ce que j'ai avancé[1]. » Comble de bonheur : la cour lui attribue l'appartement du Louvre de feu le sculpteur Coustou[2].

Tant d'honneurs pour un collègue qui le hait ne peut pas faire plaisir à Maupertuis. Pas plus que la punition infligée à sa vieille connaissance, l'abbé de Gua : pour avoir polémiqué trop vivement avec le médecin anatomiste Ferrein[3], soutenu par Camus, Maurepas l'a rétrogradé, le 3 juin 1745, au statut d'adjoint géomètre vétéran. Deux versions circulent sur cette mesure humiliante.

Il y a celle, amicale, de Condorcet qui affirme que de Gua a sollicité lui-même ce titre d'adjoint vétéran : « Dans une discussion élevée à l'Académie entre lui et un de nos anciens confrères, il eut le malheur de montrer une vivacité... que la Compagnie ne put s'empêcher de désapprouver. Quelque temps après, il se présenta pour une place d'associé alors vacante ; un autre lui fut préféré, et par une délicatesse exagérée, sans doute, M. l'abbé de Gua crut devoir solliciter la vétérance avec le titre dans lequel il lui paraissait que ses confrères voulaient le confiner. Il lui en coûta pour relâcher ainsi les liens qui l'unissaient à un corps auquel il était attaché avec la force que son caractère donnait à toutes ses affections, et cette espèce de séparation, qui cependant n'était pas absolue, fut à la fois une perte pour les sciences et un malheur pour lui[4]. »

Son adversaire Ferrein faisait circuler une autre version qu'un de ses élèves, le Genevois Le Sage, rapporte ainsi à Cramer : « M. l'abbé de Gua a été dégradé de la qualité de membre de l'Académie à celle de simple associé [?], et cela, pour avoir déclaré plusieurs fois qu'il avait la démonstration de certaines

---

1. *Ibid.*, p. 122.
2. *Mémoires du duc de Luynes*, t. VII, p. 238, mercredi 2 mars 1746.
3. De Gua avait lu en mars 1744 une réponse au mémoire de Ferrein sur la résistance des tuyaux cylindriques. Camus lui avait répondu en mai, et Ferrein en juillet.
4. *Eloge de l'abbé de Gua*, in *Œuvres* de Condorcet, t. III, p. 247.

choses qu'il avançait et n'avoir pas été en état de la donner quand on l'en a requis. M. Ferrein, notre professeur, se vante d'avoir été le principal mobile de cette expulsion[1]. »

Quelle que soit la version retenue, c'est bien le mauvais caractère de l'abbé qui lui a valu cet affront. Après son passage à la vétérance, il ne vint plus que fort rarement à l'Académie durant les années qui suivirent[2]. Un peu à l'instar de Maupertuis, il s'exila de l'institution, faute d'être reconnu à sa juste valeur par ses pairs.

Avant de quitter la France, Maupertuis dut conseiller à d'Alembert de concourir pour le prix de l'Académie de Berlin qui devait être attribué en 1746[3]. Le hasard – ou Maupertuis lui-même lors de son dernier séjour à Berlin – avait bien fait les choses : le sujet du prix convenait parfaitement à d'Alembert. Le *Journal des savants* publia la question dès le mois de mai 1745 : « Déterminer l'ordre et la loi que le vent devrait suivre si la Terre était environnée de tous côtés par l'Océan... » Il fallait adresser les mémoires avant le 1er avril 1746, et le jugement serait rendu le 31 mai suivant[4].

Les prix des Académies étaient de bonnes occasions de briller et de se faire connaître du monde savant. Le Sage, étudiant contre son gré la médecine à Paris, a pensé se mettre sur les rangs, mais il n'est pas de taille. Pour s'en excuser, il déclare que le sujet est mathématiquement impossible à traiter en l'état des connaissances : « Le calcul conduira à des équations que les algébristes d'à présent ne savent pas résoudre... Si j'avais voulu le traiter dans les formes, dit-il à son père, j'aurais perdu un temps que je

---

1. Lettre de Paris, 26 février 1746. British Library, Ms. Add. 23 899, f. 48-49.

2. Trois fois en 1745 ; quatre fois en 1746 ; deux fois en 1747, et quatre fois en 1748 et 1749.

3. Le premier concours avait eu pour sujet l'électricité, et le prix avait été accordé en 1745 à un conseiller de Cassel, Waitz.

4. Pp. 213-214, à la rubrique des « Nouvelles littéraires de Berlin ». Moins rapide, le *Mercure* ne publie l'invite aux savants de tous pays que dans son numéro d'octobre 1745, pp. 133-136. Il précise que le prix est de 50 ducats, et que les mémoires peuvent être rédigés en latin, français ou allemand, et que les auteurs (comme c'était déjà l'usage à l'Académie de Paris) ne devaient point se nommer, mais choisir une devise.

dois à la médecine[1]. » D'Alembert, lui, se met au travail dès l'automne. Son mémoire est prêt dès la fin de l'année. Il ne manque plus que les vers adressés à Frédéric pour servir de devise. Probablement encore un conseil de Maupertuis...

Alors que ce dernier est sur le départ[2], Voltaire vient l'embrasser entre une répétition de *La Princesse de Navarre* et un séjour à Champs. Sa vieille amie, Mme du Châtelet, ne cache pas sa tristesse : « La gaieté avec laquelle il nous quitte ne peut me consoler de sa perte. Il nous fait espérer que tant que son père vivra, nous le reverrons de temps en temps[3]. » Même si leur amitié n'est plus ce qu'elle a été, Maupertuis emporte avec lui une partie de sa jeunesse : les folles soirées du Mont-Valérien et les précieuses leçons qui l'ont initiée aux sciences. Depuis dix ans, quel chemin parcouru ! La jeune femme amoureuse qui jadis hésitait entre plusieurs amants a fait son deuil des grandes passions[4]. Il a bien fallu se résoudre à n'être plus que la compagne de Voltaire, qui lui préfère la Gaussin ou sa jeune nièce, Mme Denis. Pour surmonter chagrin et frustration, Emilie s'est jetée dans les études avec la même flamme qu'elle mettait dans l'amour. Résultat, elle peut maintenant prétendre au rare titre de savante. Ses *Institutions de physique* ont été lues et appréciées par les plus grands. Elles lui ont valu de correspondre avec Wolf, Euler, Musschenbrook, et d'engager de glorieuses polémiques avec Mairan ou James Jurin. Elle a si bien balayé les objections de ce dernier que Cramer lui a fait part de son admiration[5] : « Ne changez donc rien, Madame, au n° 63 des *Institutions*... en faveur de l'Achille de Jurin. Il a péri par les coups

1. Lettre de Le Sage à son père, du 6 septembre 1745, publiée dans le *Mercure* de mai 1746, pp. 44-49.

2. Maupertuis, encore présent à l'Académie française le 8 juillet, dut quitter Paris vers le 10. Il arriva à Berlin une dizaine de jours plus tard.

3. A Jean II Bernoulli, 3 juillet 1745. Lettre 339.

4. Voir son *Discours sur le bonheur*, préface de E. Badinter, Rivages poche, 1997.

5. James Jurin, le médecin de la Royal Society, ayant contesté sa théorie des forces vives, Mme du Châtelet lui avait fait une réponse qui avait emporté l'approbation de Cramer. Ce dernier écrivit à Clairaut en août 1744 : « Elle a raison sur tous les points et le prouve avec beaucoup de force, de netteté et d'élégance. » *Correspondance inédite, op. cit.*, p. 220.

de l'amazone de Cirey. Il a péri sans espoir de retour[1]. » Mme du Châtelet est si fière de l'approbation du Genevois qu'elle demande au père Jacquier de la publier dans un journal italien, et à Cramer la permission d'en faire usage pour une future réimpression de son livre[2].

Alors que Maupertuis a mis ses ambitions scientifiques de côté pour courir vers Eléonore, Mme du Châtelet récolte enfin les fruits de ses austères travaux. L'année 1745 sonne son heure de gloire. D'abord, elle a le bonheur de se voir compter parmi les dix savants vivants les plus célèbres de l'époque. C'est la *Décade* d'Ausbourg[3] qui publie son éloge et son portrait à côté de ceux du grand Haller et de l'illustre mathématicienne Laura Bassi[4], de l'université de Bologne. En outre, grâce à l'intervention du père Jacquier, elle sait qu'elle va bientôt être membre de l'Institut de Bologne[5]. Enfin, consécration suprême, l'abbé Nollet fait retentir son nom de la façon la plus flatteuse au sein même de l'Académie des sciences : le 24 juillet 1745, voulant montrer que le feu et l'électricité sont issus du même principe, il s'appuie sur son mémoire de 1738 pour élaborer sa théorie[6].

Hélas, Maupertuis n'est plus là pour entendre l'hommage rendu à sa plus brillante élève : il est déjà arrivé à Berlin où l'ont mené « l'orgueil, la vengeance et l'amour[7] ».

---

1. Brouillon de lettre de Cramer à Mme du Châtelet, août 1744. B.P.U., Ms. Fr. 657, f. 11-12.
2. Lettre de Mme du Châtelet à Cramer, 8 mai 1745 (Best. D 3114).
3. « Recueil des portraits des savants les plus célèbres qui vivent aujourd'hui », par M. Bruker, de l'Académie de Berlin, 5e *Décade*, Ausbourg, 1746. Le *Journal de Trévoux* en fait un compte rendu en décembre 1746, pp. 2513-2532. Mais Mme du Châtelet avait reçu la *Décade* dès 1745. Voir sa lettre à Jean II Bernoulli du 9 mars 1745 (n° 337).
4. Née en 1711, Laura Bassi avait été reçue docteur en philosophie et donnait des leçons publiques en latin à l'université de Bologne. Elle était membre de l'Académie de Bologne.
5. Sa nomination, annoncée en 1745, ne fut effective qu'en 1746.
6. Procès-verbaux de l'Académie des sciences, p. 202.
7. Lettre de Maupertuis à Jean II Bernoulli, 22 octobre 1746. BEB, LIa. 708, f. 101.

Triomphant à Berlin, humilié à Paris

Maupertuis a quitté Paris sans faire la moindre confidence sur son prochain mariage. Seule sa famille est au courant. D'où la surprise de tous ses amis quand il leur apprend qu'il s'est fiancé avec Eléonore, le 25 août[1], un mois à peine après son arrivée à Berlin. On comprend mieux alors les raisons de son départ : « On marque, rapporte Mme du Châtelet, qu'il va se marier à Mlle de Borck qui est une fille de la reine ; ainsi, c'est l'amour qui nous l'enlève[2]. » Maurepas est vexé de ne pas avoir été prévenu officiellement avant tout autre, et d'avoir appris la nouvelle par hasard. La duchesse d'Aiguillon félicite le fiancé assez froidement et profite de l'occasion pour lui annoncer avec force détails le mariage d'une de ses anciennes maîtresses, Lisa ; elle conclut avec quelque perfidie : « Je souhaite qu'elle soit heureuse et que vous soyez content de la façon dont je m'acquitte du dépôt que vous m'aviez remis[3]. » Plus chaleureuse, Mme de Rochefort lui écrit : « Votre lettre m'a fait le plus grand plaisir du monde. Vous voilà donc heureux et parfaitement heureux. Je suis seulement fâchée que ce soit loin de nous. Je vois tous les avantages de Mlle de Borck quand vous ne me les auriez pas déduits... Je me suis rappelé que vous m'aviez souvent parlé d'une demoiselle de la reine, d'une figure singulière et piquante, et dont l'esprit vous surprenait toujours[4]. » Plus mondaine, la princesse de Talmont évoque les compliments du roi de Pologne à l'égard d'Eléonore :

---

1. D. Beeson se trompe lorsqu'il affirme (*op. cit.*, p. 144) que Maupertuis s'est marié à cette date. Il ne s'agit que des fiançailles. Le mariage n'aura lieu que le 28 octobre suivant.

2. Mme du Châtelet à Jean II Bernoulli, 19 septembre 1745. Lettre 344. Le 8 novembre suivant, elle écrit au même : « Le motif de Maupertuis est bien fait pour le faire excuser, d'autant qu'il a fait un mariage très honorable quoique peu lucratif... Il m'a écrit pour m'en faire part, et me paraît très heureux. » Lettre 346.

3. Lettre de Mme d'Aiguillon, le 26 [septembre 1745]. B.N., Ms. n.a.f. 10 398, f. 72-74. La dénommée Lisa pourrait être la femme de chambre de la duchesse.

4. Lettre du 5 octobre [1745]. B.N., Ms. n.a.f. 10 398, f. 134-135. Ce souvenir de la comtesse de Rochefort donne à penser que Maupertuis avait connu Eléonore lors de son premier séjour à Berlin.

« Il m'a chargée de vous faire à l'un et à l'autre son compliment. Il prétend que c'est un peu hardi à vous d'avoir épousé une personne qui lui a plu[1]. » Mme du Deffand l'interroge sur les circonstances et les détails de son bonheur[2]. Seule la duchesse de Chaulnes, avec laquelle il a rompu récemment, observe un silence qui durera deux ans.

Nul doute que Maupertuis est très épris d'Eléonore et que la chose n'échappe à personne, pas même à Frédéric. Toujours à la guerre, le souverain lui écrit lettre sur lettre pour se moquer gentiment de lui : quoi ! un philosophe qui cède aux passions ! « Vous qui êtes amoureux et qui connaissez par conséquent l'empire des passions[3]... » Le 10 octobre, à l'approche du mariage prévu pour le 28 du mois et qui doit être suivi d'une grande fête chez la reine mère, Frédéric espère être à Berlin « pour voir les myrtes de Cypris ombrager la tête d'un philosophe que l'Europe admire. Mon amour-propre applaudit aux faiblesses des grands génies. Je vois avec complaisance la métamorphose d'un enfant d'Uranie en Céladon[4] ». Sous les félicitations perce l'ironie du cynique. Le roi homosexuel n'a que mépris pour les femmes et l'amour conjugal. En outre, il n'entend pas qu'un de ses proches puisse lui préférer qui que ce soit. En bon courtisan, Maupertuis prend les devants : « J'espère convaincre Votre Majesté [que] je ne regarderai jamais l'épouse la plus chérie que comme une ressource pour les moments où il ne me sera pas permis d'être à vos pieds[5]. » Pas dupe, le monarque se montre cinglant : quand les philosophes sont amoureux, « ils deviennent incapables de toute autre chose, et cependant ils ont de la peine à confesser leur flamme ; ils travestissent leur passion... Soyez, je vous prie, un peu faible avec nous ; vous en serez plus aimable, et Mlle de Borck plus glorieuse... Je suis très flatté de la façon dont vous

---

1. Lettre du 25 novembre [1745]. *Ibid.*, f. 100-101. Marie-Louise Jablonowska, princesse de Talmont, était la cousine germaine de Stanislas.
2. Lettre du 18 avril [1746]. In *Les Correspondantes de Maupertuis, op. cit.*, p. 16.
3. Lettre du 26 septembre 1746. La Beaumelle, *op. cit.*, p. 242.
4. Lettre du 10 octobre 1745. *Ibid.*, p. 245.
5. Lettre du 17 octobre 1745. *Ibid.*, p. 247.

vous exprimez sur mon sujet. Mais je doute qu'aucun roi puisse tenir devant une maîtresse[1] ». Piqué, Maupertuis plaide avec chaleur la cause des passions[2] et du désir. Frédéric lui répond : « Je vois à votre éloquence que vous êtes amoureux, et très amoureux. Vous êtes si ingénieux à trouver des raisons pour justifier votre passion[3] !... Jouissez de tous les plaisirs des sens après avoir si bien joui de ceux de l'esprit, et que les liens qui vont vous unir à l'autel de l'amour soient resserrés sous les auspices des destins prospères de Vénus et de Priape. Ce sont les vœux que fera pour vous, le 28e de ce mois, votre très affectionné ami[4]. »

L'affaire est entendue : Don Juan est pris au piège de l'amour[5], et ce n'est pas une toquade. Mme du Châtelet, qui le connaît bien, s'en étonne. Trois mois après son mariage, elle remarque : « Il me semble que l'enchantement de M. de Maupertuis pour la Prusse et pour sa femme continue[6]. » Propos confirmé par l'intéressé lui-même, qui s'épanche auprès de son ami de Bâle : « Parlons d'amour ; je suis toujours, mon cher ami, charmé de ma situation, et elle est en effet charmante. Le roi et les reines me comblent tous les jours de mille bontés, et la plus grande de toutes, c'est de m'avoir donné une femme qui fait le bonheur de ma vie et qui me rend ma maison plus agréable encore que la cour. Nous sommes cependant bien plus souvent à

---

1. Lettre du 18 octobre 1745. *Ibid.*, p. 249.

2. Lettre du 23 octobre 1745 : « S'il fallait même opter entre les passions et la philosophie, je ne sais lequel il faudrait prendre. La philosophie console des biens que l'on ne peut avoir ; les passions font croire qu'il y a des biens et qu'on peut les posséder, ce qui n'est pas un petit avantage. » *Ibid.*, p. 249.

3. Lettre du 26 octobre 1745. *Ibid.*, p. 252.

4. Lettre du 27 octobre 1745. *Ibid.*, p. 260. [La Beaumelle l'a datée à tort du 29 octobre, après la date du mariage. La copie de cette correspondance, aux Archives municipales de Saint-Malo, indique le 27 octobre, ii, 24, f. 5v°-6r°.]

5. Ironie du sort : une des deux Lapones se maria au même moment, moyennant 10 000 livres de rente. *Cf.* Mme du Châtelet à Jean II Bernoulli, 12 septembre 1745. Lettre 349.

6. Mme du Châtelet à Jean II Bernoulli, 3 février 1746. Lettre 354.

la cour qu'à la maison, nous sommes communément huit et dix jours sans pouvoir nous trouver à dîner tête à tête[1]. »

En dépit de ses problèmes de santé[2], Maupertuis n'a jamais semblé aussi heureux. Comblé par l'amour, il l'est aussi par la considération générale qu'on lui porte. Outre le roi et les reines qui mettent tout en œuvre pour le charmer, il est reçu partout comme un personnage de marque. La comtesse de Bentinck s'en fait l'écho quand elle lui écrit non sans emphase : « L'Allemagne est vengée, Monsieur. Elle l'emporte enfin. Et ce qu'elle acquiert [c'est-à-dire lui, Maupertuis] la dédommage de toutes les préférences dont sa rivale [la France] avait joui. Vous êtes à nous, Monsieur, vous devenez notre patriote, vous nous apportez la lumière, la vérité et le bonheur. Nous allons devenir respectables à l'Europe entière[3]. »

Les pensions pleuvent[4] sur lui, ou plus exactement leurs promesses... Les honneurs et l'argent s'accompagnent de l'octroi d'un pouvoir dont il a toujours rêvé. Comme prévu, l'Académie de Berlin telle qu'elle a été « rétablie » ne lui convient pas. Il le dit sans détour à Frédéric : « Je vois beaucoup de contradiction et de mécontentement dans la manière dont cette Compagnie est administrée... Je ne puis remédier à rien... jusqu'à ce que V.M. m'ait fait expédier la patente pour la place de président. » Puis il explique que les curateurs, ministres ou généraux ont trop de pouvoir sur les gens de lettres pour susciter l'émulation, et que ceux-ci ne peuvent obéir qu'à l'un de leurs pairs. Il refuse lui-même de subordonner sa position à celle des curateurs et demande « tout ce qui pourra me donner de la considération et

---

1. Lettre du 9 avril [1746]. BEB, LIa. 708, f. 97-98.

2. Mme du Châtelet à Jean II Bernoulli, 8 janvier 1746 : « On ne parle pas bien de la santé de Maupertuis » (lettre 352). Maupertuis était rentré du Pôle avec des problèmes pulmonaires. Le 28 mai 1745, il écrivait à son ami qu'il avait constamment de la fièvre (lettre 70). Enfin, le 12 juin 1747, il lui déclare craindre l'hiver à venir, car « j'ai l'expérience de deux hivers où j'ai été à deux doigts de la mort ». BEB, LIa. 708, f. 101.

3. Lettre du 6 septembre 1745. In *Une femme des Lumières*, op. cit., p. 36.

4. En sus de la pension de 12 000 livres négociée avant son arrivée à Berlin, le roi lui avait accordé dès octobre 1745 une pension de 1 300 écus sur l'abbaye de Saint-Matthieu de Breslau. Mais, des paroles aux actes... Trois mois après son installation à Berlin, la pension de 12 000 livres n'était toujours pas payée !

le crédit nécessaire pour le bien de l'Académie[1] ». Frédéric l'approuve : le 1er février 1746, il charge officiellement Maupertuis d'« exercer la présidence dans toute son étendue[2] ». Il fait dépendre les curateurs du président perpétuel, à la fonction duquel il confère plus de lustre encore en lui décernant une décoration accordée habituellement au seul mérite militaire. Il révise les statuts de l'Académie avant de l'installer officiellement lors de son assemblée générale du 27 juin. Maupertuis peut savourer son triomphe. Le règlement stipule en effet : « M. de Maupertuis aura la présidence, indépendamment des rangs, sur tous les académiciens honoraires et actuels, et *rien ne se fera que par lui*, ainsi qu'un général gentilhomme commande des ducs et des princes dans une armée sans que personne s'en offense... Le président aura autorité de dispenser les pensions vacantes aux sujets qu'il jugera en mériter, d'abolir les pensions, et d'en grossir celles qui sont trop minces, selon qu'il le jugera convenable[3]. »

Enfin, dernier objet de satisfaction et non des moindres : Euler rend hommage à son cher « principe de moindre action[4] » qu'on avait traité avec tant de dédain à Paris... A Paris où, en revanche, il est de bon ton d'afficher sa condescendance et même son mépris envers l'expatrié. L'abbé Nollet ne s'en prive pas : « La démarche de M. de Maupertuis est généralement regardée comme une folie. Ce n'est pas la première qu'il ait faite, et ses amis... (supposez qu'il en ait) ne se flattent point que ce soit la dernière. Il l'a sentie, mais trop tard ; l'Académie se trouve débarrassée d'un homme bien incommode ; il est parti avec la mortification

1. Lettre du 15 janvier 1746, *op. cit.*, p. 156.
2. Dans la patente qui le confirme à la présidence de l'Académie, Frédéric prend soin d'ajouter : « Nous voulons qu'il jouisse et profite de toutes les prérogatives, droits, privilèges et immunités attachés à cet emploi, enjoignant à tous ceux à qui il appartient, et en particulier aux curateurs... de le reconnaître dans ladite qualité. »
3. Articles VIII et XIII du Règlement. Ch. Bartholomèss, *Histoire de l'Académie de Prusse*, t. I, 1850, pp. 156-157. Souligné par nous.
4. Lettre d'Euler à Maupertuis, 10 décembre 1745, *op. cit.*, p. 56.

de ne voir aucun regret qui pussent [*sic*] flatter son impréjustable [?] vanité[1]. »

Beaucoup plus grave que les condamnations d'ordre privé est la décision de l'Académie des sciences, et en premier lieu de son ministre, Maurepas[2], de l'exclure de son sein. S'il était normal qu'il perdît son statut de pensionnaire, il aurait dû passer dans la classe des vétérans. Non seulement cette révocation rompait avec la tradition – l'Académie française, elle, lui conserva son fauteuil –, mais elle intervenait dans un contexte particulièrement humiliant pour lui. En effet, elle fut prononcée quelques jours après celle de Godin, officiellement rayé des effectifs de l'Académie pour avoir choisi de s'installer au Pérou[3], et officieusement pour les malversations dont il s'était rendu coupable durant l'expédition sur l'équateur. Le 25 décembre 1745, Cassini de Thury est nommé pensionnaire à sa place et, le 16 janvier 1746, c'est Mairan qui prend celle de Maupertuis ! Selon David Beeson[4], c'était là la revanche du clan Cassini qui avait profité de la colère de Maurepas. Maupertuis aura beau dire quelques années plus tard qu'il a été insensible à la manière dont le ministre l'a fait exclure, et que bien au contraire il a « pris pour une fortune de se soustraire à la domination de M. de Maurepas[5] », le coup n'en est pas moins très dur pour lui.

Etre ravalé au rang d'un Godin constitue une humiliation qui ne sera pas encore effacée en 1749 : « Il y avait dans l'Académie des sciences, écrira-t-il, un homme déshonoré par toutes les malversations qu'on lui reprochait. Il avait prolongé jusqu'à la dixième année une opération semblable à celle que j'avais

1. Lettre de Nollet à Jallabert, 15 septembre 1745, *op. cit.*, p. 134.

2. Ministre de la Maison du roi, Maurepas, académicien honoraire, exerçait la tutelle ministérielle sur les Académies.

3. Depuis la fin 1743, Godin s'était installé à Lima où il avait obtenu la chaire de mathématiques, moyennant des revenus de 22 000 livres. *Journal historique (à Mme de Souscarrière)*, 28 avril 1745.

4. Maupertuis, *op. cit.*, pp. 133-144. Beeson fait aussi observer que Maupertuis ne sera réintégré à l'Académie des sciences que deux mois après la mort de Jacques Cassini.

5. Lettre de Maupertuis au président Hénault, Berlin [mai 1749]. Bibliothèque de l'Institut, Ms. 2714.

achevée dans seize mois. Il avait mis entre ses compagnons la discorde et la haine la plus implacable. Enfin, honteux et craintif, il était demeuré au Pérou. Ce fut celui-là auquel on m'associa dans la lettre qui ordonnait pour l'un et pour l'autre une égale exclusion[1]. »

L'exclusion de l'Académie est le signal de la disgrâce. Les petits courtisans qui frétillent autour des ministres en rajoutent. Ainsi l'abbé Le Blanc, toujours en quête de places, mouche Maupertuis avec l'arrogance qui doit plaire à Maurepas. Au protégé de Frédéric de Prusse qui l'invite à venir s'installer à Berlin et lui demande ses conditions[2], il répond par une lettre outrageante. Après les compliments d'usage pour le roi-philosophe, il administre à son correspondant une leçon de morale et de patriotisme : « Vous connaissez depuis longtemps ma façon de penser : je tiens à ma patrie et je n'ai de regrets que de ne lui pas être plus utile que je le suis. Je sens toute la perte que nous avons faite en vous, et je vous regarde comme une conquête que ce sage monarque a faite sur la France... Pour moi, Monsieur, en opposant tant que je le puis le courage à l'infortune, je suffis à un état qui ne suffirait pas à d'autres... Je suis Français... et, ce qui me le rend encore plus, c'est l'avantage de vivre sous un prince, [...] dont le règne fait tout à la fois la gloire et le bonheur de la nation française[3]. »

Maupertuis encaisse et se défend : « Je crois y reconnaître le style de quelque ministre [Maurepas] qui, après m'avoir persécuté sur mon départ, me veut encore faire une leçon. Je suis Français autant pour le moins que l'abbé Le Blanc. J'aime encore mon pays. J'aime et respecte mon premier maître... qui n'a point de part aux injustices qu'on m'a faites[4]... »

Le refus de l'abbé Leblanc est révélateur de l'état d'esprit qui règne à Paris vis-à-vis de Maupertuis. A part Voltaire qui cédera

---

1. *Ibid.*
2. Lettre du 15 février [1746]. Archives municipales de Saint-Malo, ii, 24, f. 141r°.
3. Lettre du 10 mars 1746. In *Correspondance de l'abbé Le Blanc, op. cit.,* pp. 388-389.
4. Lettre à Frédéric, 10 avril 1746. La Beaumelle, *op. cit.,* pp. 295-296.

aux sirènes de Frédéric, aucun des grands intellectuels français n'a répondu à l'invitation en Prusse. Invoquant sa cataracte, l'ami Montesquieu – que Maupertuis s'est empressé de faire nommer à son Académie[1] – décline même l'offre d'un voyage à Berlin. Seuls arriveront en Prusse ceux qui cherchent un refuge contre les persécutions, comme La Mettrie ou l'abbé de Prades, ou ceux qui espèrent un état ou une situation qu'ils ne trouvent pas en France, comme Baculard d'Arnaud, Le Guay de Prémontval et quelques autres.

Tout-puissant à Berlin, Maupertuis a brûlé ses vaisseaux à Paris. Son royaume est bien modeste, comparé à celui de la capitale intellectuelle du monde. Mais, en ce début de 1746, il s'en moque : pour la première fois de sa vie, c'est un homme comblé d'honneurs, d'argent et d'amour. Il ne sait pas encore que son heure de gloire est passée. Et, simultanément, pour une grande part, celle de l'Académie. Pure coïncidence.

---

1. Lettre de Montesquieu à Maupertuis, 25 novembre 1746. In *Œuvres de Montesquieu*, t. III, *op. cit.*, pp. 1071-1072.

TROISIÈME PARTIE

Hors pairs

1746-1751

CHAPITRE VIII

Dedans, dehors
(1746-1748)

Le départ de Maupertuis pour Berlin coïncide avec la fin de la toute-puissance académique. L'institution conserve son prestige, mais perd l'exclusivité des grands débats. Une révolution intellectuelle sans précédent se prépare sans elle, même si certains de ses membres en sont les initiateurs.

Jusque-là, l'essentiel du travail intellectuel a concerné les sciences. Le savant se confondait avec le philosophe, et l'Académie était le lieu naturel de toute réflexion. Le public éclairé se rendait aux assemblées publiques deux fois l'an ou en lisait les comptes rendus avec le sentiment d'être les témoins privilégiés, quoique passifs, des progrès de la pensée.

A la fin des années 1740 se constitue un nouveau parti intellectuel qui débat hors de l'enceinte du Louvre. Ceux qu'on appellera la « secte philosophique » vont s'adresser directement à un public de plus en plus large sans passer par la sélection académique, ni par le filtre de sa censure. On cherche moins l'avis de ses pairs (tel Buffon qui publie son *Histoire naturelle* hors du cadre académique) que l'oreille de l'opinion dont on désire l'onction, comme jadis celle de l'Académie. Peu à peu, la philosophie se distingue des sciences pour se rapprocher des arts littéraires. Le philosophe, qui n'est plus nécessairement un savant, devient une figure dominante du paysage intellectuel. A l'opposé du savant, de plus en plus spécialisé, qui n'a de compte à rendre qu'au cercle étroit de ses pairs, le philosophe s'en remet à l'opinion dont il est à la fois l'instituteur et l'élève, le maître et l'esclave.

Le pouvoir intellectuel se dédouble. Ses représentants se diversifient. Si l'Académie reste un lieu privilégié du savoir, donc un pôle d'attraction pour tous ceux qui font profession de penser, ce n'est plus le seul. L'entreprise de l'*Encyclopédie* démontre que la production intellectuelle peut s'exercer en dehors d'elle : dans les cafés, dans certains salons, chez les éditeurs. L'intellectuel peut briller au sein ou hors de l'Académie. L'homme qui incarne le mieux cette nouvelle dualité des savoirs et des pouvoirs est d'Alembert. Le savant prestigieux qui prend la tête de l'*Encyclopédie* se partage entre les mathématiques et la philosophie, l'Académie et le traiteur du Palais-Royal. Il est le premier grand intellectuel à bénéficier de la double reconnaissance tant désirée : celle de ses pairs et celle du public.

Les dégoûts de D'Alembert (avril 1746-août 1747)

Les témoignages concordent : 1746 est une mauvaise année pour le jeune d'Alembert. Privé de son ami et protecteur Maupertuis, courant après trois sous, mécontent de l'Académie, il remâche son amertume et connaît peut-être son premier épisode dépressif. Il est vrai que « sa fortune est détestable[1] », mais cela ne suffit pas à expliquer un dégoût de tout qui se double d'une sorte d'inertie. En avril, son mémoire pour l'Académie de Berlin est achevé depuis plusieurs mois. Il écrit au marquis d'Adhémar : « Mes occupations sont actuellement celles de La Fontaine, *l'une à dormir et l'autre à ne rien faire*, excepté une petite besogne qui me rapporte environ trois louis par mois. Si ce ne sont pas là des travaux brillants, au moins je suis bien sûr que ceux-là ne me

---

1. Lettre de Mme du Deffand à Maupertuis du 18 avril [1746]. *Les Correspondantes...*, *op. cit.*, p. 17.

feront point d'ennemis. J'en ai tant que j'ai été sur le point de quitter mon service[1]... »

Mme du Deffand confirme à Maupertuis « sa paresse... et ses ennemis[2] ». Après un petit mieux en été – « il a surmonté sa paresse » –, d'Alembert retombe dans une « tristesse mortelle ; il se trouve malheureux, et le démon de haïr la patrie commence à le posséder[3] ». Même constat trois mois plus tard : « Le diable berce d'Alembert très souvent, et quand je le vois dans ses ennuis, dans ses dégoûts, je dis : voilà la maladie de M. de Maupertuis ! Cependant je le trouve plus gai depuis quelque temps[4]. »

Peu d'amis, guère de relations, pas d'argent

D'Alembert se plaint d'avoir beaucoup d'ennemis qu'il ne nomme pas. Mais quand il ajoute qu'il a été près de quitter son service, on comprend que ses adversaires sont à l'Académie. Outre Clairaut, le rival tout-puissant comblé par l'institution, il semble bien que d'Alembert ait hérité de ceux de Maupertuis. Une phrase de Mme du Deffand, intime des deux hommes, le donne à penser. Après avoir suggéré à Maupertuis de faire accorder à son protégé une gratification de mille écus, elle conclut : « Le M[aurepas] en enragerait, Voltaire en mourrait[5], et Mairan, Réaumur et leurs consorts en auraient au moins la jaunisse[6]. » A part Voltaire, qu'il ne connaît pas (ou peu), il est fort probable que le dispensateur de la manne royale, Maurepas, et la vieille garde cartésienne et sa cour (les Nollet, Fouchy et

---

1. Lettre du [21 avril 1746]. *Cf.* Edgar Mass, « Le marquis d'Adhémar : la correspondance inédite d'un ami des philosophes à la cour de Bayreuth », *Studies on Voltaire*, n° 109, 1973, pp. 74-75.
2. Lettre du 6 juin [1746], *op. cit.*, p. 18.
3. Lettre de Mme du Deffand à Maupertuis du 22 mars [1747], *op. cit.*, p. 21.
4. De la même au même, 22 juin [1747], *op. cit.*, p. 23.
5. Voltaire venait de se brouiller avec Maupertuis : dans son discours de réception à l'Académie française, le 9 mai, il avait fait l'éloge de Crébillon, de Fontenelle, du président Hénault, de Montesquieu et de Vauvenargues, mais il n'avait pas mentionné le nom de Maupertuis.
6. Lettre du 6 juin [1746].

autres) ne mettaient nul empressement à améliorer le sort et la carrière du protégé de leur bête noire. D'ailleurs, lorsque la disgrâce de Maurepas surviendra en avril 1749, d'Alembert se contentera simplement de noter « qu'il ne l'avait pas vu depuis trois ans[1] ».

A en croire la lettre très allusive de D'Alembert à d'Adhémar d'avril 1746, ses collègues lui ont rendu la vie si peu agréable qu'il a donc pensé partir. Quand il écrit : « Les choses se sont raccommodées à mon avantage », il pense à sa récente nomination à la place d'associé[2], qui n'a pas été obtenue aisément. S'il compte beaucoup d'ennemis puissants, il a peu de relations et n'appartient à aucun clan. Comme il le dit lui-même, il n'a dans ce pays-ci « que trois ou quatre amis[3] ». A l'Académie, l'astronome Pierre-Charles Lemonnier, un fidèle de Maupertuis, qui partage son antipathie envers Clairaut ; les deux hommes collaboreront de longues années sur les problèmes d'astronomie – d'Alembert pour la théorie, Lemonnier pour les observations et les calculs. Plus tard, ce couple scientifique fera front commun contre celui que forment Clairaut et Lacaille. En 1746, d'Alembert est encore très lié avec l'abbé de Gua. Sans pouvoir à l'Académie dont il va bientôt être écarté, l'abbé s'est vu confier la direction du projet de traduction de la *Cyclopaedia* de Chambers ; d'Alembert y collabore régulièrement depuis plusieurs mois, et les deux hommes se rencontrent souvent. Pour autant, il serait excessif d'affirmer que Lemonnier et de Gua sont ses intimes.

En dehors de l'Académie, il entretient quelques relations avec des hommes de son milieu et de sa génération, tous à la recherche d'un état et d'une situation. C'est la bohème littéraire qu'évoque Robert Darnton[4], ce *Lumpenproletariat* intellectuel qui survit difficilement en rêvant d'une gloire prochaine. Les Diderot,

---

1. Lettre de D'Alembert à Cramer, 12 mai 1749. *Dix-huitième siècle*, n° 28, 1996, p. 241.

2. L'élection eut lieu le 26 février et fut officielle le 5 mars. Il succédait à la place de Lemonnier, promu pensionnaire.

3. Lettre de D'Alembert à d'Adhémar [21 avril 1746].

4. *Bohème littéraire et révolution : le monde des livres au XVIIIe siècle*, Seuil, 1983.

Rousseau, Eidous, Toussaint et autres n'assurent le quotidien que grâce à des travaux occasionnels : préceptorat, leçons particulières, un peu de journalisme, d'édition, quelques traductions... D'Alembert fréquente déjà Diderot, mais épisodiquement : « Je ferai vos compliments à Diderot quand je le verrai. Car il demeure à présent au diable, et on n'en peut jouir non plus que d'une coquette[1]. » Mais quand le marquis d'Adhémar demande à d'Alembert de lui trouver un mathématicien pour Lunéville, il songe d'abord à Diderot. Ce dernier, trop occupé par les traductions de dictionnaires anglais[2], décline l'invitation, et d'Alembert propose la place à un autre de ses amis, l'abbé de La Chapelle : « Il vient de donner au public un ouvrage sur la géométrie élémentaire qui est rempli d'excellentes choses et que l'Académie a approuvé[3] ; il est d'ailleurs dans l'usage de montrer les mathématiques, et les enseigne avec succès sur le pavé de Paris depuis plus de douze ans[4]. »

A cette époque, sa seule relation dans le milieu littéraire à avoir ses entrées à Versailles est l'abbé de Bernis[5]. On ignore où et quand d'Alembert l'a rencontré. Peut-être par l'intermédiaire de Diderot, qui a été son condisciple au collège d'Harcourt[6], et avant qu'il ne devienne le protégé de Mme de Pompadour[7]. Quand l'abbé, de très ancienne noblesse mais sans le sou, se

---

1. Lettre de D'Alembert à d'Adhémar [21 avril 1746]. Il venait de déménager de la rue Traversière, proche du faubourg Saint-Antoine, à la rue Mouffetard – ce qui l'éloignait effectivement du domicile de D'Alembert.

2. Le *Dictionnaire de médecine* de James en 3 volumes (1746-1748) et le *Dictionnaire* de Chambers.

3. C'était d'Alembert lui-même qui avait été chargé, avec Lemonnier, du rapport des *Institutions de géométrie* de La Chapelle à l'Académie. Le 15 janvier 1746, il n'avait pas ménagé ses éloges au livre de son ami, insistant sur « l'ordre, la simplicité, la clarté et la méthode nouvelle » qu'on y trouvait. Il avait même poussé l'amitié jusqu'à en faire un résumé tout aussi élogieux dans le *Journal des savants*, février 1746, pp. 67-75. En revanche, le compte rendu du même livre dans le *Mercure* d'octobre 1746 (pp. 113-121) est plus nuancé...

4. Lettre de D'Alembert à d'Adhémar [25 avril-10 juin 1746]. *Op. cit.*, p. 77.

5. 1715-1794.

6. Mme de Vandeul, *Diderot, mon père, op. cit.*, p. 11.

7. Bernis avait fait sa connaissance chez Mme d'Estrades vers 1744, avant que la marquise ne s'installe officiellement à Versailles en avril 1745.

consacrait encore à la poésie et vivait de l'argent de la femme de son libraire... Depuis lors, sa situation a bien changé : il a réussi à se faire élire à l'Académie française en novembre 1744, et l'amitié de la favorite lui a ouvert les portes de la cour. C'est donc à lui que d'Alembert s'adresse, en avril 1746, pour obtenir une faveur au marquis d'Adhémar. Apparemment, d'Alembert et Bernis se voient assez souvent[1].

Après le départ de Maupertuis, d'Alembert se serait retrouvé bien seul sans la profonde amitié qui l'unit à Mme du Deffand. C'est une relation intime que décrit cette dernière à Maupertuis : « D'Alembert vient presque tous les jours me voir, je l'aime de tout mon cœur, c'est le plus honnête homme, le meilleur enfant, et l'on ne peut pas avoir plus d'esprit ; nous parlons souvent de vous ensemble, il vous est très attaché[2]. » Dans sa lettre suivante, elle se réjouit des succès obtenus par les travaux de D'Alembert à Berlin et confie avec tendresse : « Je l'aime, et je le regarde comme le seul homme de ce pays-ci[3]. » Attentive comme une mère, elle veille sur sa santé et ses humeurs, et gémit des infortunes de son protégé. C'est, comme elle le dira beaucoup plus tard, « l'âge d'or de leur amitié », avant sa propre installation au couvent de Saint-Joseph, rue Saint-Dominique, qui mettra une plus grande distance entre leurs domiciles respectifs dès la fin 1747.

A lire les quelques lettres parvenues jusqu'à nous que Mme du Deffand et de D'Alembert échangent au cours de cette période, on constate que notre homme se débat dans les ennuis d'argent. La pension viagère de 1 200 livres léguée par son père ne suffit pas à le faire vivre décemment. Il remet son argent à Mme Rousseau qui le loge et le nourrit, et dont il entretient toute la famille. Sa situation est si difficile que l'Académie lui a alloué l'année précédente une modeste pension, probablement grâce à une intervention de Maupertuis. Le 9 janvier 1745, Buffon, tréso-

---

1. *Cf.* lettres de D'Alembert à d'Adhémar : [21 avril 1746], [entre le 25 avril et le 10 juin 1746], [15 juin 1746], [9 août 1746], [octobre 1746].
2. Lettre du 6 juin [1746], *op. cit.*, p. 20.
3. Lettre du 18 avril 1746, *op. cit.*, p. 17.

rier de l'institution, a lu une lettre de Maurepas annonçant que le roi accordait à d'Alembert 500 livres de pension sur les fonds de l'Académie[1]. Mais cette maigre dotation ne suffit pas. Il lui faut chercher du travail. C'est peut-être par son éditeur, David l'Aîné, qui vient de s'associer[2] avec Le Breton, Briasson et Durand pour publier la traduction du Dictionnaire de Chambers, qu'il trouve « une petite besogne qui rapporte environ trois louis par mois[3] ». Dès le 17 décembre 1745, son nom apparaît dans le registre des dépenses et recettes de l'association[4]. A l'en croire, cet argent suffit tout juste à couvrir les dépenses urgentes : « Si je n'avais tous les jours une certaine tâche d'écriture à faire, qui est la traduction d'une colonne par jour du Dictionnaire anglais des arts..., je serais actuellement homme de lettres sans plume ni encre[5]. »

Ce travail fastidieux mais nécessaire l'absorbe tant, durant l'été 1746, qu'il n'a plus un seul moment pour écrire à d'Adhémar[6]. Il est vrai qu'il s'est engagé plus avant dans la grande entreprise et ne se cantonne plus aux traductions. Apparemment sans enthousiasme : c'est autant de temps qu'il enlève à ses chères mathématiques. D'ailleurs, depuis mars-avril 1745, où il a lu ses *Recherches sur le calcul intégral*[7], jusqu'en septembre 1746[8],

---

1. Procès-verbaux de l'Académie pour l'année 1745. Adjoints et associés ne bénéficiaient pas de pensions.
2. Le contrat entre les libraires est signé le 18 octobre 1745. Il n'est pas exclu que d'Alembert ait commencé ses travaux de traduction quelques mois auparavant, quand Le Breton était encore le seul éditeur du projet de Sellius qui, le premier, proposa la traduction de Chambers.
3. Lettre de D'Alembert à d'Adhémar [21 avril 1746], p. 74.
4. Louis-Philippe May, « Documents nouveaux surl' *Encyclopédie* », *Revue de synthèse*, n° 15, 1938, p. 31. Il est payé 105 livres le 17 décembre, et 84 livres le 31 décembre 1745.
5. Lettre de D'Alembert à d'Adhémar [25 avril-10 juin 1746].
6. Lettre de D'Alembert à d'Adhémar [9 août 1746], p. 81 : « J'ai été si occupé depuis quelque temps par des travaux dont le détail seul vous ennuierait, que je n'ai pu trouver un moment pour vous écrire. »
7. Procès-verbaux de l'Académie des sciences, 10, 27 et 31 mars, 3 et 7 avril 1745.
8. Le 27 août 1745, d'Alembert demande des commissaires pour examiner son ouvrage sur la *Cause des vents*, qu'il veut imprimer en France. De Gua et Montigny font leur rapport le 3 septembre suivant.

d'Alembert n'a plus présenté aucun travail personnel à l'Académie. De quoi être amer, en effet ! Seule consolation, peut-être : pendant tout ce temps, son rival Clairaut ne s'est guère montré plus productif. Il avait pourtant pris date, à la dernière séance de 1745, pour un second mémoire sur l'orbite de la Lune[1]. Mais il a fallu attendre le 31 août suivant pour qu'il entame sa lecture sur *L'Aberration des planètes, comètes et satellites.* Lui aussi était fort occupé par des obligations diverses. Entre autres, son travail auprès de Mme du Châtelet, qui avait entrepris de traduire les *Principia* de Newton depuis 1745[2] ; et la publication (à ses frais) des *Eléments d'algèbre*, en octobre 1746, qui suscitent l'enthousiasme des connaisseurs[3]. Travaux de professeur, mais non de créateur....

La tentation de Berlin

Maupertuis a certainement espéré attirer d'Alembert à Berlin. Une telle recrue aurait été bienvenue pour redonner un peu de sang neuf à la vieille Académie. Avant son départ, il a dû l'inciter à concourir pour le prix de 1746 et à accompagner son ouvrage d'une devise en vers à la gloire de Frédéric. D'Alembert composa

---

1. Procès-verbal de l'Académie du 22 décembre 1745.

2. Lettre de Clairaut au père Jacquier du 21 mars 1746 : « Mme du Châtelet a travaillé comme un forçat toute l'année dernière et une partie de celle-ci à la traduction de Newton. Il n'a pas laissé que de refluer beaucoup de travail sur moi et j'ai actuellement sa traduction à revoir. », In *Le Père Jacquier et ses correspondants*, éd. E. Jovy, 1922, p. 43.

3. Voir la lettre de Mme du Châtelet au père Jacquier du 12 novembre 1745, l'article du *Mercure* de décembre 1746, pp. 132-136, et celui du *Journal des savants* de février 1747, pp. 94-103.

La publication de l'ouvrage à ses frais s'est révélée un vrai souci pour lui. Il dut demander à ses amis de l'aider à le vendre. Voir sa lettre au père Jacquier du 21 mars 1746, et celle qu'il envoie à Cramer le 19 octobre 1746, dont il reste ce résumé : « Lui adresse ses *Eléments d'algèbre* publiés à ses frais à Genève ; en commander et de le faire adopter dans les classes » (*Correspondance inédite entre Clairaut et Cramer, op. cit.*, p. 222).

De son côté, l'abbé Nollet écrit à Jallabert le 4 décembre 1746 : « M. Clairaut me recommande ses *Eléments d'algèbre* qu'il a envoyés à Genève... Ayez la bonté de vous joindre à ces MM. [Cramer et Calandrini] pour faciliter le débit du livre. » *Correspondance..., op. cit.*, p. 146.

son mémoire à la fin de l'année 1745[1], le tout en latin. C'était un premier pas vers la Prusse qui, le cas échéant, pouvait lui ouvrir là-bas les portes de l'Académie, la toute-puissance de Maupertuis faisant le reste. D'Alembert, comme Mme du Deffand[2], ne doute pas que le Français fasse la pluie et le beau temps à Berlin, et qu'il lui suffise de demander son intégration pour l'obtenir. C'est le sens de cette confidence à d'Adhémar, au printemps 1746, avant même la remise du prix de l'Académie de Berlin : « Comme je ne suis pas inquiet de trouver ailleurs un état plus agréable, et que rien ne m'attache à ce pays-ci que trois ou quatre amis, je pourrais bien faire haut le pied à la première tracasserie qu'on me fera[3]. »

Maupertuis a tant chanté les louanges de son protégé à Berlin qu'au reçu de sa pièce, il est déjà regardé comme le vainqueur potentiel. Euler, qui veut plaire à son président, lui écrit tout aussitôt : « Samedi passé, nous avons reçu la troisième pièce pour le prix de cette année, sur les vents ; elle vient de Paris et, quoi-qu'elle soit latine, j'ai d'abord reconnu que M. d'Alembert en est l'auteur. Par là, vous jugerez aisément qu'elle est fort profonde et il traite cette matière d'une manière que j'en suis charmé. S'il n'arrive pas de meilleures, ce dont je doute fort, l'Académie pourra juger avec honneur[4]. » Ainsi fut fait le 2 juin suivant. D'Alembert, déclaré vainqueur[5], fut unanimement reçu, au cours

---

1. Dans les papiers d'Alembert de la Bibliothèque de l'Institut (Ms. 2467, f. 308) se trouve l'indication de sa main : « L'auteur composait cet ouvrage sur les vents vers la fin de 1745, dans le temps où le roi de Prusse venait de gagner contre les Autrichiens la bataille de Sohr, en Bohême. » Or la bataille a été livrée le 30 septembre 1745.

2. « Je vois avec grand plaisir, écrit-elle à Maupertuis que votre faveur devient de jour en jour plus solide et que tout s'y trouve, honneur et profit. Et ce qui n'est pas encore à dédaigner, c'est le chagrin que cela cause à certaines personnes de ce pays-ci. Vous avez plus d'autorité qu'eux, dans les Académies, et vous leur ferez connaître que vous êtes plus fait qu'eux pour en avoir. » Lettre du 6 juin [1746], *op. cit.*, p. 19.

3. Lettre du [21 avril 1746], *op. cit.*, p. 75.

4. Lettre d'Euler à Maupertuis, « Lundi ce 14 mars 1746 ». *Correspondance d'Euler, op. cit.*, p. 60.

5. Dans son introduction à la *Correspondance d'Euler* avec d'Alembert, Taton note : « Sans doute l'ouvrage primé de D'Alembert ne contenait-il pas de réponse satisfaisante aux questions de l'Académie de Berlin, ce qui était d'ailleurs absolument

de la même assemblée publique, associé étranger de l'Académie de Berlin.

Maupertuis lui annonce aussitôt la nouvelle et lui demande de faire un résumé de son ouvrage qu'il puisse lire au roi de Prusse. Quand on sait l'ennui que suscitent les sciences chez Frédéric, on comprend que Maupertuis ait insisté auprès de D'Alembert pour qu'il traduise aussi ses vers latins en français et les allonge un peu[1], afin de séduire le roi-poète. D'Alembert, un peu gêné, s'exécute : « Vous allez me rire au nez quand je vous dirai que j'y travaille ; mais vous ne rirez peut-être plus quand vous les verrez. Me voilà déjà vain comme un poète. Je n'en suis pas cependant encore parfaitement content, parce que c'est une besogne fort vétilleuse[2]. »

Deux mois plus tard, le poète amateur les montre à d'Adhémar,[3] lequel suggère des corrections qu'il trouve pertinentes[4]. Lui qui dénoncera plus tard la complaisance des gens de lettres à l'égard des puissants fait ici œuvre de plat courtisan :

> *Ainsi des aquilons, images de la guerre,*
> *Je calcule les mouvements,*
> *Tandis qu'en spectacle à la Terre*
> *Frédéric, plus prompt que les vents,*
> *Poursuit, la foudre en main, des ennemis puissants,*
> *Les frappe, les disperse ainsi que la poussière.*
> *Couronné d'un double laurier,*
> *Ce héros au sein de la Gloire*
> *Montre à l'Europe en feu le rameau d'olivier*
> *Que lui présente la victoire.*
> *Il immole à la paix les droits et sa valeur ;*

---

impossible à cette époque... Néanmoins, la décision de l'Académie était en fait justifiée : l'ouvrage primé contenait des résultats aérodynamiques et mathématiques très importants pour le développement de la physique mathématique proprement dite. » *Op. cit.*, p. 14.

1. Lettre de D'Alembert à d'Adhémar [15 juin 1746], *op. cit.*, p. 80.
2. *Ibid.*
3. « Je vous crois assez mon ami pour compter que vous me garderez le secret ; je vais vous les donner. » Lettre du [9 août 1746], *op. cit.*, p. 81.
4. Lettre de D'Alembert à d'Adhémar [octobre 1746], *op. cit.*, p. 83.

Digne objet d'un amour qu'il sent et qu'il inspire,
Les arts et les vertus volent vers son Empire :
Il tient le sceptre en Père, et le glaive en vainqueur.
Prince heureux, que la Grèce eût mis au rang des sages,
L'austère philosophe et l'humble courtisan
Unis et confondus dans leurs justes hommages
Reconnaissent en toi Jules, Auguste et Trajan[1].

Passe encore l'éloge du roi guerrier. Mais les louanges tressées au roi pacifique, au moment même où il signait, en secret de ses alliés français, une paix séparée avec la reine de Hongrie[2], frisent l'indécence. Ni d'Alembert, ni d'Adhémar, ni aucun de ceux qui ont lu cette épître, ne s'en rendent compte[3]. Le tout est de plaire à Frédéric et d'assurer ses entrées à Berlin. Objectif atteint, puisque à une lettre de D'Alembert[4] lui demandant la permission de lui dédier son ouvrage, Frédéric répond par des amabilités et une invitation à Berlin : « Vous pouvez compter sur tous [mes suffrages], je vous les donne avec grand plaisir, je n'y verrai de préférable que la satisfaction de vous en faire ici le compliment à vous-même[5]. » Commentant ces dernières lignes recopiées pour son ami d'Horten, d'Alembert conclut de façon surprenante qu'il décline l'invitation. Motifs invoqués : « Maupertuis m'a fait une si grande peur du climat de ce pays-là, que je n'ose pas y

---

1. Lettre à d'Adhémar [9 août 1746]. Version non définitive, puisqu'elle sera encore corrigée. Il existe des ébauches de ce poème à la Bibliothèque de l'Institut, Ms. 2467, f. 283.
2. Le 7 janvier 1746, le duc de Luynes note : « On a appris il y a quelques jours que le roi de Prusse a fait sa paix avec la reine de Hongrie et le roi de Pologne, électeur de Saxe. On ne sait point précisément quelles sont les conditions de la paix. » *Mémoires*, vol. 7, p. 195. Plus brutal, Barbier note dans son *Journal* (vol. 4, pp. 118-122) : « On se flattait ici que le roi de Prusse, lié d'honneur et d'intérêt avec le roi de France, ne ferait point de paix que conjointement avec lui... Or, par le traité de Dresde du 25 décembre [1745], le roi de Prusse garantit à la reine de Hongrie tous les Etats qu'elle possède en Allemagne... »
3. « Tous ceux à qui je l'ai lue la trouve très flatteuse pour le roi, et en même temps très noble et très philosophique. » Lettre de D'Alembert à d'Horten, officier au régiment de Rohan-Infanterie, le 28 octobre 1746. Archives de l'Académie des sciences, dossier d'Alembert.
4. Lettre s.d. [juin-juillet 1746], éd. Preuss, XXIV, p. 367.
5. Lettre du 24 septembre 1746. Catalogue Charavay, février 1992.

aller ; d'ailleurs, je ne suis pas assez sûr d'y avoir tous les agréments que je pourrais désirer. J'ai donc écrit à Maupertuis une lettre où je lui ai exposé les raisons qui font que je ne puis aller à Berlin ; et j'ai en même temps fait au roi la réponse finale que voici[1]... »

Cette lettre à d'Horten est précieuse, car elle confirme à la fois qu'il y a bien eu un projet commun de Maupertuis et de D'Alembert concernant l'installation de ce dernier à Berlin, et que c'est le même Maupertuis qui l'en a découragé. Que s'est-il donc passé, entre juin et octobre, pour expliquer un tel revirement ? La mauvaise humeur de D'Alembert ne s'est certes pas améliorée, mais le retour inopiné en France de Maupertuis a dû être l'occasion de ces confidences qu'on ne fait pas par lettres.

Début juillet 1746, Maupertuis est en effet rentré d'urgence pour assister son père dans ses derniers moments. Malheureusement, il est arrivé quelques jours après l'inhumation de celui-ci dans la crypte de Saint-Roch[2]. Après un bref séjour chez sa sœur en Bretagne, il est de retour à Paris fin juillet et y reste pour régler la succession jusqu'au début septembre[3]. C'est durant ces quelques semaines qu'il a dû dissuader d'Alembert de suivre son exemple.

D'abord, son chagrin est immense et sa culpabilité plus grande encore. Toutes les lettres de cette période décrivent un homme brisé. Au comte Cerati, retourné à Pise, il se dit « jeté dans un si profond anéantissement[4]... ». Montesquieu s'en étonne presque : « Je suis bien fâché de voir par votre lettre que vous

---

1. Lettre à d'Horten, 28 octobre 1746. La lettre mentionnée à Maupertuis est perdue.

2. Décédé le 5 juillet 1746, il fut inhumé le lendemain.

3. Sa présence est notée à l'Académie française les 30 juillet et 16 août, et à l'Académie de Berlin le 22 septembre 1746.

4. Lettre de Berlin, 8 octobre 1746. Extrait du Catalogue d'autographes de Th. Bodin, 70, février 1996, n° 198. Cerati, provéditeur de l'académie de Pise, avait fait un long séjour en France (entre 1742 et 1744), durant lequel il s'était lié avec nombre d'intellectuels dont Réaumur, Montesquieu, Nollet, etc., ainsi qu'avec le marquis de Locmaria et Mme Geoffrin.

n'êtes *pas encore* consolé de la mort de Monsieur votre père[1]... »
Une fois de plus, c'est à Jean II Bernoulli que Maupertuis ouvre
le fond de son cœur et les raisons de sa dépression : « Je ne
saurais vous dire, mon cher ami, à quel point le coup que j'ai
reçu m'a consterné ; je ne puis en revenir. Je ne savais point
combien j'aimais mon père que depuis que je l'ai perdu. A la
douleur de cette perte se joignent les reproches de n'avoir pas
assez connu ce que je lui devais, et de l'avoir peut-être hâtée en
le quittant. D'avoir sacrifié tout ce qui m'en devait être de plus
sacré et de plus cher à *l'orgueil, la vengeance et l'amour.* Ces
idées sont si continuellement présentes à mon esprit, et si acca-
blantes, qu'elles répandent la plus cruelle amertume sur toute ma
vie, et que je ne crois pas que je puisse me consoler. Ni la plus
grande faveur d'un roi, ni la tendresse d'une femme fort aimable
n'y apportent aucune diversion, [mais] augmentent peut-être mon
mal quand je pense que c'est à eux que j'ai sacrifié mon père.
Dieu veuille me le pardonner[2]. »

On imagine bien que, plongé dans ce marasme, Maupertuis n'a
pu donner à d'Alembert une idée bien rose de Berlin. D'autant
moins que son premier hiver en Prusse s'était soldé par la réap-
parition de cette affection pulmonaire qui l'avait mis, disait-il, à
« deux doigts de la mort[3] ». Mais d'autres raisons durent
dissuader d'Alembert de sauter le pas. Quand il dit à d'Horten
qu'« il n'est pas assez sûr d'y avoir tous les agréments qu'il pourrait désirer », il peut avoir en tête divers motifs explicités de vive
voix par Maupertuis. Pour un Parisien, même désargenté, la vie
à Berlin doit paraître bien monotone. Les spectacles dont d'Alembert est féru[4] sont rares, la société étroite, la conversation des
Allemands sans charme pour des Français. Quand on n'a pas une
Eléonore à domicile, la présence épisodique du roi ne suffit pas

---

1. Lettre du 25 novembre 1746, éd. Nagel, t. III, pp. 1071-1072. Souligné par
nous.
2. Lettre du 22 octobre 1746. BEB, LIa., 708, f. 100, souligné par nous.
3. En avril 1746, il n'était toujours pas rétabli. Il écrit le 7 à Frédéric : « Tous les
bouillons de vipère que j'ai pris ne m'ont pas fait plus de bien que ce que Monseigneur
le prince de Prusse vient de me dire de votre part. » La Beaumelle, *op. cit.*, p. 288.
4. Il est grand amateur de musique et de théâtre.

aux distractions. Tous les Français de Berlin croulent sous l'ennui. Par ailleurs, l'Académie de Berlin a moins d'attraits qu'il n'y paraît. Hormis Maupertuis et Euler, on y est mal payé, et son prestige est encore faible. De plus, si d'Alembert intégrait l'académie, il se retrouverait sous la coupe d'Euler, directeur de la classe de mathématiques ; champion incontestable dans sa discipline, ce savant austère n'est pas, aux dires de Maupertuis, un homme facile ni aimable[1].

De surcroît, d'Alembert connaît ses vieux liens d'amitié avec Daniel Bernoulli. Or ce dernier, Maupertuis le sait bien, dit pis que pendre du jeune Français, notamment à Euler. Depuis 1745, ses lettres se succèdent qui dénoncent la puérilité, l'arrogance et l'incompétence de D'Alembert[2]. Dans l'une d'entre elles – qui ne nous est pas parvenue –, il a même accusé Maupertuis de complicité. Celui-ci s'en défend à Jean II : « Il m'est revenu que M. votre frère pensait que j'avais encouragé ou aidé M. d'Alembert à quelques remarques, qu'il appelle des critiques, qu'il a mises dans son *Hydrodynamique*. Oh ! c'est bien mal me connaître que croire que je veuille faire le plat et bas métier d'exciter les savants les uns contre les autres ! J'aime et j'estime beaucoup d'Alembert, mais je ne travaille pas plus à ses livres qu'à ceux de M. votre frère et qu'à ceux qu'on fait à Constantinople[3]. »

L'atmosphère s'est encore dégradée à l'issue du concours de l'Académie de Berlin. Parmi les onze participants se trouvait Daniel Bernoulli, qu'Euler avait vivement encouragé à concourir. Le Bâlois était si sûr de la victoire qu'il avait même confié sa devise[4] à Euler avant l'envoi de son travail. La décision de couronner son jeune rival l'a humilié. Il l'attribue à l'influence

---

1. A plusieurs reprises, Maupertuis se plaint, dans sa correspondance, du caractère tatillon et autoritaire d'Euler.

2. Lettres de Daniel Bernoulli à Euler des 7 juillet et 7 septembre 1745 et du 4 janvier 1746. Fuss, *op. cit.*, pp. 576, 584 et 592. Dans la dernière lettre, Daniel Bernoulli signale à Euler qu'il s'est plaint de D'Alembert à Clairaut.

3. Lettre du 9 avril 1746. BEB, LIa. 708, f. 98.

4. Rappelons que cette devise, choisie par l'auteur, avait pour but de préserver l'anonymat des concurrents, donc la neutralité du jury.

de Maupertuis et à la passivité d'Euler. Faute de pouvoir s'en prendre directement à celui-ci, il laisse parler sa hargne contre Maupertuis (« A vous, il dira que vous et M. Clairaut n'êtes que des *minorum gentium*, et d'Alembert sera érigé en Apollon duquel jaillissent toutes les connaissances comme d'une source de vérité. Avec moi, cependant, il se moquera de l'*Hydrodynamique* de D'Alembert[1]) – et contre d'Alembert dont il dénonce la « ridicule suffisance », même s'il pressent que ses mérites sont exceptionnels. Vexé d'être coiffé sur le poteau, il prie Euler de ne pas dévoiler sa participation au concours et de déchirer sa lettre[2]. Trop tard ! Tout le monde sait qu'il est l'auteur d'une pièce soumise à la compétition et qu'il crache feu et flammes contre le président de l'Académie et d'Alembert.

Un mois plus tard, d'Alembert fait Euler juge de son différend théorique avec Bernoulli : « Je serais fort satisfait si j'obtenais votre suffrage sur trois ou quatre points principaux sur lesquels je ne suis pas d'accord avec M. Daniel Bernoulli. Ce savant géomètre a écrit à beaucoup de personnes que j'avais tort sur tous les points, mais j'avoue que plus je réfléchis là-dessus, plus je crois avoir eu raison de n'être pas de son avis[3]. » Selon d'Alembert, Euler a écrit une « lettre magnifique[4] », qui lui donne raison sur tous les points. Mais, dès décembre, Euler modère son adhésion qu'il partage entre les deux opposants ; c'est aussi le début d'une interminable polémique entre lui et d'Alembert[5].

Quand d'Alembert décline l'invitation à Berlin, à l'automne 1746, il a déjà de bonnes raisons de se méfier du mirage prussien. Mais il a aussi quelques motifs de satisfaction qui le retiennent

---

1. Lettre de Daniel Bernoulli à Euler, 29 juin 1746. Fuss, *op. cit.*, p. 602.
2. « Je ne souhaiterais pas me faire des ennemis déclarés ni de Maupertuis, ni de D'Alembert. » *Ibid.*
3. Lettre du 3 août 1746, *Correspondance d'Euler*, vol. V, *op. cit.*, p. 249.
4. Lettre d'Euler à d'Alembert du 20 octobre 1746, aujourd'hui perdue. Elle est mentionnée dans celle de D'Alembert à d'Horten du 28 octobre.
5. Lettre du 29 décembre 1746, *op. cit.*, pp. 251-253. La polémique entre Euler et d'Alembert concerne les logarithmes négatifs ou imaginaires, dont d'Alembert avait traité dans la 2e partie de ses *Recherches sur le calcul intégral* qu'il avait envoyées à Berlin le 6 décembre 1746.

à Paris : la version française de sa pièce sur les vents, portée aux nues à l'Académie[1], va bientôt être publiée[2] et, hors de l'Académie, son morne travail de traduction est en train de prendre une tout autre dimension. L'entreprise encyclopédique l'intéresse de plus en plus. C'est une occasion unique d'élargir son horizon intellectuel.

De l'hôtel du Panier-Fleuri à l'*Encyclopédie*

Tout proche du Louvre et des Académies, non loin des salons mondains de Mmes de Tencin et Geoffrin, le Palais-Royal est le lieu de rencontre favori de la bohème littéraire qui n'a accès ni aux premières ni aux seconds. C'est là que se nouent des amitiés intellectuelles à l'origine du renouveau de la pensée. Jardins et cafés sont les laboratoires d'une bonne partie de la philosophie des Lumières qui s'élabore aux alentours de 1745-1751.

Nouveaux cercles intellectuels

Rousseau, Diderot, Condillac et d'Alembert sont les hommes d'une même génération[3]. Sans appartenir tout à fait au même milieu social, ils ont en commun une ambition non satisfaite et, pour certains, une revanche à prendre sur la vie. Rousseau a d'abord rencontré Condillac à Lyon, durant son préceptorat chez M. de Mably, son père, d'avril 1740 à mai 1741. Il l'a revu lors de son deuxième passage dans cette ville, en juillet 1742, en route

---

1. Par de Gua et Montigny à la séance du 3 septembre 1746.
2. En novembre 1746. La publication du livre est annoncée dans les « Nouvelles littéraires » du *Mercure* de décembre (II) 1746, p. 144. D'Alembert en envoie un exemplaire à Voltaire [et à Mme du Châtelet], qui lui répond aimablement : « Nous étudierons votre livre, nous vous applaudirons, nous vous entendrons même. Il n'y a point de maison où vous soyez plus estimé. » 13 décembre 1746 (Best. D 3484).
3. Rousseau est né en 1712, Diderot en 1713, Condillac en 1714 et d'Alembert en 1717.

vers Paris. C'est Condillac qui lui a donné l'adresse d'un petit hôtel bon marché près de la Sorbonne, où il a lui-même séjourné pendant ses études[1].

A peine arrivé, un Suisse, Daniel Roguin, le présente à Diderot, un de ses compagnons de bohème. La rencontre aurait eu lieu au Café de la Régence, situé au coin de la rue Saint-Honoré et de la place du Palais-Royal, à l'automne 1742. Grands amateurs de musique et d'échecs, tous deux se lièrent vite d'une étroite amitié. Issus d'un même milieu social[2], ils étaient de tempéraments profondément différents : « Diderot était homme de cœur, bien intentionné, négligent avec grandeur, exubérant et dépourvu de tact. Bien qu'il se dît timide, il possédait en réalité une débordante confiance en lui que Rousseau admirait et dont il manquait à un rare degré. Rousseau, timide, torturé par des sentiments d'infériorité, s'abandonnant de temps à autre à des affirmations exacerbées, désirant être mené tout en vivant dans la crainte jalouse de l'être, était alors un personnage aussi paradoxal, ombrageux, qu'il le sera plus tard dans les années de sa célébrité[3]. » A cette époque, leurs différences s'effacent au profit d'une égalité de condition. Diderot vit de ses traductions ; Rousseau, de ses copies de musique et autres menus travaux. Bientôt, ils partageront un autre point commun peu répandu chez les philosophes : celui de vivre en ménage – Rousseau avec sa Thérèse, Diderot avec sa Nanette[4].

---

1. En 1733 et 1735, Condillac est inscrit au même collège des Quatre-Nations (Mazarin) que d'Alembert. De 1735 à 1738, il fréquente la faculté de théologie. Il dut recevoir la prêtrise en 1741 à Paris. *Cf. Corpus Condillac*, sous la direction de Jean Sgard, Slatkine, 1981, pp. 35-41.

2. Le père de Rousseau était maître horloger à Genève ; celui de Diderot, maître coutelier à Langres.

3. Arthur M. Wilson, *Diderot, sa vie et son œuvre*, collection « Bouquins », Robert Laffont, 1985, p. 39.

4. Diderot se maria en cachette de ses parents le 6 novembre 1743 avec Antoinette Champion, de trois ans son aînée. Rousseau se mit en ménage avec Thérèse Levasseur, servante dans l'hôtel où il était descendu, en mars 1745. On connaît le commentaire de Rousseau : « C'était entre nous une conformité de plus. Mais la différence était que ma Thérèse... était faite pour attacher un honnête homme, au lieu que la sienne, pie-grièche et harengère, ne montrait rien aux yeux des autres qui pût racheter la

Après une tentative avortée dans la carrière diplomatique qui le mène à Venise, Rousseau est de retour à Paris quinze mois plus tard[1]. Il renoue séparément avec Diderot et Condillac. En 1745, le premier publie une traduction de Shaftesbury sous le titre *Principes de la philosophie morale ou Essai sur le mérite et la vertu*[2] ; il en offre un exemplaire à Rousseau le 16 mars. Le second continue de corriger son premier ouvrage, *Essai sur l'origine des connaissances*, en souffrance chez un censeur depuis l'année précédente[3] ; fin juin 1745, son livre est toujours « accroché à la censure[4] ». C'est l'époque où sa relation avec Rousseau est la plus intime. Ce dernier rapporte dans *Les Confessions* : « Je m'étais aussi lié avec l'abbé de Condillac, qui n'était rien non plus que moi dans la littérature, mais qui était fait pour devenir ce qu'il est aujourd'hui. Je suis le premier, peut-être, qui ait vu sa portée et qui l'ait estimé ce qu'il valait. Il paraissait aussi se plaire avec moi, et tandis qu'enfermé dans ma chambre rue Saint-Denis, près l'Opéra, je faisais mon acte d'*Hésiode*, il venait quelquefois dîner tête à tête en pic-nic [*sic*]. Il travaillait alors à l'*Essai sur l'origine des connaissances humaines*, qui est son premier ouvrage[5]. »

Rousseau travaille à l'*Hésiode galant* en septembre 1745. Quelques semaines plus tard, l'*Essai* de Condillac est achevé. « L'embarras fut de trouver un libraire qui voulût s'en charger. Les libraires de Paris sont arrogants et durs pour tout homme qui

---

mauvaise éducation. » *Les Confessions,* in *Œuvres complètes*, I, « Bibliothèque de la Pléiade », Gallimard, pp. 346-347.

1. Rousseau fut nommé secrétaire d'ambassade à Venise en juillet 1743. Il se brouilla avec l'ambassadeur, qui le chassa. Il rentra à Paris en octobre 1744, après un détour à Genève pour rendre visite à son père.

2. Diderot y a ajouté un important discours préliminaire et d'abondantes notes en bas de page. C'est un plaidoyer pour la tolérance religieuse qui annonce les *Pensées philosophiques*, publiées en 1746 chez Laurent Durand.

3. Son frère, l'abbé de Mably, écrit à d'Astrugues, de Versailles le 1er mai 1744 : « Condillac est toujours dans les mains de son censeur. C'est un homme éternel. » B.M. de Grenoble, Ms. 2169, f. 3.

4. Lettre de Mably à un cousin du Dauphiné, Versailles 11 juin 1745. B.M. Grenoble, n° 98.

5. *Op. cit.*, p. 347.

commence ; et la métaphysique, alors très peu à la mode, n'offrait pas un sujet très attrayant[1]. » Voulant venir en aide à son ami, Rousseau s'adresse à la seule personne de son entourage qui soit en cheville avec des éditeurs, c'est-à-dire Diderot : « Je parlai à Diderot de Condillac et de son ouvrage, je leur fis faire connaissance. Ils étaient faits pour se convenir, ils se convinrent. Diderot engagea le libraire Durand à prendre le manuscrit de l'abbé, et ce grand métaphysicien eut du premier livre, et presque par grâce, cent écus qu'il n'aurait peut-être pas trouvés sans moi[2]. » Les trois hommes s'entendent bien et se voient régulièrement : « Comme nous demeurions dans des quartiers fort éloignés les uns des autres, poursuit Rousseau, nous nous rassemblions tous trois une fois par semaine au Palais-Royal, et nous allions dîner ensemble à l'hôtel du Panier-Fleuri. Il fallait que ces petits dîners hebdomadaires plussent extrêmement à Diderot ; car lui qui manquait tous ses rendez-vous, ne manqua jamais aucun de ceux-là[3]. »

C'est au cours de ces dîners que Rousseau conçut l'idée d'un journal qui ne vit jamais le jour : *Le Persifleur*[4]. Cette feuille périodique qui devait être composée alternativement par lui-même et par Diderot aurait été, selon *Les Confessions*, l'occasion de la première rencontre avec d'Alembert : « J'en esquissai la première feuille, et cela me fit faire connaissance avec d'Alembert à qui Diderot en avait parlé[5]. » Le projet avorta pour des raisons restées inconnues, mais le trio du Panier-Fleuri était

---

1. *Ibid.*
2. *Ibid.*
3. *Ibid.*
4. Il ne reste que le manuscrit non daté du projet, publié dans la *Correspondance complète de J.-J. Rousseau*, t. II, pp. 104-107. R.A. Leigh propose la date approximative de « fin 1747 ».
5. *Ibid.*, p. 347. En fait, Rousseau et d'Alembert s'étaient aperçus à l'Académie des sciences les 22 août et 5 septembre 1742, lorsque Rousseau était venu présenter son « Projet d'une nouvelle notation musicale ». Vingt ans plus tard, d'Alembert s'en souvenait encore. Dans le *Jugement sur Emile* (1762), fort élogieux, il confie : « Je l'ai vu il y a vingt ans [en 1742], circonspect, timide et presque flatteur ; ce qu'il écrivait pour lors était médiocre. Si, dans ce moment, on s'était pressé de le juger, on se trouverait aujourd'hui bien ridicule. » In *Œuvres*, t. IV, p. 464.

devenu un quatuor où chacun s'enrichissait des propos des autres[1]. Nul doute qu'on y ait beaucoup parlé du projet encyclopédique, mais aussi de musique, de théâtre, de philosophie.

D'Alembert, lié à Diderot par leur collaboration à l'*Encyclopédie*, fut d'emblée conquis par l'intelligence et le caractère modeste de Condillac. Jusqu'en 1753, année où la rivalité l'emportera sur l'amitié[2], ils partagent nombre de goûts et d'amis communs. Passionnés par les spectacles, ils courent aux premières des pièces de Voltaire, Crébillon ou Mme du Boccage, et en ressortent avec les mêmes sentiments[3]. Ils font ensemble des séjours à Segrais, la campagne du marquis d'Argenson[4], d'où ils écrivent de concert à Maupertuis. C'est par leurs lettres respectives au Genevois Cramer qu'on mesure à quel point les deux hommes sont proches. Proches par leur sensibilité, mais aussi par leurs origines sociales. Entre le noble lyonnais et le bâtard de Mme de Tencin, il y a une connivence qui n'existe pas entre d'Alembert et Rousseau. Ceux-ci s'estiment, mais ne seront jamais amis comme le furent Diderot et Rousseau, ou d'Alembert et Condillac. Quant aux liens entre Diderot et d'Alembert, on verra qu'ils furent beaucoup plus complexes et ambivalents que la postérité ne l'a laissé croire.

Rive gauche, un autre cercle intellectuel s'est constitué autour d'une femme aussi brillante que mystérieuse : Mlle Elisabeth Ferrand[5]. Née en 1700, elle mourut en 1752 des suites d'une

---

1. On connaît l'influence de Diderot sur Condillac, et réciproquement. Mais d'Alembert fut également réceptif à la métaphysique de Condillac.

2. Les deux hommes seront un moment opposés à cause d'un siège à l'Académie française.

3. Voir les lettres de D'Alembert à Cramer du 29 août 1748 et de Condillac au même du 17 septembre sur *Sémiramis* de Voltaire ; celles des mêmes au même du 25 décembre et du 24 décembre 1748 sur le *Catalina* de Crébillon. Les lettres de D'Alembert à Cramer sont publiées par J. Pappas dans la revue *Dix-huitième siècle*, n° 28, 1996. Celles de Condillac à Cramer ont été publiées par G. Le Roy aux P.U.F., 1953.

4. Août 1750.

5. C'est à Laurence L. Bongie que l'on doit d'en savoir un peu plus sur cette femme qui a joué un rôle intellectuel important à l'époque, et notamment auprès de Condillac. Tout ce qui la concerne est emprunté à son article passionnant, « Diderot's *femme savante* », *Studies on Voltaire*, vol. 166, 1978, pp. 148-163.

douloureuse maladie qui l'avait rendue partiellement invalide. Elle habitait dans le faubourg Saint-Germain avec la comtesse de Vassé, où elles cachèrent durant trois ans (1749-1752) le malheureux prétendant jacobite, Charles-Edouard, avec la complicité d'Helvétius et de l'une des filles du roi. Bien qu'elle soit peu connue au moment de sa mort, Grimm rendra cependant hommage à cette « personne d'un mérite rare, philosophe et géomètre... fort regrettée de notre auteur [Condillac] dont elle était l'amie intime, et de tous ceux qui l'ont connue[1] ». En fait, elle doit de ne pas être totalement tombée dans l'oubli à l'hommage appuyé que Condillac lui rendit publiquement dans la dédicace de son *Traité des sensations*, paru en 1754, deux ans après sa mort. S'adressant à la comtesse de Vassé, il reconnaît sa dette à l'égard de Mlle Ferrand. C'est elle qui lui a indiqué la façon de sortir de ses impasses, alors qu'il tâtonnait en rédigeant son premier *Essai* de 1746 : « Vous savez, Madame, écrit-il à la comtesse, à qui je dois les lumières qui ont enfin dissipé mes préjugés : vous savez la part qu'a eue à cet ouvrage une personne qui vous était chère[2]... »

L'aveu de Condillac suggère qu'il la connaissait dès 1744 ou 1745, et que son salon, plus philosophique et scientifique qu'aucun autre, avait peut-être déjà commencé d'attirer l'élite intellectuelle. A lire la correspondance de Cramer, qui fréquenta le lieu lors de son séjour à Paris en 1747-1748, elle recevait, outre Condillac et son frère Mably, Helvétius, Réaumur et Clairaut[3]. Laurence L. Bongie mentionne aussi la présence de

---

1. *Correspondance littéraire*, II, 438.

2. *Œuvres philosophiques de Condillac*, éd. G. Le Roy, Paris, 1947-1951, vol. I, p. 221. Un peu plus loin, p. 122, Condillac dit clairement la part déterminante qu'elle prit dans la conception de son *Traité des sensations*.

3. Dès son retour à Genève, Cramer écrit à Clairaut le 11 mai 1748 : « N'oubliez pas Mlle Ferrand et son aimable société. Les doux moments que j'ai passés chez elle ne sortiront jamais de ma mémoire » (*op. cit.*, p. 223). Deux lettres de Mably à Cramer évoquent la philosophe, du 25 août 1749 et du 11 avril 1751 (B.P.U., Ms. Suppl. 384, f. 234-236), ainsi que deux lettres de Cramer à M. de Champeaux de mars à mai 1750 (B.P.U., Ms. Fr. 657 a et b, f. 57-58 et 62). Il y a encore à la B.P.U. une lettre de Cramer à Mlle Ferrand, de mai 1748 (Ms. Fr. 657, f. 43), et une lettre de celle-ci datée du 1er septembre 1748 (Ms. Suppl. 384, f. 212-213).

Lacurne de Sainte-Palaye et Lévesque de Pouilly[1] ; Jean Sgard, celle de Maupertuis et d'Alembert[2]. Par la qualité de ses habitués, on mesure que le discret salon de Mlle Ferrand pouvait jouer un rôle non négligeable lors des élections à l'Académie des sciences[3].

La collaboration de Mlle Ferrand aux premiers ouvrages de Condillac, notamment à l'*Essai* de 1746 qui marque un renouveau de la métaphysique française, fait d'elle une intellectuelle d'envergure. A cet égard, elle peut partager avec sa contemporaine Mme du Châtelet le titre de « femme savante ». Mais les deux femmes ont eu un parcours bien différent. Emilie est une ambitieuse qui travaille pour elle-même, recherche la reconnaissance de ses pairs et rêve de laisser une œuvre après sa mort[4] ; elle n'a que faire d'un salon et du rôle d'inspiratrice dont s'est contentée Elisabeth Ferrand. Celle-ci, indifférente à la postérité, ne doit sa survie qu'à l'amitié et à la reconnaissance de Condillac... et sa redécouverte à la curiosité tenace du chercheur canadien Laurence L. Bongie.

*Le père méconnu de l'*Encyclopédie

Au départ, l'*Encyclopédie* ne devait être que la traduction en quatre volumes de la *Cyclopaedia, or Universal Dictionary of the Arts and Sciences* d'Ephraïm Chambers. Paru à Londres en 1728, l'ouvrage avait connu un grand succès et s'était révélé fructueux pour les libraires[5]. En janvier 1745, un Allemand nommé Sellius, associé à un Anglais, J. Mills, propose la mise en traduction du Chambers au libraire Le Breton. Les trois hommes passent contrat deux mois plus tard et le prospectus publicitaire est publié

---

1. *Op. cit.*, p. 148.
2. *Corpus Condillac (1714-1780)*, Slatkine, 1981, p. 58.
3. *Cf.* lettre de Mlle Ferrand à Cramer, 1er septembre 1748.
4. Son travail acharné sur Newton – traduction et commentaire des *Principia* – en témoigne. Sentant la mort venir, elle n'a qu'une obsession : terminer l'ouvrage qui lui vaudra la postérité.
5. La *Cyclopaedia* fut rééditée dix fois entre 1728 et 1751. *Cf.* Jean Haechler, *L'Encyclopédie. Les combats et les hommes*, Belles Lettres, 1998, p. 20.

dans le *Mercure*[1]. Mais Le Breton, peu délicat, se fait accorder en son seul nom le privilège du livre. Quand ses deux associés lui réclament de l'argent, on en vient aux voies de fait : coups de canne, coups de poing, plainte, révocation du privilège. Le Breton, une fois dégagé de ses engagements, sollicite un nouveau privilège, qu'il obtient du chancelier d'Aguesseau le 18 octobre[2]. Le jour même, il s'associe avec trois autres libraires de poids, Briasson, David l'Aîné et Durand[3], pour mener à bien la traduction et la publication du Chambers. L'entreprise est coûteuse et ils ne seront pas trop de quatre.

L'idée d'une Encyclopédie est dans l'air depuis un bon moment. L'éphémère Société des arts en avait déjà conçu le projet. Plus récemment, à Berlin, l'infatigable Formey a commencé de le mettre à exécution depuis 1741[4], sans parvenir

---

1. *Mercure* de juillet (pp. 75-103) et d'août 1745 (pp. 11-22).

2. Pour les détails de cette affaire, *cf.* Franco Venturi, *Le Origini dell'Enciclopedia*, Florence, 1946 ; Arthur M. Wilson, *Diderot, op. cit.*, et le récent livre de Jean Haechler, *op. cit.*, pp. 20-36.

3. Les trois libraires étaient déjà associés pour la publication du *Dictionnaire de médecine* de James, dont ils avaient confié la traduction à Diderot, Toussaint et Eidous.

4. La première mention du Dictionnaire de Formey nous est connue par une lettre du pasteur J. de Pérard du 14 février 1742, qui prouve que Formey lui en avait déjà parlé (Bibl. de Berlin I, fonds Formey, Kasten 31, f. 63v°).

Trois lettres de Cramer à Formey nous éclairent sur l'état d'avancement du projet. La première date du 9 avril 1742 : le pasteur Peschier lui ayant communiqué le plan de Formey, « à la manière de Bayle », Cramer fait mine de l'approuver et en propose un autre, ainsi que ses services. Cette très longue lettre de Cramer montre que non seulement ce dernier avait médité le dictionnaire de Chambers, mais qu'il avait lui aussi une idée très précise du plan d'un dictionnaire philosophique.

Quatre mois plus tard, à une lettre (perdue) de Formey qui apparemment n'a pas retenu ses offres de service, Cramer répond le 29 août : « Je vois avec bien du plaisir, parce que vous me marquez de votre ouvrage qu'il s'avance et que vous le poussez avec rigueur. Mais quelque empressement que j'aie à le voir, et quelque utile qu'il doive être, allez sans vous fatiguer... quand on travaille avec ardeur et plaisir, on s'épuise quelquefois sans s'en apercevoir. » Cette lettre révèle aussi les options retenues par Formey quant à la forme – « une table des matières de la philosophie » – et au fond : « Je vois par la liste des articles que vous avez déjà composés qu'à la date de votre lettre... vous aviez parcouru la meilleure partie de l'*Ontologie* de Wolf. C'est là qu'il a défini le plus grand nombre de termes qu'il emploie. »

Enfin, quatre ans plus tard, le 30 avril 1746, Cramer évoque une dernière fois l'entreprise de Formey : « Le terme de deux ans que vous mettez à la publication de votre Dictionnaire philosophique paraîtra bien long à l'impatience de ceux qui l'attendent.

à y intéresser un éditeur[1]. Quand la décision est prise de traduire le Chambers, il ne lui reste plus qu'à négocier la cession des articles déjà rédigés. Comme le lui fait remarquer l'un de ses correspondants : « Voilà votre dictionnaire philosophique coulé à fond. Pourra-t-on reconnaître vos articles dans celui qui s'imprime à Paris ; y mettra-t-on votre initiale[2] ? »

Sans attendre d'avoir choisi le maître d'œuvre d'une aussi vaste entreprise, les éditeurs distribuent le travail de traduction et de révision des articles. Dans le livre des dépenses, le tout premier appointé est d'Alembert, le 17 décembre 1745, suivi de l'abbé de Gua, le 30 du même mois. Diderot et ses compères du *Dictionnaire de médecine*, Eidous et Toussaint, ne les rejoignent qu'en janvier et février 1746[3] ; Clairaut, en mars. Très vite, on s'aperçoit des lacunes et des faiblesses du Chambers. Il faut repenser le plan, compléter certains articles, en rédiger d'autres. Il faut donc nommer un directeur scientifique qui domine le projet et recrute des collaborateurs de qualité. C'est l'abbé de Gua qui est choisi pour cette tâche. On ignore comment il le fut, si d'Alembert fut pressenti, et de quelle manière furent cooptés les tout premiers collaborateurs. Selon G. Maheu, d'Alembert aurait commencé à s'intéresser à l'entreprise dès le printemps 1745. Sellius, alors chargé de la traduction, l'aurait recruté comme assistant, avec d'autres savants de l'Académie des

---

C'est un siècle pour moi. Je dois pourtant convenir que ce terme est court pour un ouvrage si grand et si difficile. » Ces trois lettres sont à la Bibliothèque Jagiellonska de Cracovie, collection Varnhagen [49].

1. En 1743, il l'avait proposé à Briasson, qui avait applaudi au projet et réservé sa réponse. *Cf.* sa lettre à Formey du 28 septembre 1743. *Correspondance passive de Formey*, collection dirigée par H. Duranton, F. Moureau et J. Schlobach, Champion-Slatkine, 1996, p. 30.

2. Lettre de J. de Pérard, 3 juillet 1744. Berlin, Fonds Formey, Kasten 31, f. 107. D'autres correspondants de Formey font état de son dictionnaire, notamment Prosper Marchand le 17 avril 1743, et J. Peschier le 1er octobre 1745, le 24 décembre 1745 et le 29 avril 1746... *Cf.* Fonds Formey à Berlin. La décision de traduire l'*Encyclopédie* de Chambers en France était connue dès 1744. Dans une lettre du 25 février 1744, F. Boissier de Sauvages demande à Jallabert : « Marquez-moi si la traduction de la *Cyclopaedia* de Chambers s'avance, et de quel prix elle sera. » B.P.U., Ms. Jallabert, n° 82, f. 33-34.

3. *Cf.* état des dépenses, *Revue de synthèse*, n° 15, 1938, *op. cit.*, p. 32.

sciences[1] : de Gua et Clairaut, peut-être. Quoi qu'il en soit, tous ces hommes se fréquentent depuis longtemps et peuvent s'être cooptés les uns les autres. Et ce, d'autant plus facilement que les libraires associés les connaissent déjà : Briasson a édité de Gua[2] ; David l'Aîné, d'Alembert[3] et Clairaut[4] ; avec Durand, ils apprécient l'équipe formée par Diderot et ses deux amis auxquels ils ont déjà confié la traduction du James.

Si l'on se fie au livre de comptes de l'*Encyclopédie*, on constate que les deux premiers collaborateurs, d'Alembert et l'abbé de Gua, reçoivent sensiblement la même somme depuis décembre 1745[5]. Probablement pour le même genre de travail. S'agit-il de simples traductions, comme le dit d'Alembert à d'Adhémar, ou d'un travail plus sophistiqué qui englobe la révision des articles existants, la rédaction de nouveaux articles et des tâches administratives et éditoriales[6] ? Dans tous les cas, de Gua et d'Alembert, également académiciens, pouvaient prétendre à la direction de l'entreprise. On ignore si la proposition fut faite à d'Alembert, mais à voir le peu d'enthousiasme qu'il manifeste au départ[7], on comprend la décision des éditeurs de la confier à l'abbé de Gua.

Le choix de l'abbé est excellent sur le papier. Vif, intelligent, original, il a le profil idéal pour assumer cette tâche. Brillant mathématicien, ancien membre de la Société des arts, il s'intéresse tout autant aux sciences qu'aux techniques de son temps. Membre de la Société royale de Londres, il comprend l'anglais et maîtrise

---

1. G. Maheu fait état d'une lettre de Sellius du 21 juin 1745, citée par F. Venturi, dans laquelle celui-ci reconnaît avoir d'Alembert pour assistant ainsi que d'autres académiciens. Malheureusement, cette lettre nous est inconnue. *Cf.* Thèse de G. Maheu, *op. cit.*, p. 19.

2. Les *Usages de l'analyse de Descartes* en 1740.

3. Le *Traité de dynamique* en 1743 et le *Traité d'hydrodynamique* en 1744.

4. Voir l'état des dépenses de décembre 1745 à juin 1746. Clairaut était une bonne recrue, car il lisait couramment l'anglais et était fin connaisseur de la science d'outre-Manche.

5. *Théorie de la figure de la Terre*, en 1743. Clairaut apparaît dans les comptes de l'*Encyclopédie* d'avril à décembre 1746.

6. Hypothèse formulée par G. Maheu, *op. cit.*, p. 20.

7. Voir sa correspondance avec d'Adhémar, déjà citée.

l'art de la traduction. Professeur au Collège royal, soucieux de pédagogie, on le dit « solide et précis[1] ». Enfin, il est disponible depuis sa mise à l'écart de l'Académie en juin 1745, et souffre comme bien d'autres d'un cruel besoin d'argent. Pour lui, la proposition des éditeurs tombe à pic. Le contrat est signé le 27 juin 1746. Il stipule que l'abbé est le responsable de l'édition ; qu'il « fera ou fera faire par des personnes capables et dont il répondra toutes les corrections et augmentations qui lui paraîtront néces-saires..., qu'il étendra la partie des arts par préférence et tâchera... de la compléter, et qu'enfin il fera tout ce qui pourra dépendre de lui pour mettre cet ouvrage dans la perfection qu'il est capable de lui donner[2] » ; qu'il fera faire à ses frais les dessins des planches qui constitueront un volume à part ; qu'il livrera le manuscrit du premier volume à la fin 1747, celui du deuxième volume au 1er janvier 1748 et ceux des autres volumes de deux en deux mois ; enfin, les libraires devront payer à l'abbé de Gua 18 000 livres pour tout le travail de cette édition, à charge pour lui de régler les collaborations, etc.

Les noms de D'Alembert et de Diderot sont mentionnés à deux reprises dans le contrat. L'article 8 déclare que « s'il se trouve dans le total de la traduction des articles qui, *au jugement de MM. d'Alembert et Diderot*[3], aient besoin d'être traduits de nouveau, lesdits libraires seront chargés de les faire retraduire ». Et l'on remarque leurs deux signatures à la fin du contrat à titre de témoins. Comme le dit Jean Haechler, ils sont « responsables de la qualité de la traduction[4] », et les premiers concernés après l'abbé de Gua. Haechler pense que c'est ce dernier qui les a imposés aux libraires, mais on pourrait aussi voir là une mesure de prudence desdits libraires. L'entreprise était si lourde qu'il était sage de ne pas s'en remettre à un seul et qu'il valait mieux le faire

---

1. Lettre du comte des Alleurs à Mme du Deffand, 17 avril 1749. *Correspondance de Mme du Deffand*, *op. cit.*, p. 123.
2. Article 2 du contrat publié par L. Ph. Le May, *Revue de synthèse*, *op. cit.*, p. 18.
3. Souligné par nous.
4. J. Haechler, *op. cit.*, p. 30.

épauler (surveiller ?) par deux collaborateurs dont on avait pu déjà apprécier les qualités.

La direction de l'abbé de Gua ne dura que quatorze mois et les spécialistes de l'*Encyclopédie* divergent sur l'importance de son rôle. Dans l'*Eloge* qu'il lui consacre, Condorcet affirme « qu'il avait eu le temps d'en changer la forme ; ce n'était plus une simple traduction augmentée, c'était un ouvrage nouveau entrepris sur un plan plus vaste. Au lieu d'un dictionnaire élémentaire des parties des sciences les plus répandues, les plus usuelles... l'abbé de Gua entreprit de réunir, dans un dépôt commun, tout ce qui formait alors l'ensemble de nos connaissances... Si M. l'abbé de Gua n'a point eu de part au mérite de l'exécution, celui d'en avoir eu la première idée lui donne des droits à la reconnaissance des savants[1] ».

Le témoignage de Condorcet fut récusé par Jacques-André Naigeon, intime de Diderot et gardien de sa mémoire, qui minimise l'apport de l'abbé et attribue tout le mérite de la conception du dictionnaire à Diderot et d'Alembert[2]. Comme ces deux derniers n'ont jamais fait état de la moindre dette intellectuelle envers leur prédécesseur, ni même mentionné son nom[3], et comme par ailleurs Condorcet avait attribué à tort le recrutement d'hommes célèbres (Fouchy, Condillac, Mably, etc.) à de Gua, on en conclut que Condorcet a dû être influencé par ce dernier[4], qu'il avait bien connu. La postérité n'a retenu que les noms du duo, et le témoignage de Condorcet a été tenu pour nul et non avenu. C'est oublier que Condorcet avait une autre source

---

1. *Eloge de l'abbé de Gua*, in *Œuvres de Condorcet*, vol. III, p. 248.
2. Jacques-André Naigeon, *Mémoires historiques et philosophiques sur la vie et les ouvrages de Denis Diderot*, Paris, 1821. Republié par Slatkine en 1970, pp. 45-46.
3. Après sa démission de l'*Encyclopédie* pour d'obscures raisons financières, l'abbé de Gua n'était plus en odeur de sainteté chez les encyclopédistes. Lui-même disait pis que pendre de ses successeurs. Dans la lettre du 5 janvier 1751, d'Alembert écrit à Cramer à propos de l'abbé : « C'est un homme qui se plaint de tout le monde, parce que tout le monde a à se plaindre de lui. Il trouve mauvais que nous n'ayons pas parlé de lui dans le Prospectus de l'*Encyclopédie* et je puis vous assurer que nous l'avons fait par ménagement. » *Dix-huitième siècle*, n° 28, 1996, p. 249.
4. Il est vrai que l'abbé de Gua n'avait jamais pardonné à ses successeurs leur silence sur sa collaboration et que son témoignage pourrait être suspect.

de renseignement que de Gua, un témoin tout aussi direct de l'affaire, qui n'avait aucune raison de faire le moindre cadeau à l'abbé. Ce témoin de première main, c'est d'Alembert, dont Condorcet fut l'intime, le fils spirituel et le légataire universel[1]. Il est impensable que d'Alembert ne lui ait pas conté dans le détail l'origine de l'*Encyclopédie*, et la part qu'y prit chacun. Vingt ou trente ans après les événements, d'Alembert a pu se tromper sur les collaborations secondaires des uns et des autres, certainement pas sur sa propre contribution ni sur celle de Diderot et de Gua. Si Condorcet fait de ce dernier le père originel de l'*Encyclopédie*, ce ne peut être qu'avec l'aval de D'Alembert, qui pouvait se reprocher qu'on eût tu le nom de l'abbé dans le Prospectus de l'*Encyclopédie*, dans son *Discours préliminaire* et dans la liste des contributeurs.

Trois lettres de l'abbé de Gua nouvellement retrouvées confirment son rôle déterminant dans la conception de la plus vaste entreprise intellectuelle du XVIIIe siècle.

La première est datée du 8 mars 1747 et adressée au secrétaire de l'académie de Lyon, Christin :

> « Il est de la nature des grands ouvrages de ne se faire qu'avec un peu de lenteur, et c'est ce qui est la cause que je n'ai pu vous envoyer plus tôt *le plan que j'ai fait pour l'édition de l'Encyclopédie* dans laquelle M. Quesnay a bien voulu engager l'académie de Lyon à m'aider de ses conseils. La grâce de me recevoir pour un de ses membres me flatte infiniment[2]... »

Par la deuxième du 29 avril, l'abbé de Gua répond à la proposition de Formey[3] de lui vendre les articles déjà rédigés de son propre dictionnaire philosophique. Cette très longue lettre qui figure dans les archives de Cracovie est une mine de renseignements sur les choix éditoriaux et la méthode de travail de l'abbé :

---

1. E. Badinter et R. Badinter, *Condorcet, un intellectuel en politique*, Fayard, 1988, chap. I.

2. Archives de l'Académie de Lyon, Ms. 268, vol. I, f. 250. Souligné par nous.

3. Lettre du 15 avril 1747, mentionnée dans le livre de délibérations. *Revue de synthèse*, *op. cit.*, p. 21.

« *Vous avez eu raison, Monsieur, de prévoir que je pourrais m'être fait un projet de travail pour mon Encyclopédie qui ne s'accorde pas avec la vue que vous avez eue d'incorporer discrètement les articles curieux sur lesquels vous avez travaillé à la suite de ceux de M. Chambers.* Je vous envoie le plan que je me suis prescrit de suivre[1] *pour que vous soyez à portée de juger vous-même, et tout ce que j'ajouterai sur cet article en particulier, c'est que les raisons que j'ai eues de* m'éloigner de la forme de Bayle[2] *se réduisent principalement à deux. La première, que le fond de* mon ouvrage *doit être une traduction, et que le texte d'où la traduction est tirée a été fait dans un genre différent. La deuxième, qu'un texte court et des notes étendues me paraissent plus propres en effet à un dictionnaire historique comme celui de Bayle, où à un petit nombre de faits principaux peuvent se rapporter un grand nombre de discussions et d'anecdotes curieuses, qu'à un dictionnaire philosophique dans les articles duquel on doit reconnaître l'ordre et la synthèse, de sorte que ceux au moins qui sont importants fassent chacun, pour ainsi dire, un petit corps de science, et qui d'ailleurs m'a paru, après Chauvin et Chambers, devoir se borner à donner, avec précision et dans une juste étendue, toutes les connaissances et commentaires, sauf à y joindre seulement ce qui, n'étant pas tel, pourrait être, outre cela, ou très utile ou très curieux.*

« *Il y aurait indépendamment de cela, Monsieur, un grand inconvénient à vouloir joindre vos articles en entier à la suite de ceux de Chambers, tels que nous les aurons corrigés ; c'est que dans un ouvrage qui n'est point de notre invention, mais qui consiste en recherches, il n'est pas possible que d'habiles hommes qui auront fouillé dans les mêmes sources ne se soient rencontrés sur un très grand nombre de points. Or, s'il est vrai en conséquence que vos articles qui sont presque tous dans Chambers doivent avoir beaucoup de choses communes avec ceux de cet auteur, surtout après la correction qu'ils auront subie, ou de M. d'Alembert qui s'est chargé de la Mécanique, des Physico-mathématiques et de la Physique particulière, ou de M. Daubenton qui nous corrige l'Histoire naturelle,*

---

1. Ce plan, recherché activement par Edgar Mass, n'a pas été retrouvé.

2. Le plan suivi par l'abbé de Gua est donc bien différent de celui de Formey et ressemble à celui proposé par Cramer. Voir *supra*, p. 319, note 5.

ou de MM. Sénac et Tarin, dont le dernier fait sous les conseils de l'autre les corrections sur les additions de l'Anatomie, et enfin de moi qui me suis réservé la Logique, la Métaphysique, la Morale, la Physique générale et les Mathématiques pures, s'il est vrai déjà que vos articles doivent avoir beaucoup de choses communes avec les nôtres, comment penser que la répétition de ces choses communes pût être du goût du public... Je crois donc, Monsieur, ne pouvoir faire autre usage de vos articles qui roulent tous sur les quatre matières dont j'ai parlé que de les distribuer aux quatre personnes que je viens de vous nommer, et de la probité desquelles M. de Maupertuis... vous répondra, je pense, aussi bien que moi, afin qu'ils en extraient les morceaux qui ne se trouveraient point dans Chambers, qu'ils croiront importants et sur lesquels ils ne seraient pas eux-mêmes tombés déjà (car le travail est déjà avancé). En ce cas, Monsieur, j'apprendrais au lecteur, dans la préface, ce que vous me marquez dans votre lettre de l'ouvrage que vous aviez déjà fait ; j'y mettrais la liste des articles que vous nous avez envoyée ; j'y préviendrais enfin que ce qu'on aurait tiré de vous serait marqué de tel caractère distinctif, et vous resteriez, outre cela, le maître de faire ce que vous voudriez du surplus[1]... »

Enfin, après sa rupture de contrat avec les libraires, l'abbé de Gua réécrit à Formey pour l'en informer et lui faire part des dispositions prises. Au passage, il évoque une fois encore son plan : « Vous n'êtes pas moins maître de continuer ou de discontinuer à aider les éditeurs de vos papiers... Je prendrai la liberté, Monsieur, de vous conseiller de préférer le premier parti, et cela pour deux raisons. L'une, qu'on dit que ce sera MM. d'Alembert et Diderot qui vont continuer cet ouvrage, et qu'on ajoute qu'*ils suivront le même plan* sur lequel vous vous étiez déterminé à y

---

1. Bibliothèque Jagiellonska, collection Varnhagen [79]. Souligné par nous. Le surplus était considérable, puisqu'un peu plus loin dans sa lettre l'abbé de Gua précise : « Je ne vois pas par estimation que vos dix-neuf cents pages... puissent nous en fournir plus d'une quinzaine. » Formey accepta la proposition moyennant la somme de 300 livres et un exemplaire de l'*Encyclopédie*. Mais il en conserva une amertume ineffaçable qui explique son projet d'une Encyclopédie réduite en 1756.

joindre le vôtre. L'autre, que les correcteurs que j'avais choisis les ont déjà eus entre les mains pendant quelque temps[1]. »

Le 12 septembre, Briasson confirme à Formey le changement de direction et lui demande la continuation de sa collaboration. A cette occasion, il corrobore les dires de l'abbé de Gua : « Nous espérons que vous agréerez que MM. d'Alembert et Diderot continuent à user de vos manuscrits *sur le plan que vous étiez convenu avec M. l'abbé de Gua*, et que vous voudrez bien nous maintenir (malgré ce changement) toutes les conditions dont vous êtes convenu avec lui[2]. »

Il est difficile aujourd'hui de contester la part prépondérante de l'original abbé dans la conception et la création de l'*Encyclopédie*[3]. Si la postérité l'a si longtemps ignoré, la responsabilité en incombe tout à la fois à son comportement, aux raisons de son éviction et au silence de Diderot et d'Alembert.

C'est le 3 août 1747 que les libraires résilient leur contrat avec de Gua[4]. Les premiers invoquent surtout des raisons financières ; l'abbé, un désaccord éditorial. En réalité, il s'agit des deux à la fois. Les libraires sont affolés par les dépenses déjà faites – plus de 35 000 livres – et par le retard pris par de Gua. Non seulement ce dernier n'a plus un sou vaillant de la somme qui lui a été allouée, mais il doit de l'argent aux collaborateurs du Dictionnaire. Les libraires lui réclament des sommes considérables, menacent de le poursuivre et le forcent à leur céder ses revenus du Collège royal et de l'abbaye de Mareuil[5]. Quand Briasson apprend que de Gua est en dette avec Formey, il conseille à ce

---

1. Lettre non datée [septembre 1747] issue du Fonds Formey de la Bibliothèque de Berlin, Kasten IV, publiée pour la première fois par Edgar Mass, « Les envers du succès. L'infortune du premier éditeur de l'*Encyclopédie*, Gua de Malves », in *L'Encyclopédie et Diderot*, éd. Edgar Mass et Peter Eckhard Knabe, Cologne, Dme-Verlag, 1985, p. 167. Souligné par nous. Formey suivit les conseils de l'abbé de Gua et collabora avec d'Alembert, qui le cita dans le *Discours préliminaire*.

2. *Correspondance passive* de Formey, *op. cit.*, p. 38. Souligné par nous.

3. C'est aussi l'avis de Jean Haechler qui s'appuie sur l'*Eloge* de Condorcet pour conclure : « [L'abbé de Gua] est à notre sens un père réel et oublié de l'*Encyclopédie*, à laquelle il a donné l'impulsion et le cadre qui lui resteront. » *Op. cit.*, p. 35.

4. Registre des délibérations, *Revue de synthèse*, *op. cit.*, p. 21.

5. Voir l'article d'E. Mass, *op. cit.*, pp. 168 et 169.

dernier de le menacer d'une saisie de ses revenus sur le prieuré de Capdenac, et de se plaindre au chancelier[1]. L'abbé s'exécute tant bien que mal. Il est à quia, isolé, sans protection, contraint de demander l'autorisation de coucher au Collège royal quand il vient y faire cours. Au chagrin du dénuement s'ajoute la honte d'une réputation de légèreté, sinon de malhonnêteté.

La version de l'abbé est bien différente. En septembre 1747, il rend compte à Formey de sa rupture avec les libraires et en suggère d'autres motifs. Il n'aurait pas voulu se plier à leurs exigences éditoriales : « Je me vis obligé de leur mander que j'entendais faire cet ouvrage à ma façon, sans qu'ils eussent eux à s'immiscer d'autre chose que de l'impression[2]. » Dans la foulée, l'abbé de Gua aurait brandi la menace de sa démission, aussitôt acceptée par les libraires !

Cette explication, qui fait la part belle à sa mauvaise humeur, plus honorable pour lui, n'est peut-être pas totalement dénuée de fondement. L'abbé était lent et brouillon. Il élargissait le cadre de sa mission au-delà des desiderata des libraires d'une manière qui les inquiétait. Et, à en croire Diderot dans l'article « Encyclopédie[3] », il aurait tout laissé dans un désordre épouvantable. Quoi qu'il en soit au juste, l'abbé sort de cette affaire doté d'une réputation exécrable dont il ne se relèvera jamais.

Le couple d'Alembert et Diderot

Le 19 octobre 1747, le registre des délibérations porte : « La compagnie assemblée a reconnu avoir traité le 16 du courant avec MM. Dalembert et Diderot pour remplacer en qualité d'éditeurs M. l'abbé de Gua... Et s'est engagée à payer : savoir à M. Dalembert la somme de trois mille livres, y compris les douze cents livres à lui déléguées par M. l'abbé de Gua ci-devant... à M. Diderot la somme de sept mille deux cents livres, savoir : douze cents livres sur une délégation à lui ci-devant donnée par

---

1. Lettre de Briasson à Formey, 16 novembre 1747, *op. cit.*, p. 39.
2. Lettre de De Gua à Formey [septembre 1747], *op. cit.*, p. 106.
3. *Encyclopédie*, t. V, p. 644.

M. l'abbé de Gua qui échoira après l'impression d'un des volumes et les six mille livres restantes à raison de cent quarante-quatre livres par mois jusqu'à fin de paiement[1]. »

L'ordre des deux noms importe. Moins payé que Diderot, d'Alembert est cité en premier, non par souci de l'ordre alphabétique, mais pour marquer une prééminence. Dans les correspondances de l'époque, le nom de D'Alembert précède toujours celui de son compère[2]. Ainsi Briasson informe-t-il Formey que l'entreprise est à présent confiée à d'Alembert et Diderot : « Le premier de ces messieurs vous est connu par l'ouvrage sur les vents et à l'occasion duquel votre Académie [de Berlin] lui a adjugé le prix de l'année dernière et l'a agrégé au nombre de ses membres. Quant au second, c'est un digne émule du premier et scs talents lui ont déjà mérité les plus grands éloges ; il est fort connu de M. de Maupertuis[3]... » Les deux hommes sont présentés comme les co-éditeurs de l'*Encyclopédie*, sans distinction entre eux. D'Alembert est cité en premier parce qu'il est déjà connu du cercle des savants et qu'il apporte à l'entreprise la caution et le prestige de l'Académie des sciences. A cette époque, Diderot n'est qu'un obscur tâcheron des lettres auquel ses traductions et ses articles anonymes dans les journaux n'ont guère valu de notoriété. Mais les éditeurs le connaissent bien. Ils ont apprécié le travail considérable qu'il a fourni pour le *Dictionnaire de médecine*. Bon traducteur, bon éditeur, bon chef d'équipe, il a alors mené la barque avec brio et rapidité. Des deux hommes, c'est lui le professionnel qui a la responsabilité globale de l'entreprise. D'où sa rémunération qui pèse plus du double de celle de D'Alembert[4]. Officiellement, ce dernier n'est responsable que de la partie mathématique, c'est-à-dire, à l'époque, des sciences « nobles » (mathématiques, astronomie,

---

1. *Op. cit.*, p. 21.
2. De Gua à Formey [septembre 1747], *op. cit.*, p. 167.
3. 12 septembre 1747, *op. cit.*, p. 38. Briasson commet une confusion à propos des relations de Maupertuis avec les deux hommes. C'est avec d'Alembert, et non avec Diderot, qu'il est particulièrement lié.
4. D'Alembert avait signé un contrat pour seize mois de travail, alors que Diderot s'engageait pour trois ans et demi.

physique) ; Diderot, de tout le reste. Mais d'Alembert ne s'est pas borné aux articles de pure science : sur plus de deux mille articles signés par lui, un certain nombre touchent à des domaines très différents[1].

Si d'Alembert et Diderot sont tous deux très impliqués au départ dans l'œuvre commune, ils se répartissent les tâches en fonction de leurs compétences et de leur statut. A Diderot, le travail éditorial et le dépassement du projet de De Gua[2]. A d'Alembert, le recrutement des collaborateurs les plus connus, qu'il peut approcher dans les salons ou à l'Académie. C'est lui qui pressent Montesquieu chez Mme du Deffand, et l'invite à écrire quelque chose pour le grand ouvrage, par exemple les articles « Démocratie » et « Despotisme ». Montesquieu décline l'offre[3], mais propose d'écrire sur le « Goût ». Promesse à demi tenue. C'est d'Alembert, plus tard, qui sera l'interlocuteur de Voltaire. Il recrute l'académicien Louis-Guillaume Lemonnier, frère de l'astronome, pour rédiger les articles sur l'électricité et le magnétisme, ses amis le mathématicien La Chapelle, l'avocat Grosley, l'hippologue Claude Bourgelat, parmi bien d'autres. De son côté, Diderot embauche ses compères Toussaint et Eidous, Rousseau pour les articles de musique[4], d'Holbach pour ceux de chimie, le médecin Bordeu, Grimm, etc. Mais c'est d'Alembert que l'on charge des missions délicates auprès de l'administration.

---

1. Notamment : « Dictionnaire », « Collège », « Genève » et de nombreux articles de grammaire. Dans le « mémoire des libraires associés à l'*Encyclopédie* sur les motifs de la suspension actuelle de cet ouvrage » (1758), les éditeurs prendront la peine de souligner le zèle infatigable de D'Alembert, qui ne s'était pas limité à la rédaction d'articles scientifiques, puisqu'il avait composé nombre d'articles sur différents sujets. *Cf.* Ronald Grimsley, *Jean d'Alembert (1717-1783)*, Oxford, Clarendon Press, 1963, p. 12.

2. Diderot dépasse largement le plan initial de De Gua, et le premier volume de l'*Encyclopédie* qui paraît en 1751 annonce « dix volumes in-folio dont deux de planches en taille-douce ». En fait, l'*Encyclopédie* terminée comptera dix-sept volumes plus onze volumes de planches.

3. *Cf.* R. Shackleton, « D'Alembert et Montesquieu : leurs rapports », in *Jean d'Alembert, savant et philosophe, portrait à plusieurs voix*, Centre international de synthèse, Editions des Archives contemporaines, 1989, pp. 41-51.

4. Diderot et d'Alembert avaient d'abord proposé la tâche à leur ami commun Rameau, qui s'était récusé.

Après 1751, il sera l'interlocuteur plaintif de Malesherbes, responsable de la censure. Grâce à l'amitié du marquis d'Argenson, il parviendra à organiser la fuite des abbés de Prades et Yvon, menacés d'arrestation. Même si d'Alembert n'appartient pas vraiment au grand monde, il le fréquente. Son statut d'académicien lui ouvre nombre de portes fermées à Diderot et aux libraires.

Durant ces premières années de collaboration, la relation entre Diderot et d'Alembert est d'une grande densité intellectuelle et amicale. Convaincus de l'importance de leur projet commun, d'accord sur l'essentiel, ils forment le modèle du couple philosophique qui traversera les siècles. L'heure n'est pas encore venue des nuances, des oppositions et des fâcheries.

A contre-emploi (novembre 1747-juin 1748)

Pendant que la ruche encyclopédique produit son miel, l'Académie des sciences continue d'attirer les convoitises. Tous ceux qui se piquent d'être savants ou philosophes rêvent d'y entrer. C'est le cas de Diderot. Ceux qui en font déjà partie et brûlent d'ambition cherchent à la dominer. Après la tentative avortée de Maupertuis, Clairaut et d'Alembert se livrent une bataille acharnée pour récupérer le sceptre de Fontenelle. Davantage encore, chacun aspire à être sacré par ses pairs comme le plus grand savant de son temps. C'est cette insatiable ambition que l'on voit à l'œuvre et qui pousse les uns et les autres à des démarches inattendues, voire à des faux pas.

Clairaut le sage fait scandale

Peu satisfait par le travail encyclopédique, Clairaut rend son tablier en décembre 1746. Apparemment pour ne plus s'y intéresser du tout[1]. Il préfère se consacrer à la question essentielle qui se pose aux théoriciens de la mécanique céleste : l'approfondissement du système newtonien lié à la théorie des perturbations. Il s'agit du problème de la Lune, encore appelé « problème des trois corps[2] ». Si, depuis 1743, Clairaut s'intéresse à la théorie de la Lune[3], c'est que les observations du mouvement réel de notre satellite ne semblent pas s'accorder avec l'orbite théorique calculée sur la base de la loi de l'attraction universelle de Newton. Membre éminent de la commission des prix de l'Académie, il n'est pas étranger à la décision de choisir en avril 1746 comme sujet du concours de 1748 un nouveau cas particulier du « problème des trois corps[4] ». Membres de l'Académie, ni Clairaut ni d'Alembert ne peuvent y participer. Mais la question les intéresse tous deux, même si le second s'y est attelé un peu plus tardivement. Elle intéresse aussi passionnément le grand Euler qui, lui, va concourir pour le prix. Dès la fin de l'année 1746, la compétition s'engage entre Clairaut, Euler et d'Alembert pour tenter de résoudre ce difficile problème, étant entendu que les deux Français se doivent naturellement d'avoir déposé leurs conclusions avant l'arrivée du mémoire d'Euler à l'Académie.

Tout au long de l'année 1747, d'Alembert et Clairaut rivalisent d'astuces pour trouver une solution. Ils présentent devant l'Académie une suite quasi ininterrompue de mémoires, notes, plis cachetés sur les progrès de leurs travaux, tout en évitant de révéler le détail des méthodes utilisées et des résultats obtenus.

---

1. I. Passeron, qui a consulté l'inventaire de sa bibliothèque (B.N., 811), relève qu'il ne possédait pas l'*Encyclopédie* et qu'il était peu au fait des grandes mutations idéologiques du siècle. « Il a fui, dit-elle, sans détour toute participation à l'esprit philosophique des Lumières. » *Cf.* sa thèse sur Clairaut, *op. cit.*, pp. 44 et 58.

2. Pour tout ce qui touche à cette histoire de la mécanique céleste, nous nous référons à deux grands historiens des sciences : René Taton, « D'Alembert et la question des trois corps », in *Jean d'Alembert, savant et philosophe...* , *op. cit.*, pp. 395-409 ; Gilles Maheu, « Bibliographie de Pierre Bouguer (1698-1758) », *Revue d'histoire des sciences*, t. XIX, 1966, pp. 220-223.

3. Le 20 décembre 1743, Clairaut a pris date pour l'impression de son mémoire dans le volume de 1743 : *Sur l'orbite de la Lune dans les Principes de Newton*.

4. L'explication de certaines irrégularités constatées dans les mouvements de Saturne et de Jupiter.

Si les deux hommes se méfient l'un de l'autre, ils correspondent en revanche tous deux avec Euler, qu'ils admirent.

Les 17 janvier et 15 mars, Clairaut dépose deux plis cachetés à l'Académie pendant que d'Alembert envoie à Euler un mémoire préliminaire sur la théorie de la Lune, que celui-ci lit à l'Académie de Berlin le 23 février. Ce n'est « que le commencement d'un plus grand nombre de recherches[1] », prévient d'Alembert qui n'est pas prêt non plus à tout dévoiler à cet autre rival. Ce dernier lui répond aimablement : « Votre pièce... est sans doute de la première profondeur et votre supériorité dans les calculs les plus difficiles y éclate partout[2]. » Mais si Euler reconnaît la virtuosité de son correspondant dans le domaine de l'analyse, il constate aussi que son travail reste théorique[3].

Le problème passionne l'Académie. Avant même que Clairaut et d'Alembert ne dévoilent leurs propres travaux, le vieux Dortous de Mairan apporte sa modeste contribution sous la forme d'un mémoire : *Recherches sur l'équilibre de la Lune dans son orbite*, qu'il commence à lire le 31 mai[4]. Rien d'inoubliable. A peine a-t-il achevé que d'Alembert entame la lecture de son propre mémoire[5], le 14 juin, qu'il termine le 23 suivant par l'exposé de sa méthode générale. Mais il prend soin d'omettre un paragraphe qu'il fait dater par Fouchy. Et c'est au tour de Clairaut, dès la séance suivante, d'exposer *Le Système du monde dans les principes de la gravitation universelle[6]*. Lui aussi se garde

---

1. Lettre du 24 mars 1747, *Correspondance Euler/d'Alembert*, éd. Taton, *op. cit.*, p. 262. On sait par une lettre de Mme du Châtelet au père Jacquier que d'Alembert et Clairaut travaillèrent tout l'été. Ils sont, dit-elle, « après le système du monde, ils ne veulent pas avec raison se laisser prévenir par les pièces des prix ». 1er juillet 1747, lettre 361.

2. Lettre du 15 avril 1747, *ibid.*, p. 261.

3. C'est une critique que différents adversaires de D'Alembert auront l'occasion de lui adresser. Ce mathématicien ignorait la pratique astronomique.

4. Il poursuivra son exposé les 3 et 7 juin.

5. *Méthode générale pour déterminer les orbites de toutes les planètes, eu égard à l'action mutuelle qu'elles ont les unes sur les autres*. Il en fait la lecture les 14, 17, 21 et 23 juin 1747.

6. Clairaut commence sa lecture le 28 juin et la poursuit les 1er, 5 et 15 juillet, les 12 et 23 août, pour la terminer le 2 septembre.

bien de dévoiler ses conclusions. Le 6 septembre, le mémoire d'Euler sur le même sujet est remis à Clairaut et à d'Alembert, tous deux commissaires pour le prix de 1748. Le même jour, d'Alembert dépose un pli cacheté contenant sa solution du problème du mouvement des absides de la Lune. Le 6 novembre, Clairaut fait de même avant que d'Alembert n'en dépose un ultime, le 12...

Le 15 novembre, lors de l'assemblée publique, Clairaut dévoile sa solution et annonce que la loi de la gravitation de Newton, étant incompatible avec ses résultats, doit être remplacée ou tout au moins modifiée. Le propos fait scandale. Seuls les vieux cartésiens exultent. Les autres sont consternés. Euler et d'Alembert[1] avaient eux aussi fait le même constat, mais, plus prudents, s'étaient abstenus de conclure à l'invalidité de la loi de Newton. Comme le souligne G. Maheu : « Les trois solutions, obtenues indépendamment par les trois savants, contenaient toutes trois une erreur qui pouvait leur permettre de douter de l'exactitude de la loi de Newton, ce qu'ils firent tous trois, mais ce dont seul Clairaut osa se vanter publiquement[2]. » Si Euler se rallie volontiers à la position de Clairaut, d'Alembert reste hésitant et se refuse en tout cas à condamner Newton. Il tente même d'expliquer les divergences entre la théorie et ses calculs par quelque irrégularité de la forme de la Lune. A ses yeux, le mieux est de se remettre au travail.

En attendant, Clairaut, d'habitude si prudent, a commis une bévue dont il n'est pas près de se relever. Pressé de damer le pion à ses rivaux, il s'est laissé aller au péché d'orgueil et de légèreté devant l'Académie des grands jours. Son vieil ami Cramer, à Paris depuis plusieurs mois[3], s'est trouvé parmi le public. Il s'empresse de tout raconter à Jallabert en le priant d'en faire part aux savants genevois de leurs relations : MM. de

---

1. D'Alembert attendit le 28 février 1748 pour lire à l'Académie le pli cacheté du 6 septembre précédent, et révéler sa solution.

2. *Op. cit.*, pp. 221-222.

3. Cramer était arrivé en avril 1747. Il séjourna à Paris jusqu'à fin avril ou début mai 1748.

LaRive, Calandrini et Bonnet. Malgré la façon bienveillante dont il rapporte l'exposé de Clairaut[1], la réaction de son interlocuteur résume à merveille l'avis général : « Le mémoire de M. Clairaut doit avoir été fort goûté, en particulier de tous les ennemis de la philosophie newtonienne, puisque M. Clairaut attaque l'attraction dans ce qu'elle a de plus simple[2]. » Jallabert ne cache pas son scepticisme sur les conclusions de Clairaut : « Il est bien singulier que Newton n'ait pas cherché à concilier avec sa théorie le mouvement de l'apogée, connu depuis toujours. » De son côté, l'éminent physicien Calandrini, newtonien de la première heure, prend sa plume la plus courtoise pour réfuter l'illustre académicien qui l'a mis en cause dans son exposé du 15 novembre[3].

Alors que d'Alembert se tait et refait ses calculs, l'attaque la plus rude vient de là où on ne l'attendait pas. Les 20 et 24 janvier 1748, Buffon entre dans le débat. Il lit un mémoire qui est une vibrante défense de Newton. Comme d'Alembert, il refuse de renoncer à la loi d'attraction et suggère la possibilité d'une attraction magnétique supplémentaire. « Mais ses objections majeures sont, il en convient lui-même, d'ordre métaphysique[4]. » Buffon reproche à Clairaut de n'appuyer ses conclusions que sur un calcul. Or, dit-il, « on peut tout représenter avec un calcul, et on ne réalise rien... On ne nous donne plus que de l'arbitraire, au lieu de nous représenter la réalité ». On retrouve là, note Jacques

---

1. Lettre de Cramer à Jallabert du 17 novembre 1747. B.P.U., Ms. SH 242, f. 69-70.

2. La lettre de Jallabert à Cramer est datée « 15 novembre 1747 », ce qui est évidemment une erreur. » B.P.U., Ms. Suppol. 140, f. 53-55.

3. Calandrini avait découvert le premier une erreur de Newton dans le calcul du mouvement de l'apogée lunaire. Mais Clairaut avait critiqué sa réfutation en assemblée publique. Le 20 février 1748, Calandrini envoie à Cramer sa réponse à Clairaut avec une lettre résumant son argumentation en quatre points. Il conclut : « Je crois bien que tout ne sera pas au gré de M. Clairaut. J'aurais presque souhaité de n'avoir pas eu à m'opposer à son mémoire, tant il m'est désagréable de ne pas me trouver d'accord avec lui. Mais il ne m'est pas possible de résister à l'évidence de ma première réponse qui entraîne toutes les autres. » B.P.U., Ms. Fr. 6579, f. 1-4.

4. Jacques Roger résume l'argumentation du naturaliste dans son *Buffon, op. cit.*, pp. 88-89.

Roger, le thème cher à Buffon du divorce entre les mathématiques et le réel, qui sera bientôt repris par Diderot.

Le coup est dur pour Clairaut. Cramer, qui ne rate pas une séance de l'Académie, rapporte à Jallabert : « Clairaut s'est attiré des disputes assez vives sur son mémoire. Je suis fâché de l'embarras que cela lui cause et qui l'empêche de s'appliquer à des choses plus utiles qu'une contestation dont il n'éclora rien de bon[1]. » De toute évidence, le mathématicien genevois n'avait pas apprécié la critique de Buffon...

Le 17 février, Clairaut lit une réponse cinglante aux objections techniques et métaphysiques de ce dernier. Il rappelle avec force la validité suprême des mathématiques et prend le ton du maître s'adressant à l'écolier : « Quelque peu que je sois attaché à mon explication, je ne puis l'abandonner que lorsqu'on aura fait des objections qui me paraîtront la détruire ; et je me flatte de prouver que celles de M. de Buffon ne lui portent aucune atteinte... Il doit, ce me semble, prendre la peine de lire mes arguments, et d'en montrer la fausseté, ou bien... m'en croire sur parole[2]. »

Le ton méprisant de la réplique révèle un Clairaut inhabituel. C'est un homme en colère, ulcéré d'être pris à partie par un amateur. L'excellent naturaliste, newtonien de cœur, n'était pas un adversaire à sa taille. Quelles étaient ses compétences mathématiques et astronomiques pour oser intervenir dans un débat aussi pointu et lui faire la leçon, à lui qui travaillait d'arrache-pied depuis des années sur ces difficiles questions ? Ses seuls vrais interlocuteurs étaient d'Alembert et Euler. Or, justement, ces deux-là s'étaient remis au travail, insatisfaits de leurs premiers résultats. Les commissaires avaient bien décerné le prix à Euler en avril 1748, mais ils désiraient qu'on approfondît la question et avaient reproposé le même sujet pour le prix suivant (1750).

---

1. Lettre de Cramer à Jallabert du 8 février 1748. B.P.U., Ms. S.H. 242, f. 71-72.
2. Procès-verbal de l'Académie des sciences, samedi 17 février 1748, t. 67, pp. 51-65.

En attendant, Clairaut supporte mal ce qui lui arrive. Bien que la presse lui ait été plutôt favorable[1], il sait qu'il a commis une gaffe nuisible à son prestige et à sa réputation. C'est moins le savant qui est touché – après tout, Euler et d'Alembert n'ont pas fait mieux – que l'homme, qui a montré une faiblesse de caractère. Pour prendre ses concurrents de vitesse et s'arroger la priorité de la découverte, il a trop vite conclu et s'est écarté des règles de prudence et de modestie qui s'imposent au savant. Il ne lui reste plus qu'à reprendre lui aussi ses calculs, pour confirmer ou infirmer ses premiers résultats.

Premier succès littéraire de D'Alembert

Le 1er janvier 1748, Jean Ier Bernoulli s'éteint à Bâle à l'âge de quatre-vingt-un ans. Comme il est de règle pour tout membre de l'Académie – fût-il associé étranger[2] –, il revient à Fouchy de faire son éloge. D'Alembert surprend tout le monde en publiant dans le *Mercure* de mars[3], avant l'hommage officiel, son propre éloge du maître des mathématiques. Son initiative, si rapide, constitue une triple surprise. Contrairement à tous les princes des mathématiques contemporaines – les Euler, Clairaut, Daniel Bernoulli, Cramer, Maupertuis –, d'Alembert n'a pas été son élève et ne l'a jamais rencontré. Il n'est même pas leibnizien. Ensuite, c'est la première fois que d'Alembert se livre publiquement à un exercice littéraire ; l'art de l'éloge est délicat et, pour

---

1. En décembre 1747, le *Mercure* avait donné un compte rendu assez neutre du mémoire de Clairaut. Le *Journal de Trévoux* (janvier 1748) avait publié une lettre de M. Saint-Pelarge (?), datée du 20 novembre 1747, qui prenait vivement la défense de Clairaut : « Tant de personnes en raisonnent et si peu l'ont compris... que je vais en faire une exposition courte et fidèle. Elle fermera la bouche à ceux qui tirent de ce mémoire des inductions contre la physique de Newton... et elle ouvrira les yeux des newtoniens qui ont paru s'en scandaliser. Newton réfuté sur un point, et sa philosophie perfectionnée : voilà l'objet du mémoire » (p. 115). Après un long exposé, il conclut : « Vous voyez que tout ce mémoire est à l'avantage de la philosophie newtonienne, et que s'il a pu fâcher quelqu'un, ça n'a pu être que des cartésiens habiles, et qui en ont pénétré toute l'importance » (p. 122).
2. Il avait été nommé le 14 février 1699 et était le premier titulaire d'un tel statut.
3. Pp. 39-79.

un premier essai, c'est un coup de maître. Enfin, pour bien marquer le caractère littéraire de son texte, il choisit de le publier dans le *Mercure,* qu'il faisait mine de mépriser deux ans plus tôt[1].

Pourquoi, au beau milieu d'une polémique scientifique, accaparé par les tâches encyclopédiques, d'Alembert distrait-il de son temps, en janvier-février, pour se livrer à un travail qu'on n'attend pas de lui ? Réponse plausible : pour sa gloire et celle des mathématiques. L'*Eloge de Bernoulli* est d'abord pour lui l'occasion de montrer sa supériorité sur le médiocre secrétaire perpétuel, Grandjean de Fouchy. Ce dernier vient de se faire descendre en flammes par l'abbé Raynal à l'occasion de son éloge du chirurgien La Peyronnie, lors de la dernière assemblée publique : « Cet ouvrage fut long, peu piquant, rempli de détails inutiles, lit-on dans les *Nouvelles littéraires.* Cet homme célèbre et véritablement illustre dans son art méritait un meilleur panégyriste[2]. » Meilleur, d'Alembert l'est à coup sûr. Le brio de sa pensée et la légèreté de sa plume feraient de lui un secrétaire de l'Académie incomparablement supérieur... D'autre part, c'est aussi l'occasion pour lui d'exposer sa propre conception de l'éloge académique, ce qu'il fait dès les toutes premières lignes : « N'ayant eu avec lui aucune espèce de commerce..., je commence sa vie où commence sa réputation, et son histoire n'y perdra que peu d'années. Je dis son histoire, car je la promets encore plus que son éloge ; on ne peint point les hommes quand

---

1. Le 9 août 1746, parlant des vers qu'il destinait à Frédéric II, rappelons qu'il écrivait à d'Adhémar : « Si vous alliez les montrer ou en laisser prendre copie, on ne manquerait pas de me les fourrer dans le *Mercure ou dans quelque autre mauvais recueil.* » *Op. cit.*, p. 81, souligné par nous.

2. Compte rendu de l'assemblée publique de l'Académie des sciences du 15 novembre 1747, p. 109. L'avis de Raynal était largement partagé. Il faut toute la bienveillance de Cramer pour émettre ce jugement : « Cet éloge était bien écrit, rempli de faits et de circonstances. On a trouvé qu'il était un peu trop "éloge"... » Lettre à Jallabert du 17 novembre 1747. Par ailleurs, le volume des *Eloges académiques* de Mairan venait d'être publié et le même Raynal les avait férocement exécutés : « Ces éloges ne sont point dignes de cet académicien... Rien n'est plus sec, plus aride, plus triste, plus rebutant que sa manière d'écrire... Ses *Eloges* sont absolument mauvais... » *Nouvelles littéraires*, p. 140, février 1748.

on les peint sans faiblesses ; ôter au vrai mérite quelques taches légères, c'est peut-être lui faire tort, et c'est sûrement en faire à la vérité. Ainsi, dans l'abrégé que je vais donner de la vie de Bernoulli..., l'homme illustre se fera souvent admirer, l'homme s'y montrera quelquefois[1]. »

Ce parti pris de vérité était tout à fait nouveau. D'Alembert n'aura pas l'occasion de l'appliquer à l'Académie des sciences, mais à l'Académie française, beaucoup plus tard, lorsqu'il en deviendra le secrétaire perpétuel en 1772. En revanche, Condorcet, dont il fut le mentor, appliquera la recette de son maître dès qu'il sera nommé à la succession de Fouchy[2]. Celle-ci n'aura lieu qu'en 1776. Mais il n'est pas interdit de penser qu'en faisant l'éloge de Bernoulli, d'Alembert posait, en 1748, sa propre candidature au secrétariat.

Plus sérieusement, la mort de Bernoulli est le prétexte rêvé à une défense vibrante des mathématiques. Même si ces dernières sont à la mode depuis quelques années (au point que l'abbé Raynal peut se gausser : « Les géomètres commencent à régner aux toilettes[3] »), d'Alembert a entendu Buffon, le 24 janvier, s'attaquer à elles dans sa réplique à Clairaut. Et cela lui est parfaitement insupportable. Toute critique de la science royale est ressentie par lui au même titre qu'une attaque personnelle, comme si sa vie n'avait de sens que par elle.

A deux reprises[4], d'Alembert parle de son métier et de sa discipline avec une passion extrême :

« On nous demandera sans doute le but et l'utilité de toutes ses sublimes recherches... Mais la géométrie n'est-elle pas par elle-même une beauté réelle, indépendante de toute utilité vraie ou prétendue ?... Elle est pour ainsi dire la mesure la plus précise

---

1. L'article du *Mercure* figure dans les *Œuvres complètes* de D'Alembert, t. III, pp. 338-360. *Cf.* p. 338.
2. Dans sa préface aux *Eloges*, Condorcet reprend quasiment mot pour mot le propos de D'Alembert : « Je préfère leur histoire plutôt que leur éloge ; car on ne doit aux morts que ce qui est utile aux vivants : la vérité et la justice. » *Œuvres*, t. II, p. VII.
3. *Nouvelles littéraires*, p. 129, janvier 1748.
4. *Eloge de Bernoulli, op. cit.*, pp. 346 et 353-354.

de notre esprit, de son degré d'étendue, de sagacité, de profondeur, de justesse... Descartes et Newton, dont les ouvrages n'ont guère contribué qu'aux progrès de la raison, seront l'un et l'autre immortels, tandis que les inventeurs des arts les plus nécessaires sont pour la plupart inconnus, parce que c'est plutôt le hasard que le génie qui les a guidés... Ainsi, quand les spéculations de la géométrie transcendante ne seraient et ne pourraient jamais être d'aucun usage, ce qu'on est bien éloigné de prouver, ces hommes respectables devraient les mettre à l'abri du reproche de frivolité que leur font tous les jours des gens oisifs, frivoles par état, et incapables de les apprécier[1]. »

Ce magistral éloge de l'abstraction et des mathématiques pures ne visait pas que Buffon. Mais c'était la première fois qu'on avait pu entendre, au sein même de l'Académie, un savant comme ce dernier les traiter avec une telle condescendance. Cette attaque publique a marqué le début d'une longue bataille intellectuelle qui va bientôt l'opposer à Diderot et Buffon. D'Alembert n'a pas fini de monter au créneau pour défendre les mathématiques, ou plus exactement pour se défendre.

Par ailleurs, l'éloge du grand ancêtre permet à d'Alembert de nommer les héritiers de celui-ci et de leur rendre hommage. Maupertuis en premier, le seul qu'il cite deux fois : pour son *Astronomie nautique*[2], et en tant qu'élève, avec Clairaut, du Bâlois[3]. Les trois fils Bernoulli, ensuite : Nicolas, mort trop jeune à Pétersbourg, mais qui promettait tant ; Jean, « qui aurait été grand mathématicien, s'il n'eût mieux aimé être orateur[4] » ; Daniel, « le plus illustre de tous, qui soutient par ses ouvrages le nom de son père », et dont d'Alembert fait un éloge appuyé comme s'il voulait mettre fin à leurs hostilités passées : « Ses

---

1. *Ibid.*, pp. 353-354.

2. *Ibid.*, p. 339 : d'Alembert attribue à Maupertuis le mérite d'avoir résolu des difficultés qui avaient si longtemps arrêté Jean Bernoulli.

3. *Ibid.*, p. 359 : « Maupertuis et Clairaut, célèbres géomètres français, ont fait l'un et l'autre le voyage à Bâle pour profiter des lumières de Bernoulli... et les répandre dans leur patrie avec leurs propres richesses. »

4. Il s'agit de Jean II, l'ami de Maupertuis, qui enseignait la rhétorique à l'université de Bâle. *Op. cit.*, p. 359.

talents sublimes et connus depuis longtemps brillent surtout dans son *Hydrodynamique* où il a le premier appliqué au mouvement des fluides le principe de la conservation des forces vives[1]. » Enfin, « c'est à Bernoulli qu'on doit Euler dont le nom retentit aujourd'hui dans toute l'Europe ; la reconnaissance de ce grand géomètre pour son illustre maître égale la profondeur et la sagacité qu'on admire dans ses ouvrages[2]. »

D'aucuns furent peut-être surpris que d'Alembert réserve ses propos les plus chaleureux au mathématicien genevois Cramer dont le seul mérite, à cette date, était d'avoir édité les *Œuvres* de Bernoulli[3]. Il loue « l'étendue de ses connaissances dans la géométrie, dans la physique et dans les belles-lettres [qui] le rendait digne de toutes les sociétés savantes, [lui] dont l'esprit philosophique et les qualités personnelles relevaient encore les talents[4] ». En fait, c'était le clin d'œil de l'amitié : d'Alembert venait de faire sa connaissance à Paris et ne tarissait pas d'éloges sur le caractère, les vertus et la profondeur scientifique de son nouvel ami. Il savait que le modeste Cramer rêvait d'être élu associé étranger à l'Académie. Le poste étant vacant, ces quelques phrases valaient introduction. Preuve que d'Alembert n'était pas l'homme froid qu'on a souvent opposé à Diderot....

Le rêve de Diderot...

Depuis sa jeunesse, Diderot est fasciné par les sciences. Au sortir du collège, il passe une grande partie de son temps, selon sa fille, « à apprendre les mathématiques qu'il a toujours aimées

---

1. *Ibid.*

2. *Ibid..* D'Alembert prend soin de signaler ces remarques flatteuses à l'intéressé. Dans une lettre qu'il lui adresse le 30 mars 1748, il écrit : « M. de Maupertuis vous communiquera un Eloge de M. Bernoulli que je lui envoie, et dans lequel je parle de vous comme l'on en doit parler. » *Correspondance Euler, op. cit.*, p. 283.

3. En 1748, Cramer n'avait pas encore publié son œuvre fondamentale : *Introduction à l'analyse des lignes courbes algébriques* (1750). Outre les *Œuvres* de Jean Bernoulli et de Jacques Bernoulli, il avait édité et commenté les *Elementa* de Wolf en cinq volumes et la *Correspondance entre Leibniz et Jean Bernoulli*.

4. *Ibid.*, p. 359.

avec fureur[1] ». A l'université, « on lui mit entre les mains des cahiers d'arithmétique, d'algèbre et de géométrie qu'il dévora. Entraîné par la suite à des lectures plus agréables, il se plut à la lecture d'Homère, de Virgile, du Tasse et de Milton, mais revenait toujours aux mathématiques *comme un époux fidèle, las de sa maîtresse, revient de temps en temps à sa femme*[2] ». Durant dix ans[3], il se consacre à l'étude des sciences. Il a lu les ouvrages de Newton, de Musschenbroek, de Hartsoeker et de Nieuwentyt[4]. On peut supposer que ses connaissances dépassent de loin celles d'un Voltaire, et qu'il a été initié « au calcul différentiel, au calcul intégral et à l'analyse des lignes courbes qui formaient le cœur des mathématiques depuis les dernières années du XVIIe siècle[5] ».

Il ne fait guère de doute aujourd'hui que le jeune Diderot a rêvé d'une carrière mathématique qui lui aurait valu le titre de savant. Grâce à l'admirable thèse de Jean Mayer[6] et aux recherches audacieuses de J. Th. De Booy sur les *Ecrits inconnus de jeunesse de Diderot*[7], on ne peut ignorer son intérêt passionné

---

1. Mme de Vandeuil, *op. cit.*, p. 11.

2. *Réfutation d'Helvétius*, éd. A-T, t. II, p. 399. Souligné par nous. Le propos rappelle celui de D'Alembert : « J'ai bien quelques morceaux de littérature à traiter, qui seraient peut-être agréables ; mais je chasse tout cela de ma tête comme mauvais train. *La géométrie est ma femme, et je me suis remis en ménage.* » Lettre à Mme du Deffand, 14 avril 1753. *Correspondance, op. cit.*, p. 172. Souligné par nous.

3. Mme de Vandeuil, *op. cit.*, p. 13. Et lettre de Diderot à Berryer, lieutenant général de police, [10 août 1749], *Correspondance de Diderot*, éd. G. Roth, t. I, p. 85. Devenu maître ès arts de l'université de Paris en septembre 1734, Diderot apprend, enseigne et écrit les mathématiques jusqu'en 1741-1742. Après quoi, il consacre l'essentiel de son temps aux activités plus lucratives de traducteur, journaliste, etc.

4. *Pensées philosophiques*, éd. Versini, t. I, p. 23.

5. Jean Dhombres, « Quelques rencontres de Diderot avec les mathématiques », in *Denis Diderot, 1713-1784*, éd. A.-M. Chouillet, Actes du Colloque international Diderot (4-11 juillet 1984), Aux Amateurs de livres, 1985, p. 272. Selon J. Dhombres, il n'est pas impossible qu'il ait suivi les cours gratuits de Le Guay de Prémontval, dont il connaissait la future femme, Mlle Pigeon.

6. *Diderot, homme de science*, Thèse pour le doctorat de lettres, Rennes, 1959.

7. Premier volume, 1737-1744, *Studies on Voltaire*, vol. 119, 1974 ; Second volume, 1745, *Studies on Voltaire*, vol. 178, 1979. Bien que les éditeurs des *Œuvres complètes* de Diderot tiennent les découvertes de De Booy pour nulles et non avenues (Dieckmann, Proust et Varloot, « Sur les *Œuvres complètes* de Diderot », *Dix-huitième*

pour les sciences. Avant 1740, il a travaillé à un *Commentaire de Newton* qu'il a abandonné lorsque les pères Jacquier et Le Seur publièrent le leur en 1739-1742 : « Je vous avouerai même que ce travail avait été poussé, sinon avec beaucoup de succès, du moins avec assez de vivacité[1]. » Reste que, pour s'attaquer à ce texte phare de la fin du XVIIe siècle, il fallait au jeune homme une sérieuse ambition scientifique[2]. On sait également, par une incidente de Diderot, qu'il a collaboré au livre d'Antoine Deparcieux, *Traité de trigonométrie rectiligne et sphérique avec un Traité de gnomonique*[3], paru en 1741 : « La formule générale et les tables sont de moi, comme l'auteur a eu l'honnêteté d'en convenir. Mon manuscrit s'est égaré à sa mort[4]. »

On sait aussi que Diderot a souvent prêté sa plume anonymement aux uns et aux autres, car c'était « un de ces hommes qui ont autant de plaisir à voir les ouvrages des autres complets et intéressants que les leurs propres[5] ». Il collabora ainsi aux

---

siècle, 1976, pp. 423-431), il n'est pas exclu que nombre de ses analyses soient un jour confirmées.

1. *Mémoire sur différents sujets de mathématiques*, introduction au 5e mémoire, éd. Assezat-Tourneux, IX, p. 77. J. Dhombres situe la rédaction du mémoire sur Newton entre 1732 et 1739, *op. cit.*, p. 273. Voir aussi l'article de J. Th. De Booy, « A propos d'un texte de Diderot sur Newton », *Diderot Studies*, IV, Genève, 1963, pp. 41-51.

2. Ce sera celle de Mme du Châtelet dix ans plus tard.

3. La gnomonique est l'art de construire des cadrans solaires. Mathématicien et ingénieur, Deparcieux (1703-1768) travaillait activement sur cette matière depuis plusieurs années. Voir les *Mercure* d'avril 1739 (pp. 677-685) et de juin 1739 (pp. 1273-1288). C'est ce livre fait avec Diderot qui lui valut d'être reçu immédiatement à la Société royale de Montpellier, comme le montre sa lettre de remerciement à la Société du 23 juin 1741 (Archives départementales de l'Hérault, à Montpellier, Ms. D. 203, f. 24). Il fut admis à l'Académie des sciences le 11 février 1746, l'année où il publia son célèbre *Essai sur les probabilités de la vie humaine*, qui contient la première table de mortalité jamais réalisée.

4. *Plan d'une université pour le gouvernement de Russie* (1775), éd. L. Versini, t. III, p. 440.

5. Deparcieux en 1741. Dans la lettre déjà citée à Berryer, le 10 avril 1749, Diderot lui-même écrit : « J'ai prêté ma plume et donné mon temps à tous ceux qui en ont eu besoin pour des choses utiles. Vous voyez de temps en temps des personnes qui peuvent vous répondre là-dessus, si elles ne sont pas d'une ingratitude monstrueuse. » Entre autres, il s'avoue le nègre de Rameau : « J'ai donné l'exposition du système de musique de M. Rameau. » Il s'agit de la *Démonstration du principe de l'harmonie*, qui sera publiée en 1750. En juin 1749, Raynal annonçait (*Nouvelles*

Observations sur les écrits modernes de l'abbé Desfontaines, et donna quelques articles au *Mercure de France*. Selon De Booy, « il aurait pendant près de quatre années entières (à partir de novembre 1744) déchargé les rédacteurs en titre, Leclerc de La Bruère et Louis Fuzelier, d'une partie de leurs pénibles travaux »[1]. Il lui attribue nombre de comptes rendus scientifiques, notamment ceux des séances publiques de l'Académie concernant la relation de Bouguer sur l'expédition à l'Equateur (novembre 1744), celle de La Condamine (août 1745) et le mémoire de l'abbé Nollet sur l'électricité (octobre 1745). Même si les preuves tangibles de cette collaboration de Diderot n'existent pas – les articles du *Mercure* n'étant pas signés –, on ne peut manquer d'être frappé par l'allégresse et la vivacité de leur style, qui ne sont pas ordinaires dans les articles du journal et rappellent irrésistiblement la plume de Diderot[2].

En 1748, au moment même où d'Alembert se risque à l'exercice littéraire, son compère Diderot se donne les moyens de poser sa candidature à l'Académie des sciences. Il prépare la publication d'un livre composé de cinq mémoires de mathématiques, les uns récents, les autres plus anciens[3]. Le premier, rédigé peu de temps avant 1748, concerne les principes généraux de l'acoustique ; bien informé, il emprunte aux travaux antérieurs de Sauveur et de l'Anglais Taylor, mais aussi à ceux d'Euler (1739)

---

littéraires, p. 313) : « M. Rameau prétend avoir découvert le principe de l'harmonie. M. Diderot lui a prêté sa plume pour mettre dans un beau jour cette importante découverte. Le ministère a jugé à propos que ce système fût développé par son auteur dans une assemblée de l'Académie des sciences. » Effectivement, Rameau présenta son livre à celle-ci le 19 novembre 1749 et, le 10 décembre, les trois commissaires désignés – Mairan, d'Alembert et Nicole – rendirent un rapport très élogieux sur le travail de Rameau rédigé par Diderot.

1. D. Diderot, *Ecrits inconnus...*, I, 1737-1744, *op. cit.*, pp. 12 et 403.

2. Sans vouloir ajouter à la polémique qui oppose d'éminents diderotiens, on serait bien tenté d'attribuer à Diderot le compte rendu (*Mercure*, décembre 1746, pp. 132-136) des *Eléments d'algèbre* de Clairaut, qui recoupe des passages de textes ultérieurs – notamment le *Plan d'une université*, éd. Versini, pp. 498-499.

3. J. Dhombres parle de « divers rogatons disponibles », *op. cit.*, p. 274. Comme le fait observer J. Mayer, ces mémoires « vont des mathématiques proprement dites (le deuxième et le cinquième) à la physique rationnelle (le premier et le troisième) et aux sciences appliquées (le quatrième) ». *Op. cit.*, p. 74.

et à un article tout récent de D'Alembert[1]. Le deuxième mémoire, le plus mathématique des cinq, « étudie avec rigueur et élégance les propriétés de la développante du cercle[2] ». Le troisième examine le principe mécanique de la tension des cordes d'un clavecin, et emprunte à d'Alembert l'essentiel de son article pour l'*Encyclopédie*[3]. Le quatrième, sur un projet d'orgue, avait déjà été publié dans le *Mercure* d'octobre 1747[4]. Le cinquième, enfin, s'attaque à un problème traité par Newton : sur le retard causé dans le mouvement des pendules par la résistance de l'air. Le tout est publié en juin 1748, sous le titre de *Mémoires sur différents sujets de mathématiques*, par les libraires Durand et Pissot, non sans avoir été soumis au préalable à l'avis de l'Académie des sciences, et plus précisément à Bélidor[5], qui l'approuva.

Diderot aura beau dire par la suite que le but de cet ouvrage était « de prouver au public qu'[il] n'était pas tout à fait indigne du choix des libraires associés [de l'*Encyclopédie*][6] », la visée réelle de cette publication était de se faire connaître de l'Académie pour pouvoir s'y présenter à la première occasion. Ainsi Diderot aurait-il fait coup double : la gloire mathématique étant la plus grande à ses yeux[7], l'entrée dans le saint des saints aurait commencé à concrétiser son ambition de jeunesse ; elle l'aurait aussi mis sur un pied d'égalité avec son collègue d'Alembert. Satisfaction de vanité pour Diderot, atout supplémentaire pour le

---

1. Il s'agit d'un article sur les cordes vibrantes paru à Berlin en 1747. Pour l'analyse détaillée des cinq mémoires de Diderot, voir l'article de J. Dhombres et le livre de J. Mayer, *op. cit.*, pp. 74-78.

2. J. Mayer, *op. cit.*, p. 76.

3. *Ibid.*, p. 77. L'article « Cordes (Tension des) » figure dans le vol. IV de l'*Encyclopédie*.

4. Pp. 92-109. *Cf.* L.G. Krakeur et R.L. Krueger, « The Mathematical Writings of Diderot », *Isis*, n° 33, juin 1741, pp. 219-232.

5. J. Dhombres, *op. cit.*, p. 273.

6. Lettre à Berryer du 10 août 1749.

7. Son admiration pour l'activité mathématique s'exprime encore en 1749 dans la *Lettre sur les aveugles*, lorsqu'il écrit : « Il y a une espèce d'abstraction dont si peu d'hommes sont capables, qu'elle semble réservée aux intelligences pures ; c'est celle par laquelle tout se réduirait à des unités numériques. » Ed. Versini, t. I, p. 151.

prestige de l'*Encyclopédie*. Il est d'ailleurs fort probable que le projet ait été conçu de conserve avec d'Alembert, voire avec la bienveillance d'autres académiciens amis tels que Clairaut, Buffon ou Daubenton.

Tout s'annonçait au mieux pour Diderot. Les journaux faisaient bon accueil à ses *Mémoires*. Le plus rapide et le plus élogieux fut bien sûr le *Mercure*, qui terminait ainsi son compte rendu : « On connaissait déjà l'auteur pour un homme de beaucoup d'esprit. En lisant ces *Mémoires*, on reconnaîtra qu'il joint à cet avantage celui d'être savant musicien, mécanicien ingénieux et profond géomètre[1]. » Le *Journal des savants*[2], plus neutre, ouvrit l'année 1749 par un article sur son travail et le *Journal de Trévoux*[3] ferma la marche avec grande bienveillance. Toutes les conditions paraissaient donc réunies pour une future élection. Il ne restait plus qu'à attendre la vacance d'un fauteuil. Mais c'était sans compter avec les folies de Diderot : son goût des parodies et du libertinage, voire des grivoiseries les plus hardies, ses amours tumultueuses et sa maîtresse exigeante[4]. Bref, c'était sans compter avec la publication, en janvier 1748, des *Bijoux indiscrets* qui lui avaient valu une belle notoriété... et une mauvaise réputation. Certes, l'Académie n'exigeait plus de ses membres le même ascétisme que naguère, mais l'institution tenait à la respectabilité des siens. D'ailleurs, c'était peut-être moins l'aspect croustillant du livre que ses allusions transparentes à des personnages vivants qui pouvaient choquer l'Académie et ses autorités de tutelle. Diderot allait bientôt apprendre que ses rêves de jeunesse étaient incompatibles avec son goût de l'insolence et son amour de la vie.

---

1. *Mercure* de septembre 1748, pp. 133-135.
2. *Journal des savants*, janvier 1749, pp. 3-8.
3. *Journal de Trévoux*, avril 1749, pp. 602-620.
4. Diderot était devenu l'amant de Madeleine d'Arsan, épouse de Puisieux, en 1745. Du même âge que Diderot à six semaines près, la dame, toujours à court d'argent, nourrissait une grande ambition littéraire.

CHAPITRE IX

Le nouveau parti des intellectuels
(1748-1749)

Diderot n'est pas le seul à rêver de l'Académie. Sitôt connue la mort des deux associés étrangers, Jean Bernoulli et Joseph Cervi[1], en janvier 1748, les convoitises se réveillent à Londres, Bâle et Berlin. L'astronome Bradley, Daniel Bernoulli et Euler prétendent tous trois au titre prestigieux. Sans parler du Genevois Cramer, qui n'ose l'espérer. Difficile, pourtant, de faire campagne de loin. Daniel Bernoulli, qui veut à tout prix succéder à la place de son père, n'a guère attendu pour prier son frère, Jean II, d'intervenir auprès de Maupertuis qui compte encore des amis à Paris. Celui-ci répond sèchement : « Je ne saurais d'aucune manière me mêler des places de l'Académie : je ne saurais que déconseiller ceux qui souhaitent d'en être, par la manière dont ces places s'obtiennent et par le peu de cas que je fais des collègues qu'on y acquiert ; ainsi, malgré toute l'envie que j'aurais de servir M. votre frère, je n'y puis rien[2]. » Euler ne demande rien à personne, mais espère que les nombreux prix

---

1. 1663-25 janvier 1748. Ce médecin, né à Parme, était le premier médecin de Philippe V et le président de l'Académie de médecine de Séville. Il avait été nommé associé étranger le 16 mars 1739 en remplacement de Boerhaave.
2. Lettre de Berlin du 10 février 1748. BEB, LIa. 708, f. 111. Il est vrai que les nominations des associés étrangers relevaient parfois davantage de la politique que des compétences du postulant, lorsque le roi de France voulait faire plaisir à un souverain étranger. C'est ainsi que furent élus Cervi, le premier médecin de Philippe V, et celui de Marie-Thérèse d'Autriche, le baron Van Swieten, en 1750.

gagnés à l'Académie de Paris[1], dont le dernier en avril, lui vaudront le titre tant désiré. Bradley peut compter sur la sympathie et l'admiration des anglophiles et des astronomes.

Le moins prestigieux est Cramer. Mais il bénéficie d'un avantage non négligeable sur ses concurrents : il vit à Paris depuis avril 1747 et fréquente assidûment les séances de l'Académie, dans les rangs de laquelle ses amis sont nombreux. Parmi les plus anciens : Mairan, Buffon, Clairaut ; parmi les plus récents : d'Alembert et Nollet. Aimé de tous ceux qui le connaissent pour son exquise modestie et sa serviabilité à toute épreuve, Cramer est reçu avec affection dans les salons influents de Mlle Ferrand et de Mme Geoffrin. Menant une vie mondaine très absorbante, il fréquente aussi ceux de Mme Dupré de Saint-Maur, de Mme de Tencin, de la duchesse du Maine et de la vieille comtesse de Rumain. Il y rencontre l'abbé de Condillac et Mably, Helvétius et Réaumur, Trudaine, Mme du Châtelet, Fontenelle et bien d'autres[2].

Fin avril, Cramer quitte Paris pour s'en retourner à Genève. L'élection au siège de feu Jean Bernoulli a lieu le 19 juin : c'est Daniel Bernoulli qui l'emporte. Le 17 juillet[3], second échec pour Cramer : Bradley est élu contre Euler, et le *Mercure*[4] qui annonce les résultats ne mentionne même pas son nom parmi les candidats ! Ses amis sont consternés. La première à lui en parler est Mme de Rumain. Confondant les deux élections, la vieille dame lui écrit : « On a donc nommé M. de [*sic*] Bernoulli ; vous avez eu sept voix, et même celle de M. de Réaumur à ce que Bouguerre [= Bouguer] m'a dit, le tout en second. Mais l'An-

---

1. Euler avait déjà été lauréat du prix de l'Académie en 1738, 1740, 1743, 1746 et 1748.

2. La correspondance de Cramer à la B.P.U. témoigne de ses relations parisiennes et de l'affection réelle qui l'unissait à nombre d'entre elles. De Genève, il semble être un témoin privilégié de la vie intellectuelle française. Apprécié de tous, il reçoit les confidences de ceux qui sont adversaires à Paris, sans jamais trahir l'un ou l'autre des camps.

3. Les deux élections du 19 juin et du 17 juillet furent déclarées officielles respectivement le 24 juin et le 24 juillet 1748.

4. *Mercure* d'août 1748, p. 140.

348

glais, en ayant eu dix, a été nommé en second, et le sera en premier mercredi, selon toutes les apparences[1]... »

Un mois plus tard, c'est Mme Geoffrin qui entreprend de le consoler. Elle profite du passage de Jallabert à Paris pour faire à Cramer son propre éloge : « M. Jallabert est revenu d'Angleterre, et j'ai déjà eu l'honneur de le voir plusieurs fois. Il me paraît un homme de mérite, d'esprit, et savant. Mais ce n'est pas vous. Il a été à l'Académie et il s'est tout d'un coup trouvé entouré de tout le monde qui lui demandait de vos nouvelles. Partout où il va, on ne lui a encore parlé que de vous... Je vous le dis, sous le sceau du secret, qu'il ne sera point ici votre rival. Je trouverais tout simple que les femmes vous restassent fidèles, parce qu'il n'est pas si joli que vous. Mais ce qu'il y a de glorieux pour vous, c'est que tous les savants pensent de même que nous. Je voudrais que vous entendissiez notre petit Mairan, avec son petit ton gascon et cette certaine mine que vous lui connaissez, dire : M. Jallabert est un homme d'un grand mérite, mais ce n'est point notre ami M. Cramer[2]. »

Après ces tendres préliminaires, elle en vient au fait : « A propos de M. de Mairan, il faut que je vous dise un mot de l'élection de l'Académie. Je n'ai pas voulu en parler dans ma dernière lettre, parce que j'étais trop fâchée. Je l'ai été plus que je ne puis vous le dire. Je désirais votre élection non seulement pour l'amour de vous, mais encore plus pour l'amour de nous. Il me semble que cela aurait fait un petit lien qui vous aurait attaché à nous, et, avec ce bout de fil, nous vous aurions quelquefois tiré à nous. M. de Mairan a fait tout ce qui lui a été possible de faire. Je lui dois cette justice et vous lui en devez des remerciements. Il vous aime beaucoup, et je l'en aime davantage. Vous avez eu beaucoup plus de trois voix ; cela me fait espérer qu'à la première occasion, vous les aurez toutes. A présent que

---

1. Lettre du 18 juillet [1748], B.P.U., D.O. Autographe.
2. Lettre du 18 août [1748], B.P.U., D.O. Autographe.

voilà la paix, vous devriez penser à la Société royale de Londres[1]... »

L'échec académique était certes douloureux, mais le bon Cramer se retrouve couvert de témoignages d'amitié. Mlle Ferrand s'en fait l'écho : « M. Clairaut, qui vous est extrêmement attaché, a fait de son mieux pour vous en donner des preuves dans la dernière élection de l'Académie. MM. de Fontenelle et de Marivaux et plusieurs autres ont aussi été très zélés. Mais le parti de M. Bradley a été plus fort[2]. » Non sans quelque perfidie, elle évoque en passant l'« absence de quelqu'uns de vos amis », faisant probablement allusion à Buffon, le plus ancien d'entre eux. Mais rien au monde n'aurait pu retenir Buffon à Paris l'été. Les beaux jours venus, il quittait la capitale pour son cher Montbard, le seul lieu où il pouvait travailler en paix. L'amitié passait après[3]. On appréciera donc l'hypocrisie du naturaliste lorsque, à son tour, il prend la plume pour réconforter son ami genevois :

« Je vous aurais, mon cher ami, répondu bien plus tôt, mais l'affaire des élections de l'Académie m'a d'abord fait différer, et ensuite m'a déplu au point que je ne voulais pas vous en parler ; cependant vous y êtes sûrement moins sensible que moi, quoique je sois bien plus accoutumé que vous à voir tourner dans cette compagnie les personnes et les choses autrement que je ne le voudrais ; mais, à vous dire le vrai, je ne m'en embarrasse guère, si ce n'est dans des cas comme celui-ci où il s'agit de mes amis. Il faut espérer qu'une autre fois M. de Mairan, qui est vraiment de vos amis, et moi, nous serons plus heureux. Le séjour à Paris

---

1. *Ibid.* Cramer fut bien associé à la Société royale en 1749, mais il ne parvint pas à se faire élire à l'Académie. De nouveau candidat en juin 1750 à la place de feu Crousaz, on lui préféra le baron Van Swieten, en dépit de tous les efforts de Mairan et de D'Alembert. *Cf.* lettre de Mme Geoffrin à Cramer, 26 juin [1750]. *Revue d'histoire littéraire de la France*, n° 1, 1894, pp. 52-53.

2. Lettre du 1er septembre 1748, B.P.U., Ms. Suppl. 384, f. 212v°.

3. Dans sa lettre du 30 mai 1748, Buffon a une façon bien à lui de dire les choses : « Il n'y a encore rien de nouveau au sujet des places d'étrangers vacantes à l'Académie, on attend que je sois parti et je pars en effet dans huit jours, *on ne veut pas que j'aie le plaisir de vous donner ma voix...* » Souligné par nous. François Weil, « La correspondance Buffon-Cramer », *Revue d'histoire des sciences*, t. XIV, 1961, p. 127.

a dû vous apprendre à compter sur peu de gens [!], et vos visites à l'Académie à estimer un plus petit nombre d'hommes. Pour moi, je n'ai appris [en] vous voyant qu'à vous aimer et à vous estimer davantage[1]... »

Afin de se faire pardonner, Buffon avait déjà accompli les démarches nécessaires auprès de son ami Martin Folkes pour faire élire Cramer à la Société royale[2]. Il est vrai que c'était plus facile : il suffisait d'une bonne recommandation ou d'une dizaine de parrains français et anglais, d'un mémoire du postulant, et l'association était généralement acquise. De son côté, Maupertuis, qui veillait de loin sur la carrière de D'Alembert, avait effectué la même démarche auprès de son ancienne relation, Cromwell Mortimer[3], pour faire obtenir cet honneur à son protégé. Mais, aux yeux de tous les savants du monde, rien ne valait une élection à l'Académie des sciences de Paris.

Pourtant, à l'approche du demi-siècle, celle-ci ne brillait guère par les sujets traités ou par la qualité de ses débats. Les grands travaux intellectuels s'effectuaient ailleurs, sans qu'elle le sache.

L'Académie s'égare

Comme toute institution savante, l'Académie connaît une alternance de périodes étincelantes et de temps morts. Tout dépend

---

1. Lettre du 6 septembre 1748, *ibid.*, p. 128.

2. « Votre mémoire et ma lettre [de recommandation] ont été rendus à M. Folkes et j'espère que j'aurai réponse dans peu. Ce sera probablement à la Saint-André que vous serez reçu à la Société royale. » Lettre du 30 mai 1748. Cramer sera élu membre de la Société royale le 9 février 1749.

3. Mortimer, secrétaire de la Société royale, avait connu Maupertuis lors de son voyage à Londres en 1728. Les deux hommes étaient restés en correspondance. Le 21 juin 1748, il écrit à Maupertuis : « J'ai eu soin de proposer M. d'Alembert pour candidate [*sic*] à la Société royale ; et lorsque son élection se fera, je ne manquerai pas de vous en avertir. » Archives de l'Académie des sciences, Fonds Maupertuis, dossier 138. Nouvelle confirmée par une lettre du jeune astronome Grischow à son maître Delisle, alors à Londres avec Lemonnier, le 22 juillet 1748 : « M. d'Alembert a été proposé pour être reçu membre de la Société royale. Mais son élection ne se fera que vers Noël. » Observatoire de Paris, *Correspondance de Delisle*, A-B1-4, t. IX, lettre 151.

des hommes qu'elle recrute et de ses centres d'intérêt. Si l'époque est bien aux progrès fulgurants des mathématiques – notamment dans le domaine de l'analyse –, Clairaut et d'Alembert travaillent dans le silence de leur bureau et se font particulièrement discrets entre mars 1748 et mai 1749[1]. De surcroît, leurs contributions sont d'un niveau tel qu'elles passent au-dessus de la tête de nombre d'académiciens et du public qui n'y comprend goutte. D'ailleurs, le secrétaire de l'Académie prend bien soin de les exclure des assemblées publiques.

En 1748, pendant que la ruche encyclopédique est à l'œuvre, que Montesquieu surveille l'impression de l'*Esprit des lois*[2], et Buffon celle des trois premiers volumes de son *Histoire naturelle*, l'Académie, elle, ne se passionne que pour les vertus médicinales de l'électricité dont elle attend – en vain – des miracles. Le reste du temps, elle bâille aux observations de Réaumur et aux ratiocinations de Mairan. Pire : elle assiste, impuissante, à la guerre lamentable que se livrent La Condamine et Bouguer pour une question de priorité...

Le mirage de l'électricité médicinale

1748 marque l'apogée de la fascination des savants pour l'électricité et ses applications à la médecine. Dans toute l'Europe, physiciens et médecins rivalisent d'observations et d'expériences qu'ils se communiquent aussitôt les uns aux autres. Il n'y a guère de semaine où l'Académie ne soit saisie de ce problème. Au point qu'écrivant à Jean-François Séguier fin janvier ou début février,

---

1. En 1748, Clairaut fait sa dernière intervention le 14 février avec sa réplique à Buffon. Il ne réinterviendra que le 17 mai 1749 pour lire un *Supplément à la Théorie de la Lune*. Quant à d'Alembert, il lit un mémoire, *Application de ma méthode pour déterminer les orbites des planètes à la recherche de l'orbite de la Lune*, le 6 mars 1748, et ne reprendra la parole que le 3 mai 1749 pour lire la solution d'un problème de géométrie. Le 17 mai, il demandera des commissaires pour pouvoir publier ses *Recherches sur la précession des équinoxes*.
2. François Gébelin, « La publication de l'*Esprit des lois* », *Revue des bibliothèques*, n° XXXIV, 1924, pp. 125-158. L'impression mouvementée du livre à Genève, dont Jacob Vernet était l'éditeur et le correcteur, avait débuté fin 1747 et se poursuivit après de multiples incidents jusqu'à la fin octobre 1748.

Dortous de Mairan confesse : « Les nouvelles que je pourrais vous donner de ce pays, touchant les lettres et les sciences, ne regardent presque que l'électricité. Ce sont tous les jours des phénomènes surprenants[1]. »

Le renouveau de l'intérêt pour l'électricité date de trois ans auparavant, lorsque Musschenbroeck[2] s'est livré à ses fascinantes expériences, aussitôt répétées par l'abbé Nollet à Versailles dans les conditions que l'on a vues[3]. Dès 1746, les médecins tentent d'utiliser l'électricité à des fins thérapeutiques, notamment pour rendre la mobilité aux paralysés. Lemonnier[4] et Morand[5] à Paris, Le Cat[6] à Rouen, Sauvages[7] à Montpellier, Jallabert[8] à Genève, Bose[9] à Wittenberg, Beccaria[10] à Turin,

---

1. [Début 1748]. Bibliothèque municipale de Nîmes, Archives de J.-F. Séguier, Ms. 417, f. 9 et 10.

2. Pieter Van Musschenbroek (1692-1761) était docteur et physicien à Leyde. Nommé correspondant de Du Fay en 1734, puis de Réaumur en 1740 et enfin de l'abbé Nollet en 1757, il enseignait à l'université de Leyde. Il inventa en 1745 le premier condensateur électrique, connu à l'époque sous le nom de « bouteille de Leyde ». Il faillit être tué lors d'une expérience, début 1746. La nouvelle fit le tour de l'Europe, donnant plus de prestige encore à ceux qui se livraient à ce genre d'exercices.

3. *Cf. supra*, p. 282-283.

4. Louis-Guillaume Lemonnier, frère de l'astronome (1717-1799), premier médecin du roi et botaniste. Il avait été admis à l'Académie en 1743 et avait présenté son premier mémoire sur l'électricité le 16 février 1746.

5. Sauveur-François Morand (1697-1773), membre de l'Académie en 1722 et chirurgien major de l'hôtel des Invalides. C'est là qu'il fit l'essentiel de ses expériences.

6. Claude-Nicolas Le Cat (1700-1768), docteur en médecine et chirurgien en chef de l'hôpital de Rouen. Il est aussi le fondateur de l'académie de Rouen. Correspondant de Morand depuis 1739.

7. Le 15 août 1746, il écrit à son grand ami Jallabert : « L'électricité, grâce à vos instructions, est devenue à la mode dans cette ville. Tout le monde se fait électriser, mais nous ne sommes guère avancés, car nous n'avons commencé que depuis peu à travailler. » B.P.U., Ms. Jallabert n° 82, f. 41.

8. Jallabert, très lié à Nollet, s'était intéressé à l'électricité dès 1746, après lecture des travaux de ce dernier. Il proposait une théorie légèrement différente de celle de l'abbé, ce qui n'allait pas sans irriter ce dernier.

9. Georg-Mathias Bose (1710-1761), physicien et médecin, professeur de physique à Wittenberg. Correspondant de Réaumur en 1746, puis de Nollet en 1757. Il avait publié dès 1744 *Die Elektricität*.

10. Le père Beccaria était professeur de physique à l'université de Turin. Il publia en 1747 une *Medicina electrica*.

Verrati à Bologne[1], Pivati à Venise[2], et bien d'autres à Londres ou à Pétersbourg, électrisent à qui mieux mieux les malheureux volontaires pour la commotion. C'est Jallabert qui soumet à l'Académie des sciences le cas le plus convaincant de guérison d'un paralytique. Le 3 février 1748, en présence d'une assemblée particulièrement brillante (le comte de Saint-Florentin, les ducs d'Aiguillon et de Chaulnes s'étaient exceptionnellement déplacés), l'abbé Nollet lit la lettre de Jallabert racontant par le menu la cure électrique infligée pendant trois semaines à un serrurier de Genève paralysé d'un bras. L'effet est considérable à l'Académie, et les plus sceptiques s'inclinent. Parmi ceux-ci, Mairan narre « la guérison presque complète d'un homme paralytique depuis quinze ans d'un de ses bras, où il n'avait ni mouvement, ni sentiment, et entièrement atrophié. En un mois de temps, ou environ, qu'on l'a électrisé, il a recouvré le sentiment et le mouvement, et, ce qui n'est pas moins digne de remarque, l'embonpoint est revenu à ce bras, comme à celui qui était sain. Il s'en sert, il ôte son chapeau, il soulève un poids de plusieurs livres et il n'y a que le pouce à qui le jeu et la liberté n'est pas entière. On continue d'opérer sur la partie[3] ».

Présent à cette mémorable séance de l'Académie, Cramer fait part à Jallabert de l'impression produite : les ducs d'Aiguillon et de Chaulnes ont posé quelques questions judicieuses, et tous ont dit leur admiration pour le procédé. « Réaumur avait lu, il y a environ un mois, une lettre de M. Beccaria... qui lui donnait avis qu'un nommé Pivati avait guéri aussi de la paralysie et par l'électricité un prêtre, un chanoine et un évêque. Mais, comme cette relation était vague et peu circonstanciée, on a été unanime à l'Académie à reconnaître que vous étiez le premier qui l'eût

---

1. 1707-1793. Professeur de physique expérimentale à l'Institut de Bologne.
2. Giovanni Francisco Pivati (1689-1764), archiviste à la bibliothèque de l'université de Bologne, avait publié en 1747 un livre, *Dell'elettricita medica*, à Lucques, réimprimé à Venise en 1748, et traduit en français à Grenoble en 1749 sous le titre *Lettre sur l'électricité médicinale*.
3. A Séguier [début 1748]. Pour le détail de cette expérience, on peut consulter les lettres de Jallabert à Nollet du 26 janvier 1748 (Archives de l'Académie) et à Cramer du 30 janvier 1748 (B.P.U., Ms. Fr. 657/a, f. 9-11, datée par erreur 1747).

informée avec quelque certitude d'une guérison opérée par électricité. Et, à cette occasion, plusieurs de vos amis vous rendirent un témoignage avantageux et attestèrent que vous étiez incapable de vous laisser tromper et de déguiser le moindrement la vérité[1]. »

L'honnêteté bien connue de Jallabert et la précision de son rapport avaient emporté les ultimes réticences de la majorité des académiciens[2]. Oubliés, les échecs précédents[3], les guérisons apparentes ou momentanées obtenues à Rouen[4] ou ailleurs[5] ! Abandonnée, l'élémentaire prudence scientifique qui aurait exigé un suivi des malades ! Emballé par le succès de son ami, et peut-être un peu jaloux d'être devancé par lui, l'abbé Nollet décide de reprendre ses expériences : « J'ai pris la résolution d'aller passer huit jours aux Invalides pour y établir un électrisoir et pour montrer à quelque chirurgien de cet hôpital comment il faut qu'il fasse pour faire de pareilles épreuves sur cinq ou six paralytiques de même lieu ; j'imagine qu'en en choisissant en divers états et différents âges, et ayant la commodité de les électriser

---

1. Lettre du 8 février 1748. B.P.U., Ms. S.H. 242, f. 71-72. Le 28 février suivant, le savant genevois de LaRive confirme à Cramer le succès de Jallabert : « Le paralytique de M. Jallabert va de mieux en mieux. Il tire son chapeau à tout le monde dans la rue avec son bras malade ; il manie déjà de gros marteaux, et il compte dans peu de jours pouvoir forger. Notre ami doit avoir commencé hier à électriser à nu sur les muscles du bras qui s'étendent vers la poitrine, qui, ayant été sans action pendant quinze ans, sont devenus un peu douloureux par les mouvements qu'il fait à présent de ce bras. » B.P.U., Ms. Fr. 657/a.

2. Même Réaumur, qui affichait un grand scepticisme vis-à-vis des expériences italiennes, se dit convaincu par celles de Jallabert. Il écrit au père Mazzoleni, de Florence, le 20 mars 1748 : « Ce qui est certain, c'est qu'un homme paralytique du bras droit depuis plus de quinze ans a été guéri à Genève... La guérison a été faite par un professeur de physique expérimentale de la même ville, que j'estime... » Bibliothèque Laurenziana, Florence, Ms. Cod. Laur. Ashb. 1522. *Idem* dans sa lettre à Séguier du 14 septembre 1748, *op. cit.*, p. 75.

3. Nollet avait déjà tenté quelques expériences sur des paralytiques en avril 1746 avec la collaboration des deux médecins Morand et Lassone, mais sans obtenir aucun succès.

4. Le Cat avait envoyé à Paris le compte rendu de plusieurs expériences d'électrisation de paralytiques depuis juillet 1746. Mais les succès annoncés se révélèrent bientôt des échecs. *Cf.* lettre de Nollet à Jallabert du 4 décembre 1746, *op. cit.*, p. 147.

5. Les savants italiens se glorifiaient de guérisons par l'électricité tout aussi invérifiables les unes que les autres.

autant qu'on le voudra[1] », on obtiendra les mêmes succès. Malheureusement, les trois invalides soumis aux nombreuses décharges électriques de l'abbé ne connurent aucune amélioration sensible de leur état !

Il n'empêche que les expériences se multiplient et qu'on électrise à tour de bras, tout en se glorifiant de multiples succès. A Montpellier, le médecin Sauvages déclare avoir soulagé huit ou dix infirmes par l'électricité. Après les paralytiques, il essaie le traitement sur un épileptique de vingt-quatre ans, et sur une vieille comtesse de quatre-vingts ans. Le premier n'a plus de crises, mais la seconde s'assoupit bizarrement après le traitement. Enfin, il se félicite d'avoir guéri un ivrogne paralytique qui a recouvré assez de forces pour battre sa femme avec la vigueur nécessaire. Toutes ces expériences minutieusement détaillées, publiées dans le *Journal des savants*, font le tour des Académies[2]. Après les paralysies et les épilepsies, les expérimentateurs tentent de soigner les hémiplégies, les rhumatismes, les constipations les plus tenaces, avec des résultats peu concluants.

Malgré les bulletins de victoire de Sauvages et ceux, plus surprenants encore, des Verrati, Bianchi et Pivati[3], le doute commence à gagner l'Académie à la fin de l'année 1748. Jusque-là, seul le jeune chirurgien Antoine Louis avait dénoncé les dangers du traitement électrique et présenté un mémoire à l'Académie dans l'indifférence générale[4]. A présent, les Réaumur, Mairan, Buffon et Daniel Bernoulli ne cachent plus leur perplexité. A part le paralytique de Jallabert, dont on n'a plus

---

1. Lettre de Nollet à Jallabert, 17 mars 1748 et 1er mai 1748, *op. cit.*, pp. 161-162 et 165.

2. Lettre de Sauvages à Jallabert, s.d. [1748]. B.P.U., Ms. Jallabert, n° 82, f. 50.

3. Voir la lettre triomphante du président de l'Institut de Bologne, Zanotti, au Suisse Bonnet, du 1er juillet 1748, concernant les progrès de l'électricité médicinale obtenus en Italie. B.P.U., Ms. Bonnet 25, f. 129-130.

4. En 1747, Louis publie ses *Observations sur l'électricité*, qui entendaient montrer que l'électrisation des paralytiques, loin d'être curative, recèle de grands dangers. Il critique l'abbé Nollet et est détesté des électriseurs. Le 16 août 1747, le médecin Morand présente son livre à l'Académie ; après quoi, le même Morand lit une observation de Le Cat, de Rouen, sur un danseur paralysé auquel l'électricité aurait rendu son agilité...

aucune nouvelle, l'Académie n'a pu observer un seul cas avéré de guérison définitive. Même l'abbé Nollet, confronté à de nombreux échecs, fait part de son scepticisme à Jallabert en janvier 1749. Il a écrit à Turin pour obtenir des éclaircissements sur les merveilles publiées par Pivati et Bianchi[1] : « Par quelle fatalité ces miracles sont-ils réservés à l'Italie et pourquoi personne ailleurs ne peut-il rien faire de semblable ? J'ai essayé de purger les gens en leur faisant tenir en main, tandis qu'on les électrisait, un morceau de résine de scamonée, et je n'ai purgé personne. En vérité, je suis tenté plus que jamais d'aller voir cela de près[2]. »

L'Académie voulut en avoir le cœur net et l'envoya en voyage d'étude en Italie[3]. Après avoir observé les purgations électriques de Bianchi à Turin, les expériences « merveilleuses » de Pivati à Venise, et discuté avec les docteurs de Bologne, Nollet repartit convaincu que rien de tout cela n'était sérieux et que certains même, comme Pivati, n'étaient que des charlatans... Dès lors, il ne fut plus question d'électricité médicinale à l'Académie[4] ni dans les journaux scientifiques. En attendant, la prestigieuse institution avait consacré durant deux ans une grande partie de ses séances à une discipline fantomatique. Pas de quoi redorer son blason !

La vieille garde est fatiguée

Même s'ils ont tous deux manifesté – en privé[5] – leur scepticisme à l'égard des vertus curatives de l'électricité, les piliers

---

1. Jean-Baptiste Bianchi (1681-1761), célèbre anatomiste italien, professeur à l'université de Turin, premier promoteur des « purgations électriques », avait envoyé à Nollet un résumé de ses propres expériences.

2. Lettre de Nollet à Jallabert (janvier 1749), *op. cit.*, p. 167.

3. L'abbé Nollet partit sept mois (avril-novembre 1749) et profita de l'occasion pour visiter Rome, Naples et le Vésuve. Il rédigea le journal de son voyage, qui se trouve à la Bibliothèque municipale de Soissons.

4. Le 3 juin 1750, Sauvages, de Montpellier, écrit à Jallabert : « Mon frère, l'abbé, m'écrit qu'à Paris on regarde comme des sornettes toutes les cures que nous disons avoir faites. » B.P.U., Ms. Jallabert, n° 82, f. 57-58.

5. Lettres de Réaumur à Séguier du 25 mai 1747 (*op. cit.*, pp. 60-61) et au père

de l'Académie, Réaumur et Mairan, n'ont rien fait pour empêcher celle-ci de sombrer dans le ridicule. Réaumur, sous-directeur en 1746 et directeur en 1747, a même dû lire de nombreuses lettres de l'étranger sur le sujet. En vérité, l'un et l'autre se disent dépassés par ces nouveautés et n'ont ni l'envie ni l'énergie de susciter des polémiques.

Depuis la parution en 1742 de son sixième volume sur les *Insectes*, Réaumur n'a plus rien publié de notable. Au lieu de travailler comme prévu au septième volume[1], il s'adonne à une collection d'histoire naturelle qui vise à réunir toutes les espèces d'oiseaux existant de par le monde. A partir de 1745, il consacre l'essentiel de son temps, quand il n'y a pas séance, à trouver des correspondants sous tous les cieux, à leur décrire longuement les spécimens désirés et la façon de les conserver. Début 1746, il annonce à Trembley qu'il a « distribué dans toutes les parties de l'Europe et dans toutes celles du monde un petit imprimé[2] » sur l'art de conserver les oiseaux. Sans états d'âme, il en fait le sujet de son intervention à l'assemblée publique d'avril 1746[3], au risque de lasser son auditoire. Mme d'Aiguillon, présente à cette séance, en rend compte à Maupertuis : « Votre ami Réaumur fit bâiller le public en lisant un fort long message peu intéressant[4]. »

Mazzoleni du 20 mars 1748 (Bibliothèque Laurenziana à Florence, Cod. Laur. Ashb. 1522, f. 81).

Lettre de Mairan à Cramer, 15 février 1747 : « L'électricité continue de nous donner ses prodiges... Je vous avoue que je n'entends rien à tout cela. » B.P.U., Ms. Suppl. 384, f. 303. Voir aussi sa lettre, au même, du 18 mai (1749, f. 312).

1. Dans une lettre au marquis de Caumont, son correspondant en Avignon, Réaumur écrit le 5 janvier 1745 : « Le 7e volume des *Mémoires sur les insectes*... ne paraîtra pas de sitôt, pour répondre une fois pour toutes à des questions qui me sont répétées trop souvent... pour donner le goût de faire des cabinets d'histoire naturelle que je crois très importants aux progrès de la science qui a les productions de la nature pour objet. » B.P.U., fonds Trembley, 5, f. 119-120.

2. Lettre du 13 janvier 1746, *Correspondance Réaumur/Trembley, op. cit.*, p. 250. Au passage, il demandait à Trembley, qui résidait en Hollande, de lui trouver un correspondant aux îles Moluques.

3. Le 16 avril, Réaumur lit un mémoire sur le moyen d'empêcher l'évaporation des liqueurs spiritueuses dans lesquelles on peut conserver des productions de la nature de différents genres.

4. Le 6 mai 1746. B.N., n.a.f. 10398, f. 19.

Indifférent à l'ennui qu'il suscite, Réaumur récidive par un additif à ce mémoire donné un peu plus tard. C'est là toute sa contribution au travail académique pour 1746.

L'année suivante, outre la description d'une carpe monstrueuse et les observations des urines d'un goutteux, il gratifie l'assemblée publique du 15 novembre d'un *Mémoire sur la manière de faire éclore des œufs dans le fumier*. Le sujet le passionne, retient l'attention de quelques personnes bien intentionnées à son égard[1], mais assomme profondément tous les autres. Certains s'étonnent que le grand savant consacre tant de temps et de soin à l'art de construire des « fours à poulets » semblables à ceux de la basse Egypte, d'autant plus qu'il ressasse le même sujet dans ses lettres à ses multiples correspondants... En 1748, il ne présente aucun travail personnel à l'Académie et, en 1749, toujours fasciné par l'éclosion des œufs, il revient sur le même thème qu'il étend « aux oiseaux domestiques de toutes espèces[2] » ! Le *Journal des savants* aura beau consacrer un article élogieux à chacun des deux tomes du mémoire[3], et recommencer pour la seconde édition en précisant que « Réaumur se montre, dans tout cet ouvrage, aussi grand physicien que zélé et habile citoyen[4] », son heure est passée. S'il est toujours le maître respecté des « observateurs » et de tous ceux – tels Bonnet, Haller ou le père Lignac – qui lient encore science et théologie[5], Réaumur incarne pour les autres le vieux monde que l'on souhaite enterrer. Son attachement à Descartes, sa fidélité à l'autorité religieuse, ses valeurs et ses manières datant du siècle précédent font de lui l'homme à abattre aux yeux de la nouvelle génération. Les philosophes des Lumières ne lui feront pas de

---

1. Lettre de Cramer à Jallabert du 17 novembre 1747 : « Le sujet de M. de Réaumur tourne entièrement du côté de l'utilité publique et aurait décelé son auteur... » Le compte rendu de Raynal dans les *Nouvelles littéraires* (p. 110) est plutôt aimable.

2. *Art de faire éclore des œufs et d'élever en toutes saisons des oiseaux domestiques de toutes espèces*, Paris, 1749, 2 vol.

3. En février 1750, pp. 88-94 et en septembre 1750, pp. 587-594.

4. Janvier 1752, pp. 17-23.

5. *Cf.* Jacques Marx, *Charles Bonnet contre les Lumières (1738-1750)*, 2 vol., *Studies on Voltaire*, n° 156-157, 1976.

cadeaux, et l'année 1749, qui voit le début de leur offensive, signifie pour lui l'entrée au purgatoire.

Dortous de Mairan ne fait pas meilleure figure. Voilà déjà de longues années qu'il n'a pas produit d'œuvre originale. Partageant son temps entre les deux Académies, le comité de rédaction du *Journal des savants*[1] et une vie mondaine trépidante, cet homme de soixante-dix ans, toujours alerte et charmant, a plus envie de séduire que de travailler. Son principal apport aux travaux académiques consiste à republier ses mémoires de jeunesse, augmentés de nouvelles observations. Ses sujets de prédilection sont les aurores boréales et la formation de la glace. Justement, en 1748, il décide de présenter à l'assemblée publique de novembre une quatrième version de sa *Dissertation sur la glace*, composée initialement en 1716[2], lorsqu'il vivait encore à Béziers... Aidé de Cramer et de Jallabert qui lui envoient de la documentation[3], Mairan se prépare à surprendre le public non par l'originalité de ses expériences, mais par une nouvelle préface à contre-courant de l'air du temps.

---

1. Très lié au chancelier d'Aguesseau qui préside aux destinées du journal, Mairan y joue un rôle non négligeable – bien qu'officieux – depuis longtemps, comme le prouve la lettre du 24 octobre 1740 à Cramer. Le 20 octobre 1748, il mentionne au même Cramer sa collaboration « à une assemblée du *Journal*, où je ne suis que simple assistant ». B.P.U., Ms. Suppl. 384, f. 282 et 306.

2. La deuxième édition date de 1717 et la troisième de 1730. Le *Journal des savants* (mai 1750, p. 298) précise que les trois premières éditions étaient sensiblement les mêmes, alors que la quatrième « pourrait être regardée comme un nouvel ouvrage par le nombre d'expériences, d'observations, de nouvelles vues... qui l'augmentent de près du triple ».

3. Dans la lettre du 2 octobre 1748, Mairan évoque sa dette à l'égard des deux Suisses : « Vos exhortations et celles de notre digne confrère M. Jallabert m'ont encouragé à redoubler mes soins pour rendre ma *Dissertation sur la glace* plus digne de votre approbation et l'ouvrage est bien avancé. Le phénomène de M. Micheli dont vous me faites part se liera, si je ne me trompe, assez bien avec ma théorie. Mais, comme je n'ai pas fait moi-même l'expérience, je voudrais n'avoir que quelques livres à citer. M. Jallabert, qui m'en avait aussi parlé, m'a dit, ce me semble, qu'il y avait quelque chose de pareil dans les *Éphémérides*... Vous me ferez un grand plaisir de m'envoyer une note de ce que vous saurez là-dessus, ou M. Jallabert... » *Ibid.*, f. 306v°. Le 4 janvier 1749, il remercie Cramer et Jallabert de ce qu'ils lui ont envoyé. *Ibid.*, f. 307r°.

A l'heure où Locke et Newton ont détrôné Descartes, où l'on ne jure plus que par l'expérience, il lui faut un sacré courage ou une certaine dose d'inconscience pour faire publiquement, ce 13 novembre 1748, l'éloge de l'esprit de système et défendre la théorie de la matière subtile ! « Système ou chimère, commence-t-il, semblent être aujourd'hui des termes synonymes... *C'est un système*, fait toute la critique d'un livre ; se déclarer contre les systèmes et assurer que ce que l'on va donner au public n'en est pas un est devenu un lieu commun des préfaces[1]. » Selon lui, on a porté là-dessus le préjugé au-delà de ses justes normes. Sans système philosophique et scientifique, pas de Kepler, de Descartes ni de Newton. Mairan ne veut pas qu'on décourage par de vaines déclarations contre les systèmes ceux que leur génie et leurs talents invitent à cette manière de philosopher. Il suffit de parcourir l'histoire de l'esprit humain, dit-il, pour se convaincre que les systèmes ont toujours été une source féconde de découvertes et d'observations. Et si parfois ils nous exposent à l'erreur, le temps les dissipe et les vérités que nous leur devons restent. Au passage, il attaque le scepticisme excessif qui règne pour l'heure dans les sciences. Puis il entreprend de montrer tout l'intérêt du système de la matière subtile en tentant une ultime conciliation entre Descartes et Newton.

L'assemblée est méduséé par une telle audace[2]. Les anciens jubilent discrètement d'entendre rappeler avec tant de force des vérités qui ont mauvaise presse. Les plus jeunes sont accablés par ce qu'ils considèrent comme une régression de la pensée. D'Alembert, notoirement positiviste et sceptique, ressent ce discours comme une attaque personnelle, de même que son ami

---

1. *Dissertation sur la glace*, 1749, p. V.
2. Raynal (*Nouvelles littéraires*, p. 237) en donne le compte rendu suivant : « M. de Mairan, le premier de nos physiciens, annonça une nouvelle édition de son *Traité sur la glace* ; il saisit cette occasion pour combattre le dégoût injuste qu'on a aujourd'hui pour les systèmes... Cet illustre académicien fut fort applaudi du public, et très peu de sa compagnie qui est toute newtonienne. » Raynal se trompe quand il ajoute : « M. de Mairan et M. de Fontenelle sont les seuls de cette Académie qui n'aient pas abandonné les intérêts de Descartes. » C'est oublier un peu vite les Réaumur, Cassini, Maraldi, etc.

Condillac qui se prépare justement à publier une critique de l'esprit de système. Mairan fréquente peu la jeune garde philosophique et ne mesure pas l'effet produit sur elle. Tout aux compliments de ses amis, il croit pouvoir écrire à son confident Cramer : « La petite préface que je vous montrai sur les systèmes et la matière subtile... a eu un succès auquel je n'eusse osé m'attendre en combattant les préjugés. J'ai su par une voie non suspecte [?] que mes idées et ma franchise sur ces deux sujets avaient été approuvées de ceux-là même que j'aurais cru avoir pour adversaires[1]. »

En revanche, pas un mot dans sa correspondance sur le *Traité des systèmes* de Condillac, qui paraît en avril 1749. En mai, Raynal lui consacre un compte rendu très élogieux qui débute par ces mots : « L'abbé de Condillac, le seul Français qui écrive aujourd'hui avec succès sur la métaphysique[2]... » Rédigé avant le discours de Mairan[3], le *Traité* est la réponse des nouveaux philosophes. Il dénonce les systèmes, « plus propres à éblouir l'imagination par la hardiesse des conséquences et à séduire l'esprit par l'enchantement de leurs principes ». Il réfute les systèmes de Leibniz et de Spinoza en s'attaquant à leurs principes, et, comme le dit Raynal, « détruit l'enchantement ». Enfin, il décrit l'approche analytique propre à la science.

En attendant la réponse du savant d'Alembert à Mairan, le *Traité* de Condillac, difficile d'accès, est acheté, sinon lu[4]. Dans

---

1. Lettre du 4 janvier 1749, *ibid.* f. 307v°.

2. *Nouvelles littéraires*, pp. 300-301.

3. Dans une lettre à Cramer du 24 décembre 1748, Condillac écrit : « Je mettrai sous presse après les fêtes, et je compte paraître au commencement de l'année. Vous savez que le titre est *Des systèmes, ouvrage où l'on démêle leur inutilité, leurs abus et leurs avantages.* » In *Lettres inédites de Condillac à G. Cramer,* éd. Georges Le Roy, P.U.F., 1955, p. 52. Condillac présentera son livre à l'Académie le 6 septembre 1749. Mais nous n'avons aucun écho de l'impression produite.

4. Beaucoup plus tard, quand paraîtra le troisième livre de Condillac, l'abbé Trublet pourra écrire : « Le *Traité des sensations* réussit beaucoup moins, quoique meilleur que les deux autres ouvrages du même auteur, c'est-à-dire l'*Essai*... et le *Traité*. Je n'en suis pas surpris. On a acheté ceux-ci dans l'espérance de les entendre. Le commun des lecteurs n'y entend rien, surtout au premier. Il a bien prévu qu'il n'entendrait pas mieux le troisième, et n'achète point. » A Formey, 10 février 1755. *Correspondance passive de Formey, op. cit.*, p. 144.

le petit milieu intellectuel, il apparaît comme emblématique de la modernité. A Genève et Berlin, l'intelligentsia protestante – il s'agit souvent de pasteurs –, plus traditionaliste et proche de Leibniz, le lit mais ne l'apprécie guère. Formey le critique dans l'un de ses journaux, la *Bibliothèque impartiale*, avec l'approbation du Genevois Jean Peschier[1]. Tous deux, wolfiens convaincus, ont plus en commun avec un Mairan qu'avec un Condillac[2].

Bien plus décisive est l'influence considérable qu'exerce Condillac sur la nouvelle génération de philosophes. Entre 1746 et 1750, à l'hôtel du Panier-Fleuri ou chez Mlle Ferrand, ses conversations ont marqué d'une façon ou d'une autre les d'Alembert, Diderot, Rousseau, Buffon et autres. C'est lui qui initie son ami d'Alembert aux arcanes de la métaphysique, lequel s'inspire du *Traité* pour répliquer à Mairan. Profitant de la publication de son livre sur la *Précession des équinoxes*[3], il règle ses comptes et s'en explique à Cramer : « Mes réflexions sur les systèmes ont été occasionnées par un ouvrage lu à notre dernière assemblée publique, ouvrage qui paraîtra bientôt et dont il me semble que l'auteur [Mairan] confond mal à propos les avantages réels de l'esprit de système avec les avantages fort équivoques des systèmes et des hypothèses vagues... J'ai dit que le meilleur usage

---

1. Lettre de Peschier du 4 août 1750 : « Il me semble qu'il [Condillac] maltraite trop en général les faiseurs de systèmes, et qu'il veut donner comme tout à fait neuves des observations de sa façon qui ne sont rien moins que telles... On voit qu'il possède Locke à fond et qu'il s'est proposé de le redresser et en même temps de le faire valoir. » Berlin, fonds Formey, Kasten 31, f. 40-41. En revanche, l'éditeur de la *Bibliothèque impartiale*, Elias Luzac de Leyde, n'a pas apprécié l'article de son collaborateur. Il écrit à Formey le 26 février 1750 : « Nous vous prions encore de songer que le public attend des extraits... et non pas des réfutations qui ne donnent pas une idée du livre réfuté... Celui du *Traité des systèmes* pèche contre cette règle. » *Ibid.*, Kasten 25, f. 37.

2. Cramer, pris à témoin par les deux camps – il était l'ami de tous –, donne secrètement raison à Mairan. Il approuve sa défense des systèmes, comme le montre un brouillon de lettre de février 1750 adressé à ce dernier. B.P.U., Ms. Fr. 657/b, f. 55-56.

3. *Recherches sur la précession des équinoxes*, dont les commissaires Clairaut et Montigny font le plus grand éloge et qui est publié en juillet 1749.

de l'esprit de système est de n'en point faire, quand on ne saurait les appuyer par les calculs[1]. »

Rien de bien nouveau par rapport à Condillac, si ce n'est que la critique émane cette fois d'un savant – qui plus est, de l'étoile montante de l'institution. Pour l'heure, l'Académie n'est guère brillante. Ressassant de vieilles lunes, fourvoyée dans des recherches stériles, elle est représentée par un homme brave, mais médiocre. A l'assemblée publique de novembre 1748, Fouchy a assommé l'assistance en lisant l'éloge de Bernoulli. Raynal ne l'épargne pas davantage que Mairan neuf mois plus tôt : « L'éloge du fameux Bernoulli, géomètre de Bâle..., eût été un riche fonds en de meilleures mains ; M. de Fouchy ne nous donna que des réflexions triviales, une érudition puérile, des applications ridicules[2]. » Décidément, le brio de Fontenelle n'est plus qu'un lointain souvenir !

A peine l'assemblée publique est-elle terminée que la séance suivante, du samedi 16 novembre 1748, voit se déclencher les hostilités entre Bouguer et La Condamine[3], les deux anciens compagnons de l'Equateur. Rentré à Paris six mois plus tôt que La Condamine, Bouguer s'était précipité à l'Académie pour lire les résultats de leurs travaux communs[4], et s'en approprier toute la gloire. A son retour, La Condamine avait fait grise mine, mais s'était tu. L'incendie se ralluma lorsque Bouguer décida de publier, sous son seul nom, les travaux lus à l'Académie en l'absence de La Condamine. Selon le témoignage de Maupertuis, revenu en France à la mi-octobre 1748 pour y passer des

---

1. Lettre du 21 septembre 1749. *Dix-huitième siècle*, op. cit., p. 246. Le livre de Mairan parut après celui de D'Alembert, à la fin de l'année 1749.

2. *Nouvelles littéraires*, pp. 236-237.

3. Rentrés d'Amérique par des chemins différents, Bouguer était arrivé en juillet 1744 et La Condamine, bloqué à Amsterdam par la guerre, n'avait pu gagner Paris que fin février 1745.

4. Dès le 29 juillet 1744, Bouguer a commencé de lire à l'Académie la relation de son voyage et des opérations faites avec La Condamine. Il poursuit sa lecture les 1er, 5, 8, 12, 14, 19, 22 août, et son triomphe culmine à l'assemblée publique du 14 novembre 1744.

vacances[1], la guerre avait éclaté chez lui, quelques jours avant la séance de l'Académie[2]. Mais toutes les récriminations de La Condamine n'empêchèrent pas Bouguer de mettre son projet à exécution. Soutenu par ses proches – Mairan, Réaumur et Fouchy – il tint la dragée haute à La Condamine qui laissa éclater sa colère en pleine Académie. Réclamations, protestations, mémoires et contre-mémoires se succédèrent à un rythme soutenu durant plus de quatre ans. L'Académie passait un temps déraisonnable à arbitrer entre deux hommes dont les fureurs parvenaient jusqu'aux oreilles des savants étrangers. Tout le monde ironisait sur cette guerre qui n'avait d'autre objet et aliment que la vanité de deux savants. Le prestige de l'Académie des sciences n'en sortait pas grandi.

Naissance du parti philosophique

Son acte de naissance s'étire sur dix-huit mois. Entre avril 1748 et septembre 1749 paraissent quatre livres qui s'écartent des opinions traditionnelles et des dogmes établis. Bien qu'abordant des sujets fort différents – la morale, la politique, la psychologie des aveugles et l'histoire naturelle –, les quatre auteurs ont en commun de traiter leur sujet guidés par la seule raison, sans égard pour les vérités révélées et parfois même contre elles. Le résultat ne se fait pas attendre et la foudre s'abat sur eux avec plus ou moins de rigueur selon leur statut social. Le pouvoir gronde, le Parlement criaille, la Sorbonne menace. On brûle des livres, et même on incarcère. Certes, on ne traite pas le président

---

1. Maupertuis n'avait pas revu sa famille et ses amis depuis la mort de son père en 1746. Il séjourna à Paris quelques semaines avant de gagner la Bretagne, où il resta jusqu'en avril 1749 et d'où il repartit pour la Prusse.

2. Lettre de Maupertuis au président Hénault [mai 1749] : « Vous vîtes chez moi le commencement de la guerre qui s'allumait entre La Condamine et Bouguer. Chacun séparément va faire sa relation et être pour l'autre le plus injuste qu'il pourra. » Bibliothèque de l'Institut, Ms. 2714.

Montesquieu comme le modeste Toussaint, ni l'académicien Buffon comme le petit bourgeois Diderot. Pourtant, si les intimidations ont été inégales, les quatre hommes, à un moment ou à un autre, ont eu tout lieu d'avoir peur.

Comme toujours, la répression a suscité l'intérêt du public pour ces œuvres nouvelles, et le succès a été à la mesure des critiques et des persécutions. Sans concertation préalable, le parti philosophique est né après baptême de l'opinion. Comme le fait observer l'éditeur du *Journal* de Barbier, chroniqueur essentiel de l'histoire du siècle : « L'année 1749 est une date remarquable dans l'histoire littéraire du dix-huitième siècle... Barbier qui, jusqu'ici, n'a parlé que des chansonniers et des poètes, parle maintenant des philosophes. C'est ici que commence le vrai XVIIIᵉ siècle[1]. »

Un philosophe tenancier d'auberge

Le premier livre à faire parler de lui en mai 1748 est aujourd'hui oublié. Pour une bonne raison : *Les Mœurs* de François-Vincent Toussaint sont d'un ennui mortel. Ce traité de morale naturelle, plein de bons sentiments, ne suscite d'abord que la condescendance d'un critique averti comme Raynal : « La première partie est d'un plus pur déiste. Il y a des plaisanteries moins grossières qu'on a coutume de les faire contre la Révélation... La seconde partie se trouve presque partout et d'une façon plus marquée dans l'*Essai sur l'homme*, par Pope. La troisième partie, qui traite des vertus sociales, est telle qu'on pouvait l'attendre d'un homme qui est dans l'habitude de réfléchir jusqu'à un certain point, mais qui vit retiré, qui est chagrin et qui manque des commodités de la vie... Le tort général de cet ouvrage est d'être superficiel, de manquer d'ordre dans le détail, d'omettre

---

1. *Journal de Barbier*, t. V, p. 378, note 1. Pour sa part, Jean-Paul Belin, tenant compte des dates de publication des *Mœurs* et de l'*Esprit des lois*, intitule son livre sur la diffusion des idées philosophiques : *Le Mouvement philosophique de 1748 à 1749*, Paris, 1913 (réédité en Allemagne en 1973, Georg Olms Verlag, Hildesheim-New York).

plusieurs choses essentielles et de se trop appesantir sur les superficielles. Je dirai que c'est un cours de philosophie bourgeoise où il y a plus d'esprit dans le tour que dans la chose même..., plus de médiocre que de bon ou de mauvais[1]. »

Le diagnostic ultérieur de Maupertuis est de la même eau : « M. Toussaint est un homme qui écrit correctement, à ce que je crois, qui a de l'esprit et de la philosophie jusqu'à un certain point... *Des mœurs* est de ce genre. Ce sont des livres qu'un homme d'esprit peut faire, et qu'un homme de plus d'esprit ne fera pas[2]. »

Né en 1715 d'une famille très modeste liée aux convulsionnaires du cimetière Saint-Médard, Toussaint réussit à se faire recevoir avocat au parlement de Paris en 1741. Pour des raisons que l'on ignore, il abandonne sa profession pour se consacrer aux lettres. Sans argent ni protection, il se lie avec Diderot qui lui offre en 1744 de partager la commande qu'il vient de décrocher : la traduction du *Dictionnaire de médecine*[3]. De même condition, ayant chacun renoncé à la vie ecclésiastique, les deux hommes partagent travail et intimité. Si Diderot est d'un autre calibre que son ami, ses conversations influencent Toussaint. Il publie en avril 1746 les *Pensées philosophiques*, mélange de déisme et d'athéisme, qui condamnent la superstition, les religions révélées et tout ce qui est contraire à la nature. Au mois de juillet suivant[4], le livre est condamné par le Parlement à être lacéré et brûlé en même temps que l'*histoire naturelle de l'âme* de La Mettrie, son frère de l'ombre. Loin de l'audace et des talents de son ami, Toussaint n'endosse pas son athéisme, mais cède au

---

1. Les *Nouvelles littéraires*, avril 1748, p. 150.
2. Lettre à La Condamine, 22 octobre 1751. Archives municipales de Saint-Malo, ii 24, f. 144r°.
3. Selon Mme de Vandeuil, Diderot « venait d'entreprendre cette besogne quand le hasard lui amena deux hommes : l'un était Toussaint..., l'autre un inconnu [Eidous] ; mais tous deux sans pain et cherchant l'occupation. Mon père, n'ayant rien, se priva des deux tiers de l'argent qu'il pouvait espérer de sa traduction, et les engagea à partager avec lui cette petite entreprise ». *Op. cit.*, p. 24.
4. Les *Pensées philosophiques* sont condamnées le 7 juillet 1746.

déisme[1] qui commence à être en vogue depuis les *Lettres anglaises* de Voltaire. Quand Toussaint rédige ses *Mœurs* aux idées sages et mesurées, Diderot a déjà fait le saut vers l'« insurrection philosophique » que ne fera jamais son ami.

Pourtant, c'est bien le livre *Les Mœurs*, tout prudent qu'il est, qui inaugure le règne des philosophes. Peut-être justement à cause de sa modération qui correspond à la sensibilité de l'époque. Le public n'est pas prêt à accepter l'athéisme d'un Diderot, mais il lit sans méfiance l'éloge d'une morale naturelle fondée sur la raison et l'amour de Dieu. Comme le souligne Daniel Mornet, Toussaint est le premier à donner forme à la morale du bonheur laïque et humanitaire qui ne se trouve chez les autres qu'à l'état d'allusions ou de fragments[2]. On lui reproche bien d'avoir un peu trop fait l'apologie des passions humaines, ainsi que certaines formules provocantes comme celle-ci : « Il n'y a pas deux manières d'aimer ; on aime de même son Dieu et sa maîtresse » ; mais, dans l'ensemble, on apprécie son humanisme, qui s'élève au-dessus des religions particulières[3], et son style populaire qui le met à la portée de tout le monde. On s'amuse aussi à retrouver les modèles qui ont servi sous des noms supposés aux portraits dont il parsème son livre. Ce sont ces portraits (de la reine et de la Pompadour) et les critiques de la Justice qui attirent l'attention du chancelier d'Aguesseau. Celui-ci défère le livre à la cour du parlement de Paris qui, par arrêt du 6 mai 1748, le condamne « à être brûlé comme contraire aux bonnes mœurs, scandaleux, impie et blasphématoire ». Ce qui est

---

1. D'après l'abbé de La Chambre, le livre de Toussaint n'est que la suite et le commentaire des *Pensées philosophiques* et du livre de La Mettrie. *Cf. Lettres sur l'écrit intitulé « Pensées philosophiques » et sur le livre des « Mœurs »*, Paris, 1749.

2. Daniel Mornet, *Les Origines de la Révolution française*, Paris, 1933, pp. 74-75.

3. Cet humanisme fait de Toussaint – seize ans avant le juriste Beccaria – un partisan de l'abolition de la peine de mort. Il pense que ce châtiment est contre la loi naturelle, qui ne souffre pas qu'on punisse les homicides par le meurtre : « Je n'ai jamais été persuadé, dit-il, que Dieu ait permis aux hommes de se détruire les uns les autres. Un citoyen trouble la police de l'Etat, empêchez-le de le faire, vous le pouvez sans l'attacher à un gibet. » A part le chroniqueur Barbier, *op. cit.*, p. 308, rares sont les lecteurs qui se sont attardés sur ce propos de Toussaint.

fait dès le lendemain : *Les Mœurs* sont lacérés et brûlés, en même temps que quelques autres livres, dont *Les Bijoux indiscrets*.

Comme toujours, c'est l'interdiction d'un livre qui en fait un événement[1]. On s'arrache les rares exemplaires sauvés du bûcher, ainsi qu'en témoigne Barbier : « Je suis enfin parvenu à avoir le livre des *Mœurs* que l'arrêt du 6 mai 1748 a rendu très cher et très rare. Il faut dire aussi que peu de gens auraient songé à ce livre, au lieu qu'il n'y a personne dans un certain monde, homme et femme se piquant un peu de quelque sorte d'esprit, qui n'ait voulu voir ce livre. Chacun se demande : avez-vous lu *Les Mœurs* ? Un seul exemplaire passe rapidement dans cinquante mains. Le goût et la curiosité redoublent toujours pour les choses défendues[2]. » Barbier lui-même y consacre huit pages de son *Journal*, ce qui est sans exemple. Les éditions pirates se succèdent à un rythme accéléré, faisant la fortune de l'éditeur Laurent Durand. Quatorze éditions sont imprimées dès la première année, et dix-huit autres dans la seconde partie du siècle, sans parler des traductions anglaise et allemande[3].

Les critiques offusquées entretiennent le succès. Les unes assimilent l'ouvrage aux *Pensées philosophiques* (l'abbé de La Chambre), d'autres l'accusent de donner ses lettres de noblesse au déisme ; on lui reproche d'être sulfureux sous son apparence anodine. Neuf ans plus tard, l'abbé Nonnotte le dénoncera comme le plus dangereux des livres. Les sentiments de ce « docteur ès mœurs » sont monstrueux, dit-il, « et ses principes sentent l'impiété et la lubricité. C'est une erreur absurde de n'admettre que le culte intérieur, car il n'y aurait plus alors de différence entre les juifs, les mahométans et les chrétiens... Quant à

---

1. Vérité reconnue dès cette époque, comme le précise Raynal : « Le magistrat, en faisant brûler cet ouvrage, a, comme cela ne manque jamais d'arriver, augmenté la curiosité de le lire. » *Nouvelles littéraires*, mai 1748, p. 180.

2. *Journal de Barbier*, V, pp. 300-301.

3. *Cf.* Frank A. Kafker et Serena L. Kafker, « The Encyclopedists as Individuals : A Biographical Dictionary of the Authors of the *Encyclopedie* », *Studies on Voltaire*, n° 257, 1988, pp. 363-366. T.J. Barling compte cinq éditions anglaises, sous le titre *Manners*, entre 1749 et 1770, et quatre éditions allemandes, entre 1749 et 1801. *In* « Toussaint's *Les Mœurs* », *French Studies*, vol. XII, 1958, pp. 14-19.

la morale du livre, elle est tout bonnement indécente. N'est-il pas honteux de prôner les douceurs de l'amour, en prônant la nécessité pour chacun de lui obéir[1]... ». Un demi-siècle plus tard, La Harpe, devenu un fieffé réactionnaire, fera encore observer que *Les Mœurs* fut le premier livre du siècle à avoir séparé la morale de la religion. « Le poison est bénin, dit-il, mais c'est un poison », et on peut le considérer comme « le protocole du charlatanisme philosophique qui commençait à s'établir[2] ».

C'était la gloire pour Toussaint[3], mais une gloire dangereuse et sans les bénéfices qui l'accompagnent habituellement. Ayant vendu ses droits à l'éditeur pour 500 livres, les nombreuses rééditions ne lui rapportent pas un sou. Plus grave : cet homme marié et père de famille est menacé d'arrestation. Il n'échappe à la prison que par l'intervention du comte de Caylus auprès de Maurepas. Heureusement pour lui, il vit de sa collaboration à l'*Encyclopédie*[4] et d'expédients littéraires[5], bien décidé à ne plus jamais commettre d'imprudences. En dépit de son immense succès, Toussaint regrette la publication de son livre et fait son *mea culpa*. Peu enclin à prendre le moindre risque, il quitte le navire encyclopédique en 1751 après avoir rédigé plus de quatre cents articles de jurisprudence[6]. Aux dires des Kafker, il a pu

---

1. Cité par Paul Fould dans son introduction aux *Anecdotes curieuses de la Cour de France sous le règne de Louis XV*, de F.-V. Toussaint, 2ᵉ édition, 1908, pp. XXX-XXXI.

2. La Harpe, *Cours de littérature. Philosophie du XVIIIᵉ siècle*, 1805, chap. 1.

3. *Les Mœurs* sont portées aux nues par Frédéric II, le marquis d'Argenson (*Mémoires*, V, pp. 102-103), Lord Chesterfield (lettre à la marquise de Monconseil du 5 septembre 1748, *Correspondance*, IV, pp. 1212-1273), entre bien d'autres...

4. Toussaint avait suivi Diderot quand celui-ci décida de collaborer à l'*Encyclopédie*. Le livre de comptes fait état de rémunérations de Toussaint de février 1746 à mars 1748, puis de février à mai 1749, et une dernière fois en 1751.

5. En mars 1749, il relit les épreuves de l'édition française de l'*Esprit des lois* et en compose la table des matières, comme il l'avait fait l'année précédente pour une nouvelle édition des *Considérations... sur les Romains*. *Cf.* lettre des libraires Huart et Moreau à Montesquieu du 14 mars 1749. *Correspondance de Montesquieu*, éd. Nagel, *op. cit.*, p. 1206.

6. Selon les Kafker, Toussaint aurait rédigé au moins 425 articles, dont la plupart figurent dans les volumes I et II de l'*Encyclopédie*, moyennant la somme de 2 000 livres. *Op. cit.*, p. 364.

être effrayé par le scandale de la Sorbonne contre la thèse de l'abbé de Prades, qui signifiait la condamnation de l'*Encyclopédie*. Ou peut-être s'est-il brouillé avec Diderot et d'Alembert, certains articles, tels « Amour », « Avarice » et d'autres, étant entièrement recopiés de ses *Mœurs* sans même qu'on eût daigné le citer...

Toujours est-il qu'après 1752 il s'éloigne du milieu philosophique, trop audacieux à son gré. Il s'occupe de l'édition des *Œuvres* de Maupertuis, chez Durand, dès 1751, ce qui lui vaut d'être nommé associé étranger de l'Académie de Prusse[1], et tourne ses regards vers Berlin où l'on vit plus tranquille qu'à Paris[2]. En attendant, l'aventure philosophique pour lui est terminée ; il ne voit plus d'Alembert et Diderot que de loin en loin. Pour subvenir à ses besoins, il est contraint d'ouvrir une sorte de pension de famille à l'usage des voyageurs allemands. En octobre 1753, il écrit au baron de Beausobre, retourné à Berlin, pour faire la publicité de son établissement : « J'ai loué une maison, rue du Cimetière-Saint-André, pour servir d'hospice à l'Allemagne... Homme de lettres, je pourrais les perfectionner dans la langue et littérature françaises... J'y tiens une très bonne table, et mes appartements sont propres et bien meublés... Si quelque honnête Berlinois, bien sage et brave homme, se prépare à venir à Paris, adressez-le-moi, je vous prie. Il sera difficile et de mauvaise humeur si je ne vous le renvoie pas content[3]... »

---

1. Le 4 mars 1751, en même temps que Diderot et Tronchin. Par ailleurs, les lettres de Toussaint à Maupertuis des 12 mars et 16 juin évoquent son travail sur l'édition des *Œuvres* de Maupertuis, essentiellement la relecture et la correction des épreuves. Une autre, datée du 27 février 1753, évoque le même travail pour les *Lettres* de Maupertuis, et ses négociations ratées pour la place de lecteur du roi à Berlin. Trop exigeant sur le salaire, Toussaint se vit préférer l'abbé de Prades. Archives de l'Académie des sciences, Fonds Maupertuis, dossier n° 133.

2. Toussaint ne s'installera en Prusse qu'en 1764. Il avait été nommé professeur de rhétorique grâce à Frédéric II qui venait de créer une Académie des nobles pour l'élite prussienne.

3. Bibliothèque de Berlin, Nachlass 235, f. 193-195. L'affaire ne dut pas être aussi rentable qu'il l'avait espéré puisque, dès avril 1754, il accepte de succéder à Grimm pour diriger le *Journal étranger*, jusqu'en août 1754. Après quoi, il dirigera les *Observations périodiques sur la physique, l'histoire naturelle et les arts*, de 1756 à 1757.

Le philosophe-président

Lorsque les tout premiers exemplaires de l'*Esprit des lois* sortent des presses genevoises à la fin octobre 1748, le président Montesquieu a presque atteint la soixantaine. Fatigué par un travail considérable, il est très affecté par la perte de la vue qui l'empêche de lire, d'écrire et même de reconnaître ceux qu'il croise. Contrairement à Toussaint, Diderot et Buffon, qui sont dans la force de l'âge, l'auteur des *Lettres persanes* a écrit sa grande œuvre philosophique dans la dernière partie de sa vie. Il y a réfléchi pendant vingt ans et s'est mis au travail avec l'intensité et la modestie qui caractérisent l'intellectuel digne de ce nom. Il a passé de nombreuses années à lire dans les bibliothèques, à chercher sa documentation à l'étranger, à emprunter des livres, à prendre des milliers de notes qui se sont entassées dans des dizaines d'in-folio. Il a beaucoup réfléchi et tâtonné, changé de plan plusieurs fois et corrigé l'ensemble à trois reprises. Le tout sans en dire mot à personne durant des années. La première allusion connue à cette œuvre monumentale figure dans une lettre à son intime de Bordeaux, le président Barbot, auquel il a parfois emprunté de la documentation. Le 20 décembre 1741, l'ouvrage existe dans ses grandes lignes et Montesquieu ne peut dissimuler un moment de triomphalisme : « A l'égard de mes *Lois*, j'y travaille huit heures par jour. L'ouvrage est immense et je crois avoir perdu tout le temps où je travaille à quelque autre chose qu'à cela. Il y aura quatre volumes in-12 en vingt-quatre livres. Il me tarde fort que je sois en état de vous le montrer. J'en suis extrêmement enthousiasmé ; j'en suis mon premier admirateur ; je ne sais si je serai le dernier[1]. »

Mais l'enthousiasme a tôt fait de retomber. L'esquisse n'est pas un livre montrable. Il faut encore beaucoup de travail pour le soumettre à l'appréciation de son ami. Durant quatre ans, Montesquieu travaille comme un forçat, rongé par l'angoisse car la cécité le gagne. Depuis septembre 1743, il n'a plus quitté son château de La Brède, il a déserté l'Académie française, aban-

---

1. *Correspondance de Montesquieu*, Nagel, *op. cit.* p. 1741.

donné ses amies les plus chères comme Mme de Tencin ou la duchesse d'Aiguillon. Malgré les secrétaires qui tiennent sa plume, il a l'impression de piétiner : « Je travaille beaucoup, confie-t-il à Cerati, et je n'avance pas depuis que je dépends des yeux d'autrui. Mon esprit est captif et je perds une infinité de temps[1]... »

Enfin, en février 1745, le manuscrit est prêt à être lu aux plus intimes : l'abbé Guasco, qui en fera la traduction italienne, le président Barbot et son propre fils, Secondat. Au cours de la lecture, qui dure plusieurs jours, Montesquieu note soigneusement toutes les observations du petit cénacle. Dès le lendemain, il entreprend la seconde révision de son ouvrage. Travail pénible qui lui coûte encore beaucoup de peine. Le 16 juin 1745, il écrit à Cerati : « Je n'irai à Paris d'un an au plus tôt... Depuis deux ans que je suis ici, j'ai continuellement travaillé à la chose dont vous me parlez ; mais ma vie avance et l'ouvrage recule à cause de son immensité[2]. » Il lui faut encore deux ans d'efforts pour terminer la rédaction d'un manuscrit qui compte plus de 1 500 feuillets, et le donner à son éditeur genevois à l'été 1747. L'impression dure un an et connaît de multiples incidents[3], dus autant aux initiatives intempestives du correcteur Jacob Vernet qu'aux changements incessants apportés au manuscrit par Montesquieu lui-même.

Le livre est achevé d'imprimer dans les derniers jours d'octobre 1748. Sans nom d'auteur, bien entendu. Le nombre des coquilles est impressionnant, et l'indication des parties a disparu, donnant à l'ouvrage un air de désordre et de confusion. Les deux premiers exemplaires – non brochés – sont pour le chancelier d'Aguesseau et Mme de Tencin. Le troisième pour Montesquieu, resté à La Brède. L'ouvrage sera mis en vente à Paris après le 11 novembre, en petite quantité. Il n'y a plus qu'à attendre le

---

1. *Ibid.*, Lettre du 24 mai 1744.
2. *Ibid.*, p. 1062.
3. *Cf.* l'article de François Gébelin, « La publication de l'*Esprit des lois* », *Revue des bibliophiles*, 1924, XXXIV, pp. 125-158 ; et le *Montesquieu* de Louis Desgraves, Mazarine, 1986, chap. 6.

verdict des salons et des spécialistes. La théorie des climats, la philosophie de la loi ou la Constitution anglaise ne sont pas à la portée du premier venu. Il faut une bonne culture philosophique et politique pour en juger. Pourtant, sans en rien connaître, la curiosité est immense, redoublée encore par la rareté des volumes. Chacun veut juger de l'œuvre de Montesquieu qui a autant distrait avec les *Lettres persanes* qu'il a ennuyé avec ses *Romains*.

Dix jours après l'avoir reçu, Mme de Tencin écrit à Montesquieu : « J'ai le seul exemplaire qui soit encore dans Paris ; si je voulais le prêter à tous ceux qui me le demandent, il ne me reviendrait qu'en morceaux. » Elle se dit enthousiaste des morceaux qu'elle a déjà lus, « mais il a fallu sacrifier mon impatience à celle de M. de Fontenelle qui m'aurait mangé le blanc des yeux si je ne lui avais pas prêté l'ouvrage. J'ai eu la sottise de lui dire que je l'avais : depuis ce moment-là, il ne m'a laissé aucun repos qu'il ne l'ait eu[1] ». On ne sait si Fontenelle l'a vraiment lu, mais il s'en dit enchanté. Le 2 décembre, Mme de Tencin rend son verdict : « La Philosophie, la Raison, l'Humanité se sont assemblées pour composer cet ouvrage, et les Grâces ont pris soin d'en habiller l'érudition. Je ne connais rien que l'on puisse mettre à côté ; je l'ai lu avec avidité et je serai fâchée d'avoir fini une lecture où le cœur, l'esprit et le bon sens trouvent également à se satisfaire ; si je me promettais de la recommencer, il n'y a presque rien que je ne voulusse retenir[2]. »

Désormais, Mme de Tencin est la propagandiste acharnée de l'*Esprit des lois* auprès de ses amis. Elle crée autour du livre — dont le nom de l'auteur est sur toutes les lèvres — une rumeur favorable qui s'étend chaque jour un peu plus. Helvétius, le président Hénault, Mme Geoffrin prennent le relais. Le 12 janvier 1749, la duchesse d'Aiguillon demande à Maupertuis : « Avez-vous lu le livre du président Montesquieu, *De l'esprit des lois* ? Je ne sais pas si c'est un bon livre, mais je sais qu'il y a des

---

1. Lettre du 14 novembre 1748. *Correspondance, op. cit.*, p. 1144.
2. *Ibid.*, pp. 1148-1149.

choses hardies qu'on ne pense guère en France[1]. » Après avoir envisagé d'en interdire la vente, le chancelier d'Aguesseau, qui éprouve pour le livre une « estime singulière », décide d'en autoriser une édition parisienne à condition que le nom d'une ville étrangère figure sur la page de titre.

Fin janvier, la contrefaçon parisienne est en vente, et la rumeur amicale cède le pas au jugement du public. A côté de l'enthousiasme d'un connaisseur en ces matières comme le président de Brosses[2], des critiques commencent à se faire entendre. Le père Castel avertit discrètement Montesquieu du mécontentement de certains jésuites dès le début de 1749. D'autres critiques émanent du milieu littéraire. Un neveu de Fontenelle, M. d'Aube, se répand partout sur la platitude et le superficiel du livre[3]. Plus ennuyeux : « Voltaire et l'abbé d'Olivet ne l'approuvent pas[4]. » Cette méchante pipelette de Charles Collé écrit dans son *Journal*, à la fin février : « Le premier volume m'a amusé... La moitié du deuxième ne m'a pas ennuyé..., mais la deuxième moitié de ce second volume... m'a causé un ennui mortel... Voilà ce que j'ai senti ; voici ce qu'en disent les grands auteurs, les métaphysiciens et les gens qui ont un peu de philosophie dans la tête : ils prétendent que c'est un très mauvais ouvrage, sans ordre, sans liaison, sans enchaînement d'idées, sans principes[5]. »

Ce jugement assassin, autrement plus grave que les récriminations du fermier Dupin, mécontent des attaques de Montesquieu contre la Ferme générale, se répand très vite. La preuve : ni Condillac ni d'Alembert ne se précipitent sur le livre. Dès le 24 décembre 1748, Condillac peut écrire à Cramer : « J'entrevois,

---

1. B.N., n.a.f. 10 398, f. 22-23. Maupertuis était encore à Saint-Malo.

2. Le 24 février 1749, il écrit : « Je n'ai garde de vous rien écrire de l'*Esprit des lois*. Il faudrait trente conversations de quatre heures pour effleurer la matière en détail. Oh ! que c'est beau ! que d'idées, de feu, de précision (et trop), de pensées neuves et lumineuses !... Il y a cependant bon nombre de propositions dont je ne demeurerais pas volontiers d'accord... » *lettres du président de Brosses à Ch. C. Loppin de Gemeaux*, éd. par Y. Bezard, 1929, p. 234.

3. De Mme Geoffrin à Montesquieu, 12 janvier 1749. *Correspondance*, pp. 1164-1165.

4. De Mme de Mirepoix à Montesquieu, 19 mars [1749]. *Ibid.*, p. 1212.

5. *Journal historique de Charles Collé*, t. I, pp. 66-67.

sur ce qui se dit, que c'est un ouvrage mal fait, où il y a d'ex-cellentes choses[1]. » Trois mois plus tard, d'Alembert émet à peu près le même avis, bien qu'il ne l'ait pas lu : « Beaucoup d'esprit, mais peu de plan et de méthode, et c'est un grand défaut, ce me semble, dans un ouvrage de cette espèce[2]. » L'admiration de Cramer pour le livre de Montesquieu ne le convainc pas de le découvrir plus vite. Quand enfin il l'a examiné, son jugement est encore plus sévère que celui de Collé : « J'ai lu l'*Esprit des lois* dont je suis fort médiocrement content. Il me semble qu'il ne reste pas grand-chose de tout cela quand on l'a lu ; et qu'on ne voit point de plan, ni de marche bien décidée... Les faits et les données lui ont souvent manqué pour bâtir sur les lois un système général... Je crois qu'un ouvrage dont l'objet est aussi vaste ne peut être que par des pensées détachées, et c'est à peu près tout ce que je trouve dans celui-ci. Il est vrai qu'il y en a d'excellentes et en grand nombre. Mais je crois qu'il n'est possible de faire sur les lois un système suivi que quand il s'agit d'un peuple particulier... Je trouve que les ouvrages de la nature de celui du P. de M. ressemblent assez à toutes ces dissertations physiques sur l'aimant, sur l'électricité, sur la grâce, etc., où l'on explique si facilement les phénomènes qu'on les expliquerait tout aussi bien par les mêmes principes, s'ils étaient tout différents de ce qu'ils sont. En un mot, c'est la physique de Descartes appliquée à la politique[3]... »

D'Alembert relira l'*Esprit des lois* et reviendra très vite sur son jugement. Quand il rédige le *Discours préliminaire,* dix-huit mois plus tard, c'est sur un tout autre ton qu'il parle du « monument immortel... décrié par quelques Français, applaudi par la nation et admiré de toute l'Europe[4] ». Raison politique de ce revire-ment : le parti philosophique se compte. Mais raison intellec-tuelle, aussi : d'Alembert, comme nombre de lecteurs, a dû s'y

---

1. Georges Le Roy, *op. cit.*, pp. 51-52.
2. Lettre à Cramer du 4 mars 1749. *Dix-huitième siècle, op. cit.*, p. 238.
3. A Cramer, 21 septembre 1749. *Ibid.*, pp. 246-249.
4. *Œuvres* de D'Alembert, t. I, p. 80. Il rédigea le *Discours préliminaire* entre janvier et mars 1751.

reprendre à deux fois pour pénétrer les richesses de l'œuvre[1]. Pourtant, en dépit de l'absence presque complète de commentaires dans les journaux et de la difficulté du sujet, le nom de Montesquieu opère un miracle : le livre s'arrache littéralement en France et à l'étranger. A la fin de 1749, on compte déjà vingt-deux rééditions et de multiples traductions étrangères. Même si l'ouvrage est survolé par nombre de lecteurs non avertis – telle Mme Geoffrin[2] –, son succès est considérable, à la mesure de la tempête qui va se lever. Le public a perçu la nouveauté de la pensée. En changeant la définition de la loi, en énonçant une nouvelle théorie politique qui n'a que faire de l'origine divine du pouvoir, Montesquieu tourne le dos aux deux piliers de la société française : l'Eglise et la monarchie. Prôner un gouvernement modéré et la séparation des pouvoirs sous Louis XV, la tolérance religieuse et la liberté de penser alors que la Sorbonne fait la loi, relève de la provocation. Montesquieu ne va pas tarder à s'en apercevoir.

Le « philosophe »

Si l'on en croit sa fille, Diderot ne publiait ses livres que pour toucher cinquante louis qu'il portait tout aussitôt à sa maîtresse. L'amant passionné de Mme de Puisieux depuis 1745 aurait donné successivement l'*Essai sur le mérite et la vertu* (1745), les *Pensées philosophiques* (1746), *Les Bijoux indiscrets* (1748) et la *Lettre sur les aveugles*[3] (1749) pour satisfaire aux demandes de celle-ci. En vérité, sur les quatre livres mentionnés, trois témoi-

---

1. Le président Hénault, lecteur attentif, relut trois fois l'*Esprit des lois* entre sa publication et juillet 1749. A la troisième, il écrivit à Montesquieu : « La première lecture me surprit... La deuxième commença à m'aventurer à des idées nouvelles, mais qui excitèrent ma contradiction... Enfin, je le relis pour la troisième fois, et je le lis avec délices... »

2. Sa fille, Mme de La Ferté-Imbault, confia à Montesquieu que sa mère, Mme Geoffrin, ne s'en était fait lire que quelques fragments.

3. Mme de Vandeul, *Diderot, mon père, op. cit.*, pp. 26-27. Celle-ci commet une erreur quand elle évoque les *Lettres sur les sourds et aveugles*. Lorsque Diderot publie la *Lettre sur les sourds*, en 1751, il a déjà rompu avec Mme de Puisieux. Il ne peut donc s'agir que de la *Lettre sur les aveugles*.

gnent de l'évolution fulgurante de la réflexion philosophique de leur auteur. De la traduction de Shaftesbury, qui prône l'existence d'une morale naturelle indépendante de la religion, aux *Pensées* qui véhiculent le « venin[1] » du scepticisme et du déisme, jusqu'à la *Lettre* qui flirte avec le matérialisme athée, Diderot franchit à grands pas les étapes qui caractérisent la philosophie des Lumières. Le surnom de « philosophe » dont l'affuble Voltaire n'est pas volé. Non plus que l'extrait du rapport de police qui le décrit dès janvier 1748 comme « un garçon plein d'esprit, mais extrêmement dangereux[2] ».

Quand la *Lettre sur les aveugles* sort des presses clandestines de l'imprimeur Simon à la fin mai 1749, Diderot, pas plus que le libraire Durand qui s'apprête à la vendre sous le manteau, ne peuvent prévoir ce qui va arriver. Au pire, la *Lettre* sera condamnée au bûcher, ce qui ne manquera pas de redoubler la curiosité du public. De plus, le livre, rempli d'observations scientifiques et de spéculations métaphysiques, paraît offrir toutes les garanties de sérieux. Le prétexte de l'ouvrage, qui traite de la psychologie et des idées morales d'une personne privée de l'un de ses sens, était l'opération de la cataracte d'une demoiselle Simoneau, aveugle-née, par l'oculiste prussien Hilmer – opération parrainée par Réaumur. Diderot lui avait demandé à être présent à l'instant où le bandage serait retiré des yeux de la jeune fille, mais Réaumur avait repoussé sa requête. Il aurait voulu l'interroger au moment où elle recouvrait la vue pour savoir si ses perceptions et ses idées étaient les mêmes que celles des voyants.

Faute de Mlle Simoneau, Diderot tire ses réflexions d'une visite à l'aveugle-né de Puiseaux (près de Pithiviers), de la lecture de la vie du mathématicien anglais aveugle Saunderson[3], du

---

1. Le mot figure dans le décret du parlement de Paris qui condamne le livre à être brûlé.

2. Robert Darnton, « Les encyclopédistes et la police », *Recherches sur Diderot et l'Encyclopédie*, n° 1, octobre 1986, p. 103.

3. Nicolas Saunderson (1682-1739) devint aveugle à l'âge d'un an. Il enseigna les mathématiques et l'optique à l'université de Cambridge. En 1741 fut publié son

Traité des systèmes de Condillac, peut-être des œuvres de Berkeley, et de sa propre imagination. Le nœud de son livre est le récit de la mort du mathématicien anglais. Il imagine le dialogue qu'il aurait eu avec un pasteur sur l'existence de Dieu. Ce dernier évoque les « merveilles de la nature », preuve de l'existence de Dieu la plus répandue au XVIIIe siècle[1], mais l'aveugle, incrédule, la récuse : « Laissez là tout ce beau spectacle qui n'a jamais été fait pour moi ! J'ai été condamné à passer ma vie dans les ténèbres, et vous me citez des prodiges que je n'entends point... » Il finit par tenir au pasteur ce propos iconoclaste : « Si vous voulez que je croie en Dieu, il faut que vous me le fassiez toucher[2]. » Façon originale pour Diderot de suggérer que nos idées concernant Dieu et la morale, loin d'être absolues, dépendent au contraire de notre condition physique et de nos sens. Fin du Dieu traditionnel, des idées innées du bien et du mal, etc. ! Triomphe du sensualisme et autre matérialisme... L'aveugle révèle au voyant les vérités qu'il ne veut pas entendre, et laisse le théologien sans voix !

Sitôt le livre imprimé, Diderot l'envoie à Voltaire qu'il ne connaît pas mais qu'il admire, notamment comme l'auteur des *Lettres philosophiques* et comme l'introducteur de la philosophie anglaise en France. Voltaire le lit très vite et le complimente dès le 9 juin. Mais le déiste qui croit en un Dieu ouvrier refuse l'athéisme de Saunderson. Par conviction personnelle, et parce qu'il lui « paraît bien hardi de nier qu'Il [Dieu] est[3] ». Diderot réplique dans les quarante-huit heures : « Votre lettre a été un des moments les plus doux de ma vie... Que ce peuple pense à présent de ma *Lettre sur les aveugles* tout ce qu'il voudra : elle ne vous a pas déplu ; mes amis la trouvent bonne, cela me suffit. » Il enchaîne en affirmant que le sentiment de Saunderson n'est pas

---

livre *The Elements of Algebra in Ten Books*, qui contenait une première partie autobiographique et une seconde partie sur l'arithmétique palpable ou tactile.

1. Preuve particulièrement chère aux observateurs naturalistes comme Réaumur ou Lyonet. Ce dernier était l'auteur d'une *Théologie des insectes* (1743).

2. *Lettre sur les aveugles*, éd. Versini, p. 166.

3. Lettre de Voltaire à Diderot, 9 juin 1749. *Correspondance de Diderot*, t. I, p. 74.

le sien, mais qu'il le serait peut-être si lui aussi avait été aveugle : « C'est ordinairement pendant la nuit que s'élèvent les vapeurs qui obscurcissent en moi l'existence de Dieu ; le lever du soleil les dissipe toujours. Mais les ténèbres durent pour un aveugle[1]... »

Diderot est content. Le livre est bien reçu[2]. L'abbé de Condillac est flatté de voir ses idées reprises, même s'il n'est pas prêt à partager les conclusions de son ami. L'abbé Raynal, un ami lui aussi, consacre deux pages de son journal à l'ouvrage : un article extrêmement élogieux qui n'est pas sans rappeler celui qu'il a écrit un mois plus tôt sur le *Traité* de Condillac. « M. Diderot, commence-t-il, un de nos plus profonds métaphysiciens et de nos plus ingénieux écrivains[3]... » Suivent le résumé du livre, quelques objections, et cette conclusion : « Ces légères critiques n'empêchent pas que la lettre que je vous annonce ne soit très adroite, très ingénieuse, remplie d'une bonne et fine métaphysique, écrite avec beaucoup de clarté et d'élégance. Les hardiesses qui s'y trouvent font qu'on la répand avec une sorte de précaution et de mystère. Le magistrat a sévi plus d'une fois contre des ouvrages où il y avait moins de philosophie[4]. »

La dernière phrase est prémonitoire, mais insuffisante. Le juge n'allait pas s'en prendre qu'à l'ouvrage. C'est l'auteur qui va devoir payer de sa personne.

---

1. Lettre de Diderot à Voltaire, 11 juin 1749. *Ibid.*, pp. 75-76.

2. Deux témoignages parmi d'autres le confirment. Un jeune avocat, Pierre-Michel Hennin (1728-1807), qui fera carrière aux Affaires étrangères, écrit à un ami tout le bien qu'il pense de la *Lettre*, notamment du passage sur Saunderson (lettre du 27 juillet 1749, Bibliothèque de l'Institut, Ms. 1266, f. 268). Quant au président de Brosses, il écrit d'abord le 25 juillet : « On en dit beaucoup de bien, je n'ai pu encore la lire » ; un mois plus tard (20 août 1749), il la lit : « C'est un très joli petit ouvrage, plein d'un charme philosophique. Je pourrais l'acheter pour vous en donner le cadeau » (*Lettres à Loppin de Gemeaux, op. cit.*, pp. 246 et 249).

3. *Nouvelles littéraires*, pp. 311-313.

4. *Ibid.*, p. 313.

Le philosophe de la nature

Lorsque Buffon est nommé intendant du Jardin du roi en 1739, il sait peu de chose de l'histoire naturelle. Parmi les devoirs de sa charge figure la publication du catalogue du Cabinet royal, rempli de curiosités naturelles qu'il a mises en ordre[1]. Mais le projet s'étend bien au-delà. Buffon se passionne pour l'histoire de la nature dans son ensemble – homme compris. Ni observateur ni classificateur professionnel comme Réaumur ou Linné, il a un autre objet : écrire une « Histoire générale » de la nature qui aille au-delà des descriptions de détail, et montre le système des opérations en jeu. Il laisse à son ami et collaborateur Daubenton[2] le soin de décrire le Cabinet, pour se consacrer à la tâche presque insensée de « ressusciter la nature elle-même, non plus en tant que spectacle monté par la Providence pour distraire l'homme et le conduire à Dieu, mais en tant que jeux de forces capables de produire les phénomènes les plus complexes[3] ».

Une « Histoire générale » de la nature suppose une immense documentation, une capacité de synthèse peu commune et une philosophie nouvelle où Dieu n'est plus omniprésent. Triple défi lancé à lui-même, à ses collègues naturalistes et à l'idéologie dominante. Défi relevé en septembre 1749, quand il publie ensemble les trois premiers volumes de l'*Histoire naturelle générale et particulière*, qui en comptera quinze. Pour éviter les polémiques de ses collègues avant publication, il confie son livre à l'Imprimerie royale sans le soumettre préalablement à la censure de ses pairs. Il fait le pari que le grand public cultivé sera plus à même d'accueillir ses idées révolutionnaires que l'Académie dominée par Réaumur et les siens. Opération risquée, comme le souligne Jacques Roger, « car il faut au bout du compte que les

---

1. Lettre de Buffon à Cramer du 4 avril 1744. *Correspondance Buffon/Cramer*, *op. cit.*, p. 123.
2. 1716-1800. En 1745, Buffon nomme Louis-Jean-Marie Daubenton, jusque-là médecin à Montbard, garde et démonstrateur du Cabinet d'histoire naturelle à la place de Bernard de Jussieu. Un an plus tôt, le 19 mars 1744, il l'a aidé à se faire élire adjoint botaniste à l'Académie des sciences. C'est Daubenton qui rédige la Description du Cabinet du roi qui ouvre le tome III de l'*Histoire naturelle*.
3. Jacques Roger, *Buffon*, *op. cit.*, p. 111.

idées du novateur soient acceptées plus tard par la communauté scientifique. Sinon, il sera rejeté dans la catégorie des marginaux sans intérêt[1] ».

La première étape est parfaitement réussie. Les trois premiers volumes de l'*Histoire naturelle* connaissent un succès de librairie immédiat et retentissant. Le premier tirage est épuisé en quelques semaines, et l'on réimprime. Simultanément, des traductions sont mises en chantier en Angleterre, en Hollande et en Allemagne. Buffon est célèbre du jour au lendemain. Dans les salons, son livre est celui qu'il faut avoir lu pour pouvoir en parler. Comme toujours dans ce cas, ses collègues font la grimace. Un tel succès public les agace. Raynal s'en fait méchamment l'écho : « L'*Histoire naturelle* réussit médiocrement chez les gens instruits ; ils y trouvent des longueurs et des obscurités, de la confusion, trop de facilité à adopter des systèmes. Les femmes, au contraire, en font cas. Elles paraissent charmées de pouvoir lire avec bienséance un livre imposant où il se trouve beaucoup de choses libres et des détails qui les intéressent infiniment[2]. » L'abbé Trublet, qui fréquente beaucoup les académiciens, et en particulier la vieille garde, en dit tout autant[3].

Les deux premiers volumes, de la main de Buffon, accumulent les critiques implicites contre la science officielle et suscitent bien des mécontements. Le premier tome, qui s'ouvre sur « la manière d'étudier l'histoire naturelle » et qui s'inscrit dans la lignée de Locke et Condillac, est une exécution à peine voilée de Réaumur. « L'amour de l'étude, peut-on y lire, suppose dans l'esprit deux qualités qui paraissent opposées : les grandes vues d'un génie ardent qui embrasse tout d'un coup d'œil et les petites attentions d'un instinct laborieux qui ne s'attache qu'à un seul point. » Il ne suffit pas d'accumuler des faits et des descriptions exactes (sous-entendu : comme Réaumur), « il faut tâcher de s'élever à quelque chose de plus grand et plus digne encore de nous

1. *Ibid.*, p. 112.
2. *Nouvelles littéraires, op. cit.*, p. 336.
3. Lettre à Maupertuis du 19 novembre 1749. Archives de l'Académie des sciences, Fonds Maupertuis, dossier 135.

occuper, c'est de combiner les observations, de généraliser les faits, de les lier ensemble par des analogies, et de tâcher d'arriver à ce haut degré de connaissance où nous pouvons juger que les effets particuliers dépendent d'effets plus généraux ». A ces mots, toute l'école de Réaumur se sent visée. Mais elle peut aussi se sentir insultée lorsque Buffon ajoute que, pour *décrire*, il suffit d'avoir « une grande mémoire, de l'assiduité, de l'attention » ; alors que, pour *réfléchir*, il faut bien davantage : « Des vues générales, un coup d'œil ferme et un raisonnement formé plus encore par la réflexion que par l'étude ; il faut enfin cette qualité d'esprit qui nous fait saisir les rapports éloignés, les rassembler et en former un corps d'idées raisonnées[1]... » Ce portrait du vrai naturaliste ressemble à une autocélébration.

Après avoir fait tomber Réaumur de son piédestal, Buffon s'en prend à Linné, l'ami de Jussieu, et aux prétentions des classificateurs. Au passage, il condamne les mathématiques qu'il juge « abstraites, intellectuelles et arbitraires[2] », donc inutiles. D'Alembert et Clairaut apprécieront. Et surtout, contre toute l'idéologie officielle, il place l'homme au cœur de la nature : « Il en fait à la fois un animal immergé dans la nature et une raison placée au centre de la nature, et qui devient son propre point de référence... Buffon nomme parfois le Créateur, mais ce Créateur est une figure de style[3]. » Il aggrave son cas dans le discours suivant sur la *Théorie de la Terre*, qui critique sévèrement ceux qui confondent la Bible et l'histoire naturelle. A plusieurs reprises, il revient sur le thème du Déluge pour l'exclure de l'histoire géologique de la Terre. Puisque le Déluge est impossible à expliquer physiquement, dit-il, considérons-le comme un miracle et n'en parlons plus ! De quoi révolter plus d'un théologien...

Mais c'est l'*Histoire des animaux*, au début du tome II, qui suscite immédiatement des controverses passionnées à travers toute l'Europe. Elles vont secouer le monde scientifique jusqu'à la fin du siècle. Influencé par la lecture du *Nègre blanc* de

---

1. *Histoire naturelle*, I, 1749, pp. 4 et 51.
2. *Ibid.*, pp. 53-54.
3. Jacques Roger, *op. cit.*, p. 134.

Maupertuis et par les conversations qu'ils durent avoir en 1744, Buffon rend hommage à ce dernier comme au « premier qui ait commencé à se rapprocher de la vérité[1] ». Contre les ovistes d'une part, et les tenants de la préexistence des germes d'autre part, Maupertuis avait osé revenir aux observations de Harvey et affirmer la nécessité du mélange des deux semences, mâle et femelle, pour la formation d'un embryon ; Buffon prend acte[2] et entérine le concept de « reproduction » en donnant une origine naturelle et physique à l'ordre du vivant. Cet ordre n'a plus à sortir tout à trac de la création divine, il vient directement de l'organisation des parents qui se « reproduit » dans l'embryon. Point de vue jugé scandaleux par tous les partisans de la science officielle !

Si le livre s'arrache dès sa publication et qu'on le trouve partout à la toilette des dames, s'il reçoit d'emblée le soutien des jésuites[3], du *Journal des savants*[4] et de Fréron[5], Buffon est extrêmement sensible aux critiques de ses pairs qui s'expriment en privé. Mme d'Aiguillon, qui le connaît bien, écrit à Maupertuis deux mois après la sortie du livre : « On dit que Buffon n'est pas aussi indifférent [aux critiques] qu'on a faites de son système, auxquelles pourtant il devait s'attendre. Le bruit court qu'il est tombé dans une sorte d'épuisement d'esprit et de corps qui vire à l'imbécillité, et il est à Montbard dans ce triste état[6]. » L'abbé Trublet confirme[7], ainsi que le marquis d'Ar-

---

1. *Histoire naturelle*, II, pp. 163-164.
2. Buffon n'adopte pas toutes les idées de Maupertuis. Ce dernier avait avalisé l'existence des animaux spermatiques, que rejette Buffon.
3. Le *Journal de Trévoux* lui consacre deux articles très élogieux dès septembre et octobre 1749 (pp. 1853-1872 et pp. 2226-2245), et recommence en mars 1750 (pp. 581-604) et en mai 1750.
4. Octobre 1740, pp. 648-657, le *Journal des savants* rend compte du premier volume de l'*Histoire naturelle* et s'émerveille des « idées neuves et fécondes de sa théorie de la Terre ».
5. *Lettres sur quelques écrits de ce temps*, 15 et 22 janvier 1750, pp. 3-28 et pp. 73-99.
6. Lettre du 21 novembre 1749. B.N., n.a.f. 10398, f. 14v°.
7. Lettre du 19 novembre 1749 à Maupertuis : « M. de Buffon se porte assez mal. On dit que c'est l'excès de travail et de chagrin d'avoir travaillé avec peu de succès.

genson[1]. Mais alors qu'il est de retour à Paris en décembre 1749, ses états d'âme s'envolent. Le succès sans précédent de son livre[2] efface ses craintes. Il peut exulter auprès de Cramer : « On a dit à Paris encore plus de bien et de mal de cet ouvrage qu'on a pu en dire à Genève. Le succès en a cependant été prodigieux, car l'édition a été épuisée en six semaines. On en fait actuellement deux autres, dont l'une in-quarto, toute semblable à la première, paraît avant la fin du mois ; et l'autre, in-douze, au commencement de mars. Il est déjà traduit en anglais, en hollandais et en allemand[3]... »

Le succès immédiat a pris au dépourvu une opposition multiforme qui ne va plus tarder à se manifester. Mais trop tard...

Le bilan de 1749

C'est une année particulière pour nombre de gens. Elle s'ouvre sur une curiosité qui fait courir tout Paris à la foire Saint-Germain : c'est la première apparition d'un rhinocéros vivant, amené des Indes à grands frais par un capitaine de vaisseau hollandais. Dès janvier, le roi, la reine, le dauphin et les princesses sont venus contempler l'étrange animal. Les chroniqueurs rivalisent de détails insolites « sur sa figure et ses mœurs[4] ».

Son *Histoire naturelle* ne réussit pas, et je vous avoue que je trouve que c'est un ouvrage mal fait. » Fonds Maupertuis, dossier 135.

1. A la date du 2 décembre 1749, il note dans ses *Mémoires*..., t. III, p. 300 : « Le sieur Buffon... a la tête tournée de chagrin que lui donne le succès de son livre. Les dévots sont furieux et veulent le faire brûler par la main du bourreau. Véritablement, il contredit la Genèse en tout. »

2. J. Roger signale que « l'*Histoire naturelle* fut l'ouvrage le plus répandu du XVIIIe siècle, battant l'*Encyclopédie*, et même les œuvres les plus connues de Voltaire et Rousseau ». *Op. cit.*, p. 248.

3. Lettre à Cramer du 4 janvier 1750, *op. cit.*, p. 134. Et lettre de Réaumur à Ruffey du 14 février 1750. *Correspondance de Buffon*, p. 42.

4. Lettre du 12 [janvier 1749] de Mme d'Aiguillon à Maupertuis. B.N., n.a.f. 10 398, f. 22.

C'est une femelle, précise Barbier, un animal « doux, fort gras, noir, extraordinaire par sa peau qui est par écailles et fort dure[1] ». Le duc de Luynes observe que sa peau est comme une espèce de cuirasse pendant des deux côtés du dos. « Les jambes sont fort grosses et comme bottées. Sa taille est extrêmement grande, et l'on dit que ces animaux croissent jusqu'à vingt-cinq ans, et celui-ci n'en a que dix. Il paraît fort doux ; il voyage dans une caisse faite exprès, traîné par huit chevaux[2]... » Raynal ajoute : « Il mange par jour jusqu'à soixante livres de foin et vingt livres de pain, et il boit quatorze seaux d'eau. Il aime tout excepté la viande et le poisson[3] ». Moyennant douze sols, il n'est personne dans Paris à se refuser la vision de l'animal.

Mais cette honnête curiosité ne peut dissimuler l'atmosphère électrique qui règne en ville. La paix d'Aix-la-Chapelle, signée en octobre 1748 et promulguée en février 1749, laisse le peuple indifférent, sinon moqueur. Les difficultés économiques sont cause d'une mauvaise humeur toujours prête à exploser. Le moindre incident tourne à l'émeute et suscite les rumeurs les plus folles. Le marquis d'Argenson note dans ses *Mémoires* : « Tous ces désordres sont attribués à l'imprévoyance, et même à la malice de ceux qui nous gouvernent. On ne croit plus à rien de louable de leur part. Le peuple n'a même pas voulu danser dans les places qui lui avaient été préparées... Il semble que tout ait été soufflé par quelques hauts mécontents[4]. »

Fin avril, Maurepas est exilé par la volonté de la Pompadour ; il est remplacé par le comte d'Argenson qui devient le maître du département de Paris[5], donc le patron des intellectuels. Au début, le nouveau ministre tente de charmer les gens de lettres, qu'il sait être de « grands prôneurs[6] » ; mais, faute d'arrêter les libelles et les mauvais discours contre le roi, il met en œuvre – dès l'été

---

1. T. IV, p. 356.
2. *Mémoires*, t. 9, p. 288, 16 janvier 1749.
3. *Nouvelle littéraires*, p. 273.
4. T. III, p. 244.
5. Le département de Paris comprenait la responsabilité de « toutes les cours souveraines, les Académies, le Jardin du roi, l'Opéra et les haras de France ».
6. *Mémoires du marquis d'Argenson*, III, p. 267.

1749 – une politique de répression que l'on n'avait plus connue depuis longtemps. Ce sont les sans-grade qui vont payer le plus cher. Mais la crainte n'épargne personne.

Pour d'autres, qui ne sont pas dans l'œil du cyclone, 1749 restera une année mémorable par les chagrins ou les bonheurs qu'elle a charriés. Amère pour Clairaut, atroce pour Voltaire et la mémoire de Mme du Châtelet, pleine d'espoirs pour d'Alembert.

Annus horribilis

Pour Diderot, l'année 1749 fut la pire de sa vie. Elle commence sous le signe d'une perte irréparable : le 19 octobre précédent, sa mère, Angélique, est morte à Langres, âgée de soixante et onze ans. Diderot ne s'est pas déplacé pour ses obsèques, peut-être par crainte de révéler son mariage à sa famille. La culpabilité à l'égard de cette mère aimante[1] rend le deuil impossible. Deux allusions discrètes font état de son marasme huit mois après ce décès. A Voltaire qui l'a invité à s'entretenir avec lui de la *Lettre sur les aveugles*, il répond le 11 juin 1749 : « Je suis enchaîné dans ma retraite par des chagrins de famille qui ne me laissent presque aucune liberté d'esprit[2]. » Le lendemain, dans le mot qui accompagne l'envoi de la *Lettre* à Maupertuis, il s'excuse de ne pas l'avoir vu lors de son dernier séjour à Paris[3] : « Si la plus grande perte que je pouvais faire,

---

1. Diderot a laissé fort peu de témoignages sur sa mère. Mais sa fille, Mme de Vandeul, rapporte une anecdote qui en dit long sur l'amour qu'elle portait à son fils. Alors qu'il était encore un jeune homme désargenté à Paris, « sa mère, plus tendre et plus faible [que son père], lui envoyait quelques louis, non par la poste, non par des amis, mais par une servante qui faisait soixante lieues à pied, lui remettait une petite somme de sa mère, y ajoutait, sans en parler, toutes ses épargnes, faisait encore soixante lieues pour retourner. Cette fille a fait trois fois cette commission ». *Op. cit.*, p. 13. Ce témoignage d'une servante au grand cœur ne saurait masquer la générosité maternelle.

2. *Correspondance*, p. 79.

3. Maupertuis, rentré de Prusse en octobre 1748, n'était resté que quelques semaines à Paris avant de gagner Saint-Malo.

celle de ma mère, dont je fus alors accablé, ne m'eût ôté la liberté de voir quelqu'un et de penser à autre chose[1]... »

Pourtant, cet immense chagrin ne l'a pas empêché de travailler (à l'*Encyclopédie* et à sa *Lettre sur les aveugles*), ni de vivre une passion dévorante avec Mme de Puisieux, ni même de songer à sa carrière. Le samedi 8 février, l'Académie des sciences procède à une élection d'adjoint mécanicien pour remplacer le marquis de Courtivron, promu associé. Le procès-verbal de la séance mentionne le nom des quatre candidats : MM. d'Arcy, *Didrot*, Le Roy et Gentil. Pluralité des voix pour MM. d'Arcy et Le Roy[2]. » Le 12 février, une lettre de Maurepas indique que le choix s'est porté sur le chevalier d'Arcy[3]. L'échec est sévère : Diderot ne figure même pas parmi les deux premiers. Le scrutin étant secret, on ne saura jamais qui s'est prononcé pour lui[4]. Parmi les académiciens présents le 8 février, on relève les noms de deux honoraires (le duc de Chaulnes et Cassini) et de dix-huit pensionnaires[5]. On peut supposer qu'il eut les voix de Buffon, Lemonnier et La Condamine...

---

1. Lettre du 12 juin 1749, publiée dans *R.D.E.*, n° 11, octobre 1991, p. 9. Maupertuis, toujours inconsolable de la mort de son père, était mieux placé que quiconque pour le comprendre.

2. Procès-verbaux de l'année 1749, t. 68, p. 34. A l'époque, on trouve souvent le nom de Diderot orthographié de cette façon. Souligné par nous. Voir les archives de police le concernant, publiées par P. Bonnefon, « Diderot prisonnier à Vincennes », *R.H.L.F.*, t. 6, 1899, p. 202. Ou la 19e lettre des *Mémoires secrets de la République des Lettres...* du marquis d'Argens, pour ne citer que ces exemples parmi d'autres.

3. La coutume voulait que l'on présente au roi les noms des deux candidats qui avaient obtenu le plus de voix pour qu'il puisse opérer un choix. Dans la grande majorité des cas, le roi choisissait le premier.

4. Suivant le règlement de 1716 : « Il n'y a que les honoraires et les pensionnaires qui puissent donner leurs suffrages, excepté dans les élections des adjoints, où les deux associés [de la classe concernée, ici la mécanique] proposent avec les trois pensionnaires. » *Cf.* Collection des Règlements et Délibérations de l'Académie royale des sciences. Archives de l'Académie des sciences, pp. 60-61. Effectivement, on trouve dans les Procès-verbaux de l'Académie, à la date du 8 février 1749, p. 34 : « MM. Réaumur, Nicole et Clairaut, pensionnaires [mécaniciens] ; MM. l'abbé Nollet et le marquis de Courtivron, associés mécaniciens, ayant présenté à l'Académie pour la place d'adjoint mécanicien... MM. Darcy, Didrot, Le Roy, Gentil... La pluralité des voix pour MM. Darcy et Le Roy... »

5. Buffon, Morand, Nicole, Lemonnier, Camus, Jussieu l'aîné, Petit, Hellot,

Plusieurs raisons peuvent expliquer ce premier échec. La première, objective, concerne la qualité et la quantité de ses travaux scientifiques. Les cinq *Mémoires* publiés l'année précédente étaient de qualité inégale, et leur auteur – contrairement à d'Arcy et Le Roy – apparaissait pour ce qu'il était : un dilettante. D'Arcy était par ailleurs le protégé de Clairaut, chez lequel il avait fait ses classes de mathématiques[1]. Il avait déjà soumis plusieurs mémoires à l'Académie, qui appréciait son travail. Plus grave peut-être aux yeux des académiciens était la réputation sulfureuse de Diderot, dont deux livres avaient été condamnés au feu. De quoi déjà refroidir des hommes comme Réaumur ou Mairan. Mais son pire handicap était la publication des *Bijoux indiscrets,* qui avait précédé de quelques mois celle de ses travaux de mathématiques. Ce livre libertin et grivois, écrit en quinze jours selon Mme de Vandeul, était le résultat d'un pari avec sa maîtresse : il voulait prouver combien il était aisé de faire ce genre d'ouvrage, dans la lignée du *Sopha* de Crébillon ou du *Nocrion* de Caylus.

Ce sont probablement moins les détails scabreux sur la vie sexuelle[2] qui pouvaient choquer les académiciens, que les nombreuses allusions à leur institution, toutes plus désagréables les unes que les autres. Diderot raille collectivement « cet essaim d'abeilles » qui publie mémoires sur mémoires sur le caquet des bijoux. Il se moque des deux sectes qui composent l'Académie : les « vorticoses » (cartésiens), dont le chef pense comme un bijou, et les « attractionnaires », dont les observations sont démenties par les calculs. Les références aux débats en cours sont à peine voilées, et l'on reconnaît aisément les académiciens concernés : la gaffe de Clairaut à propos de la théorie de la

B. de Jussieu, La Condamine, Duhamel, Winslow, Bouguer, Réaumur, Clairaut, Cassini de Thury, Mairan, Fouchy.

1. Voir l'« Eloge du comte d'Arcy » par Condorcet, in *Œuvres*, t. II, p. 371. Le Roy, spécialiste de l'électricité et lui, avaient construit ensemble le premier électromètre en 1749.

2. Le thème des *Bijoux indiscrets* est le suivant : on offre au sultan un anneau magique pour dissiper l'ennui qui l'accable. Cet anneau, tourné vers une femme, a la propriété de faire parler son sexe qui raconte sur-le-champ toutes ses aventures.

Lune[1] ; le parti pris de Mairan pour les systèmes[2] ; la théorie de l'anatomiste Ferrein sur la trachée, appliquée au cas des bijoux[3]... Comment les académiciens pouvaient-ils pardonner à Diderot la description hilarante de la séance consacrée aux bijoux parlants, qui se termine par ces mots : « Alors la dispute devint tumultueuse : on s'écarta de la question, on se perdit, on revint, on se perdit encore, on s'aigrit, on cria, on passa des cris aux injures, et la séance académique finit[4]... »

Ridiculiser l'Académie n'était pas le meilleur moyen de la charmer. Mais les allusions transparentes aux plus hauts personnages de l'Etat étaient à coup sûr une raison décisive pour n'y être pas reçu. Faire de Louis XV et de la Pompadour les héros d'un conte licencieux[5] interdisait à l'Académie de présenter la candidature de Diderot au choix du roi. Mieux valait oublier ce malheureux essai, se faire discret, et remettre à plus tard une nouvelle candidature.

Telle ne fut pas la voie choisie par Diderot. La publication, en mai, de la *Lettre sur les aveugles* est un nouveau défi lancé aux autorités. Le livre n'aurait peut-être connu que le sort des précédents si notre homme n'avait été la victime d'une double malchance. Il ignore qu'il a été dénoncé à la police deux ans plus tôt par le curé de sa paroisse (Saint-Médard)[6]. Celui-ci l'a accusé de libertinage et de déisme. Il a révélé son mariage secret, ses livres condamnés, et la préparation d'un prochain ouvrage pire que les précédents. Le tout-puissant Berryer, lieutenant de police, l'a déjà à l'œil quand le comte d'Argenson décide, durant l'été, de faire taire les intellectuels qui menacent l'autorité. Le 24 juillet

1. 1re partie, chap. 9, éd. Versini, p. 43. Même si Diderot ironise sur les partisans des deux sectes, il montre clairement son adhésion au newtonisme.

2. *Ibid.*, chap. 29, p. 101.

3. *Ibid.*, chap. 9, p. 45. Diderot est particulièrement cruel envers Ferrein, qui était à l'origine des ennuis de l'abbé de Gua à l'Académie. Il s'en prend à lui également au chap. 22, pp. 74-75.

4. *Ibid.*, chap. 10, p. 46.

5. D'autres personnalités étaient reconnaissables, notamment Louis XV, le cardinal de Fleury, le duc de Richelieu et d'autres de moindre importance.

6. Pour tous les documents, voir l'article de P. Bonnefon, « Diderot prisonnier de Vincennes », *op. cit.*

au matin, un commissaire du Châtelet se présente à son domicile, perquisitionne, à la recherche de papiers contraires à la religion et aux bonnes mœurs, trouve quelques exemplaires de la *Lettre*, arrête son auteur et le conduit au donjon de Vincennes.

Le marquis d'Argenson, qui déteste son frère, raconte : « On a arrêté ces jours-ci quantité d'abbés, de savants, de beaux esprits et on les a menés à la Bastille, comme le sieur Diderot, quelques professeurs de l'Université[1], docteurs de Sorbonne, etc. Ils sont accusés d'avoir fait des vers contre le roi, de les avoir récités, débités, d'avoir frondé contre le ministère, d'avoir écrit et imprimé pour le déisme et contre les mœurs ; à quoi l'on voudrait donner des bornes, la licence étant devenue trop grande... Mon frère va rendre nos beaux esprits, nos abbés, très morigénés, très dévots à force de prison et d'ennui[2]. » Quelques jours plus tard, il note avec satisfaction : « Le mécontentement augmente dans Paris, des captures continuelles qui se font chaque nuit de beaux esprits et d'abbés savants... On n'appelle plus cela que l'inquisition française et on le met sur le compte de mon frère[3]. »

Diderot n'oubliera jamais ces premiers jours de détention : la mise au secret, les interrogatoires de Berryer, les mensonges et les aveux. Il a eu peur et s'est humilié. Il s'est prévalu de la protection – souvent lointaine – de Mme du Deffand, Helvétius, Buffon, Voltaire, Mme du Châtelet, Fontenelle, d'Alembert, etc. sans émouvoir personne. Un mois plus tard, grâce à une confes-

---

1. Notamment le père Sigorgne, très lié à d'Alembert, qui se dépensera beaucoup pour le faire sortir de prison. Parmi les gens arrêtés figurent Le Bret, Pidansat de Mairobert et nombre de jansénistes.

2. *Mémoires, op. cit.*, t. III, p. 276, août 1749. Voir aussi le *Journal* de Barbier, vol. IV, p. 377.

3. *Ibid.*, p. 277, 10 août 1749. Le bruit courut que Diderot avait été arrêté à la demande de Réaumur ou de Mme Dupré Saint-Maur, qu'il avait maltraités dans sa *Lettre*. L'abbé Trublet s'en fait l'écho dans une lettre à la comtesse de Vertillac du 26 juillet 1749 (*Correspondance de l'abbé Trublet*, éd. J. Jacquart, 1926, p. 10) ; Mme de Vandeul préfère évoquer Mme Dupré Saint-Maur. Mais Franco Venturi a rendu raison de l'innocence de Réaumur et de la dame (*cf. Jeunesse de Diderot, 1713-1753*, Slatkine reprints, 1967, pp. 186-187). Reste que cette rumeur aggrava la mauvaise opinion des deux hommes l'un pour l'autre. Ce fut le début de la haine des encyclopédistes pour Réaumur.

sion en bonne et due forme, et à l'intervention de Mme du Châtelet auprès de son cousin le gouverneur de Vincennes, son sort s'adoucit. Il peut recevoir sa femme, ses amis... et même sa maîtresse, aux dires de Mme de Vandeul. A la mi-septembre, il demande son élargissement. En vain. Ses amis se mobilisent pour tenter de le libérer et tirent les cordons de sonnette des puissants qu'ils peuvent approcher. Rousseau écrit à la marquise de Pompadour pour la supplier de le faire relâcher, ou obtenir qu'on le fasse enfermer avec lui[1]. Lettre trop peu raisonnable, comme le note Rousseau lui-même, pour être efficace. Peut-être Buffon, dont Diderot était en train de corriger l'*Histoire naturelle* pour une seconde édition, est-il intervenu auprès du ministre. Peut-être Voltaire, outré de la détention de celui qu'il nomme « Socrate Diderot », a-t-il écrit un mot de sollicitation à son ami le duc de Richelieu.

Ce qui est sûr, c'est que d'Alembert se démène comme un perdu pour retrouver son collègue de l'*Encyclopédie*, à présent son « intime ami ». Par Mme du Deffand, il fait intervenir le président Hénault qui est au mieux avec le ministre, le comte d'Argenson. Il paie de sa personne, ainsi que le prouve cette lettre du 21 septembre à Cramer : « Je n'aurais pas été si longtemps à vous répondre, mon cher Monsieur, si je n'avais été distrait depuis près de deux mois par des occupations fort peu géométriques et fort peu agréables. M. Diderot, mon intime ami, que vous connaissez de réputation, s'est avisé de donner au public une *Lettre sur les aveugles*, où il y a d'excellentes choses, *sed non erat his locus*. Il s'est fait mettre au donjon de Vincennes, où il est resté quatre semaines. Cette affaire m'a obligé de me donner des mouvements sans nombre et sans fin, au point que j'ai à peine été durant ce temps-là deux ou trois matinées entières chez moi[2]... »

De leur côté, les libraires de l'*Encyclopédie,* inquiets du retard pris et de l'impossibilité de continuer sans Diderot, multiplient

1. *Confessions*, « Bibliothèque de la Pléiade », I, p. 348. *Correspondance complète de Rousseau*, t. II, éd. Leigh, p. 120.
2. *Dix-huitième siècle, op. cit.*, pp. 242-243.

les interventions et les requêtes à d'Argenson[1]. D'Alembert, sur-occupé par ses travaux scientifiques, n'a pas le temps de corriger les épreuves et d'accomplir toutes les tâches éditoriales effectuées jusque-là par le prisonnier. « L'*Encyclopédie* est suspendue, dit-il à Formey le 19 septembre. Je n'ai jamais prétendu me mêler que de ce qui regarde la partie de mathématique et l'astronomie physique ; je ne suis en état que de faire cela, et je ne prétends pas d'ailleurs me condamner pour dix ans à l'ennui de sept à huit *in-folio*[2]. »

Diderot fut libéré le 3 novembre, mais cette expérience devait le marquer pour de nombreuses années. Dans *Les Confessions*, Rousseau parle de la mélancolie qu'il avait contractée en prison et affirme qu'on peut encore en sentir les traces dans *Le Fils naturel*, écrit sept ans plus tard[3]. Quand Diderot recouvre la liberté, ce n'est pas pour retrouver les bras de sa maîtresse. Leurs rapports se sont détériorés ; ils ont rompu. Selon Mme de Vandeul, après une visite de Mme de Puisieux à Vincennes, Diderot, jaloux, la soupçonna de le tromper : « Il passa par-dessus les murs du parc, fut à Champigny, y vit sa maîtresse avec un nouvel amant, revint, coucha dans le parc... Cette petite aventure accéléra sa rupture avec Mme de Puisieux[4]. » Si l'histoire n'a jamais été confirmée par un autre témoin, on sait en revanche, par une lettre de Mme de Puisieux à Voltaire datée du 15 février 1752[5], qu'elle avait bien rompu avec Diderot trois ans plus tôt

---

1. Bonnefon, *op. cit.*, p. 219.
2. Formey, *Souvenirs d'un citoyen*, 1789, t. II, p. 366.
3. *Confessions*, *op. cit.*, p. 460.
4. Mme de Vandeul, *op. cit.*, p. 31.
5. C'est grâce à André Magnan, qui a redaté une lettre de Voltaire et retrouvé sa vraie destinataire – Mme de Puisieux et non Mme du Deffand –, que l'on comprend mieux le contenu de la réponse de Mme de Puisieux à Voltaire (Best. D 4799) : « Vous semblez me joindre à un ami [Diderot] que les procédés équivoques ont rendu fort indifférent pour moi. *Depuis près de trois ans*, j'ai séparé l'auteur aimable d'avec l'homme qui mérite le titre... l'homme qui montre des vertus d'avec celui qui les **a** réellement... Je ne me chargerai donc point, Monsieur, de porter vos compliments à cet homme célèbre, car je ne le vois point. » *Cf.* « Dossier Voltaire en Prusse (1750-1753) », *Studies on Voltaire*, n° 244, 1986, p. 232, à propos de la lettre D 5075 dans l'édition Besterman. Souligné par nous.

et qu'ils s'étaient quittés en fort mauvais termes. On imagine le chagrin de Diderot à sa sortie de prison, lui qui écrivait encore à Voltaire, cinq mois plus tôt, éprouver « une passion violente qui dispose presque entièrement de moi[1] ». A présent, il ne lui restait plus que les travaux de l'*Encyclopédie* et sa « pie-grièche » de femme[2]...

Célibataire, Clairaut est à l'abri de ce genre d'ennui. Il aime les femmes, mais ce sont toujours des « maîtresses entretenues[3] » qui ne semblent pas lui avoir causé de grands chagrins. On a parlé à sa mort d'une petite gouvernante fort jolie qui avait soin de son ménage, et à qui il avait appris assez de géométrie pour l'aider dans ses calculs[4]. Clairaut est moins sentimental que Diderot, tout simplement « parce qu'il n'est rien hors de la

---

1. Lettre du 11 juin 1749.

2. *La Bigarrure*, petit journal de La Haye, publia en décembre 1751 cet extrait satirique sur la vie sentimentale de Diderot (reproduit *in extenso* par F. Venturi, *op. cit.*, pp. 135-137) : « Il a été un temps que M. Diderot fréquentait une femme qui a, dit-on, beaucoup d'esprit, et que l'on nomme Mme Puisieux... effroyablement laide... Mme Diderot, quoique aussi jolie que sa rivale..., en se livrant à la jalousie ne cessait de persécuter son mari toutes les fois qu'elle soupçonnait qu'il venait de chez Mme Puisieux... Pour faire cesser tout ce tintamarre, M. Diderot, en homme prudent..., a rompu tout commerce avec Mme Puisieux... Mme Puisieux, qui, de son côté, n'est pas moins violente que sa rivale..., a voulu se venger d'elle... Ces jours derniers, passant avec deux de ses enfants sous les fenêtres de M. Diderot, et apercevant sa femme qui venait d'y mettre la tête, elle prit ce moment pour invectiver contre elle et tâcher de l'attirer dans la rue... : "Tiens, maîtresse guenon, regarde ces deux enfants, ils sont de ton mari, qui ne t'a jamais fait l'honneur de t'en donner autant !" Ce reproche fut comme le signal et l'annonce du plus vigoureux et du plus visible combat qu'il y ait peut-être jamais eu entre deux femelles... Dans son transport [de fureur], Mme Diderot ne fit presque qu'un saut de son escalier en bas et courut comme une mégère à son ennemie qui l'attendait de pied ferme... Devinez à quel expédient il fallut avoir recours ?... Trois ou quatre seaux d'eau qu'on leur a jetés sur le corps en ont fait l'affaire... Et que pensez-vous, Monsieur, que faisait, pendant tout ce bacchanal, notre philosophe Diderot ?... Enfermé dans son cabinet, et n'osant paraître aux yeux d'un millier de spectateurs qui ne l'auraient pas plus épargné qu'ils n'en avaient fait [de] sa femme et sa prétendue maîtresse, il faisait des réflexions morales et philosophiques sur les agréments du mariage... »

3. Lettre de l'abbé Trublet à Formey du 9 juin 1765. *Correspondance passive de Formey*, *op. cit.*, p. 381.

4. Grimm, *Correspondance littéraire*, 1er juin 1765.

géométrie[1] ». C'est cette passion-là qui détermine sa vie et sa carrière, laquelle le fait tant souffrir en 1749.

Depuis sa réponse à Buffon en février 1748, il s'est tu et a recommencé tous les calculs relatifs à la théorie de la Lune pour vérifier s'il a, ou non, commis une erreur. Il lui faut faire vite, car ses amis anglais sont furieux de sa remise en cause de Newton, et ses rivaux, d'Alembert et Euler, voudraient bien résoudre le problème avant lui. C'est vers décembre 1748 qu'il est convaincu de s'être trompé. Le 26 janvier 1749, il envoie un mémoire à Londres, en Italie et à Bâle. Le 10 février, il écrit à Cramer : « Pour moi, j'ai repris tout le travail de la détermination de l'orbite de la Lune en ne négligeant pas les secondes puissances des forces perturbatrices. J'ai presque tout achevé le calcul qui doit conduire à des tables de la Lune[2]. » En vérité, Clairaut a déjà la solution du problème, mais il n'ose pas le clamer avant d'avoir encore repris ses calculs, afin d'« éviter les erreurs si aisées à commettre[3] ».

Ses vérifications achevées, il ne lui reste plus qu'à se rétracter publiquement. Le 17 mai, coup de tonnerre à l'Académie : Clairaut communique un « Avertissement » qui tient à la fois du *mea culpa* et du bulletin de victoire. Après avoir considéré la question « sous un point de vue qui n'avait été envisagé de personne », il est « parvenu à concilier assez exactement les observations faites sur le mouvement de l'apogée de la Lune avec la théorie de l'attraction, sans supposer d'autre force attractive que celle qui suit la proportion inverse du carré des distances[4] ». Clairaut ne dit pas ce qu'est ce nouveau « point de vue », qu'il a déposé sous pli cacheté à l'Académie et envoyé dans les mêmes conditions à Folkes en le priant de ne l'ouvrir que lorsqu'il le lui demandera.

---

1. Lettre de Trublet à Formey, *ibid.*.
2. Lettre de Clairaut à Cramer, 10 février 1749, *op. cit.*, p. 223.
3. *Ibid.*
4. M.A.R.S., 1745, pp. 577-578. Clairaut réussit à faire publier son texte dans le volume concernant l'année 1745, qui était déjà sous presse. Dans sa lettre du 3 juin 1749, il dit à Cramer : « J'ai trouvé par une considération dont il était si difficile de se douter que personne n'y a encore pensé, j'ai trouvé, dis-je, que l'apogée de la Lune se mouvait par la théorie de l'attraction ordinaire. »

Il a voulu prendre d'Alembert de vitesse, car il sait que son rival a découvert la solution, même s'il ignore par quelle méthode. Tout ce processus tortueux de plis cachetés répond au désir « de ne se laisser prévenir par personne... Mon intention était par ce moyen d'éviter d'être relevé par personne qui pût se vanter de m'avoir redressé et d'attendre à lâcher moi-même ma rétractation que j'eusse achevé entièrement le calcul qui m'y avait conduit[1] ».

A cet instant, Clairaut pense avoir effacé sa gaffe et gagné la partie. A peine mentionne-t-il à Cramer : « Entre nous, M. Calandrini va triompher[2] », ajoutant tout aussitôt qu'il aurait bien tort, puisque son objection est erronée. Ayant évité de se faire corriger publiquement par d'Alembert qui avait également pratiqué la politique des plis cachetés, Clairaut croit la polémique close. Lourde erreur ! Lemonnier, qui est son adversaire déclaré[3], se répand partout sur cette ridicule et mystérieuse rétractation[4]. De plus, Clairaut a commis deux maladresses qui se retournent contre lui.

La première est d'avoir fait suivre son « Avertissement » d'une note qui réfute une « Addition » de Buffon à son propre mémoire de 1748. Buffon, ulcéré, répond à la note, et Clairaut répond à la réponse. Derrière Buffon, il soupçonne l'intervention de Lemonnier et celle de la Société royale de Londres. Il se plaint à Euler « des tracasseries occasionnées par mon mémoire sur l'at-

---

1. A Cramer, lettre du 3 juin 1749, *op. cit.*, p. 224.

2. *Ibid.*, p. 225.

3. Leurs relations étaient mauvaises depuis le retour du Pôle ; Lemonnier avait choisi le camp de Maupertuis. A présent, il collabore avec d'Alembert au calcul des tables de la Lune, que ce dernier ne pouvait faire seul.

4. C'est probablement lui qui en a informé Maupertuis, lequel se gausse à son tour du revirement de Clairaut dans une lettre à Jean II Bernoulli : « Vous verrez dans [nos mémoires] la triple découverte de MM. Clairaut, Euler et d'Alembert sur le mouvement de l'apogée de la Lune, qui renversait de fond en comble l'attraction de Newton et son système ; malheureusement Clairaut vient de faire en pleine Académie l'aveu qu'ils s'étaient tous trois trompés, et que, le problème mieux résolu, ce mouvement s'accorde parfaitement avec le système de Newton. J'admire toujours qu'on soit aussi hardi à prononcer lorsqu'on prononce contre de si grands hommes ; et j'admire surtout notre Euler, qui ne devrait pas être si étourdi que les Français. » [Juin 1749], BEB, LIa. 708, f. 118.

traction. Quelques newtoniens non géomètres [Buffon] ont cru tout perdu si l'on introduisait d'autres forces que celles de M. Newton et m'ont accablé de mauvaises objections que j'aurais dû mépriser, mais auxquelles j'ai eu la faiblesse de répondre. Depuis ma rétractation, j'ai eu tout autant de chicanes parce qu'il m'a fallu réprimer l'audace de gens qui triomphaient d'une chose qui doit me faire honneur[1] ».

Seconde bévue : Clairaut, qui redoute qu'Euler ne le devance dans la solution du problème, s'est abaissé à une démarche peu glorieuse. Lors de sa rétractation, était présent à l'Académie un jeune Berlinois qui faisait ses classes d'astronomie à Paris auprès de Delisle – un dénommé Grischow. Après la séance, Clairaut est venu chez lui le prier de n'en rien dire dans ses lettres afin qu'Euler en ignore tout. Malheureusement, le jeune homme avait déjà tout raconté à Kies, qui en avait informé Euler. Pire : Grischow avait écrit une seconde lettre pour faire part de la démarche de Clairaut[2]... Depuis lors, Euler talonne Clairaut pour connaître la solution que celui-ci refuse obstinément de lui donner. Clairaut est gêné, Euler mécontent. Finalement, le premier envoie au second l'explication demandée[3] après s'en être ouvert à d'Alembert. Mais Euler ne s'avoue pas convaincu.

Clairaut est furieux de toute cette affaire. Le bilan qu'il dresse à Cramer le 26 juillet est accablant : « Ma rétractation a causé en effet du scandale, mon cher Monsieur, et m'a attiré autant de tracasseries que l'avait fait le mémoire où j'accusais l'attraction d'insuffisance. M. de Buffon et Lemonnier ont triomphé. Ce dernier n'a pas ouvert la bouche dans l'Académie. Mais l'autre a voulu faire croire que ses objections avaient dû m'aider à reconnaître la vérité... » Cette seule idée le rend fou et il argumente longuement pour prouver l'aberration d'une telle prétention. De plus, il a été attaqué par un bénédictin anglais, C. Walmesley,

---

1. Lettre du 19 juin 1749, *op. cit.*, p. 186.
2. C'est Euler qui raconte toute l'histoire à Maupertuis dans sa lettre du 7 juin 1749, éd. Taton, p. 130.
3. Lettre du 21 juillet 1749, *op. cit.*, pp. 188-190. Le 26 juillet, il précise à Cramer : « Je lui ai mandé en quoi cela pouvait consister *à peu près.* » *Op. cit.*, p. 227.

« qui a prétendu trouver un défaut dans sa solution et en donner trois autres par lesquelles il arrive au vrai résultat[1] ». Critiques qu'il récuse vigoureusement, tout comme celles de Calandrini.

Non seulement la gaffe de 1747 n'est pas réparée, mais la rétractation de 1749 lui coûte aussi cher. Il a maintenant deux ennemis déclarés : Buffon et Lemonnier. Ses relations avec Euler sont écornées. Il passe pour une girouette aux yeux de ses amis de la Société royale. Et il n'a pas franchement battu d'Alembert au poteau.

Pendant tout ce temps, il est harcelé par Mme du Châtelet qui termine une préface pour sa traduction des *Principia* de Newton. Elle tient absolument à y ajouter ses dernières découvertes sur la Lune[2]. A son amant, Saint-Lambert[3], dont elle est enceinte, elle raconte sa vie ascétique et l'importance de Clairaut pour son travail : « Mon départ [pour Lunéville] ne dépend absolument pas de moi, mais de Clairaut... Savez-vous la vie que je mène ?... Je me lève à 9 heures, quelquefois à 8, je travaille jusqu'à 3, je prends un café à 3 heures, je reprends le travail à 4, je le quitte à 10 pour manger un morceau seule, je cause jusqu'à minuit avec M. de V[oltaire] qui assiste à mon souper, et je reprends le travail à minuit jusqu'à 5 heures ; quelquefois, j'attends après M. Clairaut... Si je pouvais jouir de M. Clairaut, je partirais à la fin du mois. Il me restera encore bien des choses à faire là-bas, et je ne resterai ici que le temps nécessaire pour finir celles où le conseil de M. Clairaut m'est indispensablement nécessaire. Si je pouvais

---

1. *Op. cit.*, pp. 226-228. Ch. Walmesley déposa un pli cacheté à l'Académie le 21 mai 1749 contenant la critique de Clairaut et exposant ses trois méthodes. Par ailleurs, il publia à la même époque un pamphlet, *Théorie du mouvement des apsides en général et en particulier des apsides de l'orbite de la Lune* (Quillau, 1749), approuvé par la signature de Lemonnier, le 4 juin 1749. Le 26 juillet 1749, le protégé de Clairaut nouvellement élu, le chevalier d'Arcy, montera au créneau pour défendre son maître contre les attaques de Walmesley.
2. Lettres de Mme du Châtelet au père Jacquier du 13 février 1749 (n° 239), et à Saint-Lambert [vers le 10 juin 1749], (n° 291).
3. Ce jeune officier de Lunéville (1716-1803), de dix ans son cadet, fera une carrière d'écrivain. Il est l'auteur d'un long poème qui eut son heure de gloire, *Les Saisons* (1764). Il était loin de partager la folle passion que Mme du Châtelet éprouvait pour lui.

le ramener avec moi, je serais partie il y a longtemps, mais c'est là chose impossible[1]... »

Quand on connaît l'autorité et le caractère impérieux de Mme du Châtelet, on devine qu'elle devait le bombarder de billets comminatoires et exiger mille rendez-vous qu'il ne pouvait honorer. Pressée par une grossesse qu'elle a du mal à dissimuler à Paris[2], elle part fin juin pour Cirey et, de là, à Lunéville. Clairaut ignore qu'il ne verra jamais plus sa vieille amie à laquelle il a donné tant d'heures de travail. Comme elle l'avait pressenti depuis le début de sa grossesse, elle mourut quelques jours après son accouchement, le 10 septembre 1749, de la fièvre puerpérale, non sans avoir terminé peu de temps auparavant son *Commentaire* de Newton et envoyé son manuscrit au directeur de la Bibliothèque royale.

Pour honorer sa mémoire, Clairaut se chargea des dernières mises au point et corrections nécessaires à la publication du livre[3]. Il fut l'un des rares, parmi ses relations, à témoigner ainsi d'une véritable amitié pour elle. Maupertuis n'eut pas un mot de regret pour celle qui avait été son élève et sa maîtresse. Il se contenta d'écrire à leur ami commun Algarotti : « Le sort de Mme du Châtelet était d'être ridicule jusque dans sa mort. Il est

---

1. [10 juin 1749]. Lettre 476.
2. Dès la mi-avril 1749, Collé écrit dans son *Journal* : « Mme du Châtelet est grosse. La dernière personne qu'on a soupçonnée est son mari, comme l'on croit bien. M. de Voltaire n'en est point coupable non plus, à ce qu'on assure. Tout le monde veut que ce soit M. de Saint-Lambert qui ait fait cette ânerie-là... Elle est grosse sans avoir pensé qu'elle a quarante-cinq ans [quarante-trois], ou c'est peut-être ce qui l'aura engagée à s'abandonner à la Providence... Cependant, quand elle a vu qu'elle s'était trompée, il a fallu nécessairement qu'elle cherchât, comme une honnête femme, la compagnie de son mari, qui, depuis dix ou quinze ans, ne lui avait pas dit un mot plus haut que l'autre, et ç'a été le diable. Il n'était point à Lunéville, où ce beau coup-là s'était fait. Elle a été obligée de prier le roi Stanislas de l'y faire venir... Ce n'était pas le tout que d'y arriver, il était Dieu aussi difficile de l'amener au but ; avec un peu de peine, il y est venu... Sur cela, quelqu'un disait : "Mais quelle diable d'envie a donc pris à Mme du Châtelet de coucher avec son mari ? – Vous verrez, répondit-on, que c'est une envie de femme grosse !" » T. I, pp. 80-81. Ce dernier mot courait Paris, puisque Maupertuis le répète méchamment dans sa lettre à Jean II Bernoulli du 6 septembre 1749, BEB, LIa. 708, f.123.
3. Publié en 1759 ; la dernière édition de la traduction des *Principia* de Newton par Mme du Châtelet date de 1966.

aussi plaisant de mourir en couches à quarante-cinq ans qu'il l'était de faire des livres dans sa jeunesse. *Requiescat in pace*[1]. » « Ridicule » est le grand mot lâché contre elle et qui circule d'un commentaire à l'autre. Réminiscence de Molière qui resurgit paradoxalement à propos de la seule femme savante française de son temps. A cause de cette singularité et d'une personnalité si affirmée – Emilie pouvait être dure –, elle a été haïe et jalousée par la plupart des femmes et des hommes. Ils se sont vengés à sa mort en égrenant à son encontre les propos les plus méprisants, ayant toujours pour objet de la rabaisser à leur niveau. Mme du Deffand, dont Mme du Châtelet se croyait l'amie, a fait circuler sur elle le portrait le plus atroce qu'on ait jamais fait. Parmi les flèches, celle-ci dévoile le vrai motif de la hargne collective : « Née sans talents, sans mémoire, sans goût, sans imagination, *elle s'est faite géomètre pour paraître au-dessus des autres femmes*, ne doutant point que *la singularité ne donne la supério-rité*[2]. » Propos chanté sur tous les tons, notamment par Collé : « Il faut espérer que c'est le dernier air qu'elle donnera : mourir en couches à son âge, c'est vouloir se singulariser. C'est prétendre ne rien faire comme les autres. Voltaire doit se ruiner en épitaphes[3]... » La notice nécrologique rédigée par Raynal est elle aussi condescendante : « Cette dame, si célèbre dans les pays étrangers, avait ici beaucoup plus de censeurs que de parti-sans[4]. » Il laisse entendre que ses ouvrages ne sont pas d'elle, et rappelle son suicide manqué pour un amant volage vingt ans plus tôt. Enfin, outrage suprême, ces mots d'un témoin à l'un des vieux amis d'Emilie, le comte de Sade : « Elle a été enterrée aujourd'hui à dix heures du matin, dans la paroisse de Lunéville, sans avoir pu rester exposée à cause de l'infection horrible qui

---

1. Samedi 27 septembre [1749]. Algarotti, *Opere*, vol. XVI, pp. 232-233.
2. Publié dans la *Correspondance littéraire* de mars 1777 et republié par nos soins dans *Emilie, Emilie...*, *op. cit.*, pp. 479-480. De ce portrait, Sainte-Beuve dira : « Je ne crois pas qu'il existe en français de page plus sanglante... Ce portrait semble avoir été tracé par une furie à froid qui sait écrire, et qui grave chaque trait en trempant sa plume dans un fiel ou dans du vitriol. » *Les Causeries du lundi*, 8 juillet 1750, p. 269.
3. *Journal, ibid.*, p. 118.
4. *Nouvelles littéraires*, p. 365.

sortait de son corps. Telle vie, telle mort : j'en frissonne d'horreur[1]. »

Seul Fréron lui consacra un article élogieux[2], et Mme d'Aiguillon marqua à Maupertuis sa haute désapprobation du portrait ravageur fait par Mme du Deffand[3]. Voltaire, qui ne pouvait rien ignorer des propos murmurés dans son dos et qui connaissait le plus grand chagrin de sa vie, écrivit plusieurs épitaphes[4] et articles à sa gloire. Mais il fit mieux pour elle : en chargeant Clairaut de la publication de son ouvrage sur Newton, Voltaire entrouvrait les portes du paradis à sa compagne. Comme tous les ambitieux, Mme du Châtelet avait rêvé de survivre après sa mort et d'occuper une place – fût-elle modeste – dans le panthéon scientifique. Grâce à son travail acharné et à la complicité de Clairaut et de Voltaire, les savants français liront durant des siècles Newton dans sa traduction. Survie bien discrète aux yeux du grand nombre, mais qui, elle, l'aurait comblée. La reconnaissance *postmortem* de ses pairs est la plus belle victoire de Mme du Châtelet ; elle donne à sa vie le sens tant désiré.

Une année cruciale pour d'Alembert

C'est l'époque où il sort de sa chrysalide. Le jeune homme timide des années précédentes laisse place à un homme drôle et sûr de lui qui ne craint plus de fréquenter le monde. Mme du

---

1. Lettre de M. Alliot au comte de Sade, La Malgrange, 11 septembre 1749. *Bibliothèque Sade I*, sous la direction de Maurice Lever, Fayard, 1993, p. 522.

2. *Lettres sur quelques écrits de ce temps*, 1749, vol. II, pp. 32-34. Le *Mercure* de novembre 1749 regretta, il est vrai, la mort d'une femme de génie.

3. Lettre du 21 novembre 1749. B.N., n.a.f. 10 398, f. 14.

4. Dont celle-ci :

        « L'Univers a perdu la sublime Emilie.
        Elle aima les plaisirs, les arts, la vérité ;
        Les Dieux, en lui donnant leur âme et leur génie,
        Ne s'étaient réservé que l'immortalité. »

Voltaire a toujours chéri la mémoire de Mme du Châtelet. Un portrait d'elle ne le quittait pas. En 1752, alors à Berlin, il fit publier son « Eloge historique de Mme du Châtelet » dans la *Bibliothèque impartiale*. Il l'avait envoyé à Formey avec ces mots : « Voici l'éloge d'un grand homme qui portait des jupes... Si Mme du Châtelet vivait encore, je ne serais pas ici. » Formey, *Souvenirs, op. cit.*, I, pp. 240 et 247.

Deffand, qui l'a présenté à toutes ses relations, doit le partager avec d'autres femmes qui tiennent salon. On le voit chez la duchesse du Maine et la comtesse de Boufflers. Il commence à fréquenter le « royaume de la rue Saint-Honoré[1] », c'est-à-dire le salon de Mme Geoffrin, et celui plus modeste de la marquise de Créqui qui se piquait d'être l'amie des philosophes avant de se convertir à la dévotion. Aux dires de Rousseau, d'Alembert lui faisait une cour discrète[2] ; sans conséquences, si l'on en croit l'excellent portrait que fit d'elle son vieil ami Cideville : « Mme de Créqui aurait uni toutes les [qualités] du cœur si elle était capable de tendresse. Mais elle en nie jusqu'à la réalité. Elle croit que les anciens et les modernes se sont donné le mot pour établir dans le monde la chimère de l'amour[3]. » Point de vue qui devait convenir à d'Alembert, dont on ignore la vie amoureuse, mais qui semble peu pressé d'en avoir une. Loin des mondanités de salon, il a lié connaissance avec le marquis d'Argenson, l'ancien ministre des Affaires étrangères. Depuis qu'il a été remercié en 1747, celui-ci vit près de ses livres, dans sa magnifique bibliothèque, ou à la campagne. Proche du milieu intellectuel, il aime recevoir les philosophes à « Segrez », et d'Alembert n'est pas le dernier à venir s'y reposer ou travailler au calme. On l'y trouve dès l'été 1750 en compagnie de Condillac[4]. C'est une véritable amitié qui unit l'encyclopédiste à l'ancien ministre, esprit libéral, ouvert aux idées neuves, surnommé fort mal à propos « Argenson la bête[5] » pour le distinguer de son frère, ministre tout-puissant, le comte d'Argenson[6].

---

1. Titre du livre du marquis de Ségur sur Mme Geoffrin et sa fille, 1925.

2. Lettre de Rousseau à la marquise de Créqui, 9 octobre 1751. *Correspondance, op. cit.*, p. 169. Des lettres plus tardives de D'Alembert à la marquise, entre 1751 et 1754, semblent donner raison à Jean-Jacques, par ailleurs très lié avec celle-ci.

3. Ce portrait de Mme de Créqui daté du 14 septembre 1752 figure dans les Papiers Cideville, au milieu des lettres de Mme de Créqui à Cideville (1748-1755). Bibliothèque municipale de Rouen, Ms. C. 31.

4. Lettre de Condillac à Maupertuis, 12 août 1750. *Maupertuis et ses correspondants*, éd. Le Sueur, p. 391.

5. René-Louis (1694-1757), ami d'enfance de Voltaire, avait été ministre des Affaires étrangères de 1744 à 1747.

6. Marc-Pierre (1696-1764), d'abord lieutenant de police, est nommé ministre de

En 1749, d'Alembert est en pleine possession de ses facultés intellectuelles et créatrices. Sa production est impressionnante. Fin 1748, il pense en avoir fini avec le problème de la Lune, mais attend que Clairaut ait terminé son propre travail pour le comparer au sien. Il dit à Cramer que son livre est fait[1]. A cette époque, il est encore en termes suffisamment cordiaux avec son rival pour lui signaler une erreur dans l'équation de la Lune. Bien qu'il pense que leurs résultats ne diffèrent maintenant que de très peu, il se tient prudemment dans l'expectative. Lassé de « travailler en même temps qu'un autre sur un sujet comme celui-là », il s'empare d'une matière vierge, du moins en France : la précession des équinoxes[2]. Il connaît déjà l'ouvrage de Bradley sur la question, mais l'Anglais se trompe. D'Alembert travaille comme un forcené. En mars 1749, il avoue que « ce problème à la solution duquel j'ai donné beaucoup de soins m'a coûté plus qu'aucun de ceux que j'aie jamais résolus[3] ». Le mémoire est fait, mais la matière est si délicate qu'il le garde encore sous le coude. Pas longtemps puisque, dès le 12 mai, il peut annoncer triomphalement à Cramer : « Mon ouvrage sur la précession des équinoxes et sur les mouvements de l'axe de la Terre est sous presse... C'est une espèce de secret, du moins je n'en ai encore rien écrit dans les pays étrangers, parce que je ne veux pas être prévenu par les Anglais, quoique entre nous je les trouve trop attachés à leur synthèse pour résoudre exactement et d'une manière précise un problème si compliqué[4]. » Oubliant toute modestie, il exulte de fierté : « L'importance de la matière, qu'on peut, je crois, regarder comme entièrement neuve, les soins que

la Guerre en 1742, puis hérite d'une grande partie du département de Maurepas en 1749. Détesté de la Pompadour, il est remercié en 1757.

1. Lettre du 25 décembre 1748. Mais ce livre, *Recherches sur le système du monde*, ne sera publié qu'en 1754. Le lendemain du *mea culpa* de Clairaut, il avait apporté toutes ses recherches sur la Lune à Fouchy dès 7 heures du matin pour le faire signer et dater l'ensemble de ses papiers. *Cf.* lettre du 18 mai 1749 à Fouchy, publiée dans *Le Carnet historique et littéraire*, t. II, 1898, p. 783.

2. A l'origine, il pensait les phénomènes relatifs au mouvement de l'axe de la Terre en non-conformité avec les théories de Newton.

3. A Cramer, 14 mars 1749. *Op. cit.*, p. 238.

4. *Ibid.*

j'ai apportés pour la bien traiter, et la certitude où je crois pouvoir être de ne m'être point trompé, sont les motifs qui m'ont engagé à faire paraître incessamment cet ouvrage. Vous le trouverez plus favorable à l'attraction que vous ne devez vous y attendre après ce que je vous en ait dit. Tout cadre à présent à merveille. »

Le 17 mai, Clairaut et Montigny sont chargés du rapport relatif aux *Recherches sur la précession des équinoxes et la nutation de l'axe de la Terre dans le système newtonien*. Le 14 juin, ils lisent un texte très élogieux sur le travail de D'Alembert, qui évoque « la justesse de sa théorie », « l'exactitude de ses calculs dans la solution d'un problème très compliqué, qui renferme une analyse complète des mouvements de l'axe terrestre, et qui confirme le système de la gravitation par une des plus belles applications qu'on ait faites[1] ». Seule la conclusion des commissaires, ne doutant pas que « le public ne reçoive avec plaisir ce nouvel ouvrage », ne se trouva pas vérifiée. D'abord, le public ne s'intéressait cet été-là qu'à la pièce de Mme du Boccage, *Les Amazones* ; mais, surtout, il était bien incapable d'apprécier une œuvre aussi difficile, qui déroutait même les spécialistes. Cramer dit son admiration à d'Alembert, mais lui reproche son plan qui rend la lecture très ardue. Euler lui-même, qui s'est intéressé à la question, s'avoue hors d'état de le suivre à cause de la trop grande complexité des calculs ; ce qui ne l'empêchera pas de s'en inspirer, quelques mois plus tard, dans un mémoire sur le même sujet...

A peine l'ouvrage publié, fin juin 1749, chez David, d'Alembert se remet au travail pour participer au concours de l'Académie de Berlin. Elle a proposé pour son prix de 1750 la théorie de la résistance qu'éprouvent les corps solides dans les fluides. D'Alembert n'est pas novice en cette matière et son mémoire est d'une grande importance. Il l'achève le 25 novembre 1749 ; Berlin l'enregistre le 11 décembre. Convaincu de remporter le prix comme en 1746, il ne peut se douter du mauvais tour que lui prépare Euler. Sereinement, il reprend ses recherches sur

---

1. Procès-verbal de l'Académie, samedi 14 juin 1749, pp. 303-306.

l'apogée de la Lune, remises à l'ordre du jour par les découvertes de Clairaut[1]...

Entre tous ses travaux de la plus haute importance, d'Alembert poursuit sa besogne encyclopédique[2] et passe, comme on l'a vu, une grande partie de l'été à courir par monts et par vaux pour obtenir la libération de Diderot. Mais cette vie lui plaît et Mme du Deffand, qui le connaît bien, peut écrire fin décembre à Maupertuis qui publie un petit livre fort critiqué sur le bonheur[3] : « Abandonnez le projet de chercher le bonheur... Le philosophe d'Alembert ne fait pas tant de chemin, et il est bien plus près du but[4]. » Pourtant, le 9 décembre, sa mère, Mme de Tencin, est morte sans laisser le moindre signe de reconnaissance à son fils. Nous ignorons ce qu'il ressentit.

Oui, 1749 est une belle année pour d'Alembert. Il est entré dans cette période de la vie intellectuelle où l'audace et l'expérience, la créativité et le savoir font bon ménage. Ce moment béni pour un chercheur, qui donne l'illusion de la maîtrise de soi et de sa discipline, dure peu. A peine le temps de l'exploiter et d'en prendre conscience, que le mirage a disparu. Comme dure aussi peu le temps où l'intellectuel incarne les options et les valeurs de son époque. En 1749, les mathématiques sont la discipline reine qui suscite le respect et l'admiration de tous. Au faîte de sa puissance d'abstraction, d'Alembert est en train de gagner le titre si envié de génie mathématique. C'est pourtant le moment précis où il voit apparaître les premiers signes de la contestation à venir. Diderot, dans la *Lettre sur les aveugles*, et Buffon, dans l'*Histoire naturelle*[5], procèdent à

---

1. Le 21 septembre 1749, d'Alembert ne peut pas se retenir de dire à Cramer que, s'il n'avait pas interrompu ses travaux sur la Lune, il aurait découvert le mystère avant Clairaut, car sa méthode à lui était supérieure à celle de son rival...

2. Même s'il a confié à Formey, le 27 octobre 1748, peut-être un peu vite : « Il y a déjà quelques mois que j'ai fini la partie de l'*Encyclopédie* dont je m'étais chargé. » Cracovie, Bibliothèque Jagiellonska, Collection d'autographes, dossier d'Alembert.

3. *Essai de philosophie morale*, Bâle, 1749.

4. Lettre du 26 décembre [1749]. G. Hervé, *op. cit.*, p. 29.

5. « Les vérités mathématiques, dit Buffon, ne sont que des vérités de définitions... Ce qu'on appelle vérités mathématiques se réduit donc à des identités d'idées, et n'a aucune réalité. » En revanche, les « vérités physiques » ne sont « nullement arbitraires

une sévère remise en cause des vérités mathématiques, sapant par là le prestige grandissant de D'Alembert. Celui-ci perçoit le danger, mais le minimise[1]. Bientôt, il lui faudra organiser la défense des mathématiques, c'est-à-dire la sienne, contre ses propres amis. Dos au mur.

---

et ne dépendent point de nous ». « Premier discours : De la manière d'étudier et de traiter l'histoire naturelle », t. I, pp. 53-54.

1. Lettre de D'Alembert à Cramer, 21 septembre 1749 : « A propos de calculs et de géométrie, vous nous trouverez bien maltraités dans le nouvel ouvrage de M. de Buffon. Il est vrai qu'avec du calcul et de la géométrie, il n'eût peut-être pas tant hasardé de choses sur la formation de la Terre, et qu'il en aurait même rayé plusieurs. » *Op. cit.*, p. 246.

CHAPITRE X

Misères et grandeurs des ambitieux
(1750-1751)

A l'Académie et hors de son enceinte, l'ambition, que l'on prenait jadis tant de soin à dissimuler comme un sentiment malséant, éclate au grand jour. Le désir de gloire ne s'arrête plus aux portes de l'institution. Ceux qui, hier encore, affichaient une modestie de bon aloi s'accommodent mal de rester dans l'ombre. Chacun rêve, sans le dire, d'être reconnu, admiré et fêté par cette nouvelle puissance qui émerge : l'opinion publique. Le succès sans précédent d'un Montesquieu et d'un Buffon ne laisse pas indifférents leurs collègues des deux Académies. Les rivalités et jalousies ne sont certes pas nouvelles, mais elles prennent une ampleur inconnue jusque-là, lorsqu'on n'avait de comptes à rendre qu'à ses pairs. Bon an, mal an, on vivait entre soi, dépendant les uns des autres, et le prestige de l'Académie exigeait un front uni vis-à-vis de l'extérieur. A présent, même s'il est plus difficile au savant qu'au philosophe de capter l'intérêt du public, l'intellectuel ambitieux recherche sa consécration et ses hommages. Pour cela, il ne peut plus se passer du médiateur qu'est le journaliste, figure essentielle du monde intellectuel en train de naître. Mais le journaliste d'hier qui se contentait de résumer le contenu d'un livre en se gardant d'exprimer une opinion trop tranchée, laisse peu à peu la place au critique qui affiche ses préférences et rejets. Les philosophes qui s'adressent directement au public sur des sujets qui l'interpellent au premier chef vont devoir affronter cette nouvelle race de journalistes engagés dont beaucoup, de par leur recrutement, sont plutôt proches du pouvoir. Ces chroniqueurs-là, qui se présentent comme les pairs des philosophes, entendent contrebalancer leur influence, qu'ils jugent pernicieuse. C'est le début d'un très rude combat idéologique qui va perdurer avec la même vigueur jusqu'à la veille de la Révolution.

Si les polémiques publiques épargnent davantage les savants, qui se distinguent de plus en plus des philosophes, le monde clos de l'Académie n'échappe pas aux conflits ni aux frustrations. De nouveaux clans se reconstituent qui opposent moins des conceptions du monde que des individualités à l'*imperium* puissant. Dans cette période de grande effervescence, un jeune homme de vingt-huit ans fait son entrée sur la scène intellectuelle. Il va jouer un rôle modérateur essentiel entre toutes les factions, tant à l'Académie que sur la scène publique : il s'agit de Chrétien-Guillaume de Lamoignon de Malesherbes. Nommé académicien honoraire le 6 mars 1750 en remplacement du duc d'Aiguillon, décédé, Malesherbes reçoit la présidence de la Cour des Aides, en survivance de son père, nommé chancelier le 14 décembre suivant[1]. En même temps, il est nommé à la tête de la Librairie[2], organe

---

1. Barbier note dans son *Journal*, IV, p. 494 : « C'est un homme de trente ans [né le 6 décembre 1721, il n'avait en fait que 29 ans], très poli et qui a de l'esprit, qui s'est plus adonné aux sciences qu'aux exercices de la magistrature, et à qui un peu plus de temps d'apprentissage aurait pu être utile ; mais il s'en tirera. Aussi M. le Chancelier... disait-il à tous les messieurs de la Cour des Aides qu'il leur demandait pour son successeur les mêmes bontés qu'ils avaient eues pour lui, et il reçut en général tous ceux qui vinrent lui faire compliment avec une aisance, une présence d'esprit et une politesse infinies. »

Président durant vingt-sept ans de la Cour des aides, Malesherbes donna à cette cour un lustre et un prestige qu'elle n'avait jamais connus. *Cf. Les Remontrances de Malesherbes*, éditées et présentées par E. Badinter, Champs-Flammarion.

2. A cette époque, Malesherbes est déjà connu d'un grand nombre de savants. Outre les frères Jussieu, ses maîtres en botanique, Guettard, avec lequel il partageait une même passion pour la géologie, Clairaut se réjouit de sa nomination à la Librairie en ces termes : « Le Chancelier... a mis à la tête de cet important département M. de Malesherbes son fils, qui est un magistrat fort instruit et fort amateur de lettres. Les auteurs jouiront d'une honnête liberté qui garantira de la licence où nous étions tombés à force de retenue. » Lettre à Cramer, s.l.n.d. [reçue en novembre 1750], Académie des sciences, archives Bertrand, carton I.

Du côté des gens de lettres, la satisfaction n'est pas moins grande. D'Argental ne cache pas son enthousiasme à Voltaire : « J'ai été infiniment content de ma conver-

central de l'édition et de la censure. Durant les treize années suivantes, ce petit homme timide et un peu lourd agit au mieux pour la liberté de penser, la protection des intellectuels et l'apaisement de leurs conflits mutuels. Mais, juriste exceptionnel, savant et politique, c'est tout sauf un ambitieux.

Rivalités et brouilles

A Paris, comme à Berlin, l'atmosphère est électrique. Chacun guigne la première place sur le devant de la scène. Celle-ci change selon les lieux et les circonstances, mais l'ambition reste la même : être l'élu de la puissance qui compte : Frédéric en Prusse, l'Académie et le public à Paris. Le tout, au risque de brouilles irréparables.

L'Académie sens dessus dessous

Même si la guerre perpétuelle qui oppose Bouguer et La Condamine en lasse plus d'un, il est difficile à leurs collègues de s'en laver les mains. Durant toute l'année 1750, le second remue ciel et terre pour obtenir que sa réponse au premier lue à l'Académie[1], soit imprimée dans le même volume à la suite du mémoire de son rival. Les amis de Bouguer, Mairan, Réaumur et Fouchy, ne veulent pas en entendre parler. Mais Maupertuis,

---

sation avec M. de Malesherbes. Si nous avions eu le choix pour mettre quelqu'un à la tête de la Librairie, nous n'en aurions pas nommé d'autre. Il aime passionnément les lettres, il est fou de vos ouvrages, il ne connaît ni la pédanterie, ni les scrupules, il hait cordialement les faiseurs de libelles et a le plus profond mépris pour les brochures périodiques. » Lettre du 22 janvier 1751 (Best. D 4359).

1. Bouguer avait relancé la polémique le 28 janvier 1750 en lisant devant l'Académie de vieilles lettres de La Condamine, datant de leur expédition (28 décembre 1738 et 12 janvier 1741), qui reconnaissaient la priorité de Bouguer. Trois jours plus tard, le 31 janvier, La Condamine remet les choses au point et exige la reconnaissance publique de son travail.

de loin, prend la défense de son vieil ami. Il intervient auprès de Cassini de Thury, chargé de rédiger le rapport qui doit trancher. Celui-ci conclut en faveur de l'impression du mémoire de La Condamine[1]. Mais cette victoire n'est qu'une péripétie, et la guerre reprendra, plus vive que jamais, en 1752.

Celle que livre à la même époque d'Alembert à ses deux grands rivaux, Euler et Clairaut, est sans commune mesure avec la précédente. Les enjeux sont autrement plus importants. Pourtant, d'Alembert, qui n'a pas une grande estime pour les talents scientifiques de La Condamine, partage avec lui une sensibilité exacerbée aux questions de priorité. Comme son aîné, il supporte mal qu'on ne lui reconnaisse pas son dû. Ce trait de caractère, qu'on retrouve aussi chez Maupertuis, l'incline à batailler sans répit. Il préférera se brouiller définitivement avec les uns ou les autres plutôt que de lâcher le morceau. Pour comprendre cette attitude butée, agressive, et qui nuit à sa réputation dans le monde des savants, il faut souligner l'identification particulièrement forte de certains intellectuels avec leur théorie : comme si tout leur être se réduisait à celle-ci. De sorte qu'en méconnaissant la primauté ou la priorité de leurs idées, on les blesse au plus profond d'eux-mêmes. Ils se sentent annihilés : les uns sombrent

---

1. Le 4 septembre 1750. Cassini de Thury répond à Maupertuis (dont la lettre n'est pas parvenue jusqu'à nous) : « Il n'est point douteux que M. de La Condamine n'ait profité des lumières de Bouguer, mais M. Bouguer ne doit pas en tirer avantage, et surtout des lettres polies qu'il a reçues de M. de La Condamine. Et vous savez, Monsieur, que La Condamine en savait beaucoup [plus] qu'il ne faut pour pouvoir exécuter la besogne dont il rend compte... C'est ce qui m'a engagé dans le rapport que j'ai fait à l'Académie, de conclure que le mémoire de M. de La Condamine méritait d'être imprimé. Je suis charmé de trouver une occasion de vous obliger en rendant justice à M. de La Condamine ». Archives de l'Académie des sciences, fonds Maupertuis, dossier 83.
Sitôt la lettre reçue, Maupertuis écrit à La Condamine : « Je crois Thury un des plus honnêtes hommes qui aient travaillé à la figure de la Terre [Les vieilles querelles sont vraiment oubliées !], et suis bien aise que vous soyez content de lui », Archives municipales de Saint-Malo, ii 24, f. 94 r°. Déjà conciliateur, Malesherbes conseille à La Condamine « d'oublier toute cette histoire qui, en vérité, vous a beaucoup plus affecté qu'elle ne le mérite. Je crois pouvoir vous dire, au nom des autres comme du mien, que personne ne vous soupçonne sérieusement d'intrigues secrètes, ni d'envie de vous produire ». Lettre du 24 septembre [1750], Bibliothèque municipale de Nantes, Ms. Lab. 658, 32.

dans la dépression[1], les autres réagissent en débordant de colère. Mairan appartient à la première catégorie, d'Alembert à la seconde.

Entre 1750 et 1751, d'Alembert se brouille définitivement avec Clairaut et Euler. Les trois hommes travaillent sur les mêmes sujets, et l'enjeu pour chacun est identique : coiffer les deux autres au poteau et remporter le titre si convoité de plus grand savant de son temps.

Cette ambition tout à fait partagée paraît chez d'Alembert plus aiguë, plus vitale et décisive que chez les deux autres. Peut-être parce que sa bâtardise appelle une revanche éclatante et que la honte de sa naissance ne peut être effacée que par une gloire incontestée. On connaît moins bien les causes immédiates de sa rupture avec Clairaut, pour la bonne raison que les deux hommes n'échangent pas de lettres sur leurs différends. Il est même possible qu'il n'y ait jamais eu d'explication entre eux et que la méfiance et la jalousie aient peu à peu laissé place à la haine, du moins du côté de D'Alembert. D'autant plus que Clairaut, contrairement à lui, n'est pas homme à attaquer de face, il n'aime pas les conflits et préfère chuchoter à l'oreille des uns et des autres, comme on l'a vu lors de sa brouille avec Maupertuis. Ce qui est certain, c'est qu'une goutte d'eau fait déborder le vase entre la fin 1749 et les premiers mois de 1750. Juste avant l'incident dont on ignore la teneur, les deux hommes échangent des informations sur la théorie de la Lune et parlent encore l'un de l'autre de façon cordiale[2]. Mais, au printemps de 1750, d'Alem-

---

1. C'est un peu la réaction de Mairan lorsqu'il apprend en 1748 les critiques de Euler contre son *Traité de l'aurore boréale*, publiées dans les Mémoires de Berlin, 1746. Sa correspondance avec Cramer (2 janvier et 11 février 1751) montre un homme angoissé en quête d'aide et d'approbation, fort malheureux d'être remis en cause. Heureusement pour lui, Euler reconnaîtra son erreur après l'exposé de Mairan à l'Académie des sciences en juillet-août 1751.

2. Le 21 juillet 1749, Clairaut écrit à Euler : « Je ne me suis encore ouvert qu'à M. d'Alembert sur la nature de l'erreur que j'avais commise en me servant la première fois de ma méthode. » *Op. cit.*, p. 189. De son côté, d'Alembert, le 21 septembre 1749, confie à Cramer : « Je n'ai point encore examiné l'affaire de l'apogée, il est juste de la laisser à M. Clairaut puisqu'il a eu le bonheur de la trouver en premier. Tout ce que je puis vous dire, c'est que l'erreur vient de quelques termes qu'il avait négligés,

bert écrit à Maupertuis une lettre, malheureusement perdue[1], pleine de récriminations à l'encontre de Clairaut. Maupertuis, qui n'a pas oublié ses anciens griefs, lui répond : « Tout ce que vous me dites de M. Clairaut ne me surprend point. Depuis son voyage en Laponie, je le connais précisément tel que vous me le dépeignez. J'en connais plus d'un qui ne fait guère d'honneur à la géométrie. Achevez votre ouvrage sur la Lune et marchez sur le corps de tous ces gens. Fontaine, qui a bien plus de sagacité que moi, avait connu Clairaut sans aller au Pôle[2]. »

Il semble bien que désormais les deux hommes ne se parlent plus. Sinon, comment expliquer que d'Alembert puisse répondre à une question concernant Clairaut, qu'il rencontre deux fois par semaine à l'Académie : « Comme je n'ai aucune liaison avec M. Clairaut, j'ignore s'il a dessein d'aller en Angleterre[3]. » La rupture est consommée, entraînant avec elle la constitution de deux clans dans la classe de mathématiques, et de nombreuses disputes par journaux interposés. Cela, jusqu'à la mort de Clairaut, en 1765.

En revanche, malgré quelques rivalités qui n'ont jamais tourné à l'aigre, Euler et Clairaut ont toujours entretenu une correspondance cordiale, voire amicale. Ils se soutiennent l'un l'autre. Clairaut donne des conseils à Euler pour se faire élire associé étranger à l'Académie, et Euler est son juge bienveillant au jury de l'académie de Pétersbourg. Implicitement, ils font front commun contre d'Alembert qui se sent, à tort ou à raison, le dindon de la farce. Après avoir rompu avec Clairaut, c'est avec Euler que

---

et qu'on aurait naturellement cru pouvoir l'être, puisqu'ils nous sont échappés à tous trois ». *Op. cit.*, p. 248. Enfin, le 30 mars 1750, d'Alembert se veut impartial lorsqu'il déclare à Euler : « Il est bien plus essentiel de s'assurer si le lieu de la Lune répond assez exactement aux observations, et c'est ce que je crois avoir appris à M. Clairaut, comme il m'a appris ce qui concerne l'apogée. » *Op. cit.*, p. 308.

1. On en devine la teneur par la réponse de Maupertuis.

2. Lettre du 23 mai 1750, Archives municipales de Saint-Malo, ii 24, f. 92vº. Clairaut, Maupertuis et Fontaine avaient été très liés dans leur jeunesse. Il semble, à lire les propos de Maupertuis, que la brouille entre d'Alembert et Clairaut trouve son origine dans la complicité qui unit sur son dos Clairaut et Euler à propos du concours de l'académie de Pétersbourg.

3. Lettre à Cramer du 10 septembre 1751, *op. cit.*, p. 257.

d'Alembert se brouille avec perte et fracas. Cette rupture, qui remonte elle aussi à mai 1750, s'inscrit dans une suite de contentieux sur l'éternelle question des priorités, et ne résulte pas de motifs strictement scientifiques[1]. En quelques mois, d'Alembert est confronté à deux affaires extrêmement frustrantes qui peuvent légitimement lui faire penser qu'Euler agit à son encontre de la façon la plus révoltante.

La première concerne le prix de l'académie de Berlin pour 1750. On se souvient que le sujet choisi – la théorie de la résistance qu'éprouvent des corps solides dans les fluides –, avait la prédilection de D'Alembert. Ce dernier envoie sa pièce – en principe anonyme – à la fin de l'année 1749, sûr d'être l'élu des trois commissaires, Euler, Kies et Grischow. A sa stupéfaction, le jury se déclare insatisfait par les cinq mémoires envoyés et demande le 21 mai 1750, le report du prix à l'année 1752. D'Alembert, convaincu à juste titre de sa supériorité et surtout de l'avancée que représente son travail[2], est indigné. Il pointe un doigt accusateur sur Euler qu'il tient pour responsable de son échec. Celui-ci aura beau s'en défendre comme un beau diable auprès de Maupertuis[3] et charger le malheureux Grischow de son propre péché, il ne convaincra personne. Comment le maître incontesté des sciences à Berlin se serait-il fait imposer ce verdict par un jeune astronome à peine sorti de l'apprentissage ? Nul doute qu'Euler, cédant à un moment de jalousie, peut-être aussi à la

---

1. Le désaccord entre les deux savants sur les logarithmes négatifs (calcul intégral), qui s'étale dans leur correspondance de janvier 1747 à l'automne 1748, reste courtois et ne suscite aucune hargne de la part de D'Alembert, même s'il met une grande constance dans sa critique, qui lasse Euler.

2. Le grand historien des sciences C.A. Truesdell (cité par R. Taton, *Correspondance de Euler, op. cit.*, p. 27) le juge ainsi : « Despite its many dejects, the *Essai* is a turning point in mathematical physics. For the first time a theory is put (however obscurely) in terms of a field satisfying partial differential equations... », René Taton ajoute que c'est dans l'alinéa 55 de son manuscrit qu'apparaissent pour la première fois les fameuses « équations de Cauchy-Riemann ».

3. Lettre du 21 septembre 1751, *Correspondance Euler-Maupertuis, op. cit.*, pp. 187-188.

tentation de montrer sa mauvaise humeur[1] aux académiciens parisiens, a imposé son choix à ses deux collègues. Cette preuve de mesquinerie n'étonne pas chez un homme qu'on décrit volontiers comme « fort singulier et tracassier[2] ».

D'Alembert se tait, mais se sent profondément offensé. Non seulement il refuse de participer au concours de 1752, mais il décide de publier la version française de son mémoire à Paris[3]. Comprenant qu'il n'a rien à attendre de Euler, il revient sur sa décision de concourir pour le prix de l'académie de Pétersbourg qui porte sur la Théorie de la Lune. C'est Euler qui a choisi le sujet pour son ancienne académie, et chacun sait qu'il en sera le juge. Clairaut s'est mis au travail sitôt le programme connu à Paris, à la mi-janvier 1750[4], et d'Alembert sait déjà que son rival est le futur vainqueur. Pour l'heure, il refuse de confier ce qu'il va faire. Mais ce premier coup se double au même moment d'un second qui le met hors de lui.

L'année précédente, il avait envoyé à Euler un exemplaire de sa *Précession des équinoxes*[5]. Celui-ci l'avait présenté à l'académie de Berlin le 18 décembre 1749, et un échange courtois s'en était suivi[6]. Le 3 janvier 1750, Euler confesse à d'Alembert qu'il s'était déjà intéressé à cette question, mais qu'il avait été arrêté par des difficultés considérables, et que ce n'est qu'après avoir lu son livre qu'il pouvait à son tour résoudre le problème sans recourir néanmoins aux calculs ardus du Français[7]. Il recon-

---

1. On se souvient qu'en 1748, Bradley lui avait été préféré comme associé étranger.

2. Lettre de Maupertuis à Jean II Bernoulli du 24 novembre 1750. BEB, LIa 708, f. 139.

3. Il présenta un exemplaire de son *Essai d'une nouvelle théorie de la résistance des fluides* à l'Académie des sciences le 19 janvier 1752 ; dont il avait lu la préface à l'assemblée publique le 13 novembre 1751.

4. Le sujet fut présenté et distribué à Paris le 14 janvier 1750.

5. Lettre de D'Alembert à Euler du 20 juillet 1749, accompagnant l'exemplaire confié à Grischow qui s'en retournait à Berlin après un assez long séjour d'apprentissage à Paris et à Londres.

6. Entre janvier et le 30 mars 1750.

7. Euler avait trouvé une méthode plus simple que celle de D'Alembert, qui faisait l'économie des équations différentielles du second ordre.

naissait sans détour la priorité de D'Alembert sur la première solution du problème. Or, presque au même moment, le 5 mars, Euler présente à l'académie de Berlin ses propres recherches sur la précession des équinoxes sans jamais mentionner le nom de D'Alembert[1]. On ignore la date exacte à laquelle celui-ci découvrit la trahison de son collègue, mais il n'aura de cesse de dénoncer en Euler un plagiaire et un voleur, même après que ce dernier eut ajouté un avertissement au volume de 1750 des *Mémoires* de Berlin dans lequel il reconnaissait la priorité de D'Alembert.

Après la vilenie du prix de Berlin, d'Alembert a cessé d'écrire à Euler. Ce dernier, qui paraît ignorer la rancœur de son collègue, lui envoie son dernier livre[2], accompagné d'une lettre aimable, en décembre 1750. Comme la date limite de l'envoi des pièces à Pétersbourg est fixée au 11 janvier suivant[3], Euler lui dit son impatience de lire la sienne... Le 4 janvier, d'Alembert lui répond sèchement : « Il ne me convient pas de vous dire si je l'ai envoyée à Pétersbourg, mais quand je ne l'aurais pas fait, j'aurais eu pour cela de très bonnes raisons, que vous devez savoir mieux que personne[4]. » Comme Euler fait mine de ne pas comprendre, d'Alembert lui envoie neuf mois plus tard une mise au point rageuse : il l'accuse de cabale et de malhonnêteté, raisons pour lesquelles il renonce à concourir à Berlin, comme à Pétersbourg où Euler a la haute main sur les prix[5].

Au reçu de cette lettre pour le moins insultante, Euler tente de se défendre tant bien que mal, et demande à Maupertuis de plaider sa cause auprès de D'Alembert[6]. Mais la rupture entre les deux hommes est consommée, jusqu'au voyage de D'Alembert à Berlin en 1763.

---

1. Ce mémoire fut publié fin 1751 dans le volume pour 1749 des *Mémoires* de Berlin pour 1749.
2. *Scientia navalis*, 1750.
3. Clairaut avait envoyé la sienne le 6 décembre 1750, et Euler en avait pris connaissance en février 1751.
4. *Correspondance Euler-d'Alembert*, *op. cit.*, p. 310.
5. Lettre du 10 septembre 1751, *op. cit.*, p. 312.
6. Lettre de Euler à Maupertuis du 21 septembre 1751, *op. cit.*, pp. 186-188.

En 1750-1751, un autre homme se bat pour conserver la pré-éminence dans sa discipline. C'est Réaumur, qui se sent profondément atteint par les attaques de Buffon. Après lecture des premiers volumes de l'*Histoire naturelle*, il comprend qu'il doit réagir vite, s'il ne veut pas voir le travail de toute une vie anéanti. Contrairement à d'Alembert, il dispose d'un clan puissant à l'Académie. Aux Guettard, Jussieu, Nollet qui lui resteront fidèles jusqu'au bout, il faut ajouter des hommes tels que Bouguer, Mairan et Fouchy, ainsi que son immense réseau de correspondants à travers le monde. Dès le 8 novembre 1749, Réaumur alerte Trembley : « Que pense-t-on à Londres du livre de M. de Buffon ? Je doute qu'il y paraisse aussi déraisonnable qu'il le paraît ici[1]. » Trembley lit très vite les trois volumes et émet le même jugement que tous les partisans de Réaumur : « Ils renferment quelques faits curieux ; mais pas assez à proportion de leur grosseur. Il y a un très grand nombre de conjectures, dont plusieurs sont fort hardies. Il arrive souvent à M. de Buffon de les donner d'abord pour des conjectures, et puis de s'en servir comme de principes démontrés... M. de Buffon prétend presque tout expliquer sur la génération par une hypothèse hasardée. Il fait trop prouver les faits sur lesquels il la bâtit. Il semble quelquefois qu'il se laisse emporter par son imagination. Si son ouvrage est fort goûté, je crains qu'il ne fasse tort à l'histoire naturelle en ramenant le goût des hypothèses[2]. »

De son côté, le fidèle Nollet s'attache à discréditer Buffon et son ouvrage auprès de ses correspondants étrangers. Dès le 9 mars 1750, il avertit Jallabert que « les trois volumes de M. de Buffon » ont été mal accueillis[3] : « Que de systèmes entassés les uns sur les autres et quels systèmes ! Devait-on attendre cela d'un homme qui, depuis quinze ans qu'on le connaît, déclame perpétuellement contre les gens à systèmes ? Remarquez que cet

---

1. *Correspondance Réaumur-Trembley*, op. cit., pp. 329-330.
2. Lettre au comte de Bentinck du 20 janvier 1750. *Ibid.*, p. 330, note 1. Sa critique rejoint exactement celle de Réaumur dans une lettre à son correspondant Ludot, le 3 mai 1750.
3. Par l'Académie.

ouvrage n'a point passé par le bureau de l'Académie. L'auteur, pour en éviter l'examen, a mieux aimé se passer du titre d'académicien[1]. »

La ligne de défense de Réaumur, répercutée par tous les réaumuriens, est simple : je ne suis peut-être qu'un modeste observateur, un disséqueur d'insectes, mais je m'en tiens aux faits. En cela, je me conforme aux impératifs scientifiques, contrairement à Buffon, piètre observateur, qui se satisfait d'élucubrations métaphysiques. Mais l'orgueilleux Réaumur ne veut pas paraître touché ni faire à son adversaire l'honneur d'une réponse personnelle. Il charge un de ses fidèles de monter au créneau. Il s'agit d'un Oratorien très brillant, le père Lelarge de Lignac, qu'il connaît depuis plus de quinze ans[2] et qu'il apprécie au point de l'accueillir chez lui dans le Poitou durant la belle saison. Dès l'été 1749, avant même l'affaire Buffon, Réaumur signale à Trembley qu'il a avec lui « un père de l'Oratoire, le père Lignac, homme extrêmement aimable dans la société, grand métaphysicien et qui aime autant que vous et moi le pouvons aimer à faire des observations au microscope[3] ». C'était, pensait-il, exactement l'homme qu'il lui fallait pour rabattre le caquet de Buffon : aussi à l'aise pour discuter philosophie que pour remettre à sa place ce « demi-savant ». Dès l'été 1750, Lignac et Réaumur ont dû longuement évoquer l'argumentaire à employer contre le livre de Buffon, tout en observant les polypes du Poitou...

Avant même la parution de l'ouvrage de Lignac, Réaumur et les siens mènent la vie dure à l'auteur de l'*Histoire naturelle*. Les échos en parviennent jusqu'à Berlin. Les amis de Buffon, dont

---

1. *Correspondance Nollet-Jallabert*, op. cit., pp. 183-184. La toute dernière phrase a pour objet d'accuser le caractère non scientifique du livre de Buffon. Propos que l'on retrouve dans une autre lettre de Nollet à Zanotti (11 mai 1750) et sous la plume de Lignac, fervent défenseur de Réaumur.

2. Le père de Lignac (vers 1710-1762), apologiste catholique, avait entamé une correspondance scientifique avec Réaumur dès 1735, à propos d'une chenille. Voir le dossier Réaumur aux archives de l'Académie des sciences, chemise « Lettres adressées à Réaumur », R-12. En outre, le père Lignac venait de publier un *Mémoire pour servir à commencer l'Histoire des araignées aquatiques* (1748).

3. Lettre du 8 novembre 1749, *op. cit.*, pp. 326-327.

Maupertuis fait partie, se plaignent des coups qui partent de l'Académie des sciences. L'abbé Sallier lui écrit : « Votre fidèle et tendre ami, M. de Buffon, part demain pour la Bourgogne. Il se soustrait, du moins pour quelques mois, à l'humeur et à la jalousie des jocrisses qui font couver des œufs [Réaumur]. Si je pouvais suivre les mouvements de mon cœur, j'en dirais beaucoup, et je dois être plus circonspect qu'un autre[1]. » Maupertuis, qui a conservé une dent contre l'Académie en général et Réaumur en particulier, lui répond aussitôt : « Ce que j'apprends qui se passe dans votre Académie des Sciences me console de n'y pas être. Je vois qu'on y persécute plus que jamais le mérite, et cela est dans la règle. Mais qu'on y pousse l'injustice jusqu'à mépriser une des découvertes des plus belles qui aient été faites depuis plusieurs siècles, il y a de l'impudence. » Puis, s'identifiant à la victime, il ajoute : « Je n'ai jamais été à portée de réclamer pour mon compte contre pareille injustice, mais je souhaite que notre ami B. soit aussi philosophe qu'il me semble que je le serais à sa place. La haine l'a poursuivi jusqu'en Allemagne, mais j'ai [fait] taire les gazettes et les malintentionnés[2]. »

De Toul où il réside, le comte de Tressan, fraîchement élu à l'Académie des sciences, résume ainsi la situation à la veille de la publication du pamphlet de Lignac : « Je sais de plusieurs de nos confrères qu'il y a beaucoup de divisions à l'Académie. M. de Réaumur et M. de Buffon sont toujours très mal ensemble ;

---

1. Lettre du 9 septembre 1750, Archives de l'Académie des sciences, fonds Maupertuis, dossier 129. L'abbé Sallier (1685-1761), très lié à Buffon et à Maupertuis, était un érudit spécialisé dans les langues anciennes, membre de l'Académie des inscriptions et de l'Académie française. Depuis 1721, il avait la charge des manuscrits de la Bibliothèque du roi.

2. Lettre du 22 septembre 1750, Archives municipales de Saint-Malo, ii. 24, f. 96r°. En Allemagne, c'était Haller qui dominait les sciences de la vie. Très à cheval sur la religion, il était évidemment du côté de Réaumur, ainsi que la plupart des savants allemands. Par ailleurs, Koenig, qui vient de faire un séjour à Paris où il a longuement parlé à Réaumur, écrit à Haller vers le 10 octobre 1750 : « Maupertuis est extrêmement entêté du mérite de Buffon, et je serais charmé qu'on lui fît comprendre qu'il n'y entend rien » (Magnan, « Dossier Voltaire en Prusse », *Studies on Voltaire*, n° 244, 1986, p. 271). Koenig fait allusion au livre que Haller se prépare à publier contre le 2e tome de l'*Histoire naturelle* (*Réflexions sur le système de la génération de M. Buffon*, 1751).

peut-être ce dernier a-t-il trop étendu ses idées, peut-être l'autre les a-t-il trop rétrécies, je n'ose les juger[1]... » C'est dans cette lourde atmosphère que paraissent au début de l'été les *Lettres à un Américain*[2] du père Lignac. Pour Buffon, c'est un coup très dur même s'il fait mine de le prendre de haut. Le 27 juillet, il en informe son ami Doussin : face à cette attaque très vive contre son ouvrage, il ne répondra pas, parce que, dit-il, « cela l'indiffère[3] ».

On a du mal à le croire. Les *Lettres* le maltraitent sévèrement. D'une part, elles le désignent à ses censeurs comme celui qui « contredit la Genèse en tout », ruine la religion et chasse Dieu de l'histoire naturelle[4]. Sous-entendu : Buffon est un pyrrhonien, matérialiste et athée. Un homme dangereux. D'autre part elles disqualifient le savant : « M. de Buffon peut débiter de pareilles invraisemblances à ces nouveaux initiés dans la physique qui n'ont jamais ni observé ni étudié les différentes transformations de la chenille, mais quelles impressions pourraient-elles faire sur nous... ? » Et encore : « Que n'accuse-t-il publiquement M. de Réaumur d'imbécillité ou de mauvaise foi ? Que ne tente-t-il de le prouver, que n'a-t-il vérifié ses observations[5] ? »

Bien que l'ouvrage soit publié sans nom d'auteur et imprimé officiellement à Hambourg[6], Buffon sait très vite qu'il est l'œuvre d'un oratorien. Bientôt, le nom de Lignac court tout Paris qui le désigne comme la plume de Réaumur. Le marquis d'Argenson, qui se pique de tout savoir, note : « Le véritable auteur est M. de Réaumur..., grand ennemi de M. de Buffon, envieux

---

1. Lettre du 14 mai 1751 adressée à Maupertuis (éd. de l'abbé Le Seur, *op. cit.*, p. 331). Tressan (1705-1783) avait été élu associé libre à l'Académie des sciences le 8 décembre 1749. Il avait des amis dans les deux camps : proche de Maupertuis, La Condamine et Buffon, mais aussi de Guettard et Réaumur.

2. *Lettres à un Américain sur l'Histoire naturelle, générale et particulière, de M. de Buffon* (1751).

3. Lettre citée par Torlais, *Réaumur, op. cit.*, p. 240.

4. J. Roger, *op. cit.*, p. 257. 1re lettre, pp. 6-9.

5. Cité par J. Torlais, *op. cit.*, p. 240.

6. J. Roger précise que le livre avait été imprimé à l'Arsenal « chez Mme la Duchesse du Maine, protectrice de M. de Réaumur ». *Op. cit.*, p. 256.

et jaloux de ses travaux et de ses récompenses... Il s'est adjoint un petit père de l'Oratoire qui a rédigé l'ouvrage. Il a évité de faire porter tout l'ouvrage sur la dévotion. Il censure Buffon sur bien des points, des erreurs, des contradictions, de la vanité d'auteur orgueilleux et superficiel[1]. » A l'évidence, le marquis partage équitablement son antipathie entre les deux académiciens. On dit aussi qu'un troisième a mis la main à la pâte, et l'on parle de Bouguer.

Réaumur peut savourer cette « solide et ingénieuse critique de l'ouvrage de M. de Buffon[2] » et le bruit qu'elle fait dans Paris. Il peut bien l'envoyer à tous ses correspondants, avec les plus grands éloges. C'est sa dernière victoire : la contre-offensive des philosophes ne va pas traîner. Buffon sera vengé de façon éclatante par les encyclopédistes, dont Réaumur devient la tête de turc. Le vieux prince de l'Académie n'a pas fini de souffrir.

Nid de vipères à Berlin

A lire la correspondance de Frédéric, on pourrait croire qu'il n'estime que les hommes de lettres. Il leur fait mille flatteries et leur promet monts et merveilles pour les attirer auprès de lui. Il a besoin d'être distrait par de beaux esprits et informé au jour le jour de la vie culturelle française. Raison pour laquelle il fuit les savants – fussent-ils du calibre d'Euler –, qui l'ennuient profondément. Seule exception : Maupertuis qui a de l'esprit à revendre[3] et qu'il estime parce qu'il sert au mieux les intérêts de l'Académie.

---

1. *Journal, op. cit.*, t. V, p. 117.
2. Lettre à Trembley du 2 septembre 1751, *Correspondance Réaumur-Trembley, op. cit.*, p. 359.
3. Deux témoignages de cette époque le confirment. Dans ses *Souvenirs* (t. I, p. 181), Formey note à quel point il appréciait l'esprit et les saillies de Maupertuis : « L'homme le plus spirituel qu'il ait connu. » Il le préférait même à Voltaire « qui pérorait, dissertait... on s'en lassait ; au lieu que tout ce que disait M. de Maupertuis partait comme un éclair, et en avait le feu ». Propos confirmé par l'abbé Denina dans *La Prusse littéraire sous Frédéric II*, 1790, t. II, p. 478 : « La vivacité de M. de Maupertuis était extrême. Elle éclatait dans sa tête et dans ses yeux... Il était d'ailleurs poli, caressant même, parlant avec facilité et avec esprit ; il plaisait dans la société... »

En 1750, la situation de ce dernier à Berlin est excellente. Son prestige est intact, son autorité reconnue tant par les quelques Français présents que par les Allemands[1]. Les deux hommes qui comptent à l'Académie, à savoir Formey, le secrétaire perpétuel, et Euler, le directeur de la classe de mathématiques, lui sont loyaux. Certes, l'Académie n'a pas encore le lustre dont il rêve pour elle. L'institution des prix, copiée de Paris, fonctionne mal. Les sujets choisis par Formey suscitent peu d'intérêt, et les mémoires envoyés sont d'une qualité médiocre[2]. En outre, Maupertuis connaît les pires difficultés pour faire venir à Berlin des savants de qualité[3]. La froidure des hivers, les rémunérations modiques découragent les vocations. Malgré ses multiples obligations, le Président de l'Académie garde du temps pour ses travaux personnels. En dehors de son « principe de moindre action », qui lui importe au premier chef[4], il s'intéresse essentiellement à la réflexion, morale ou biologique[5].

Côté cœur, cela ne peut être mieux : Eléonore le rend heureux. Seul regret qu'il exprime à l'occasion de félicitations à son ami de Bâle : « J'ai souhaité avec passion, dans les commencements de mon mariage, d'avoir des enfants... Ce n'est pas que j'ai

---

1. Comme l'écrit Christiane Mervaud, « le mariage du Président de l'Académie des sciences avec Eléonore de Borck..., demoiselle d'honneur de la Princesse Amélie, la plus jeune sœur du Roi, avait désarmé préjugés et partis pris. Maupertuis faisait partie depuis plusieurs années du paysage de Berlin. Sa place dans la société était bien définie, sa renommée bien établie, son autorité reconnue ». *In* « Voltaire, Baculard d'Arnaud et le Prince Ferdinand », *Studies on Voltaire*, n° 183, 1980, pp. 24-25.

2. D'Alembert a vivement critiqué le sujet mis au concours pour l'année 1751, qu'il jugeait idiot (voir sa lettre à Formey du 19 septembre 1749 et celle à Cramer du 21). Quant au vainqueur du prix 1748 sur les monades, un dénommé Justi, il avait rendu un mémoire considéré par tous comme nul.

3. Sa correspondance avec Jean II Bernoulli témoigne de la constance de cette préoccupation depuis son installation à Berlin.

4. Il publie en 1750 un *Essai de cosmologie* qui développe les implications du principe de moindre action.

5. Il charge Jean II de les faire imprimer à Bâle, notamment son *Essai de philosophie morale* (1749) qui est un traité du bonheur. Par ailleurs, il se passionne en 1750 pour les expériences microscopiques de l'Anglais Needham sur l'eau. Voir deux lettres à La Condamine des 24 août et 15 septembre 1750 (Archives municipales Saint-Malo).

toujours été stérile, j'ai fait autrefois *des* enfants fort mal à propos, et j'en ai un petit à Saint-Malo qui serait digne d'une meilleure naissance. Je ne fais plus que des livres, et ne donne pas du moins dans le ridicule de Mme du Châtelet[1]. » Outre ses livres, Maupertuis se console avec ses animaux, objets d'amour et d'expériences. Sa maison, dit un témoin, « était une véritable ménagerie, remplie d'animaux de toutes espèces, qui n'entretenaient pas la propreté. Dans les appartements, troupes de chiens et de chats, perroquets, perruches, etc. Dans la basse-cour, toutes sortes de volailles étrangères. Il fit venir une fois de Hambourg une cargaison de poules rares avec leur coq. Il était dangereux quelquefois de passer à travers la plupart de ces animaux, par lesquels on était attaqué. Je craignais surtout beaucoup les chiens islandais. M. de Maupertuis se divertissait à créer de nouvelles espèces par l'accouplement de différentes races, et il montrait avec complaisance les produits de ses accouplements[2]... »

Avant l'arrivée de Voltaire en juillet 1750, la vie à Berlin ou à Potsdam est celle d'une ville de province. Ceux qui ont vécu à Paris s'y ennuient ferme. A part les soupers dans l'intimité du roi, qui ne manquent pas de gaieté, il n'y a guère de distractions : théâtres et opéras sont rares et mauvais. Les quelques hommes de lettres français déjà installés n'ont pas vraiment choisi d'être là. Les uns sont venus pour y gagner un peu d'argent, flattés par l'invitation de Frédéric, comme le marquis d'Argens[3] et plus récemment le jeune protégé de Voltaire, Baculard d'Arnaud[4].

---

1. Lettre du 11 octobre 1749 à Jean II Bernoulli. BEB, LIa. 708, f.125. Maupertuis livre ici deux détails curieux sur sa vie privée : il semble dire qu'il a eu plusieurs enfants naturels, et paraît certain d'être la cause de la stérilité du couple. Ce qui au regard de ses théories de la génération est particulièrement intéressant...

2. L'abbé Denina, *op. cit.*, vol. II, p. 484.

3. 1704-1771. Auteur d'une série de lettres qui firent sa réputation sans pour autant l'enrichir, *les Lettres juives, les Lettres chinoises, les Lettres cabalistiques* et de divers *Mémoires* ; cet homme érudit, causeur agréable, était entré au service de Frédéric en 1742 en qualité de chambellan. Plus tard, il fut nommé directeur de la classe des Belles Lettres à l'Académie. C'était un des plus proches du souverain.

4. 1718-1805. Poète précoce, auteur de quelques pièces de théâtre et d'une *Epître au cul de Manon* (1748) qui avait amusé Frédéric, il gagne difficilement sa vie à Paris

D'autres, tels La Mettrie[1] ou l'abbé de Prades[2], persécutés pour des œuvres jugées scandaleuses dans leurs pays, sont trop heureux d'y avoir trouvé asile. Mais, une fois installé, on déchante vite, comme le raconte Baculard d'Arnaud, arrivé depuis à peine trois mois : « Je suis comblé des bontés du roi. Peut-être les vers dont il m'a honoré ont-ils été jusqu'à vous... J'ai 6 000 livres de rente ici et l'espérance de quelque chose de mieux. Voilà le beau. Voici le laid : tout est dans ce pays d'une cherté extraordinaire ; les 6 000 livres sont 4 000 à Paris. Et, à Paris, je n'avais pas besoin d'avoir une maison. Ici, on mange chez soi. Il faut encore jouer, lorsqu'on va à Berlin, le triste rôle de M. Sottencour, ce qui jette de nouvelles dépenses... Vous m'avez prédit un ennui mortel, peu de société, des climats affreux pour un Français et pour les poitrines. Vous avez été... un excellent prophète. Je reçois ici beaucoup d'honneurs, je passe tous les jours deux ou trois heures avec le roi..., mais qu'est-ce que tout cela pour un philosophe qui aime les vrais plaisirs ?.... » Déjà Baculard ne pense plus qu'à rentrer en France, comme tous ses compatriotes qui n'ont pas une Eléonore auprès d'eux. Il poursuit ainsi sa lettre au comte de Sade : « Si par votre moyen, je pouvais me tirer honorablement de ce pays... je crains que ma santé ne me permette pas d'y rester longtemps... Aller en France sans fortune, cela est bien dur pour un homme qui connaît le genre humain... Mourir ici d'ennui, de maladie, y perdre le ton des grâces, de vérité, qu'on ne trouve qu'en son pays, cela est encore fort désagréable... Je lis nuit et jour. Les rois ne sont point faits pour être nos amis [et] les livres sont des amis muets... Il faut à

---

comme correspondant de celui-ci. Il s'installe à Berlin en avril 1750, moyennant une pension confortable et le statut de Poète de la cour.

1. 1709-1751. Médecin et philosophe installé en Hollande depuis 1746 et qui dut fuir ce pays en 1748 lorsqu'il publia *L'Homme machine*, l'une des œuvres les plus audacieuses du siècle. Le roi en fait son médecin, son lecteur et le nomme à l'Académie.

2. 1720-1782. Sa thèse de doctorat en Sorbonne, soupçonnée d'irréligion, lui vaut un décret de prise de corps en 1752. Il arrivera en Prusse au printemps 1752, après un autre Français, La Beaumelle, qui s'y installe à la fin 1751.

l'homme un peu de bavardage et quelqu'un qui lui dise oui et non[1]... »

Le petit groupe des Français, auxquels il faut ajouter Darget[2] et Algarotti[3], se fréquentent un peu en dehors des repas chez le roi, mais cette minuscule société fermée n'ignore rien des tracasseries et jalousies en tout genre. Chacun veut être le préféré du monarque qui en joue avec perversité. Sous des dehors aimables et malgré un réel amour des lettres, c'est un homme dur, autoritaire et cynique, qui n'a que mépris pour toute cette clique. Les hommes de plume sont ses bouffons, et, tel son père, il ne respecte que la race des guerriers, les forts. Or, à part La Mettrie, bon vivant et homme bon, qui joue le rôle de boute-en-train, les autres traînent une langueur hypocondriaque. Après quelques mois dans le pays, on se déclare mourant. D'Argens se plaint de toutes les maladies possibles, Darget connaît d'horribles problèmes de vessie, Algarotti a la poitrine fragile et Maupertuis crache le sang tous les hivers[4]. Chacun fait valoir ses maux pour obtenir un congé du roi et aller respirer l'air natal.

La situation berlinoise, on l'aura compris, n'est guère brillante. Mais elle devient explosive peu de temps après l'arrivée de Voltaire, fin juillet 1750[5]. Déçu de n'être pas traité à Paris avec tous les honneurs qui lui sont dus[6] et n'ayant plus le prétexte de Mme du Châtelet pour le retenir en France, il a cédé à la promesse faite depuis fort longtemps à Frédéric de venir lui faire

---

1. Lettre au comte de Sade, Potsdam, ce 15 juillet 1750. *Bibliothèque Sade I*, *op. cit.*, pp. 523-524.
2. Claude-Etienne Darget était depuis janvier 1746 secrétaire des commandements du roi. C'est un fidèle parmi les fidèles de Frédéric.
3. Algarotti, chambellan du roi, connaît à cette époque une sérieuse disgrâce.
4. Au bout de quelques mois en Prusse, Voltaire lui-même se dira atteint du scorbut. De nombreuses lettres évoquent la perte de ses dents.
5. Voltaire est arrivé le 24 juillet à Potsdam, avant de se rendre avec toute la cour à Berlin pour assister aux fêtes somptueuses en l'honneur de la margrave de Bayreuth.
6. Voir deux célèbres lettres adressées au duc de Richelieu, qui énumèrent tous ses griefs. La première du 31 août 1751 (Best. D 4561), la seconde (Best. D 4206) redatée par A. Magnan septembre/octobre 1751. Sur les causes de son départ en Prusse, lire le livre très complet de Christiane Mervaud, « Voltaire et Frédéric II », *Studies on Voltaire*, n° 234, 1985, notamment pp. 169-182.

sa cour. Moyennant une très belle pension[1], l'ordre du Mérite et le statut de chambellan du roi, Voltaire s'installe en Prusse avec le ferme intention de dominer la scène et d'être l'alter ego du monarque. Les premiers mois, il ne se sent plus de bonheur. Frédéric met tout en œuvre pour le séduire. Il est fêté par les membres de la famille royale, et les Français apprécient sa présence qui opère un salutaire divertissement[2]. Maupertuis, qui ne cache pas son admiration pour lui[3] n'est pas le dernier à s'en féliciter. Après un mois de séjour du grand homme, les nuages passés semblent dissipés : « Nous vivons fort bien ensemble, Voltaire et moi, et j'ai très sincèrement oublié le procédé dont vous parlez. Il fait à tous moments des choses charmantes, et les fait comme les autres font des choses ordinaires[4]. » C'est une grande acquisition pour le roi, conclut-il une semaine plus tard[5].

Quelques mois se sont à peine écoulés que toute la cour est à feu et à sang. Voltaire, qui veut être le seul soleil de Frédéric, a obtenu le renvoi brutal de Baculard d'Arnaud le 20 novembre[6],

---

1. 20 000 francs auxquels devait s'ajouter une pension à vie de 4 000 pour Mme Denis si elle venait s'installer à Berlin avec Voltaire.

2. Dès le mois de septembre 1750, Voltaire donne plusieurs représentations de *Rome sauvée* chez les princesses. Il joue le rôle de Cicéron, et le prince Henri celui de Brutus...

3. Le 30 décembre 1749, il écrit à La Condamine : « Je ne m'étonnerai jamais de l'excellence des ouvrages de Voltaire, ni de la célérité avec laquelle il les peut faire ; je les regarde et l'ai toujours regardé comme le plus bel esprit de la France en y comptant plusieurs siècles. » Archives municipales de Saint-Malo, ii. 24, f. 140v°.

4. A La Condamine, le 24 août 1750. *Ibid.*, f. 125v°. Le mauvais procédé auquel il est fait allusion remonte à 1746. Lors de son discours de réception à l'Académie française, Voltaire avait rendu hommage à un grand nombre de personnes, mais omis de citer le nom de Maupertuis qui n'était plus en odeur de sainteté à Paris après son départ pour la Prusse. Ce dernier lui avait fait savoir son amertume devant une telle lâcheté.

5. Lettre de Maupertuis à Buffon, 1er septembre 1750. *Ibid.*, f. 127v°. Même son de cloche le 12 septembre suivant dans une lettre à Jean II Bernoulli, BEB, LIa. 708, f. 138. Buffon, plus perspicace que Maupertuis, écrit à l'abbé Le Blanc dès le 22 octobre : « Entre nous, je crois que la présence de Voltaire plaira moins à Maupertuis qu'à tout autre ; ces deux hommes ne sont pas faits pour demeurer ensemble dans la même chambre », *Correspondance inédite de Buffon, op. cit.*, p. 48.

6. Pour toute cette affaire, voir Robert L. Dawson, « Baculard d'Arnaud : Life and prose fiction », *Studies on Voltaire* n° 141, 1976, ainsi que le livre et l'article de Ch. Mervaud, déjà cités.

suscitant la défiance, voire l'indignation des autres Français, et de la famille royale. Baculard avait des amis qui deviennent les ennemis de Voltaire. Peut-être subodorent-ils déjà que ce dernier pourrait renouveler ce coup de force contre l'un d'eux. Ulcéré, Maupertuis prend ses distances[1] et tente de le compromettre dans une affaire d'argent et de diamants. Il aurait joué un rôle actif dans la « cabale » dont Voltaire est l'objet à l'occasion de l'affaire Hirschel[2]. Celui-ci l'a vite su et s'en plaint, d'autant qu'il lui est interdit de se présenter à la cour durant tout le temps de son procès[3]... L'atmosphère est à couper au couteau entre les Français qui chuchotent et complotent les uns contre les autres. Seul La Mettrie, grâce à son bon caractère, parvient à conserver des relations amicales dans les deux camps.

L'atmosphère n'est guère meilleure entre intellectuels français et allemands, plus précisément entre les catholiques et les protestants. Ces derniers reprochent aux premiers leur amoralité et ce « bel esprit » dont eux-mêmes sont dépourvus. Par-dessus tout, ils leur en veulent d'occuper les places à l'Académie et de jouer les premiers rôles à la cour. Les Français n'en ont cure et affichent un profond mépris pour ces lourdauds d'Allemands[4]. Formey n'a jamais oublié que Voltaire s'est payé sa tête lors d'un premier voyage à Berlin, et il le regarde toujours comme un homme sans foi ni loi. Tout aussi bien-pensant, Euler n'a pas la moindre considération pour ces Français dénués de philosophie

---

1. A Mme Denis, Voltaire confie le 6 novembre : « Maupertuis n'a pas les ressorts bien liants... On dit qu'il entre un peu d'envie dans ses problèmes ». Voir la question des lettres à Mme Denis dans le livre de A. Magnan, *Dossier Voltaire en Prusse*.

2. C'est A. Magnan qui rappelle ce détail en se fondant sur les témoignages de Darget et d'Argens. Ce dernier raconte : « Ce juif [Hirschel] fut d'abord hautement protégé par M. de Maupertuis et par tous les Français de sa cabale. M. de Voltaire fut à la veille de passer pour avoir volé des diamants... Enfin, la vérité prit le dessus, le juif fut condamné malgré tous ceux qui le protégeaient... Malgré une justification authentique, M. de Maupertuis et ses partisans nécessitent de publier la même calomnie dans toute l'Europe », « Voltaire en Prusse », *op. cit.*, p. 170.

3. C'est-à-dire de décembre 1750 à fin février 1751.

4. Selon le prince Henri, Baculard d'Arnaud se serait laissé aller à dire que « les Allemands étaient des bestiaux qui, il y a quarante ans, marchaient encore à quatre pattes ». Cité par Dawson, *op. cit.*, p. 202.

et de religion, qui font beaucoup de bruit pour rien ; il ne les fréquente pas. De son côté, Voltaire sait à peine qu'il existe et fuit les séances de l'Académie où Euler doit prendre la parole[1]. Par ailleurs, Formey exècre La Mettrie non seulement parce que le Français l'a quelque peu escroqué[2], mais surtout parce que l'auteur de l'*Homme machine* lui est odieux. Antipathie que ce dernier lui rend bien et qu'il exprime par une ironie et des blagues d'un goût douteux.

Deux lettres de Samuel Koenig à son compatriote Haller[3], après un court séjour à Berlin, résument la hargne des Allemands envers les Français. La première vise particulièrement La Mettrie : « Il est sans doute vrai que le roi... donne dans les systèmes de Voltaire et de La Mettrie tête baissée. Mais Maupertuis et Algarotti s'en lavent les mains. La Mettrie, surtout, dogmatise hautement. Le matérialisme, l'athéisme, et ce qui est pis que tout cela, l'immoralité prétendant que toute morale est une chimère, qu'une invention des esprits faibles... Je voudrais que vous fissiez venir [son] livre[4]... et que, dans quelque journal, vous voulussiez [le] peigner d'importance, et lui faire voir sa crasse ignorance dans le métier qu'il veut professer et qu'il est le médecin âne plus que tout autre chose... L'impertinence de ces gens ne peut plus se souffrir : ils sont ignorants comme des moines et décident comme des papes. Que Formey vous envoie aussi les *Epîtres* de M. d'Arnaud, avec les notes où vous verrez de belles choses sur les Allemands. »

Dix jours plus tard, Koenig généralise son propos[5] et règle son compte à chacun nommément : « Eh bien, que dites-vous de

---

1. Peu de temps après son arrivée à Berlin, Voltaire confie à Darget : « Le monde est rassasié d'x et de courbes. Quelle pitié de consumer son temps à calculer ce qui n'est pas notre bien, et que Cicéron est au-dessus d'Euler. » (Best. D 4267, redatée par A. Magnan août/septembre 1750, *op. cit.*, p. 162).

2. Sur cette sombre histoire qui concerne Formey, La Mettrie et leur éditeur commun de Leyde, Elias Luzac, voir la correspondance de ce dernier avec Formey à la Bibliothèque de Berlin, fonds Formey, Kasten 25.

3. Tous deux étaient nés à Berne.

4. *Œuvres philosophiques de M. de La Mettrie*, Londres [Berlin], 1751.

5. Lettre écrite vers le 1er octobre 1750, citée par A. Magnan, *op. cit.*, pp. 269-270.

nos Français de Berlin ? Ferez-vous venir le livre de La Mettrie ? si tous les journalistes voulaient s'entendre de n'en pas faire mention, ils lui joueraient un mauvais tour... Vous aurez vu l'*Epître* d'Arnaud, où il dit que les Allemands ne sont bons qu'à faire de gros volumes... Je ne conçois pas comme tous les Allemands ne sont pas en armes contre de si insignes impertinences... Voltaire est aujourd'hui le mignon du roi, mais je ne crois pas qu'il tienne bon longtemps... C'est un bon homme, mais étourdi et ayant des principes fort dangereux. Il travaille tous les jours avec le roi, sans doute à corriger ses œuvres... Malheur à la raison si la philosophie qui y est contenue prend le dessus ! Algarotti et Maupertuis...prennent de concert le parti de l'Eglise, ils vont régulièrement à la messe, font le carême et ont des chapelets chez eux : ils se lavent les mains de tout, ne voulant pas être plus sages que leurs compatriotes. Le roi les traite souvent de vilains hypocrites qui n'osent pas professer la vérité... S'ils ne sont pas plus religieux que les autres, ils sont plus politiques, ils ne veulent pas s'enfermer en Prusse en se fermant l'accès à tous les autres pays chrétiens... Enfin, c'est un assortiment de philosophes tel qu'on n'en a jamais vu [1]. »

Ce que Koenig ne dit pas dans ses lettres, c'est que, venu à Berlin, notamment pour soumettre un écrit à Maupertuis, celui-ci l'avait traité avec la plus grande condescendance, au moins à deux reprises. Une première fois, lorsque Koenig l'avait prié d'examiner sa critique du principe de moindre action, lui proposant de la supprimer si elle ne lui convenait pas : « Mais le ton d'égalité que prit Koenig n'accommodait pas Maupertuis qui avait un peu de hauteur et qui se rappelait la distance qu'il y avait eu entre eux à Cirey... Maupertuis rejeta l'écrit et l'offre, lui disant avec dédain qu'il pourrait en faire ce qu'il voulait[2] ». Quelques jours plus tard, Maupertuis et Koenig étant en désac-

---

1. Lettre du 10 octobre 1750 citée par A. Magnan, *op. cit.*, pp. 271-272.

2. Formey, *Souvenirs*, *op. cit.*, t. I, p. 176. Cette anecdote annonce le conflit majeur qui va bientôt opposer Maupertuis à Koenig, lequel avait alors publié son écrit contre la *Cosmologie* de Maupertuis dans les *Acta eruditorium* de Leipzig, de mars 1751, suscitant l'une des polémiques les plus mémorables de cette époque.

cord sur quelque sujet de controverse, Koenig lâcha : « Mon pauvre ami, pensez donc... » A ces mots, la fureur s'empara de M. de Maupertuis. Il se leva et, pirouettant dans sa chambre, dit à plusieurs reprises : « Mon pauvre ami, mon pauvre ami ? Vous êtes donc bien riche, vous êtes donc bien riche[1] ! » Il est vrai que, mis à part Euler, qu'il respecte, Maupertuis traite souvent avec hauteur ceux qui travaillent sous ses ordres. Formey s'en est plaint à Koenig qui constate : « Ce sont des vivacités françaises que les inférieurs et les égaux sont souvent obligés d'éprouver[2]. » Vexations bénignes, comparées au sort réservé à l'astronome Grischow qui avait osé signer un engagement avec l'académie de Pétersbourg sans en référer à son supérieur ni en demander la permission au roi. Il fut arrêté à son domicile par trois soldats et mis aux arrêts une semaine, en novembre 1750. Finalement, le monarque le laissa partir, mais Grischow, qui accusait Maupertuis de ses malheurs, se répandit tous azimuts sur la méchanceté de ce dernier[3]. Maupertuis s'en défendit mollement[4]. L'effet produit fut désastreux et Koenig, de retour à La

1. *Ibid.*, p. 177. A Jean II, Maupertuis dit seulement : « Nous avons eu Koenig qui s'est donné ici beaucoup d'airs importants ; et bon diable, au reste. » Lettre du 24 novembre 1750. BEB, LIa. 708, f. 139.

2. Lettre de Koenig à Formey, La Haye, 25 décembre 1750, Bibliothèque Jagiellonska de Cracovie, collection Varnhagen n° 102. Koenig qui avait été le répétiteur de Madame du Châtelet en 1739 n'avait pas oublié les duretés de la marquise à son égard.

3. Pour cette affaire Grischow, voir la *Correspondance Euler-Maupertuis* (11 et 12 novembre 1750), *op. cit.*, p. 172-174, et la lettre de Grischow à Julien Delisle du 23 janvier 1751 qui raconte toute l'affaire à sa façon : « Tout le monde à Berlin soupçonnait déjà avec assez de certitude que Maupertuis m'avait joué ce tour... On m'accusait d'avoir fait un contrat avec l'Académie de Pétersbourg sans la permission du Roi... [et] d'avoir voulu m'échapper... Tout le monde savait aussi que Maupertuis m'avait accusé de ce crime auprès de S.M..., [qu'il] avait poussé la haine contre moi jusqu'à l'excès, croyant me donner un coup mortel à cette occasion... Tout Berlin était furieusement irrité contre Maupertuis... » Aux dires de Grischow, le commandant de Berlin se serait joint à lui pour plaider son innocence auprès du roi et la culpabilité de Maupertuis. Celui-ci, voyant que le roi avait été informé de sa conduite, serait devenu furieux et aurait présenté au monarque une feuille entière de fausses accusations contre Grischow, mais le souverain lui aurait fait sentir son indignité. (Bibliothèque de l'Observatoire, *Correspondance de Delisle*, t. XI. A-B 1-6, n° 124b.)

4. Lettre à Jean II Bernoulli du 24 novembre 1750.

Haye, traduisit l'impression générale lorsqu'il écrivit à Formey :
« L'histoire de votre astronome m'a fait rire. Pas une grosse
perte, cependant cette garde militaire a fait beaucoup d'impression dans le monde littéraire et augmentera de beaucoup la répugnance que bien des gens ont de chercher fortune chez vous[1]. »

Qu'à quelques jours d'intervalle[2] Grischow ait été arrêté sur
dénonciation de Maupertuis, et Baculard d'Arnaud chassé à l'ins-
tigation de Voltaire, voilà qui donnait une très mauvaise image
du roi-philosophe, et aux Français de Berlin une réputation
encore plus désastreuse. Ce n'est pas la page la plus honorable
de l'histoire des intellectuels, même si elle est restée relativement
ignorée du public.

Sur la place publique

La persécution des philosophes à Paris est plus glorieuse. Elle
est avant tout d'ordre idéologique, menée par deux puissants journaux qui sont les relais de la cour, du Parlement et de la
Sorbonne : les *Mémoires de Trévoux* sont l'organe des jésuites[3],
les *Nouvelles ecclésiastiques* celui des jansénistes. Même si le
second est nettement plus agressif que le premier, puisqu'il fait
de la lutte contre les philosophes son principal objet[4], ces deux
périodiques jouissent d'une influence et d'un prestige considérables qui rejaillissent sur leurs adversaires. Il n'est pas indifférent de noter que la gloire des philosophes doit en effet beaucoup
aux journaux. Dorénavant, l'intellectuel et le journaliste forment

---

1. Lettre du 25 décembre 1750.
2. Grischow fut gardé à vue du 10 au 18 novembre, et Baculard d'Arnaud renvoyé
le 20.
3. Voir la notice qui leur est consacrée dans le *Dictionnaire des Journaux* (1600-
1789), ainsi que le livre de John N. Pappas, « Berthier's Journal de Trévoux and the
Philosophes », *Studies on Voltaire*, n° 3, 1957.
4. Jean Sgard, « Diderot vu par les *Nouvelles ecclésiastiques* », *R.D.E.*, n° 25,
octobre 1998, pp. 9-19. Voir également la notice du *Dictionnaire des Journaux*.

un couple inséparable qui prétend former l'opinion et recueillir son suffrage. En 1787, l'historien Ruhlière pouvait affirmer dans son discours de réception à l'Académie française qu'en passant de l'amour des belles-lettres à celui de la philosophie, « ce fut alors que s'éleva parmi nous ce que nous avons nommé *l'empire de l'opinion publique*. Les hommes de lettres eurent aussitôt l'ambition d'en être les organes, presque les arbitres. Un goût plus sérieux se répandit dans les ouvrages d'esprit ; le désir d'instruire s'y montra plus que le désir de plaire. *La dignité d'hommes de lettres...* ne tarda pas à devenir une expression avouée, d'un usage reçu[1] ».

Les plus attaqués : Montesquieu, Buffon et les encyclopédistes

Jusqu'en 1751, c'est Montesquieu la bête noire de la presse religieuse. Les premiers à donner de la voix sont les jésuites, en avril 1749. Le rédacteur anonyme l'accuse de blesser la religion en expliquant le suicide ou la polygamie par le climat, en critiquant le célibat des prêtres, etc. Mais la critique est anodine, comparée au déchaînement un peu plus tardif des *Nouvelles ecclésiastiques*. Les 9 et 16 octobre 1749, l'éditeur du journal, l'abbé de La Roche, consacre deux longs articles à l'*Esprit des lois*, « une de ces productions irréligieuses dont le monde depuis quelque temps est inondé, et qui ne se sont si prodigieusement multipliées que depuis l'arrivée de la bulle *Unigenitus* ». A ses yeux, le livre est dangereux parce que fondé sur la religion naturelle, autrement dit sur une absence de religion. Et de caricaturer ce que Montesquieu dit du climat, du divorce, de l'usure et bien sûr de la polygamie comme autant d'affronts à la religion révélée. Le ton est agressif et l'accusation de spinozisme (c'est-à-dire de panthéisme) inquiète Montesquieu, même s'il fait mine de dédaigner ces attaques. Poussé par l'ami Guasco, il se décide à répondre « aux deux feuilles périodiques » dans un très beau texte, la *Défense de l'Esprit des lois*, qui paraît début février 1750.

---

1. Texte cité par A. Wilson, *Diderot, op. cit.*, p. 80.

En vérité, il ne réplique qu'aux arguments des *Nouvelles ecclésiastiques*, écarte les accusations d'athéisme, de spinozisme et même de déisme, et revendique d'être l'auteur d'un livre de droit, et non d'un traité de théologie.

La *Défense* connaît un grand succès public ; elle est même jugée par certains supérieure à l'*Esprit des lois*. Mais, ce faisant, Montesquieu excite ses ennemis et relance la polémique. Le *Journal de Trévoux* publie aussitôt un article critique[1] et les *Nouvelles ecclésiastiques* lui emboîtent le pas les 24 avril et 1er mai suivants. En sus des invectives – Montesquieu est traité « d'impie... qui vomit des blasphèmes » –, l'abbé de La Roche reprend son accusation de spinozisme et déclare que l'auteur n'a apporté aucune justification satisfaisante. Pire, sa *Défense*, loin de montrer sa bonne foi, aggrave encore son cas. Du coup, tout le monde s'en mêle. Le 14 mai 1750, Voltaire, qui n'aime pas Montesquieu mais déteste encore plus la censure religieuse, publie avant de partir en Prusse un court pamphlet[2] contre le journaliste des *Nouvelles*. Puis viennent Fréron qui défend Montesquieu[3], et l'abbé de La Porte qui l'attaque[4]. Sans parler de l'ouvrage de La Beaumelle, écrit sous les yeux de Montesquieu, durant l'été 1750, qui réfute les deux articles des *Nouvelles ecclésiastiques*[5].

Si les autorités politiques et judiciaires ne cherchent pas noise à l'ex-président à mortier, les attaques virulentes des *Nouvelles ecclésiastiques* alertent l'aile la plus dogmatique de l'Eglise. Dès

---

1. Le 16 février 1750, soit quelques jours seulement après la publication de la *Défense*.

2. Ce texte de 4 pages s'intitule ironiquement : *Remerciement sincère à un homme charitable*. On peut y lire : « Vous avez préservé le monde du venin répandu dans *l'Essai sur l'homme* de Pope, mais il faut aller plus loin. Les œuvres de Pope, de Locke, de Bayle et de Montesquieu doivent être brûlées. Ajoutez-y tous les sages de l'Antiquité païenne. Vous avez raison de dire que leurs croyances étaient éclairées par la lumière de la raison. Remerciez bien de ce que vous n'avez rien de commun avec eux. » *Cf. Œuvres complètes*, éd. Moland, t. XXIII, pp. 457-461.

3. Lettre sur quelques écrits de ce temps, IV, lettre VII, 19 décembre 1750.

4. *Observations sur l'Esprit des lois, ou l'art de lire ce livre*.

5. *La Suite de la Défense de l'Esprit des lois*, sortie des presses d'Amsterdam début novembre 1750.

le début 1750, l'*Esprit des lois* a été dénoncé auprès du Saint-Siège pour qu'il soit mis à l'Index[1]. A Paris, les institutions religieuses le prennent en ligne de mire durant l'été. C'est d'abord l'Assemblée générale du clergé, réunie depuis mai, qui décide d'attirer l'attention du roi sur certains ouvrages antireligieux afin qu'il « arrête le torrent d'impiété qui inonde et sa cour et la ville de toutes ses provinces[2] ». L'*Esprit des lois* est dénoncé par l'archevêque de Sens, Languet de Gercy, confrère de Montesquieu à l'Académie française. Au même moment, la faculté de théologie de l'université de Paris se décide à agir contre les livres hostiles à la religion. Le 1er août, elle nomme un comité présidé par l'abbé Tamponnet pour dresser la liste des livres à examiner[3] et procéder aux rétractations convenables. Parmi ceux-ci figurent les livres de Buffon et de Montesquieu. Mais quand la Sorbonne s'adresse à ce dernier pour obtenir quelques coupures, le Président, furieux, campe sur des positions de manière intransigeante. Finalement, il obtient gain de cause et peut écrire le 3 mars 1751 au duc de Nivernais : « Il n'y aura point de condamnation et cette affaire est tombée[4]. » Montesquieu a gagné une bataille, mais les *Nouvelles ecclésiastiques* ne désarment pas. Le journal reviendra plusieurs fois à la charge entre 1752 et 1754, pour obtenir de la Sorbonne la condamnation tant désirée. En vain : elle ne fut jamais publiée. Mais la persécution de l'*Esprit des lois* par les autorités religieuses valut à son auteur le titre de « philosophe ». Il est le seul de sa génération, avec Voltaire – tous deux nés au XVIIe siècle, à figurer parmi les « Modernes ».

---

1. Malgré les nombreuses interventions des amis de Montesquieu à Rome et le pontificat éclairé de Benoît XIV, le livre fut mis à l'Index des livres prohibés le 29 novembre 1751.

2. *Cf.* Robert Shakelton, *Montesquieu, biographie critique*, Presses Universitaires de Grenoble, 1976, p. 286.

3. *Ibid.*, p. 287. Selon Shakelton, « leur premier acte fut de se munir des *Nouvelles ecclésiastiques* ».

4. *Ibid.* Shakelton précise que trois propositions avaient été condamnées comme hérétiques, trois comme fausses, et le reste comme offensant les oreilles pieuses ou préjudiciables à la religion, à l'Etat ou à la loi naturelle.

Dès le 26 décembre 1749, l'abbé Trublet constate : « On ne trouve pas [Buffon] trop chrétien dans son livre, non plus que Montesquieu dans le sien[1]. » Mais si les *Mémoires de Trévoux* ont consacré quatre articles favorables à Buffon entre octobre 1749 et mai 1750, les *Nouvelles ecclésiastiques*, qui accusent les jésuites de laxisme, attaquent violemment l'*Histoire naturelle* deux semaines de suite en février 1750[2]. Dès le 6 février, tout le journal lui est consacré, tant il est essentiel « de faire connaître le venin d'un livre qui s'annonce avec tous les dehors qui peuvent lui donner de la réputation » et qui a trompé la vigilance des journalistes de Trévoux. Il dénonce en Buffon le « parfait pyrrho-nien » qui détruit toutes les valeurs humaines et morales. Pour lui deux et deux ne font plus quatre, il n'est plus nécessaire d'aimer Dieu et son prochain, le vol, l'adultère et l'assassinat ne sont plus qu'affaires de probabilité et de convenance. De plus, Buffon contredit Moïse et la Genèse, et renie notre filiation divine en considérant l'homme comme un animal, etc. L'article du 13 février se termine par un appel à la répression : « Laissera-t-on sans flétrissure un livre aussi pernicieux ? Outre l'injure que ce livre fait à Dieu, il déshonore le nom du roi auquel il est dédié[3]. » Pour faire bonne mesure, les *Nouvelles ecclésiastiques* exhortent l'autorité à sévir contre Buffon, contre l'Académie des sciences, contre le *Journal des savants* qui a publié un article élogieux et contre toutes les institutions qui permettent un tel dévoiement.

Comme dans le cas de l'*Esprit des lois*, une telle dénonciation publique contraint la Sorbonne à réagir. En août 1750, elle place donc l'*Histoire naturelle* sur la liste des livres à censurer. Mais Buffon n'est pas Montesquieu. On a déjà vu combien il avait été touché par les premières réactions négatives des dévôts lors de

---

1. Lettre à Maupertuis, Archives de l'Académie des sciences, fonds Maupertuis, dossier 135.
2. *Cf.* le 1ᵉʳ extrait du 6 février 1750, pp. 21-24, et le 2ᵉ extrait du 13 février, pp. 25-27.
3. *Ibid.* p. 26.

la sortie de son livre[1]. Puis le succès de librairie avait dissipé ses craintes. L'offensive des *Nouvelles ecclésiastiques* le trouble à nouveau, malgré le détachement qu'il affecte auprès de son ami l'abbé Le Blanc. Evoquant les attaques jansénistes portées contre Montesquieu et lui, et la réponse réussie du Président, il ajoute : « Malgré cet exemple, je crois que j'agirai différemment et que je ne répondrai pas un seul mot. Chacun a sa délicatesse d'amour-propre ; la mienne va jusqu'à croire que de certaines gens ne peuvent pas même m'offenser[2]. » Cette hauteur affichée dissimulait en fait la peur de relancer le débat et de risquer une nouvelle salve janséniste. Buffon tirait la leçon de l'imprudence que Montesquieu venait de commettre en publiant sa *Défense*.

Mais le silence de Buffon ne désarme pas les cagots. De méchantes rumeurs circulent. En juin 1750, il ne dissimule plus sa crainte de voir son ouvrage mis à l'Index. Il tâche de prévenir le coup en demandant l'aide du duc de Nivernais, ambassadeur à Rome, et celle de son ami Le Blanc, qui séjourne en Italie. Le 23 juin, il remercie l'abbé des services qu'il lui a rendus au sujet de son livre, et avoue : « J'espère qu'il ne sera pas question de le mettre à l'Index et, en vérité, j'ai tout fait pour ne pas le mériter et pour éviter les tracasseries théologiques que je crains beaucoup plus que les critiques des physiciens ou des géomètres[3]. » Quand la Sorbonne décide de censurer son *Histoire naturelle*, Buffon, qui n'a pas la nuque raide de Montesquieu, est prêt aux plus larges concessions. Des tractations secrètes s'engagent avec la faculté de théologie durant l'automne 1750. En janvier, il reçoit une lettre fort courtoise du syndic de la faculté qui prend acte de sa bonne volonté[4]. Après de nouvelles négociations pour sauver l'essentiel de ses principes, Buffon se soumet à la censure et offre de publier sa rétractation

---

1. *Cf. supra*, chap. 9, p. 384.
2. Lettre du 21 mars 1750. *Correspondance, op. cit.*, p. 45.
3. *Ibid.*, p. 47.
4. Cette lettre du 15 janvier 1750 est publiée par J. Roger, *op. cit.*, pp. 252-253. La réponse de Buffon, datée du 12 mars 1751, figure dans la *Correspondance inédite, op. cit.*, p. 51.

dans le tome IV de son livre. A son grand soulagement, la Sorbonne approuve sa proposition et clôt l'affaire le 1er avril 1751. Le 24, il écrit à Le Blanc, toujours en Italie : « Montesquieu n'est pas... encore hors d'affaire avec la Sorbonne ; pour moi, j'en suis quitte, à ma très grande satisfaction[1]. »

Malgré toutes les tracasseries endurées, Buffon et Montesquieu s'en sortaient plutôt bien. On n'avait pas brûlé leurs ouvrages, et l'on prenait des gants avec deux personnages aussi considérables. La duchesse d'Aiguillon pouvait écrire à Maupertuis que ses deux amis étaient tirés d'affaire, ajoutant : « Ces messieurs feront main basse sur les ouvrages de La Mettrie, Diderot, *Les Caractères, Les Mœurs* et autres de cette espèce[2]. »

A peine publié, en octobre 1750, le prospectus de l'*Encyclopédie* rédigé par Diderot suscite nombre de commentaires. Il a pour but d'exposer le plan de l'ouvrage[3] et de mettre l'eau à la bouche des futurs souscripteurs. Les *Nouvelles littéraires* est le premier journal à s'en faire l'écho. Le texte de Raynal est une réclame publicitaire : « A juger de cet ouvrage par l'annonce, par les gens qui y ont travaillé, et par les dépenses qu'on a faites, ce sera un chef-d'œuvre[4]. » Ensuite, il vante la modicité de son coût et se propose pour prendre les commandes... Plus neutre, le *Journal des savants* se contente de livrer l'information. Le *Mercure*, où Diderot compte de nombreux amis, fait mieux : en avril 1751, pour donner un coup de fouet aux souscriptions, il

---

1. Lettre du 24 avril 1751, *ibid.*, p. 53. Buffon poursuit ainsi : « De cent vingt docteurs assemblés, j'en ai eu cent quinze, et leur délibération contient même des éloges auxquels je ne m'attendais pas. »

2. Lettre du 27 février [1751]. B.N., Ms. n.a.f. 10398, f. 64-65. *Les Caractères* (1750) était un livre de Mme de Puisieux auquel Diderot avait sans doute prêté la main et qui critiquait l'*Essai de philosophie morale* de Maupertuis.

3. Le Prospectus annonçait dix volumes (dont deux de planches) dont la parution devait s'échelonner entre mai 1751 et décembre 1754.

4. 16 novembre 1750, pp. 486-487. Raynal est un ami de Diderot, et comme tous les amis des encyclopédistes, il clame son enthousiasme. Buffon fait de même dans une lettre à Formey le 6 décembre 1750 : « Cet ouvrage, dont les auteurs m'ont communiqué plusieurs articles, sera fort bon. » Bibliothèque Jagiellonska, collection d'autographes. Publiée par J. Matter, *Lettres et pièces rares inédites*, 1846, pp. 371-373.

publie *in extenso* un article particulièrement réussi qui figurera dans le premier volume ; il s'agit de l'article « Abeille », rédigé par Daubenton, le collaborateur de Buffon, que le *Mercure* déclare « bien au-dessus de nos éloges[1] ». C'est, avant la lettre, l'utilisation de la technique des « bonnes feuilles » publiées dans un journal, censées susciter l'envie d'acheter le livre entier... Pour donner du lustre au projet, Diderot envoie son Prospectus, *via* son ami d'Adhémar, à Frédéric II et Voltaire, et fait demander à ce dernier l'honneur de sa collaboration au grand œuvre[2].

Tout s'annonce pour le mieux lorsque, début janvier 1751, le *Journal de Trévoux* évoque à son tour la publication du Prospectus. C'est le père Berthier, jésuite remarquable et patron du journal, qui tient la plume. Doté d'une grande culture, polémiste subtil, son avis compte. Or il déclare que le système des connaissances humaines énoncé dans le Prospectus n'est que le décalque de celui de Bacon, c'est-à-dire un plagiat. Avec un sens du suspens, il annonce pour le numéro suivant la mise en parallèle du Prospectus et du fameux livre de Bacon, *De la dignité et de l'accroissement des sciences*[3]. Promesse tenue : l'article suivant, fort détaillé, prouve l'extrême ressemblance entre le plan de l'*Encyclopédie* et le travail de Bacon. Il conclut non sans ironie : « Le système de ce savant anglais a été suivi point en point et mot à mot par nos auteurs[4]. » En insistant sur l'absence de nouveauté de l'*Encyclopédie* annoncée, Berthier faisait coup double : il giflait les auteurs et décourageait les éventuels lecteurs. Pour expliquer une telle agression, on a souvent évoqué la crainte d'un « produit » concurrent pour le *Dictionnaire de Trévoux*, ou encore le dépit du père Berthier de n'avoir pas été sollicité pour rédiger les articles de théologie. Mais, Diderot n'étant pas un inconnu pour le jésuite, peut-être celui-ci voulait-

---

1. *Mercure*, avril 1751, pp. 41-73.
2. Lettre de Diderot au marquis d'Adhémar du 24 novembre 1750, *Correspondance du marquis d'Adhémar, op. cit.*, pp. 87-88.
3. *Journal de Trévoux*, janvier 1751, pp. 188-189.
4. *Ibid.*, II, p. 317.

il simplement décourager un projet empreint d'une idéologie qu'il jugeait dangereuse.

Face à cette attaque, Diderot s'enflamme et publie immédiatement une réponse cinglante[1]. Il commence par se moquer du père Berthier qui réserve ses flèches aux meilleurs (Bolingbroke et Montesquieu) et ne prodigue l'encens qu'aux écrivains les moins connus : « Cette foule d'auteurs modestes ne peut et ne doit aller à l'immortalité qu'avec vous. » Puis il l'accuse de mauvaise foi, puisque le Prospectus annonce clairement sa dette à l'égard de Bacon. Enfin, il lui conseille d'attendre la publication de l'ouvrage avant de l'exécuter. Pour montrer la nouveauté de l'entreprise et démentir le père jésuite, Diderot joint à sa lettre l'article « Art », qu'il a rédigé lui-même, un des meilleurs du premier volume.

Piqué à son tour, le père Berthier réplique sans attendre dans l'édition suivante du journal[2]. La menace est à peine voilée : « Diderot est un homme d'esprit et il y a du plaisir à recevoir ses lettres quand elles roulent sur la littérature. D'autres matières sont plus dangereuses, il le sait bien. » Façon de rappeler l'épisode du donjon de Vincennes. Puis il enchaîne sur un coup de griffe : « Plusieurs de ces messieurs de l'*Encyclopédie* nous sont connus ; nous en faisons beaucoup de cas... M. Diderot a donné une preuve singulière de sa modestie en ne les nommant pas après lui dans le frontispice du Prospectus. Leurs noms auraient répandu un grand éclat sur le sien. »

Indigné, Diderot reprend sa plume pour ne pas laisser le dernier mot au père Berthier. Sa réponse à la réponse est datée du lendemain 2 février. Il est fort probable que d'Alembert en a dit un mot à Malesherbes, directeur de la Librairie et son collègue

---

1. *Correspondance de Diderot*, I, pp. 103-107. Cette *Lettre* écrite en janvier est annoncée parmi les nouvelles parutions par le *Journal de la Librairie* du 4 février 1751. (B.N., Ms. Fr. 22 156, f. 30v°.)

2. C'est une « addition » aux *Mémoires de Trévoux*, datée du 1er février, III, pp. 569-578. *Cf.* J. N. Pappas, *Berthier's Journal de Trévoux...*, op. cit., p. 173.

à l'Académie des sciences[1], car le *Journal de la librairie* annonce la publication de la seconde lettre de Diderot comme « un ouvrage très judicieux », publié avec la permission de Malesherbes et imprimé par Simon, l'imprimeur du Parlement[2]. Le ton monte encore d'un cran et la polémique continue[3], suscitant l'intérêt grandissant du public. Contre son gré, le père Bertier est devenu le meilleur agent de publicité de l'*Encyclopédie* : « La liste des souscripteurs s'allongeait : ils étaient 1 002 en avril 1751, 1 431 au mois de juillet[4]. »

D'Alembert, auquel le *Journal* de Barbier attribue à tort la paternité des deux lettres au père Bertier [5], se réjouit manifestement de cette polémique avec les jésuites. D'humeur batailleuse, il l'évoque à plusieurs reprises. Le 15 février 1751, dans le feu de l'action, il annonce presque triomphant à Cramer : « Les journalistes de Trévoux n'ont pas pensé si avantageusement que vous du Prospectus. Ils ont décrié l'ouvrage avant qu'il paraisse. Diderot vient de leur répondre par deux lettres où le père Bertier, auteur de l'extrait, est traité comme il le mérite. Il a joint à ces lettres un article de l'*Encyclopédie* [Art], comme pour braver et défier le journaliste[6]. » A la veille de la publication du premier volume, il semble convaincu que la supériorité des armes est du

---

1. Malesherbes et d'Alembert sont tous deux notés présents à toutes les séances de l'Académie des sciences entre le 9 janvier et le 10 février 1751 (procès-verbal de l'Académie pour 1751).

2. 11 février 1751, f. 25r°.

3. *Journal de Trévoux*, mars 1751. C'est de cette époque – fin janvier/février 1751 – que date une lettre de D'Alembert à la marquise de Créqui évoquant une démarche plus radicale de ce dernier et des libraires de l'*Encyclopédie* auprès de Malesherbes : « Il s'agit d'aller prier M. de Malesherbes d'arrêter le *Journal de Trévoux* qui nous persifle ; voilà quelque chose de bien piquant. Les libraires m'ont prié de les accompagner, quoique je ne m'en souciasse pas ; ce n'est pas un grand mal que d'avoir à traîner un journaliste dans le ruisseau... » Catalogue Drouot, 27 octobre 1761.

4. Arthur M. Wilson, *op. cit.*, p. 109. L'article « Art », rendu public, avait déjà suscité des réactions positives. Formey y avait consacré un article fort élogieux dans son journal, la *Bibliothèque impartiale*, de janvier-février 1751, III, pp. 306-307.

5. Vol. V, février 1752, pp. 169 et 175.

6. *Dix-huitième siècle*, *op. cit.*, p. 251. Dans une seconde lettre écrite un mois plus tard, d'Alembert regrette que Cramer n'ait pu lire encore les lettres de Diderot, car, dit-il, « elles sont bonnes », p. 253.

côté des encyclopédistes : « Le père B[ertier] mérite bien la manière dont on l'a traité. S'il médit de l'*Encyclopédie* dans son journal, je lui garde pour le second volume la comparaison de deux extraits contradictoires qu'il a faits de l'ancien Prospectus et du nôtre[1]. Cela sera plaisant. J'ai fait un article *Antipodes* dont les R.R.P.P. ne seront pas contents. Nous avons cinq cents articles au moins à leur service ; entr'autres, l'article *Chinois*, *Confucius*, etc. Mais nous ne serons pas les agresseurs, et nous aurons soin de les mordre sans nous compromettre. Il me semble qu'ils auraient dû nous ménager. »[2]

Diderot et d'Alembert sous-estimaient la ténacité des jésuites et leur force de frappe. Ils n'étaient pas hommes à se laisser « donner sur les oreilles » ou « ridiculiser[3] », sans riposter. Le moment viendra où ils feront payer l'addition à ces insolents. Les *Nouvelles ecclésiastiques*, plus lentes à réagir, ne se réveilleront qu'au début de 1752, lors du scandale de la thèse de l'abbé de Prades. Pour une fois, jésuites et jansénistes feront cause commune dans leurs journaux contre les encyclopédistes. Et, cette fois, la guerre paraîtra bien tourner à leur avantage.

Sa Majesté le Critique

Les auteurs n'ont pas attendu 1750 pour apprécier le rôle joué par la presse dans la diffusion de leurs œuvres. L'envoi de son

---

1. Il s'agit du Prospectus publié en 1745 par la première et éphémère équipe de Le Breton. D'Alembert fera cette comparaison dans la Préface au 3e volume de l'*Encyclopédie*, qui paraîtra en 1753.
2. Lettre de Cramer du 15 juin 1751, *op. cit.*, p. 254. Même son de cloche, quelques semaines plus tard après la parution du premier volume dans une lettre à Mme du Deffand : « Nous allons voir comment ils en parleront. On dit qu'ils commencent à changer de ton. Nous avons fait patte de velours avec eux dans le premier volume, mais s'ils n'en sont pas reconnaissants, nous avons dans les autres volumes 6 à 700 articles à leur service : Chinois, Confucius, Rhétorique, Molinisme, etc. » Lettre (fin juin-juillet 1751) résumée dans le Catalogue Charavay, 141e année, n° 808, mars 1994.
3. Dans la lettre à Cramer du 10 septembre 1751, d'Alembert écrit : « Nous ne leur avons point fait la cour, mais après avoir donné sur les oreilles au P. Berthier, nous avons un peu tourné la société en ridicule dans l'Art. » *Op. cit.*, p. 256.

livre au cercle étroit de ses collègues et connaissances ne suffit pas, surtout à une époque où le nombre de lecteurs cultivés augmente sensiblement. De leur côté, les grands journaux, tels le *Mercure de France* ou le *Journal des savants* ont besoin de contenter un public toujours avide de nouveautés. Intérêt partagé qui reste à l'avantage des journaux, nullement obligés de parler d'un livre. Selon la célébrité de l'auteur, son statut social, le contenu de son ouvrage, l'auteur peut espérer figurer dans la rubrique des *Nouvelles littéraires* qui se limite à l'annonce des dernières parutions, et, plus tard, obtenir un article de plusieurs pages. Les académiciens ont la part belle, surtout ceux de Paris, étroitement liés à la rédaction du *Journal des savants*. La plupart du temps, le journaliste anonyme se contente de résumer les arguments du livre pour donner au lecteur une idée de son contenu. Evidemment, tout le monde n'a pas le droit au même traitement. Les académiciens de province sont moins bien traités que leurs collègues parisiens, mieux cependant que ceux qui n'ont aucun titre. D'où l'intérêt d'avoir amis ou relations dans les journaux. Les mémoires de la jeune académie de Béziers n'auraient eu que peu de chances d'être évoqués dans la presse s'ils n'avaient été annoncés et recommandés par Mairan[1]. C'est au même Dortous de Mairan que s'adresse Cramer lors de la sortie de son énorme *Traité des courbes*[2]. Grâce à cette puissante recommandation, l'ouvrage, réputé incompréhensible pour les non-spécialistes[3], est porté aux nues par Montcarville dans le *Journal des savants*[4]. C'est également grâce à ses relations amicales avec Formey qu'il obtient de celui-ci un article dans la *Bibliothèque germanique*[5].

---

1. Lettre de Mairan à Bouillet du 17 juin 1736, *op. cit.*, pp. 163-164.

2. Lettre du 5 août 1750. Cramer a chargé Mairan de distribuer les exemplaires de son livre aux personnalités parisiennes, et lui demande d'en envoyer un au *Journal des savants*, « au cas où on veuille bien faire un article et le regarder avec indulgence... », B.P.U., Ms. Fr. 657/b, enveloppe F, f. 68-69.

3. Ce livre de haute mathématique était trop ardu pour le vieux Fontenelle, et Maupertuis avait renoncé à le lire. Seuls les Clairaut, d'Alembert, Euler, D. Bernoulli et même Réaumur pouvaient en apprécier la portée.

4. Lettre de Mairan à Cramer du 11 février 1751 (B.P.U., Ms. Suppl. 384, f. 320). L'article parut dans le numéro de janvier 1751, pp. 43-51.

5. Le 20 octobre 1750, Formey le remercie de l'envoi de son livre, lui avoue ne

Au début des années 1750, le journalisme littéraire change de style et de contenu. A côté des institutions que sont le *Mercure* et le *Journal des savants* naissent de nouveaux journaux qui séduisent le public par leur ton plus direct et moins convenu. Ils marquent la naissance de la véritable critique littéraire qui ne se contente plus de résumer le contenu d'un ouvrage avec une phrase d'appréciation à la fin[1], mais qui argumente l'éloge ou la critique du livre. L'article ainsi conçu devient plus intéressant pour le lecteur, mais plus risqué pour l'auteur. La personnalité du journaliste, ses partis pris – idéologiques ou esthétiques s'imposent de plus en plus ouvertement. C'est le journalisme à la manière de l'abbé Desfontaines[2], moins les outrances et les attaques personnelles, qui désormais a l'oreille du public. Ce n'est pas un hasard si l'homme qui incarne le mieux la nouvelle critique est Fréron[3], ancien jésuite comme Desfontaines auprès duquel il a appris son métier. Il collabore aux *Observations sur quelques esprits modernes* jusqu'en 1743, et participe à la création du journal suivant, *Jugements sur quelques ouvrages nouveaux*. C'est là que Fréron, homme de grande culture et de rigueur, apprend la causticité et la témérité. Quand il crée en 1749, son propre journal, *Lettres sur quelques écrits de ce*

---

pas y comprendre grand-chose et lui annonce : « Je viens d'envoyer un extrait de votre livre à la *Bibliothèque germanique* pour le dernier trimestre de cette année, mais il m'en a coûté que de copier votre préface, et d'avertir le lecteur que je la copiais. » Bristish Library, Ms. Add. 23899, f. 60-61.

1. « Le journaliste ne se pique pas de faire œuvre originale ; il se défend même, le plus souvent, d'avoir une opinion personnelle. Cantonné dans son rôle d'informateur, il expose, il résume, mais ne juge pas. Telle est du moins la théorie, l'idéal maintes fois rappelé ». Jean Ehrard et Jacques Roger, « Deux périodiques français du 18e siècle : le *Journal des savants* et les *Mémoires de Trévoux* », in *Livre et Société dans la France du XVIIIe siècle*, t. I., 1965, p. 33.

2. Cet abbé libertin, auteur bien connu de *La Voltairomanie* (1738) a fait toute sa carrière, tumultueuse, dans le journalisme. De 1723 à 1727, il dirige le *Journal des savants*, puis en est exclu. Il fonde des *Observations sur les écrits modernes* (1735-1743). Après la suspension de ce dernier, il crée les *Jugements sur quelques ouvrages nouveaux* en 1744 avec Fréron, et meurt en décembre 1745. Son ton mordant et ses polémiques sans nombre ont contribué pour une bonne part au succès de ses journaux.

3. Elie-Catherine Fréron, né en 1718 à Quimper, a fait ses études chez les jésuites à Louis-le-Grand. Il a commencé son noviciat de la Compagnie de Jésus, mais ne l'a pas terminé.

temps[1], il a compris, que pour être puissant, le critique se doit d'être redoutable, sans crainte d'afficher ses goûts dès lors qu'il les justifie. Ainsi, il s'acquiert une réputation et un public fidèle. Le nom du journaliste compte alors au moins autant que celui du journal. Tandis qu'on ignore les multiples rédacteurs anonymes du *Journal des savants* ou du *Mercure*, les noms de Berthier, Fréron ou de l'abbé de La Porte incarnent leur journal respectif. Ce dernier, qui a d'abord collaboré aux *Lettres* de Fréron, crée également son propre journal en 1749 ; ses *Observations sur la littérature moderne*[2] sont résolument voltairiennes, aux antipodes des *Lettres* de Fréron qui perpétuent la haine de Desfontaines contre l'auteur du *Préservatif.*

L'abbé de La Porte est le premier à parler haut et fort de la pression des auteurs sur les critiques et de la nécessité d'y résister. Ce faisant, il fait scandale, comme le rapporte le *Journal de la librairie* en date du 1er juillet 1751 : « L'abbé de La Porte, dans sa feuille 16, s'est avisé de plaisanter sur les auteurs qui lui envoyaient leurs livres[3] et qui quelques fois l'invitaient à manger une poularde. "Eh, Messieurs, s'écrie-t-il dans ses feuilles, gardez vos livres et vos poulardes !" Cela a été trouvé si plat, si maussade et si bas qu'on ne l'appelle plus que l'abbé Poularde. On allait chez Duchesnes [le libraire] demander la *Feuille à la poularde*, et il a plus vendu de celle-là que des autres. On a poussé la plaisanterie plus loin ; on a envoyé à l'abbé de La Porte une poularde pourrie enveloppée de sa feuille, en lui mandant qu'on ne pouvait lui envoyer une plus mauvaise poularde ni un plus mauvais ouvrage[4]. »

On notera qu'à l'époque, le scandale tenait moins aux pressions qu'au fait que le critique eût osé dévoiler le pot-aux-

---

1. 1749-1754. La publication des *Lettres* fut interrompue plusieurs fois pour cause d'attaques trop personnelles, notamment contre les philosophes. En 1754, elles changent de titre et deviennent *l'Année littéraire* qui perdurera après la mort de Fréron jusqu'en 1790.

2. 1749-1754.

3. A cette époque, l'envoi de son livre à un critique était considéré comme une invitation de l'auteur à en parler, et donc comme une pression.

4. B.N., Ms. Fr. 22156, f. 84v°-85r°.

roses... Au demeurant, l'avertissement de La Porte fut entendu. Les auteurs de la seconde partie du siècle y répondront soit par la flatterie, soit par les menaces. A ce titre, la correspondance de Samuel Formey est révélatrice : rédacteur principal de plusieurs journaux[1] importants de Prusse et de Hollande, il reçoit des plus grands écrivains français des lettres de courtisans. En remerciement pour l'envoi de ses propres œuvres, pourtant bien médiocres, Buffon n'hésite pas à manier l'encensoir : « Je voulais écrire à M. le président de Maupertuis de vous demander grâce pour moi. Il aurait pu vous dire en même temps l'estime particulière que j'ai conçue pour vous, Monsieur, et le cas que je fais depuis longtemps des productions de votre esprit. Vous pensez avec une facilité et une fécondité qui me charment, et vous écrivez comme vous pensez. J'ai lu *Les Songes*, l'*Existence de Dieu*, etc., avec bien du plaisir, et je voudrais bien voir ce que vous avez écrit au sujet de mon livre d'histoire naturelle... » Un peu plus loin, il lui parle du Prospectus de Diderot et souligne : « Vous y êtes nommé, Monsieur, avec les éloges qui vous sont dus, et non seulement comme auteur, mais comme un galant homme qui a sacrifié son bien particulier à l'avantage public. »[2]

Quelle que soit leur légitime part de courtoisie, certaines lettres adressées à Formey relèvent de la flagornerie, comme celle-ci de Montesquieu : « Je n'ai, Monsieur, lu que très tard le bel extrait de l'*Esprit des Lois* qui est dans *La Bibliothèque impartiale*, que j'ai fait venir de Hollande sur la seule réputation de votre nom, ayant toujours recherché vos écrits comme l'on a coutume de rechercher la lumière. Il y a longtemps que je désirais l'honneur de votre amitié et ce n'était pas assez pour moi que d'être votre

---

1. S. Formey (1711-1797) a commencé sa carrière de journaliste en 1735 en collaborant à la *Bibliothèque germanique* dont il prend la tête en 1746 (*Nouvelle Bibliothèque germanique*) jusqu'en 1759. En outre, il crée un autre journal en 1750, La *Bibliothèque impartiale*, qu'il dirigera jusqu'en 1758. Il collabore en plus à de nombreuses revues littéraires. Contrairement à Fréron qui n'est jamais sorti de son rôle de critique, Formey a eu la faiblesse de vouloir publier ses propres œuvres, donc d'être à son tour en situation de vouloir des critiques favorables...

2. Lettre du 6 décembre 1750, Bibl. Jagiellonska, collection Autographe, publiée par Matter, *op. cit.*, pp. 371-373.

confrère[1]. Or, Monsieur, j'ai cru voir dans cet extrait que vous aviez de la bonté pour moi ; et je me suis senti flatté à l'idée que vous n'auriez pas dit tant de bien du livre si vous n'aviez pas eu quelque sentiment de bienveillance pour l'auteur. Voilà, Monsieur, ce qui me détermine à vous écrire. Les grands hommes comme vous sont recherchés ; on se jette à leur tête[2]. »

D'autres, comme Condillac, font preuve d'une humilité excessive face au critique. Les lettres qu'il lui adresse à l'occasion de la sortie du *Traité des sensations* et des articles nuancés que Formey lui a consacrés sont de ce type : « Les réflexions que vous avez faites sur moi sont très justes, très fines et très bien développées. Il serait à souhaiter que les journalistes sussent, comme vous, ajouter de nouvelles lumières aux matières dont ils rendent compte[3]... » Six semaines plus tard, après un nouvel article critique de Formey, il remercie platement et se permet de défendre son hypothèse de la statue humaine bornée à l'odorat[4]. Un peu plus tard, il demande à Formey de lui envoyer ses réflexions : « Je ne doute pas qu'elles ne donnassent lieu à traiter de nouvelles questions[5]... » Enfin, après les objections de Formey au *Traité des animaux*, Condillac répond : « Je suis très flatté, Monsieur, de la peine que vous prenez de faire des extraits aussi détaillés de mes ouvrages, et on ne peut pas plus reconnaissant du cas que vous en faites. Ce serait une raison de me savoir mauvais gré de ne pas adopter les réflexions par où vous commencez l'extrait[6]... » Et, dans une lettre à usage privé, Condillac reconnaît : « Vos difficultés sur l'invention et sur l'ins-

---

1. A l'académie de Berlin depuis 1749.

2. Lettre du 30 octobre 1751. *Correspondance de Montesquieu*, éd. Nagel, *op. cit.*, p. 1399.

3. Lettre du 2 août 1755, publiée dans le volume II des *Souvenirs* de Formey, pp. 290-292.

4. Lettre du 20 septembre 1755, *ibid.*, pp. 292-295. Formey note à la suite de celle-ci : « Je ne vois encore actuellement dans tout cela que pétition de principes. » Il ajoute : « J'ai eu encore quelques lettres de l'abbé Condillac... Je n'y trouve que des controverses stériles. »

5. Lettre du 22 décembre 1755, publiée pour J. Matter, *op. cit.*, pp. 406-407.

6. Lettre du 25 février 1756, publiée par la *Bibliothèque impartiale* (1756) et par P. Bonnefon dans *l'Amateur d'autographes*, 35e année, 1902, pp. 201-205.

tinct sont très fortes. Vous m'avez pris par mon faible, et vous me donnez à penser... Je vous suis très bon gré de votre attention à m'envoyer les extraits qui le concernent . Je sens le prix des bonnes critiques, je les aime et je cherche à en profiter[1] ». Le propos est à prendre avec circonspection, surtout quand on pense à sa très rude polémique avec Buffon sur le même sujet...

A côté des auteurs qui se sont attachés à gagner les bonnes grâces de leurs critiques, d'autres ont choisi une attitude offensive et pas nécessairement plus digne. Le point faible du journaliste était son censeur, car nul article, ni aucun livre ne pouvaient être publiés sans passer par ses fourches caudines. La liberté d'expression était strictement encadrée par les agents de la Librairie qui devaient veiller à ne laisser passer ni mises en cause des autorités, ni attaques personnelles. Inutile de préciser que l'écrivain, comme le journaliste, était à la merci de la bêtise ou de l'arbitraire du censeur. A plusieurs reprises, les philosophes, faute de pouvoir faire taire Fréron, en appelèrent à la suppression de ses feuilles. Le critique connut même par deux fois les rigueurs de l'embastillement. Ce n'est pas à l'honneur des Marmontel, d'Alembert ou Voltaire d'avoir tant fait le siège de Malesherbes pour réduire au silence leur ennemi le plus virulent, même si les attaques de celui-ci auraient pu constituer parfois des menaces pour leur propre liberté. En revanche, on ne peut que saluer le courage de Fréron qui n'a jamais transigé avec ses opinions monarchistes et catholiques, ce qui lui valut la haine des philosophes et des progressistes. Il a donné plus que tout autre, à l'époque, ses lettres de noblesse à la critique littéraire, et incarné un journalisme intransigeant. En dépit des accidents de parcours, le cas Fréron témoigne déjà de l'immense pouvoir du journaliste. Il faudra tout le talent de Voltaire pour le déstabiliser. Il est vrai que c'était moins le critique littéraire que l'ennemi idéologique qui par lui était visé... et atteint.

----

1. Lettre du 11 mai 1755, Biblioteka Jagiellonska, collection Varnhagen [49].

La Gloire à l'état pur

La parution en 1751 du premier volume de l'*Encyclopédie*, précédé du *Discours préliminaire* de D'Alembert, marque un tournant décisif dans les classifications intellectuelles. Quels que soient les désaccords à venir entre Diderot et d'Alembert, le *Discours préliminaire* fait office de manifeste pour le nouveau parti des philosophes. Qu'il soit l'œuvre d'un savant prestigieux, qu'il introduise à un dictionnaire des sciences et des arts ne doit pas nous tromper. Le savant a laissé la place au philosophe. L'irruption fracassante de D'Alembert sur le territoire philosophique est moins la preuve de l'unicité de la culture[1] que le début de la distinction entre science et philosophie. Certes, d'Alembert incarne bien en sa personne l'unité du savoir, c'est-à-dire des deux cultures scientifique et humaniste. Et Roland Mortier a raison de souligner qu'il est « une des expressions les plus prestigieuses de cette aspiration à la synthèse[2] ». Mais le fait même de parler de synthèse suppose la réunion d'éléments préalablement distincts. L'immense prestige de D'Alembert vient du fait qu'il brille dans deux domaines bien différents, non qu'il efface leurs frontières. Le mathématicien se révèle écrivain ; le spécialiste du calcul intégral est aussi un philosophe, un humaniste et même un politique. Le statut de D'Alembert est donc doublement exceptionnel dans l'histoire des intellectuels : non seulement il est l'un des derniers à pouvoir se prévaloir à part entière des deux titres de savant et de philosophe, mais il réussit cet exploit si rare de conjuguer l'admiration du public et la reconnaissance de ses pairs. Si, grâce à lui, on a pu avoir un moment l'illusion que l'enceinte de l'Académie des sciences s'ouvrait au public des philosophes, en fait, c'est le contraire qui advint. L'Académie se

---

1. Au sens où l'entend C.P. Snow dans son livre *Les Deux Cultures*, J.-J. Pauvert, 1968.

2. « La place de D'Alembert dans la littérature des Lumières », in *Jean d'Alembert savant et philosophe : portrait à plusieurs voix*, Centre international de synthèse, édition des Archives Contemporaines, 1989, p. 18.

referma sur un monde de spécialistes, et la philosophie prit son envol hors de ses murs. C'est tout le génie de D'Alembert d'avoir su être le premier dedans et dehors : *primus inter pares* à l'Académie ; fondateur et incarnation, avec Diderot, de la nouvelle philosophie française aux yeux du public.

Réévaluation du prestige intellectuel

Dès 1749, une voix s'élève à l'Académie française pour contester la prééminence des philosophes et des savants sur les hommes de lettres, des « intellectuels » sur les écrivains, sousentendu aussi : de l'Académie des sciences sur l'Académie française. C'est celle de Marivaux[1] qui connut jadis d'immenses succès[2] et que l'on traite à présent avec beaucoup de condescendance[3]. Homme de théâtre et romancier, il souffre probablement, comme Voltaire, de voir son art sous-estimé, et les auteurs dénués du prestige qu'on accorde au savant. Le 25 août, jour solennel de la Saint-Louis, Marivaux fait un grand discours sur

1. Il s'agit de trois lectures faites le 25 août, le 25 septembre 1749 et le 25 août 1750 qui sont des réflexions sur les différentes sortes de génie. Thème probablement abordé dès 1744 dans une lecture que Marivaux avait intitulé *Réflexions sur les différentes sortes de Gloire*, mais dont le texte est perdu.

2. Ses derniers grands succès dateront des années 30. En 1735, la *Mère confidente* est un triomphe, mais deux ans plus tard, son chef-d'œuvre, *Les Fausses Confidences* n'obtient qu'un succès d'estime. Par ailleurs, ses deux grands romans, *La Vie de Marianne* (1731-1745) et *Le Paysan parvenu* (1734-1735) connurent un grand succès public sans lui valoir la reconnaissance du monde intellectuel. Les *Lettres* de Gastelier qui annoncent la parution des parties 9, 10, 11 de *Marianne* le qualifient de « petit roman qui tiendra sa place dans les bibliothèques et cabinets des personnes curieuses des ouvrages de ce genre ». (Lettre 50, 14 décembre 1741 in *Lettres sur les Affaires du temps*, éd. H. Duranton, Champion-Slatkine, 1993, p. 673.)

3. Depuis le début de 1740, il est de bon ton de se moquer de ses œuvres dont le style sent le début du siècle. On le dit « bel esprit », maniéré, superficiel. On lui reproche d'être obscur et peu naturel. Les philosophes le jugeaient sévèrement. Buffon disait que seuls les petits esprits et les précieux pouvaient l'admirer. Maupertuis suppliait Merian, un académicien de Berlin, de ne pas imiter Marivaux et Voltaire aurait dit de lui « qu'il s'occupait à peser des riens dans une toile d'araignée ». (*Correspondance littéraire* de Grimm, IV, p. 179).

Corneille et Racine[1], qui sert de prétexte à poser la question : pourquoi les philosophes sont-ils plus respectés que les hommes de lettres ? Pourquoi Malebranche et Newton sont-ils plus honorés que Corneille ou Racine, alors que les uns et les autres sont la richesse de l'humanité, détenteurs chacun d'une part du savoir humain ? Selon Marivaux, la science propre aux écrivains est celle du cœur humain, équivalente en dignité à la philosophie. Le traitement de préférence accordé aux philosophes et aux savants vient de l'ignorance du commun des hommes, qui respectent ce qu'ils ne comprennent pas. La connaissance de l'âme humaine, pense-t-on, est à la portée du premier venu, alors que les autres requièrent un apprentissage difficile. Mais, répond Marivaux, de ce qu'il est plus aisé d'apprendre une science, il ne s'ensuit pas qu'elle soit moins profonde. La facilité que nous trouvons à l'apprendre nous dissimule sa profondeur. La science du cœur humain est si nécessaire et urgente que tout homme l'apprend de bonne heure au contact continu de la société qui nous tient d'école. En revanche, la philosophie et les sciences abstraites ne sont pas aussi nécessaires et ne s'apprennent pas « sans une étude particulière que la société ne secourût point. Voilà aussi tout le mystère de l'extrême résistance qu'elles nous font. Il n'y faut pas entendre plus de finesse[2]. » Les dons pour les sciences ou la philosophie n'établissent donc entre les hommes qu'une différence de degré et non de nature, comme on tend à le faire accroire. Si la société nous apprenait dès le berceau à devenir mathématiciens ou astronomes, ces sciences ne nous paraîtraient ni sublimes ni mystérieuses...

A travers Corneille et Racine, c'est un plaidoyer *pro domo* que nous donne Marivaux. N'est-ce pas de lui dont il parle quand il évoque « ces grands génies qu'on appelle quelquefois beaux esprits ; ces critiques sérieux ou badins de ce que nous sommes,

---

1. *Réflexions sur l'esprit humain à l'occasion de Corneille et de Racine*, publiées en 1755 dans le *Mercure* d'avril et republiées dans *Journaux et œuvres diverses de Marivaux*, éd. F. Deloffre et M. Gilot, classiques Garnier, 1969, pp. 471-477.
2. Suite de sa lecture, les 25 septembre 1749 et 25 août 1750, *op. cit.*, pp. 478-492.

ces peintres sublimes des grandeurs et misères de l'âme humaine... Je mets Corneille et Racine parmi ce qu'il y a de plus respectable dans l'ordre de ceux-ci, sans parler de ceux de nos jours, qu'il n'est pas temps de nommer en public, que la postérité dédommagera du silence qu'il faut qu'on observe aujourd'hui sur eux, et dont l'envie contemporaine qui les loue à sa manière, les dédommage dès à présent en s'irritant contre eux[1]. » Ce n'est pas sans amertume qu'il remarque que l'admiration qui entoure le philosophe va jusqu'à la vénération, alors que celle qu'on manifeste à l'écrivain est bien plus familière, et l'honore beaucoup moins[2].

Curieusement, l'abbé Raynal qui assistait au discours de Marivaux, en fait un résumé succinct mais enthousiaste. Marivaux, dit-il, nous a régalés d'une dissertation : « Il a dit des choses fines, profondes, agréables, que vous devinerez aisément. Le public, qui paraît depuis assez longtemps brouillé avec cet aimable auteur, s'est réconcilié avec lui à cette occasion. Je n'ai guère rien vu de si applaudi, et j'ai peu vu de choses qui méritassent plus de l'être[3]. » Ce sont moins les applaudissements de l'Académie française et de son public qui peuvent surprendre que ceux du journaliste qui appartient à la société des philosophes. Lorsque le discours fut publié six ans plus tard dans le *Mercure*, ce sont les propres amis de Marivaux qui firent la fine bouche. Le vieux Fontenelle le trouva « obscur » et « un peu faux[4] ». Preuve par l'absurde que le statut de l'homme de lettres s'était encore dégradé et que le prestige de Marivaux était à présent au plus bas.

---

1. *Ibid.*, p. 471.
2. F. Deloffre et M. Gilot ont tout à fait raison de souligner que Marivaux ne faisait que reprendre des idées qu'il avait déjà exprimées trente ans auparavant, mais que, depuis lors, la situation s'était aggravée pour les écrivains : « Partout les philosophes ont gagné du terrain. Les grands succès de librairie vont à des ouvrages tels que les *Mémoires sur les insectes* de Réaumur, ou la célèbre *Histoire naturelle* de Buffon dont les trois premiers tomes reçoivent un accueil enthousiaste précisément au moment où Marivaux écrit. » *Op. cit.*, p. 468.
3. *Nouvelles littéraires*, I, p. 354.
4. Extrait d'un journal manuscrit de l'abbé Trublet, publié à la suite de *La Correspondance de l'abbé Trublet*, éd. J. Jacquart, 1926, p. 159.

Au moment même où Marivaux tente de rehausser la gloire de l'écrivain, Jean-Jacques Rousseau bâtit la sienne en attaquant de front les sciences, les arts et les lettres. En décidant de répondre par la négative à la question mise au concours par l'académie de Dijon : *Si le rétablissement des Sciences et des Arts a contribué à épurer les mœurs*[1], l'obscur Genevois fait coup double : il pose la première pierre de son engagement philosophique et récolte la gloire de sa provocation. Se faire le procureur des sciences et de l'ensemble de la culture, plaider les vertus de l'ignorance et de la rusticité des peuples barbares devant le tribunal d'une Académie, relève à première vue du défi[2]. Il faut tout le talent de Jean-Jacques, qui n'exclut ni les confusions ni les contradictions, pour séduire ses juges. Et c'est justement son exceptionnelle éloquence, plutôt que sa thèse, qui est récompensée.

Thèse radicale bien connue : « Nos âmes se sont corrompues à mesure que nos sciences et nos arts se sont avancés à la perfection... On a vu la vertu s'enfuir à mesure que leur lumière s'élevait sur notre horizon[3] ». Eloge de Sparte contre Athènes la vicieuse. La critique des sciences, qui nous éloignent de la nature et donc de la vertu, englobe l'ensemble des activités intellectuelles. Comme tout un chacun à son époque, Rousseau ne distingue pas entre science et philosophie[4], mais il les associe aux arts et aux lettres par leur origine commune, l'oisiveté, et par leurs effets pareillement dévastateurs : vanités, mensonges, inégalités, dépravation généralisée. D'un coup d'un seul, il balaie tout

---

1. La question fut publiée dans le Mercure d'octobre 1749. Rousseau envoya son texte en mars 1750 et l'académie de Dijon le couronna le 10 juillet.

2. En fait, R.A. Leigh rappelle qu'il existait à l'époque un courant de pensée favorable à la thèse de Rousseau dans certains milieux bourgeois et ecclésiastiques, notamment à Dijon ; que le *Journal de Trévoux* de juillet 1737 dénonçait déjà « les funestes écarts où aboutit le savoir, lorsque la vertu n'en distribue pas l'usage » ; et enfin que le mémoire de Grosley de Troyes obtint le premier accessit en répondant lui aussi par la négative. *Cf.* la note explicative à la lettre de Rousseau aux membres de l'académie de Dijon, le 20 juillet 1750, *Correspondance complète*, t. II, p. 131.

3. *Discours sur les sciences et les arts*, Garnier/Flammarion, 1971, p. 41.

4. Dans sa réponse à M. Gautier, il rappelle que « les sciences dont on occupe les jeunes philosophes dans les universités sont la logique, la métaphysique, la morale, la physique, les mathématiques élémentaires... ». *Ibid.*, p. 67.

le champ intellectuel et lui retire toute légitimité : « L'astronomie est née de la superstition ; l'éloquence, de l'ambition, de la haine, de la flatterie, du mensonge ; la géométrie, de l'avarice ; la physique, d'une vaine curiosité ; toutes, et la morale même, de l'orgueil humain[1]. » Il a beau tenter de sauver, par une habileté un peu lourde, la vertu des académiciens, devenus les gardiens du « dépôt sacré des mœurs[2] », Rousseau frappe à bras raccourcis sur tous ceux qui font profession de penser. Dans sa réponse au professeur de mathématiques Gautier, il ne prend plus la moindre précaution. L'attaque est globale et sans appel : « Comment se peut-il faire que les sciences... engendrent tant d'impiétés, tant d'hérésies, tant d'erreurs, tant de systèmes absurdes, tant de contrariétés, tant d'inepties, tant de satires amères, tant de misérables romans, tant de vers licencieux, tant de livres obscènes ; et, dans ceux qui les cultivent, tant d'orgueil, tant d'avarice, tant de mensonges, tant de noirceurs, tant de calomnies, tant de lâches et honteuses flatteries[3]... ? ». « Une troupe de charlatans[4] », voilà le monde intellectuel résumé en deux mots qui les font passer à la trappe.

A lire ce déferlement de hargne contre les siens, on ne peut manquer de s'interroger sur les motivations personnelles de l'auteur. Rousseau a suivi le même parcours que nombre de ceux qu'il dénonce : études des sciences, présentation d'un mémoire à l'Académie des sciences, il vit de ses travaux de musique, entouré d'intellectuels de son espèce. Mieux : il fait partie de l'équipe rédactionnelle de l'*Encyclopédie*, puisqu'il est chargé de rédiger les articles de musique. Est-ce la revanche du timide contre ceux qui se pavanent dans les salons ? De l'obscur copiste de musique

---

1. *Ibid.*, p. 47.
2. *Ibid.*, p. 55.
3. *Ibid.*, p. 76.
4. *Ibid.*, p. 56. Le propos englobe les philosophes au sens où on l'entend aujourd'hui. Il dénonce tout à tour celui qui « prétend qu'il n'y a point de corps et que tout est en représentation [Berkeley]. L'autre, qu'il n'y a d'autre substance que la matière ni d'autre Dieu que le monde. Celui-ci avance qu'il n'y a ni vertus, ni vices, et que le bien et le mal moral sont des chimères [La Mettrie]. Celui-là, que les hommes sont des loups et peuvent se dévorer en sûreté de consciences [Hobbes] ».

contre ceux qui capitalisent la gloire intellectuelle à leur profit ?
A-t-il été humilié par la réception un peu hautaine réservée à son
travail par les Académiciens ? Est-ce un hasard si Diderot, alors
à Vincennes, et sous le coup de son premier échec à l'Académie
des sciences, se dit solidaire de la thèse de Rousseau au point de
revoir et de corriger sa copie alors même qu'il travaille au
Dictionnaire des sciences et des arts ?... En vérité, en renvoyant
tous les nantis d'honneurs et de gloire au néant, Rousseau, avec
la complicité de Diderot, fait place nette pour de nouvelles
gloires. En opérant un renversement des valeurs, il indique que
le prestige ne va plus aux sciences, mais à la vertu, pas à ceux
qu'on nomme savants ou philosophes, mais au « sage ». Et le
sage, on le devine en filigrane, c'est lui-même, qui plaide pour
le retour à la nature, la solidarité entre les hommes et les vertus
citoyennes. Il l'oppose au bel esprit inutile à la société, qui monopolise les honneurs. Or si « le sage ne court point après la
fortune... il n'est pas insensible à la gloire ; et quand il la voit si
mal distribuée, sa vertu, qu'un peu d'émulation aurait animée et
rendue avantageuse à la société, tombe en langueur et s'éteint
dans la misère et dans l'oubli[1] ».

Il n'est pas interdit de penser, comme Jacques Roger, que
Rousseau, « plus sûr de sa vertu que de ses talents, rêve d'être
distingué... L'idéal serait que la société lui fît dans son sein une
place d'honneur en respectant son étrangeté, et le glorifiât de
l'avoir condamnée[2] ». Mais il n'est pas inutile non plus de
rappeler que le vertueux Jean-Jacques a déjà mis deux de ses
enfants aux Enfants-Trouvés[3] et que le titre de « sage » ne
recouvre en fait que celui, galvaudé, de philosophe. Avec ce
premier *Discours*, Rousseau prétend restaurer la véritable philosophie. Le coup de génie est de l'avoir dissimulée sous le nom
de sagesse. En tenant seul contre tous le discours de la vertu, il
se pose en sauveur de l'humanité. Titre autrement plus prestigieux que celui de savant, de philosophe ou d'homme de lettres.

---

1. *Ibid.*, p. 55.
2. *Ibid.*, pp. 16-17.
3. En 1746 et 1748.

Ce faisant, il a éliminé tout concurrent potentiel et redéfini la gloire à ses propres mesures.

Le prodigieux succès du Discours préliminaire

Quand l'abbé Terrasson[1] mourut le 15 septembre 1750, nul ne sut pourquoi d'Alembert se précipita pour publier son éloge dans le *Mercure* de janvier[2]. Est-ce parce que son athéisme affiché le rendait sympathique aux philosophes[3] ? Ou parce que d'Alembert jugea bon de montrer une fois de plus sa supériorité sur Fouchy[4] ? Ou bien simplement pour dégourdir sa plume avant d'aborder l'écriture de la préface au premier volume de l'*Encyclopédie* ? « Le succès qu'il a eu ici a passé mes espérances, écrit-il à Cramer le 15 février 1751, et ceux qui ont connu l'abbé Terrasson trouvent que la peinture que j'en ai faite est ressemblante. » Tous ses amis, ajoute-t-il, lui conseillent de faire à présent l'éloge du chancelier d'Aguesseau qui vient de disparaître, « mais, outre que je ne veux pas être le panégyriste banal de tous les académiciens, ni faire la besogne du Secrétaire, je suis actuellement si occupé que je n'en aurais pas le temps quand je le voudrais. Je travaille à la préface de l'*Encyclopédie* ; c'est un morceau que je veux rendre intéressant, s'il est possible[5] ».

Le 30 mars suivant, d'Alembert déclare sa préface terminée. Il n'a plus qu'à la revoir et à la corriger. « Je vais la faire imprimer incessamment, afin de la lire plus nettement et de pouvoir profiter

---

1. 1670-1750. Cet oratorien, mathématicien et philosophe, membre de l'Académie des sciences et de l'Académie française, était un homme remarquable par son intelligence, son savoir et sa modestie. Il était le frère du célèbre prédicateur.

2. Janvier 1751, pp. 29-44. La première phrase, modifiée par la suite pour la publication des *Eloges*, commence ainsi : « la plupart des Princes sont beaucoup plus loués durant leur vie qu'après leur mort. On peut dire aujourd'hui le contraire des gens de lettres... »

3. Dans les *Nouvelles littéraires*, Raynal rapporte que l'abbé disait volontiers qu'il n'avait pas besoin de Dieu. « Jamais, disait-il, je ne me fierai à un homme qui croit en Dieu ; il faut de toute nécessité que ce soit un sot. » I, pp. 477-478.

4. Fouchy lut son éloge à la séance publique du 21 avril 1751.

5. *Dix-huitième siècle*, op. cit., p. 251. Le chancelier d'Aguesseau, académicien honoraire de l'Académie des sciences, était décédé le 9 février 1751 à l'âge de quatre-vingt-deux ans.

des conseils de mes amis. Que je voudrais bien que vous fussiez à portée de me donner les vôtres, dit-il au même Cramer. Je ne sais ce qu'on en pensera, mais je crois pouvoir assurer que ne puis pas mieux faire, et je doute même que dans ce genre d'écrit je fasse rien de mieux de ma vie[1]. » Propos prémonitoire : jamais plus, en effet, d'Alembert n'écrira un morceau philosophique de cette envergure. Il est vrai qu'il a soumis le texte de son *Discours* à plusieurs amis qui ont pu lui donner de précieux conseils : Diderot, bien sûr ; Condillac, qu'il fréquente beaucoup durant cette époque[2] et qui a inspiré la philosophie de l'œuvre ; mais aussi un homme plus âgé, qu'il admire et qu'il aime tendrement : l'abbé de Canaye[3].

Cet homme de l'ancien temps, qui avait connu dans sa jeunesse Boileau et l'actrice Adrienne Lecouvreur, maniait la plume avec art. On admirait la pureté de son style, la précision et l'élégance de son propos. L'abbé avait toutes les qualités de société, mais était d'une paresse qui désespérait ses amis. Indifférent à la gloire, aux distinctions et aux titres, il se présentait lui-même comme un « passionné de repos[4] ». Dans toute sa longue vie, il ne présenta que quatre mémoires[5], d'ailleurs fort brillants, à son Académie, et s'abstint par la suite de tout travail personnel. Il consacra le reste de son existence à la musique, qu'il adorait, et à la fréquentation des gens de lettres. C'est dans une de ces réunions qu'il dut rencontrer d'Alembert, qui le séduisit par sa gaieté. Lauraguais, témoin de leurs relations, rapporte que dans la société sévère et spirituelle de Falconet, appelée la *Messe des gens de lettres*, « il n'y avait guère que d'Alembert auquel, en

---

1. *Ibid.*, p. 253.

2. D'Alembert donne régulièrement des nouvelles des yeux malades de Condillac dans les lettres qu'il écrit à Cramer.

3. 1694-1782. Entré à l'Oratoire, il quitta la compagnie en 1728 et fut reçu la même année à l'Académie des inscriptions.

4. Eloge de l'abbé de Canaye par M. Dacier. *Histoire de l'Académie des inscriptions et belles-lettres*, t. 45, pp. 175-185.

5. Il commença par un mémoire sur l'*Aréopage* (en 1728 et 1729), continua en 1731 par des *Recherches sur Thalès* et s'arrêta définitivement en 1732 avec une *Vie d'Anaximandre*. Il lut en 1751 un quatrième mémoire qui ne fut pas imprimé.

qualité de grand géomètre, on pardonnât d'être gai comme un pinson... Encore ce bon et aimable d'Alembert avait-il besoin quelques fois de mettre l'abondance de sa gaieté sous la protection de la prudence de l'abbé de Canaye... Il disait à la compagnie : laissez donc rire d'Alembert, laissez-nous écouter ses fagots ». Et Lauraguais de conclure : « L'abbé de Canaye jouait alors avec d'Alembert, comme un vieux singe avec un jeune chat[1]. »

Vu le prestige dont jouit l'abbé aux yeux de D'Alembert – il lui dédie en 1753 un texte essentiel, fruit de leurs « conversations philosophiques[2] » –, il est certain qu'il dut lui soumettre son *Discours préliminaire*. Une anecdote a couru à ce sujet, rapportée par l'abbé Barthelémy Mercier[3] qui n'en fut ni le témoin direct ni le rédacteur : « Quand d'Alembert présenta à l'abbé de Canaye, son ami, le manuscrit de la préface qu'il a mise à la tête de l'*Encyclopédie*, celui-ci, après l'avoir parcouru, le jeta au milieu de la chambre en disant : "Fi donc ! Cela ne vaut rien !" ; qu'ensuite, l'ayant ramassé, il l'apostilla, le retoucha, fit des retranchements et de nombreuses additions, lui donna de la couleur, de la vie, et en fit un chef d'œuvre... La scène s'était passée sous les yeux de la nièce de l'abbé de Canaye, qui en attesta la vérité à l'abbé [Mercier][4]. »

Si l'anecdote est à prendre avec précaution[5], il est probable que le *Discours* porte la marque de l'abbé de Canaye : corrections

---

1. L.B. Lauraguais a raconté que l'abbé faisait souvent les honneurs du déjeuner que le médecin Falconet (1671-1762) donnait chaque dimanche à des hommes de lettres et de sciences presque tous issus de l'époque de Louis XIV. On y trouvait des gens comme Fontenelle, Saint-Médard et d'autres plus graves et sévères. C'est à peine si des jeunes comme Lauraguais et d'Alembert y étaient admis. Voir *Lettres à Mme**** [La Duchesse d'Urssel], 1802, pp. 79-80.

2. *Essai sur la Société des gens de lettres et des grands*, 1753.

3. Appelé aussi abbé de Saint-Léger (1734-1799), grand érudit, il fut le bibliothécaire de Sainte-Geneviève et collabora à divers journaux.

4. Charles Urbain, « L'abbé de Canaye et le *Discours préliminaire de l'Encyclopédie* », *R.H.L.F.*, 1895, t. II, pp. 385 à 401.

5. La nièce de l'abbé, la marquise Ménilglaise, véritable despote pour son oncle, détestait d'Alembert qui le lui rendait bien, et l'abbé Mercier n'avait que seize ans au moment des faits.

de style, allégements divers, etc. Mais nul ne peut douter que le contenu, c'est-à-dire la pensée du *Discours*, appartienne en propre à d'Alembert. Sans quoi, le modeste abbé n'aurait jamais tenu ce propos enthousiaste sur le texte et son auteur : « Un morceau que la postérité enviera à notre siècle et qui prouvera d'âge en âge que le véritable homme de génie est fait pour s'assujettir tous les genres, qu'il peut être à la fois grand homme de lettres, géomètre sublime, philosophe profond, et joindre encore à ces qualités si rarement réunies le talent de les embellir par tout ce que l'imagination et le style peuvent avoir de noblesse, de force, de justesse et d'imagination[1]. »

Lorsque, le 28 juin 1751, paraît le premier volume de l'*Encyclopédie*, le succès du *Discours préliminaire* est immédiat. Il faut dire que nombre de gens l'avaient lu avant parution, notamment ceux qui y étaient cités, et répandaient une rumeur favorable, sinon enthousiaste. Buffon est le premier à se manifester le 20 juin : « Je viens, mon cher Monsieur, d'achever votre discours. Il est grand, grand, très bien écrit et encore mieux raisonné. C'est la quintessence des connaissances humaines, mais le suc n'est pas fait pour tous les estomacs, et je crois que vous n'aurez d'abord que l'admiration des gens de beaucoup d'esprit et qu'il faudra vous passer quelque temps du suffrage des autres ; les pédants, surtout, feront la grimace. Et les sots, même les demi-sots, parleront beaucoup et ne vous entendront pas[2]... » Rousseau, qui ne craint pas les paradoxes, donne toute son approbation, le 26 juin[3]. Et le 28, jour même de la parution, l'abbé Raynal avertit ses abonnés : « Le premier des dix volumes de l'*Encyclopédie* paraît aujourd'hui... J'en ai lu la préface avec une attention très particulière ; je crois que c'est un des morceaux les plus philosophiques, les plus conséquents, les plus lumineux,

---

1. *Œuvres posthumes* de D'Alembert, éd. Pougens, 1799, vol. II, p. 415.

2. Lettre autographe publiée dans l'*Amateur d'autographes* par Chavaray, juin 1973, n° 237, et dans le catalogue de la Librairie de l'Abbaye en 1961. Copie de la lettre au Muséum d'Histoire naturelle, Ms. 2.753.

3. *Correspondance complète*, II, pp. 159-162.

les plus exacts, les plus serrés et les mieux écrits que nous ayons eu dans notre langue[1] ».

Buffon se trompait sur un point : le succès du *Discours* alla bien au-delà du cercle des spécialistes. Ceux qui le critiquèrent – aussi vite d'ailleurs qu'il fut loué – furent les intellectuels en désaccord philosophique ou personnel avec d'Alembert. On peut en lire un bref écho dans le *Journal* de Lalande, à la date du 20 juin au soir : « J'ai été chez M. Bouguer où il dînait avec l'abbé de Pourvient [?]. On parle de la préface de M. d'Alembert dans l'*Encyclopédie*, mais on méprise un peu cet ouvrage[2]. » Propos de chapelle ou de personnes vexées. Car, en fait, nul ne pouvait « mépriser » un texte aussi important. Dès la fin juin, d'Alembert annonce le succès de sa préface à Mme du Deffand[3], et le 6 juillet il peut même dire à Cramer : « La préface a eu ici un succès qui a passé toutes mes espérances ; il me paraît aussi qu'on est content de l'ouvrage[4]. »

Que l'on soit pour ou contre le *Discours*, chacun sent bien qu'il est la charte d'une nouvelle génération de philosophes qui bouscule la précédente. Composé de deux parties, c'est à la fois un acte de foi (le savoir rendra les hommes meilleurs, plus maîtres d'eux-mêmes et de l'Univers[5]), une analyse des fondements de la connaissance et une histoire intellectuelle de l'Europe. Résolument lockien et influencé par Condillac[6], le texte de D'Alembert opère un classement et une généalogie des connais-

---

1. *Nouvelles littéraires*, II, p. 73.

2. Joseph-Jérôme Le François de Lalande (1732-1807) était à l'époque un jeune astronome de Bourg-en-Bresse, monté à Paris pour y faire carrière. Elève de Delisle et de Lemonnier à l'Observatoire de Paris, il aimait faire des visites aux autorités académiques. Il consignait ses impressions dans un Journal dont le manuscrit se trouve à la B.N. Ms. Fr. 12 275, f. 445.

3. Lettre s.d. [fin juin 1751]. Autographe publié par Charavay, 141ᵉ année, n° 808, mars 1994.

4. *Dix-huitième siècle, op. cit.*, p. 255.

5. En ceci, d'Alembert est bien l'héritier de Descartes.

6. Le postulat qui sous-tend le *Discours* ; « C'est à nos sensations que nous devons toutes nos idées », en témoigne de façon éclatante, ainsi que l'idée que la philosophie est la combinaison des idées reçues par les sens. *Cf. Œuvres de D'Alembert*, t. I., p. 22.

sances empruntés à Bacon[1], mais reste dans l'orbite de l'épistémologie cartésienne. Quelle que soit l'importance qu'il reconnaît aux observations et aux expériences, d'Alembert prône le primat des mathématiques pures, des notions les plus abstraites et les plus simples, et de la systématisation rationnelle. En schématisant, on dirait que son « Encyclopédie idéale serait celle qui présenterait les éléments de toutes les sciences réduits à un seul principe[2] ».

A cette époque, le *Discours* de D'Alembert, qui reprend l'essentiel du Prospectus, reçoit l'agrément complet de Diderot. Malgré leur style et leur tempérament[3] bien différents, les deux directeurs de l'*Encyclopédie* sont unis sur l'essentiel : laïques et quasiment athées, ils poursuivent le même but de rationalisation et d'organisation du savoir. Les dissensions viendront plus tard, quand Diderot mettra la physique expérimentale et la biologie au-dessus des mathématiques, l'inspiration et le génie au-dessus de la raison. Mais à y regarder de près, l'*Encyclopédie* est déjà ce qu'on a joliment appelé un « Aigle à deux têtes ».

Une trouvaille stratégique

Dans la seconde partie du *Discours préliminaire*, d'Alembert rend hommage à tous ceux, philosophes, savants, gens de lettres et auteurs d'articles qui ont contribué aux progrès de l'esprit humain depuis la Renaissance. Bacon, Descartes, Newton, Locke, Leibniz, etc. Mais sa grande habileté fut de nommer des intellectuels vivants qui incarnaient la modernité et le progrès. Sont

---

1. Il classe les différentes branches du savoir sous les trois thèmes de l'entendement : la mémoire, la raison et l'imagination. La Philosophie est à l'honneur, rangée dans la case première de la raison, l'Histoire, dans celle de la mémoire, la Théologie et la religion sont réduites à la portion congrue.
2. Véronique Le Ru, « L'Aigle à deux têtes de l'*Encyclopédie* », *R.D.E.*, n° 26, avril 1999, p. 20.
3. J.D. Garat (1749-1833), qui les avait connus tous deux, évoque l'aspect « très divers et même heureusement opposé du génie des deux éditeurs, l'un armé de cette audace qui se précipite à travers les ténèbres pour arriver au jour [Diderot] ; l'autre de cette patience de calcul qui n'ose faire un pas avant d'être environné de tout l'éclat de l'évidence ». *Mémoires historiques sur le XVIIIᵉ siècle*, Paris, 1829, I, p. 163.

ainsi cités et honorés : *Maupertuis*, « le premier qui ait osé parmi nous [Français] se déclarer ouvertement newtonien... qui joint à des connaissances géométriques très étendues cet esprit philosophique avec lequel elles ne se trouvent pas toujours, et ce talent d'écrire auquel on ne croira plus qu'elles nuisent quand on a lu ses ouvrages[1] » ; *Fontenelle*, « qui a appris aux savants à secouer le joug du pédantisme. Supérieur dans l'art de mettre en leur jour les idées les plus abstraites, il a su, par beaucoup de méthode, de précision et de clarté, les abaisser à la portée des esprits qu'on aurait cru les moins faits pour les saisir... Semblable à tous les écrivains originaux, il a laissé bien loin derrière lui ceux qui ont cru pouvoir l'imiter[2] » ; *Buffon*, qu'il évoque une fois sans le nommer, pour lui donner raison contre les classificateurs[3], et une seconde fois pour faire l'éloge de l'*Histoire naturelle* à laquelle il a donné « cette noblesse et cette élévation de style qui sont si propres aux matières philosophiques, et qui dans les écrits du sage doivent être la peinture de son âme[4] ». Suit une page entière consacrée à *Condillac*, qui a mis fin à l'esprit de système, si stérilisant pour la pensée, avec au passage une longue critique de Mairan, qu'il ne nomme pas[5]. Puis deux éloges appuyés pour *Voltaire* et *Montesquieu*.

Le premier, « à qui nous devons la *Henriade*..., possède en même temps au plus haut degré un talent que n'a eu presque aucun poète même dans un degré médiocre, celui d'écrire en prose. Personne n'a mieux connu l'art si rare de rendre sans effort chaque idée par le terme qui lui est propre, d'embellir tout sans se méprendre sur le coloris propre à chaque chose ; enfin, ce qui caractérise plus qu'on ne pense les grands écrivains, de n'être

---

1. *Discours..., op. cit.*, p. 73.
2. *Ibid.*, p. 76. La dernière phrase est un coup de griffes à Algarotti.
3. *Ibid.*, p. 46.
4. *Ibid.*, p. 77. Thomas Hankins fait justement remarquer que cet éloge était davantage un geste diplomatique qu'un accord sur le fond. D'ailleurs, il ne loue que son style et ne dit pas un mot de sa théorie. *Cf. Jean d'Alembert, Science and the Enlightenment*, Gordon et Breach, 1970, p. 80.
5. *Ibid.*, pp. 77-78.

jamais ni au-dessus, ni au-dessous de son sujet[1] ». D'Alembert cite avec admiration le *Siècle de Louis XIV* et l'*Histoire de Charles XII* et conclut : « Que ne puis-je, en parcourant ici ses nombreux et admirables ouvrages, payer à ce génie rare le tribut d'éloges qu'il mérite, qu'il a reçu tant de fois de ses compatriotes, des étrangers et de ses ennemis, et auquel la postérité mettra le comble quand il ne pourra plus en jouir[2]. »

Du second, Montesquieu, d'Alembert loue « l'écrivain judicieux, aussi bon citoyen que grand philosophe, [qui] nous a donné sur les principes des lois un ouvrage décrié par quelques Français, applaudi par la nation et admiré de toute l'Europe ; ouvrage qui sera un monument immortel du génie et de la vertu de son auteur, et des progrès de la raison dans un siècle dont le milieu sera une époque mémorable dans l'histoire de la philosophie[3] ».

Le seul artiste à avoir droit à un tel dithyrambe est le musicien *Rameau*, fort lié à Diderot et d'Alembert. « Grâce aux travaux [de ce] génie mâle, hardi et fécond, les étrangers qui ne pouvaient souffrir nos symphonies commencent à les goûter, et les Français paraissent enfin persuadés que Lulli avait laissé dans ce genre beaucoup à faire. Rameau, en poussant la pratique de son art à un si haut degré de perfection, est devenu tout ensemble le modèle et l'objet de la jalousie d'un grand nombre d'artistes qui le décrient en s'efforçant de l'imiter[4]. » Et d'Alembert de saluer avec enthousiasme ses recherches sur la théorie de la musique et sa découverte du principe de l'harmonie et de la mélodie[5].

---

1. *Ibid.*, p. 79.

2. *Ibid.*, p. 80. A l'époque, d'Alembert n'était pas encore lié avec Voltaire. Il lui avait seulement envoyé son livre sur la *Cause des vents* et en avait reçu une lettre aimable. Il est vrai que Diderot et lui espéraient bien le convaincre de collaborer à l'*Encyclopédie* et de la faire profiter de son prestige. De même pour Montesquieu dont l'éloge suit celui de Voltaire.

3. *Ibid.*, p. 80

4. *Ibid.*

5. Au moment où d'Alembert écrit ces lignes, il a déjà le projet de rédiger lui-même un livre sur la musique selon Rameau. Le 10 septembre 1751, il confie à Cramer : « Je me suis réfugié pour quelques jours à la campagne pour... mettre la dernière main à quelques ouvrages que je dois publier l'hiver prochain ». Parmi ceux-

Enfin, clin d'œil ironique à l'ami *Rousseau*, d'Alembert loue son éloquence philosophique et son mérite, rappelle dans une note qu'il est l'auteur de la partie de l'*Encyclopédie* qui concerne la musique, et récuse bien entendu la thèse de son *Discours* en quelques phrases rapides, comme si cela ne méritait pas plus.

Ce sacre des génies contemporains était un geste de haute politique. Etre seulement cité dans le *Discours préliminaire* valait un certificat de modernité qui inscrivait l'heureux élu au tableau d'honneur des gloires littéraires. Rousseau se sentit flatté. Buffon aussi se dit « flatté de la manière dont [d'Alembert] l'avait traité », et ajouta : « Si je n'avais pas l'honneur d'être de vos amis, je vois par votre éloge que je serais digne de l'être...[1] » Voltaire fait l'éloge de D'Alembert avant même d'avoir eu le livre entre les mains : « Je le regarde comme un des meilleurs esprits que la France ait jamais eus[2]. » Mais la rumeur est déjà parvenue jusqu'à lui que son concurrent, son ennemi mortel Crébillon père, n'a pas l'honneur d'être mentionné dans la nouvelle Bible du modernisme. Le 28 juillet, le président Hénault annonce à Voltaire que la préface de l'*Encyclopédie* « est admirée de tout le monde ; vous y êtes nommé avec tous les titres qui vous sont dus : c'est le peintre qui était seul en droit de faire le portrait d'Alexandre[3] ». Triple bonne nouvelle pour Voltaire : non seulement Crébillon, le protégé de la cour et son censeur impitoyable, est renvoyé aux oubliettes, mais la nouvelle génération l'a sacré roi, de surcroît, dans un ouvrage prestigieux que l'on s'arrache.

L'*Encyclopédie* n'arriva que tardivement à Berlin et Voltaire comme Maupertuis durent patienter jusqu'en octobre pour prendre connaissance du *Discours*. Chose faite, le premier nage dans le bonheur : « Je remercie en rougissant Monsieur d'Alem-

---

ci, il cite « *Des Eléments de musique suivant les principes de Rameau*, qui vous apprendront à faire une basse... », *Dix-huitième siècle, op. cit.*, p. 256. Effectivement, le livre parut début 1752.

1. Lettre à d'Alembert du 20 juin 1751.

2. Lettre du 20 juillet 1751 à Mme du Deffand (Best. D 4525). On notera que Voltaire connaît encore si peu d'Alembert qu'il orthographie son nom « Dalemberg »...

3. (Best. D 4530).

bert qui a parlé de moi avec autant de bonté qu'il a montré de courage en rendant justice à Rameau. La plus digne et la plus noble récompense d'un artiste, en quelque genre que ce puisse être, est le suffrage d'un homme tel que M. d'Alembert, d'un esprit aussi libre et aussi indépendant qu'éclairé, qui est au-dessus de l'envie et des petites cabales et des petits protecteurs, plus capable de ranimer le bon goût par son exemple et par ses lumières que les intrigues des demi beaux esprits... S'il y avait encore en France beaucoup d'hommes comme lui, je ne l'aurais pas quittée ; pas même pour le Roi de Prusse[1]. »

Maupertuis remercie plus tardivement : « j'ai jugé par moi-même [du succès] que devait avoir votre *Discours préliminaire* qui est une des plus belles choses qu'on ait jamais vue... J'ai été fort flatté de m'y trouver, quoiqu'à l'occasion d'un ouvrage assez défectueux « et dont je ne crois devoir la citation qu'à votre amitié »[2]. De son côté, Montesquieu charge Mme du Deffand[3] de transmettre à d'Alembert éloges et remerciements sur la foi de la rumeur publique. Lors d'une nouvelle édition du *Discours*, Montesquieu lui écrit directement : « Vous m'avez donné de grands plaisirs. J'ai lu et relu votre *Discours préliminaire*, c'est une chose forte, c'est une chose charmante, c'est une chose précise. Plus de pensées que de mots, du sentiment comme des pensées, et je ne finirais point[4]. »

Le texte de D'Alembert ne se révélait pas seulement d'une grande habileté ; il était d'un apport considérable pour l'*Encyclopédie*. Outre le prestige qu'il conférait à l'entreprise, il la confortait de celui de tous les hommes cités, qui ne pouvaient que lui apporter leur approbation. Mieux, il créait autour de l'ouvrage

---

1. Lettre à d'Alembert, 6 novembre 1751. Catalogue Charavay n° 809 de juin 1994 (n. 44252), et publiée dans *R.D.E.*, n°s 18-19, octobre 1995, p. 270.

2. Lettre du 4 janvier 1752, Archives municipales de Saint-Malo, ii, 24, f. 99r°. Le livre médiocre évoqué dans cette lettre est le *Discours sur les différentes figures des astres* (1732). Il est évident que Maupertuis aurait préféré être à l'honneur pour un autre de ses ouvrages.

3. Lettre du 15 juillet 1751, *Correspondance de Mme du Deffand*, I, p. 137

4. Lettre du 16 novembre 1753, *Correspondance de Montesquieu*, éd. Nagel, III, p. 1385.

une sorte de clan des Modernes qu'on allait bientôt nommer les *philosophes*. Sans qu'aucun d'eux l'ait vraiment voulu, d'Alembert opérait un rassemblement ressenti comme un « parti » par ses adversaires, renforçant d'autant une cohésion qui n'allait pas de soi. Cette gloire distribuée à quelques uns suscita deux sortes de réactions très salutaires.

La première émane de tous ceux qui voulurent être associés à l'*Encyclopédie* d'une façon ou d'une autre. La Condamine proposa très vite ses services à Diderot[1]. Moins modeste, le président Hénault déploya toutes ses grâces pour faire partie de cette nouvelle aristocratie ; son rêve était de voir son nom briller aux côtés de ceux des Voltaire et Montesquieu lors d'une prochaine réédition du *Discours*. Il pensait pouvoir y prétendre à un double titre : d'une part il croyait fermement que son ouvrage, l'*Abrégé chronologique*[2], était un chef d'œuvre d'érudition et d'esprit qui faisait de lui le premier des historiens de son temps, d'autre part, il estimait que l'*Encyclopédie* avait une dette à son égard. En effet, très lié au comte d'Argenson, responsable de l'incarcération de Diderot, le président Hénault était intervenu avec force auprès du ministre pour qu'il mît fin à cette situation préjudiciable à l'*Encyclopédie*. D'Alembert le savait fort bien puisqu'à une lettre certainement dithyrambique du président[3], il répondit en ces termes : « Je suis plus sensible, Monsieur, que je ne puis vous le dire aux éloges dont vous voulez bien honorer mon ouvrage... J'ose dire que j'en suis au moins digne par l'attachement sincère que j'ai pour vous et par *la reconnaissance* dont je suis pénétré de toutes vos bontés, et *dont je souhaiterais pouvoir vous donner des marques, Diderot pense là-dessus comme*

---

1. Lettre de Diderot à La Condamine reçue le 31 juillet 1751 : « J'accepte avec grand plaisir les offres que vous me faites pour la perfection de notre Dictionnaire... », in *R.D.E.*, n° 11, octobre 1991, p. 13.

2. *L'Abrégé chronologique de l'histoire de France jusqu'à la mort de Louis XIV* parut en 1744. Il connut un grand succès tant en France qu'à l'étranger, et les éditions s'en multiplièrent. La formule était neuve et Voltaire put lui dire qu'il était « le seul homme qui ait appris aux Français leur histoire ».

3. Lettre aujourd'hui perdue.

moi, et nous n'oublierons jamais ni l'un ni l'autre ce que nous vous devons[1]. »

Sans le vouloir, d'Alembert tendait une perche au Président qui s'empressa de la saisir. Celui-ci chargea Mme du Deffand de la délicate négociation. La marquise est certainement intervenue plusieurs fois auprès de D'Alembert pour qu'il accède au vœu de son ami. Alors qu'il s'apprête à republier à l'automne 1752, le *Discours préliminaire* dans ses *Mélanges*, avec quelques modifications[2], d'Alembert est contraint de mettre les points sur les « i ». Le 22 décembre 1752, il s'en explique assez brutalement avec elle : « Ce que vous me demandez pour lui est impossible... En premier lieu, le *Discours préliminaire* est imprimé depuis plus de six semaines... En second lieu, pensez-vous de bonne foi, Madame, que dans un ouvrage destiné à célébrer les grands génies de la nation et les ouvrages qui ont véritablement contribué aux progrès des lettres et des sciences, je doive parler de l'*Abrégé chronologique* ? C'est un ouvrage utile, j'en conviens, et assez commode ; mais voilà tout en vérité : c'est là ce que les gens de lettres en pensent ; c'est là ce qu'on en dira quand le président ne sera plus ». D'Alembert ne veut pas ternir sa réputation ni celle de son *Discours* par quelque complaisance que ce soit : « Quand je ne serai plus, moi, je suis jaloux qu'on ne me reproche pas d'avoir donné d'éloges excessifs à personne. » Il justifie à nouveau le choix des six génies[3] dont il fait mention : « Je n'ai loué Fontenelle *que* sur la méthode, la clarté et la précision avec laquelle il a su traiter des matières difficiles : et c'est là en effet son vrai talent ; Buffon, *que* sur la noblesse et l'élévation avec laquelle il a écrit les vérités philosophiques : et cela est vrai ; Maupertuis, *que* sur l'avantage qu'il a d'avoir été le premier sectateur de Newton en France : et cela

---

1. Lettre du 12 juillet 1751, publiée pour Charles Henry dans la « Correspondance inédite de D'Alembert ». *Bulletino di Bibliografia e di storia delle scienze mathematiche e fisiche*, t. 18, déc. 1885, p. 15. Souligné par nous.

2. Notamment avec un éloge plus appuyé encore de Montesquieu, en pleins démêlés avec les autorités religieuses.

3. On remarque que d'Alembert ne mentionne plus ni Condillac ni Rousseau.

est vrai ; Voltaire, *que* sur son talent éminent pour écrire... ; le président de Montesquieu, *que* sur le cas qu'on fait dans toutes l'Europe, et avec justice, de l'*Esprit des lois*... ; Rameau, *que* sur ses symphonies et ses livres... Je puis vous assurer qu'en écrivant cet ouvrage, j'avais à chaque ligne la postérité devant les yeux, et j'ai tâché de ne porter que des jugements qui fussent ratifiés par elle ».

On sent la colère de D'Alembert contre les pressions dont il est l'objet et contre le rappel des bienfaits du Président Hénault. Il poursuit ainsi : « Celui qui fera l'article "Chronologie" dans l'*Encyclopédie*, est bien le maître de dire ce qu'il voudra du Président ; mais cela ne me regarde pas, et je n'entreprendrai pas même d'en parler, parce que je n'en pourrai dire autre chose, sinon que son livre est utile, commode, et s'est bien vendu. Je doute que cet éloge le contentât. J'ai d'ailleurs été choqué à l'excès du ressentiment qu'il a eu contre moi à cette occasion. » Non seulement, le président n'a pas daigné le remercier de l'envoi de son dernier livre sur les *Fluides*, mais c'est à la marquise bien plus qu'à lui qu'il doit ses entrées à l'Opéra, qu'on lui a accordé d'ailleurs de mauvaise grâce « et qu'on me les a bien fait payer depuis, par la manière dont on s'est conduit... et les discours qu'on a tenus à mon sujet, mais qui ne m'inquiètent guère[1] ».

Le Président Hénault fut mortellement blessé ; un froid durable s'installa entre lui et le protégé de Mme du Deffand. Pendant quelque temps, leurs relations furent si exécrables[2] qu'on craignit qu'il fît obstacle à l'élection de D'Alembert à l'Académie française[3], lui refusant ainsi l'« immortalité » que l'autre lui avait déniée en l'ignorant dans son *Discours*. Pour ces raisons de vanité et parce que Hénault était fondamentalement un homme

---

1. Lettre du 22 décembre 1752 à la marquise du Deffand. Souligné par nous. Voir la *Correspondance* de cette dernière, *op. cit.*, I, pp. 158-159.
2. Le 16 février 1753, d'Alembert écrit à Mme du Deffand : « Le président Hénault va clabaudant de maison en maison contre moi. » *Ibid.*, p. 165.
3. D'Alembert y sera élu en novembre 1754.

de la cour, proche de ses intérêts, l'*Encyclopédie* perdit ainsi un des premiers soutiens.

Elle en perdit beaucoup d'autres, ulcérés de ne pas figurer dans le panthéon des intellectuels. A part Maupertuis, d'Alembert ne cite aucun des grands mathématiciens vivants, français ou étrangers. Ni Clairaut, ni Daniel Bernoulli, ni même Euler, le plus doué, n'ont l'honneur d'être mentionnés. Nous ignorons quels furent leurs ressentiments. En revanche, deux hommes ont laissé trace de leur tristesse d'être ainsi méconnus par la nouvelle élite intellectuelle. Se confiant tous deux à des étrangers, on les sent atteints.

Malgré un effort d'objectivité, Dortous de Mairan ne peut dissimuler son amertume à Cramer : « Je suis fort de votre avis sur l'*Encyclopédie*... J'ajouterai seulement... qu'en la parcourant, et voyant tous ceux qui y sont nommés, et dont un grand nombre le méritent, je n'ai pu m'empêcher de dire plus d'une fois le vers de Molière : *Et nul n'aura d'esprit que nous et nos amis*[1] ». A part Fontenelle, nul de la vieille académie ne trouve grâce. Comme s'ils avaient tous travaillé en vain...

Après la publication du premier volume de l'*Encyclopédie*, Réaumur quant à lui reste silencieux. Pourtant, il redoute que le sacre de Buffon et l'ignorance dans laquelle on le tient signifient son arrêt de mort pour la postérité. Il n'ignore pas non plus ce que certains articles en sciences naturelles doivent à son monument sur les insectes[2], et d'autres à ses travaux antérieurs. Il est pillé, voire plagié par ses ennemis qui refusent obstinément de lui faire la place qu'il mérite. Brouillé avec Diderot à la suite de la *Lettre sur les aveugles*, celui-ci, fort lié à Buffon, le poursuit de son ironie dévastatrice. Réaumur est l'homme à abattre et

---

1. Lettre du 18 décembre 1751., B.P.U., Ms. Suppl. 384, f. 322-323. Mairan reprenait les termes de l'article du *Journal de Trévoux* publié en octobre, qui attaquait durement le *Discours préliminaire* et son auteur, un philosophe auquel il « n'est pas venu en pensée de dire ce mot des *Femmes savantes* : « Nul n'aura de l'esprit hors nous et nos amis. » Cité par J. Pappas, « Berthier's Journal de Trévoux... », *op. cit.*, p. 180.

2. Par exemple l'article « Abeille » de Daubenton, publié en avant-première dans le *Mercure* de mars 1751.

l'objectif a été atteint. Pour la nouvelle génération de philosophes, le vieux prince de l'Académie n'est plus qu'un savant dépassé, aux productions mineures. On ne mesure l'ampleur du désarroi de Réaumur que quatre ans plus tard, à l'occasion d'un article fort élogieux de Formey sur une réédition des *Mémoires sur les insectes*. Dans sa lettre de remerciement, il s'étonne qu'on puisse encore s'intéresser à ses travaux. Au-delà de l'humour perce son véritable état d'esprit : « Vos sentiments pour moi sont exprimés dans ce que vous avez dit dans vos feuilles périodiques des *Mémoires sur les insectes* et de leur auteur, de manière à me convaincre que c'est votre cœur qui a parlé, et qu'il vous a trop séduit en ma faveur... Ce n'est pas seulement que je crains avec raison que le public n'ait trouvé qu'il y avait beaucoup à rabattre des éloges dont vous l'avez comblé ; *c'est que, pour me les donner, vous avez eu besoin d'un courage qui me cause de véritables alarmes...* Si vous n'eussiez point chercher à immortaliser mes ouvrages, j'eusse vécu sans inquiétude... Il faut pourtant vous faire remarquer que vous faites cas d'étranges gens de ce pays-ci, de Fontenelle, de Mairan et de moi... » Avant de conclure philosophiquement : « Heureusement que mon âme est tranquille et au-dessus de mille petites misères qui font la honte et le malheur des gens de lettres[1]. »

Au-delà de Mairan et de Réaumur, ce n'est pas seulement l'ancienne génération qui s'oppose à l'*Encyclopédie*, c'est aussi la plus large partie de l'Académie des sciences qui dispose d'influents relais à la cour, dans les journaux, dans les salons et à l'étranger. Mais d'Alembert avait peut-être déjà compris que rien ne vaut de puissants ennemis pour renforcer l'esprit de clan et

---

1. Lettre du 28 janvier 1755 (qui n'est pas de la main de Réaumur). Souligné par nous. Cracovie, collection Varnhagen [n° 211], publiée avec de légères modifications par Formey dans ses *Souvenirs*, II, pp. 164-168. Quelques mois plus tard, le ton est plus offensif. Evoquant pour la première fois le *Dictionnaire encyclopédique* avec Ch. Bonnet, il lui écrit le 30 juillet 1755 : « Il y a bien de bonnes choses... mais il y a bien des choses à dire contre cet ouvrage qui a été au-delà, comme vous le remarquez fort bien, de ce qu'on exige d'un dictionnaire. Il y règne une partialité qui n'est pas tolérable. Des mirmidons, amis des auteurs, y deviennent des grands hommes. » B.P.U., Ms. Bonnet 42, lettre n° 82.

faire naître un parti avec lequel il faut compter. En cela, la stratégie de D'Alembert semble plus habile que celle de Rousseau. Alors que Jean-Jacques cultive son étrangeté et son isolement, d'Alembert pose les prémisses d'un mouvement intellectuel qui va dominer la scène française, et même au-delà, jusqu'à la fin du siècle. Au bout du compte, l'influence de Rousseau ne sera pas moindre sur la société que celle des encyclopédistes, et à coup sûr plus déterminante que celle du seul d'Alembert. Mais, en 1751, ce dernier est le grand vainqueur de la compétition intellectuelle.

Lorsque début septembre, il part enfin se reposer à la campagne, il a tout lieu d'être fier. Cela transparaît d'ailleurs dans une lettre à Cramer[1]. Son *Discours* est un grand succès qui lui ouvre triomphalement le monde des lettres. Les jésuites enragent, mais se taisent[2]. Il a beau se dire extrêmement fatigué par le travail de l'hiver[3], on perçoit chez lui l'énergie et l'allégresse que dispense un triomphe. Il met la dernière main à trois ouvrages qu'il veut publier l'année suivante. Outre son livre sur Rameau, il fignole ses *Recherches sur le système du monde*[4] et la préface de son *Traité des fluides* qu'il va lire à la prochaine assemblé publique, et qui lui vaudra l'admiration de ses collègues[5]. Par ailleurs, ses relations avec Diderot sont au beau fixe. Il a même

---

1. Lettre du 10 septembre 1751, *Dix-huitième siècle, op. cit.* pp. 256-257.

2. Ils passeront à l'attaque dans l'édition d'octobre 1751 du *Journal de Trévoux*.

3. « La préface m'avait extrêmement fatigué. C'est une besogne très longue pour laquelle j'ai eu peu de temps. »

4. Dans sa lettre du 10 septembre 1751 à Cramer, il annonce que « la Théorie de la Lune est entièrement finie et les tables faites ». Mais la publication des trois volumes des *Recherches sur différents points importants du système du monde* s'échelonnera de 1754 à 1756.

5. D'Alembert lut la préface de son *Traité de la nature des fluides* à l'Assemblée du 13 novembre 1751. C'est pour l'essentiel la pièce qu'il avait retirée du concours de Berlin après le mauvais coup d'Euler. Le 4 janvier 1752, Maupertuis, qui regrette cet incident, n'est pas mécontent de lui dire : « J'ai su le succès qu'avait eu votre préface par les acclamations de votre assemblée publique qui ont retenti jusqu'ici. » Le livre paraîtra bien en 1752 sous le titre *Réflexions sur la théorie de la résistance des fluides*.

obtenu pour lui de Maupertuis, d'être associé à l'Académie de Berlin[1].

D'Alembert est un homme comblé. Il ne peut pas ignorer qu'à trente quatre ans, il a gagné le pari perdu par Fontenelle et Maupertuis. Savant et homme de lettres de premier plan, il vient d'inscrire son nom dans les deux registres de la pensée. Admiré de ses pairs et applaudi du public, il peut jouir de ce moment si rare et si doux de la gloire à l'état pur. Qu'importe les honneurs et l'argent tant désirés par Maupertuis, qu'importe surtout les chuchotements sur sa naissance[2], d'Alembert vient de remporter sa plus belle victoire. C'est la revanche du bâtard...

1. Admis le 4 mars 1751, Diderot remercie Maupertuis le 5 mai suivant : « C'est vous qui m'avez proposé et qui avez levé les difficultés qu'on [Formey] faisait à ma réception... Je sais bon gré à M. d'Alembert de m'avoir fait instruire de ces circonstances. » Archives de l'Académie des sciences, fonds Maupertuis 43, n° 91. Lettre publiée par Mme Chouillet, *R.D.E.*, n° 8, 1990, pp. 7-8.

2. La fiche de police de l'inspecteur d'Hémery concernant d'Alembert, datée du 6 mai 1751, commence par ces mots : « Il est le bâtard de Madame de Tencin, sœur du cardinal de Tencin, et du chevalier Destouches... ».

REMERCIEMENTS

Je remercie tout particulièrement le professeur David Speiser et le Docteur Fritz Nagel, responsables de la Bernoulli-Edition à Bâle, M. Philippe Monnier, directeur-adjoint de la Bibliothèque publique et universitaire de Genève, Mme Maryse Schmidt-Surdez, conservatrice des manuscrits de la Bibliothèque publique et universitaire de Neuchâtel, et le Docteur Krzysztof Zamorski, directeur de la Biblioteka Jagiellonska de l'Université de Cracovie, pour leur aide si précieuse.

Je tiens aussi à marquer ma gratitude à Mme Christiane Demeulenaere-Douyère, conservateur en chef du Patrimoine, alors chef du service des archives de l'Académie des sciences, à Mme Pastoreau, conservateur général, directeur de la Bibliothèque de l'Institut de France, à Mme Dalies, alors conservateur en chef de la Bibliothèque de l'Observatoire de Paris, à M. Pierre Guinard, conservateur de la Bibliothèque municipale de Lyon, à Mme Céline Cadieu, alors conservateur-adjoint des Archives municipales de Lyon, à l'Académie des sciences, belles-lettres et arts de Lyon, à M. Jean Arlet, directeur des archives de l'Académie de Toulouse, à Mme Evelyne Bret, conservateur de la Bibliothèque Carré d'Art de Nîmes, à Mme Agnès Marcetteau, conservateur de la Bibliothèque municipale de Nantes, et à Mme Marie-Françoise Rose, alors conservateur de la Bibliothèque municipale de Rouen.

A Micheline Amar pour ses conseils, au professeur L. Bongie, à Merete Gerlach-Nielsen et à Roland Oberlin pour leur aide, je dis ma reconnaissance.

ABRÉVIATIONS

B.E.B.	Edition Bernoulli à Bâle.
Best. D	Référence à la correspondance de Voltaire éditée par Théodore Besterman, *Correspondence and Related Documents*, vol. 85-135 des *Œuvres complètes* (Genève, Banbury, Oxford, 1968-1977).
B.L.	British Library, alors au British Museum. (Manuscrits)
B.M.	Bibliothèque municipale
B.N.	Bibliothèque nationale, Paris. (Manuscrits)
B.P.U.	Bibliothèque publique universitaire de Genève.
H.A.R.S.	Histoire de l'Académie royale des sciences. (Paris)
M.A.R.S.	Mémoires de l'Académie royale des sciences.
Ms.Fr.	Manuscrits français.
N.a.f.	Nouvelles acquisitions françaises.
P.V. de l'Académie	Procès-verbaux annuels de l'Académie des sciences.
R.D.E.	*Recherches sur Diderot et sur l'Encyclopédie.*
R.H.L.F.	*Revue d'histoire littéraire de la France.*
s.l.n.d.	sans lieu, ni date.
Studies on Voltaire	*Studies on Voltaire and the Eighteenth Century*, edited by Theodore Besterman. The Voltaire Foundation, Banbury ; Oxford.

I. En France

Archives de l'Académie des sciences (Paris)

- Les dossiers biographiques établis au nom de chaque savant français et étrangers contiennent de nombreuses lettres manuscrites ainsi que certains travaux de leurs auteurs.
- Le fonds Maupertuis, sous la cote 43 J, contient 138 dossiers d'une extrême richesse.
- Le fonds La Condamine (Gaillard du Grail).
- Le fonds Guettard, carton 2.
- Le fonds Réaumur.
- La collection de Gabriel Bertrand qui se présente sous la forme de 11 cartons.
- Procès-verbaux et pochettes.

Bibliothèque de l'Institut de France

- Papiers biographiques concernant d'Alembert, Ms. 2 031, F. 9 à 17.
- Manuscrits de D'Alembert, Ms. 1 786 à 1 783, 1 792, 2 466 à 2 474.
- Un grand nombre de lettres de D'Alembert se trouvent dans les Papiers de Condorcet, son légataire universel, en particulier, Ms. 848, 866, 867, 876, 880 à 882, 2 475.

- Correspondance de Pierre-Michel Hénnin : Ms. 1 252 à 1 271.
- Correspondance botanique de Joseph de Caisne : Ms. 2 436 à 2 465.
- Nombreuses collections d'autographes contenant des lettres des membres des trois académies.

Archives de l'Académie française

- Lettres d'académiciens classées selon l'ordre alphabétique.

Bibliothèque nationale (Paris)

Parmi les nombreuses collections de manuscrits, nous signalons :
- Lettres de dames à Maupertuis, n. a. f. 10 398, F. 13 à 78.
- Correspondance de l'abbé Bignon : Fr. 22 232 à 22 236.
- Papiers de Joseph-Jérome Le François de Lalande, Fr. 12 274 et 12 275.
- Journaux à la main :
    Journal historique adressé à Mme de Souscarrière (1745-1752)
        Ms. Fr. 13 701-13 712.
    Journal de la Librairie (d'Hémery), 1750-1751.
        Ms. Fr. 22 156.
- Dossier de Joseph d'Hémery sur 501 auteurs (1748-1753) : n.a.f. 10 781-10 783.
- The collection of autograph letters and historical documents, ed. Alfred Morrison (1865 et 1883 -1894).

Bibliothèque de l'Observatoire (Paris)

- La correspondance de Joseph-Nicolas Delisle, mise en ordre par G. Bigourdan. 12 volumes et les suppléments.

Muséum d'Histoire naturelle

- Correspondance de Jean-Etienne Guettard : Ms. 227, 862, 1971, 1981, 1997, 1998.

- Copies de lettres de Georges-Louis Leclerc, comte de Buffon :
  Ms. 2 753.
- Lettres de Joseph Jussieu : Ms. 179, 1998.
- Lettre de Louis Godin : Ms. 1998.

Bibliothèque de l'Assemblée nationale

- Correspondance de J.-N. Delisle à Saint-Pétersbourg, ainsi que celle de son frère cadet, Louis Delisle de La Croyère : Ms. 15 707-15 709 ; 1 538.

Archives municipales de Saint-Malo

- Importante collection de lettres de Maupertuis : Ms. ii. 24.

Archives de l'Hérault (Montpellier)

- Correspondance de l'Académie des sciences et lettres de Montpellier : Ms. D. 203 à 205.

Bibliothèque municipale Carré d'Art (Nîmes)

- 16 volumes de lettres adressées au botaniste et archéologue Jean-François Séguier : Ms. 135-150. Auxquels il faut ajouter les Ms. 415-417 et certaines lettres du Ms. 827.

Bibliothèque municipale d'Avignon

- Collection d'autographes Requien.
- Correspondance de Calvet : Ms. 2 345-2 364.

Bibliothèque municipale de Rouen

- Lettres de Mme de Créqui (née Froulay) à Cideville. Papiers Le Cornier : Ms. C. 31
- Lettres de l'abbé du Resnel au même : *ibid.*

– Lettres de l'abbé Trublet. Ms. C. 23.
– Collection d'autographes Duputel.

Bibliothèque municipale de Dijon

– Registre des archives de l'Académie des sciences, arts et belles-lettres de Dijon.
– Lettres de Buffon : Ms. 910 et 1 183.
– Collection d'autographes : lettres de Maupertuis, Mme du Châtelet ainsi que de nombreuses lettres de Piron, notamment à Fevret de Fontette.

Archives de l'Académie des sciences, belles-lettres et arts de Toulouse

– Registres de délibération 1 à 7 (1729 à 1752).
– Correspondance non classée dans laquelle on trouve des lettres de Clairaut, de Ratte, Sauvages (de Montpellier) etc.

Bibliothèque municipale de Nancy

– Journal manuscrit de Nicolas Durival de 1737 à 1795 : Ms. 1 310-1 323.
– Correspondance de Nicolas Durival : Ms. 381(150).
– Copies de lettres du comte de Tressan : Ms. 793.

Archives de l'Académie des sciences, belles-lettres et arts de Lyon

– Mémoires de l'Académie de 1742 à 1751 : Ms. 267 II.
– Correspondance de l'Académie, notamment une lettre de l'abbé de Gua, et une de Rameau : Ms. 268, vol. I.

Bibliothèque municipale de Bordeaux

– Lettres de Dortous de Mairan à l'Aadémie de Bordeaux : Ms. 828. XX

Bibliothèque municipale de Besançon

– Correspondance de Jean Levesque de Burigny : Ms. 607.

Bibliothèque municipale de Grenoble

– Lettres de l'abbé de Mably : Ms. 98, 782, 1 518, 2 169 et 3 478.

Bibliothèque municipale de Nantes

– La collection Labouchère contient de nombreuses lettres de savants et philosophes du XVIIIe siècle.

Bibliothèque municipale et interuniversitaire de Clermont-Ferrand

– Collection de Chazelles : Ms. 337-339 (nombreuses lettres adressées à J.-E. Guettard).
– Collection de Chazelles et dons divers : Ms. 473-475.
– Autographes divers : Ms. 340-341.

II. A l'étranger

Archives Bernoulli à Bâle

– Correspondance entre Maupertuis et Jean Ier Bernoulli : LIa. 662 et 674.
– Correspondance entre Maupertuis et Jean II Bernoulli : LIa. 708.
– Correspondance entre Dortous de Mairan et Jean Ier Bernoulli : LIa. 661.
– Correspondance entre Dortous de Mairan et Jean II Bernoulli : LIa. 709.
– Correspondance entre Cramer et Jean Ier Bernoulli : LIa. 655.

- Correspondance entre Cramer et Jean II Bernoulli : LIa. 686.
- Correspondance entre l'Abbé de Gua et Jean Ier Bernoulli : LIa. 674.
- Correspondance entre Clairaut et Jean Ier Bernoulli : LIa. 673 et 684.
- Correspondance entre La Condamine et Jean II Bernoulli : LIa. 685.
- Correspondance entre La Condamine et Daniel Bernoulli : LIa. 685.
- Correspondance entre Jallabert et Daniel Bernoulli : LIa. 697. Les citations extraites de ces correspondances sont tirées des transcriptions tapées, aimablement fournies par les archives Bernoulli.

Bibliothèque publique et universitaire de Genève

- *Correspondance de Gabriel Cramer, mathématicien,* avec
  D'Alembert (publiée).
  Daniel Bernoulli : Ms. Supp. 384.
  Johan Bernstorff : Microfilm F. 934.
  Le marquis X. F. de Bon : Ms. Supp. 140.
  Bonnet : Ms. BO. 43 ; D.O. Autographes. Ms. Supp. 384.
  Buffon (publiée).
  Calandrini : D.O. Autographe ; Ms. Fr. 657/a.
  Clairaut (publiée).
  Condillac (publiée).
  De Champeaux : Ms. Fr. 657/a ; 657/b.
  De LaRive : Ms. Fr. 657/a.
  Mme du Châtelet : Ms. Fr. 657/b.
  Euler (Léonard) : Ms. Fr. 657/b ; Ms. Supp. 384.
  Mlle Ferrand : Ms. Fr. 657 ; Ms. Supp. 384.
  Fontenelle : Ms. Fr. 657.
  Formey : Ms. Fr. 657/b.
  Mme Geoffrin : D. O. Autographe.
  Jallabert : Ms. S.H. 242. Ms. Fr. 657/a.
  Koenig : Ms. Supp. 140.

Mably : Ms. Supp. 384.

Mairan (Dortous de) : Ms. Supp. 384 ; Ms. Fr. 657/b ;
Ms. 2 065 ; Ms. Supp. 359 (collection Coindet).

Maupertuis : Ms. Supp. 384.

Nollet (abbé) : Ms. Supp. 359.

Mme de Rumain : Ms. Supp. 140 ; Ms. Fr. 657/b ; D. O.
Autographe.

Le Sage (fils) : Ms. Fr. 657/b ; Ms. 2 063.

— *Correspondance de Jean Jallabert, physicien,* avec
Bernstorff : Microfilm F. 934.
Boissier de Sauvages : Ms. Jallabert n° 82.
Président F. X. de Bon : S. H. 242.
Bonnet : S. H. 242 ; Ms. BO. 25.
Buffon (publiée), une lettre.
La Condamine : S. H. 242.
Mairan (Dortous de) : fonds Trembley 12/2.
Maupertuis : S. H. 242.
Nollet (abbé) (publiée).
Réaumur : S. H. 242.
Séguier : S. H. 242.

— *Correspondance de Charles Bonnet, naturaliste,* avec :
J. Bernstorff, le président de Bon, Réaumur et A. Roger.
Voir le catalogue très complet établi par Daniel Candaux,
publié par la Bibliothèque publique et universitaire de
Genève, 1993.

Bibliothèque publique et universitaire de Neuchâtel

— Correspondance de Dortous de Mairan avec Louis Bourguet :
Ms. 1 275/3.

— Correspondance de Jallabert avec L. Bourguet : Ms. 1 273/6.

British Library

— Collection de 36 lettres de français et d'étrangers à G. Cramer :
Add. 23 899.

- Correspondance de Hans Sloane avec les savants français :
  Add. 4 433, 4 049, 4 052, 4 053, 4 056, 4 057, 4 068, 4 069.
- Correspondance de Desmaizeaux : Add. 4 284, 4 285.
- Bentinck papers : Egerton 1 745.
- Birch Collection : Add. 4 323 ; 4 448.
- Correspondance de Cromwell Mortimer : Add. 4 444.

Royal Society (Londres)

- Correspondance des savants français avec Martin Folkes
  (1742-1743) : FO. I, II, III. Ces 3 volumes contiennent en
  outre 6 lettres de Mme Geoffrin à M. Folkes.
- Des lettres de Maupertuis, D. de Mairan, Fouchy à Cromwell
  Mortimer : M. M. 20.

Staatsbibliothek (Berlin)

Collections de l'ancienne Haus I (Ihne Building).
La bibliothèque de l'ex-Berlin Est possédait en 1997 une
grande partie de l'immense collection de lettres adressées
au secrétaire perpétuel de l'académie de Berlin, Samuel
Formey. Il s'agit de plusieurs milliers de lettres classées
selon l'ordre alphabétique et rangées dans une quarantaine
de « Kasten ».
Collections de Haus II (Scharoun Building)
Nombreuses lettres autographes de la majeure partie des
savants et philosophes européens du XVIIIᵉ siècle.
Aujourd'hui l'essentiel des collections de la Haus I a été
déménagé à la Haus II.

Biblioteka Jagiellonska (Cracovie)

Elle possède actuellement la seconde partie de la correspondance
adressée à S. Formey rangée dans deux collections : la collection
d'Autographes et celle de Varnhagen von Ense.

La collection d'autographes contient en outre quelques lettres de français, notamment de Ch. Bossut, E. Bezout, J. E. Montucla, Malesherbes, Sartine, Mme de Graffigny et Mme Geoffrin, qui ne sont pas destinées à Formey.

Chaque lettre citée issue des deux collections a pour référence : « *Provenant de l'ancienne Preussische Staatsbibliothek à Berlin, conservées à présent à la Biblioteka Jagiellonska à Cracovie* ».

Biblioteca Medicea Laurenziana (Florence)

- 66 lettres de Réaumur au père Mazzolini de l'oratoire de Rome : Cod. Laur. Ashb. 1522.

Biblioteca Del Museo Correre (Venise)

- Lettre de Clairaut à Algarotti du 6 septembre 1735.

Bibliothèque royale du Danemark

- Une lettre de Maupertuis : G.K.S. 1 101, 2e.
- Une lettre de Buffon : N. B. U.
- Six lettres de Ch. Bonnet : N. K. S. 1 299, 2e ; N.K.S. 4 282, 4e.
- Treize lettres de J. Lalande : N. K. S. 1304, 2e.

SOURCES IMPRIMÉES

Principales éditions consultées

- D'Alembert (Jean Le Rond)
  Œuvres posthumes, éd. M-C J. Pougens, Paris, 1779, 2 vol.
  Œuvres philosophiques, historiques et littéraires, éd.
    J.F. Bastien, Paris, 1805, 18 t. en 10 vol.
  Œuvres complètes, éd. Berlin, Paris 1821-1825, 5 vol. réédition Slatkine, 1967.
- Buffon (Georges Louis Leclerc, de)
  Histoire naturelle générale et particulière, Paris, 1749, les 2 premiers volumes.
- Diderot (Denis)
  Œuvres, éd. L. Versini, collection « Bouquins », Robert Laffont, 1994-1997, 5 vol.
- Duclos (Charles-Pinot)
  Œuvres, Belin, 1821, 3 vol.
- *Encyclopédie, ou Dictionnaire raisonné des sciences, des arts et des métiers*, par une société de gens de lettres. Paris, 17 vol. (1751-1765).
- Fontenelle (B. Le Bovier de)
  Eloges, H.A.R.S.
  Entretiens sur la pluralité des mondes, suivi de *Histoire des oracles*, éd. J. Bergier, Bruxelles, Marabout université, 1973.
- Formey Samuel
  Souvenirs d'un citoyen, Berlin, 1789, 2 vol.

SOURCES IMPRIMÉES

– Fouchy (J.P. Grandjean de)
  Eloges, H.A.R.S.
– Mairan (J.-J. Dortous de)
  Eloges des académiciens de l'Académie des sciences de 1741
    à 1743. Paris, 1747.
– Marivaux (Pierre Carlet de Chamblain de)
  La Vie de Marianne, Garnier-Flammarion, n° 309, 1978.
  Journaux et Œuvres diverses, éd. F. Deloffre et M. Gilot,
    Garnier, 1980.
– Maupertuis (Pierre-Louis Moreau de)
  *La Figure de la Terre, déterminée par les observations de
    MM. De Maupertuis, Clairaut, Camus, Le Monnier,
    Outhier, Celsius au cercle polaire,* Paris, 1738.
  *Examen désintéressé des différents ouvrages qui ont été faits
    pour déterminer la figure de la Terre*, 2e édition
    augmentée de *l'Histoire du livre*, Amsterdam, 1741.
  Œuvres, nouvelle édition corrigée et augmentée, Lyon,
    1756. 4 vol.
  Vénus physique, suivie de la*Lettre sur le progrès des
    sciences*, éd. P. Tort, Aubier, 1980.
  *Lettre d'un horloger anglais à un astronome de Pékin,
    traduite par M***, s.d. [1740], rééditée dans Studies on
    Voltaire*, n° 230, 1985.
– Montesquieu (Charles-Louis de Secondat)
  Œuvres complètes, publiées sous la direction de A. Masson,
    Paris, dite éd. Nagel, 1950-1955. 3 vol.
  Pensées, le Spicilège, éd. L. Desgraves, collection
    « Bouquins », Robert Laffont, 1991.
– Rousseau (Jean-Jacques)
  Œuvres complètes, éd. B. Gagnebin et M. Raymond,
    « Bibliothèque de la Pléiade », Gallimard, 1964, 1er vol.
  Discours sur les sciences et les arts, introduction de J. Roger,
    Garnier-Flammarion, n° 243, 1971.
– Voltaire (François Marie-Arouet)
  Lettres philosophiques, Introduction de R. Pomeau, Garnier-
    Flammarion, n° 15, 1964.
  Mémoires, éd. L.Lecomte, l'Ecole des Lettres, Seuil, 1993.

PÉRIODIQUES

Journal des savants (1736-1751).
Jugements sur quelques ouvrages nouveaux (1744-1746), 11 vol.
Le Pour et Contre (1736-1740).
Lettres sur quelques écrits de ce temps (1749-1754), 13 vol.
Mémoires de Trévoux, souvent appelés le *Journal de Trévoux* (1740-1750).
Mercure de France (1736-1751).
Nouvelles ecclésiastiques (1749-1751).
Observations sur les écrits modernes (1735-1743).

CORRESPONDANCES ET MÉMOIRES DU XVIIIᵉ SIÈCLE

– Adhémar (marquis d')
  « La correspondance inédite d'un ami des philosophes à la cour de Bayreuth », éd. E. Mass, *Studies on Voltaire*, n° 109, 1973.
– Alembert (d')
  « Correspondance inédite avec Cramer, Lesage, Clairaut, Turgot, Castillon, Béguelin, etc. », éd. Ch. Henry, *Bulletino di bibliografia e di storia delle scienze matematiche e fisiche*, Rome, t. 18, sept-déc. 1885, pp. 507-645.
  « Lettre à Fouchy du 18 mai 1749 », *Le Carnet historique et littéraire*, t. II, 1898, p. 783.
  Correspondance avec L. Euler, éd. A.P. Juskevic et R. Taton, L.E., *Opera Omnia*, série Quarta A, vol. V, Bâle, Birkhauser Verlag, 1980.
  « Correspondance avec G. Cramer », éd. J. Pappas, *Dix-huitième siècle*, n° 28, 1996, pp. 229-258.
– Algarotti (F.)
  « Lettres de Maupertuis à A. », *Opere*, 1794, vol. XVI.
– Argenson (marquis d')
  Mémoire et Journal inédit, Paris, 1857-1858, 5 vol.
– *Autographes de Mariemont*, éd. J. Durry, Librairie Nizet, 1955, 2 vol.
– Barbier (E.D.)
  Journal, ou chronique de la Régence et du règne de Louis XV (1718-1763). Paris, 1885, 8 vol.

– Bentinck (comtesse de)

Une femme des lumières. Ecrits et Lettres (1715-1800), éd. A. Soprani et A. Magnan, C.N.R.S. éditions, 1997.

– Bernis (cardinal de)

Mémoires, Mercure de France n° 31, 1980.

– Bouguer P.

« Lettres à Euler », éd. R. Lamontagne, *Revue d'histoire des sciences*, t. XIX, 1966, pp. 225-246.

– Bouhier (président)

Correspondance littéraire, éd. H. Duranton, université de Saint-Etienne, les 7 premiers fascicules, 1976-1982.

– Brosses (président de)

Lettres à Ch. C. Loppin de Gemeaux, éd. Y. Bézard, 1929.

Lettres d'Italie, Mercure de France, n°s 46 et 47, 1986.

– Buffon (comte de)

Correspondance inédite de Buffon, éd. H. Nadault, Paris, 1860, vol. I.

« Correspondance avec G. Cramer », éd. F. Weil, *Revue d'histoire des sciences*, t. 14, n° 2, 1961, pp. 97-136.

– Chesterfield (Ph. Dorner Stanhope, 4e Earl)

Letters, ed. Bonamy Dobree, London, 1932. Les 4 premiers volumes.

– Clairaut (A.)

« *Lettere* », éd. B. Boncompagni, Accademia de nuovi Lincei, Rome, n° 45-46, 1891-1893, pp. 57-291.

« Correspondance inédite entre Clairaut et Cramer », éd. P. Spéziali, *Revue d'histoire des sciences*, t. 8, n° 3, 1955, pp. 193-237.

Correspondance avec L. Euler, éd. A.P. Juskevic et R. Taton, *Opera Omnia*, série Quarta A, vol. V, Bâle, Birkhauser Verlag, 1980.

– Condillac (E. Bonnot, abbé de)

Lettres inédites à Gabriel Cramer, éd. G. Le Roy, Paris, P.U.F., 1953.

– Condillac et Mably

« Dix lettres inédites ou retrouvées », éd. F. Moureau, *Dix-huitième siècle*, n° 23, 1991, pp. 193-200.

- *Correspondance littéraire, philosophique et critique* par Grimm, Diderot, Raynal, Meister etc., éd. M. Tourneux, 16 vol. (1877-1882). Kraus Reprint, Nendeln/Liechtenstein. 1968. Le premier volume et une partie du second sont consacrés aux *Nouvelles littéraires* de Raynal (1745-1755).
- *Correspondance mathématique et physique du XVIIIe siècle*, éd. P.H. Fuss, Saint-Pétersbourg, 1843, 2 vol.
- Diderot (D.)

    Correspondance, éd. G. Roth, Les Editions de Minuit, vol. 1 (1713-1757), 1970.

    « Deux lettres inédites », éd. A.-.M Chouillet, *R.D.E.*, n° 8, avril 1990, pp. 6-11.

    « Trois lettres inédites », éd. A.-M. Chouillet, *R.D.E.*, n° 11, octobre 1991, pp. 9-17
- Du Châtelet (marquise Emile)

    Réponse de Mme*** à la lettre de M. de Mairan sur la question des forces vives, Bruxelles, 1741.

    Les Lettres de..., éd. Besterman, 1958, 2 vol.
- Du Deffand (marquise)

    Correspondance complète, éd. Lescure. Paris, 1865, vol. 1.

    « Les correspondantes de Maupertuis, avec dix lettres inédites de Mme du Deffand », éd. G. Hervé, *Revue de Paris*, 15 octobre 1911, pp. 3-30.
- Dupin (Mme)

    Le Portefeuille de Madame Dupin, dame de Chenonceaux, éd. G. de Villeneuve-Guibert, Paris, 1884.
- Fontenelle (B.)

    « Trois lettres inédites », *Dix-huitième siècle*, n° 5, 1973, pp. 205-210.
- Formey (S.)

    Correspondance passive : Briasson et Trublet (1739-1770), éd. M. Fontius, R. Geissler et J. Häseler, Paris-Genève, Champion-Slatkine, 1996.
- Frédéric II

    Correspondance, *Œuvres complètes*, t. 17, 18, 19 et 20. Berlin, 1854.

— Gastelier (J.E)

   Lettres sur les affaires du temps, éd. H. Duranton. Paris. Genève, Champion. Slatkine, 1993.

— Geoffrin (Mme)

   « Lettre à G. Cramer, 26 juin [1750] », éd. M. Tourneux, *R.H.L.F.*, n° 1, 1894, pp. 52-53.

— Graffigny (Fr. d'Issembourg d'Happoncourt de)

   Correspondance, Oxford, The Voltaire Foundation, 1985-1997, 5 premiers volumes.

   « Trois lettres inédites de Crébillon fils à Mme de Graffigny, éd. V. Grayson, *Dix-huitième siècle*, n° 28, 1996, pp. 223-228.

— Helvétius (Jean-Claude-Adrien)

   Correspondance générale, éd. P. Allan, A. Dainard, J. Orsini et D. Smith. University of Toronto Press, The Voltaire Foundation, 1981, vol. 1, 1737-1756.

— Hénault (président)

   Mémoires, nouvelle éd. complétée par F. Rousseau, Paris, 1911.

— Jacquier (père)

   Le Père François Jacquier et ses correspondants, éd. E. Jovy, Vitry-le-François, 1922.

— *Lettres et pièces rares inédites,* publiées par J. Matter, 1846.

— Luynes (duc de)

   Mémoires, Paris, 1860-1865. 17 vol.

— Marville (lieutenant général de police)

   Lettres au ministre Maurepas (1742-1747), éd. A. de Bois-lisle, Paris, 1896-1903, 3 vol.

— Mairan (Dortous de)

   Lettre de M. de Mairan à Mme*** sur la question des forces vives, Paris, 1741.

   Correspondance avec J. Bouillet, éd. E. Camp, Bulletin de la société d'archéologie de Béziers, 2e série, t. II, 1860.

   Correspondance avec Malebranche, éd. J. Moreau, Paris, Vrin, 1947.

– Marmontel (Jean-François)

Correspondance, ed. J. Renwick, Clermont-Ferrand, 1972, vol. 1 (1744-1780).

Mémoires, éd. J. Renwick, Clermont-Ferrand, 1972, vol. 1.

– Maupertuis (P.L.)

« Correspondance avec Frédéric II », publiée par La Beaumelle, *Vie de Maupertuis*, Paris, 1856, pp. 220-331.

Maupertuis et ses correspondants, éd. L'abbé Le Sueur, 1896.

« Lettre à D. de Mairan, 20 octobre 1730 », *R.H.L.F.*, n° 15, 1908, pp. 111-112.

« Lettre à Cramer, 9 novembre 1737 », éd. P. Speziali, *Archives des sciences*, Genève, vol. 6, fasc. 2, 1953, pp. 89-93.

« Lettre de Maupertuis à Mme de Vertillac », *Mélanges publiés par la société des bibliophiles français*, t. VI, 1829. Réédition Slatkine, 1970, pp. 3-10.

Correspondance avec L. Euler, éd. P. Costabel, F. Winter, A.T. Grigorijean, A.P. Juskevic, *Opera Omnia*, série Quarta A., vol. VI, Bâle, Birkhauser Verlag, 1986.

– Montesquieu

Correspondance, éd. Nagel, t. III, 1955.

Montesquieu et ses correspondants, éd. R. Pomeau, *R.H.L.F.*, avril-mai 1982, pp. 179-265.

– Nollet (abbé)

Correspondance entre l'abbé Nollet et le physicien genevois Jallabert, éd. I. Benguigui, Georg, Genève, 1983.

– Réaumur (R.-A. Ferchault de)

Lettres inédites, éd. G. Musset, La Rochelle, 1886.

Correspondance inédite entre Réaumur et Abraham Trembley, éd. E. Guyénot, Genève, Georg, 1943.

« Lettre inédite de Réaumur sur la santé de Fontenelle, 22 janvier 1751 », éd. J. Torlais, *Le progrès médical*, n° 22, 24 novembre 1954.

– Rousseau (J.-J.)

Correspondance complète, éd. R.A. Leig, Voltaire Foundation, Genève Oxford, 1967, vol. I et II.

- Sade (comte de)
    Bibliothèque Sade I, éd. M. Lever, Fayard, 1993.
- *Correspondance du cardinal de Tencin, ministre d'Etat et de Mme de Tencin, sa sœur, avec le duc de Richelieu sur les intrigues de la cour de France depuis 1742 jusqu'en 1757*, Paris, 1790.
- Trublet (abbé)
    Correspondance, éd. J. Jacquart, Paris, 1926.
- Voltaire (Fr.-M. Arouet)
    Correspondence and Related Documents, éd. Th. Besterman, Voltaire Foundation, Banbury Genève, Oxford, n° 85-135 (1968-1977).

ETUDES DU XIXe ET XXe SIÈCLE

- Académie des sciences, *Histoire et mémoire de l'Académie des sciences. Guide de recherches*, sous la direction de E. Brian et de Ch. Demeulenaère-Douyère, Lavoisier Tex & Doc, 1996.
- Académie des sciences, *La Figure de la Terre du XVIIIe siècle à l'ère spatiale*, sous la direction de H. Lacombe et P. Costabel. Gauthier-Villars, 1987.
- Académie française, *Les Registres de l'Académie française, 1672-1793*, Paris, 1895-1906. 4 vol.
- *Actes de la journée Maupertuis*, Créteil, 1er décembre 1973. Paris 1975. Polycopié.
- *Actes du colloque Fontenelle*, tenu à Rouen du 6 au 10 octobre 1987, publiés par A. Niderst, P.U.F., 1989.
- *Actes du colloque international Buffon 1988*, Vrin, 1992.
- *Actes du colloque international Denis Diderot (1713-1784)*, Paris, Sèvres, Reims, Langres (4-11 juillet 1984), recueillis par A.-M. Chouillet, Aux amateurs de livres, 1985.
- *Actes du colloque Jean d'Alembert ; savant et philosophe : portrait à plusieurs voix*, Paris 15-18 juin 1983, éd. M. Emery, P. Manzani. Centre international de synthèse, éditions des Archives Contemporaines, 1989.
- *Actes du congrès international Oxford-Paris 1994, Voltaire et ses combats*, sous la direction de U. Kölving et Ch. Mervaud. Voltaire Foundation, Oxford, 1997. 2 vol.
- D'Alembert, numéro spécial, *Dix-huitième siècle*, n° 16, 1984.

493

– E. Badinter

Emilie, Emilie, l'ambition féminine au XVIII siècle, Flammarion, 1983.

(éd.), Les Remontrances de Malesherbes (1771-1775), Champs-Flammarion, Flammarion, 1985.

avec Robert Badinter, *Condorcet, un intellectuel en politique*, Fayard, 1988.

(éd.), Préface du *Discours sur le bonheur* de Mme du Châtelet, Rivages poche, n° 221, 1997.

– A. Balland

La Terre mandarine. Journal d'un voyageur au Nord pour déterminer la figure de la Terre par M. l'abbé Réginald Outhier, Seuil, 1994.

– W.H. Barber

« Mme du Châtelet and Leibnizianism : the Genesis of the *Institutions de physique* », *The Age of the Enlightenment*, Edimburg-London, 1967, pp. 200-222.

– T.J. Barling

« Toussaint's *les Mœurs* », *French Studies*, vol. 12, 1958, pp. 14-19.

– Ch. Bartholomess

Histoire philosophique de l'Académie de Prusse, Paris, 1850, 2 vol.

– D. Beeson

« Lettre d'un horloger anglais à un astronome de Pékin », *Studies on Voltaire*, n° 249, 1987, pp. 189-222.

Maupertuis : An Intellectual Biography, *Studies on Voltaire*, n° 299, 1992.

– J.P. Belin

Le Mouvement philosophique de 1748 à 1749, Paris, 1913. Réédité en Allemagne, Georg Olms Verlag, Hildesheim/New York, 1973.

– P. Benhamou

Index des « Lettres sur quelques écrits de ce temps » (1749-1754) d'Elie Catherine Fréron, Editions Slatkine, 1985.

– J.D. Bernal

« Les rapports scientifiques entre la Grande-Bretagne et la France au XVIIIe siècle », *Revue d'histoire des sciences*, t. IX, 1956, pp. 289-300.

– J. Bertrand

« Clairaut et la mesure de la Terre », in *Revue des cours scientifiques de la France et de l'étranger*, 3e année, n° 4, 23 décembre 1865, pp. 57-61.

« Clairaut, sa vie et ses travaux », *Journal des savants*, février 1866, pp. 117-138.

« Les académies d'autrefois ; sur *L'ancienne Académie des sciences*, par A. Maury (1885) », *Journal des Savants*, 9 articles, juin, juillet, septembre, novembre, décembre 1866 ; mars et décembre 1867 ; février et mai 1868.

« Euler et ses travaux », *Journal des savants*, mars 1868, pp. 133-152.

L'Académie des sciences et les académiciens de 1666 à 1793, Paris, 1869.

D'Alembert, Paris, 1889.

– R. Birn

« Le Journal des savants sous l'ancien régime », *Journal des savants*, janvier-mars 1965, pp. 15-35.

– F. Bléchet

« Un précurseur de l'*Encyclopédie* au service de l'Etat : l'abbé Bignon », in *l'Encyclopédisme*. Actes du colloque de Caen, 12-16 janvier 1987.

– G. Bollème, J. Ehrard, D. Roche, J. Roger (éds.)

Livre et société dans la France du XVIIIe siècle, Paris, La Haye-Mouton, 1965, 2 vol.

– L.L. Bongie

« Diderot's *femme savante* », *Studies on Voltaire*, n° 166, 1977.

(éd.) « Les monades de Etienne Bonnot de Condillac », *Studies on Voltaire*, n° 187, 1980.

« La chasse aux abbés, l'abbé de Gua de Malves et la morale diderotienne », *R.D.E.*, n° 14, avril 1993, pp. 7-22.

– P. Bonnefon

   « Diderot prisonnier à Vincennes », *R.H.L.F.*, t. 6, 1899, pp. 200-224.

– J. de Booy

   « A propos d'un texte de Diderot sur Newton », *Diderot Studie IV*, Genève, Droz, 1963, pp. 41-51.

   Denis Diderot, Ecrits de jeunesse, 2 t., *Studies on Voltaire*, n° 119 et 178, 1974 et 1979.

– F. Bott

   L'Entremetteur. Pour un portrait de M. de Fontenelle, P.U.F., 1991.

– P. Brunet

   Maupertuis, l'œuvre et sa place dans la pensée scientifique et philosophie du XVIIIᵉ siècle, Paris, 1929.

   La Vie et l'œuvre de Clairaut (1713-1765), P.U.F., 1952.

   L'Introduction des théories de Newton en France au XVIIIᵉ siècle, Paris 1931, Slatkine-Reprints, 1970.

– J.D. Candaux

   Catalogue de la correspondance de Charles Bonnet, Genève, B.P.U., 1993.

– P. Chaponnière

   « Marivaux vu par l'abbé Trublet », *R.H.L.F.*, 1928, pp. 78-84.

– R. Chartier

   Lectures et lecteurs dans la France de l'ancien régime. Seuil, 1987.

– Ch. Collé

   Journal et Mémoires sur les hommes de lettres les plus mémorables du règne de Louis XV (1748-1772), éd. H. Bonhomme, 1868. Réédition Slatkine, 1967, 3 vol.

– J.A. Condorcet

   Œuvres, fac-similé de l'édition Paris 1847-1849. Stuttgart-Bad Connstatt, Friedrich Fromman Verlag, 1968, t. II et III.

– P.M. Conlon

   « Voltaire's Litterary Career from 1728 to 1750 », *Studies on Voltaire*, n° 14, 1961.

« La Condamine the Inquisitive », *Studies on Voltaire*, n° 55, 1967, pp. 361-393.
– P. Costabel
« La question des forces vives », *Cahiers d'histoire et de philosophie des sciences*, Nouvelle série, n° 8, 1983, chap. 7, pp. 34-61.
– Cousin d'Avalon
D'Alembertiana, 1813.
– A. Dahan et J. Peiffer
Une histoire des mathématiques. Routes et dédales, Points-Seuil, 1986.
– R. Darnton
Bohème littéraire et révolution : le monde des livres au XVIIIe siècle. Seuil, 1983.
« Les encyclopédistes et la police », *Recherches sur Diderot et l'Encyclopédie*, n° 1, octobre 1986, pp. 94-109.
– R.L. Dawson
« Baculard d'Arnaud : life and prose fiction », *Studies on Voltaire*, 2 vol., n°s 141 et 142, 1976.
– Th. Delarue
Isographie des hommes célèbres, Paris 1843. 2 vol.
– Abbé Denina
La Prusse littéraire sous Frédéric II. Berlin, 3 vol., 1790.
– L. Desgraves
Montesquieu, Editions Mazarine, 1986.
– G. Desnoiresterres
Voltaire et la société française au XVIIIe siècle, 2e éd., Paris, 1871-1876.
– J. Dhombres
« Quelques rencontres de Diderot avec les mathématiques », in *Denis Diderot, 1713-1784*, éd. A.M. Chouillet, Actes du colloque international Diderot (4-11 juillet 1984), Aux amateurs de livres, 1985, pp. 269-280.
– *Dictionary of Scientific Biography*, éd. Ch. Coulston Gillispie, Princeton university, 11 vol., 1981.
– *Dictionnaire des journalistes* (1600-1789) éd. Sgard, Presses universitaires de Grenoble, 1976.

- *Dictionnaire des journaux* (1600-1789) éd. Sgard, Paris, Universitas, 1991, 2 vol.
- *Dictionnaire des lettres françaises* du cardinal G. Grente, mis à jour par F. Moureau, Fayard, 1995.
- H. Dieckmann, J. Proust et J. Varloot
  « Sur les œuvres complètes de Diderot. Une réponse qui s'impose », in *Dix-huitième siècle*, n° 8, 1976, pp. 423-431.
- J. Ehrard et J. Roger
  « Deux périodiques français du XVIIIe siècle : le *Journal des savants et les Mémoires de Trévoux* », *in Livre et Société dans la France du XVIIIe siècle*, 2 vol., 1965.
- P. Flourens
  Recueil des Eloges historiques lus dans les séances publiques de l'Académie des sciences, Paris, 1857, vol. 2.
- P. Fould
  Anecdotes curieuses de la cour de France sous le règne de Louis XV, 2e éd., 1908.
- J.D. Garat
  Mémoires historiques sur le XVIIIe siècle, Paris, 1829, 2 vol.
- L. Gardiner Janik
  « Searching for the Metaphysics of Science : The Structure and Composition of Madame du Châtelet's *Institutions de physique*, 1737-1740 », *Studies on Voltaire*, n° 201, 1982, pp. 84-113.
- F. Gebelin
  « La publication de *l'Esprit des Lois* », in *Revue des Bibliothèques*, n° 34, 1924, pp. 125-158.
- C. Girdlestone
  Jean-Philippe Rameau, sa vie, son œuvre, 2e éd. Desclée de Brouwer, 1983.
- L. Gottschalk
  « Three Generations : a Plausible Interpretation of the French Philosophes ? », *Studies in Eighteenth Century Culture* (Wisconsin), 1972, vol. 2, pp. 3-12.

– R. Grimsley

   Jean d'Alembert (1717-1783), Clarendon Press, Oxford, 1963.

– P. Grosclaude

   Malesherbes témoin et interprète de son temps, Paris, Librairie Fischbacher, 1961.

– H. Guerlac

   « The Newtonianism of Dortous de Mairan », in *Essays on the Age of Enlightenment in Honor of Ira O. Wade*, éd. J. Macary, Genève, Droz, 1977, pp. 131-141.

– J. Haechler

   L'Encyclopédie. Les combats et les hommes, Belles Lettres, 1998.

– R. Hahn

   L'Anatomie d'une institution scientifique ; l'Académie des sciences de Paris, 1666-1803, traduit de l'américain. Editions des Archives Contemporaines, 1993.

– T.L. Hankins

   Jean d'Alembert, Science and the Enlightenment, Gordon and Breach, 1970.

– P. Hazard

   La Crise de la conscience européenne (1680-1715), Paris, 1935, 2 vol.

– Dr. G. Hervé

   « Les correspondantes de Maupertuis, avec dix lettres inédites de Mme du Deffand », *Revue de Paris*, 15, octobre 1911, pp. 3-30.

– *Histoire de l'édition française*, éd. R. Chartier et H.J. Martin, Fayard, 1990, 2 vol.

– *Histoire de la science, des origines au XXe siècle*, éd. M. Daumas, Encyclopédie de la Pléiade, Gallimard, 1963.

– *Histoire générale des sciences*, éd. R. Taton, P.U.F., 1958, vol. 2 : La science moderne (1450-1800).

– C. Iltis

   « D'Alembert and the Vis Viva Controversy », *Studies in History of Science*, 1, 1970-1971, pp. 135-144.

« Madame du Châtelet's Metaphysics and Mechanics »,
Studies in History of Science, 1977, VIII, pp. 29-48.

– J. Jacquart

L'abbé Trublet, critique et moraliste (1697-1770). Paris,
1926.

– F. Jarrousse

Des réseaux scientifiques au XVIIIᵉ siècle : la correspondance
du Dr. Jean-Etienne Guettard (1715-1786). Mémoire de
D.E.A. Université Blaise Pascal (Clermont II), 1998.

– E. Johnston

Le Marquis d'Argens, sa vie, son œuvre, Paris, 1928.

– F.A. Kafker

« Gua de Malves and the Encyclopédie », *Diderot Studies*,
19, 1978, pp. 93-102.

and S.L. Kafker, « The Encyclopedists as Individual »,
Studies on Voltaire, n° 257, 1988.

« The Encyclopedists as a Group : a Collective Biography
of the Authors of the *Encyclopédie* », *Studies on Voltaire*
n° 345, 1996.

– K. Kawashima

« La participation de Mme du Châtelet à la querelle des
forces vives », *Historia Scientiarum*, Tokyo, 1990, n° 40,
pp. 9-28.

« Les idées scientifiques de Mme du Châtelet dans ses *Institutions de Physique* », *Historia Scientarum*, vol. 3-1,
1993, pp. 63-82, et vol. 3-2, 1993, pp. 138-155.

– C. Kintzler

Poétique de l'opéra français de Corneille à Rousseau,
Minerve, 1991.

– L.G. Krakeur et R.L. Krueger

« The Mathematical Writings of Diderot », *Isis*, 33, juin
1941, pp. 219-232.

– W. Krauss

« La correspondance de S. Formey », *R.H.L.F.*, n° 63, 1963,
pp. 207-216.

– L. Anglivel de La Beaumelle

Vie de Maupertuis, Paris, 1856.

– M.R. de Labriolle
   « Le Pour et Contre et son temps », *Studies on Voltaire*,
   2 vol., nᵒˢ 34 et 35, 1965.
– Fr. La Harpe
   Cours de littérature, philosophie du XVIIIᵉ *siècle*. 1805.
– J. de La Harpe
   Le Journal des savants et l'Angleterre (1702-1789), University California. Press, 1941.
– R. Lamontagne
   La Vie et l'œuvre de Pierre Bouguer, P.U.F., 1964.
– C. Lauriol
   La Beaumelle. Un protestant cévenol entre Montesquieu et Voltaire, Librairie Droz, Genève-Paris, 1978.
– P.O. Le Clerc
   « Voltaire and Crébillon père : Histoire of an Enmity »,
   Studies on Voltaire, n° 115, 1973.
– Le Sueur (Abbé A.)
   La Condamine d'après ses papiers inédits, 1911.
– H. Lion
   Le Président Hénault, Paris, 1903.
– L. de Loménie
   La Comtesse de Rochefort et ses amis, Paris, 1870.
– J. Lough
   « Sur les débuts de l'Encyclopédie », *Dix-huitième siècle*,
   n° 1, 1969, pp. 267-287.
– A. Magnan
   Dossier Voltaire en Prusse (1750-1753), *Studies on Voltaire*,
   1986, n° 244.
– G. Maheu
   « Bibliographie de Pierre Bouguer (1698-1758) », *Revue d'histoire des sciences*, n° 19, 1966, pp. 193-224.
   La Vie et l'œuvre de D'Alembert, thèse non publiée en 3 vol.,
   1967 (un exemplaire à la bibliothèque de la Sorbonne).
– G. Maheu
   « François Jacquier, 1711-1788 », in *Mémoires de la société des sciences et arts de Vitry-le-François*, t. 37, 1988, pp. 135-159.

– J. Marx

  Charles Bonnet contre les Lumières (1738-1750), 2 vol.,
  Studies on Voltaire, n° 156-157, 1976.

– E. Mass

  « Les envers du succès. L'infortune du premier éditeur de
  l'Encyclopédie, Gua de Malves », *l'Encyclopédie et
  Diderot*, éd. E. Mass et P.E. Knabe, dme-Verlag Köln,
  1985, pp. 155-179.

– G. Maugras

  La cour de Lunéville au XVIIIᵉ siècle, Paris, 1904.

– G.L. Maury

  Jeunesse de D'Alembert (1717-1745), ou *Essai sur quelques
  implications de son système philosophique*. Thèse, Paris-I,
  1981. (un exemplaire à la bibliothèque de la Sorbonne).

– L.P. May

  « Documents nouveaux sur *l'Encyclopédie* », *Revue de
  synthèse*, n° 15, 1938, pp. 7-110.

– J. Mayer

  Diderot, homme de science (thèse de doctorat), Rennes,
  1959.

  « G.F. Rouelle (1703-1770) » in *Revue d'histoire des
  sciences*, t. XXIII, n° 4, octobre-décembre 1970, pp. 305-
  332.

  « Diderot et le calcul des probabilités dans *l'Encyclopédie* »,
  Revue d'histoire des sciences, t. XLIV, n° 3-4, juillet-
  décembre 1991, pp. 375-391.

– A. McConnel

  « La Condamine's Scientific Journey down the River
  Amazon, 1743-1744 », *Annals of Science*, 1991, n° 48, pp.
  1-19.

– E. McNiven Hine

  « Dortous de Mairan, the Cartonian », *Studies on Voltaire*,
  n° 266, 1989, p. 163-179.

  Jean-Jacques Dortous de Mairan and the Geneva Connection : Scientific Networking in the Eighteenth Century.
  Oxford, *Studies on Voltaire*, n° 340, 1996.

– Ch. Mervaud

« Voltaire et Frédéric II », *Studies on Voltaire*, n° 234, 1983.

« Voltaire, Baculard d'Arnaud et le Prince Ferdinand », *Studies on Voltaire*, n° 183, 1980, pp. 7-33.

« De Westminster Abbey au Panthéon : le statut des "gens de lettres" dans les *Lettres philosophiques* », *R.H.L.F.*, 1991, 2, pp. 177-195.

– G. Minois

« Clercs et inventions techniques d'après les mémoires de l'Académie royale des sciences de Paris (1660-1770) », *Annales de Bretagne et des pays de l'Ouest*, t. 95, n° 4, 1987, pp. 435-450.

– H. Monod-Cassidy

Un voyageur-philosophe au XVIIIe siècle. L'abbé J.B. Le Blanc, Harvard University Press, 1941.

– D. Mornet

Les Origines de la Révolution française, Paris, 1933.

– R. Mortier

« La place de D'Alembert dans la littérature des Lumières », in *Jean d'Alembert savant et philosophe : portrait à plusieurs voix*, Editions des Archives Contemporaines, 1989, pp. 17-39.

– M. Muller

Essai sur la philosophie de Jean d'Alembert, Paris, 1926.

– J.A. Naigeon

Mémoires historiques et philosophiques sur la vie et les ouvrages de Denis Diderot, Paris, 1821. Slatkine Reprints, Genève, 1970.

– A. Niderst

Fontenelle à la recherche de lui-même (1657-1702), Paris, Nizet, 1972.

« Fontenelle et la science de son temps », *Studies on Voltaire*, n° 228, 1984.

Fontenelle, Paris, Plon, 1991.

– N. Nielsen

Géomètres français du XVIIIe siècle, Copenhague/Paris, Levin-Gauthier-Villars, 1935.

– Cl. J. Nordmann

« L'expédition de Maupertuis et Celsius en Laponie », in *Cahiers d'histoire mondiale*, X, 1, 1996, pp. 74-97.

– M. Panza

« De la nature épargnante aux forces généreuses : le principe de moindre action entre mathématiques et métaphysique. Maupertuis et Euler, 1740-1751 », *Revue d'histoire des sciences*, t. XLVIII, 4, pp. 435-520, 1995.

– J. Pappas

« Berthiers's Journal de Trévoux and the Philosophes », *Studies on Voltaire*, n° 3, 1957.

« Diderot, d'Alembert et l'encyclopédie », *Diderot Studies*, IV, 1963, pp. 191-208.

« L'esprit de finesse contre l'esprit de géométrie : un débat entre Diderot et d'Alembert », *Studies on Voltaire*, n° 89, 1972.

« Inventaire de la correspondance de D'Alembert », *Studies on Voltaire*, n° 245, 1986, pp. 131-276.

– I. Passeron

Clairaut et la figure de la Terre au XVIIIe siècle, thèse de doctorat, Paris-VII, 1994 (un exemplaire à la bibliothèque de la Sorbonne).

– M. Paty

« Rapport des mathématiques et de la physique chez d'Alembert », *Dix-huitième siècle*, n° 16, 1984, pp. 69-79.

« D'Alembert et son temps. Eléments de biographie ». *Cahiers Fundamenta scientiae*, n° 69-70, 1997, pp. 1-69.

– Ch. B. Paul

Science and Immortality ; the Eloges of the Paris Academie of Sciences, 1699-1791, University of California Press, 1980.

– J. Peiffer

« L'engouement des femmes pour les sciences au XVIIIe siècle », *Femmes et pouvoir sous l'ancien régime*, éd. D. Haase-Dubosc et E. Viennot, Paris, 1991, pp. 196-222.

« Diderot vu par les *Nouvelles ecclésiastiques* », *R.D.E*, n° 25, octobre 1998, pp. 9-19.

– C.P. Snow

Les Deux Cultures, Jean-Jacques Pauvert, 1968.

– Mme Suard

Essais de mémoires sur M. Suard, Paris, 1820.

– R. Taton (sous la direction de)

Enseignement et diffusion des sciences en France au XVIIIⁱᵉ siècle. Paris, Hermann, 1964 et 1986.

« Inventaire chronologique de l'œuvre d'Alexis-Claude Clairaut (1713-1765), in *Revue d'histoire des sciences*, 1976, XXIX, 2, 1976, pp. 97-122.

« D'Alembert et la question des trois corps », in *Jean d'Alembert, savant et philosophe, portrait à plusieurs voix*, Centre international de synthèse, éditions des archives contemporaines, 1981, pp. 395-409.

« D'Alembert, Euler et l'Académie de Berlin », in *Dix-huitième siècle*, n° 16, 1984, pp. 55-67.

– M. Terrall

Maupertuis and the Eighteenth Century Scientific Culture, P.H.D. Dissertation, University of Californie, 1987.

« Representing the Earth's Chape. The Polemics surrounding Maupertuis's Expedition to Lapland », in *Isis*, 1992, 83, pp. 218-237.

« Emilie du Châtelet and the Gendering of Science », in *History of Sciences*, XXXIII, 1995, pp. 284-310.

– D. Thiebault

Souvenirs de vingt ans de séjour à Berlin, 1804, 5 vol.

– G. Tolnai

La Cour de Louis XV, Journal de voyage du comte Jospeh Teleki, P.U.F., 1943.

– J. Torlais

« Réaumur et ses médecins », in *Médecine générale française*, décembre 1934.

L'abbé Nollet, un physicien des lumières, SIPUCO, 1954.

« Inventaire de la correspondance et des papiers de Réaumur conservé aux archives de l'Académie des sciences de

Paris », *Revue d'histoire des sciences*, n° 12, 1959, pp. 315-326.

Réaumur, Albert Blanchard, Paris, 1961.

– P. Tort

L'Ordre du corps, Aubier, 1980 (publié avec la *Vénus physique* de Maupertuis).

L'Ordre et les monstres, Le Sycomore, 1980.

– L'abbé Tougard

Documents concernant l'histoire littéraire du XVIIIe siècle, Paris, 1912, 2 vol.

– I.F. Treat

Un cosmopolite italien du XVIIIe siècle, Francesco Algarotti. Thèse de l'université de Paris, 1913.

– C. Truesdell

« Léonard Euler, Supreme Geometer (1707-1783) », in *Studies in Eighteenth Century Culture*, Wisconsin, 1972, vol. 2, pp. 51-95.

– F. Trystram

Le Procès des étoiles (1735-1771), Seghers, 1979.

– J. Tuffet

Histoire du Docteur Akakia et du natif de Saint-Malo, Nizet, 1967.

– Ch. Urbain

« L'abbé de Canaye et le Discours préliminaire de l'*Encyclopédie* », in *R.H.L.F.*, 1895, t. II, pp. 385-401.

– Mme de Vandeul

Diderot, mon père, Circé, 1992.

– A. Vartanian

« Buffon et Diderot », *Actes du colloque international Buffon 1988*, Vrin, 1992.

– L. Véluz

Maupertuis, Paris, Hachette, 1969.

– F. Venturi

Le Origini dell'Enciclopedia, Florence, 1946.

Jeunesse de Diderot (de 1713 à 1753), Paris, 1939. Slatkine Reprint, Genève, 1967.

– P. Vereb

Alexis Piron, poète, ou la difficile condition d'auteur sous Louis XV (1689-1773), thèse d'Etat, 1993. Un exemplaire à la Sorbonne.

– P. Vernière

« Naissance et statut de l'intelligentsia en France », *Le siècle de Voltaire ; hommage à René Pomeau*, éd. Ch. Mervaud et S. Menant, The Voltaire foundation, Oxford, 1987, vol. II,

pp. 933-941.

– Ira O. Wade

Voltaire and Mme du Châtelet : An Essay on the Intellectual Activity at Cirey, Princeton, 1941.

Studies on Voltaire, with some Unpublished Papers of Mme du Châtelet, Princeton, 1947.

– E. Walter

« Sur l'intelligentsia des Lumières », *Dix-huitième siècle*, n° 5, 1973, pp. 173-201.

– R. Walters

« Chemistry at Cirey », *Studies on Voltaire*, n° 58, 1967, pp. 1807-1827.

– A.M. Wilson

Diderot, sa vie et son œuvre, collection Bouquins, Robert Laffont, 1985.

Index des noms de personnes

ABAUZIT, Firmin, 43 et 43 n. 3, 136 et 136 n. 2, 137 n. 1.

ADÉLAÏDE DE FRANCE, voir Madame Adélaïde.

ADHÉMAR, marquis d', 298, 299 n. 1, 300-303 et 303 n. 3, 5 et 6, 305-307 et 307 n. 1, 321 et 321 n. 7, 338 n. 1, 437 et 437 n. 2.

AGUESSEAU, Henri-François d', chancelier, 43, 100, 107, 109, 110, 144 n. 1, 319, 328, 360 n. 1, 368, 373, 375, 454 et 454 n. 5.

AIGUILLON, Anne Charlotte de Crussol de Florensac, duchesse d', 56 et 56 n. 2, 97, 123 et 123 n. 2, 127, 129, 167 n. 1, 172, 173 n. 2, 174 n. 4, 179, 181, 232, 238 et 238 n. 3, 240, 287 et 287 n. 3, 358 et 358 n. 4, 373, 374, 384 et 384 n. 6, 385 n. 4, 401 et 401 n. 3, 436 et 436 n. 2.

AIGUILLON, Emmanuel Armand de Vignerot du Plessis de Richelieu, duc d', 354, 408.

ALEMBERT, Jean Le Rond d', 11, 17, 18, 29 n. 1, 47, 190, 192 n. 5, 193 et 193 n. 2 à 4, 195-200 et 200 n. 1 à 3, 224 et 224 n. 2, 243, 253-259, 260 n. 1, 261-264 et 264 n. 1, 269-271, 284, 285, 298-312 et 312 n. 2 et 3, 313 n. 1, 315 et 315 n. 5, 316 et 316 n. 1 à 4, 318, 320-341 et 341 n. 1, 2 et 4, 342 n. 2, 344-346, 348, 350-352 et 352 n. 1, 361-363, 364 n. 1, 371, 375, 376 et 376 n. 2 et 4, 383, 387, 391-393, 395-398, 401-406 et 406 n. 1, 410-416, 421 n. 2, 438-440 et 440 n. 1 et 3, 441 n. 3, 446-448, 454-470 et 470 n. 1 et 2.

ALEXANDRE LE GRAND, 91, 462.

ALGAROTTI, Francesco, marquis, 36, 65 et 65 n. 2, 66, 68 (n. 5 à 67) et n. 2, 75 et 75 n. 1, 76 et 76 n. 1 à 4, 78 et 78 n. 2, 83 n. 1, 97 n. 2, 107 et 107 n. 2, 108 n. 1, 118 et 118 n. 3 et 4, 119-122, 152 n. 1, 154 n. 2, 157 et 157 n. 1, 160-163 et 163 n. 1, 3 à 5, 165 et 165 n. 2, 166 n. 1 et 3, 181 n. 3, 215, 232, 399,

511

GINGERICH, Owen, 196 n. 2.

GIRARD, Gabriel, abbé, 238 et 238 n. 6.

GIRDLESTONE, Cuthbert, 223 n. 3.

GODIN, Louis, 21 n. 2, 45 et 45 n. 7, 61, 73 et 73 n. 2, 74 et 74 n. 4, 76 n. 5, 77, 79, 80, 89 et 89 n. 1, 116 et 116 n. 3, 147 et 147 n. 4, 231, 245 et 245 n. 1, 292 et 292 n. 3.

GODIN DES ODONNAIS, 21 n. 2.

GOLDBACH, Christian, 255.

GOUJET, abbé, 193 n. 7.

GRAFFIGNY, Françoise d'Issembourg d'Happoncourt, Mme de, 46 et 46 n. 4, 51 n. 2, 3, 5 et 7, 56 n. 2, 59, 60 n. 1 et 2, 121 n. 2, 124, 125 et 125 n. 5 et 7, 128 et 128 n. 2,, 129 n. 6, 130 n. 6 et 7, 131 et 131 n. 1, 133 et 133 n. 1 et 2, 134, 135 n. 1, 156 et 156 n. 3, 171n. 1, 222 et 222 n. 3, 232-235 et 235 n. 4, 237, 238 n. 1, 240 et 240 n. 2, 241 n. 3, 250, 251 n. 1, 258 et 258 n. 1, 268 et 268 n. 4, 390 n. 3.

GRAHAM, George, 76, 113; secteur de –, 81, 86 n. 1, 87 n. 6, 95, 100, 115, 124.

GRAM, Hans, 115 n. 1.

GRAVE, abbé de, 45 n. 6.

S'GRAVESANDE, Willem Jacob, 32, 109 n. 1, 119 n. 6, 138, 154 n. 2, 155, 209, 215.

GRENTE, Georges, Mgr, 34 n. 1.

GRIMM, Melchior, baron de, 34 n. 3, 35 n. 1, 38 n. 1, 129 n. 3, 177 n. 1, 219 et 219 n. 1, 235 n. 3, 262 n. 1, 317, 330, 371 n. 3, 394 n. 4, 448 n. 3.

GRIMSLEY, Ronald, 330 n. 1.

GRISCHOW, astronome, 351 n. 3, 397, 413, 414 n. 5, 429 et 429 n. 3, 430 et 430 n. 2.

GROSLEY, avocat, 330, 451 n. 2.

GUA DE MALVES, Jean-Paul, abbé de, 44 et 44 n. 6, 62 n. 5, 66, 67 n. 2 et 3, 190-196, 199, 243, 245, 256, 283 et 283 n. 3 et 4, 284, 300, 303 n. 8, 312 n. 1, 320-324, 325 n. 2, 326-330 et 330 n. 2, 390 n. 3.

GUASCO, abbé, 373, 431.

GUERLAC, Henry, 42 n. 6.

GUETTARD, J.-Et., 30, 41 et 41 n. 1, 205 et 205 n. 6, 208 et 208 n. 4, 408 n. 2, 416, 419 n. 1.

GUISE, prince de, 128.

GUISNÉE, 36 et 36 n. 2.

GUZAN, Bastienne, 80.

GUYÉNOT, E., 203 et 203 n. 2, 205 n. 5, 206 n. 1.

HAECHLER, Jean, 318 n. 5, 319 n. 2, 322 et 322 n. 4, 327 n. 3.

HAHN, Roger, 12 et 12 n. 1, 23 n. 2 et 3, 24 n. 1, 34 n. 4, 207, 208 n. 1.

HALES, Stephen, 64 et 64 n. 4.

HALLER, Albrecht von, 286, 359, 418 n. 2, 427 et 427 n. 3.

HALLEY, Edmond, 71 n. 2.

HANKINS, Thomas, 460 n. 4.

252, 254 et 254 n. 4, 256, 257, 258 et 258 n. 2, 259 n. 2, 261, 262, 264 et 264 n. 1, 265-280, 283-294 et 294 n. 1, 297-300, 302, 304, 305 n. 2 et 4, 306-311 et 311 n. 2, 316, 318, 326, 329 et 329 n. 3, 331, 337, 340 et 340 n. 2 à 4, 341 n. 2, 347 et 347 n. 2, 351 et 351 n. 3, 358, 364, 365 n. 1 et 2, 367, 371 et 371 n. 1, 374, 378 n. 1, 382 et 382 n. 3, 384 et 384 n. 2 et 6, 385 n. 4, 387 et 387 n. 3, 388 n. 1, 396 n. 3 et 4, 397 n. 2, 399 et 399 n. 2, 400 n. 1, 401, 402 n. 4, 405 et 405 n. 3, 409-413 et 413 n. 3, 414 n. 2, 415 et 415 n. 6, 418 et 418 n. 1 et 2, 419 n. 1, 420-422 et 422 n. 1, 424, 425 n. 4 et 5, 426 et 426 n. 1 et 2, 427, 428 n. 2, 429 et 429 n. 1 et 3, 430, 434 n. 1, 436 et 436 n. 2, 441 n. 3, 444, 448 n. 3, 460, 462, 463 et 463 n. 2, 465, 467, 469 n. 5, 470 et 470 n. 1.

MAUREPAS, Jean Frédéric Phélypeaux, comte de, 57 n. 1, 67, 73, 74 et 74 n. 2, 77 n. 4, 78 et 78 n. 1, 88 n. 3, 89 et 89 n. 1, 96, 100, 115, 123-125, 127 n. 3, 131, 132, 134, 141, 144 n. 1, 148, 156, 197, 199 n. 5, 227 n. 4, 228, 229 n. 1, 230, 231, 238-240, 243 et 243 n. 3, 244, 254 n. 4,

255, 276 n. 4, 278, 283, 287, 292 et 292 n. 2, 293, 299, 300, 303, 370, 386, 388, 403 (n. 4 à 401).

MAZZOLENI, le P., 355 n. 2.

MAY, Louis-Philippe, 303 n. 4.

MAYER, Jean, 217 n. 1, 218 n. 1, 219 n. 1 à 4, 342 et 342 n. 6, 344 n. 3, 345 n. 1 à 3.

MEISTER, 34 n. 3.

MENANT, Sylvain, 11 n. 1.

MÉNILGLAISE, marquise [nièce de l'abbé de Canaye], 456 et 456 n. 4.

MERCIER, Barthelémy, abbé [dit aussi abbé de Saint-Léger], 456 et 456 n. 5 ; voir Saint-Léger, abbé de.

MERIAN, académicien de Berlin, 448 n. 3.

MERVAUD, Christiane, 11 n. 1, 421 n. 1, 424 n. 6, 425 n. 6.

MESLÉ, de, 129 n. 6.

MICHAULT, J.-B., 279 n. 2.

MICHELI, 360 n. 3.

MILLS, J., 318.

MILTON, John, 342.

MIRABAUD, Jean-Baptiste de, 48 et 48 n. 2 et 5.

MIREPOIX, Mme de, 375 n. 4.

MITCHELL, 76 n. 3.

MOIVRE, Abraham, 53 n. 2.

MOLIÈRE, Jean-Baptiste Poquelin, dit, 400, 467 et 467 n. 1.

MONCONSEIL, marquise de, 370 n. 3.

MONOD-CASSIDY, Hélène, 126 n. 4.

MONTCARVILLE, 121 n. 4, 441.

et 252 n. 1, 338 et 338 n. 2, 339, 343 n. 5, 359 n. 1, 361 n. 2, 362 et 362 n. 2, 364 et 364 n. 2, 366, 367 n. 1, 369 n. 1, 380, 382 et 382 n. 2, 386 et 386 n. 3, 400 et 400 n. 4, 436 et 436 n. 4, 450 et 450 n. 3, 454 n. 3, 457.

RÉAUMUR, René-Antoine Ferchauld de, 17, 21 n. 1, 24 à 26, 28, 30, 31, 36-41 et 41 n. 6, 45, 48, 50 et 50 n. 2, 57 n. 1, 64, 84 n. 1, 90, 92, 93 et 93 n. 1, 94 n. 4, 125, 130 n. 1, 140, 153 et 153 n. 1, 168 n. 4 et 5, 169, 171 (n. 7 à 170) et n. 1, 177, 195 n. 3, 203-208 et 208 n. 3, 214 et 214 n. 3, 222 n. 1, 223, 228, 229, 243, 245 et 245 n. 3 et 5, 252 et 252 n. 6, 282 et 282 n. 4, 299, 308 n. 4, 317, 348, 352, 353 n. 2 et 9, 354, 355 n. 2, 356, 357 n. 5, 358 et 358 n. 1 à 3, 359 et 359 n. 1 et 2, 361 n. 2, 365, 378, 379 n. 1, 382, 383, 385 n. 3, 388 n. 4, 389 et 389 (n. 5 à 388), 391 n. 3, 409, 416-420 et 420 n. 2, 441 n. 3, 450 n. 2, 467, 468 et 468 n. 1.

REDERN, comte de, 232.
RÉGENT, voir Orléans, Philippe d'.
REGNAULT, le P., 121 n. 3.
RENWICK, J., 49 n. 3, 260 n. 2.
REY, Alain, 37 n. 5.
REYNEAU, le P., 44, 57 et 57 n. 5, 198.

RICCATI, équation de, 67.
RICHARDSON, Samuel, 202 n. 5.
RICHELIEU, les, 128.
RICHELIEU, Louis François Armand de Vignerot du Plessis, duc de, maréchal, 47 n. 5, 51 n. 6, 56, 68 n. 1, 78 n. 4, 130, 185 n. 1, 228, 243 n. 3, 390 n. 5, 392, 424 n. 6.
RICHELIEU, duchesse de, 56 n. 1, 82, 127-131 et 131 n. 1.
RICHER, Jean, 71 n. 2 ; pendule de-, 281 n. 1.
RITTER, E., 193 n. 1.
RIVARD, 213 n. 2.
ROBERVAL, Gilles Personne ou Personier de, 10.
ROCHE, Daniel, 10 n. 1, 42 et 42 n. 5, 209 n. 3 et 4.
ROCHEFORT, Marie-Thérèse de Brancas, comtesse de, 48 n. 5, 49 (n. 5 à 48), 127 et 127 n. 3, 240, 241 n. 1, 287 et 287 n. 4.
ROGER, Jacques, 39 n. 5, 209 n. 4, 335 n. 4, 336, 381 n. 3, 382 n. 1, 383 n. 3, 385 n. 2, 419 n. 4 et 6, 435 n. 4, 442 n. 1, 453 n. 2.
ROGUIN, Daniel, 313.
ROHAN, chevalier de, 17, 122.
ROMAINVAL, de, 25 n. 6.
ROTH, G., 342 n. 3.
ROUELLE, Guillaume-François, 214, 217-219 et 219 n. 2.
ROUSSEAU, Fr., 36 n. 2.
ROUSSEAU, Jean-Baptiste, 68.
ROUSSEAU, Jean-Jacques, 11, 16, 18, 218 n. 1, 223, 224-

TABLE DES MATIÈRES

DEUXIÈME PARTIE
La revanche des pairs
1741-1746

TROISIÈME PARTIE
Hors pairs
1746-1751

Impression réalisée sur CAMERON par
BRODARD ET TAUPIN
La Flèche

pour le compte des Éditions Fayard
en décembre 2002